독학사 2단계
컴퓨터공학과

이산수학

시대에듀

머리말 INTRO

학위를 얻는 데 시간과 장소는 더 이상 제약이 되지 않습니다. 대입 전형을 거치지 않아도 '학점은행제'를 통해 학사학위를 취득할 수 있기 때문입니다. 그중 독학학위제도는 고등학교 졸업자이거나 이와 동등 이상의 학력을 가지고 있는 사람들에게 효율적인 학점 인정 및 학사학위 취득의 기회를 줍니다.

학습을 통한 개인의 자아실현 도구이자 자신의 실력을 인정받을 수 있는 스펙인 독학사는 짧은 기간 안에 학사학위를 취득할 수 있는 가장 빠른 지름길로써 많은 수험생들의 선택을 받고 있습니다.

이 책은 독학사 시험을 준비하는 수험생분들이 단기간에 효과적인 학습을 할 수 있도록 다음과 같이 구성하였습니다.

01 '기출복원문제'를 수록하여 최근 시험 경향을 파악하고 이에 맞춰 학습할 수 있도록 하였습니다.

02 시행처의 평가영역을 바탕으로 시험에 출제될 수 있는 내용을 정리하여 '핵심이론'으로 구성하였으며, '더 알아두기'와 '체크 포인트'를 통해 관련 내용까지 파악할 수 있도록 하였습니다. (2022년 시험부터 적용되는 개정 평가영역 반영)

03 해당 영역에 맞는 출제 포인트를 분석하여 구성한 '실전예상문제'를 수록하였습니다.

04 최신 출제 유형을 반영한 '최종모의고사(2회분)'를 통해 자신의 실력을 점검해 볼 수 있도록 하였습니다.

05 요점을 정리한 '핵심요약집'으로 전반적인 내용을 손쉽게 파악할 수 있도록 하였습니다.

시간 대비 학습의 효율성을 높이기 위해 방대한 학습 분량을 최대한 압축하여 정리하였으며, 출제 유형을 반영한 문제들로 구성하도록 노력하였습니다. 이 책으로 학위취득의 꿈을 이루고자 하는 수험생 여러분의 합격을 응원합니다.

편저자 드림

독학학위제 소개 BDES

⬢ 독학학위제란?

「독학에 의한 학위취득에 관한 법률」에 의거하여 국가에서 시행하는 시험에 합격한 사람에게 학사학위를 수여하는 제도

- ✓ 고등학교 졸업 이상의 학력을 가진 사람이면 누구나 응시 가능
- ✓ 대학교를 다니지 않아도 스스로 공부해서 학위취득 가능
- ✓ 일과 학습의 병행이 가능하여 시간과 비용 최소화
- ✓ 언제, 어디서나 학습이 가능한 평생학습시대의 자아실현을 위한 제도
- ✓ 학위취득시험은 4개의 과정(교양, 전공기초, 전공심화, 학위취득 종합시험)으로 이루어져 있으며 각 과정별 시험을 모두 거쳐 학위취득 종합시험에 합격하면 학사학위 취득

⬢ 독학학위제 전공 분야 (11개 전공)

※ 유아교육학 및 정보통신학 전공 : 3, 4과정만 개설
  (정보통신학의 경우 3과정은 2025년까지, 4과정은 2026년까지만 응시 가능하며, 이후 폐지)
※ 간호학 전공 : 4과정만 개설
※ 중어중문학, 수학, 농학 전공 : 폐지 전공으로, 기존에 해당 전공 학적 보유자에 한하여 2025년까지 응시 가능

※ 시대에듀는 현재 4개 학과(심리학과, 경영학과, 컴퓨터공학과, 간호학과) 개설 완료
※ 2개 학과(국어국문학과, 영어영문학과) 개설 중

독학학위제 시험안내 INFORMATION

◯ 과정별 응시자격

단계	과정	응시자격	과정(과목) 시험 면제 요건
1	교양	고등학교 졸업 이상 학력 소지자	• 대학(교)에서 각 학년 수료 및 일정 학점 취득 • 학점은행제 일정 학점 인정 • 국가기술자격법에 따른 자격 취득 • 교육부령에 따른 각종 시험 합격 • 면제지정기관 이수 등
2	전공기초		
3	전공심화		
4	학위취득	• 1~3과정 합격 및 면제 • 대학에서 동일 전공으로 3년 이상 수료 (3년제의 경우 졸업) 또는 105학점 이상 취득 • 학점은행제 동일 전공 105학점 이상 인정 (전공 28학점 포함) • 외국에서 15년 이상의 학교교육과정 수료	없음(반드시 응시)

◯ 응시방법 및 응시료

- 접수방법 : 온라인으로만 가능
- 제출서류 : 응시자격 증빙서류 등 자세한 내용은 홈페이지 참조
- 응시료 : 20,700원

◯ 독학학위제 시험 범위

- 시험 과목별 평가영역 범위에서 대학 전공자에게 요구되는 수준으로 출제
- 독학학위제 홈페이지(bdes.nile.or.kr) ➔ 학습정보 ➔ 과목별 평가영역에서 확인

◯ 문항 수 및 배점

과정	일반 과목			예외 과목		
	객관식	주관식	합계	객관식	주관식	합계
교양, 전공기초 (1~2과정)	40문항×2.5점 =100점	—	40문항 100점	25문항×4점 =100점	—	25문항 100점
전공심화, 학위취득 (3~4과정)	24문항×2.5점 =60점	4문항×10점 =40점	28문항 100점	15문항×4점 =60점	5문항×8점 =40점	20문항 100점

※ 2017년도부터 교양과정 인정시험 및 전공기초과정 인정시험은 객관식 문항으로만 출제

◎ 합격 기준

■ 1~3과정(교양, 전공기초, 전공심화) 시험

단계	과정	합격 기준	유의 사항
1	교양	매 과목 60점 이상 득점을 합격으로 하고, 과목 합격 인정(합격 여부만 결정)	5과목 합격
2	전공기초		6과목 이상 합격
3	전공심화		

■ 4과정(학위취득) 시험 : 총점 합격제 또는 과목별 합격제 선택

구분	합격 기준	유의 사항
총점 합격제	• 총점(600점)의 60% 이상 득점(360점) • 과목 낙제 없음	• 6과목 모두 신규 응시 • 기존 합격 과목 불인정
과목별 합격제	매 과목 100점 만점으로 하여 전 과목(교양 2, 전공 4) 60점 이상 득점	• 기존 합격 과목 재응시 불가 • 1과목이라도 60점 미만 득점하면 불합격

◎ 시험 일정

■ 컴퓨터공학과 2단계 시험 과목 및 시간표

구분(교시별)	시간	시험 과목명
1교시	09:00~10:40(100분)	논리회로, C프로그래밍
2교시	11:10~12:50(100분)	자료구조, 객체지향프로그래밍
중식 12:50~13:40(50분)		
3교시	14:00~15:40(100분)	웹프로그래밍, 컴퓨터구조
4교시	16:10~17:50(100분)	운영체제, 이산수학

※ 시험 일정 및 세부사항은 반드시 독학학위제 홈페이지(bdes.nile.or.kr)를 통해 확인하시기 바랍니다.
※ 시대에듀에서 개설된 과목은 빨간색으로 표시하였습니다.

독학학위제 출제방향 GUIDE

국가평생교육진흥원에서 고시한 과목별 평가영역에 준거하여 출제하되, 특정한 영역이나 분야가 지나치게 중시되거나 경시되지 않도록 한다.

독학자들의 취업 비율이 높은 점을 감안하여, 과목의 특성을 반영하는 범주 내에서 학문적이고 이론적인 문항뿐만 아니라 실무적인 문항도 출제한다.

단편적 지식의 암기로 풀 수 있는 문항의 출제는 지양하고, 이해력·적용력·분석력 등 폭넓고 고차원적인 능력을 측정하는 문항을 위주로 한다.

이설(異說)이 많은 내용의 출제는 지양하고 보편적이고 정설화된 내용에 근거하여 출제하며, 그럴 수 없는 경우에는 해당 학자의 성명이나 학파를 명시한다.

교양과정 인정시험(1과정)은 대학 교양교재에서 공통적으로 다루고 있는 기본적이고 핵심적인 내용을 출제하되, 교양과정 범위를 넘는 전문적이거나 지엽적인 내용의 출제는 지양한다.

전공기초과정 인정시험(2과정)은 각 전공영역의 학문을 연구하기 위하여 각 학문 계열에서 공통적으로 필요한 지식과 기술을 평가한다.

전공심화과정 인정시험(3과정)은 각 전공영역에 관하여 보다 심화된 전문적인 지식과 기술을 평가한다.

학위취득 종합시험(4과정)은 시험의 최종 과정으로서 학위를 취득한 자가 일반적으로 갖추어야 할 소양 및 전문지식과 기술을 종합적으로 평가한다.

교양과정 인정시험 및 전공기초과정 인정시험의 시험방법은 객관식(4지택1형)으로 한다.

전공심화과정 인정시험 및 학위취득 종합시험의 시험방법은 객관식(4지택1형)과 주관식(80자 내외의 서술형)으로 하되, 과목의 특성에 따라 다소 융통성 있게 출제한다.

독학학위제 합격수기 COMMENT

" 저는 학사편입 제도를 이용하기 위해 2~4단계 시험에 순차로 응시했고 한 번에 합격했습니다. 아슬아슬한 점수라서 부끄럽지만 독학사는 자료가 부족해서 부족하나마 후기를 쓰는 것이 도움이 될까 하여 제 합격전략을 정리하여 알려 드립니다.

#1. 교재와 전공서적을 가까이에!

학사학위 취득은 본래 4년을 기본으로 합니다. 독학사는 이를 1년으로 단축하는 것을 목표로 하는 시험이라 실제 시험도 변별력을 높이는 몇 문제를 제외한다면 기본이 되는 중요한 이론 위주로 출제됩니다. 시대에듀의 독학사 시리즈 역시 이에 맞추어 중요한 내용이 일목요연하게 압축·정리되어 있습니다. 빠르게 훑어보기 좋지만 내가 목표로 한 전공에 대해 자세히 알고 싶다면 전공서적과 함께 공부하는 것이 좋습니다. 교재와 전공서적을 함께 보면서 교재에 전공서적 내용을 정리하여 단권화하면 시험이 임박했을 때 교재 한 권으로도 자신 있게 시험을 치를 수 있습니다.

#2. 시간확인은 필수!

쉬운 문제는 금방 넘어가지만 지문이 길거나 어렵고 헷갈리는 문제도 있고, OMR 카드에 마킹까지 해야 하니 실제로 주어진 시간은 더 짧습니다. 앞부분에 어려운 문제가 있다고 해서 시간을 많이 허비하면 쉽게 풀 수 있는 뒷부분 문제들을 놓칠 수 있습니다. 문제 푸는 속도가 느려지면 집중력도 떨어집니다. 그래서 어차피 배점은 같으니 아는 문제를 최대한 많이 맞히는 것을 목표로 했습니다.
① 어려운 문제는 빠르게 넘기면서 문제를 끝까지 다 풀고 ② 확실한 답부터 우선 마킹한 후 ③ 다시 시험지로 돌아가 건너뛴 문제들을 다시 풀었습니다. 확실히 시간을 재고 문제를 많이 풀어봐야 실전에 도움이 되는 것 같습니다.

#3. 문제풀이의 반복!

여느 시험과 마찬가지로 문제는 많이 풀어볼수록 좋습니다. 이론을 공부한 후 예상문제를 풀다보니 부족한 부분이 어딘지 확인할 수 있었고, 공부한 이론이 시험에 어떤 식으로 출제될지 예상할 수 있었습니다. 그렇게 부족한 부분을 보충해가며 문제유형을 파악하면 이론을 복습할 때도 어떤 부분을 중점적으로 암기해야 할지 알 수 있습니다. 이론 공부가 어느 정도 마무리되었을 때 시계를 준비하고 모의고사를 풀었습니다. 실제 시험시간을 생각하면서 예행연습을 하니 시험 당일에는 덜 긴장할 수 있었습니다.

학위취득을 위해 오늘도 열심히 학습하시는 수험생 여러분에게도 합격의 영광이 있길 기원하면서 이만 줄입니다. "

이 책의 구성과 특징 STRUCTURES

01 기출복원문제

'기출복원문제'를 풀어 보면서 독학사 시험의 기출 유형과 경향을 파악해 보세요.

02 핵심이론

평가영역을 바탕으로 꼼꼼하게 정리된 '핵심이론'을 통해 꼭 알아야 하는 내용을 명확히 파악해 보세요.

합격의 공식 Formula of pass | 시대에듀 www.sdedu.co.kr

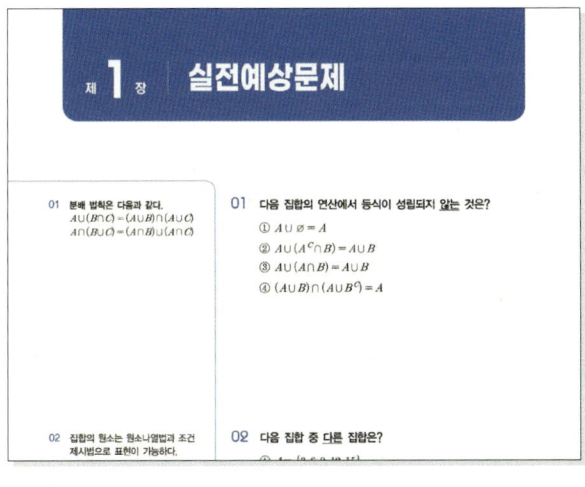

03 실전예상문제

'핵심이론'에서 공부한 내용을 바탕으로 '실전예상문제'를 풀어 보면서 문제를 해결하는 능력을 길러 보세요.

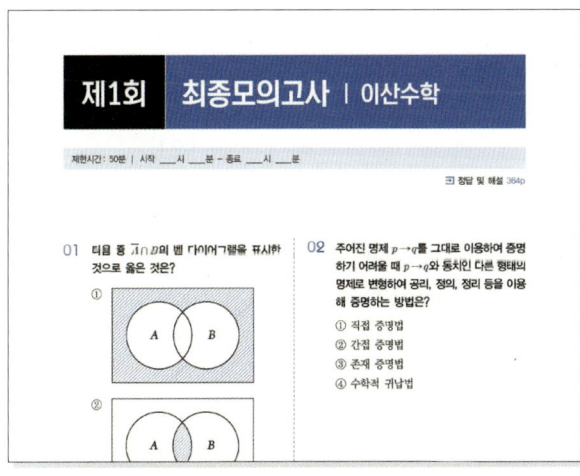

04 최종모의고사

'최종모의고사'를 실제 시험처럼 풀어 보며 실력을 점검해 보세요.

05 핵심요약집

요점을 정리한 '핵심요약집'으로 전반적인 내용을 손쉽게 파악해 보세요.

목차 CONTENTS

PART 1 기출복원문제

기출복원문제 · 003

PART 2 핵심이론 & 실전예상문제

제1장 기초
제1절 집합 · 003
제2절 증명방법 · 015
제3절 수의 표현 · 021
제4절 알고리즘 · 032
실전예상문제 · 062

제2장 관계와 함수
제1절 관계 · 073
제2절 반순서와 동치 관계 · 092
제3절 함수 · 096
제4절 유용한 함수 · 103
실전예상문제 · 120

제3장 그래프 이론
제1절 용어 및 오일러 사이클 · · · · · · · · · · · · · · · · · · 131
제2절 그래프의 표현방법 · 142

제3절 최단 경로 · 145

제4절 경로의 존재 · 148

제5절 동형 그래프 · 155

제6절 평면 그래프 · 156

제7절 트리 · 158

실전예상문제 · 187

제4장 수학논리

제1절 명제논리 · 199

제2절 술어논리 · 207

제3절 추론방법 · 209

제4절 불 대수 · 212

제5절 불 대수와 조합회로 · · · · · · · · · · · · · · · · 222

실전예상문제 · 235

제5장 행렬

제1절 행렬의 기본 연산 · · · · · · · · · · · · · · · · · · 247

제2절 행렬식의 개념 · 256

제3절 행렬식의 성질 · 262

제4절 행렬과 행렬식의 응용 · · · · · · · · · · · · · · 273

실전예상문제 · 284

제6장 자동장치와 언어와 문법

제1절 순차회로와 유한상태 기계 · · · · · · · · · · 301

제2절 결정적 유한상태 자동장치 · · · · · · · · · · 307
제3절 언어와 문법 · 310
제4절 비결정적 유한상태 자동장치 · · · · · · · · · 325
제5절 언어와 자동장치 · 334
실전예상문제 · 342

PART 3 최종모의고사

최종모의고사 제1회 · 353
최종모의고사 제2회 · 358
최종모의고사 제1회 정답 및 해설 · · · · · · · · · · 364
최종모의고사 제2회 정답 및 해설 · · · · · · · · · · 367

PART 4 시험장에 가져가는 핵심요약집

제1장 기초 · 003
제2장 관계와 함수 · 014
제3장 그래프 이론 · 025
제4장 수학논리 · 036
제5장 행렬 · 050
제6장 자동장치와 언어와 문법 · · · · · · · · · · · · · 056

이산수학

기출복원문제

출/제/유/형/완/벽/파/악/

훌륭한 가정만한 학교가 없고, 덕이 있는 부모만한 스승은 없다.

— 마하트마 간디 —

보다 깊이 있는 학습을 원하는 수험생들을 위한
시대에듀의 동영상 강의가 준비되어 있습니다.
www.sdedu.co.kr → 회원가입(로그인) → 강의 살펴보기

기출복원문제

이산수학

※ 본 문제는 다년간 독학사 컴퓨터공학과 2단계 시험에서 출제된 기출문제를 복원한 것입니다. 문제의 난이도와 수험경향 파악용으로 사용하시길 권고드립니다. 본 기출복원문제에 대한 무단복제 및 전제를 금하며 저작권은 시대에듀에 있음을 알려드립니다.

01 집합 $X = \{a, \{b\}, \{c, d\}\}$일 때, 이에 대한 설명으로 옳은 것은?

① $\{b\} \in X$
② $b \subset X$
③ $a \subset X$
④ $\{a\} \in X$

01 $\{b\}$는 집합 X의 원소($\{b\} \in X$)이고, $\{\{b\}\}$는 집합 X의 부분집합($\{\{b\}\} \subset X$)이다.

02 집합 $S = \{a, b, c, d, e, f\}$, $A = \{a, c, d, e\}$, $B = \{b, c, e\}$일 때, $A \cap B^C$를 구하면?

① $\{a, c\}$
② $\{c, e\}$
③ $\{a, d\}$
④ $\{b, c, e\}$

02 B^C는 전체집합 S에 대한 B집합의 여집합이다. 그러므로 $B^C = \{a, d, f\}$이고 $A \cap B^C = \{a, d\}$이다. 한편, A와 B의 차집합은 $A - B = \{a, d\}$이다. 즉 $A - B = A \cap B^C$이다.

03 10진수 9와 7을 2진법으로 바꾸어 덧셈한 결과는?

① 10010111_2
② 00010001_2
③ 00010000_2
④ 11110001_2

03 9는 2진수로 1001_2이고 7은 2진수로 111_2이다. 두 값을 더하면 10000_2이다.

정답 01 ① 02 ③ 03 ③

04 좋은 알고리즘의 특성은 유한개의 명령 단계를 작업한 이후에 반드시 종료해야 한다는 점이다.

04 다음 중 좋은 알고리즘의 특성에 해당하지 <u>않는</u> 것은?

① 알고리즘의 각 단계마다 결과가 확정되고 명확한 다음 단계를 가져야 한다.
② 문제 해결 과정이 구현할 수 있고 효율적이어야 한다.
③ 같은 문제로 정의된 입력들에 일반적으로 같은 알고리즘을 적용할 수 있어야 한다.
④ 무한개의 명령 단계를 작업할 수 있으며, 반드시 종료할 필요는 없다.

05 조건연산자 $p \rightarrow q$는 충분조건에 해당하는 p의 진릿값이 참이고 필요조건에 해당하는 q의 진릿값이 거짓일 때만 연산의 결과가 거짓이고 그렇지 않은 다른 모든 경우는 연산 결과가 참이다.

05 명제의 조건연산자의 진릿값이 참이 <u>아닌</u> 것은?

① $(3 > 5) \rightarrow (5 \leq 3)$
② $(3 > 5) \rightarrow (5 \geq 3)$
③ $(3 < 5) \rightarrow (5 \leq 3)$
④ $(3 < 5) \rightarrow 3 \neq 5$

06 $P \oplus Q$는 배타적 논리합으로 두 명제의 진릿값이 서로 다를 때 참이다.

06 다음 중 $P \oplus Q$와 동치인 것은?

① $(\neg p \wedge q) \vee (p \wedge \neg q)$
② $(\neg p \vee q) \wedge (p \vee \neg q)$
③ $(\neg p \wedge \neg q) \vee (p \wedge q)$
④ $(\neg p \wedge \neg q) \wedge (p \wedge q)$

정답 04 ④ 05 ③ 06 ①

07 다음 중 유효추론에 해당하는 것은?

① $p \to q, q \vdash p$
② $q, p \to q \vdash \neg p$
③ $\neg q, p \to q \vdash p$
④ $p, p \to q \vdash q$

07 진리표에서 p도 참이고 $p \to q$가 참인 경우를 살펴보면 결론인 q도 참이므로 유효추론이다.

p	q	$p \to q$
F	F	T
F	T	T
T	F	F
T	T	T

08 다음과 같은 불식의 간소화 결과로 옳은 것은?

$$xyzw + xy'zw' + x'yzw + x'y'z + yzw$$

① $yz(w+x)$
② $yzw + y'zw' + x'y'z$
③ $(x+y)(w+x)$
④ $yzw + y'zw' + xy'zw'$

08 [문제 하단의 내용 참고]

🔍

$xyzw + xy'zw' + x'yzw + x'y'z + yzw$
$= (x+x')yzw + xy'zw' + x'y'z + yzw$ (분배법칙)
$= 1 \cdot yzw + xy'zw' + x'y'z + yzw$ (보수법칙)
$= (yzw + yzw) + xy'zw' + x'y'z$
$= yzw + xy'zw' + x'y'z$ (멱등법칙)
$= yzw + xy'zw' + x'y'z \cdot 1$ (항등법칙)
$= yzw + xy'zw' + x'y'z(w+w')$ (보수법칙)
$= yzw + xy'zw' + x'y'zw + x'y'zw'$ (분배법칙)
$= yzw + xy'zw' + x'y'zw + x'y'zw' + x'y'zw'$ (멱등법칙)
$= yzw + (x+x')y'zw' + (w+w')x'y'z$ (보수법칙)
$= yzw + y'zw' + x'y'z$

정답 07 ④ 08 ②

09 1을 묶어서 간소화한다.

09 다음 카르노맵의 간소화 결과로 옳은 것은?

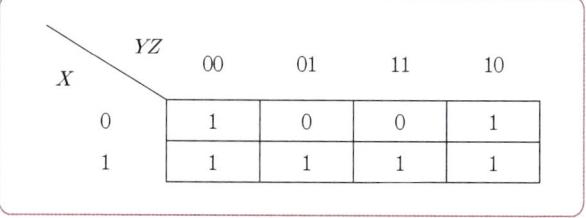

① $X'Z$
② $Y'Z + YZ' + X$
③ $X + Z'$
④ $X' + Z$

10 XNOR 게이트는 XOR 게이트를 부정하는 것이다. XOR 게이트는 두 불 변수가 서로 다른 값을 가질 경우에만 출력이 1이 된다.

10 다음 진리표에 해당하는 게이트는 무엇인가?

A	B	F
0	0	1
0	1	0
1	0	0
1	1	1

① AND
② XOR
③ NOR
④ XNOR

정답 09 ③ 10 ④

11 집합 $A=\{2,3,4\}$, 집합 $B=\{2,3,5,8\}$이고 $a \in A$, $b \in B$이며 "a는 b의 약수"일 경우, 관계행렬 R을 구하면?

① $\begin{array}{c} \;2\,3\,5\,8 \\ \begin{array}{c}2\\3\\4\end{array}\begin{bmatrix}1\,0\,0\,1\\0\,1\,0\,0\\0\,0\,0\,1\end{bmatrix}\end{array}$

② $\begin{array}{c} \;2\,3\,4 \\ \begin{array}{c}2\\3\\5\\8\end{array}\begin{bmatrix}1\,0\,0\\0\,1\,0\\0\,0\,0\\1\,0\,1\end{bmatrix}\end{array}$

③ $\begin{array}{c} \;2\,3\,5\,8 \\ \begin{array}{c}2\\3\\4\end{array}\begin{bmatrix}0\,1\,1\,0\\1\,0\,1\,1\\0\,1\,1\,0\end{bmatrix}\end{array}$

④ $\begin{array}{c} \;2\,3\,4 \\ \begin{array}{c}2\\3\\5\\8\end{array}\begin{bmatrix}1\,0\,1\\0\,1\,0\\0\,0\,0\\1\,0\,1\end{bmatrix}\end{array}$

11 행렬의 각 행은 집합 A의 원소, 각 열은 집합 B의 원소를 표시하고, 관계의 원소인 순서쌍 $(a,b) \in R$에 대하여 대응되는 행렬의 원소를 1, 나머지는 0으로 표현한다.

12 다음 중 부분 순서 관계에서 성립하지 <u>않는</u> 관계는?

① 반사 관계
② 반대칭 관계
③ 추이 관계
④ 비반사 관계

12 부분 순서 관계의 조건은 반사 관계, 반대칭 관계, 추이 관계이다.

정답 11 ① 12 ④

13 관계 R의 역 관계는 R에서 순서쌍의 순서를 모두 바꾼다.

13 $A = \{a, b, c\}$이고, $R = \{\{a,a\}, \{b,b\}, \{c,c\}\}$일 때, 이에 대한 설명으로 옳지 <u>않은</u> 것은?

① 관계 R은 A의 원소 x, y에 대하여 $x = y$인 경우이다.
② $R^{-1} = \{\{a,a\}, \{b,b\}, \{c,c\}\}$이다.
③ 관계 R은 반사 관계이다.
④ 관계 R의 역 관계는 A의 원소 a, b에 대하여 $a \neq b$인 경우이다.

14 전단사함수는 두 집합 사이를 중복 없이 모두 일대일로 대응시키는 함수로, 단사함수를 만족하면서 전사함수를 만족하는 함수이다.

14 함수에 대한 설명으로 옳지 <u>않은</u> 것은?

① 관계(relation)의 특수한 형태로 첫 번째 원소가 모두 다른 순서쌍들의 집합이다.
② 집합 A의 원소는 집합 B의 원소 하나와 대응할 수 있다.
③ 정의역과 공변역의 대응 관계에 따라서 단사함수, 전사함수, 전단사함수 등으로 나눌 수 있다.
④ 전단사함수의 두 집합 사이의 원소는 중복 대응이 가능하다.

15 함수에서는 집합 A의 모든 원소가 반드시 집합 B의 원소 하나와 대응해야 한다.

15 $X = \{a, b, c\}$, $Y = \{1, 2, 3, 4\}$일 때, 관계 R이 함수인 것은?

① $R = \{(a,1), (a,2), (b,3)\}$
② $R = \{(a,2), (b,1)\}$
③ $R = \{(a,2), (b,1), (c,4)\}$
④ $R = \{(a,2), (b,2), (c,3)\}$

정답 13 ④ 14 ④ 15 ③

16 다음 중 오일러 경로가 존재하지 않는 그래프는?

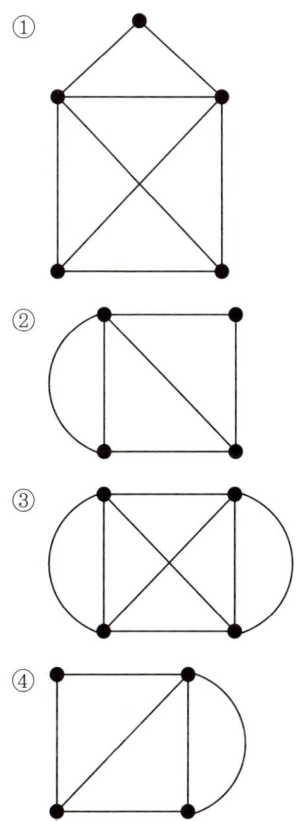

16 오일러 경로는 한 정점에서 출발해서 모든 연결선을 단 한 번씩만 통과하는 경로로, 정점의 차수로 빠르게 찾을 수 있다. 오일러 경로는 정점의 홀수 차수의 개수가 0 또는 2인 연결 그래프에 존재한다.

정답 16 ④

17 평면 그래프(planar graph)는 평면 상에 그래프를 그렸을 때, 두 변이 꼭짓점 이외에 만나지 않도록 그릴 수 있는 그래프이다.

17 다음 그래프가 해당하지 않는 것은?

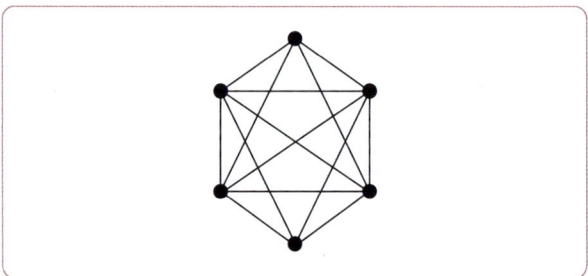

① 완전 그래프
② 평면 그래프
③ 연결 그래프
④ 정규 그래프

18 연결된 평면 그래프 $G=<V,E>$에서 정점의 개수(v), 간선의 개수(e), 면의 개수(s)에 대해 $v-e+s=2$이다.

18 연결된 평면 그래프 $G=<V,E>$에서 정점의 개수를 v, 간선의 개수를 e, 면의 개수를 s라고 할 때, $v-e+s$의 값은?

① 0
② 2
③ 4
④ 7

정답 17 ② 18 ②

19 다음 그래프와 동형인 그래프는 무엇인가?

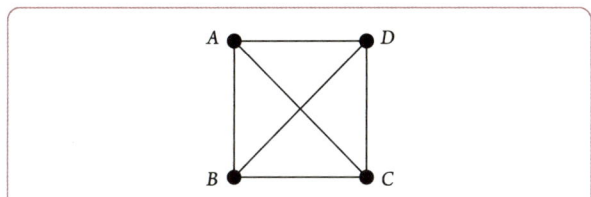

①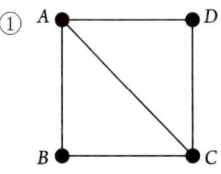

②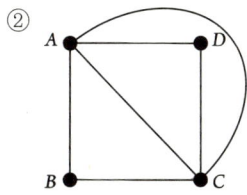

③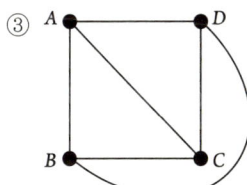

④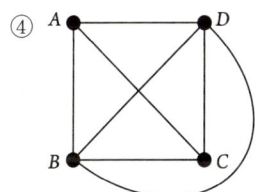

19 모든 정점과 간선이 동일하면 동형 그래프이다. ③은 간선 (B, D)를 정점 C 밖으로 그려서 동형 그래프를 만든 것이다.

정답 19 ③

20 행렬 $A = \begin{bmatrix} 1 & a \\ 0 & 1 \end{bmatrix}$ 이고, $A^2 = \begin{bmatrix} 1 & 1 \\ 0 & 1 \end{bmatrix}$ 일 때, a값을 구하면?

① 0
② 0.5
③ 1
④ 2

20 $A^2 = \begin{bmatrix} 1 & a \\ 0 & 1 \end{bmatrix}\begin{bmatrix} 1 & a \\ 0 & 1 \end{bmatrix} = \begin{bmatrix} 1 & 2a \\ 0 & 1 \end{bmatrix} = \begin{bmatrix} 1 & 1 \\ 0 & 1 \end{bmatrix}$

21 행렬 $A = \begin{bmatrix} 1 & 2 \\ 0 & 1 \end{bmatrix}$ 이고, $B = \begin{bmatrix} 0 & 1 \\ 2 & 1 \end{bmatrix}$ 일 때, 행렬식 $|AB|$의 값은?

① 1
② -1
③ 2
④ -2

21 $|AB| = |A| \cdot |B|$ 이다. $|A|$와 $|B|$를 구해서 곱한다.
$|AB| = |A| \cdot |B| = 1 \times (-2)$
$\qquad = -2$

22 행렬 $A = \begin{bmatrix} 1 & 2 \\ 3 & 1 \end{bmatrix}$ 이고, $B = \begin{bmatrix} 0 & 1 \\ 2 & 1 \end{bmatrix}$ 일 때, $2A - B$의 결과는?

① $\begin{bmatrix} 2 & 1 \\ 1 & 3 \end{bmatrix}$
② $\begin{bmatrix} 2 & 3 \\ 4 & 1 \end{bmatrix}$
③ $\begin{bmatrix} 1 & 1 \\ 1 & 0 \end{bmatrix}$
④ $\begin{bmatrix} 2 & 2 \\ 2 & 0 \end{bmatrix}$

22 행렬 A의 각 원소에 2를 곱한 후 행렬 B와 더한다.
$2A - B = 2\begin{bmatrix} 1 & 2 \\ 3 & 1 \end{bmatrix} - \begin{bmatrix} 0 & 1 \\ 2 & 1 \end{bmatrix}$
$\qquad = \begin{bmatrix} 2 & 4 \\ 6 & 2 \end{bmatrix} - \begin{bmatrix} 0 & 1 \\ 2 & 1 \end{bmatrix} = \begin{bmatrix} 2 & 3 \\ 4 & 1 \end{bmatrix}$

정답 20 ② 21 ④ 22 ②

23 행렬 $A = \begin{bmatrix} 1 & 2 \\ 1 & 3 \end{bmatrix}$ 일 때, 역행렬 A^{-1}을 구하면?

① $\begin{bmatrix} 1 & -2 \\ -1 & 3 \end{bmatrix}$

② $\begin{bmatrix} 1 & -1 \\ -2 & 3 \end{bmatrix}$

③ $\begin{bmatrix} 3 & 2 \\ 1 & 1 \end{bmatrix}$

④ $\begin{bmatrix} 3 & -2 \\ -1 & 1 \end{bmatrix}$

$$\begin{bmatrix} A_{11} & A_{12} \\ A_{21} & A_{22} \end{bmatrix}^{-1} = \frac{1}{A_{11}A_{22} - A_{12}A_{21}} \begin{bmatrix} A_{22} & -A_{12} \\ -A_{21} & A_{11} \end{bmatrix}$$

23 2X2 행렬의 역행렬은 다음의 수식을 통해 구한다.
[문제 하단의 내용 참고]

24 다음 결정적 유한 오토마타에서 인식이 되는 스트링은?

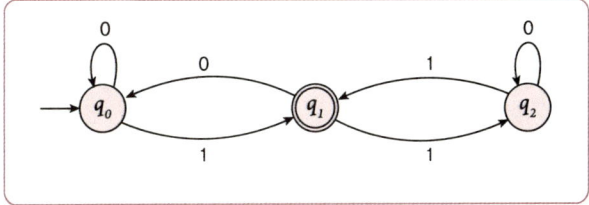

① 0110
② 1101
③ 0010
④ 1011

24 종료 상태인 q_1에서 멈추면 인식한 것이다.

정답 23 ④ 24 ②

25 생성과정은 S ⇒ Aa ⇒ aaEa ⇒ aaaa이다.

25 문법 G가 있고 생성규칙 P가 다음과 같을 때, 생성되는 문자열은?

> S → Aa | a
> A → aaE
> E → a

① a^2
② a^3
③ a^4
④ a^5

정답 25 ③

교육은 우리 자신의 무지를 점차 발견해 가는 과정이다.

– 월 듀란트 –

제 1 장

기초

제1절	집합
제2절	증명방법
제3절	수의 표현
제4절	알고리즘
실전예상문제

교육이란 사람이 학교에서 배운 것을 잊어버린 후에 남은 것을 말한다.

– 알버트 아인슈타인 –

보다 깊이 있는 학습을 원하는 수험생들을 위한
시대에듀의 동영상 강의가 준비되어 있습니다.
www.sdedu.co.kr → 회원가입(로그인) → 강의 살펴보기

제 1 장 기초

제1절 집합

집합(set)은 주어진 성질을 만족시키는 대상들의 모임이다. 이러한 대상들을 집합의 원소(element)라고 한다. 대상이 집합의 원소인지는 항상 모호하지 않고 명확해야 하며 속하거나 속하지 않거나 둘 중 정확히 하나여야 한다. 집합의 원소들은 서로 다르며, 같은 원소가 여러 개 있을 수는 없다. 집합의 원소들 사이에는 대소 관계나 선후 관계와 같은, 순서에 따른 구분이 없으며, 덧셈이나 곱셈과 같은 연산이 주어지지 않는다. 이와 같은 특징으로 집합을 이용하여 대부분의 수학적 표현들을 기술할 수 있으며, 수학이나 컴퓨터 분야뿐만 아니라 과학이나 공학의 전반적인 분야에 폭넓게 응용할 수 있다. 집합의 개념을 19세기 말 독일의 수학자 칸토어(Georg Cantor)가 처음 제안할 당시, 저명한 수학자들은 집합론에 대해 인정하지 않았지만, 현대에는 집합이 수학적 사고의 기초가 되며 수학의 기본 개념으로 여겨지고 있다.

1 집합의 표현 〔중요〕〔기출〕

집합(set)은 일반적으로 **알파벳 대문자 A, B, C, ⋯, Z로 표기**하며, **원소는 알파벳 소문자 a, b, c, ⋯, z로 표기**한다. 집합은 그 집합을 구성하는 원소들로 구성된다. 집합을 A라고 하고 집합 A의 하나의 원소를 a라고 하면, $a \in A$는 a가 집합 A의 원소임을 나타내고 $a \notin A$는 a가 집합 A의 원소가 아님을 나타낸다.

> **더 알아두기**
>
> $a \in A$: a는 집합 A의 원소
> $a \notin A$: a는 집합 A의 원소가 아님

집합을 표현하는 방법은 다양하다. 집합에 속하는 원소들을 일일이 나열하거나(**원소나열법**, tabular form) 집합에 속하는 원소들이 만족하여야 하는 조건을 제시할 수 있으며(**조건제시법**, set-builder form), 문자를 쓰는 대신 도형을 그려서 나타낼 수도 있다(**오일러 다이어그램**, Euler diagram).

(1) 원소나열법

원소나열법(tabular form)은 **집합의 원소를 나열하여 집합을 표현하는 방법**이다. 중괄호 '{ }' 속에 원소들을 쉼표 ','로 구별하여 나열한다. 예를 들어, 1부터 10까지의 홀수의 집합 S_1과 바둑돌의 색의 집합 S_2를 원소나열법으로 나타내면 다음과 같다.

$$S_1 = \{1, 3, 5, 7, 9\}$$
$$S_2 = \{흰색, 검은색\}$$

원소의 개수가 무한개이거나 유한개더라도 나열하기에 너무 많은 경우, 그중 몇 개를 나열하여 남은 원소들을 유추할 수 있게 한 뒤 줄임표 '⋯'를 쓴다. 예를 들어, 1부터 100까지의 모든 자연수의 집합 S_1과 모든 양의 짝수의 집합 S_2를 원소나열법으로 나타내면 다음과 같다.

$$S_1 = \{1, 2, 3, 4, 5, \cdots, 100\}$$
$$S_2 = \{2, 4, 6, 8, 10, \cdots\}$$

집합을 원소나열법으로 나타내려면 집합의 원소들 사이에 눈에 띄는 규칙이 있어야 한다. 규칙이 없을 경우, 원소나열법으로 표현하기 힘들다. 또한, 모든 실수의 집합을 비롯한 비가산 집합은 이러한 표현이 불가능하다.

(2) 조건제시법

조건제시법(set-builder form)은 **집합의 원소인지를 판단하는 조건을 제시하여 집합을 표현하는 방법**이다. 중괄호 '{ }' 속을 수직선 '|'이나 쌍점 ':'을 써서 두 구역으로 나눈 뒤, 왼쪽 구역에 집합의 원소를 나타내는 식을 적고, 오른쪽 구역에 원소가 만족시킬 조건을 적는다. 예를 들어, 1부터 5까지의 모든 자연수의 집합 S_1과 모든 짝수의 집합 S_2를 조건제시법으로 나타내면 다음과 같다.

$$S_1 = \{n | n은 자연수,\ 1 \leq n \leq 5\}$$
$$S_2 = \{2n | n은 정수\}$$

(3) 오일러 다이어그램(벤 다이어그램)

오일러 다이어그램(Euler diagram)은 **도형 원을 이용하여 집합을 표현하는 방법**이다. 원의 안쪽은 그 원이 나타내는 집합에 속하는 부분이고, 원의 바깥쪽은 그 집합에 속하지 않는 부분을 의미한다. 두 원이 겹치는 부분은 두 집합에 공통으로 속하는 부분을 나타낸다. 어떤 원이 다른 원의 안쪽에 놓인다면, 안쪽 원의 집합의 모든 원소가 바깥 쪽 원의 집합의 원소라는 의미인데, 이때 안쪽 원의 집합이 바깥쪽 원의 집합의 부분집합이라고 한다. 원이 서로 겹치는 두 집합은 겹치는 부분이 공통 원소가 되는 집합을 의미하며, 원이 서로 겹치지 않는 두 집합은 공통 원소가 없는 집합, 즉 서로소인 집합을 의미한다.

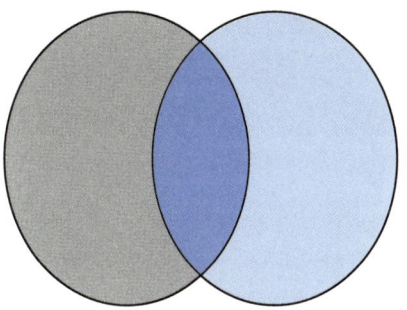

[그림 1-1] 두 집합의 오일러 다이어그램

> **더 알아두기**
> $A \subset B$: 집합 A는 집합 B의 부분집합, 집합 A의 모든 원소가 집합 B의 원소

2 집합의 크기

집합 S 내에 있는 서로 다른 원소들의 개수를 그 **집합의 크기**(cardinality) 또는 원소 수라고 하며 $|S|$로 표기한다. 예를 들어, 1부터 5까지의 모든 자연수의 집합 S_1의 모든 원소의 개수는 5개, 짝수의 집합 S_2는 무한개이므로 $|S_1|= 5$, $|S_2|= \infty$ 가 된다.

집합 S_1에서 집합 S_2로 원소들이 일대일 대응하는 함수가 존재할 때 S_1과 S_2는 같은 크기를 갖는다. 유한 집합의 경우 만약 S_1이 S_2의 진부분집합이라면 S_1과 S_2는 서로 다른 크기를 가지게 된다. 그러나 S_1이 짝수들의 집합이고 S_2가 모든 정수들의 집합인 경우 S_1은 S_2의 진부분집합이지만, $f(2k)=k$로 정의된 함수 f는 짝수에서 모든 정수로의 일대일 대응 함수이기 때문에 S_1과 S_2는 같은 크기를 가지고 있다. 이와 같이 일대일 대응이 가능한 무한 집합의 경우엔 같은 크기이지만 일대일 대응이 될 수 없는 무한 집합인 경우에는 같은 크기를 가지지 않는다.

정수의 집합과 일대일 대응 관계에 있는 집합들을 **가산적 집합**(countable set) 또는 **가산적으로 무한한 집합**(countably infinite set)이라고 한다. 유리수들과 알파벳 Σ로부터 만들어지는 유한한 길이의 문자열(string)들의 집합 Σ^*는 모두 가산적 집합이다.

집합 A, B, C가 유한 집합일 때 다음의 식들이 성립한다.

$$|A \cup B| = |A| + |B| - |A \cap B|$$
$$|A \cap B| = |A| + |B| - |A \cup B|$$
$$|A - B| = |A \cap \overline{B}| = |A| - |A \cap B|$$
$$|A \times B| = |A| \times |B|$$
$$|A \cup B \cup C| = |A| + |B| + |C| - |A \cap B| - |A \cap C| - |B \cap C| + |A \cap B \cap C|$$

더 알아두기

- 두 집합 A와 B 사이에 만약 전단사 함수 $f : A \to B$가 존재한다면, $|A| = |B|$라고 하고, 두 집합이 서로 대등(equinumerous)하다고 한다.

- 두 집합 A와 B 사이에 만약 단사 함수 $f : A \to B$가 존재한다면, $|A| \leq |B|$라고 하고, A의 크기가 B의 크기보다 작거나 같다고 한다.

- 두 집합 A와 B 사이에 만약 단사 함수 $f : A \to B$가 존재하나, 전단사 함수 $f : A \to B$가 존재하지 않는다면, $|A| < |B|$라고 하고 A의 크기가 B의 크기보다 작다고 한다.

집합의 대등 $|A| = |B|$은 집합들에 대한 '**동치관계**'이다. $|A| \leq |B|$은 집합들에 대한 '**반사관계**'이자 '**추이관계**'이다. 칸토어-번슈타인 정리(Cantor-Bernstein theorem)에 따르면, 만약 $|A| \leq |B|$이고 $|A| \geq |B|$이면, $|A| = |B|$이다. 임의의 두 집합에 대하여 $|A| \leq |B|$거나 $|A| \geq |B|$이다. 이는 선택 공리와 동치이다. 만약 전사 함수 $f : B \to A$가 존재한다면, $|A| \leq |B|$이다. 이는 선택 공리 가정 하에 성립한다. 집합의 크기 비교는 기수의 비교와 일치한다. 예를 들어 두 집합이 대등할 필요충분조건은 두 집합의 기수가 같다는 것이다. 즉, 집합의 크기 비교는 집합들에 대한 '**원전순서**'이며, 이에 대응하는 '**동치관계**'는 집합의 대등, 이에 대응하는 '**전순서**'는 기수의 비교와 같다.

더 알아두기

집합론에서, 선택 공리(axiom of choice)는 공집합이 아닌 집합에서 한 원소를 고를 수 있으며, 또한 이를 무한 번 반복할 수 있다는 공리이다.

3 집합의 연산 _{중요}

주어진 집합의 원소들은 모두 전체집합 S의 원소가 되므로, 모든 집합은 전체집합 S의 부분집합이라고 할 수 있다. 집합의 연산에서 만들어지는 새로운 집합들은 주어진 둘 또는 더 많은 집합들로부터 만들어지며 이러한 새로운 집합을 만드는 연산은 여러 가지가 있다. 기본적인 집합의 관계 및 연산을 이해하기 쉽게 벤 다이어그램을 이용하여 표현하면 다음 [그림 1-2]와 같다.

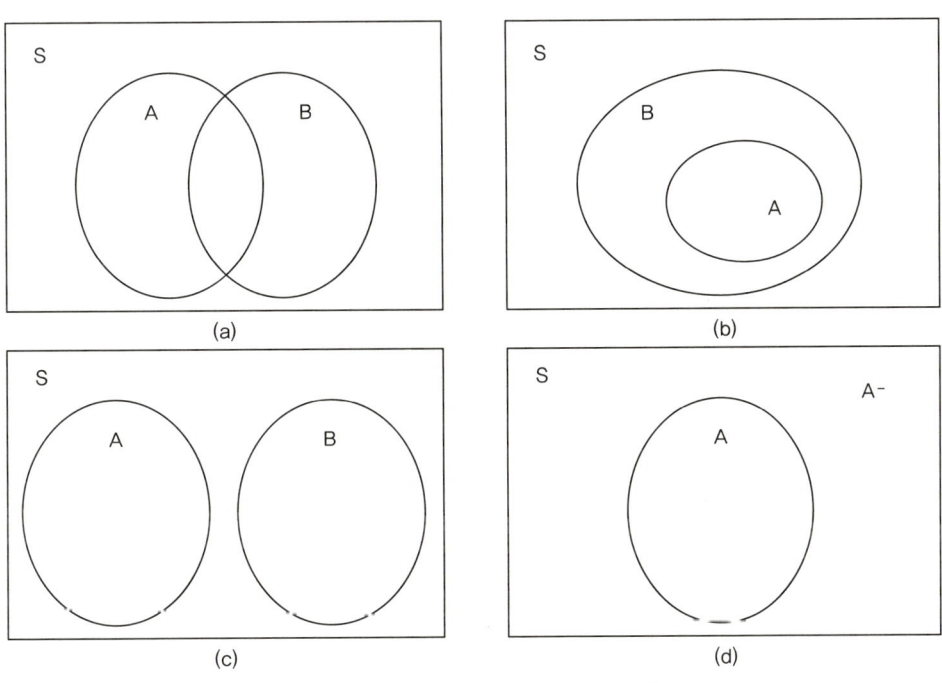

[그림 1-2] 집합에 대한 벤 다이어그램 예

(a) 집합 A와 집합 B에 공동원소가 있는 경우: $A \cap B \neq \varnothing$
(b) 집합 A가 집합 B의 부분집합인 경우: $A \subseteq B$
(c) 집합 A와 집합 B의 공동원소가 없는 경우: $A \cap B = \varnothing$
(d) 전체집합 S와 집합 A의 차집합은 집합 A의 여집합 A^C: $S - A = A^C$

(1) 합집합(Union): $A \cup B$

임의의 두 집합 A와 B에 대하여 합집합은 집합 A 또는 집합 B에 속하는 모든 원소들의 집합을 말하며, $A \cup B$로 표기한다.

$$A \cup B = \{x : x \in A \lor x \in B\}$$

여기서 '∨'는 '또는'을 뜻한다. 다시 말하자면 원소 x가 $A \cup B$에 속할 필요충분조건은 "$x \in A$ 또는 $x \in B$"임을 의미한다.

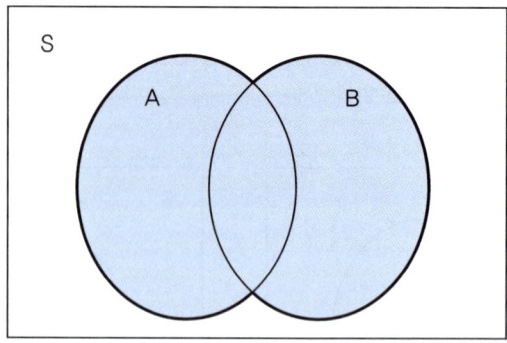

[그림 1-3] $A \cup B$의 벤 다이어그램

다음은 두 집합의 합집합의 예이다. 두 집합 $A = \{가, 나, 다, 라\}$, $B = \{다, 라, 마, 바\}$의 합집합은 $A \cup B = \{가, 나, 다, 라, 마, 바\}$이다. 소수의 집합 $\{2, 3, 5, 7, ...\}$과 합성수의 집합 $\{4, 6, 8, ...\}$의 합집합은, 1이 아닌 양의 정수의 집합 $\{2, 3, 4, 5, 6, 7, 8, ...\}$이다. 포함·배제의 원리에 따르면, 두 유한 집합의 합집합과 두 집합의 원소 개수 사이에는 다음과 같은 관계가 있다.

$$n(A \cup B) = n(A) + n(B) - n(A \cap B)$$

합집합 연산은 공집합이라는 항등원을 가진다. 즉, $A \cup \varnothing = A$는 항상 성립한다.

합집합은 이항연산으로서 결합법칙과 교환법칙을 만족한다. 이를테면 $(A \cup B) \cup (C \cup D)$와 $(C \cup (B \cup D)) \cup A$는 같은 집합이며, 이들을 간단히 $A \cup B \cup C \cup D$라 표기해도 혼동의 여지가 없다. 임의의 유한개의 집합의 합집합은, 이들 중 적어도 하나에 속하는 원소들로 이루어진 집합이다. 예를 들어, $A \cup B \cup C = \{x : x \in A \vee x \in B \vee x \in C\}$이다.

> **더 알아두기**
>
> **포함·배제의 원리(inclusion-exclusion principle)**: 유한 집합들에 대하여 합집합의 원소의 개수를 세는 기법 중의 하나로 조합론에서 많이 쓰이는 근본적인 기법이다.
>
> (a) 집합이 두 개인 경우
> $|A|$가 집합 A의 크기일 때, 두 유한 집합 A와 B의 합집합의 크기와 각각의 집합의 크기 사이에 성립하는 관계는 다음과 같다.
> $|A \cup B| = |A| + |B| - |A \cap B|$
> 두 집합의 원소의 개수를 각각 따로 센 후 더하고, 더한 수에서 두 집합에 모두 포함되는 원소(교집합의 원소)의 수를 빼면 두 집합에 대한 합집합의 원소의 개수를 구할 수 있다.

(b) 집합이 세 개인 경우
집합이 세 개인 경우는 집합이 두 개인 경우와 마찬가지로 세 집합 A, B, C의 합집합의 크기를 다음과 같이 표현할 수 있다.
$|A \cup B \cup C| = |A| + |B| + |C| - |A \cap B| - |B \cap C| - |C \cap A| + |A \cap B \cap C|$
세 집합 각각의 원소의 개수를 더하고 나서 두 집합들 사이의 교집합의 개수를 뺀다. 그러면 세 집합에 모두 공통으로 들어가는 교집합의 원소들은 3번을 빼게 된다. 그러므로 마지막에 세 집합의 교집합의 개수를 더하여 집합이 세 개인 경우 합집합의 개수를 구할 수 있다.
4개인 경우도 이와 같은 방법으로 계산할 수 있다. 일반화된 포함·배제의 원리는 다음과 같다.

(c) 일반적인 경우
일반적으로 n개의 집합 $A_1, ..., A_n$이 있을 때, 그 합집합의 크기는 다음과 같다.
$$\left| \bigcup_{i=1}^{n} A_i \right| = \sum_{i=1}^{n} |A_i| - \sum_{i,j:\, 1 \leq i < j \leq n} |A_i \cap A_j| + \sum_{i,j,k:\, 1 \leq i < j < k \leq n} |A_i \cap A_j \cap A_k| - \cdots + (-1)^{n-1} |A_1 \cap \cdots \cap A_n|$$

(2) 교집합(Intersection) : $A \cap B$

임의 두 집합 A와 B에 대하여 교집합은 **집합 A 및 집합 B 모두에게 속하는 원소들의 집합**을 말하며, $A \cap B$로 표기한다.

$$A \cap B = \{x : x \in A \wedge x \in B\}$$

여기서 '∧'는 '이고'를 뜻한다. 다시 말하자면 원소 x가 $A \cap B$에 속할 필요충분조건은 "$x \in A$이고 $x \in B$"임을 의미한다.

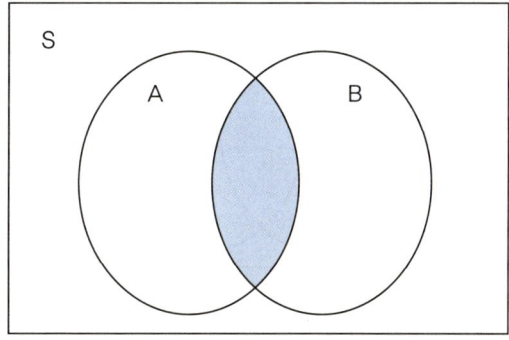

[그림 1-4] $A \cap B$의 벤 다이어그램

다음은 두 집합의 교집합의 예이다. 두 집합 $A = \{$가, 나, 다, 라$\}$, $B = \{$다, 라, 마, 바$\}$의 교집합은 $A \cap B = \{$다, 라$\}$이다. 2의 배수의 집합 $\{2, 4, 6, 8, ...\}$과 3의 배수의 집합 $\{3, 6, 9, 12, ...\}$의 교집합은 6의 배수의 집합인 $\{6, 12, 18, ...\}$이다. 만약 집합 A와 집합 B가 공통된 원소가 하나도 없는 경우 ($A \cap B = \emptyset$) 두 집합 A, B를 **서로소**(disjoint)라고 한다. 서로소인 두 집합, 이를테면 유리수, 무리수

집합의 교집합은 공집합이다. 임의의 개수의 집합의 교집합은 그들 모두에 동시에 속하는 원소들로 이루어진 집합이다. 여러 개의 집합, 예를 들어 A, B, C, D, E의 교집합은 그들 사이사이에 교집합 기호를 써서 표시한다.

$$A \cap B \cap C \cap D \cap E$$

각각의 집합에 첨수(예를 들어 양의 정수 1, 2, …)를 부여해 대형 연산자를 통해 나타내는 방법도 있다. 예를 들어 $\bigcap_{i=1}^{5} A_i$, $\bigcap_{i=1}^{\infty} B_i$, $\bigcap_{i \in I} C_i$는 각각 A_1, A_2, A_3, A_4, A_5의 교집합, $B_1, B_2, B_3, ...$ 의 교집합, $C_i (i \in I$, I는 첨수집합, $I \neq \emptyset$)의 교집합을 나타낸다. 이때 $x \in \bigcap_{i \in I} C_i \Leftrightarrow \forall_i \in I, x \in C_i$가 성립한다.

(3) 차집합(Difference) : $A - B$ 기출

임의의 두 집합 A와 B에 대하여 차집합은 집합 A에서 집합 B의 원소들을 제외한 원소들의 집합을 말하며, $A \setminus B$ 또는 $A - B$로 표기한다.

$$A - B = \{x : x \in A \wedge x \notin B\}$$

집합 A에서 집합 B의 차집합은 교집합을 이용해서 구할 수 있다.

$$A - B = A - (A \cap B)$$

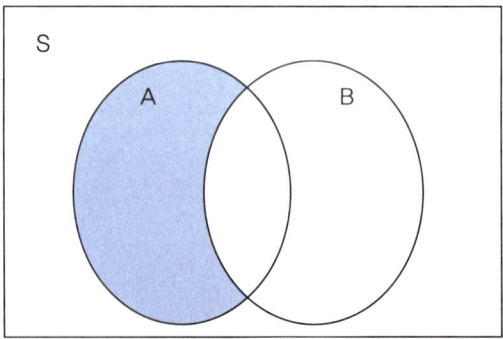

[그림 1-5] $A - B$의 벤 다이어그램

다음은 두 집합에 대한 차집합의 예이다. 두 집합 $A = \{$가, 나, 다, 라$\}$, $B = \{$다, 라, 마, 바$\}$의 차집합은 $A - B = \{$가, 나$\}$이다. 정수의 집합 $\{..., -2, -1, 0, 1, 2, 3, ...\}$과 자연수 집합 $\{1, 2, 3, 4, 5, 6, ...\}$의 차집합은 0과 음의 정수의 집합인 $\{..., -2, -1, 0\}$이다.

(4) 대칭 차집합(Symmetric difference) : $A \triangle B$

두 집합 A, B 대칭차 또는 대칭 차집합(symmetric difference)은 둘 중 한 집합에는 속하지만 둘 모두에는 속하지는 않는 원소들의 집합이다. 명제의 배타적 논리합(exclusive or, $A \oplus B$)과 유사하다. 집합 A, B의 대칭차는 보통 $A \triangle B$로 표기한다.

$$
\begin{aligned}
A \triangle B &= \{x | x \in A \cup B \wedge x \notin A \cap B\} \\
&= \{x | x \in A - B \vee x \in B - A\} \\
&= \{x | x \in ((A \cup B) - (A \cap B))\} \\
&= \{x | (x \in A \wedge x \notin B) \vee (x \notin A \wedge x \in B)\}
\end{aligned}
$$

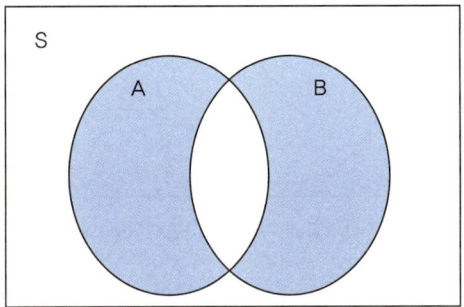

[그림 1-6] $A \triangle B$의 벤 다이어그램

다음은 두 집합에 대한 대칭 차집합의 예이다. 두 집합 $A = \{$가, 나, 다, 라$\}$, $B = \{$다, 라, 마, 바$\}$의 대칭 차집합은 두 집합의 합집합에서 교집합을 뺀 결과인 $A \triangle B = \{$가, 나, 마, 바$\}$이다. 차집합과 대칭 차집합의 차이를 예를 들어 비교하자. 두 집합 $A = \{1, 2, 7, 15, 23\}$와 $B = \{2, 15, 16, 27\}$의 차집합은 $A - B = \{1, 7, 23\}$이며, 대칭 차집합은 $A \triangle B = \{1, 7, 16, 23, 27\}$이다. 즉, 차집합은 대칭 차집합의 부분집합이다.

$$A - B \subset A \triangle B$$

또한, 대칭 차집합의 정의로부터 교환법칙이 성립한다는 것도 알 수 있다. 이는 [그림 1-6]에서도 확인할 수 있다.

$$A \triangle B = B \triangle A$$

(5) 여집합(Complement) : A^C

전체집합 S가 정의되었을 때, 그의 부분집합 집합 A의 여집합은 집합 A에는 속하지 않는 원소들의 집합이다. 집합 A의 여집합은 A^C, A^-, A', $\overline{A}$로 표기되며, 다음과 같은 집합이다.

$$A^C = \{x \in S : x \notin A\}$$

풀이하자면, 임의의 $x \in S$에 대해, $x \in A^C$일 필요충분조건은 $x \notin A$이다.

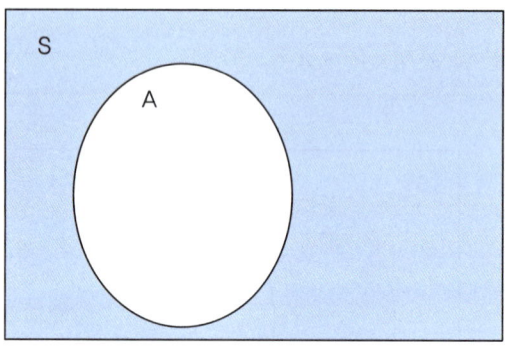

[그림 1-7] A^C의 벤 다이어그램

다음은 여집합의 간단한 예이다. $S = \{1, 2, 3, 4, 5, 6\}$이 전체집합일 때, $A = \{2, 4, 6\}$의 여집합은 $A^C = \{1, 3, 5\}$이다. 전체집합이 실수 집합인 경우, 양수의 집합의 여집합은 음수와 영의 집합이고 유리수 집합의 여집합은 무리수 집합이다.

(6) 집합 B의 부분집합(subset) A : $A \subseteq B$

임의 두 집합 A와 B에 대하여, **집합 B의 부분집합(subset) A는 모든 원소가 B에도 속하는 집합**이다. 이런 관계를 기호로 $A \subseteq B$ 또는 $B \supseteq A$라 표기하며 다음과 같은 집합이다.

$$A \subseteq B = \{\forall x \in A : x \in B\}$$

$A = B$인 경우에도 A는 B의 부분집합이 되는데, A가 B의 부분집합이지만 같지는 않은 경우, 즉 A가 B의 부분집합이고, A에 속하지 않는 B의 원소가 적어도 하나 존재하는 경우를 **진부분집합**(proper subset)이라고 하며 기호로는 $A \subset B$ 또는 $B \supset A$로 나타낸다.

드물게 A가 B의 부분집합이라 하는 대신 B가 A의 초집합(超集合) 또는 상위집합(superset), A가 B의 진부분집합이라 하는 대신 B가 A의 진초집합 또는 진상위집합이라 표현하는 경우도 있다. 부분집합의 예를 들면 집합 {가, 나는 {가, 나, 다, 라}의 부분집합이다. 벤 다이어그램에서는 부분집합 관계를 [그림 1-2]의 (b)와 같이 하나가 하나를 완전히 감싼 두 원으로 나타낸다.

예를 들어 세 집합 $A = \{1, 2\}$, $B = \{2, 3\}$, $C = \{1, 2, 3\}$이 있을 때, A, B의 모든 원소는 C의 원소이므로, A, B 둘 다 C의 부분집합이다($A \subseteq C$, $B \subseteq C$). 나아가 A, B 둘 다 C와 같은 집합이 아니기 때문에 C의 진부분집합이다($A, B \subset C$). 또 A는 B에 포함되지도, B를 포함하지도 않는다.

(7) 멱집합(Power set) : 2^S

집합의 모든 부분집합을 모아 놓은 것을 멱집합(Power set)이라고 한다. 집합 S에 대한 멱집합 $P(S)$는 S의 모든 부분집합의 집합이며 다음과 같은 집합이다.

$$P(S) = \{A : A \subseteq S\}$$

집합 S의 멱집합은 $P(S)$, 2^S 등으로 표기한다. 멱집합 $P(S)$는 공집합과 원래 집합을 다음과 같이 원소로 포함한다.

$$\varnothing \in P(S)$$
$$S \in P(S)$$

또한, 멱집합은 이항관계 $\subseteq$ (부분집합), 이항연산 $\cup$ (합집합), 이항연산 $\cap$ (교집합), 단항연산 ^{c} (여집합)을 갖춘다.

유한 집합 S의 멱집합은 유한 집합이며, 그 크기는 $|P(S)| = 2^{|S|}$이다. 무한 집합의 멱집합은 비가산 집합이며, 그 크기는 $|P(S)| = 2^{|S|}$이다. 두 등식 우변의 $2^{|S|}$는 기수의 거듭 제곱이며, 다음과 같은 집합의 크기를 뜻한다.

$$\{0, 1\}^S = \{f : S \rightarrow \{0, 1\}\}$$

멱집합과 위 집합 사이에는 다음과 같이 자연스러운 일대일 대응이 존재한다.

$$P(S) \rightarrow \{0, 1\}^S$$
$$A \mapsto f(s) = \begin{cases} 1 & s \in A \\ 0 & s \notin A \end{cases}$$

멱집합의 예를 들면, 세 개의 원소를 가지는 집합 $A = \{가, 나, 다\}$ 경우, A의 모든 부분집합(멱집합)은 다음과 같다.

$$P(A) = 2^A = \{\{\ \}, \{가\}, \{나\}, \{다\}, \{가, 나\}, \{가, 다\}, \{나, 다\}, \{가, 나, 다\}\}$$

어떤 집합의 원소의 개수가 n개라면 멱집합의 개수는 2^n개다.

(8) 집합의 곱(Cartesian Product) : $A \times B$

두 집합의 곱집합(product set, product) 또는 데카르트 곱(Cartesian product)은 각 집합의 원소를 각 성분으로 하는 순서쌍(ordered pair)들의 집합으로 $A \times B$로 표기한다. 하나의 순서쌍은 순서로 구분되는 원소들의 쌍으로 (a,b)와 같이 표현한다. 순서쌍의 원소들의 순서에 의해 구분이 되므로 $(a,b) \neq (b,a)$이다.

집합 A와 집합 B의 곱집합 $A \times B$는 다음과 같은 집합이다.

$$A \times B = \{(a,b) | a \in A \land b \in B\}$$

집합의 곱을 예를 들면 두 집합 $A = \{1,2\}$와 $B = \{a,b,c,d\}$의 곱집합은
$A \times B = \{1,2\} \times \{a,b,c,d\} = \{(1,a),(1,b),(1,c),(1,d),(2,a),(2,b),(2,c),(2,d)\}$이 된다.

(9) 집합의 대수법칙 중요

집합의 연산에 대한 대수법칙들을 전체집합을 U 로 두어 다음 [표 1-1]에 정리하였다.

[표 1-1] 집합의 대수법칙 정리

법칙의 이름	관계
결합법칙(associative law)	$(A \cup B) \cup C = A \cup (B \cup C)$ $(A \cap B) \cap C = A \cap (B \cap C)$
교환법칙(commutative law)	$A \cup B = B \cup A$ $A \cap B = B \cap A$
드모르간의 법칙(De Morgan's law)	$\overline{A \cup B} = \overline{A} \cap \overline{B}$ $\overline{A \cap B} = \overline{A} \cup \overline{B}$
멱등법칙(idempotent law)	$A \cup A = A$ $A \cap A = A$
역법칙(inverse law)	$A \cup \overline{A} = U$ (U : 전체집합) $A \cap \overline{A} = \varnothing$, $\overline{U} = \varnothing$, $\overline{\varnothing} = U$
보법칙(complement law)	$\overline{\overline{A}} = A$
분배법칙(distribution law)	$A \cup (B \cap C) = (A \cup B) \cap (A \cup C)$ $A \cap (B \cup C) = (A \cap B) \cup (A \cap C)$
항등법칙(identity law)	$A \cap U = A$, $A \cup U = U$ $A \cap \varnothing = \varnothing$, $A \cup \varnothing = A$
흡수법칙(absorption law)	$(A \cap B) \cup A = A$ $(A \cup B) \cap A = A$
기타	$A - B = A \cap \overline{B}$ $A - A = \varnothing$, $A - \varnothing = A$

제2절 증명방법

수학적으로 증명(Proof)은 특정한 공리들을 가정하고, 그 가정 하에서 어떤 명제가 참이라는 것을 보여주는 것을 말한다. 회로나 프로그램 등을 설계하고 개발할 때 성능에 대한 논리적이고 객관적인 증명은 반드시 필요한 과정이다. 여러 가지 논리적인 검증 자료를 기반으로 그 전제들은 논리적인 증명을 통해 반드시 참(T, true)이여야 한다. 논리적인 증명방법으로는 수학적 귀납법, 직접 증명법, 간접 증명방법인 모순 증명법과 대우 증명법 그리고 반례 및 존재 증명법 등이 있다.

1 증명이란?

증명(proof)이란 논리적인 법칙을 이용하여 주어진 가정으로부터 결론을 유도하는 추론의 한 방법으로서 어떠한 명제나 논증이 적절하고 타당한지를 입증하는 작업이다. 증명을 위해서 참(T)인 전제들이 주어지며, 참인 전제들의 결론 또한 참(T)이 되는 것을 **유효 추론**(valid argument)이라고 한다. 유효 추론이 성립되었을 때 비로소 정확한 증명이라고 할 수 있다. 증명에 필요한 몇 가지 개념을 정리하면 다음과 같다.

(1) 공리

공리(Axiom)는 별도의 증명이 필요 없이 항상 참(T)으로 이용되는 명제(proposition)이다. 즉, 어떤 이론체계에서 가장 기초적인 근거가 되는 명제로서, 어떤 다른 명제들을 증명하기 위한 전제로 이용되는 가장 기본적인 가정을 가리킨다. 지식이 참된 것이 되기 위해서는 근거가 필요하나 근거를 소급해 보면 더 이상 증명하기가 곤란한 명제에 다다른다. 이것이 바로 공리이다. 참고로 증명이 필요한 명제 중 증명이 완료된 명제를 정리라고 한다.

다음은 공리의 예이다.
① 명제 P가 성립한다면, 명제 'P 또는 Q'도 성립한다.
② 두 점이 주어졌을 때, 그 두 점을 통과하는 직선을 그을 수 있다. (유클리드 기하학)
③ $a=b$이면, $a+c=b+c$이다.
④ 어떤 자연수에 대해서도, 그 수의 '다음' 자연수(따름수)가 존재한다. (페아노의 공리)
⑤ 어떤 것도 포함하지 않는 집합(공집합)이 존재한다. (공리적 집합론)
⑥ 집합 S와 조건식 P가 주어졌을 때, S의 원소 중에서, 조건 P(x)를 만족하는 x만으로 구성된 집합을 만들 수 있다. (공리적 집합론)

(2) 정리

정리(Theorem)는 공리와 정의를 통해 참(T)으로 확인된 명제이다. 즉, 수학에서 가정(assumption)으로부터 증명된 명제를 말한다. 정리를 증명하기 위해 사용되는 보조적인 명제를 **보조정리**(lemma)라 하고, 정리로부터 쉽게 도출되는 부가적인 명제를 **따름정리**(corollary)라 한다.

다음은 정리의 예이다.
① 실수는 사칙연산에 닫혀 있다.
② 직각삼각형에서 빗변 길이의 제곱은 다른 두 변의 길이의 제곱의 합과 같다. (피타고라스의 정리)
③ 평면을 유한개의 부분으로 나누어 각 부분에 색을 칠할 때, 서로 맞닿은 부분을 다른 색으로 칠한다면 네 가지 색으로 충분하다. (4색 정리)
④ 정수론에서 3 이상 지수의 거듭제곱수는 같은 지수의 두 거듭제곱수의 합으로 나타낼 수 없다. (페르마의 마지막 정리)

(3) 정의

정의(Definition)는 논의 대상이 지니는 의미와 내용에 착오가 일어나지 않도록 뚜렷이 규정한 문장이나 식을 뜻한다. 또, 용어(낱말, 구, 기타 상징의 집합)의 의미를 설명하는 문장을 뜻하기도 한다. 정의는 정확한 사고의 출발점이기도 하므로 애매한 말로 정의하거나 여러 뜻으로도 혹은 그와 똑같은 의미의 말을 써서 정의해서도 안 된다. 논의 대상의 보편화를 위해 사용하는 용어 또는 기호의 의미를 확실하게 규정해야 한다.

다음은 정의의 예이다.
① 네 변의 길이가 같은 사각형을 정사각형이라 한다.
② 직각삼각형은 한 내각의 크기가 직각인 삼각형이다.
③ 음이 아닌 정수 n 계승 n!은 다음과 같이 정의된다.

$$n! = \prod_{k=1}^{n} k = 1 \times 2 \times 3 \times \cdots \times (n-2) \times (n-1) \times n$$

(4) 증명

증명(Proof)은 특정한 공리들을 가정하고, 그 가정 하에서 어떤 명제가 참이라는 것을 보여주는 것이다. 즉, 하나의 명제가 참(T)임을 확인하는 과정이다. 증명 기법에는 공리와 정의, 그리고 이미 증명된 정리를 논리적으로 직접 연결하여 증명하는 **직접 증명법**, 바탕 명제(base case)가 참일 때, 귀납 규칙(induction rule)을 증명하여 무한히 많은 다른 명제들도 참이라는 것을 보이는 **수학적 귀납법**, 어떤 성질을 만족하는 구체적인 예제를 하나 만들어 그 성질을 만족하는 어떤 것이 실제로 존재함을 증명하는 예제를 통한 **존재 증명법**, 어떤 명제가 거짓이라고 가정하면 모순이 발생한다는 것을 증명하면, 그 명제가 참이어야 함을 알 수 있는 **모순 증명법** 등이 있다.

2 여러 가지 증명방법 （중요）

(1) 수학적 귀납법

수학이나 공학에서 새로운 결과를 얻는 두 가지 중요한 추론의 방법론이 있다. 하나는 연역법이고 다른 하나는 귀납법이다. 하나의 일반적인 원리나 사실을 전제로 하여 특수한 다른 원리나 개별적인 사실을 이끌어 내는 것을 '연역'이라고 하고 연역적으로 논리를 펼쳐서 추론하는 것을 **연역적 추론(deductive reasoning)**'이라 한다. '**귀납적 추론(induction)**'은 개별적이고 특수한 사례들로부터 일반적이고 보편적인 법칙을 찾아내는 것으로 연역적 추론과는 반대의 추론 방법이다.

수학적 귀납법(mathematical induction)을 설명하기 위하여 종종 계단이나 사다리를 올라가는 예나 도미노를 인용한다. 계단을 오를 경우, 첫 번째 계단을 오르고 그 후 n번째 계단을 지나 $n+1$번째 계단을 같은 방법으로 오르는 것에 수학적 귀납법이 비유될 수 있다.

수학적 귀납법을 이용하여 모든 자연수가 어떤 주어진 성질을 만족시킨다는 명제를 증명할 수 있다. 먼저 가장 작은 자연수(문맥에 따라 0일 수도 1일 수도 있다)가 그 성질을 만족시킴을 증명한 뒤, 만약 어떤 자연수가 만족시키면 바로 다음 자연수 역시 만족시킴을 증명하기만 하면, 모든 자연수에 대한 증명이 끝난다. 수학적 귀납법은 이름과는 달리 귀납적 논증이 아닌 연역적 논증에 속한다. 수학적 귀납법의 증명에서는 명제 $P_1, P_2, P_3, ..., P_n$이 사실이라고 할 때 P_{n+1}의 경우에도 적용된다는 것을 보이면 된다.

정리하자면 수학적 귀납법은 다음의 기초 단계, 귀납 가정, 귀납 단계로 증명한다.

> ① **기초 단계(basis)** : 출발점이 되는 n의 값을 대입하여 초깃값을 계산한다.
> ② **귀납 가정(inductive assumption)** : $P_1, P_2, P_3, ..., P_n$이 사실이라고 가정한다.
> ③ **귀납 단계(inductive step)** : 기초 단계와 귀납 가정을 이용하여 P_{n+1}의 경우에 성립됨을 보인다.

예를 들어 $S_n = \sum_{i=0}^{n} i = \dfrac{n(n+1)}{2}$를 n에 대하여 수학적 귀납법을 이용하여 증명하는 과정은 다음과 같다.

> (기초 단계) $n=0$인 경우 $S_0 = 0$
> (귀납 가정) $S_n = \sum_{i=0}^{n} i = \dfrac{n(n+1)}{2}$ 이 참이라고 가정
> (귀납 단계) S_n에서 n대신 $n+1$을 대입하여 정리하면
> $$S_{n+1} = S_n + n + 1$$
> $$= \dfrac{n(n+1)}{2} + n + 1$$
> $$= \dfrac{(n+1)(n+2)}{2}$$
> $\dfrac{n(n+1)}{2}$ 에서 n대신 $n+1$을 대입하면 위의 식과 동일한 결과가 나옴

(2) 직접 증명법

직접 증명법(Direct proof)은 주어진 명제를 변경하지 않고 참(T)이라고 가정하고 공리, 정리, 정의 등을 이용하여 증명하는 방법이다. 명제 $p \rightarrow q$의 직접 증명은 논리적으로 p의 진릿값이 참일 때 q도 참이 됨을 보이는 증명방법이다. 예를 들어 '두 홀수의 곱이 홀수임을 증명하라.'를 직접 증명법을 이용하여 증명하는 과정은 다음과 같다.

① 먼저 p와 q, $p \rightarrow q$를 정의한다.
  ㉠ p : 두 수 m과 n은 홀수이다.
  ㉡ q : m과 n의 곱은 홀수이다.
  ㉢ $p \rightarrow q$: 두 홀수 m과 n의 곱은 홀수이다.

② 증명
  ㉠ 두 정수 k와 j에 대하여, 홀수 m과 n은 각각 $m = 2k+1$ 과 $n = 2j+1$ 로 표현할 수 있다.
  ㉡ m과 n의 곱은 $m \times n = (2k+1) \times (2j+1) = 2(2kj+k+j)+1$ 이 된다.
  ㉢ k와 j는 정수이므로 $2kj+k+j$ 또한 정수가 되어 $2(2kj+k+j)$은 반드시 짝수가 되고, $2(2kj+k+j)+1$은 반드시 홀수가 된다.
  ㉣ $\therefore p \rightarrow q$ 즉, '두 홀수 m과 n의 곱은 홀수이다.'라는 명제는 참이 된다.

(3) 모순 증명법

모순 증명법(Proof by contradiction)은 주어진 명제를 일단 부정하고 논리를 전개하여 그것이 모순됨을 보임으로써 주어진 명제가 사실임을 증명하는 방법이다. 기존의 전통적인 방법으로 쉽게 증명할 수 없을 경우에 매우 유용한 증명방법이다.

> 조건 명제 $p \rightarrow q$는 $\neg(p \land (\neg q))$와 다음과 같이 동치이다.
> $\neg(p \land (\neg q)) \equiv \neg p \lor \neg(\neg q)$ (드모르간의 법칙)
> $\qquad\qquad\quad\ \equiv \neg p \lor q$ (이중 부정 법칙)
> $\qquad\qquad\quad\ \equiv p \rightarrow q$ (함축법칙)

$p \land (\neg q)$를 참이라고 하고 모순임을 보이면 원래의 명제가 참임을 증명하게 되는 것이다. 즉 p가 참(T)인 경우 명제 q를 부정(NOT)하여 증명하였을 때, 명제 $p \land (\neg q)$가 거짓(F)이 되면 본 명제 $p \rightarrow q$가 참(T)이라는 증명이 된다.

모순 증명법의 대표적인 예로 '$\sqrt{2}$ 가 유리수(rational number)가 아님'을 모순 증명법으로 증명하는 과정은 다음과 같다.

증명

㉠ $\sqrt{2}$ 가 유리수라고 가정하자.
㉡ 유리수의 정의에 따라, $\sqrt{2} = \dfrac{n}{m}$ (n, m은 정수, $m \neq 0$, n, m은 서로소)으로 표현된다.

- ⓒ 양변을 제곱하여 정리하면 $2m^2 = n^2$이 된다. 여기서 $2m^2$이 짝수이므로 n^2도 반드시 짝수이여야 한다.
- ⓓ n^2이 짝수이므로 n도 짝수이다. 따라서 $n = 2k$(k는 정수)로 표현할 수 있다.
- ⓔ $2m^2 = n^2$에 $n = 2k$을 대입하면 $2m^2 = 4k^2$이므로 $m^2 = 2k^2$이 된다.
- ⓕ 그러므로 m^2은 짝수이고 m도 짝수이다.
- ⓖ n, m 모두 짝수가 되어 서로소라는 가정에 모순된다. 따라서 $\sqrt{2}$는 유리수가 아니다.

더 알아두기

유리수는 분수, $\frac{a}{b}(b \neq 0)$로 표현 가능한 실수이다.

(4) 대우 증명법

대우 증명법(contraposition proof)은 조건명제 $p \rightarrow q$와 $\neg q \rightarrow \neg p$가 대우 관계로서 논리적 동치임을 이용하여, $\neg q \rightarrow \neg p$가 참인 것을 증명함으로써 $p \rightarrow q$가 참이 됨을 증명하는 방법이다.

'두 정수 n, m의 곱이 홀수면, n, m은 모두 홀수이다.'가 참(T)임을 대우 증명법을 이용하여 증명하는 방법은 'n, m이 모두 홀수가 아니면, 두 정수 n, m의 곱이 홀수가 아니다.'가 참(T)임을 다음과 같이 증명하면 된다.

증명

- ⓐ 명제 p와 q를 정의하면 다음과 같다.
  p : 두 정수 n, m의 곱이 홀수다.
  q : 두 정수 n, m은 홀수다.
- ⓑ 따라서 $\neg p$와 $\neg q$는 다음이 된다.
  $\neg p$: 두 정수 n, m의 곱은 홀수가 아니다(짝수다).
  $\neg q$: 두 정수 n, m은 홀수가 아니다(짝수다).
- ⓒ $\neg q \rightarrow \neg p$: 두 정수 n, m이 짝수면, n, m의 곱은 짝수다.
- ⓓ n, m이 짝수이므로, $m = 2k(k \in Z)$, $n = 2j(j \in Z)$가 되고,
  $n \times m = (2k) \times (2j) = 4kj = 2(2kj)$이므로 n, m 곱은 짝수다(여기서, Z는 정수).
- ⓔ 따라서, $\neg q \rightarrow \neg p$인 '두 정수 n, m이 짝수면, n, m의 곱은 짝수다.'는 참이다.
- ⓕ 대우명제가 참이므로 명제 $p \rightarrow q$인 '두 정수 n, m의 곱이 홀수면, n, m은 모두 홀수이다.'는 참(T)이다.

(5) 반례 증명법

반례 증명법((Proof by Counter Example)은 주어진 명제가 참(T) 또는 거짓(F)임을 기존의 방법으로 입증하기가 어려운 경우, **모순이 되는 예를 하나 보임으로써 증명하는 방법**이다. 즉, $\forall x\, p(x)$가 거짓임을 보이기 위해 $\neg \forall x\, p(x)$와 동치인 $\exists x\, \neg p(x)$에서 $p(x)$를 만족시키지 못하는 x가 적어도 하나 존재함을 보이면 된다. 이때의 x를 반례(counter-example)라고 한다.

예를 들어 설명하자면, '모든 실수 x, y에 대해 $x > y$이면 $x^2 > y^2$인지 증명하라.'라는 문제를 반례 증명법을 이용하여 증명하는 과정은 다음과 같다.

증명

㉠ $x = 0$, $y = -1$인 경우 $0 > -1$이므로 $x > y$이다.
㉡ 그러나, $(0)^2 < (-1)^2$이므로 $x^2 > y^2$은 성립하지 않는다.
㉢ 그러므로, 모든 실수 x, y에 대해 $x > y$이면 $x^2 > y^2$인 것은 아니다.

---

(6) 존재 증명법

존재 증명법(Existence Proof)은 **주어진 명제가 참이 되는 예를 찾아 증명하는 방법**이다. $p(x)$를 변수 x를 가지는 명제라고 할 때, $p(x)$가 참인 x가 적어도 하나가 존재한다($\exists x\ such\ that\ p(x)$)는 것을 보임으로써 증명한다. 예를 들어 설명하자면, '어떤 실수 a는 0이 아닌 실수이고 b는 실수일 때, 방정식 $ax + b = 0$을 만족하는 실수 x가 존재함을 증명하라.'라는 문제를 존재 증명법을 이용하여 증명하는 과정은 다음과 같다.

증명

㉠ 가정에서 $a \neq 0$이므로 방정식의 해를 구하는 방법을 적용하면, $x = -\dfrac{b}{a}$이다.
㉡ 실수는 나눗셈에 닫혀있으므로 x는 실수이다.
㉢ 따라서 주어진 명제는 참이다.

제3절 수의 표현

수를 표현하기 위한 방법은 다양하다. 수는 자연수, 정수, 실수와 같이 사용하는 숫자의 범위에 따라서 다양하게 표현할 수 있다. 일반적으로 우리는 0부터 9까지의 숫자를 한 자릿수로 하는 10진수를 사용하고 있다. 반면 컴퓨터는 데이터를 0과 1의 숫자만으로 수를 표현하는 2진수를 사용한다. 이처럼 수를 표현하는 숫자가 몇 개인가에 따라서 진법을 결정한다. 10진수의 경우에 한 자릿수가 10 이상이 되면 왼쪽 자리에 1을 더하고 해당 자리 수에서는 10을 뺀다. 이렇게 숫자를 셈을 하는 방법을 진수라고 하며 셈을 하고 표기하는 방법을 진법이라고 한다. 10진수와 2진수 이외에도 5진수, 2진수 8진수, 16진수 등 숫자를 표현하는 다양한 방법들이 있다. 결국 이런 진수들은 수의 자릿수가 올라가는 단위를 기준으로 하는 셈법이다.

> **더 알아두기**
>
> 진법과 진수
> n진법과 n진수는 0과 n-1 사이의 숫자들을 이용해서 수를 표현하는 방식 또는 그렇게 표현된 수를 말한다.

n진법에서 n을 기수(Base Number)라고 하고 표현된 수의 오른쪽 아래에 표기하는데 10진수 1234는 1234_{10} 또는 1234로 표현하고 2진수 1010은 1010_2로 표현한다.

1 진법별 수의 표현 [중요]

기수 n은 어떤 값이든 제한은 없으나 디지털 컴퓨터에서 주로 사용하는 대표적인 진수는 2진수, 8진수, 10진수, 16진수이다. 우리에게 가장 익숙한 10진수, 컴퓨터와 가장 친숙한 2진수, 2진수와 비슷하지만 인간이 조금 더 보기 쉬운 16진수와 8진수의 정의는 다음과 같다.

(1) 10진수

10진수(Decimal Number)는 기수를 10으로 하는 수 체계로, 0부터 9까지의 수를 사용하며, 10을 한 자리의 기본 단위로 하는 진수이다.

정수 n에 대해 ($k > 0, 0 \leq a \leq 9$) 10진법은 다음과 같이 정의한다.

$$n_{10} = a_k a_{k-1} \cdots a_1 a_0 = a_k 10^k + a_{k-1} 10^{k-1} + \cdots + a_1 10^1 + a_0 10^0$$

실수 n에 대해 ($k > 0, \ l > 0, \ 0 \leq a \leq 9$) 10진법은 다음과 같이 정의한다.

$$\begin{aligned} n_{10} &= a_k a_{k-1} \cdots a_1 a_0 \cdot a_{-1} a_{-2} \cdots a_{-l} a_{-(l+1)} \cdots \\ &= a_k 10^k + a_{k-1} 10^{k-1} + \cdots + a_1 10^1 + a_0 10^0 \\ &\quad + a_{-1} 10^{-1} + a_{-2} 10^{-2} + \cdots + a_{-l} 10^{-l} + a_{-(l+1)} 10^{-(l+1)} + \cdots \end{aligned}$$

예를 들어서 정수 1234에 대해 10진법의 기수와 자릿수로 표현하면 다음과 같다.

$$1234_{10} = 1 \times 10^3 + 2 \times 10^2 + 3 \times 10^1 + 4 \times 10^0$$

실수 1234.567을 10진법의 기수와 자릿수로 표현하면 다음과 같다.

$$1234.567_{10} = 1 \times 10^3 + 2 \times 10^2 + 3 \times 10^1 + 4 \times 10^0 + 5 \times 10^{-1} + 6 \times 10^{-2} + 7 \times 10^{-3}$$

(2) 2진수

2진수(Binary Number)는 기수를 2로 하는 수 체계로, 0과 1의 조합으로 숫자를 표시하는 진법이며, 2를 한 자리의 기본 단위로 하는 진수이다.

정수 n에 대해 ($k > 0, 0 \leq a \leq 1$) 2진법은 다음과 같이 정의한다.

$$n_2 = a_k a_{k-1} \cdots a_1 a_0 = a_k 2^k + a_{k-1} 2^{k-1} + \cdots + a_1 2^1 + a_0 2^0$$

실수 n에 대해 ($k > 0, \; l > 0, \; 0 \leq a \leq 1$) 2진법은 다음과 같이 정의한다.

$$\begin{aligned}
n_2 &= a_k a_{k-1} \cdots a_1 a_0 . a_{-1} a_{-2} \cdots a_{-l} a_{-(l+1)} \cdots \\
&= a_k 2^k + a_{k-1} 2^{k-1} + \cdots + a_1 2^1 + a_0 2^0 \\
&\quad + a_{-1} 2^{-1} + a_{-2} 2^{-2} + \cdots + a_{-l} 2^{-l} + a_{-(l+1)} 2^{-(l+1)} + \cdots
\end{aligned}$$

예를 들어서 2진수 정수 1011에 대해 2진법의 기수와 자릿수로 표현하면 다음과 같다.

$$1011_2 = 1 \times 2^3 + 0 \times 2^2 + 1 \times 2^1 + 1 \times 2^0$$

2진수 실수 1011.0101을 2진법의 기수와 자릿수로 표현하면 다음과 같다.

$$1011.0101_2 = 1 \times 2^3 + 0 \times 2^2 + 1 \times 2^1 + 1 \times 2^0 + 0 \times 2^{-1} + 1 \times 2^{-2} + 0 \times 2^{-3} + 1 \times 2^{-4}$$

(3) 8진수

8진수(Octal Number)는 기수를 8로 하는 수 체계로, 숫자를 표시하는 데 0에서 7까지의 수를 사용하는 진수이다.

정수 n에 대해 ($k > 0, 0 \leq a \leq 7$) 8진법은 다음과 같이 정의한다.

$$n_8 = a_k a_{k-1} \cdots a_1 a_0 = a_k 8^k + a_{k-1} 8^{k-1} + \cdots + a_1 8^1 + a_0 8^0$$

실수 n에 대해 ($k > 0$, $l > 0$, $0 \leq a \leq 1$) 8진법은 다음과 같이 정의한다.

$$n_2 = a_k a_{k-1} \cdots a_1 a_0 . a_{-1} a_{-2} \cdots a_{-l} a_{-(l+1)} \cdots$$
$$= a_k 2^k + a_{k-1} 2^{k-1} + \cdots + a_1 2^1 + a_0 2^0$$
$$+ a_{-1} 2^{-1} + a_{-2} 2^{-2} + \cdots + a_{-l} 2^{-l} + a_{-(l+1)} 2^{-(l+1)} + \cdots$$

예를 들어서 8진수 정수 1234에 대해 8진법의 기수와 자릿수로 표현하면 다음과 같다.

$$1234_8 = 1 \times 8^3 + 2 \times 8^2 + 3 \times 8^1 + 4 \times 8^0$$

8진수 실수 1234.567을 8진법의 기수와 자릿수로 표현하면 다음과 같다.

$$1234.567_8 = 1 \times 8^3 + 2 \times 8^2 + 3 \times 8^1 + 4 \times 8^0 + 5 \times 8^{-1} + 6 \times 8^{-2} + 7 \times 8^{-3}$$

(4) 16진수

16진수(Hexadecimal Number)는 기수를 16으로 하는 수 체계로, 숫자를 표시하는 데 십진법에 쓰이는 10개의 숫자인 0부터 9, 그리고 A부터 F까지 6개의 영문자를 사용하여 수를 표시하는 진법이다.
10부터 15까지의 수는 16진수 두 자리수와 구분하여 한 자리수로 표현하기 위해서 알파벳을 사용한다. A는 10, B는 11, C는 12, D는 13, E는 14, F는 15를 나타낸다.
정수 n에 대해 ($k > 0$, $0 \leq a \leq 9$ or $A \leq a \leq F$) 16진법은 다음과 같이 정의한다.

$$n_{16} = a_k a_{k-1} \cdots a_1 a_0 = a_k 16^k + a_{k-1} 16^{k-1} + \cdots + a_1 16^1 + a_0 16^0$$

실수 n에 대해 ($k > 0$, $l > 0$, $0 \leq a \leq 9$ or $A \leq a \leq F$) 16진법은 다음과 같이 정의한다.

$$n_{16} = a_k a_{k-1} \cdots a_1 a_0 . a_{-1} a_{-2} \cdots a_{-l} a_{-(l+1)} \cdots$$
$$= a_k 16^k + a_{k-1} 16^{k-1} + \cdots + a_1 16^1 + a_0 16^0$$
$$+ a_{-1} 16^{-1} + a_{-2} 16^{-2} + \cdots + a_{-l} 16^{-l} + a_{-(l+1)} 16^{-(l+1)} + \cdots$$

예를 들어서 16진수 정수 12B4에 대해 16진법의 기수와 자릿수로 표현하면 다음과 같다.

$$12B4_{16} = 1 \times 16^3 + 2 \times 16^2 + 11 \times 16^1 + 4 \times 16^0$$

16진수 실수 12B4.567을 16진법의 기수와 자릿수로 표현하면 다음과 같다.

$$12B4.567_{16} = 1 \times 16^3 + 2 \times 16^2 + 11 \times 16^1 + 4 \times 16^0 + 5 \times 16^{-1} + 6 \times 16^{-2} + 7 \times 16^{-3}$$

2 진법 변환 중요

컴퓨터는 2진수를 기본으로 사용하지만 8진수나 16진수도 사용한다. 사람이 사용하는 수를 컴퓨터에서 처리하기 위해서는 우리가 입력하는 10진수를 2진수, 8진수, 16진수로 변환해야 하며 컴퓨터에서 처리한 데이터를 사람이 읽을 수 있도록 2진수, 8진수, 16진수를 10진수로 변환해야 한다. 8진수와 16진수는 서로 직접 변환할 수 없어서 2진수나 10진수로 변환한 후에 16진수나 8진수로 변환한다.

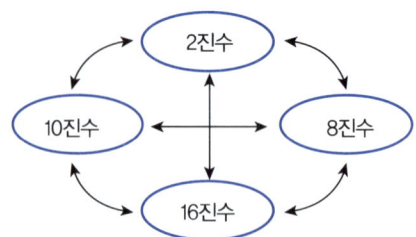

각 진수별 숫자를 0부터 15까지 적으면 다음과 같다. 0부터 15까지의 진수 변환은 기본으로 암기하고 있으면 진수들 간의 변환이 편리하다.

10진수	2진수	8진수	16진수
0	0	0	0
1	1	1	1
2	10	2	2
3	11	3	3
4	100	4	4
5	101	5	5
6	110	6	6
7	111	7	7
8	1000	10	8
9	1001	11	9
10	1010	12	A
11	1011	13	B
12	1100	14	C
13	1101	15	D
14	1110	16	E
15	1111	17	F

(1) 10진수의 2진수, 8진수, 16진수 변환

10진수를 2진수, 8진수, 16진수로 변환할 때 정수부분과 소수부분을 변환하는 방법이 다르기 때문에 구분하여 변환한다. 정수부는 변환하려는 기수로 몫이 0이 될 때까지 나누면서 나오는 나머지를 역순으로 읽으면 된다.

10진수 정수 123을 2진수 정수로 변환하는 과정은 다음과 같다. 123을 2로 더 이상 나눌 수 없을 때까지 나누고 아래에서부터 나머지에 해당하는 숫자를 적는다. 연산의 결과로 $123_{10} = 1111011_2$ 임을 알 수 있다.

```
2 ) 123
2 )  61 … 1
2 )  30 … 1
2 )  15 … 0
2 )   7 … 1
2 )   3 … 1
      1 … 1
```

10진수 정수 123을 8진수 및 16진수 정수로 변환하는 과정은 2진수 정수로 변환하는 과정과 동일하게 변환하는 진수로 다음과 같이 나누어서 구한다. 123을 16으로 나누었을 때 몫은 7이고 나머지가 11이 되는데 11은 16진수로 B가 된다. 연산의 결과로 $123_{10} = 173_8$, $123_{10} = 7B_{16}$ 임을 알 수 있다.

```
8 ) 123
8 )  15 … 3
      1 … 7
```

```
16 ) 123
       7 … 11
```

즉, 10진수 123은 2진수로는 1111011, 8진수로는 173, 16진수로는 7B가 된다.

소수부를 변환할 때에는 소수부가 0이 될 때까지 변환하려는 기수를 곱한다. 이 과정에서 곱한 결과의 정수부분은 변환 결과로 사용하고 남은 소수부분만 0이 될 때까지 계속 0을 곱한다.

10진수 실수 123.875를 2진수 실수로 변환할 때, 소수인 0.875를 2진수로 변환하는 과정은 다음과 같다. 여기서 정수부분인 111이 소수의 변환 값이 되어 0.875_{10}는 0.111_2가 된다.

```
  0.875    → 0.75    → 0.5
×    2      ×   2      ×  2
  1.750      1.50       1.0
```

정수부분인 123은 앞에서 계산한 $123_{10} = 1111011_2$을 사용하고 계산한 소수부의 값을 더하면 $123.875_{10} = 1111011.111_2$가 된다.

10진수 실수 123.875를 8진수 및 16진수 실수로 변환하는 과정은 2진수 실수로 변환하는 과정과 동일하게 연산을 한다. 소수부분을 변환하는 진수로 다음과 같이 곱해서 구한다. 8진수를 구하기 위해서 0.875를 8로 곱한 결과는 7이고 16으로 곱한 결과는 14이다. 연산의 결과로 소수부분이 $0.875_{10} = 0.7_8$이고 $0.875_{10} = 0.E_{16}$이므로 $123.875_{10} = 173.7_8$, $123.875_{10} = 7B.E_{16}$임을 알 수 있다.

```
                                    0.875
                                  ×   16
         0.875                    ─────────
       ×     8                    5.250
       ─────────               + 8.75
       7.000                      ─────────
                                  14.000
```

(2) 2진수, 8진수, 16진수의 10진수 변환

모든 진수는 해당 기수와 수를 구성하는 숫자의 자릿수를 이용하면 10진수로 변환할 수 있다. 각 숫자에 해당 자릿값의 가중치를 곱한 값을 모두 더하면 10진수의 값이 된다.

앞에서 10진수 정수 123을 2진수, 8진수 및 16진수 정수로 변환하는 연산을 하여 1111011_2, 173_8, $7B_{16}$을 얻었는데 1111011_2, 173_8, $7B_{16}$을 10진수 정수로 변환하는 연산을 하여 모두 10진수 123이 나오는지 확인해 보자.

먼저 2진수 1111011_2을 자릿값을 이용한 10진수로 변환하는 계산식은 다음과 같다.

$$1 \times 2^6 + 1 \times 2^5 + 1 \times 2^4 + 1 \times 2^3 + 0 \times 2^2 + 1 \times 2^1 + 1 \times 2^0 = 64 + 32 + 16 + 8 + 2 + 1 = 123$$

다음으로 8진수 173_8을 자릿값을 이용하여 10진수로 변환하는 계산식은 다음과 같으며 10진수 123이 계산된다.

$$1 \times 8^2 + 7 \times 8^1 + 3 \times 8^0 = 64 + 56 + 3 = 123$$

2진수와 8진수를 10진수로 변환하는 것과 동일하게 16진수 $7B_{16}$를 10진수로 변환하면 다음과 같이 123이 됨을 알 수 있다.

$$7 \times 16^1 + B \times 16^0 = 112 + 11 \times 1 = 123$$

2진수 1.1101_2을 10진수로 변환하면 다음과 같이 1.8125가 된다.

$$\begin{aligned} 1 \times 2^0 + 1 \times 2^{-1} + 1 \times 2^{-2} + 0 \times 2^{-3} + 1 \times 2^{-4} &= 1 + \frac{1}{2} + \frac{1}{4} + \frac{0}{8} + \frac{1}{16} \\ &= 1 + 0.5 + 0.25 + 0.0625 = 1.8125 \end{aligned}$$

8진수 1.64_8를 다음과 같이 변환하면 10진수 1.8125가 된다.

$$1\times 8^0 + 6\times 8^{-1} + 4\times 8^{-2} = 1 + 6\times \frac{1}{8} + 4\times \frac{1}{64} = 1 + 0.75 + 0.0625 = 1.8125$$

16진수 $1.D_{16}$를 10진수로 변환하면 다음과 같이 1.8125가 된다.

$$1\times 16^0 + D\times 16^{-1} = 1 + 13\times \frac{1}{16} = 1 + 13\times 0.0625 = 1.8125$$

(3) 2진수와 8진수 간의 변환

0부터 7 사이의 숫자로 수를 표현하는 8진수는, 한 자릿수에서 가장 큰 수인 7은 2진수로 111_2이다. 따라서 8진수 한자리를 2진수로 표현할 때 최대 3 자릿수의 2진수가 필요하다.

2진수를 8진수로 변환할 때는 2진수를 소수점 기준으로 3비트씩 나누고 각 3비트를 10진수로 변환하여 구한다. 3비트씩 나눌 때 왼쪽 끝이나 오른쪽 끝의 비트가 3비트가 안 되면 각각 앞과 뒤에 부족한 비트만큼 0을 추가하여 3비트로 만들어서 변환한다.

2진수 $111001010.101011011 01_2$를 8진수로 변환해 보자.

소수점을 기준으로 정수부는 왼쪽으로 3비트씩, 실수부는 오른쪽으로 각각 3비트씩 분리한다. 여기서 오른쪽 마지막은 3비트가 아닌 2비트가 된다. 이때 마지막 비트에 0을 추가하여 3비트를 만든 후 계산을 한다.

$$\underline{111}\ \underline{001}\ \underline{010} \cdot \underline{101}\ \underline{011}\ \underline{011}\ \underline{01}_2$$

111	001	010	.	101	011	011	010
①	②	③		④	⑤	⑤	③

각 3비트를 연산하면 다음과 같이 8진수 값을 구할 수 있다.

① $111_2 = 1\times 2^2 + 1\times 2^1 + 1\times 2^0 = 7$
② $001_2 = 0\times 2^2 + 0\times 2^1 + 1\times 2^0 = 1$
③ $010_2 = 0\times 2^2 + 1\times 2^1 + 0\times 2^0 = 2$
④ $101_2 = 1\times 2^2 + 0\times 2^1 + 1\times 2^0 = 5$
⑤ $011_2 = 0\times 2^2 + 1\times 2^1 + 1\times 2^0 = 3$

111	001	010	.	101	011	011	010
7	1	2		5	3	3	2

연산의 결과는 $111001010.10101101 1101_2 = 712.5332_8$이다.

반대로 8진수를 2진수로 변환할 때, 8진수 한 자릿수는 2진수 3 자릿수가 된다. 각 숫자의 연산의 결과가 0이나 1이 되어 결과가 1비트가 되거나 2나 3이 되어 2비트인 경우에 부족한 비트만큼 왼쪽을 0으로 채운다. 2진수로 변환한 후 왼쪽 끝과 오른쪽 끝에 있는 0은 지워도 되는 수이므로 지운다.
8진수 712.5332_8를 2진수로 변환해 보자.
소수점을 기준으로 정수부와 실수부의 수를 각각 3비트의 2진수로 만든다.

7	1	2	.	5	3	3	2
①	②	③		④	⑤	⑤	③

각 자릿수에 해당하는 값을 3비트 2진수로 연산을 하면 다음과 같다.

① 2) 7
   2) 3 ⋯ 1
       1 ⋯ 1

③ 2) 2
       1 ⋯ 0

④ 2) 5
   2) 2 ⋯ 1
       1 ⋯ 0

⑤ 2) 3
       1 ⋯ 1

1은 앞에 0을 두 개 추가하고 2는 10_2으로 2비트이므로 앞에 0을 한 개 추가해서 3비트로 만들고 마지막에 수 2는 3비트로 만든 후 마지막에 있는 비트 0을 지운다.

7	1	2	.	5	3	3	2
111	001	010		101	011	011	01̶0̶

연산의 결과는 $712.5332_8 = 111001010.10101101101_2$이다.

(4) 2진수와 16진수 간의 변환

0부터 9 사이의 숫자와 A부터 F까지의 영문자로 표현하는 16진수는 한 자릿수에서 가장 큰 수인 F는 10진수로 15이고 2진수로 1111_2이다. 따라서 16진수 한자리를 2진수로 표현할 때 최대 4 자릿수의 2진수가 필요하다.

2진수를 16진수로 변환할 때는 2진수를 소수점 기준으로 4비트씩 나누고 각 4비트를 10진수로 변환하여 구한다. 이때 10부터 15까지는 알파벳 A부터 F로 표기한다. 4비트씩 나눌 때 왼쪽 끝이나 오른쪽 끝의 비트가 4비트가 안 되면 각각 앞과 뒤에 부족한 비트만큼 0을 추가하여 4비트로 만들어서 변환한다. 2진수 111001010.10101101101_2를 16진수로 변환해 보자.

소수점을 기준으로 정수부는 왼쪽으로 4비트씩 실수부는 오른쪽으로 각각 4비트씩 분리한다. 여기서 오른쪽 마지막은 4비트가 아닌 3비트가 된다. 이때 마지막 비트에 0을 추가하여 4비트를 만든다. 왼쪽 끝은 1비트이므로 앞에 0을 3개 추가하여 4비트로 만든다.

$$1\ 1100\ 1010\ .\ 1010\ 1101\ 101_2$$

0001	1100	1010	.	1010	1101	1010
①	②	③		③	④	③

각 4비트를 연산하면 다음과 같이 16진수 값을 구할 수 있다.

> ① $0001_2 = 0 \times 2^3 + 0 \times 2^2 + 0 \times 2^1 + 1 \times 2^0 = 1$
> ② $1100_2 = 1 \times 2^3 + 1 \times 2^2 + 0 \times 2^1 + 0 \times 2^0 = 12 = C$
> ③ $1010_2 = 1 \times 2^3 + 0 \times 2^2 + 1 \times 2^1 + 0 \times 2^0 = 10 = A$
> ④ $1101_2 = 1 \times 2^3 + 1 \times 2^2 + 0 \times 2^1 + 1 \times 2^0 = 13 = D$

0001	1100	1010	.	1010	1101	1010
1	C	A		A	D	A

연산의 결과는 $111001010.10101101101_2 = 1CA.ADA_{16}$이다.

반대로 16진수를 2진수로 변환할 때, 16진수 한 자릿수는 2진수 4 자릿수가 된다. 각 숫자의 연산의 결과가 1비트, 2비트 또는 3비트인 경우에 부족한 비트는 왼쪽을 0으로 채운다. 2진수로 변환한 후 왼쪽 끝과 오른쪽 끝에 있는 0은 지워도 되는 수이므로 지운다.

16진수 $1CA.ADA_{16}$을 2진수로 변환해 보자.

소수점을 기준으로 정수부와 실수부의 수를 각각 4비트의 2진수로 만든다.

1	C	A	.	A	D	A
①	②	③		③	④	③

각 자릿수에 해당하는 값을 4비트 2진수로 연산을 하면 다음과 같다.

② 2) 12
   2) 6 ⋯ 0
   2) 3 ⋯ 0
      1 ⋯ 1

③ 2) 10
   2) 5 ⋯ 0
   2) 2 ⋯ 1
      1 ⋯ 0

④ 2) 13
   2) 6 ⋯ 1
   2) 3 ⋯ 0
      1 ⋯ 1

10진수로 10인 마지막 수 A는 2진수로 1010_2이므로 마지막에 있는 비트 0을 지운다.

1	C	A	.	A	D	A
1	1100	1010		1010	1101	101̶0̶

연산의 결과는 $1CA.ADA_{16} = 111001010.10101101101_2$이다.

3 이진법 연산 중요

모든 진법의 사칙연산은 10진수의 연산과 덧셈에서 올림수가 발생하는 수와 뺄셈에서 빌림수가 다를 뿐 기본 원리는 동일하다. 덧셈에서는 수 체계에 상관없이 올림수가 1이고 뺄셈의 빌림수는 10진수에서는 위의 자리에서 10을 빌려오는 것과 유사하게 각 진수에 해당하는 수를 빌려온다. 즉, 2진수에서는 2를, 8진수에서는 8을, 16진수에서는 16을 빌려온다.

(1) 이진법의 덧셈 기출

2진수의 덧셈은 두 수의 합이 2가 되면 한 자리가 올라간다. 1 + 1 = 10이 된다. 이와 동일하게 8진수는 두 수의 합이 8이 되면 한 자리가 올라가고 16진수는 두 수의 합이 16이 되면 한 자리가 올라간다. 10진수 7 + 6을 2진수로 변환하여 이진법 덧셈을 하고 10진수의 덧셈과 비교하면 다음 그림과 같다.

$$
\begin{array}{r} 7 \\ + \ 6 \\ \hline 3 \\ + \ ① \longleftarrow 올림수 \\ \hline ①3 \end{array}
\qquad
\begin{array}{r} 111 \\ + \ 110 \\ \hline 101 \\ + \ ① \\ \hline ①101 \end{array}
$$

[그림 1-8] 10진수와 2진수의 덧셈

10진수 7 + 6의 경우에 13이 결과인데 자릿수에 해당하는 값은 3이 되고 10의 값인 1은 올림수가 된다. 이를 2진수로 변경하여 연산을 하면 10진수 7은 2진수 111_2가 되고 10진수 6은 110_2가 되어 두 수를 덧셈 연산을 하면 두 번째 자릿수에서 1 + 1이 되어 올림수가 발생하고 이 올림수와 세 번째 자릿수의 두 수를 더하면 1 + 1 + 1 = 11$_2$가 되어 올림수 1과 자릿수 1이 나온다. 결과적으로 올림수로 인하여 자릿수가 하나 증가하였다.

(2) 보수

제한된 자릿수의 정수만을 사용할 때는 음수를 표현할 때 음의 부호 표현을 사용하는 대신 보수(Complement)를 이용한 표현을 사용할 수 있다. 예를 들면 10진법으로 네 자리까지만 숫자를 표현하고자 할 때 −7 대신 7의 9999에 대한 보수 9992로 대신 표현하거나 10000에 대한 보수 9993으로 표현이 가능하다. 일반적으로 보수는 두 가지 종류가 있는데 진수를 나타내는 수를 r이라고 할 때 하나는 r의 보수이고 다른 하나는 r−1의 보수이다. 2진수에는 2의 보수와 1의 보수가 있고 10진수에는 10의 보수와 9의 보수가 있다.

① r−1의 값에서 수의 각 자리의 수를 빼면 r−1의 보수가 된다. 예를 들어서 1234_{10}의 9의 보수는 $9999_{10} - 1234_{10} = 8765_{10}$이고 2진수 11011_2의 1의 보수는 $11111_2 - 11011_2 = 00100_2$이다. 2진수에서 1은 0으로 0은 1로 바꾸면 1의 보수가 된다.

② r의 보수는 r−1의 보수를 구한 후 가장 낮은 자리에 1을 더하여 구한다. 예를 들어서 1234_{10}의 10의 보수는 1234_{10}의 9의 보수에 1을 더하여 $8765_{10} + 1_{10} = 8766_{10}$이며 2진수 11011_2의 2의 보수는 1의 보수에 1을 더하여 $00100_2 + 1_2 = 00101_2$이 된다.

(3) 이진법의 뺄셈

컴퓨터에서는 뺄셈 연산이 없기 때문에 보수를 이용하여 덧셈을 하면 뺄셈 연산의 결과를 얻을 수 있다. 7 − 4의 경우에 7 + (−4)로 연산을 하는데 이때 (−4)는 4에 대한 보수를 취하여 음수를 표현해 준다. 결국 −4를 7에 더하여 주면 7 − 4에 대한 연산 결과가 나오는 것이다.

2진수 $1101_2 - 1001_2$을 1의 보수 및 2의 보수를 각각 사용하는 뺄셈 연산 과정을 살펴보자.

$1101_2 - 1001_2$은 $1101_2 + (-1001_2)$로 계산을 하므로 1001_2의 1의 보수를 먼저 구한 후 1101_2에 더한다. 1001_2의 1의 보수는 0110_2이므로 $1101_2 + (-1001_2)$는 $1101_2 + 0110_2$로 연산을 한다. 이때 자리올림수가 발생하면 더해준다. 연산의 결과에서 맨 왼쪽의 비트 값이 0이면 양수의 값이고 1이면 음수 값을 의미한다. 음수인 경우 다시 1의 보수로 만들어 주어 10진수로 변환하여 연산 결과를 확인한다. 여기서는 제일 왼쪽의 비트 값이 0이므로 양수이고 10진수로는 4가 된다. 확인하면 $1101_2 - 1001_2 = 0100_2$은 10진수로 13 − 9 = 4가 되어 그 결과가 4임을 확인할 수 있다.

```
        1 1 0 1                1 1 0 1
      − 1 0 0 1     →        + 0 1 1 0
                   올림수 ──① 0 0 1 1
                              +        ①
                              0 1 0 0
```

1001_2의 1의 보수는 0110_2이므로 2의 보수는 1의 보수에 1을 더하여 0111_2이 된다. 따라서 $1101_2 + (-1001_2)$은 $1101_2 + 0111_2$로 연산을 한다. 2의 보수를 이용한 연산에서도 연산의 결과에서 맨 왼쪽의 비트 값이 0이면 양수의 값이고 1이면 음수 값을 의미한다. 1의 보수 연산처럼 음수인 경우 다시 2의 보수로 만들어 준 후에 10진수로 변환하여 연산 결과를 확인한다. 연산의 결과는 1의 보수를 이용한 연산과 동일하다.

```
        1 1 0 1                1 1 0 1
      − 1 0 0 1     →        + 0 1 1 1
                   올림수 버림 ──① 0 1 0 0
```

$1001_2 - 1101_2$ 연산을 하여 뺄셈 연산의 결과가 음수가 되는 경우도 확인해 보자. 여기서는 1의 보수를 사용한 연산 과정을 생략하고 2의 보수를 사용한 연산 과정을 살펴보자. -1101_2의 2의 보수는 0011_2이므로 $1001_2 + (-1101_2) = 1001_2 + 0011_2$을 다음과 같이 연산한다.

```
        1 0 0 1                1 0 0 1
      − 1 1 0 1     →        + 0 0 1 1
                     음수 ──── 1 1 0 0
```

연산의 결과는 1100_2이므로 결과가 음수라는 것을 알 수 있다. 1100_2의 2의 보수를 구하고 (−)기호를 붙인다. 1100_2의 2의 보수는 1의 보수를 구한 후 1을 더하여 ($0011_2 + 1_2 = 0100_2$) − 0100_2으로 표기할 수 있다. 이 값은 10진수로 −4이고 1001_2 − 1101_2 = 9 − 13 = −4가 되어 동일한 결과라는 것을 확인할 수 있다.

제4절 알고리즘

주어진 문제를 보다 효율적으로 해결하기 위해 여러 가지 해결 방법과 단계별 순서를 생각해 보고, 그중 가장 적합한 방법을 선택하여 실행한다. 이와 같이 어떤 문제를 해결하기 위해 수행하는 명령어들의 유한 집합으로 이루어진 절차나 방법을 **알고리즘**(Algorithmus)이라고 한다. 예를 들어 십진수를 이진수로 바꾸는 방법, 커피 자판기가 동작하는 방법, 라면을 끓이는 조리법 등도 모두 알고리즘이다. 알고리즘은 수학과 컴퓨터 과학, 언어학 또는 관련 분야에서 어떠한 문제를 해결하기 위한 일련의 절차를 공식화한 형태로 표현한 것을 말하며 연산, 데이터 진행 또는 자동화된 추론을 수행한다. 주어진 문제를 이해하고 컴퓨터를 이용하여 입력과 출력 과정을 체계적으로 정리하여 프로그래밍하면 주어진 문제를 더욱 간결하고 효율적으로 해결할 수 있다.

1 알고리즘이란?

알고리즘은 9세기 페르시아의 수학자인 무하마드 알콰리즈미(Muhammad al-Kwarizmi)의 이름을 라틴어화한 algorismus에서 따온 말이다. 알고리즘이라는 용어는 문제를 해결하기 위한 절차나 방법을 의미하는 단어로 넓은 범위에서 사용된다. 조금 더 정확한 의미를 따져보자면 알고리즘은 어떠한 행동을 하기 위해서 만들어진 명령어들의 유한 집합(finite set)이다.

컴퓨터 프로그램은 정교한 알고리즘들의 집합이라고 간주할 수 있다. 수학이나 컴퓨터 과학에서 말하는 알고리즘은 보통 반복되는 문제를 풀기 위한 작은 프로시저(진행절차)를 의미한다. 컴퓨터 시대 이후로는 알고리즘이라고 하면 컴퓨터를 통해 실행되는 것이라고 여겨지는 경향이 있으나, 사실 알고리즘 자체는 컴퓨터가 등장하기 이전부터 존재했다. 즉, 사람이 수동으로 종이를 사용해 일정한 절차로 문제를 풀어도 알고리즘에 해당한다. 다만, 컴퓨터의 등장과 함께 알고리즘 역시 급속도로 발전하게 된 것은 사실이다.

알고리즘은 **프로그램 개발의 기초** 단계로서 계획을 세우고 총괄하는 역할을 한다. 주어진 문제를 해결하기 위해 필요한 **입력**을 파악하고 입력을 처리하는 명령을 단계별로 나열하여 필요한 **출력**이 나오도록 한다. 하나의 문제를 해결하는 데에는 다양한 알고리즘이 존재할 수 있으므로 가장 효과적이고 효율적인 알고리즘을 선택하는 것이 중요하다.

알고리즘 개발은 '문제 정의 → 모델 고안 → 명세 작성 → 설계 → 검증 → 분석 (복잡도 등) → 구현 → 테스트 → 문서화'의 정형적인 단계로 이루어진다.

알고리즘은 **자연어, 순서도, 의사코드 및 프로그래밍 언어**로 표현할 수 있다.

(1) 자연어(natural language)

우리가 일상생활에서 사용하는 언어인 한국어 또는 영어 등과 같은 언어로 알고리즘을 기술하는 것을 말한다. 자연어로 표현하게 되면 사용자가 사용하기 쉽고, 알아보기 쉬운 장점이 있는 반면에 각자 사용하는 언어로 표현하기 때문에 서로 알아볼 수 있도록 용어를 통일시키기 위한 노력이 필요하다는 단점도 있다.

예를 들어 '크기가 n인 배열 Array에서 최대값 찾기' 알고리즘을 자연어 중 한국어로 표현하면 다음과 같다.

> ArrayMax(Array, n)
> ㉠ 배열 Array의 첫 번째 값을 변수 temp에 복사한다.
> ㉡ 배열 Array의 두 번째 값부터 계속하여 순서대로 변수 temp 값과 비교하여 temp보다 크면 그 값을 temp에 복사하는 과정을 Array의 마지막 값까지 반복한다.
> ㉢ temp에 저장된 값을 반환한다.

(2) 순서도(flow chart) 중요

순서도는 약속된 기호를 이용하여 알고리즘을 표현한다. 명령의 흐름을 명확히 나타내기 때문에 이해하기 쉽다는 장점이 있으나 프로그램의 크기가 큰 경우에는 적합하지 않으며, 구조적 프로그램이 어렵다는 단점이 있다.

순서도에 사용되는 기본 기호는 다음과 같다.

구분	기호	의미
단말		순시도의 시작과 끝을 표시한다.
준비		기억 장소, 초깃값 등을 나타낸다.
입·출력		자료의 입·출력을 나타낸다.
비교·판단		조건을 비교·판단하여 흐름을 분기한다.
처리		자료의 연산, 이동 등 처리 내용을 나타낸다.
출력		각종 문서 및 서류를 출력한다.
흐름선	→	처리의 흐름을 나타낸다.
연결자		다음에 처리할 순서가 있는 곳으로 연결한다.

예를 들어 '크기가 n인 배열 Array에서 최대값 찾기' 알고리즘을 순서도로 표현하면 다음 [그림 1-9]와 같다.

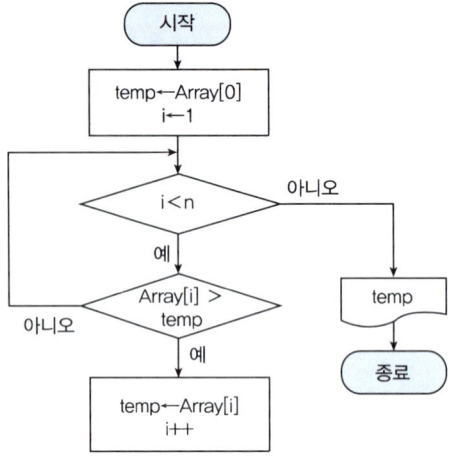

[그림 1-9] 순서도의 예

(3) 의사코드(pseudo-code) 중요

의사코드는 컴퓨터 프로그램이나 알고리즘이 수행해야 할 내용을 우리가 사용하는 언어(한국어 또는 영어 등)로 간략히 서술해 놓은 것이다. 특정한 프로그래밍 언어의 특성이나 문법적 제약을 고려하지 않아도 자연어로 프로그램의 기능과 순서를 나타낸다. 자유롭고 알기 쉬운 표현이 가능하므로, 특정한 프로그래밍 지식이 없어도 된다. 또한 모든 자료 구조를 표현할 수 있고, 실제 수행을 위해 프로그래밍 언어로 조금만 고쳐도 상당히 효율적이므로 알고리즘 언어로 가장 많이 사용된다. 의사코드와 같은 경우에는 프로그래밍 언어 문법을 알고 있다면 쉽게 프로그래밍 언어로 변형시킬 수 있다.

예를 들어 '크기가 n인 배열 Array에서 최대값 찾기' 알고리즘을 의사코드로 표현하면 다음과 같다.

```
ArrayMax(Array, n)
    temp ← Array[0];   // ← 은 대입연산자
    for i ← 1 to n-1 do
        if temp < Array[i] then
            temp ← Array[i];
    return temp;
```

(4) 프로그래밍 언어(programming language)

컴퓨터 프로그래밍 언어는 명령어의 의미가 명확하며, 즉시 컴퓨터로 수행할 수 있다는 장점이 있다. 그러나 사용자가 프로그래밍 언어를 알아야 하고, 입·출력과 같은 기계 관련 부분도 세밀히 알고 있어야 하며, 프로그래밍 언어에서 제공하지 않는 자료 구조는 사용할 수 없다는 단점이 있다.

예를 들어 '크기가 n인 배열 Array에서 최댓값 찾기' 알고리즘을 프로그래밍 언어 중 C언어로 표현하면 다음과 같다.

```
int ArrayMax(int Array[ ], int n)
{
    int temp;
    temp = Array[0];
    for(i = 1; i < n; i++) {
        if(temp < Array[i])
            temp = Array[i];
    }
    return temp;
}
```

> **더 알아두기**
>
> **좋은 알고리즘의 특성** 기출
> ① 정확성(correctness) : 입력을 이용한 문제해결과정과 출력은 명확한 작업 단계를 가져야 한다.
> ② 확정성(definiteness) : 각 단계마다 결과가 확정되고 명확한 다음 단계를 가져야 한다.
> ③ 효율성(effectiveness) : 문제해결과정이 구현할 수 있고 효율적이어야 한다.
> ④ 입력(input) : 문제와 관련하여 정의된 입력이 반드시 있어야 한다.
> ⑤ 출력(output) : 문제를 해결한 결과(답)로 된 출력이 반드시 있어야 한다.
> ⑥ 유한성(finiteness) : 유한 개의 명령 단계를 작업한 이후에 반드시 종료해야 한다.
> ⑦ 일반성(generality) : 같은 문제로 정의된 입력들에 일반적으로 적용할 수 있어야 한다.

2 알고리즘의 효율성

문제를 해결하기 위한 알고리즘이 항상 하나만 존재하는 것은 아니다. 컴퓨터 프로그래밍을 할 때 특히 어떤 알고리즘이 효율적인가를 선택해야 하는데 일반적인 선택 기준으로 **수행 시간, 수행에 필요한 메모리 용량, 자료의 종류, 프로그래머의 성향** 등이 있다.

알고리즘에 대한 평가와 비교는 컴퓨터 프로그램을 이용한 문제 해결에 매우 중요한 부분이다. 효율적인 알고리즘을 선택하기 위해서 알고리즘을 분석하여 비용이 얼마나 들 것인가에 대해 계산하고 여러 알고리즘 중에서 비용이 가장 적게 드는 알고리즘이 무엇인가를 고려한다. 여기서 말하는 비용은 연산에 필요한 시간(수행 시간)과 필요한 기억장소의 크기(메모리 용량)를 말한다. 주어진 문제를 해결하기 위한 여러 알고리즘 중에서 비용이 적게 드는 알고리즘을 찾기 위해서는 **효율성 분석(performance analysis)**이 필요하다.

효율성을 분석하기 위해서 알고리즘 수행 시 필요한 **시간 복잡성**(time complexity)과 **공간 복잡성**(space complexity)의 두 가지 요소를 고려하는데, 수행 시간 및 기억장소의 크기는 알고리즘이 처리하는 입·출력 자료의 크기에 비례한다. 최근 컴퓨터 하드웨어의 발달로 알고리즘 분석에서 문제 해결에 필요한 기억장소의 크기는 큰 비중을 차지하지 않는다. 일반적으로 알고리즘을 분석할 때 입력의 개수를 n으로 하고 효율성을 그에 대한 함수로 나타낸다.

알고리즘의 효율성을 비교하기 위한 한 예로 1부터 100까지 자연수의 합을 구하는 방법을 생각해 보자.
첫 번째 방법으로는 다음의 알고리즘과 같이 1부터 100까지 그냥 더하는 방법을 생각할 수 있다.

```
sum( )
    1 + 2 + ⋯ + 100;
    return sum;
```

두 번째 방법으로는 다음의 알고리즘과 같이 for문을 이용하여 계산하는 방법을 생각할 수 있다.

```
sum( )
    sum ← 0;
    for i ← 1 to 100 do
        sum ← sum + i;
    return sum;
```

이 경우엔 첫 번째 방법보다는 for를 이용한 두 번째 방법이 더 효율적인 알고리즘이라고 말할 수 있다.

3 알고리즘의 복잡성 중요

알고리즘은 복잡도가 낮을수록 효율적이다. 즉, 수행 시간이 짧거나 기억 공간을 적게 사용하는 알고리즘이 효율적인 알고리즘이다. 최근 하드웨어 기술의 발달로 기억장치에 대한 비용이 줄어 수행 시간의 단축을 더 고려하고 있어서 일반적으로 복잡도는 시간 복잡도를 의미한다. 알고리즘의 복잡성을 측정하는 데 일반적으로 빅오(Big-Oh) 표현을 사용하며 알파벳 대문자 O를 사용한다. 예를 들어, $f(n) = O(n)$를 $f(n)$의 차수(order)는 n이며 'Big-Oh of n'이라고 읽는다.

음수값을 가지지 않는 함수 f와 g에서 모든 n에 대하여 $n \geq n_0$이고, $f(n) \leq c \cdot g(n)$이 되는 상수 c의 n_0가 존재하면, $f(n) = O(g(n))$이다. $O(g(n))$은 충분히 큰 수 n이 주어질 때 $g(n)$에 양의 상수 배를 한 함수들 중에서 가장 작은 함수를 의미한다.

> **더 알아두기**
>
> **복잡도(Complexity : $O(n)$)**
> 알고리즘 수행 시 필요한 시간 또는 공간 비용
> - 시간 복잡도(time complexity) : 프로그램이 수행되는 시간
> - 공간 복잡도(space complexity) : 프로그램이 수행에 필요한 기억 공간
> - $f(n) = O(g(n))$ f, g : 음수 값을 갖지 않는 함수

입력의 크기가 n일 경우, 점근 표기법 O(빅오, big-O)를 사용하여 알고리즘의 복잡성을 다음과 같이 나타낸다.

$O(1)$: n에 관계없이 일정 시간 이하에 수행되는 알고리즘이다.
　　　예 파일의 첫 번째 바이트가 널(null)인지 검사
$O(\log_2 n)$: $\log_2 n$에 비례하는 시간 이하에 수행되는 알고리즘이다.
　　　　예 이진 탐색
$O(n)$: n에 비례하는 시간 이하에 수행되는 알고리즘이다.
　　　예 기수 정렬
$O(n \log_2 n)$: n에 대략 비례할 수 있는 시간 이하에 수행되는 알고리즘이다.
　　　　　예 정렬 알고리즘
$O(n^2)$: n^2에 비례하는 시간 이하에 수행되는 알고리즘이다.
　　　예 최장 공통 부분 수열 문제
$O(n^3)$: n^3에 비례하는 시간 이하에 수행되는 알고리즘이다.
　　　예 행렬 곱셈
$O(2^n)$: 2^n과 같은 꼴의 수행 시간 이하에 수행되는 알고리즘이다.
　　　예 충족 가능성 문제
$O(n!)$: $n!$ 즉 $n \times (n-1) \times (n-2) \times ... \times 1$과 같은 수행 시간 이하에 수행되는 알고리즘이다.
　　　예 배열의 모든 순열을 검사하는 것

대부분의 알고리즘은 $O(n!)$의 수행 시간을 가진다.

알고리즘의 복잡성 함수들은 다음과 같은 관계를 가진다.

$$O(1) < O(\log_2 n) < O(n) < O(n \log_2 n) < O(n^2) < O(n^3) < \cdots < O(2^n) < O(n!)$$

4 재귀 함수의 복잡성 [중요]

재귀 함수(recursive function)는 주어진 문제 해결을 위한 함수 $f(n)$의 결과를 구하기 위해 $f(n-1)$, $f(n-2)$, $\cdots$, $f(1)$ 함수 중에서 한 개 이상의 내용이 포함되어 **자기 자신을 다시 호출하는** 함수이다. 재귀 함수에서 현재의 함수 값은 항상 그 전에 있던 함수에 의해 영향을 받는다. 재귀 함수의 대표적인 예로는 다음의 팩토리얼을 구하는 함수가 있다.

```
int factorial(n) {
    if n == 0:
        return 1
    return n * factorial(n-1)
}
```

위의 알고리즘에서 재귀 함수식과 복잡도 O(big-oh)를 구해보자. 재귀 함수 $factorial$은 if문을 확인하여 n이 0이면 초깃값으로 1을 반환하고, n이 0이 아니면 n과 매개변수를 하나 줄여서 자기 자신을 호출한다. 그러므로 $f(0) = 1$이 된다. 전체 함수의 식을 $f(n)$이라고 하면 다음과 같이 복잡도를 계산할 수 있다.

$f(n) = n \times f(n-1), n \geq 1, \ f(0) = 1$
전개하면,
$f(0) = 1$
$f(1) = 1 \times f(0) = 1 \times 1$
$f(2) = 2 \times f(1) = 2 \times 1 \times 1$
$\vdots$
$f(n) = n \times (n-1) \times (n-2) \times \ldots \times 1 : O(n)$

5 다양한 알고리즘

컴퓨터를 이용한 알고리즘 구현에 사용되는 알고리즘 중에서 가장 많이 사용되고 응용되는 알고리즘이 탐색 알고리즘과 정렬 알고리즘이다.

(1) 탐색 알고리즘

주어진 파일 또는 원소의 집합에서 특정 원소를 찾는 작업을 탐색(search)이라 한다. 탐색 방법으로는 정렬되어 있지 않는 원소들을 처음부터 비교하여 찾는 **순차 탐색**(sequential search)과 원소들이 정렬되어 있을 경우에 찾는 순차 탐색보다 빠른 **이진 탐색**(binary search) 등이 있다.

① 순차 탐색 알고리즘

순차 탐색은 원소들을 처음부터 하나씩 비교하여 탐색하는 알고리즘으로 효율적이지는 않지만 효과적인 방법이다. 이와 같이 모든 원소들을 조사하는 탐색을 **선형 탐색**(linear search)이라고 한다. 예를 들어 순서 없이 단어의 뜻이 적힌 사전이 있다고 가정하면 단어를 찾을 때 사전의 처음부터 시작하여 그 단어를 찾을 때까지 모든 단어들을 탐색하는데 이러한 순차 탐색 알고리즘은 다음과 같다. 다음은 특정한 Key 값을 크기가 n인 array 배열에서 순차 탐색으로 찾는 알고리즘이다.

```
algorithm seq_search(int array[ ], int key, int n) {
    int k;
    for k = 0 to n-1
        if array[k] == key then
            return k;
        end if
    next k
    return -1;
}
```

위의 알고리즘의 복잡도는 key가 array[0]에 있다면 한번 탐색하고 종료하지만, 최악의 경우에는 모든 데이터를 탐색하고 종료한다. 이때 탐색 횟수의 평균은 $\frac{n}{2}$이 된다. 이와 같이 연산 수행 횟수가 달라질 때는 평균 수행 횟수를 이용하여 복잡도를 구하는데, key가 배열 array[ ]에 존재할 확률은 50%이기 때문에 다음과 같이 계산할 수 있다.

$$n \times \frac{1}{2} + \frac{n}{2} \times \frac{1}{2} = \frac{3}{4}n$$

수행 횟수를 함수로 표현하면 $f(n) = \frac{3}{4}n$이다. 이렇듯 복잡도는 상황에 따라 달라지는데 각각을 **최상의 경우**(Best case), **최악의 경우**(Worst case), **평균적인 경우**(Average case)라고 한다. 최선의 경우는 가장 빠르게 찾는 경우로 여기서는 한번 탐색하고 종료하므로 수행 횟수는 $f(1) = 1$이고, 최악의 경우에는 원하는 단어를 가장 늦게 찾는 경우이므로 탐핵 대상의 수인 n번만큼 탐색하므로 $f(n) = n$이며, 평균적인 경우는 앞에 계산한 결과로 $f(n) = \frac{3}{4}n$임을 알 수 있다. 비현실적인 경우인 최적의 경우와 세상의 모든 자료들에 대해 원하는 대상이 탐색 대상에 있을 확률이 정확하게 50%라고 단정지을 수 없기 때문에 평균적인 경우는 고려하기 애매하다. 따라서 복잡도를 표현할 때는 최악의 경우를 말한다. 여기서 최악의 경우는 $n \geq 1$일 때, $f(n) = n$이므로 복잡도는 $O(n)$이다.

② 이진 탐색 알고리즘

이진 탐색은 원소들을 반으로 나누어 기준을 정하고 그 기준과 특정 원소를 비교하여 특정 원소가 속하는 영역에 대해서 탐색을 반복하는 방법으로 탐색 범위를 좁혀가는 알고리즘이다. 이와 같이 원소 전체 집합을 찾으려는 원소와 비교하여 부분집합으로 나누어 찾는 알고리즘을 분할 정복 알고리즘(divide and conquer algorithm)이라고 한다. 예를 들어 사전에서 단어를 찾을 때 먼저 단어가 있을 곳을 추측하여 찾는다. 그곳이 찾는 단어보다 뒤쪽의 단어이면 앞쪽을 다시 찾고, 앞쪽의 단어이면 뒤쪽을 다시 찾는 방법으로 단어를 찾을 때까지 반복한다.

원소들이 이미 정렬되어 있을 때는 처음부터 찾을 필요 없이 중간의 원소와 비교하여 그보다 작을 때는 그 원소의 왼쪽 원소들 중에서, 클 때는 오른쪽 원소들 중에서 찾는 방법을 반복하여 찾으면 훨씬 시간을 절약하여 찾을 수 있다. 다음은 특정한 Key 값을 크기가 n인 array 배열에서 이진 탐색으로 찾는 알고리즘이다.

```
algorithm bi_search(int array[ ], int key, int left, int right) {
    int mid;
    while (left <= right)
        mid = (left + right)/2;
        if array[mid] < key then
            left = mid + 1;
        else if array[mid] > key then
            right = mid - 1;
        else
            return mid;
        end if
    end while
    return -1;
}
```

위 알고리즘에서 매개변수로 받는 left와 right는 배열 array의 첫 번째 원소의 지수(index)와 마지막 원소의 지수를 각각 나타낸다. mid는 배열 중간에 위치한 원소의 지수이며, 그 위치의 원소와 찾으려는 원소 key를 비교한다.

이진 탐색 알고리즘의 수행 시간을 보면 while문이 1회 실행될 때마다 탐색해야 할 배열의 크기가 계속 반으로 줄어든다. 수행 횟수에 따른 배열의 크기는 다음과 같다.

수행 횟수	1	2	3	4	...	k
배열의 크기	n = $\frac{n}{2^0}$	$\frac{n}{2}$ = $\frac{n}{2^1}$	$\frac{n}{4}$ = $\frac{n}{2^2}$	$\frac{n}{8}$ = $\frac{n}{2^3}$	...	= $\frac{n}{2^{k-1}}$

탐색해야 할 배열의 크기가 1일 때 알고리즘의 수행을 끝내므로 다음의 식으로 알고리즘의 수행 시간을 구할 수 있다.

$$\frac{n}{2^{k-1}} = 1$$
$$n = 2^{k-1}$$
$$\log_2 n = k - 1$$
$$k = \log_2 n + 1 = O(\log_2 n)$$

수행 횟수 k에 관한 식을 이용하여 복잡도를 구하면 $n \geq 1$일 때, $k = \log_2 n + 1 \leq 2\log_2 n$이고 $c = 2$이므로 복잡도는 $O(\log_2 n)$이다.

이진 탐색 알고리즘을 이용하여 원소를 찾는 과정은 이진 탐색 트리(binary search tree)를 이용하여 간단하게 표현할 수 있다. 이진 탐색 트리는 처음 배열의 중간 원소를 루트(root)로 놓고, 각 서브 트리의 루트는 둘로 나누어진 부분집합들의 중간 원소들로 만들어진다. 이런 방법으로 만들어진 이진 트리는 이진 탐색 알고리즘의 과정을 나타낸다.

예를 들어 배열 array[ ] = {5, 8, 10, 18, 26, 30, 45, 53, 58}의 원소들을 이용하여 이진 트리를 만들면 다음 그림과 같다.

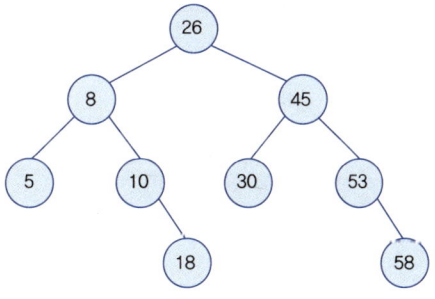

[그림 1-10] 이진 트리 예

이진 탐색 트리에서 루트로부터 노드로 가는 경로는 이진 탐색 알고리즘의 비교 횟수와 동일하다. 최악의 경우에 비교 횟수가 트리의 깊이(depth)에 해당되는 $\log_2 n$이 된다. 따라서 $O(\log_2 n)$인 이진 탐색은 $O(n)$인 순차 탐색보다 빠르고 효율적이라고 할 수 있다.

(2) 정렬 알고리즘

주어진 파일 또는 원소의 집합에서 주어진 항목에 따라 크기 순서대로 늘어놓는 것을 정렬(sort)이라 한다. 작은 순서부터 나열하는 것을 **오름차순**(ascending order)이라고 하고, 큰 순서부터 나열하는 것을 **내림차순**(descending order)이라고 한다. **정렬**(sorting)은 항목들을 체계적으로 정리하는 과정으로 데이터의 순서를 결정하는 것을 의미한다. 데이터를 저장하는 위치에 따라 **내부 정렬**(internal sorting)과 **외부 정렬**(external sorting)로 구분한다. 내부 정렬은 데이터의 양이 적은 경우 주기억장치 내에 저장된 자료를 대상으로 정렬하는 방법이고, 외부기억장치에 대부분의 데이터가 있고 일부만 주기억장치에 저장된 상태에서 정렬하는 방법이 외부 정렬이다. 정렬방법을 복잡성과 효율성으로 분류하면 단순하지만 비효율적인 방법으로는 삽입정렬, 선택정렬, 버블정렬 등이 있고 복잡하지만 효율적인 방법으로는 퀵정렬, 힙정렬, 합병정렬, 기수정렬 등이 있다.

정렬 알고리즘(sorting algorithm)이란 원소들을 번호순이나 사전 순서와 같이 일정한 순서대로 열거하는 알고리즘이다. 효율적인 정렬은 탐색이나 병합 알고리즘처럼 (정렬된 리스트에서 바르게 동작하는) 다른 알고리즘을 최적화하는 데 중요하다. 또 정렬 알고리즘은 데이터의 정규화나 의미 있는 결과물을 생성하는 데 흔히 유용하게 쓰인다. 이 알고리즘의 결과는 반드시 다음 두 조건을 만족해야 한다.

> ① 출력은 비 내림차순(각각의 원소가 전 순서에 의해 이전의 원소보다 작지 않은 순서)이다.
> ② 출력은 입력을 재배열하여 만든 순열이다.

일반적으로 정렬시켜야 될 대상은 레코드(record)이다. 레코드는 필드(field)라는 보다 작은 단위로 구성되며, **키필드**(key field)로 레코드와 레코드를 구별한다. [그림 1-11]은 고객정보 레코드를 모아놓은 테이블이다. 각 레코드는 4개의 필드를 가지고 있으며 '아이디' 키필드로 하여 레코드들을 구분한다.

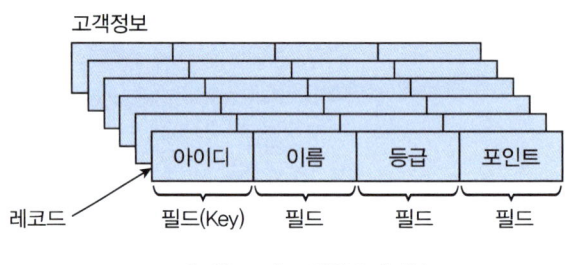

[그림 1-11] 고객정보 테이블

I. 내부 정렬

① 선택 정렬(Selection Sort)

선택 정렬은 잘못된 위치에 들어가 있는 원소를 찾아 그것을 올바른 위치에 재배치하는 원소 교환 방식으로 정렬한다. 실제로 많이 사용하는 내부 정렬에 속하며 주어진 데이터의 가장 큰 값이나 가장 작은 값을 찾은 후 값을 교환하는 방식으로 단계적으로 정렬한다. n개의 데이터들을 내림차순으로 정렬하려면 n개의 레코드에서 최댓값을 찾아서 첫 번째 위치에 놓고 나머지 $n-1$개 중에서 최댓값을 찾아서 두 번째 위치에 놓는다. 이와 같은 방법을 반복하여 정렬하는 방식이다.

> **더 알아두기**
>
> **선택 정렬(Selection Sort)**
> ① 리스트 중에서 가장 작은 원소를 찾아 첫 번째 위치의 원소와 교환한다.
> ② 두 번째로 작은 원소를 찾아 두 번째 위치의 원소와 교환한다.
> ③ 나머지 $a[i], \cdots, a[n-1]$ 원소 중 가장 작은 원소를 선택해서 $a[i]$ 원소와 교환한다. 이 과정을 반복 실행한다.

다음은 오름차순으로 정렬하는 선택 정렬 알고리즘이다.

```
algorithm selection_sort(int array[ ], int n) {
   int k, j, least, temp;
   for k = 0 to n-1
      least = k;
      for j = k+1 to n-1
         if array[j] < array[least] then
            least = j;
         end if
      next j;
      if j != least then {
         temp = array[k];
         array[k] = array[least];
         array[least] = temp;
      }
   next k;

}
```

위 알고리즘에 대한 수행은 $k=0$일 때 j에 대한 반복문은 $n-1$번 수행되며, $k=1$일 때 $n-2$번 수행된다. 그러므로 전체 연산 횟수는 다음과 같다.

$$f(n) = (n-1) + (n-2) + \cdots + 2 + 1 = \frac{n(n-1)}{2}$$

연산 수행 횟수에 의해 알고리즘의 전체 수행 시간은 $O(n^2)$이 된다.
예를 들어서 5, 3, 8, 1, 2, 7을 선택정렬을 이용하여 오름차순 정렬을 하면 다음 [그림 1-12]와 같은 과정으로 정렬한다.

[그림 1-12] 선택 정렬

② 버블 정렬(Bubble sort)

버블 정렬은 이웃한 두 개의 원소를 비교하여 순서가 서로 다르면 원소의 자리를 서로 바꾸고, 그렇지 않으면 그 위치에 그대로 둔다. 버블 정렬은 두 인접한 원소를 검사하여 정렬하는 방법으로 속도가 상당히 느리지만, 코드가 단순하기 때문에 자주 사용된다. 원소의 이동이 거품이 수면으로 올라오는 모양과 비슷한 모습을 보이기 때문에 지어진 이름이다. 선택 정렬과 기본 개념이 유사하다.

> **더 알아두기**
>
> **버블 정렬(Bubble sort)**
> ① 인접한 2개의 레코드를 비교하여 순서대로 되어 있지 않으면 서로 교환한다.
> ② 이러한 비교와 교환 과정을 리스트의 왼쪽 끝에서 오른쪽 끝까지 반복하여 스캔한다.

다음은 버블 정렬의 알고리즘이다. 이 정렬 알고리즘은 오름차순으로 정렬하는 알고리즘이다.

```
algorithm bubble_sort(int array[ ], int n) {
    int k, j, temp;
    for k = 0 to n-1
        for j = 0 to n-1
            if array[j] > array[j+1] then
                temp = array[j];
                array[j] = array[j+1];
                array[j+1] = temp;
            end if
        next j;
    next k;
}
```

위 알고리즘에 대한 수행은 $k=0$일 때 j에 대한 반복문은 $n-1$번 수행되며, $k=1$일 때 $n-2$번 수행된다. 그러므로 전체 연산 횟수는 다음과 같다.

$$f(n) = (n-1) + (n-2) + \cdots + 2 + 1 = \frac{n(n-1)}{2}$$

연산 수행 횟수에 의해 알고리즘의 전체 수행 시간은 $O(n^2)$이 된다.
원소가 11, 8, 17, 6, 16일 때 버블 정렬을 이용하여 정렬하는 과정을 예를 들면 다음과 같다. 그림에서 순서 교환해야 하는 경우는 화살표가 있고, 화살표가 없는 경우는 교환할 필요가 없는 경우이다.

㉠ 1단계

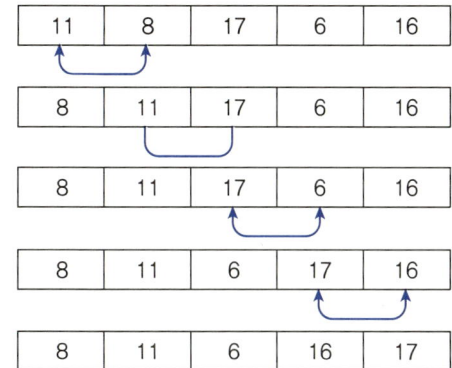

㉡ 2단계

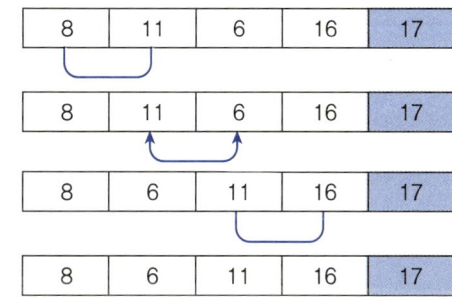

㉢ 3단계

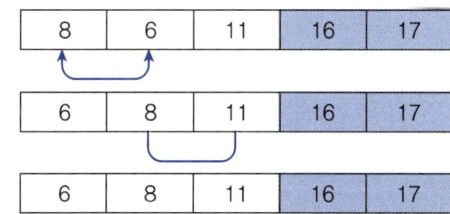

㉣ 4단계

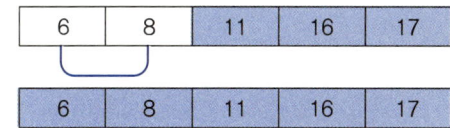

다른 예로 5, 3, 8, 1, 2, 7을 버블정렬을 이용하여 오름차순 정렬을 하면 다음 [그림 1-13]과 같은 과정으로 정렬한다. 1차 스캔이 끝나면 가장 큰 수 또는 가장 작은 수가 오른쪽 제일 끝에 위치한다. 제일 끝에 정렬된 자리를 찾은 레코드를 제외한 나머지 레코드들을 같은 방법으로 2차 스캔한다.

[그림 1-13] 버블정렬

③ 삽입 정렬(insertion sort)
삽입 정렬은 원소 중에서 가장 첫 번째 값을 정렬된 원소로 가정하고 그 다음 원소부터 정렬된 원소를 기준으로 적합한 위치에 삽입한다.

> **더 알아두기**
>
> **삽입 정렬(Insertion Sort)**
> - $S[\ ]$: 정렬된 배열의 왼쪽 부분
> - $U[\ ]$: 정렬되지 않은 배열의 오른쪽 부분
> - 정렬되지 않은 $U[\ ]$의 왼쪽 끝에서 삽입할 원소를 찾아 정렬된 $S[\ ]$의 적절한 위치에 삽입한다.
>   ① $U[\ ]$의 왼쪽에서 삽입할 원소 k를 선택한다.
>   ② k를 제거하여 빈자리로 만든다.
>   ③ $S[\ ]$에 있는 k보다 큰 원소들을 오른쪽으로 이동시킨다.
>   ④ k를 $S[\ ]$에 만들어진 빈자리에 삽입한다.
>   ⑤ ①부터 ④까지 $U[\ ]$의 모든 원소들이 $S[\ ]$에 삽입될 때까지 반복한다.

다음은 삽입 정렬 알고리즘이다. 이 정렬 알고리즘은 오름차순으로 정렬하는 알고리즘이다.

```
algorithm insertion_sort(int array[ ], int n) {
    int k, j, t, temp;
    for k = 1 to n-1
        temp = array[k];
        j = k - 1;
        t = k;
        while (j >= 0)
            if array[j] > temp then
                array[j+1] = array[j];
                t = j;
            end if
            j = j - 1;
        end while
        array[t] = temp;
    next k;
}
```

위 알고리즘에서 for문 내에 있는 실행문은 $n-1$번 실행되지만 while문 안에 있는 조건문과 실행문은 $k=1$일 때 1번, $k=2$일 때 2번, $k=n-1$일 때 $n-1$번 수행된다. 그러므로 전체 연산 횟수는 다음과 같다.

$$f(n) = 4(n-1) + \{(n-1) + (n-2) + \cdots + 2 + 1\} = 4(n-1) + \frac{n(n-1)}{2} = \frac{(n-1)(n+8)}{2}$$

연산 수행 횟수에 의해 알고리즘의 전체 수행 시간은 $O(n^2)$이 된다.

원소가 11, 8, 17, 6, 16일 때 삽입 정렬을 이용하여 정렬하는 과정을 예를 들면 다음과 같다.

㉠ 1단계

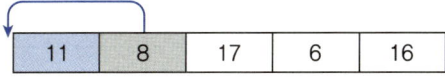

㉡ 2단계

| 8 | 11 | 17 | 6 | 16 |

㉢ 3단계

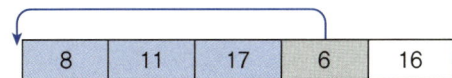

② 4단계

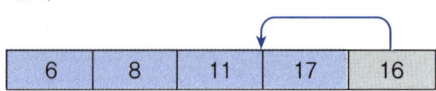

⑩ 결과

| 6 | 8 | 11 | 16 | 17 |

④ **퀵 정렬(quick sort)**

퀵 정렬은 분할 정복(divide and conquer) 정렬 방법의 하나이며 **평균적으로 가장 빠른 정렬 방법**이다. 전체 데이터를 한 번에 정렬하는 것이 아니라 데이터를 나누어 2개의 작은 데이터 집합을 정렬하는 것이 더 빠르다는 것에서 출발한다. 오름차순으로 정렬하려면 주어진 파일의 첫 번째 데이터를 중심으로 이 데이터보다 작은 값이면 왼쪽으로 이동시키고 큰 값이면 오른쪽 부분 파일로 이동시키면서 정렬한다. 퀵 정렬은 프로그램에서 되부름(재귀호출)을 이용하기 때문에 스택(stack)이 필요하다. 퀵 정렬에서의 분할정복은 리스트를 2개의 부분리스트로 비균등 분할하고, 각각의 부분리스트를 다시 퀵 정렬한다.

> **더 알아두기**
>
> **퀵 정렬(Quick-sort)**
> ① 배열 $a[m:n]$의 한 원소를 pivot(중심 값)으로 선정한다.
> ② pivot을 기준으로 $a[\ ]$를 두 개의 파티션(partition)으로 분할한다.
>   • 왼쪽 파티션은 pivot보다 작은 값들로 구성된다.
>   • 오른쪽 파티션은 pivot보다 크거나 같은 값들로 구성된다.
> ③ 각 파티션에 대해 다시 퀵 정렬을 순환 적용한다.
>   각 파티션이 하나의 원소로 될 때까지 반복한다.
>
>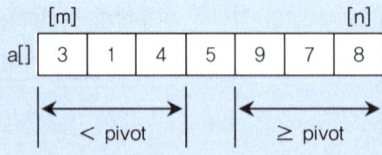

퀵 정렬 알고리즘을 작성하면 다음과 같다.

```
algorithm quick_sort(int array[ ], int left, int right) {
    int k, j, pivot, temp;
    if left < right then
        pivot = array[left];
        k = left;
        j = right + 1;
        do
```

```
            do
                k = k + 1;
            while(array[k] < pivot);
            if k < j then
                temp = array[k];
                array[k] = array[j];
                array[j] = temp;
            end if
        while(k < j);
        temp = array[left];
        array[left] = array[j];
        array[j] = temp;
        quick_sort(array, left, j-1);
        quick_sort(array, j+1, right);
    end if
}
```

퀵 정렬은 피벗을 어떻게 정하느냐에 따라 복잡도가 달라진다. 최적으로 피벗이 선택된 경우에는 복잡도가 $O(n \log n)$이지만, 최악의 경우에는 $O(n^2)$의 복잡도를 갖는다. 5, 3, 8, 1, 2, 7을 퀵 정렬을 이용하여 오름차순 정렬을 하면 다음 [그림 1-14]와 같은 과정으로 정렬한다. **피벗(pivot)**을 가장 왼쪽 숫자라고 가정하고 두 개의 변수 low와 high를 사용한다. low는 피벗보다 작으면 통과하고 크면 정지한다. high는 피벗보다 크면 통과하고 작으면 정지한다. 정지된 위치의 숫자를 교환하고 low와 high가 교차하면 종료한다.

처음에 가장 왼쪽 숫자 5를 피벗으로 하면 변수 low는 3, high는 7이 된다. low는 오른쪽으로 이동하다가 5보다 큰 값인 8에서 정지하고, high는 5보다 작은 값인 2에서 정지한다. 정지된 위치의 low와 high의 값을 교환한다. 두 값을 교환한 후 변수 low는 8, high는 1이 되어 low와 high가 교차하므로 종료한다. 피벗(pivot) 5는 1과 8 사이로 이동한다. 5를 기준으로 왼쪽은 5보다 작은 수가 모이고 오른쪽엔 5보다 큰 수가 모인다. 5를 중심으로 분할된 파티션별로 pivot을 정하고 pivot의 자리를 찾아주는 과정을 반복하면 정렬이 완성된다.

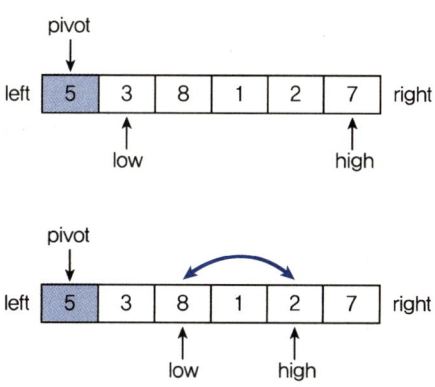

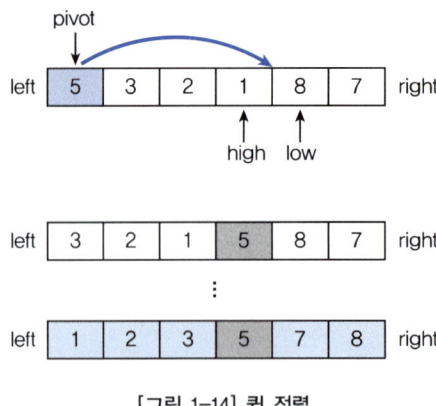

[그림 1-14] 퀵 정렬

다른 예로 원소가 5, 3, 8, 4, 9, 1, 6, 2, 7일 때 퀵 정렬 알고리즘을 이용하여 정렬하는 과정은 [그림 1-15]와 같다. 원안의 원소가 피벗이다.

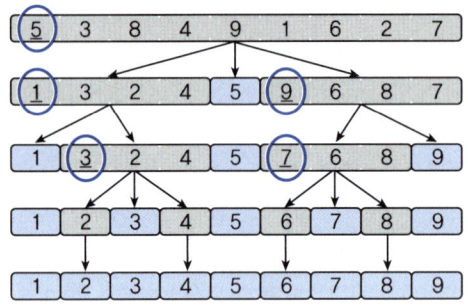

[그림 1-15] 퀵정렬의 예

⑤ 합병 정렬(merge sort)

합병 정렬은 원소 집합을 비슷한 크기로 반복해서 나누고 나눈 원소들의 집합의 크기가 1이 되었을 때 정렬된 두 원소 집합을 병합하여 크기가 2인 집합들을 생성하고, 다시 이 집합들에 대하여 병합 과정을 반복 시행하여 한 개의 집합을 만들어 내는 방법이다. 여기서 **병합**(merging)이란 여러 개의 정렬되어 있는 원소들의 집합을 혼합하여 하나의 정렬된 원소 집합으로 합하는 작업이다. 두 개의 서로 다른 정렬된 집합을 합하여 하나의 정렬된 집합으로 만드는 병합 방식을 $2-way$ 병합 과정이라고 하며, $n-way$ 병합은 n개의 서로 다른 정렬된 집합을 하나의 정렬된 집합으로 합치는 병합을 의미한다.

합병 정렬을 컴퓨터 자료로 표현할 때는 배열을 이용한다. 배열을 이등분하여 각각을 정렬한 후 합병하는데 먼저 리스트를 두 개의 균등한 크기로 분할하고 분할된 부분 리스트를 정렬한 후, 정렬된 두 개의 부분 리스트를 합하여 전체 리스트를 정렬한다. 이때 **분할 정복**(divide and conquer) 방법을 사용한다. 분할 정복이란 문제를 보다 작은 2개의 문제로 분리하고 각 문제를 해결한 다음, 결과를 모아서 원래의 문제를 해결하는 전략이다. 분리된 문제가 아직도 해결하기 어려울 정도로 충분히 작지 않다면 재귀호출을 이용하며 분할 정복 방법을 다시 적용하여 해결한다.

> **더 알아두기**
>
> **합병 정렬(Merge Sort)**
> ① 배열 $a[\ ]$를 L과 R로 이등분한 후 배열 L과 R을 각각 정렬한다.
> ② 정렬된 배열 L과 R에서 작은 원소를 삭제하여 새로운 임시 공백 배열 $S[\ ]$에 차례로 삽입한다.
> ③ 결과를 원래의 배열 $a[\ ]$에 복사한다.
>
> **분할 정복(divide and conquer) 방법**
> ① 분할(Divide) : 배열을 같은 크기의 2개의 부분 배열로 분할한다.
> ② 정복(Conquer) : 부분 배열을 정렬한다. 부분 배열의 크기가 충분히 작지 않으면 재귀호출을 이용하여 다시 분할 정복 기법을 적용한다.
> ③ 결합(Combine) : 정렬된 부분 배열을 하나의 배열에 통합한다.

다음은 합병 정렬 알고리즘이다.

```
algorithm merge_sort(int array[ ], int left, int right) {
if left < right then
    mid = (left + right) / 2;
    merge_sort(array, left, mid);
    merge_sort(array, mid+1, right);
    merge(array, left, mid, right);
}
```

위 알고리즘에 의하여 만약 나누어진 구간의 크기가 1 이상이면 중간 위치를 계산하고 merge_sort 함수를 순한 호출하여 왼쪽 부분과 오른쪽 부분을 정렬한다. 마지막으로 정렬된 2개의 부분 배열을 통합하여 하나의 정렬된 배열로 만든다.

2개의 인접한 배열 array[left, …, mid]와 array[mid+1, …, right]를 합병 정렬 알고리즘을 이용하여 합병하는 알고리즘은 다음과 같다.

```
algorithm merge(int array[ ], int left, int mid, int right) {
    int i, j, k;
    i = left;
    j = mid + 1;
    k = left;
    while i≤mid and j≤right do
        if array[i] < array[j] then {
            sorted[k] = array[i];
```

```
            k++;
            i++; }
        else {
    sorted[k] = array[j];
    k++;
    j++; }
        요소가 남아있는 부분 배열을 sorted로 복사한다;
    sorted를 array로 복사한다;
}
```

합병 정렬 알고리즘은 퀵 정렬 알고리즘과 같이 집합이 분할될수록 정렬하고 합병하는 연산이 줄어들기 때문에 복잡도가 $O(n \log n)$이다.

5, 6, 7, 1, 8, 3, 2, 4를 합병 정렬을 이용하여 오름차순 정렬을 하면 다음 [그림 1-16]의 분해 과정과 [그림 1-17]의 합병 과정으로 정렬한다.

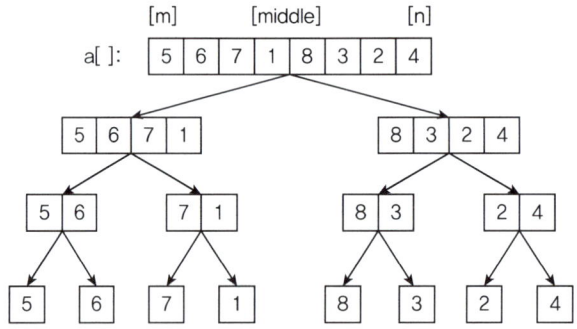

[그림 1-16] 합병 정렬 알고리즘의 분해 과정

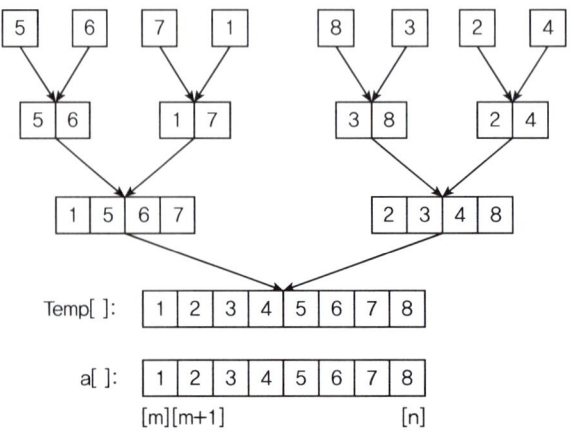

[그림 1-17] 합병 정렬 알고리즘의 합병 과정

다른 예로 합병 정렬 알고리즘을 이용하여 입력원소 {27, 10, 12, 20, 25, 13, 15, 22}을 정렬하는 방법은 [그림 1-18]과 같다. 먼저 **분할**(Divide)에 의하여 전체 배열을 2개의 부분배열인 {27, 10, 12, 20}과 {25, 13, 15, 22}로 분리한다. 분리하는 작업을 1개의 원소가 될 때까지 계속한다. 그 다음으로는 정복(Conquer)에 의하여 각 부분 배열을 정렬하면 2개의 부분 배열은 {10, 12, 20, 27}과 {13, 15, 22, 25}가 된다. 마지막으로 **결합**(Combine)에 의하여 2개의 정렬된 부분 배열을 통합하면 {10, 12, 13, 15, 20, 22, 25, 27}로 정렬된 배열을 얻을 수 있다.

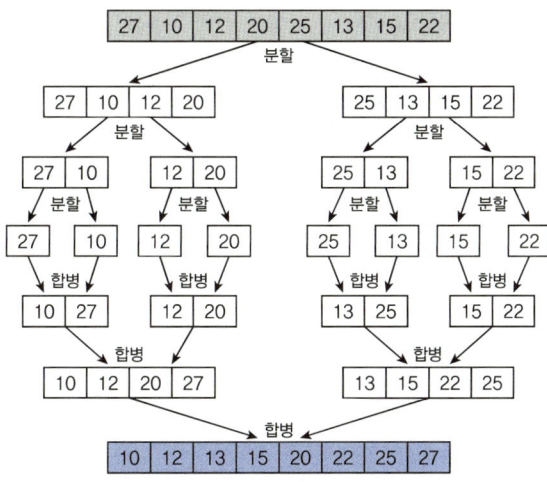

[그림 1-18] 합병 정렬 알고리즘의 예

⑥ **힙 정렬**(heap sort)

힙 정렬은 원소들을 정리할 때 동시에 처리하지 않고 모든 원소들 중에서 가장 큰(또는 작은) 원소를 찾아서 출력하고, 나머지 원소들 중에서 가장 큰(또는 작은) 원소를 찾아 출력하는 과정을 반복 시행하여 정렬하는 방법이다.

힙 정렬은 최대 힙 트리나 최소 힙 트리를 구성해 정렬을 하는 방법으로서, 내림차순 정렬을 위해서는 최대 힙을 구성하고 오름차순 정렬을 위해서는 최소 힙을 구성하면 된다. 최대 힙을 구성하여 정렬하는 알고리즘은 다음과 같다.

```
algorithm max_heap(int array[ ], int n){
    while array[n] has a child do
        k <- index of the biggest child of n;
        if array[n] >= array[k] then
            return;
        exchange array[n] and array[k];
        n = k;
    end
}
```

위 알고리즘을 설명하자면 먼저 n개의 노드에 대한 완전 이진 트리를 구성한다. 이때 루트 노드부터 부모 노드, 왼쪽 자식 노드, 오른쪽 자식 노드 순으로 구성한다. 다음으로는 최대 힙을 구성한다. 최대 힙이란 부모 노드가 자식 노드보다 큰 트리를 말하는데, 단말 노드를 자식 노드로 가진 부모 노드부터 구성하며 아래부터 루트까지 올라오며 순차적으로 만들어 갈 수 있다. 가장 큰 수(루트에 위치)를 가장 작은 수와 교환한다. 최대 힙을 구성하고 가장 큰 수(루트에 위치)를 가장 작은 수와 교환하는 과정을 반복한다.

이진 트리를 최대 힙으로 만들기 위하여 최대 힙으로 재구성하는 과정이 트리의 깊이만큼 이루어지므로 $O(\log_2 n)$의 수행 시간이 걸린다. 구성된 최대 힙으로 힙 정렬을 수행하는 데 걸리는 전체 시간은 힙 구성시간과 n개의 데이터 삭제 및 재구성 시간을 포함한다. 따라서 힙 정렬의 복잡도는 $O(n \log n)$이다. 힙(heap)에 관한 자세한 내용은 제4장 제7절 트리에서 다시 다루고자 한다.

⑦ **쉘 정렬(Shell Sort)**
쉘 정렬은 삽입 정렬을 확장한 개념으로 원소 전체를 삽입 정렬하기 전에 이 원소들을 몇 개의 부분 리스트로 나누어 삽입 정렬을 한 뒤 전체 원소에 대해 삽입 정렬을 수행한다.

> **더 알아두기**
>
> **쉘 정렬(Shell Sort)**
> ① 먼저 부분 리스트 분할을 위한 간격(interval)을 결정한다.
>   - 전체 원소 수 n의 $\frac{1}{3}$, 다시 이것의 $\frac{1}{3}$ 식으로 결정한다.
>   - 간격(interval)이 작아질수록 짧은 거리를 이동하고 원소 이동이 적다.
> ② 첫 번째 간격(interval)에 따라 부분 리스트로 분할한다.
> ③ 각 부분 리스트에 대해 삽입 정렬을 수행한다.
> ④ 두 번째 간격(interval)에 따라 다시 부분 리스트로 분할한다.
> ⑤ 각 부분 리스트에 대해 삽입 정렬을 수행한다.
> ⑥ ④와 ⑤를 반복하고 마지막 interval = 1이 되면 리스트 전체에 대해 삽입 정렬을 수행한다.

쉘 정렬 알고리즘을 작성하면 다음과 같다.

```
algorithm shell_sort(int array[], int n) {
   int gap, j;
   for gap = n/2 to gap > 0
      if gap % 2 == 0 then
         gap++;
      for j = 0 to j < gap
         gap_insertion_sort(list, j, n - 1, gap);
      next j;
      gap = gap / 2;
   next gap;
```

```
    }
}
int gap_insertion_sort(int list[], int first, int last, int gap) {
    int i, j, key;
    for i = first + gap to i <= last
        key = list[i];
        for j = i - gap to j >= first && list[j] > key
            list[j + gap] = list[j];
            list[j + gap] = key;
            j = j - gap;
        next j;
        i = i + gap;
    neat i;
}
```

실험적인 연구를 통하여 증명된 쉘 정렬의 시간 복잡도는 대략 최악의 경우와 평균적인 경우에는 $O(n^{1.5})$ 이지만 최선의 경우에는 $O(n\log_2 n)$ 으로 나타난다.

3, 14, 12, 4, 10, 13, 1, 5, 2, 7, 9를 쉘 정렬을 이용하여 오름차순으로 정렬하는 과정은 다음과 같다. 먼저 [그림 1-19]와 같이 간격(interval)을 5로 하여 부분 리스트로 분할한다. 5개의 부분 리스트 $\{3, 13, 9\}$, $\{14, 1\}$, $\{12, 5\}$, $\{4, 2\}$, $\{10, 7\}$ 로 분할된다. 분할된 부분 리스트별로 삽입 정렬한 결과가 $\{3, 1, 5, 2, 7, 9, 14, 12, 4, 10, 13\}$ 이다. 이 값들을 [그림 1-20]과 같이 간격(interval)을 3으로 하여 다시 부분 리스트로 분할하고 삽입 정렬한 결과를 다시 간격(interval) 1로 하여 전체 리스트를 삽입 정렬한다.

- interval = 5(5개의 부분 리스트 생성)

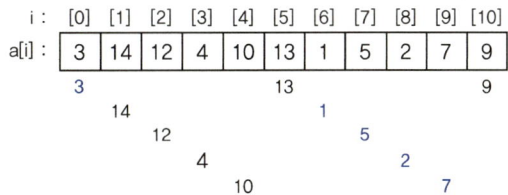

(a) interval-5 부분 리스트

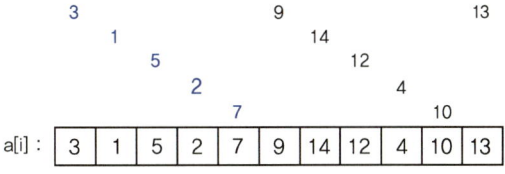

(b) 부분 리스트들이 정렬된 후의 리스트

[그림 1-19] 쉘 정렬

	[0]	[1]	[2]	[3]	[4]	[5]	[6]	[7]	[8]	[9]	[10]
입력 배열	3	14	12	4	10	13	1	5	2	7	9

Interval = 5
부분 리스트
```
3                     13                      9
   14                     1
      12                     5
         4                      2
            10                         7
```

부분 리스트 정렬 후
```
3                      9                     13
   1                     14
      5                     12
         2                      4
            7                         10
```

| 간격 5 정렬 후 배열 | 3 | 1 | 5 | 2 | 7 | 9 | 14 | 12 | 4 | 10 | 13 |

Interval = 3
부분 리스트
```
3           2           14          10
   1           7           12          13
      5           9           4
```

부분 리스트 정렬 후
```
2           3           10          14
   1           7           12          13
      4           5           9
```

| 간격 3 정렬 후 배열 | 2 | 1 | 4 | 3 | 7 | 5 | 10 | 12 | 9 | 14 | 13 |
| 간격 1 정렬 후 배열 | 1 | 2 | 3 | 4 | 5 | 7 | 9 | 10 | 12 | 13 | 14 |

[그림 1-20] 쉘 정렬 과정

주요 정렬 알고리즘의 시간 복잡도를 정리하면 다음과 같다.

알고리즘	최선	평균	최악
삽입 정렬	$O(n)$	$O(n^2)$	$O(n^2)$
선택 정렬	$O(n^2)$	$O(n^2)$	$O(n^2)$
버블 정렬	$O(n^2)$	$O(n^2)$	$O(n^2)$
쉘 정렬	$O(n)$	$O(n^{1.5})$	$O(n^{1.5})$
퀵 정렬	$O(n\log_2 n)$	$O(n\log_2 n)$	$O(n^2)$
힙 정렬	$O(n\log_2 n)$	$O(n\log_2 n)$	$O(n\log_2 n)$
합병 정렬	$O(n\log_2 n)$	$O(n\log_2 n)$	$O(n\log_2 n)$
기수 정렬	$O(dn)$	$O(dn)$	$O(dn)$

II. 외부 정렬(External sorting)

외부 정렬은 외부기억장치에 대부분의 데이터가 있고 일부만 주기억장치에 저장된 상태에서 정렬하는 방법이다. 대용량의 보조기억장치를 사용하기 때문에 많은 양의 데이터를 처리할 수 있으나 처리 속도는 내부 정렬에 비해 느리다. 레코드 판독 및 기록에 걸리는 시간이 중요하다. 외부 정렬은 정렬 후 합병하는 방법을 사용하는데 이때 하나의 파일을 여러 개로 분할하여 내부 정렬 기법으로 정렬시킨 부분 파일(subfile)을 런(run)이라고 한다. 런들을 합병(merge)하여 원하는 하나의 정렬된 파일로 만든다.

> **더 알아두기**
>
> **외부 정렬(external sorting)**
> ① 정렬 단계(sort phase)
>   정렬할 파일의 레코드들을 지정된 길이의 부분 파일로 분할해서 정렬하여 런(run)을 만들어 입력 파일로 분배하는 단계이다.
>   • 런 생성 방법 : 내부 정렬(internal sort), 대체 선택(replacement selection), 자연 선택(natural selection)
> ② 합병 단계(merge phase)
>   정렬된 런들을 합병해서 보다 큰 런으로 만들고, 이것들을 다시 입력 파일로 재분배하여 합병하는 방식으로 모든 레코드들이 하나의 런에 포함되도록 만드는 단계이다.

외부 정렬 방법으로는 균형 합병 정렬, 계단식 합병 정렬, 다단계 합병 정렬, 교대 합병 정렬 등 대부분 합병 정렬 기법으로 처리하고 있다.

① **균형 합병 정렬(balanced merge sort)**
균형 합병 정렬은 n개의 테이프 장치에 대하여 각 테이프에 똑같은 크기의 레코드들을 작은 블록으로 나누어 내부 방법을 통해 정렬한다. 나누어진 블록들은 각각 주기억장치에서 정렬된 후에 다시 여러 개의 테이프에 분산되어 저장된다. 나머지 과정이 반복되면서 블록의 수는 줄어들고 블록의 크기는 커진다. 최종 1개의 블록만 남으면 정렬이 완료되는 방법이다. 최소 4개의 테이프가 있을 때 가능하며 2-way merge sort를 하는 방식이다.

② **계단식 합병 정렬(cascade merge sort)**
계단식 합병 정렬은 부분적으로 정렬된 부분 파일들을 한 개의 빈 테이프에 합병하여 정렬하는 방법을 반복 실행하여 정렬하는 방법이다. 연속 합병 정렬이라고도 하며 n개의 테이프가 주어졌을 때, 처음에는 $(n-1)-way$ 합병을 하고 $(n-2)-way$ 합병, …, 2-way 합병 정렬을 반복적으로 행하는 방법으로 정렬이 된다.

③ **교대 합병 정렬(oscillating merge sort)**
교대 합병 정렬은 테이프의 읽기, 쓰기 기능이 역방향과 순방향 모두 가능한 테이프 장치의 기능을 이용하여 정렬하는 방법이다. n개의 테이프에서 1개의 테이프에는 정렬되지 않은 입력 파일이 저장되어 있고, $n-1$개의 테이프는 비어있다. 비어있는 $n-1$개의 테이프를 이용하여 합병 정렬한다.

④ **다단계 합병 정렬(polyphase merge sort)**
다단계 합병 정렬은 분산되어 기록된 레코드의 수를 피보나치 수열을 이용하여 정렬하는 방법이다. n개의 입력 파일과 1개의 출력 파일로 구성되어 입력과 출력 파일의 수가 같지 않은 불균형한 합병이 이루어진다. 초기 입력 파일의 분제가 복잡하다는 특징이 있다. 최소 8개의 테이프가 필요하며 $k-way$ merge sort를 하는 방식이다.

(3) 유클리드 알고리즘

유클리드 알고리즘(Euclidean algorithm)은 유클리드 호제법이라고도 하는데 두 양의 정수 x, y가 갖는 공약수 중에서 최댓값인 최대공약수(Greatest Common Divisor, GCD)를 찾는 알고리즘이다. 최대공약수는 $GCD(x,y) = GCD(y,r)$에 의하여 구할 수 있는데 r이 0이 될 때까지 이 과정을 반복하면 된다.

> **더 알아두기**
>
> **최대공약수(Greatest Common Divisor, GCD) 정리**
> 두 음이 아닌 정수 $x, y (x \geq y)$에 대해 $r = x \bmod y (0 \leq r < y)$가 성립할 때 최대공약수를 $GCD(x,y)$라고 하면 다음 식이 성립한다.
>
> $$GCD(x,y) = GCD(y,r)$$
>
> **증명**
> $x \bmod y$는 x를 y로 나눈 나머지를 구하는 연산이므로 $r = x \bmod y$가 성립한다면 $x = yq + r$을 만족하는 유일한 정수 q, r이 존재한다. 이때 q는 몫이고 r은 범위가 $0 \leq r < y$인 나머지이다.
> 어떤 양의 정수 k가 x, y의 공약수이면 다음이 성립한다.
> $x = km$ (m은 음이 아닌 정수)
> $y = kn$ (n은 음이 아닌 정수)
> 여기서, $y = kn$를 $yq = knq$로 표현하면 k가 yq의 약수가 되므로 $yq = kl$ (l은 음이 아닌 정수)로 표현 가능하다. 따라서 r은 $r = x - yq = km - kl = k(m-l)$으로 표현할 수 있으며 k가 r의 약수임을 알 수 있다. 그러므로 k는 r의 약수가 되어 결국 x와 y의 공약수 집합과 y와 r의 공약수 집합이 같은 집합이 된다.
> 즉, $GCD(x,y) = GCD(y,r)$이 성립한다.

최대공약수 정리를 기반으로 유클리드 알고리즘은 다음과 같이 작성할 수 있다.

```
algorithm gcd(int x, int y){
    int temp, r;
    if x < y then
        temp = x;
        x = y;
        y = temp;
    end if
    while y ≠ 0
        r = x mod y;
        x = y;
        y = r;
    endwhile
    return 0;
}
```

유클리드 알고리즘의 복잡도는 우선 실행문의 수를 보면 $x > y$인 경우에는 if문 다음의 문장 세 개는 실행되지 않겠지만, 반대로 $x < y$인 경우에는 세 개의 대입문이 한 번씩 실행된다. while문 안에 있는 세 개의 대입문은 while문의 조건에 따라 최대 n번 반복 실행된다. 그리고 마지막으로 return 0이 한 번 실행될 것이다. 연산의 수행횟수는 if문이 참일 때 문장 세 개와 마지막에 return문이 한 번씩 실행되므로 총 4번이며, while문 안의 세 개의 실행문들이 n번 실행되므로 총 $3n$번 실행된다. 따라서 함수는 $f(n) = 3n + 4$가 된다. 함수에 대한 복잡도를 구하면 $f(n) = 3n + 4 \leq 3n + 4n = 7n$이므로 $n \geq 1$일 때, $f(n) = 3n + 4 \leq 7n$이고 $c = 7$이므로 $f(n)$의 복잡도는 $O(n)$이다.

예를 들어서 두 수 1071과 1029에 대한 최대공약수를 구해보자. 다음과 같이 $GCD(1071, 1029)$는 $1071 \bmod 1029 = 42$이므로 $GCD(1029, 42)$이 된다. $GCD(1029, 42)$은 $1029 \bmod 42 = 21$이므로 $GCD(42, 21)$이 되며 $GCD(42, 21)$는 $42 \bmod 21 = 0$에 의해 $GCD(21, 0)$이 된다.

$$\begin{aligned} GCD(1071, 1029) &= GCD(1029, 42) \quad (1071 \bmod 1029 = 42) \\ &= GCD(42, 21) \quad (1029 \bmod 42 = 21) \\ &= GCD(21, 0) \quad (42 \bmod 21 = 0) \end{aligned}$$

r이 0이 되어 더 이상 공약수를 구할 수 없다. 그러므로 1071과 1029의 최대공약수는 21이다.

○✕로 점검하자 | 제1장

※ 다음 지문의 내용이 맞으면 ○, 틀리면 ✕를 체크하시오. [1~9]

01 집합 A가 집합 B의 부분집합일 때, $A \neq B$인 경우에는 A가 B의 진부분집합이라 하고 $A \subseteq B$로 표기한다. (   )

> 집합 A가 집합 B의 부분집합일 때 $A \subseteq B$로 표기한다.

02 임의의 집합 S에 대하여, S의 모든 부분집합을 원소로 가지는 집합을 집합 S의 멱집합이라 하고 $P(S)$로 표시한다. (   )

> 집합의 모든 부분집합을 모아 놓은 것을 멱집합(Power set)이라고 한다. 집합 S에 대한 멱집합 $P(S)$는 S의 모든 부분집합의 집합이며 다음과 같은 집합이다. $P(S) = \{A : A \subseteq S\}$

03 집합론에서, 선택 공리(axiom of choice)는 공집합이 아닌 집합에서 한 원소를 고를 수 있으며, 또한 이를 무한 번 반복할 수 없다는 공리이다. (   )

> 선택 공리(axiom of choice)는 공집합이 아닌 집합에서 한 원소를 고를 수 있으며, 또한 이를 무한 번 반복할 수 있다.

04 2진수, 8진수, 10진수, 16진수는 상호 변환을 할 수 없다. (   )

> 2진수, 8진수, 10진수, 16진수는 상호 변환을 할 수 있다.

05 16진수는 기수가 16인 수로, 0부터 9까지의 숫자와 A부터 F까지의 알파벳을 사용하여 표현한다. (   )

> 16진수(Hexadecimal Number)는 기수를 16으로 하는 수 체계로, 숫자를 표시하는 데 십진법에 쓰이는 10개의 숫자인 0부터 9, 그리고 A부터 F까지 6개의 영문자를 사용하여 수를 표시하는 진법이다.

정답 1 ✕ 2 ○ 3 ✕ 4 ✕ 5 ○

06 컴퓨터에서 뺄셈은 보수를 사용하여 덧셈 연산을 한다. (   )

>>> 컴퓨터에서는 뺄셈 연산이 없기 때문에 보수를 이용하여 덧셈을 하면 뺄셈 연산의 결과를 얻을 수 있다.

07 좋은 알고리즘은 각 단계마다 결과가 확정되고 명확한 다음 단계를 가질 수 없다. (   )

>>> 알고리즘이 가져야 할 주요 특성 중 하나는 확정성이다.

08 합병 정렬은 모든 정렬 방법 중에서 평균 수행 시간이 가장 빠르다. (   )

>>> 퀵 정렬(quick sort)의 평균 수행 시간은 $O(n \log_2 n)$이다.

09 컴퓨터를 이용한 알고리즘 구현에 사용되는 알고리즘 중에서 가장 많이 사용되고 응용되는 알고리즘이 탐색 알고리즘과 정렬 알고리즘이다. (   )

>>> 주어진 파일 또는 원소의 집합에서 특정 원소를 찾는 작업을 탐색(search)이라 하고, 원소들을 순서에 맞게 배열하는 것을 정렬이라 한다.

정답 6 O 7 × 8 × 9 O

제1장 실전예상문제

01 분배 법칙은 다음과 같다.
$A \cup (B \cap C) = (A \cup B) \cap (A \cup C)$
$A \cap (B \cup C) = (A \cap B) \cup (A \cap C)$

01 다음 집합의 연산에서 등식이 성립되지 <u>않는</u> 것은?

① $A \cup \emptyset = A$
② $A \cup (A^C \cap B) = A \cup B$
③ $A \cup (A \cap B) = A \cup B$
④ $(A \cup B) \cap (A \cup B^C) = A$

02 집합의 원소는 원소나열법과 조건제시법으로 표현이 가능하다.
$A = \{1, 3, 6, 9, 12, 15\}$은 나머지 셋과는 다른 집합이다.

02 다음 집합 중 <u>다른</u> 집합은?

① $A = \{3, 6, 9, 12, 15\}$
② $A = \{3x \mid x$는 자연수, $1 \leq x \leq 5\}$
③ $A = \{1, 3, 6, 9, 12, 15\}$
④ $A = \{x \mid x$는 15 이하의 3의 배수의 집합$\}$

03 드모르간의 법칙은 다음과 같다.
$\overline{A \cup B} = \overline{A} \cap \overline{B}$
$\overline{A \cap B} = \overline{A} \cup \overline{B}$
흡수법칙은 다음과 같다.
$(A \cap B) \cup A = A$
$(A \cup B) \cap A = A$

03 다음 수식 $\overline{(B-A)} \cup \{\overline{(A \cup B)} \cap \overline{C}\} \cup \overline{C}$과 동치인 수식은?

① $A \cup \overline{B} \cup \overline{C}$
② $A \cup B$
③ $\overline{B} \cup \overline{C}$
④ $\overline{A} \cup \overline{B} \cup \overline{C}$

정답

04 집합 A, B가 각각 $A = \{1, 2, 3\}$, $B = \{a, b\}$일 때, $A \times B$와 그 기수를 맞게 표현한 것은?

① $A \times B = \{(1, a), (2, b)\}$, $|A \times B| = 2$
② $A \times B = \{1, 2, 3, a, b\}$, $|A \times B| = 5$
③ $A \times B = \{(a, 1), (a, 2), (a, 3), (b, 1), (b, 2), (b, 3)\}$, $|A \times B| = 6$
④ $A \times B = \{(1, a), (1, b), (2, a), (2, b), (3, a), (3, b)\}$, $|A \times B| = 6$

04 곱집합 $A \times B$은 $a \in A, b \in B$일 때 순서쌍 (a, b)로 구성되는 집합이다. 집합 A내에 있는 서로 다른 원소들의 개수를 그 집합의 크기(cardinality) 또는 원소 수라고 하며 $|A|$로 표기한다.

05 다음 중 집합의 표현 방식이 아닌 것은?

① 원소나열법
② 원소제시법
③ 조건제시법
④ 벤 다이어그램

05 집합의 표현방식은 원소나열법, 조건제시법, 벤 다이어그램이다.

06 다음 중 증명에 관한 개념으로 옳은 것은?

① 공리란 하나의 명제가 참임을 확인하는 과정이다.
② 정의는 별도의 증명 없이 항상 참으로 이용되는 명제이다.
③ 증명은 논의의 대상을 보편화하기 위해 사용하는 용어나 기호의 의미를 확실하게 규정하는 문장이나 식이다.
④ 정리는 공리와 정의를 통해 참으로 확인된 명제이다.

06
- 공리는 별도의 증명 없이 항상 참으로 이용되는 명제이다.
- 증명은 하나의 명제가 참임을 확인하는 과정이다.
- 정의는 논의의 대상을 보편화하기 위해 사용하는 용어나 기호의 의미를 확실하게 규정하는 문장이나 식이다.

정답 04 ④ 05 ② 06 ④

07 직접 증명법(Direct proof)은 주어진 명제를 변경하지 않고 참(T)이라고 가정하고 공리, 정리, 정의 등을 이용하여 증명하는 방법이다. 명제 $p \to q$의 직접 증명은 논리적으로 p의 진릿값이 참일 때 q도 참이 됨을 보이는 증명방법이다.

07 명제의 함축 $p \to q$가 참이 됨을 증명하는 방법으로 명제 p를 참이라고 가정하고 여러 정리와 식을 이용하여 명제 q가 참이 됨을 증명하는 증명법은?

① 직접 증명법
② 존재 증명법
③ 대우 증명법
④ 반례 증명법

08 증명방법은 직접 증명법과 간접 증명법 그리고 기타 증명법으로 나눌 수 있다. 이 중 간접 증명법은 논리적 동치를 이용하거나 다른 특수한 방법으로 증명하는 것이다.

08 다음 중 간접 증명법에 속하지 않는 것은?

① 직접 증명법
② 모순 증명법
③ 대우 증명법
④ 반례 증명법

09 존재 증명법은 x 변수를 가지는 $p(x)$가 참인 x가 적어도 한 개 이상 존재한다는 것을 보이면 된다.

09 다음 중 증명방법에 대한 설명으로 틀린 내용은?

① $\sqrt{2}$ 가 무리수임을 증명하기 위해 $\sqrt{2}$ 가 유리수임을 가정한 후 증명하는 방법은 모순 증명법이다.
② 반례 증명법에서는 반대가 되는 단 하나의 경우만 예를 들면 된다.
③ 존재 증명법은 x 변수를 가지는 $p(x)$가 참인 x가 적어도 두 개 이상 존재한다는 것을 보이면 된다.
④ $\sim q \to \sim p$가 참인 것을 증명함으로써 $p \to q$가 참이 되는 것을 보여주는 증명방법은 대우 증명법이다.

정답 07 ① 08 ① 09 ③

10 수학적 귀납법에 대한 설명 중 틀린 내용은?

① 수학적 귀납법은 기초 단계, 귀납 가정, 귀납 단계로 이루어진다.
② 수학적 귀납법의 증명에서는 명제 $P_1, P_2, P_3, \ldots, P_n$이 사실이라고 할 때 P_{n+1}의 경우에도 적용된다는 것을 보이면 된다.
③ 수학적 귀납법은 연역법 논증의 일종으로 여러 가지 명제를 동시에 증명할 때 사용한다.
④ 수학적 귀납법은 귀납법 논증의 일종으로 여러 가지 명제를 동시에 증명할 때 사용한다.

10 수학적 귀납법은 다음의 기초 단계, 귀납 가정, 귀납 단계로 이루어진다.
• 기초 단계에서 출발점이 되는 n의 값을 대입하여 초깃값을 계산한다.
• 귀납 가정에서 $P_1, P_2, P_3, \ldots, P_n$이 사실이라고 가정한다.
• 귀납 단계에서 기초 단계와 귀납 가정을 이용하여 P_{n+1}의 경우에 성립됨을 보인다.
수학적 귀납법은 연역법 논증의 일종으로 여러 가지 명제를 동시에 증명할 때 사용한다.

11 다음 중 옳지 않은 것은?

① −5의 2의 보수를 이용하여 8비트로 표현하면 11111010_2이다.
② 컴퓨터에서는 덧셈 연산만 가능하다.
③ 컴퓨터에서 연산은 2진수나 16진수를 주로 사용한다.
④ 10진수 0.123을 2진수로 변환할 때 2로 나누어서 나머지 값을 적는다.

11 10진수를 2진수로 변환시킬 때 소수부분은 2를 곱하여 구한다.

12 다음 중 16진수 $3A_{16}$를 8비트 2진수로 표현한 것으로 옳은 것은?

① 10100011_2
② 00111010_2
③ 00111011_2
④ 10111011_2

12 16진수 3A에서 각 자릿수는 2진수 4자리로 변환한다. 3은 0011_2이고 A는 1010_2이므로 $3A_{16}$는 00111010_2이다.

정답 10 ④ 11 ④ 12 ②

13 알고리즘은 우리가 일상에서 사용하는 자연어, 의사코드, 순서도 및 프로그래밍 언어로 표현한다.

13 다음 중 알고리즘을 표현하는 방법이 <u>아닌</u> 것은?

① 자연어
② 관계도
③ 의사코드
④ 프로그래밍 언어

14 이진 탐색 알고리즘은 탐색 효율이 좋고 탐색 시간이 적게 소요된다. 검색할 데이터가 정렬되어 있어야 한다. 비교 횟수를 거듭할 때마다 검색 대상이 되는 데이터의 수가 절반으로 줄어든다.
피보나치수열에 따라 다음에 비교할 대상을 선정하여 검색하는 것은 재귀 함수에 해당한다.

14 이진 탐색 알고리즘의 특징이 <u>아닌</u> 것은?

① 탐색 효율이 좋고 탐색 시간이 적게 소요된다.
② 피보나치수열에 따라 다음에 비교할 대상을 선정하여 검색한다.
③ 검색할 데이터가 정렬되어 있어야 한다.
④ 비교 횟수를 거듭할 때마다 검색 대상이 되는 데이터의 수가 절반으로 줄어든다.

15 프로그램의 수행횟수는 반복문의 수행 횟수에 따른다.

15 다음 프로그램에서 $++x$문의 수행 횟수는?

```
for(k = 0; k < n; k++)
    ++x;
```

① n
② $\log_2 n$
③ 2^n
④ n^2

정답 13 ② 14 ② 15 ①

16 함수 $(2n+1)\log_2 n$의 O(big-oh) 표현으로 옳은 것은?

① $O(\log_2 n)$
② $O(2n\log_2 n)$
③ $O(n\log_2 n)$
④ $O(\log_2 n^2)$

16 알고리즘의 복잡성을 측정하는 데 일반적으로 빅오(Big-Oh) 표현을 사용하며 알파벳 대문자 O를 사용한다. 예를 들어, $f(n) = O(n)$를 $f(n)$의 차수(order)는 n이며 'Big-Oh of n'이라고 읽는다. 음수값을 가지지 않는 함수 f와 g에서 모든 n에 대하여 $n \geq n_0$이고, $f(n) \leq c \cdot g(n)$이 되는 상수 c의 n_0가 존재하면, $f(n) = O(g(n))$이다. $O(g(n))$은 충분히 큰 수 n이 주어질 때 $g(n)$에 양의 상수 배를 한 함수들 중에서 가장 작은 함수를 의미한다.

17 다음 중 알고리즘의 평균복잡성이 $O(n\log_2 n)$이 <u>아닌</u> 것은?

① 삽입 정렬
② 퀵 정렬
③ 병합 정렬
④ 힙 정렬

17 삽입 정렬은 연산 수행 횟수에 의해 알고리즘의 전체 수행 시간은 $O(n^2)$이 된다.

정답 16 ③ 17 ①

Self Check로 다지기 | 제1장

▶ 집합의 표현 방법
① 원소나열법
1부터 10까지의 홀수의 집합 $S_1 = \{1, 3, 5, 7, 9\}$
② 조건제시법
1부터 5까지의 자연수의 집합 $S_1 = \{n | n$은 자연수, $1 \leq n \leq 5\}$
③ 오일러 다이어그램(벤 다이어그램) : $A \cap B$

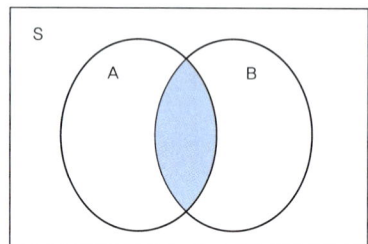

▶ 집합의 크기(cardinality) : $|S|$
집합 S 내에 있는 서로 다른 원소들의 개수

▶ 집합의 대수법칙

법칙의 이름	관계
결합법칙(associative law)	$(A \cup B) \cup C = A \cup (B \cup C)$ $(A \cap B) \cap C = A \cap (B \cap C)$
교환법칙(commutative law)	$A \cup B = B \cup A$, $A \cap B = B \cap A$
드모르간의 법칙(De Morgan's law)	$\overline{A \cup B} = \overline{A} \cap \overline{B}$, $\overline{A \cap B} = \overline{A} \cup \overline{B}$
멱등법칙(idempotent law)	$A \cup A = A$, $A \cap A = A$
역법칙(inverse law)	$A \cup \overline{A} = U$ (U : 전체집합) $A \cap \overline{A} = \varnothing$, $\overline{U} = \varnothing$, $\overline{\varnothing} = U$
보법칙(complement law)	$\overline{\overline{A}} = A$
분배법칙(distribution law)	$A \cup (B \cap C) = (A \cup B) \cap (A \cup C)$ $A \cap (B \cup C) = (A \cap B) \cup (A \cap C)$
항등법칙(identity law)	$A \cap U = A$, $A \cup U = U$ $A \cap \varnothing = \varnothing$, $A \cup \varnothing = A$
흡수법칙(absorption law)	$(A \cap B) \cup A = A$, $(A \cup B) \cap A = A$
기타	$A - B = A \cap \overline{B}$ $A - A = \varnothing$, $A - \varnothing = A$

증명
논리적 법칙을 이용하여 주어진 가정으로부터 결론을 유도해내는 추론의 한 방법으로서 어떠한 명제나 논증이 적절하고 타당한지를 입증하는 작업

증명방법
수학적 귀납법, 직접 증명법, 모순 증명법, 대우 증명법, 반례 증명법, 존재 증명법

진법별 수의 표현
① 진법과 진수
- n진법과 n진수 : 0과 n-1 사이의 숫자들을 이용해서 수를 표현하는 방식 또는 수
- n진법에서 n : 기수(Base Number), 표현된 수의 오른쪽 아래에 표기
- 디지털 컴퓨터에서 주로 사용하는 대표적인 진수 : 2진수, 8진수, 10진수, 16진수

② 2진수(Binary Number)
- 기수를 2로 하는 수 체계로 0과 1의 조합으로 숫자를 표시하는 진법
- 2를 한자리의 기본 단위로 하는 진수
- 예 $1011.0101_2 = 1 \times 2^3 + 0 \times 2^2 + 1 \times 2^1 + 1 \times 2^0 + 0 \times 2^{-1} + 1 \times 2^{-2} + 0 \times 2^{-3} + 1 \times 2^{-4}$

③ 16진수(Hexadecimal Number)
- 기수를 16으로 하는 수 체계로 숫자를 표시
- 0부터 9까지의 숫자와 A부터 F까지 6개의 영문자를 사용하여 수를 표시

진법 변환

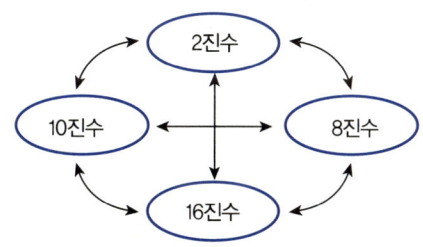

① 10진수의 2진수, 8진수, 16진수 변환
- 정수부 : 변환하려는 기수로 몫이 0이 될 때까지 나누면서 나오는 나머지를 역순으로 읽음
- 소수부 : 소수부가 0이 될 때까지 변환하려는 기수를 곱함

② 2진수, 8진수, 16진수의 10진수 변환
각 숫자에 해당 자릿값의 가중치를 곱한 값을 모두 더함

③ 2진수와 8진수 간의 변환
- 2진수를 8진수로 변환
  - 2진수를 소수점 기준으로 3비트씩 나누고 각 3비트를 10진수로 변환하여 구함
  - 소수점을 기준으로 정수부는 왼쪽으로 3비트씩 실수부는 오른쪽으로 각각 3비트씩 분리
- 8진수를 2진수로 변환
  8진수 한 자릿수는 2진수 3 자릿수가 됨

④ 2진수와 16진수 간의 변환
- 2진수를 16진수로 변환
  - 2진수를 소수점 기준으로 4비트씩 나누고 각 4비트를 10진수로 변환하여 구함
  - 소수점을 기준으로 정수부는 왼쪽으로 4비트씩 실수부는 오른쪽으로 각각 4비트씩 분리
- 16진수를 2진수로 변환
  16진수 한 자릿수는 2진수 4 자릿수가 됨

이진법 연산
① 이진법의 덧셈
   2진수의 덧셈은 두 수의 합이 2가 되면 한 자리가 올라감
② 이진법의 뺄셈
   - 보수 : 진수를 나타내는 수를 r이라고 할 때 r의 보수와 r-1의 보수
   - 보수를 이용하여 덧셈을 하면 뺄셈 연산의 결과를 얻을 수 있음

알고리즘
주어진 문제를 해결하기 위해 필요한 여러 가지 단계들을 체계적으로 명시해 놓은 것

알고리즘의 표현 방법
자연어, 순서도, 의사코드 및 프로그래밍 언어

좋은 알고리즘의 7가지 특성
정확성, 확정성, 효율성, 입력, 출력, 유한성, 일반성

알고리즘의 복잡성
일반적으로 대문자 O를 써서 빅오(Big-Oh) 표현으로 나타냄
① $O(1) < O(\log_2 n) < O(n) < O(n \log_2 n) < O(n^2) < O(n^3) < \cdots < O(2^n) < O(n!)$
② $O(n^2)$: 버블 정렬, 삽입 정렬
③ $O(n \log_2 n)$: 퀵 정렬, 병합 정렬, 힙 정렬

제 2 장

관계와 함수

제1절	관계
제2절	반순서와 동치 관계
제3절	함수
제4절	유용한 함수
실전예상문제	

우리 인생의 가장 큰 영광은 결코 넘어지지 않는 데 있는 것이 아니라
넘어질 때마다 일어서는 데 있다.

– 넬슨 만델라 –

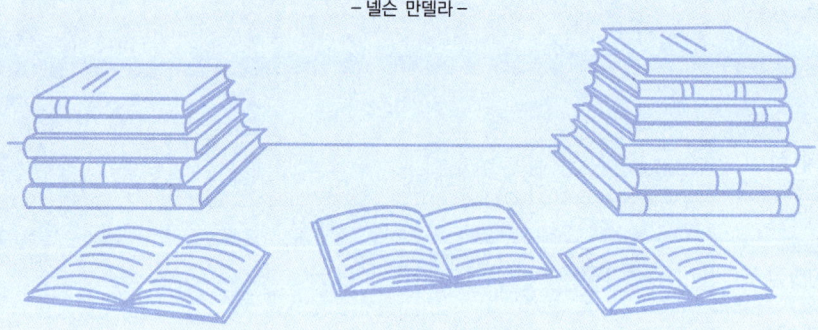

보다 깊이 있는 학습을 원하는 수험생들을 위한
시대에듀의 동영상 강의가 준비되어 있습니다.
www.sdedu.co.kr ➜ 회원가입(로그인) ➜ 강의 살펴보기

제 2 장 　관계와 함수

제1절　관계

관계(relation)란 객체(object)들 간의 연관성을 표현한다. 공학이나 수학 분야뿐만 아니라 여러 다른 분야에서도 기본적이고 중요한 개념이다. 수학이나 컴퓨터 관련 학문에서의 개체들도 이와 같이 여러 관계를 가진다. 예를 들어, 서로 다른 두 집합에 속하는 서로 다른 두 원소 간의 순서쌍 집합이나 두 집합에 대한 곱집합의 부분집합 모두 관계로 표현한다.

집합 A, B가 있을 때 A가 B의 부분집합이거나 B가 A의 부분집합일 때 또는 A가 B의 여집합이거나 B가 A의 여집합인 경우에 두 집합은 서로 관계가 있다고 한다. 디지털 논리 회로의 경우에도 두 회로가 같은 입·출력 도표를 가지면 관계가 있다고 하고, 컴퓨터 프로그래밍에서 같은 저장 장소를 사용하는 변수들은 서로 관계가 있다고 한다.

이산수학에서의 관계는 다른 두 집합에 속하는 서로 다른 두 원소의 관련사항을 나타낸 것이다. 이와 유사한 관계의 예는 데이터베이스에서 쉽게 찾을 수 있다. 데이터베이스는 하나 이상의 테이블에 저장된 데이터들을 결합하여 정보를 제공한다. 예를 들어 상점에서 어떤 고객의 등급에 대한 정보를 얻으려면 고객 정보가 들어있는 고객 정보 테이블과 등급 정보가 들어 있는 등급 정보 테이블이 필요하다. 고객 정보 테이블에서 고객의 아이디와 이름을 알아내고 등급 정보 테이블에서는 등급코드와 등급을 알아내 고객의 등급을 파악할 수 있다. 즉 고객 정보 테이블과 등급 정보 테이블은 [그림 2-1]과 같이 고객 등급 정보라는 관계로 결합된 것이다.

등급 테이블

등급	적립금
Gold	1000
Vip	2000
VVip	4000
Silver	0

고객 정보 테이블

고객 아이디	고객 이름	적립금
kimya	김연아	1000
marinboy	박태환	2500
singer	백지영	4500
zero	이은주	0

고객 등급 정보

고객 아이디	고객 이름	등급
kimya	김연아	Gold
marinboy	박태환	Vip
singer	백지영	VVip
zero	이은주	Silver

[그림 2-1] 등급 테이블과 고객 정보 테이블을 이용한 고객 등급 정보

또 다른 예로 서로 다른 집합에 속하는 원소 간의 관계에 대한 표현 특징 연산을 이용하여 데이터 간의 관계를 이해하고 활용하는 방법을 살펴보자. 서로 다른 두 집합에 속하는 서로 다른 **두 원소 간의 관계**를 표현하기 위해 **순서쌍 집합**을 사용한다. 그러므로 순서쌍 집합에 속하면서 순서쌍을 이루는 원소들을 관계가 있다고 말하고 이렇게 순서쌍 집합은 곱집합의 부분집합이 된다. 순서쌍은 쌍을 이루는 원소들의 순서에 의미가 있다. 두 집합의 곱집합으로 만들어진 순서쌍 (a, b)와 (b, a)는 전혀 다른 원소이다. 그러므로 관계를 가지는 집합의 원소들이 정확한 정보를 제공하기 위해서는 그 원소들의 순서도 중요하게 고려해야 한다. 관계를 표현하는 대표적인 방법으로 집합을 사용한다.

> **더 알아두기**
>
> **관계(relation)의 정의**
> ① 서로 다른 두 집합 A, B에 대하여, A에서 B로의 관계 R은 두 집합의 원소 a와 b의 순서쌍들의 모임으로 정의한다.
> ② 집합 $A=\{철수, 영희, 기철, 가희, 소영\}$이고 집합 $B=\{남자, 여자\}$에 대하여 관계 R을 사람과 성별의 관계로 정의한다면 관계 $R=\{(철수, 남자), (영희, 여자), (기철, 남자), (가희, 여자), (소영, 여자)\}$이다.
> ③ 일반적으로 관계라고 하면 이항(2항)관계(binary relation)를 말한다.
> ④ 이항이 넘는 경우에는 3항($3-ary$)관계, n항($n-ary$)관계로 명확히 명시해야 한다.
> ⑤ 이항관계는 두 집합의 원소 a, b 사이에 관계 R이 있을 때 $_aR_b$로 쓰고, 관계가 없다면 $_a\not{R}_b$로 표기한다.
> ⑥ 관계에 대하여 일반적으로 다음과 같이 기호로 나타낸다.
>   ㉠ a와 b가 관계가 있는 경우 : $_aR_b \Leftrightarrow (a, b) \in R$
>   ㉡ a와 b가 관계가 없는 경우 : $_a\not{R}_b \Leftrightarrow (a, b) \not\in R$

1 관계와 이항관계

어떤 상황이든 관계의 개념이 포함되지 않은 상황은 많지 않다. 수학이나 공학에서의 관계는 집합에서 원소들 간의 순서를 고려하여 원소들 간에 연산자 '$<$', '$\leq$', '$\equiv$', '$\subset$', '$\subseteq$', $\cdots$ 등을 사용한다. **관계는 곱집합의 부분집합이므로 집합에 대한 연산에 닫혀있다.** 그러므로 교집합, 합집합, 차집합, 여집합 등도 관계가 된다. 숫자의 경우에도 두 숫자 x, y에 대해서 y로 x를 나눌 수 있거나, 크기가 $x > y$이거나 수식 $x + y^2 = 0$으로 표현될 때 서로 관계가 있다고 할 수 있다.

(1) 이항관계 중요

두 집합 A, B에 대하여, A로부터 B로의 **이항관계(binary relation)** R은 두 집합의 곱집합 $A \times B$의 **부분집합이다.** $A \times B$의 원소인 순서쌍이 (a, b)일 때, $(a, b) \in R$과 $_aR_b$는 동치이다. 이항관계에서 이항(binary)은 두 집합 사이의 관계를 의미한다. 일반적으로 관계는 이항관계를 의미하므로 이항을 생략하고 관계라고만 말하기도 한다.

이항관계에 대해 예를 들어 설명하고자 한다. 두 집합 A, B가 각각 $A=\{0,1,2\}$이고, $B=\{1,2,3\}$일 때 집합 A의 원소 a, 집합 B의 원소 b에 대해 a가 b보다 작은 관계의 집합을 구하면 다음과 같다.

① 먼저 집합 A, B의 관계를 모두 구한다.
  ㉠ $0 < 1$ 이므로 $_0R_1$
  ㉡ $0 < 2$ 이므로 $_0R_2$
  ㉢ $0 < 3$ 이므로 $_0R_3$
  ㉣ $1 \not< 1$ 이므로 $_1\cancel{R}_1$
  ㉤ $1 < 2$ 이므로 $_1R_2$
  ㉥ $1 < 3$ 이므로 $_1R_3$
  ㉦ $2 \not< 1$ 이므로 $_2\cancel{R}_1$
  ㉧ $2 \not< 2$ 이므로 $_2\cancel{R}_2$
  ㉨ $2 < 3$ 이므로 $_2R_3$

② 집합 A와 B의 곱집합의 원소 9개 중에서 주어진 관계를 만족하는 집합 R은 다음과 같다.
$R = \{(0,1), (0,2), (0,3), (1,2), (1,3), (2,3)\}$

관계 R의 원소인 순서쌍에서 첫 번째 원소의 집합을 **정의역(domain)**이라 하고 $dom(R)$로 표시하며 두 번째 원소의 집합을 **치역(range)**이라 하며 $ran(R)$로 표시한다.

$dom(R) = \{a | (a,b) \in R\} \subseteq A$
$ran(R) = \{b | (a,b) \in R\} \subseteq B$

예를 들어서 두 집합 $A=\{0,1,2\}$, $B=\{1,2,3\}$에 대하여 관계 $R=\{(0,1), (1,2), (1,3)\}$인 경우, R의 정의역은 $dom(R)=\{0,1\}$이고 치역은 $ran(R)=\{1,2,3\}$이다.

> **더 알아두기**
>
> **집합에서 정의역, 치역, 공변역**
> ① 이항관계를 표현하는 순서쌍에서 먼저 나오는 것이 정의역(domain)이고, 뒤에 나오는 것이 치역(range)이다.
> ② 정의역(Domain) : 집합 A에서 집합 B로 가는 관계 R에 속한 순서쌍의 첫 번째 원소가 포함되어 있는 집합, $dom(R) = \{a | a \in A\}$
> ③ 공변역(Codomain) : 집합 A에서 집합 B로 가는 관계에서 관계 R에 속한 순서쌍의 두 번째 원소가 포함되어 있는 집합, $codom(R) = \{b | b \in B\}$
> ④ 치역(Range) : 집합 A에서 집합 B로 가는 관계에서 관계 R에 속한 순서쌍의 두 번째 원소들을 모아 놓은 집합(공변역의 부분집합), $ran(R) = \{b | (a,b) \in R\} \subseteq B$

제1장에서 집합의 곱(cartesian product)을 곱집합이라 하여 $A \times B$를 학습하였는데, 관계에서 중요하므로 정의를 다시 살펴보자. 집합 A, B에 대하여, 순서쌍(ordered pair)의 첫 번째 요소는 집합 A의 원소이고 두 번째 요소는 집합 B의 원소로 구성된 모든 순서쌍의 집합을 A와 B의 **곱집합**(cartesian product)이라고 하며 $A \times B$로 나타낸다.

$$A \times B = \{(a, b) | a \in A, b \in B\}$$

집합의 곱은 다음과 같이 두 개 이상의 집합에 대해서도 확장할 수 있다.

$$A_1 \times A_2 \times \cdots \times A_n = \{(a_1, a_2, \cdots, a_n) | \text{모든 } i, 1 \leq i \leq n \text{에 대해 } a_i \in A_i\}$$

관계가 항상 두 개의 집합 간에만 존재하는 것은 아니다. 원소가 두 개 이상인 경우의 관계는 $n-ary$ 관계라고 한다. 즉, 원소가 3개인 경우 $3-ary$ 관계이다. 예를 들어 세 개의 집합 $A = \{x, y\}, B = \{0, 1, 2\}, C = \{\alpha, \beta\}$에 대하여 $A \times B \times C$를 구하면 다음과 같다.

㉠ $A \times B \times C$는 $a \in A, b \in B, c \in C$인 모든 순서쌍 (a, b, c)로 구성된다.
㉡ $A \times B \times C = \begin{Bmatrix} (x, 0, \alpha), (x, 0, \beta), (x, 1, \alpha), (x, 1, \beta), (x, 2, \alpha), (x, 2, \beta), \\ (y, 0, \alpha), (y, 0, \beta), (y, 1, \alpha), (y, 1, \beta), (y, 2, \alpha), (y, 2, \beta) \end{Bmatrix}$
㉢ $A \times B \times C$의 순서쌍의 개수는 모두 12개로 A, B, C 각 원소의 개수를 모두 곱한 것과 같다.

집합 A에서 집합 B로의 관계 R에 대한 **역관계**(reverse relation) R^{-1}는 집합 B에서 집합 A로의 관계를 의미한다. 역관계 R^{-1}의 순서쌍 내의 순서를 다시 바꾸면 그 순서쌍은 관계 R에 속하게 된다.

$$R^{-1} = \{(b, a) | (a, b) \in R\} \text{ 즉, } {}_aR_b \text{ 관계가 존재해야만 } {}_bR^{-1}{}_a \text{가 존재한다.}$$

두 집합 $A = \{0, 1, 2\}$와 $B = \{1, 2, 3\}$의 관계 $R = \{(0, 1), (0, 2), (0, 3), (1, 2), (1, 3), (2, 3)\}$의 역관계는 관계에서 순서쌍의 순서를 모두 바꾼 $R^{-1} = \{(1, 0), (2, 0), (3, 0), (2, 1), (3, 1), (3, 2)\}$이다.

2 관계의 표현 〈중요〉

집합 사이의 관계를 표현하는 방법에는 **서술식 방법**과 **나열식 방법** 두 가지가 있다. 서술식 방법은 '집합 $A = \{1, 3, 5\}$에서 원소 a_1, a_2가 $a_1 \geq a_2$인 관계 R'과 같이 표현하고, 이 서술식에 따라서 관계를 순서쌍들의 집합 $R = \{(1, 3), (1, 5), (3, 5)\}$로 표현하는 것이 나열식 방법이다. 관계는 일반적으로 **순서쌍의 집합**으로 표현하지만 이 외에도 **화살표 도표**(arrow diagram), **좌표 도표**(coordinate diagram), **관계 행렬**(relation matrix), **방향 그래프**(directed graph) 등의 편리한 방법이 있다.

(1) 화살표 도표

화살표 도표(arrow diagram)는 집합 A에서 집합 B의 관계 R의 순서쌍 집합 $(a, b) \in R$ $(a \in A, b \in B)$일 때 집합 A에 있는 원소 a에서 집합 B에 있는 원소 b로 화살표를 그려서 관계를 표현한다. 즉 정의역에 해당하는 원소에서 시작하여 순서쌍의 뒤에 있는 공변역에 해당하는 원소로 향하는 화살표로 [그림 2-2]와 같이 표기한다.

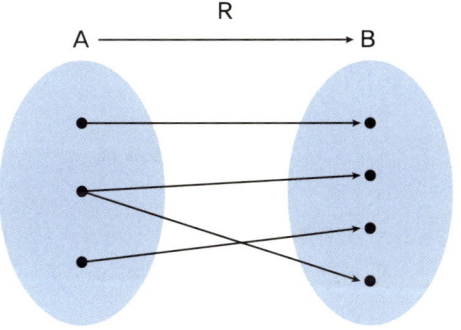

[그림 2-2] 관계 R의 화살표 도표

예를 들어 두 집합 $A = \{0, 1, 2\}$, $B = \{1, 2\}$에 대하여 이항 관계 $R = \{(0, 1), (1, 2), (2, 2)\}$인 경우, 화살표 도표로 표현하면 [그림 2-3]과 같이 두 집합 간에 세 개의 화살표를 그린다. 반면 역관계의 경우 관계 R에서 그려진 화살표와 반대 방향으로 그려진다.

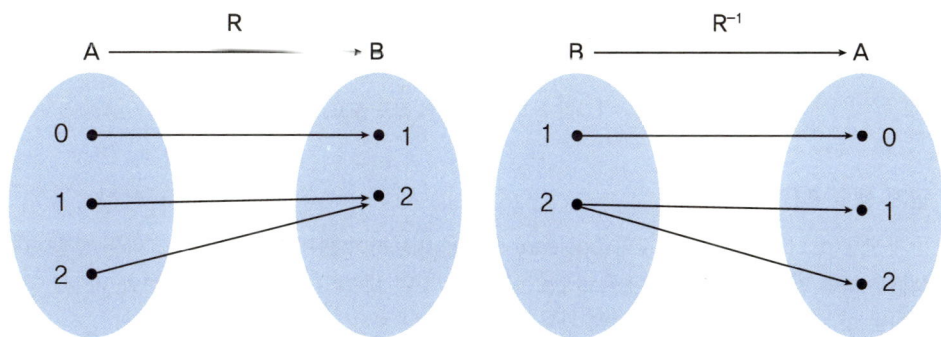

[그림 2-3] 이항 관계 $R = \{(0, 1), (1, 2), (2, 2)\}$

(2) 좌표 도표

좌표 도표(coordinate diagram)를 이용하여 관계를 표현하는 방법은 집합 A와 집합 B의 관계 R이 있을 때, 집합 A의 원소를 x축 위의 점으로 생각하고 집합 B의 원소를 y축 위의 점으로 생각하여 $a \in A$와 $b \in B$가 만나는 곳에 점으로 표시한다.

좌표 도표는 관계 R에서 정의역의 집합을 가로축(x)으로 하고, 공변역 집합을 세로축(y)으로 순서쌍의 원소가 만나는 지점에 [그림 2-4]와 같이 점을 찍는다.

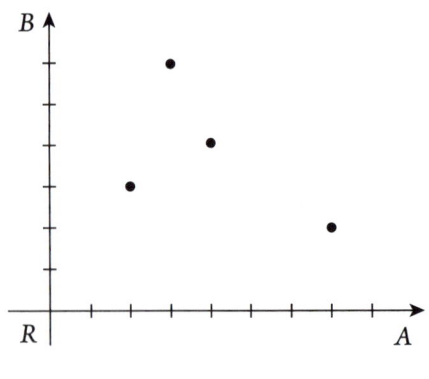

[그림 2-4] 좌표 도표 예

예를 들어 두 집합 $A=\{1,2\}, B=\{1,2,3\}$에 대하여 이항 관계 $R=\{(1,1),(1,2),(1,3),(2,2),(2,3)\}$인 경우, 좌표 도표로 표현하기 위해 가로축은 집합 A에 대한 축으로, 세로축은 집합 B에 대한 축으로 하여 관계 R의 좌표 도표를 그리면 [그림 2-5]와 같다.

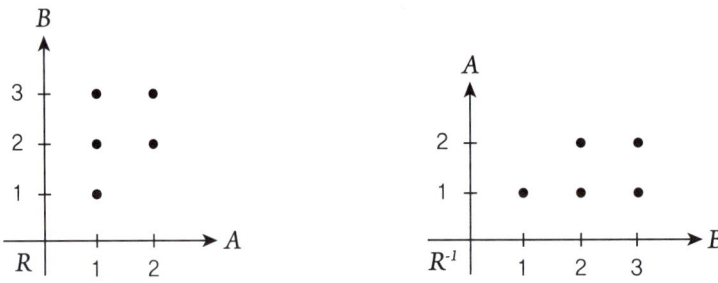

[그림 2-5] 관계 R의 좌표 도표 결과

(3) 관계 행렬 기출

관계 행렬(relation matrix)은 부울(boolean) 행렬을 이용하여 관계를 표현하는 또 다른 방법이다. 부울 행렬은 행렬 안에 있는 모든 원소들의 값이 '0' 또는 '1'인 행렬이다. 관계 행렬은 행의 값으로 관계 R의 정의역 원소인 집합 A의 원소, 열의 값으로는 공변역인 집합 B의 원소를 표시하는데, $a \in A$와 $b \in B$의 관계이면 행렬의 각 요소의 값은 '1'로, 관계가 없으면 '0'으로 표기한다. 즉, 관계 행렬의 원소 m_{ij}가 '1'이면 관계 R에 원소 (a_i, b_j)가 존재하는 것이고, 관계 행렬의 원소 m_{ij}가 '0'이면 관계 R에 원소 (a_i, b_j)가 존재하지 않는 것이다.

예를 들어 두 집합 $A=\{0,1,2\}, B=\{1,2\}$에 대하여 이항 관계 $R=\{(0,1),(1,2),(2,2)\}$인 경우, 행렬에 의한 관계 표현은 다음과 같다.

- 관계 R의 관계 행렬 : $M_R = \begin{matrix} & \begin{matrix} 1 & 2 \end{matrix} \\ \begin{matrix} 0 \\ 1 \\ 2 \end{matrix} & \begin{bmatrix} 1 & 0 \\ 0 & 1 \\ 0 & 1 \end{bmatrix} \end{matrix}$

- 역관계 R^{-1}의 관계 행렬 : $M_{R^{-1}} = \begin{matrix} & \begin{matrix} 0 & 1 & 2 \end{matrix} \\ \begin{matrix} 1 \\ 2 \end{matrix} & \begin{bmatrix} 1 & 0 & 0 \\ 0 & 1 & 1 \end{bmatrix} \end{matrix}$

더 알아두기

집합 $A = \{a_1, a_2, \cdots, a_{n-1}, a_n\}$에서 집합 $B = \{b_1, b_2, \cdots, b_{m-1}, b_m\}$로 가는 관계 R에 대한 관계 행렬은 $n \times m$ 행렬 $M_R = [m_{ij}]$이다.

이때, $m_{ij} = \begin{cases} 1, & (a_i, b_j) \in R \\ 0, & (a_i, b_j) \notin R \end{cases}$이다.

(4) 방향 그래프

서로 다른 두 집합 A, B 사이의 관계가 아닌 정의역과 공변역이 같은 집합인 관계, 즉 하나의 집합 A에 대한 관계일 때, 집합 A의 각 원소를 그래프의 **정점**(vertex)으로 표시하고 $(a, b) \in R$일 경우 a에서 b로의 화살표가 있는 **연결선**(edge)으로 표현하는 것을 관계 R에 대한 **방향 그래프**(directed graph)라고 한다.

방향 그래프는 순서쌍을 구성하는 원소들 중에서 정의역에 속하는 원소에서 시작하여 공변역에 속하는 원소로 향하는 화살표를 그려서 화살표 도표와 같이 관계를 표현한다. 특히 하나의 집합에서 만들어지는 관계를 표현하기 때문에 (a, a)와 같이 어떤 원소가 자기 자신과 순서쌍을 이룰 수도 있는데 이때 연결선은 동일한 정점에서 시작하여 끝나는 화살표가 그려진다. 이러한 화살표를 **순환**(loop)이라고 한다.

예를 들어 집합 $A = \{a, b, c\}$의 이항 관계 $R = \{(a, a), (a, b), (b, a), (b, c), (c, b)\}$를 방향 그래프로 표현하면 [그림 2-6]과 같다.

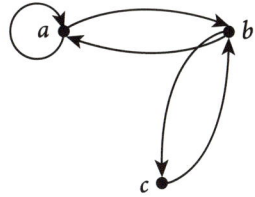

[그림 2-6] 관계 R에 대한 방향 그래프

3 합성 관계 중요

합성 관계(composite relation)는 이미 주어진 두 관계 R_1, R_2로부터 새로운 관계 $R_1 \cdot R_2$ 또는 $R_1 R_2$를 만들어 내는 것이다. 합성 관계를 만들려면 관계 R_1과 R_2는 연관성이 있어야 한다. R_1의 치역이 R_2의 정의역이 될 경우에만 합성 관계를 만들 수 있다.

즉, 세 집합 A, B, C에 대하여 집합 A에서 집합 B로의 관계는 R_1이고 집합 B에서 집합 C로의 관계가 R_2일 때 집합 A에서 집합 C로의 합성 관계 $R_1 \cdot R_2$를 정의하면 다음과 같다.

$$R_1 \cdot R_2 = \{(a,c) | a \in A, c \in C, (a,b) \in R_1 \text{ and } (b,c) \in R_2\}$$

합성 관계는 화살표 도표나 관계 행렬을 이용하여 나타낼 수 있다. 집합 $A = \{x, y\}$, $B = \{0, 1, 2\}$, $C = \{\alpha, \beta\}$에 대하여 집합 A에서 집합 B로의 관계 R_1과 집합 B에서 집합 C로의 관계 R_2가 다음과 같을 때 집합 A에서 집합 C로의 합성 관계 $R_1 \cdot R_2$를 화살표 도표와 관계 행렬로 나타내어 보자.

$R_1 = \{(x, 0), (x, 1), (y, 1), (y, 2)\}$
$R_2 = \{(0, \alpha), (1, \alpha), (2, \beta)\}$

관계 R_1과 R_2를 화살표 도표로 표현하면 다음 [그림 2-7]과 같다.

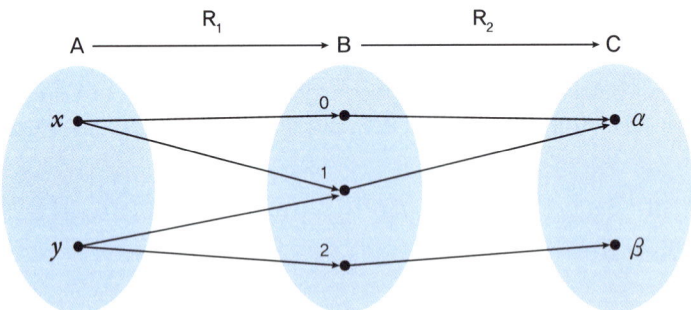

[그림 2-7] 관계 R_1과 R_2의 화살표 도표

먼저 집합 A의 원소 x에서 집합 B의 원소 0과 1로 화살표로 연결되고, 0과 1은 다시 집합 C의 원소 α와 β로 각각 화살표로 연결되므로 결과적으로 x에서 α와 β로 화살표로 연결이 된다. 동일한 방법으로 집합 A의 원소 y에 대해서도 적용하면 합성 관계 $R_1 \cdot R_2$를 [그림 2-8]과 같이 화살표 도표로 그릴 수 있다.

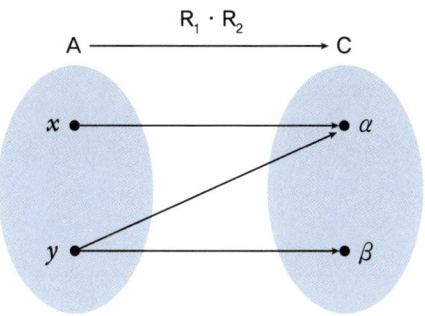

[그림 2-8] 합성 관계 $R_1 \cdot R_2$의 화살표 도표

이번에는 관계 R_1과 R_2의 합성 관계 $R_1 \cdot R_2$를 관계 행렬로 표현해 보자. 먼저 관계 R_1에 대한 관계 행렬을 M_{R_1}, 관계 R_2의 관계 행렬을 M_{R_2}라 하면 행렬 M_{R_1}과 M_{R_2}는 다음과 같다.

$$M_{R_1} = \begin{array}{c} \\ x \\ y \end{array} \begin{array}{c} 0 \ 1 \ 2 \\ \left[\begin{array}{ccc} 1 & 1 & 0 \\ 0 & 1 & 1 \end{array} \right] \end{array} \qquad M_{R_2} = \begin{array}{c} \\ 0 \\ 1 \\ 2 \end{array} \begin{array}{c} \alpha \ \ \beta \\ \left[\begin{array}{cc} 1 & 0 \\ 1 & 0 \\ 0 & 1 \end{array} \right] \end{array}$$

합성 관계 $R_1 \cdot R_2$를 순서쌍의 집합으로 나타내면 $R_1 \cdot R_2 = \{(x,\alpha),(y,\alpha),(y,\beta)\}$이므로 합성 관계 $M_{R_1 \cdot R_2}$는 다음과 같은 행렬이 된다.

$$M_{R_1 \cdot R_2} = \begin{array}{c} \\ x \\ y \end{array} \begin{array}{c} \alpha \ \ \beta \\ \left[\begin{array}{cc} 1 & 0 \\ 1 & 1 \end{array} \right] \end{array}$$

집합 A의 두 원소 a, b가 $(a, b) \in I_A$이면 $a = b$이고, 관계 R이 집합 A에서 집합 B로의 관계일 때 $I_A R = RI_A = R$이 성립하는데, 항등관계를 이용한 합성 관계는 원래의 관계와 동일하다.

집합 $A = \{0, 1, 2, 3\}$과 집합 $B = \{1, 2, 3\}$에 대하여 집합 A에서 집합 B로의 관계 $R = \{(0, 2), (0, 3), (1, 1), (2, 1), (3, 2)\}$일 때의 항등 관계를 보면 다음과 같다.

$I_A = \{(0, 0), (1, 1), (2, 2), (3, 3)\}$
$I_B = \{(1, 1), (2, 2), (3, 3)\}$
$I_A R = \{(0, 2), (0, 3), (1, 1), (2, 1), (3, 2)\}$
$I_B R = \{(0, 2), (0, 3), (1, 1), (2, 1), (3, 2)\}$
$RI_A = \{(0, 2), (0, 3), (1, 1), (2, 1), (3, 2)\}$
$RI_B = \{(0, 2), (0, 3), (1, 1), (2, 1), (3, 2)\}$

> **더 알아두기**
>
> 집합 A의 항등 관계(identity relation) 정의는 다음과 같다.
> $I_A = \{(a,a) | a \in A\}$
> 곱셈의 항등원(1), 덧셈의 항등원(0)이 연산 결과에 영향을 주지 않듯이 항등 관계와 어떤 관계를 합성하든지 결과 값에는 변화가 없다.
> $I_A R = R I_A = R$

합성 관계의 거듭 제곱(R^n)은 집합 A에 대한 관계 R에 대하여 $n = 1, 2, 3, \cdots$ 일 때의 거듭제곱이다.

$$R^n = \begin{cases} R & , n = 1 \\ R^{n-1} \circ R & , n > 1 \end{cases}$$

관계의 거듭 제곱은 **추이 관계**를 판별하는 가장 좋은 방법이다. 원소의 개수가 n개인 집합에 대한 관계 R을 n번 합성한 결과가 원래 관계 R의 부분집합이 되면 추이 관계라 할 수 있다.

4 관계의 성질

집합 A에 대한 관계 R은 포함된 순서쌍 원소들의 구성에 따른 특정한 성질에 따라 추이 관계, 반사 관계, 대칭 관계, 반대칭 관계 등으로 분류할 수 있다.

(1) 추이 관계 종요

수학에서 집합 A의 임의의 세 원소 a, b, c에 대하여 정의된 이항 관계 R이 추이 관계(transitive relation)라 함은 $_aR_b$이고 $_bR_c$이면 $_aR_c$를 만족한다는 뜻이다. 수학적으로 다시 쓰면 다음과 같다.

$$\forall a, b, c \in X, \ _aR_b \wedge {_bR_c} \Rightarrow {_aR_c}$$

다시 말해서 집합 A의 원소 a, b, c에 대하여 관계 R이 $(a,b) \in R$이고 $(b,c) \in R$이면 $(a,c) \in R$인 관계를 만족하는 관계 R을 추이 관계라고 한다.

집합 $A = \{a, b, c\}$에 대하여 관계 $R_1 = \{(a,b)\}$이면 순서쌍은 (a,b)만 존재하고 b로 시작하는 순서쌍이 존재하지 않음으로 R_1은 추이 관계가 된다. 관계 $R_2 = \{(a,c), (b,b), (c,b)\}$의 경우에는 순서쌍 (a,c)와 (c,b)가 존재하나 (a,b)가 존재하지 않음으로 R_2는 추이 관계가 아니다.

추이 관계의 대표적인 예를 들면 다음과 같다.

① 실수 a, b, c에 대하여 다음의 추이 관계가 성립한다.

> $a < b$이고 $b < c$이면 $a < c$
> $a \leq b$이고 $b \leq c$이면 $a \leq c$
> $a = b$이고 $b = c$이면 $a = c$

② 집합 A, B, C에 대하여 다음의 추이 관계가 성립한다.

> $A \subseteq B$이고 $B \subseteq C$이면 $A \subseteq C$
> $A = B$이고 $B = C$이면 $A = C$

기수(cardinality)가 n인 집합 A에 대한 관계 R이 추이 관계인 필요충분조건은 모든 양의 정수 n에 대하여 거듭제곱 $R^n \subseteq R$이다. 이와 같은 추이 관계와 거듭제곱의 관계를 수학적 귀납으로 증명하면 다음과 같다.

㉠ 기본 가정: $n = 1$일 때, $R^1 \subseteq R$가 성립한다.
㉡ 귀납 가정: $n = k$일 때, $R^k \subseteq R$이 성립한다고 가정한다.
㉢ 귀납 증명: $n = k+1$일 때, $R^{k+1} \subseteq R$임을 증명한다.

> $(a, b) \in R^{k+1}$이면, $R^{k+1} = R^k \circ R$ 이므로 $(a, b) = R^k \circ R$이 된다.
> 그러므로 $(a, c) \in R$이고 $(c, b) \in R^k$인 c가 존재한다.
> 귀납 가정에서 $R^k \subseteq R$이므로 $(c, b) \in R$이다.
> 결국 $(c, b) \in R$이고, $(a, c) \in R$이므로 $(a, b) \in R$이다.
> 그러므로 $R^{k+1} \subseteq R$은 성립한다.

㉣ 결과적으로 모든 양의 정수 n에 대하여 $R^n \subseteq R$이다.

더 알아두기

정수들의 집합에서 크기를 나타내는 관계 $<$는 정수 x, y, z에 대하여 $x < y$이고 $y < z$이면 반드시 $x < z$가 되므로 추이 관계가 성립하지만, $x < y$일 때 $y < x$는 성립하지 않기 때문에 비대칭이고 $x < x$가 성립하지 않으므로 비반사적이다.

(2) 반사 관계 중요

수학에서 **반사 관계**(reflexive relation)는 임의의 집합 A에 속하는 임의의 원소 a에 대해 $_aR_a$를 만족하는 이항관계이다. $_aR_a$는 a의 a에 대한 관계를 의미한다.

다시 말해서 집합 A의 모든 원소 x에 대하여 $_xR_x$이면, 즉 $(x, x) \in R$이면 관계 R을 반사 관계라고 한다. 관계 R에 대한 방향 그래프를 그리면 그래프의 모든 정점에서 자기 자신을 가리키는 화살표, 즉 순환이 있어야 반사 관계가 성립한다. 예를 들어 집합 $A = \{a, b, c\}$에 대한 R이 반사 관계가 되려면 순서쌍 $(a,a), (b,b), (c,c)$이 모두 관계 R의 원소로 포함되어 있어야 한다. 집합 $A = \{a, b, c\}$의 관계 R_1과 R_2에 대해 살펴보자.

$R_1 = \{(a,a), (a,b), (b,a), (b,b), (b,c), (c,b), (c,c)\}$
$R_2 = \{(a,b), (b,b), (c,b), (c,c)\}$

관계 R_1의 경우 집합 A에 포함되는 모든 원소에 대해 자신과 대응하는 순서쌍 $(a,a), (b,b), (c,c)$를 포함하고 있으므로 반사 관계이다. 그러나 관계 R_2는 순서쌍 (a,a)이 없으므로 반사 관계가 아니다. 다음 [그림 2-9]의 모든 그래프들은 반사 관계를 가진 방향 그래프이다.

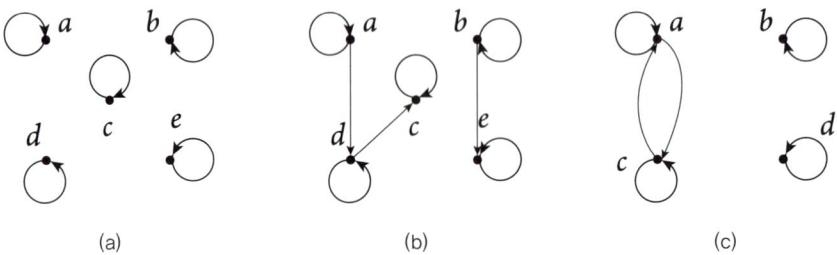

[그림 2-9] 반사 관계를 가진 방향 그래프

또한 행렬로 표현하면 대각선에 해당되는 모든 값이 1이 된다. [그림 2-9]를 행렬로 표현하면 다음과 같다.

$$
\begin{array}{c}
\;a\;b\;c\;d\;e \\
\begin{array}{c}a\\b\\c\\d\\e\end{array}\!\!\left[\begin{array}{ccccc}1&0&0&0&0\\0&1&0&0&0\\0&0&1&0&0\\0&0&0&1&0\\0&0&0&0&1\end{array}\right]
\end{array}
\quad
\begin{array}{c}
\;a\;b\;c\;d\;e \\
\begin{array}{c}a\\b\\c\\d\\e\end{array}\!\!\left[\begin{array}{ccccc}1&0&0&1&0\\0&1&0&0&1\\0&0&1&0&0\\0&0&1&1&0\\0&0&0&0&1\end{array}\right]
\end{array}
\quad
\begin{array}{c}
\;a\;b\;c\;d \\
\begin{array}{c}a\\b\\c\\d\end{array}\!\!\left[\begin{array}{cccc}1&0&1&0\\0&1&0&0\\1&0&1&0\\0&0&0&1\end{array}\right]
\end{array}
$$

(a)   (b)   (c)

반사 관계의 대표적인 예를 들면 다음과 같다.

㉠ 작거나 같다.
㉡ 크거나 같다.
㉢ 부분집합이다.

$R = \{(x,y) | x, y \in N, x \leq y\}$일 때 x, y는 자연수(N) 집합의 원소이고 $x \leq y$이므로, $(1,1) \in R$이고 $(2,2) \in R$이다. 또한 임의의 자연수 n에 대해 $n \leq n$이므로 $(n,n) \in R$이다. 따라서 모든 자연수에 대해 관계 R은 반사 관계이다.

(3) 비반사 관계

비반사 관계(irreflexive relation)는 집합 A의 모든 원소가 반사 관계를 만족하지 않는 이항관계이다. 즉 집합 A의 관계 R에 대하여 모든 $a \in A$에 대해 $(a,a) \notin R$인 관계이다. 예를 들어 '작다', '크다'는 비반사 관계가 된다. 집합 A에 대한 비반사 관계가 성립하려면 집합 A에 포함되는 모든 원소에 대해 자기 자신과 대응하는 순서쌍이 관계 R에 포함되지 않아야 하므로 집합 A의 원소들의 순서쌍 하나라도 관계 R에 포함되면 비반사 관계가 될 수 없다. 비반사 관계에 대한 관계 행렬은 대각원소들의 값이 모두 '0'이며, 방향 그래프로 나타내면 모든 원소들에 대해 순환(loop)이 존재하지 않는다. [그림 2-10]은 비반사 관계에 대한 관계 행렬과 방향 그래프이다.

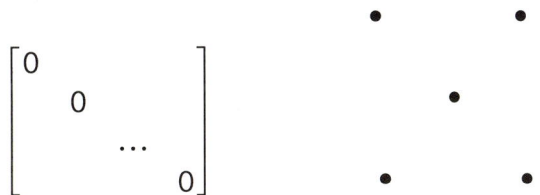

[그림 2-10] 비반사 관계에 대한 관계 행렬과 방향 그래프

> **더 알아두기**
>
> **반사 관계와 비반사 관계**
> 반사 관계가 아니라고 해서 비반사 관계라고 결론지을 수 없으며, 비반사 관계가 아니라고 해서 반사 관계라고 결론지을 수 없다. 반사 관계도 아니고 비반사 관계도 아닌 관계는 존재할 수 있지만, 반사 관계이면서 비반사 관계인 관계는 존재하지 않는다.
> 집합 $A = \{a,b,c\}$의 관계 $R = \{(a,a),(a,c),(b,a),(c,a),(c,b)\}$를 예로 들면, $(a,a) \in R$이지만 $(b,b) \notin R$이고 $(c,c) \notin R$이기 때문에 반사 관계가 아니다. 반대로 $(b,b) \notin R$이고 $(c,c) \notin R$이지만 $(a,a) \in R$이기 때문에 비반사 관계도 아니다.

(4) 대칭 관계 중요

수학에서 집합 A 상의 임의의 두 원소 a, b에 대하여 정의된 이항관계 R이 **대칭 관계**(Symmetric relation)라 함은 aR_b이면 bR_a를 만족한다는 뜻이다. 수학적으로 다시 쓰면 $\forall a, b \in X,\ aR_b \Rightarrow bR_a$와 같다. 다시 말해서, 집합 A상의 임의의 두 원소 a, b에 대하여 $(a,b) \in R$일 때 $(b,a) \in R$인 관계 R을 대칭 관계라고 한다. 관계 R이 대칭 관계이면 순서쌍 (a,b)가 존재하면 (b,a)도 반드시 존재한다. 예를 들면, 임의의 a, b, c에 대하여 다음이 성립한다.

$$a = b\text{이면 } b = a\text{이다. (등식)}$$

대칭 관계는 항상 성립하는 것이 아니다. 실수 a, b에 대하여 $a < b$이면 $b < a$일 수 없다.

대칭 관계 R을 방향 그래프로 나타내면, 정점 a에서 정점 b로 화살표가 나가면 반대로 정점 b에서 정점 a로 가는 화살표가 반드시 있어야 한다. 또한 관계 행렬로 표현하면 대각선을 중심으로 행렬의 값이 서로 대칭이 되어야 대칭 관계가 된다.

집합 $A=\{a,b,c,d\}$의 관계 $R=\{(a,a),(a,b),(a,d),(b,a),(c,d),(d,a),(d,c)\}$은 대칭 관계이다. 이 대칭 관계 R을 방향 그래프와 관계 행렬로 표현하면 [그림 2-11]과 같다. 방향 그래프는 정점 a에서 정점 b로 화살표가 나가면 반대로 정점 b에서 정점 a로 가는 화살표가 있는 것과 관계 행렬에서 대각선을 중심으로 행렬의 값이 서로 대칭이 된 것을 확인할 수 있다.

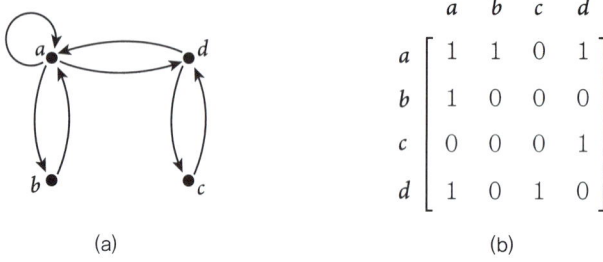

[그림 2-11] 대칭 관계의 방향 그래프와 관계 행렬

(5) 반대칭 관계

수학에서 집합 A상의 임의의 두 원소 a,b에 대하여 정의된 이항 관계 R이 **반대칭 관계**(anti-symmetric relation)라 함은 $_aR_b$이고 $_bR_a$이면 $a=b$를 만족한다는 뜻이다. 수학적으로 다시 쓰면 $\forall a,b \in X,\ _aR_b \wedge\ _bR_a \Rightarrow a=b$이다. 다시 말해서, 반대칭 관계 R은 집합 A에 있는 모든 원소 a,b에 대하여 $(a,b) \in R$이고 $(b,a) \in R$일 때 $a=b$인 관계를 만족한다.

예를 들어 $_aR_b$가 'a는 b와 관계가 있다'라는 이항 관계이면 R은 대칭 관계이지만, 반대칭 관계는 아니다. 그러나 R을 '작거나 같다'로 정의하면 이것은 반대칭 관계이다.

반대칭 관계를 '대칭 관계의 반대'로 혼동하기 쉬운데, 이것은 사실이 아니다. 이항 연산 R에 대하여 대칭 관계와 반대칭 관계를 정리하면 다음 네 가지 경우로 분류할 수 있다.

① **반대칭 관계이며 대칭 관계인 경우** : 'R이 같다'를 나타내는 경우이다.
② **반대칭 관계이지만 대칭 관계는 아닌 경우** : 'R이 작거나 같다'라고 하자.

> • $a \leq b$이고 $b \leq a$이면 $a=b$이므로 R은 반대칭 관계이다.
> • 그러나 $a \leq b$라고 $b \leq a$인 것은 아니므로 대칭 관계는 아니다.

③ **반대칭 관계는 아니지만 대칭 관계인 경우** : 'R이 "n"을 법(modulus)으로 하는 합동(congruent)'이라고 하자.

> • $a \equiv (b \bmod n)$이면 $b \equiv (a \bmod n)$이므로 이것은 대칭 관계이다.
> • 그러나 반대칭 관계는 아니라는 것은 다음 반례에서 확인할 수 있다.
> (반례 : $3 \equiv (7 \bmod 4)$이고 $7 \equiv (3 \bmod 4)$이지만, $3=7$은 아니다.)

④ 반대칭 관계도 아니고 대칭 관계도 아닌 경우 : '$_aR_b$를 정수 a,b에 대하여 a를 b로 나눈다'라고 하자.

- $a|b$이고 $b|a$라고 $a=b$인 것은 아니다. (반례 : $1|-1$이고 $-1|1$이지만 $1=-1$이 아니다.)
- 마찬가지로, $a|b$라고 $b|a$인 것도 아니다. (반례 : $3|6$ 이지만 $6|3$은 아니다.)

예를 들어 집합 $A=\{\alpha,\beta,\gamma\}$에 대한 관계 $R=\{(\alpha,\alpha),(\alpha,\beta),(\beta,\alpha),(\gamma,\beta)\}$에 대하여 대칭 관계와 반대칭 관계를 살펴보자. 관계 R의 모든 순서쌍들을 보면, $(\alpha,\alpha)\in R$일 때 $(\alpha,\alpha)\in R$, $(\alpha,\beta)\in R$일 때 $(\beta,\alpha)\in R$, $(\beta,\alpha)\in R$일 때 $(\alpha,\beta)\in R$이지만, $(\gamma,\beta)\in R$일 때 $(\beta,\gamma)\not\in R$이므로 대칭 관계가 아니다. 또한 $(\alpha,\alpha)\in R$이고 $\alpha=\alpha$일 때 $(\alpha,\alpha)\in R$이고, $(\gamma,\beta)\in R$이고 $\gamma\neq\beta$일 때 $(\beta,\gamma)\not\in R$이지만 $(\alpha,\beta)\in R$이고 $\alpha\neq\beta$일 때 $(\beta,\alpha)\in R$인 것과 $(\beta,\alpha)\in R$이고 $\beta\neq\alpha$일 때 $(\alpha,\beta)\in R$인 것 때문에 반대칭 관계도 성립하지 않는다. 그러므로 관계 R은 대칭 관계도 아니고 반대칭 관계도 아니다. 다른 예로 집합 $B=\{x,y,z\}$에 대한 관계 $R=\{(x,x),(y,y)\}$인 경우를 고려해 보자. $(x,x)\in R$이고 $x=x$일 때 $(x,x)\in R$, $(y,y)\in R$이고 $y=y$일 때 $(y,y)\in R$로 대칭 관계와 반대칭 관계 모두 성립한다.

5 관계의 폐포

어떤 집합의 그 위의 관계에 대한 **닫힘**(closure)은 그 집합의 원소와 관계가 있는 원소가 항상 그 집합에 속한다는 성질이다. 어떤 집합의 어떤 성질에 대한 **폐포**(closure)는 그 집합을 포함하면서 그 성질을 만족시키는 가장 작은 대상이다. 즉, 원래의 관계에 순서쌍 원소를 추가하여 특정 성질에 맞게 만든 것을 폐포(closure)라고 한다.

정의하자면, 집합 A에 대한 관계 R_1이 있고, 관계 R_1이 가질 수 있는 성질을 P라고 할 때, 집합 A에 대한 관계 R_2가 관계 R_1을 포함하면서 성질 P를 갖는다면 관계 R_2를 관계 R_1에 대한 P의 폐포라고 한다. 산술 연산에서는 통상 '닫혀있다'라고 한다.

(1) 반사 폐포

집합 A에 대해 관계 R_1을 포함하면서 반사 관계를 갖는 R_2는 반사 폐포(reflexive closure)이다.

$$R_2 = R_1 \cup \{(a,a)|a\in A\}$$

즉, 관계 R_1에 포함된 순서쌍 원소를 그대로 갖고 있으면서 집합 A에 포함되는 모든 원소에 대해 (a,a)를 추가하여 새로운 관계 R_2를 생성하는데 이 관계 R_2는 반사 관계도 성립한다.

예를 들어, 집합 $A=\{\alpha,\beta,\gamma\}$의 관계 $R_1=\{(\alpha,\alpha),(\alpha,\gamma),(\beta,\alpha),(\gamma,\beta)\}$에 대하여 관계 $R_2=\{(\alpha,\alpha),(\alpha,\gamma),(\beta,\alpha),(\beta,\beta),(\gamma,\beta),(\gamma,\gamma)\}$는 반사 폐포이다.

관계 행렬이나 방향 그래프를 이용하여 반사 폐포를 구할 수 있다. 관계 R_1에 대한 반사 폐포인 R_2는 관계 R_1의 관계 행렬에서 대각선의 원소의 값을 모두 1로 만들어주면 손쉽게 만들 수 있다. 방향 그래프의 경우 관계 R_1의 그래프에 존재하는 모든 정점이 **순환**(loop)이 되도록 그리면 관계 R_1에 대한 반사 폐포인 관계 R_2에 대한 방향 그래프가 된다. 다음 [그림 2-12]는 관계 R_1과 이에 대한 반사 폐포 R_2이다.

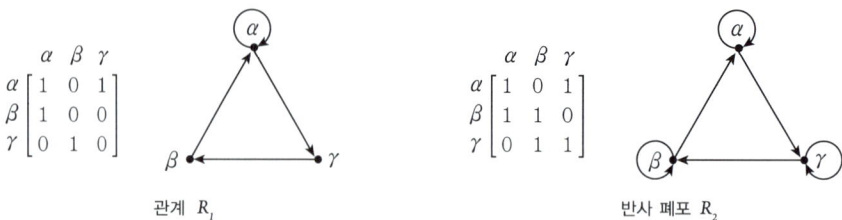

[그림 2-12] 관계와 반사 폐포

(2) 대칭 폐포

집합 A에 대해 관계 R_1을 포함하면서 대칭 관계를 갖는 R_2는 대칭 폐포(symmetric closure)이다.

$$R_2 = R_1 \cup \{(b,a) \in A \times A | (a,b) \in R\} = R_1 \cup R_1^{-1}$$

대칭 폐포도 반사 폐포처럼 이전 관계를 그대로 유지하면서 대칭 관계가 되도록 필요한 순서쌍 원소를 추가한다. 이전 관계 R_1의 성질은 그대로 유지하면서 대칭 관계를 갖는 새로운 관계인 대칭 폐포 R_2는 $(a,b) \in R_1$일 때 (b,a)를 포함한다. 예를 들면, 집합 $A = \{\alpha, \beta, \gamma\}$ A = {1, 2, 3}이고, 관계 $R_1 = \{(\alpha,\alpha), (\alpha,\gamma), (\beta,\alpha), (\gamma,\beta)\}$이라면 대칭 관계는 R_2는 $\{(\alpha,\alpha), (\alpha,\beta), (\alpha,\gamma), (\beta,\alpha), (\beta,\gamma), (\gamma,\alpha), (\gamma,\beta)\}$이다. 관계 R_1의 대칭 폐포 R_2는 관계 R_1과 역관계 R_1^{-1}의 합집합으로 구할 수 있다. $R_1^{-1} = \{(\alpha,\alpha), (\alpha,\beta), (\gamma,\alpha), (\beta,\gamma)\}$이므로 R_1과의 합집합을 구하면 대칭 폐포인 $R_2 = \{(\alpha,\alpha), (\alpha,\beta), (\alpha,\gamma), (\beta,\alpha), (\beta,\gamma), (\gamma,\alpha), (\gamma,\beta)\}$가 된다.

대칭 폐포도 관계 행렬이나 방향 그래프를 사용하여 구할 수 있다. 관계 행렬에서 대각원소를 기준으로 마주하는 원소들이 같은 값을 갖도록 표기하면 대칭 폐포가 된다. 방향 그래프에서는 한쪽으로만 향하는 단방향 화살표를 양방향으로 그리면 대칭 폐포가 된다.

집합 $A = \{\alpha, \beta, \gamma\}$의 관계 $R_1 = \{(\alpha,\alpha), (\alpha,\gamma), (\beta,\alpha), (\gamma,\beta)\}$에 대한 반사 폐포인 관계 R_2를 관계 행렬과 방향 그래프로 그리면 [그림 2-13]과 같다.

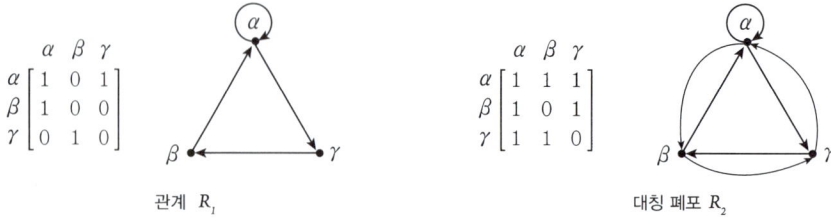

[그림 2-13] 관계와 대칭 폐포

(3) 추이 폐포 〈중요〉

집합 A에 대해 관계 R_1을 포함하면서 추이 관계를 갖는 R_2는 추이 폐포(transitive closure)이다.

$$R_2 = R_1 \cup \{(a,c) \in A \times A \,|\, (a,b) \in R_1 \wedge (b,c) \in R_1\}$$

① 추이 폐포는 구하는 과정에서 발생하는 새로운 순서쌍에 대해서도 추이 폐포가 되어야 하기 때문에 앞서 설명한 반사 폐포나 대칭 폐포를 구하는 것보다 복잡하다.

예를 들어서 집합 $A = \{\alpha, \beta, \gamma\}$에 대한 관계 $R_1 = \{(\alpha, \alpha), (\alpha, \gamma), (\beta, \alpha), (\gamma, \beta)\}$에 대해 순서쌍을 추가하는 방법으로 추이 폐포인 관계 R_2를 구해보자.

㉠ (α, γ)와 (γ, β)가 관계 R_1에 존재하므로 각 순서쌍의 앞뒤 원소들을 이용하여 (α, β)를 추가한다.

$$R_1 \cup \{(\alpha, \beta)\}$$

㉡ 관계 R_1에 (β, α)와 (α, γ)도 존재하므로 각 순서쌍 앞뒤 원소들을 이용하여 (β, γ)를 추가한다.

$$R_1 \cup \{(\alpha, \beta), (\beta, \gamma)\}$$

㉢ (γ, β)와 (β, α)가 관계 R_1에 존재하므로 (γ, α)를 추가한다.

$$R_1 \cup \{(\alpha, \beta), (\beta, \gamma), (\gamma, \alpha)\}$$

㉣ 새로 추가된 순서쌍 원소들 $\{(\alpha, \beta), (\beta, \gamma), (\gamma, \alpha)\}$에 대해서도 추이 폐포가 되도록 순서쌍을 추가한다.

- 관계 R_1에 있는 (α, γ)와 새로 추가된 (γ, α)에 의해 (γ, γ)가 새로 추가된다.
  $R_1 \cup \{(\alpha, \beta), (\beta, \gamma), (\gamma, \alpha), (\gamma, \gamma)\}$
- 관계 R_1에 있는 (β, α)와 새로 추가된 (α, β)에 의해 (β, β)를 추가한다.
  $R_1 \cup \{(\alpha, \beta), (\beta, \gamma), (\beta, \beta), (\gamma, \alpha), (\gamma, \gamma)\}$

㉤ 최종적으로 관계 R_1에 대한 추이 폐포인 관계 R_2가 완성된다.

$$R_1 \cup \{(\alpha, \alpha), (\alpha, \beta), (\alpha, \gamma), (\beta, \alpha), (\beta, \beta), (\beta, \gamma), (\gamma, \alpha), (\gamma, \beta), (\gamma, \gamma)\}$$

② 추이 폐포를 구하는 다른 방법인 추이 관계와 거듭 제곱의 관계를 이용하여 집합 $A = \{1, 2, 3, 4\}$에 대한 관계 $R_1 = \{(1,2), (2,2), (2,3), (3,1)\}$에 대한 추이 폐포 관계를 구하는 과정은 다음과 같다.

㉠ $(1,2) \in R_1$이고 $(2,3) \in R_1$이지만 $(1,3) \notin R_1$

$(2,3) \in R_1$이고 $(3,1) \in R_1$이지만 $(2,1) \notin R_1$이다.

관계 R_1은 추이 관계가 아니므로 $(1,3)$과 $(2,1)$을 추가하여 새로운 관계 R_2를 만든다.

$$R_2 = R_1 \cup \{(1,3), (2,1)\}$$

㉡ 새로운 관계 R_2가 추이 관계인지 추이 관계와 거듭 제곱의 관계를 이용하여 판별한다.

$$M_{R_2} = \begin{bmatrix} 0 & 1 & 1 & 0 \\ 1 & 1 & 1 & 0 \\ 1 & 0 & 0 & 0 \\ 0 & 0 & 0 & 0 \end{bmatrix}$$

$$M_{R_2^2} = M_{R_2} \odot M_{R_2} = \begin{bmatrix} 0 & 1 & 1 & 0 \\ 1 & 1 & 1 & 0 \\ 1 & 0 & 0 & 0 \\ 0 & 0 & 0 & 0 \end{bmatrix} \odot \begin{bmatrix} 0 & 1 & 1 & 0 \\ 1 & 1 & 1 & 0 \\ 1 & 0 & 0 & 0 \\ 0 & 0 & 0 & 0 \end{bmatrix} = \begin{bmatrix} 1 & 1 & 1 & 0 \\ 1 & 1 & 1 & 0 \\ 0 & 1 & 1 & 0 \\ 0 & 0 & 0 & 0 \end{bmatrix}$$

$$M_{R_2^3} = M_{R_2^2} \odot M_{R_2} = \begin{bmatrix} 1 & 1 & 1 & 0 \\ 1 & 1 & 1 & 0 \\ 0 & 1 & 1 & 0 \\ 0 & 0 & 0 & 0 \end{bmatrix} \odot \begin{bmatrix} 0 & 1 & 1 & 0 \\ 1 & 1 & 1 & 0 \\ 1 & 0 & 0 & 0 \\ 0 & 0 & 0 & 0 \end{bmatrix} = \begin{bmatrix} 1 & 1 & 1 & 0 \\ 1 & 1 & 1 & 0 \\ 1 & 1 & 1 & 0 \\ 0 & 0 & 0 & 0 \end{bmatrix}$$

$$M_{R_2^4} = M_{R_2^3} \odot M_{R_2} = \begin{bmatrix} 1 & 1 & 1 & 0 \\ 1 & 1 & 1 & 0 \\ 1 & 1 & 1 & 0 \\ 0 & 0 & 0 & 0 \end{bmatrix} \odot \begin{bmatrix} 0 & 1 & 1 & 0 \\ 1 & 1 & 1 & 0 \\ 1 & 0 & 0 & 0 \\ 0 & 0 & 0 & 0 \end{bmatrix} = \begin{bmatrix} 1 & 1 & 1 & 0 \\ 1 & 1 & 1 & 0 \\ 1 & 1 & 1 & 0 \\ 0 & 0 & 0 & 0 \end{bmatrix}$$

거듭 제곱의 결과를 보면 $R_2^4 \subseteq R_2$이 성립하지 않으므로, 관계 R_2은 추이 관계가 아니다. R_2이 추이 관계가 되도록 순서쌍을 추가한다.

㉢ $(1,2) \in R_2$이고 $(2,1) \in R_2$이지만 $(1,1) \notin R_2$

$(3,1) \in R_2$이고 $(1,2) \in R_2$이지만 $(3,2) \notin R_2$

$(3,1) \in R_2$이고 $(1,3) \in R_2$이지만 $(3,3) \notin R_2$이다.

관계 R_2은 추이 관계가 아니므로 $(1,1)$, $(3,2)$, $(3,3)$을 추가하여 새로운 관계 R_3을 만든다.

$$R_3 = R_2 \cup \{(1,1), (3,2), (3,3)\}$$

② 새로운 관계 R_3가 추이 관계인지 추이 관계와 거듭 제곱의 관계를 이용하여 판별한다.

$$M_{R_3} = \begin{bmatrix} 1 & 1 & 1 & 0 \\ 1 & 1 & 1 & 0 \\ 1 & 1 & 1 & 0 \\ 0 & 0 & 0 & 0 \end{bmatrix}$$

$$M_{R_3^2} = M_{R_3} \odot M_{R_3} = \begin{bmatrix} 1 & 1 & 1 & 0 \\ 1 & 1 & 1 & 0 \\ 1 & 1 & 1 & 0 \\ 0 & 0 & 0 & 0 \end{bmatrix} \odot \begin{bmatrix} 1 & 1 & 1 & 0 \\ 1 & 1 & 1 & 0 \\ 1 & 1 & 1 & 0 \\ 0 & 0 & 0 & 0 \end{bmatrix} = \begin{bmatrix} 1 & 1 & 1 & 0 \\ 1 & 1 & 1 & 0 \\ 1 & 1 & 1 & 0 \\ 0 & 0 & 0 & 0 \end{bmatrix}$$

$$M_{R_3^3} = M_{R_3^2} \odot M_{R_3} = \begin{bmatrix} 1 & 1 & 1 & 0 \\ 1 & 1 & 1 & 0 \\ 1 & 1 & 1 & 0 \\ 0 & 0 & 0 & 0 \end{bmatrix} \odot \begin{bmatrix} 1 & 1 & 1 & 0 \\ 1 & 1 & 1 & 0 \\ 1 & 1 & 1 & 0 \\ 0 & 0 & 0 & 0 \end{bmatrix} = \begin{bmatrix} 1 & 1 & 1 & 0 \\ 1 & 1 & 1 & 0 \\ 1 & 1 & 1 & 0 \\ 0 & 0 & 0 & 0 \end{bmatrix}$$

$$M_{R_3^4} = M_{R_3^3} \odot M_{R_3} = \begin{bmatrix} 1 & 1 & 1 & 0 \\ 1 & 1 & 1 & 0 \\ 1 & 1 & 1 & 0 \\ 0 & 0 & 0 & 0 \end{bmatrix} \odot \begin{bmatrix} 1 & 1 & 1 & 0 \\ 1 & 1 & 1 & 0 \\ 1 & 1 & 1 & 0 \\ 0 & 0 & 0 & 0 \end{bmatrix} = \begin{bmatrix} 1 & 1 & 1 & 0 \\ 1 & 1 & 1 & 0 \\ 1 & 1 & 1 & 0 \\ 0 & 0 & 0 & 0 \end{bmatrix}$$

거듭 제곱의 결과를 보면 $R_3^4 \subseteq R_3$이 성립하므로, 관계 R_3은 추이 관계다. 그러므로 R_3는 추이 폐포이다.

$$R_3 = \{(1,1), (1,2), (1,3), (2,1), (2,2), (2,3), (3,1), (3,2), (3,3)\}$$

순서쌍을 찾아가며 추이 폐포를 만드는 과정은 다소 복잡하고 쉽지 않다. 추이 폐포를 만드는 더 간단한 방법으로는 **연결 관계**(connectivity closure, $\boldsymbol{R^*}$)를 이용하는 방법이 있다. 연결 관계는 원소가 n개인 집합 A에 대한 관계 R에 대하여 다음으로 정의된다.

$$R^* = \bigcup_{n=1}^{\infty} R^n = R^1 \cup R^2 \cup \ldots \cup R^n$$

연결 관계 R^*은 관계 R의 추이 폐포이다. 어떤 관계 S가 관계 R을 포함하는 추이 관계면 $R^* \subseteq S$이다.

제2절 반순서와 동치 관계 (중요)

1 반순서 (기출)

어떤 특정한 일을 수행할 때 일반적으로 순서를 정해서 하듯이 컴퓨터 프로그래밍 작업에도 프로그램이 진행되는 순서도 등을 그려 부분 작업들에 대한 순서를 정한다. 일에 대한 순서를 수행되는 순서에 따라 순서쌍으로 표시할 수 있다. 예를 들어 작업 A, B의 작업 순서가 A작업 후 B작업이라고 하면 이 작업에 대한 순서쌍은 (A, B)이다. 이러한 형태의 순서쌍을 포함하는 관계에 대해 순서관계를 갖는다고 한다. 순서를 갖기 위해서는 관계 R에서 $a \neq b$일 때 (a, b)가 존재하면 (b, a)는 존재할 수 없다. 즉 관계 R에 반 대칭 관계가 성립할 때 순서 관계를 갖는다.

반순서 관계(partial order relation, 부분 순서 관계)는 집합 A에 대한 관계 R이 반사 관계, 반대칭 관계, 추이 관계가 성립한다.

> **더 알아두기**
>
> 반순서 관계는 다음의 세 가지 관계를 모두 만족시킨다.
> 집합 A에서 관계 $R \subseteq A \times A$는 다음의 성질을 가질 수 있다.
> ① 추이 관계: 모든 $x, y, z \in A$에 대해 xR_y이고 yR_x이면 xR_z이다.
> ② 반사 관계: 모든 $x \in A$에 대해 xR_x이다.
> ③ 반대칭 관계: 모든 $x, y \in A$에 대해 xR_y이고 yR_x이면 $x = y$이다.

예를 들어 자연수 집합 N에서 관계 $R = \{(x, y) \in N \times N \mid x \leq y\}$은 추이 관계, 반사 관계, 반대칭 관계가 성립하므로 반순서 관계이다.

> ㉠ 자연수 x, y, z에 대하여 $(x, y) \in R$이고 $(y, z) \in R$이면 $x \leq y$이고 $y \leq z$이므로 $x \leq z$가 되어 $(x, z) \in R$이 된다. (추이 관계)
> ㉡ 자연수 x에 대하여 $(x, x) \in R$이면 $x \leq x$이다. (반사 관계)
> ㉢ 자연수 x, y에 대하여 $(x, y) \in R$이면 $x \leq y$이지만, $x = y$를 제외하고 $x > y$는 성립하지 않으므로 $(y, x) \not\in R$이다. (반대칭 관계)

집합 A의 반순서 집합을 나타낼 때 기호는 $(A, \preceq)$을 사용하는데 여기서 $\preceq$은 A의 반순서 관계를 나타낸다. 집합 A에 대한 관계 R이 반순서 관계라면 A의 두 원소 a, b에 대하여 $(a, b) \in R$을 $a \preceq b$로 표기하고 'a가 b를 선행한다(a precedes b)'고 읽는다.

집합 A에 대한 관계 R이 반순서 관계이고 $a, b \in A$이고 $(a, b) \in R$ 또는 $(b, a) \in R$일 때, a와 b는 '비교 가능(comparable)'이라 하고 $a \preceq b$ 또는 $b \preceq a$로 표기한다. 만일 $(a, b) \not\in R$ 또는 $(b, a) \not\in R$일 때, a와 b는 '비교 불가능(noncomparable)'이라 하고 $a \not\preceq b$ 또는 $b \not\preceq a$로 표기한다. 비교 가능 기호($\preceq$)나 비교 불가능 기호($\not\preceq$)는 값의 크기를 비교하는 연산자가 아니라 우선순위를 비교하는 연산자이다.

자연수 집합 N에서 관계 $R=\{(x,y) \in N \times N \mid x|y\}$은 반순서 관계이다. 이 관계에서 2|4의 경우에 4를 2로 나누었을 때 나머지가 0이므로 $(2,4) \in R$이고 "2와 4는 비교가능하다."고 하며 '$2 \leqslant 4$'로 표기할 수 있다. 그러나 2|3의 경우에 3을 2로 나누었을 때 나머지가 0이 아니므로 $(2,3) \not\in R$이고 "2와 3은 비교불가능하다."고 하며 '$2 \not\leqslant 3$'으로 표기한다.

부분 순서(partial order) 또는 반순서는 순서 및 나열 등의 개념을 추상화한 이항 관계이다. 반순서(부분 순서)를 갖춘 집합을 **반순서(부분 순서) 집합**(partially ordered set, poset)이라고 한다. 이는 전순서 집합과 달리 모든 원소가 비교 가능할 필요는 없으며, 원순서 집합과 달리 순서가 같은 여러 원소는 존재하지 않아야 한다. 유한 반순서 집합은 하세 도형을 통해 나타낼 수 있다. 예를 들어, 가계도에서의 관계는 반순서이다. 어떤 두 사람은 조상과 후손의 관계이나, 어떤 두 사람은 서로가 서로의 후손이 아니며, 어떤 이도 다른 이의 조상이자 후손일 수는 없다.

집합 A의 모든 두 원소가 비교 가능하면 A를 **선형 순서 집합**(linearly ordered set)이라 하며, 선형 순서 집합인 경우 관계 $\leqslant$를 **선형 순서 관계**(linearly ordered relation, linear order)라고 한다.
집합 A에서의 관계 R이 다음 조건을 만족하는 경우를 선형 순서(linearly order)라고 한다.

> ㉠ 관계 R이 반순서를 만족한다.
> ㉡ 만약 $a \in A$이고 $b \in A$라면 $_aR_b$, $_bR_a$ 또는 $a = b$ 중 하나가 성립한다.

또한 집합 A에서의 관계 R이 반순서 관계이고 집합 A 모든 원소들을 그 관계에서 비교할 수 있으면 이 관계 R을 **완전 순서**(total order)라고 하고, 이와 같이 완전 순서인 관계가 있는 집합 A를 **완전 순서 집합**(total order set)이라고 한다.
앞에서 자연수 집합 N에 대한 관계가 $R=\{(x,y) \in N \times N \mid x|y\}$일 때, 2|3의 경우에는 3을 2로 나눈 결과의 나머지가 0이 아니므로 $(2,3) \not\in R$이고, 2와 3은 비교불가능하기 때문에 '$2 \not\leqslant 3$'으로 표기하였다. 자연수의 모든 원소가 관계 R에서 비교 가능한 것이 아니라는 것을 의미하며, 따라서 이 관계 R은 완전 순서 관계가 될 수 없다.

독일의 수학자 하세(Helmut Hasse, 1898~1979)가 고안한 **하세 도형**(Hasse diagram, 하세 도표)을 이용하여 반순서 집합 $(A, \leqslant)$을 그래프로 나타낼 수 있다. 하세 도형은 방향 그래프의 한 종류이지만 화살표는 없이 모든 연결선(edge)을 트리(tree)와 같이 위에서 아래로 향하게 그린다.
하세도형을 그리는 규칙은 다음과 같다.

> ㉠ 모든 순환(loop)은 표시하지 않는다.
>   - 반순서 관계는 반사 관계가 성립하기 때문에 순환(loop)을 생략해도 되는 것이다.
> ㉡ 반순서 집합 A의 원소 x, y에 대해 $x \neq y$이고 $x \leqslant y$이면, 정점 x를 정점 y보다 아래 쪽에 그린다.
>   - 반순서 관계는 반대칭 관계가 성립하기 때문에 비교하여 우선적으로 오는 원소를 아래쪽에 그린다.
> ㉢ 집합 A의 원소 x, y, z에서 $x \leqslant y$이고 $y \leqslant z$를 만족하는 y가 존재하지 않을 경우에만 x에서 z로의 연결을 그린다.
>   - 반순서 관계는 추이 관계가 성립하기 때문이다.

세 원소 집합 $\{x, y, z\}$의 멱집합 위의 부분집합($\varnothing$, $\{x\}$, $\{y\}$, $\{z\}$, $\{x,y\}$, $\{y,z\}$, $\{x,z\}$, $\{x,y,z\}$) 관계에 의한 반순서를 그린 하세 도형은 다음 [그림 2-14]와 같다. 같은 높이에 있거나($\{x\}$와 $\{y\}$) 화살표 방향대로 나아가 도달하지 못하면 ($\{x\}$와 $\{y,z\}$) 순서가 정해지지 않은 것이다.

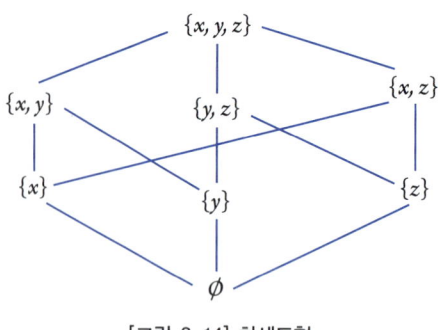

[그림 2-14] 하세도형

반순서 관계 R에서 원소 간의 비교가 가능할 때, 그 원소의 위치를 판별하는 방법으로 다음과 같이 극대원소, 극소원소, 최대원소, 최소원소로 분류할 수 있다.

(1) 극대원소(Maximal Element)

반순서 집합 A의 원소 a에 대해, $a<b$인 원소 b가 A에 존재하지 않는 경우, 원소 a를 '극대원소'라고 한다. 극대원소는 집합 A에 대한 반순서 관계 R을 하세도표로 나타냈을 때 **가장 상위에 위치하는 하나 이상의 원소들**로, 반순서 집합 A에 포함되는 원소들 중 가장 우선순위가 높은 원소들을 의미한다. 극대원소들 간의 우선순위는 동일하다.

(2) 극소원소(Minimal Element)

반순서 집합 A의 원소 a에 대해, $b<a$인 원소 b가 A에 존재하지 않는 경우, 원소 a를 '극소원소'라고 한다. 극소원소는 집합 A에 대한 반순서 관계 R을 하세도표로 나타냈을 때 **가장 하위에 위치하는 하나 이상의 원소들**로 반순서 집합 A에 포함되는 원소들 중 가장 우선순위가 낮은 원소들을 의미한다. 극소원소들 간의 우선순위는 동일하다.

(3) 최대원소(Greatest Element)

반순서 집합 A의 $\forall a$에 대해, $a \leqslant b$인 A의 원소 b를 '최대원소'라고 한다. 최대원소는 집합 A에 대한 반순서 관계 R을 하세도표로 나타냈을 때 **가장 상위에 위치하는 단 하나의 원소**로, 반순서 집합 A에 포함되는 원소들 중 가장 우선순위가 높은 원소를 의미한다. 최대원소보다 우선순위가 높거나 같은 원소는 존재하지 않는다.

(4) 최소원소(Least Element)

반순서 집합 A의 $\forall a$에 대해, $b \leqslant a$인 A의 원소 b를 '최소원소'라고 한다. 최소원소는 집합 A에 대한 반순서 관계 R을 하세도표로 나타냈을 때 **가장 하위에 위치하는 단 하나의 원소**로, 반순서 집합 A에 포함되는 원소들 중 가장 우선순위가 낮은 원소를 의미한다. 최소원소보다 우선순위가 낮거나 같은 원소는 존재하지 않는다.

2 동치 관계

관계 R에서 반사 관계, 대칭 관계, 추이 관계가 모두 성립하면 이를 **동치 관계**(equivalence relation)라고 한다. 동치는 '같다'는 의미이다. 관계에서의 동치는 집합의 원소들이 '같다'는 것을 의미한다. 다시 말해서 동치 관계 R에서는 순서쌍 원소 (a,b)에 대하여 'a와 b가 같다'라고 할 수 있다. 예를 들어, 컴퓨터에서 논리 회로와 컴퓨터 프로그램이 같은 입력으로부터 같은 결과로 출력이 된다면 이를 동치 관계라고 할 수 있다. 예를 들어 집합 $A=\{1,2,3,4\}$에 대하여 관계 $R=\{(1,1),(1,3),(2,2),(2,4),(3,1),(3,3),(4,2),(4,4)\}$가 있을 때 동치 관계임을 확인하는 과정은 다음과 같다.

- $(1,1) \in R$, $(2,2) \in R$, $(3,3) \in R$, $(4,4) \in R$이므로 반사 관계가 성립된다.
- $(1,3) \in R$, $(3,1) \in R$이고 $(2,4) \in R$, $(4,2) \in R$므로 대칭 관계가 성립된다.
- $(1,1) \in R$, $(1,3) \in R$인데 $(1,3) \in R$이고,
- $(1,3) \in R$, $(3,1) \in R$인데 $(1,1) \in R$이고,
- $(1,3) \in R$, $(3,3) \in R$인데 $(1,3) \in R$이고,
- $(2,2) \in R$, $(2,4) \in R$인데 $(2,4) \in R$이고,
- $(2,4) \in R$, $(4,2) \in R$인데 $(2,2) \in R$이고,
- $(2,4) \in R$, $(4,4) \in R$인데 $(2,4) \in R$이고,
- $(3,1) \in R$, $(1,1) \in R$인데 $(3,1) \in R$이고,
- $(3,1) \in R$, $(1,3) \in R$인데 $(3,3) \in R$이고,
- $(3,3) \in R$, $(3,1) \in R$인데 $(3,1) \in R$이고,
- $(4,2) \in R$, $(2,2) \in R$인데 $(4,2) \in R$이고,
- $(4,2) \in R$, $(2,4) \in R$인데 $(4,4) \in R$이고,
- $(4,4) \in R$, $(4,2) \in R$인데 $(4,2) \in R$이므로 추이 관계가 성립된다.

이와 같이 반사 관계, 대칭 관계 및 추이 관계까지 성립하므로 동치 관계가 성립된다.

동치 관계에 포함되는 순서쌍 원소들은 같은 의미를 갖는데, 이렇게 같은 의미를 갖는 원소들을 모아놓은 집합을 **동치류**(equivalence classes) 또는 **동치 클래스**라고 하고 다음과 같이 정의한다.

$$[x] = \{y | (x,y) \in R\} \quad ([x]\text{는 그 원소와 동치인 원소들의 집합})$$

즉, 집합 A에 대한 관계 R이 동치관계일 때, 집합 A의 각 원소 x와 순서쌍을 이루는 원소들의 집합을 의미한다. 이때 집합 A의 동치류의 모임을 A의 **몫집합**(quotient set)이라 하고 $\frac{A}{R}$로 표기한다.

$$\frac{A}{R} = \{[x] | x \in A\}$$

집합 위의 동치관계와 그 집합의 분할 사이에는 자연적인 일대일 대응이 존재한다. 즉, 다음과 같다.
집합 A위의 동치관계 R에 대하여, 그 몫집합 $\frac{A}{R}$는 A의 **분할**(partition)이다. 즉, 임의의 $x, y \in A$에 대하여, 만약 xR_y이면, $[x] = [y]$이다. 임의의 $x, y \in A$에 대하여, $x\not R_y$이면, $[x] \cap [y] = \varnothing$이다.

공집합이 아닌 집합 A의 분할(partition)은 다음 조건을 만족시키는 A의 부분집합의 모임 $\{A_1, A_2, \cdots, A_{n-1}, A_n\}$을 의미한다.

> ㉠ $A_i \neq \varnothing, 1 \leq i \leq n$: 집합 A의 모든 분할집합 $\{A_i\}$는 $\varnothing$이 아니다.
> ㉡ $A = \bigcup_{i=1}^{n} A_i$: A 안에 있는 모든 원소는 임의의 A_i에 속한다.
> ㉢ $A_i \cap A_j = \varnothing, i \neq j$: $\{A_i\}$의 집합은 서로 교차하지 않는다. 즉, $A_i \neq A_j$일 때 $A_i \cap A_j = \varnothing$이다.

> **더 알아두기**
>
> **mod 합동**
> - $x \equiv y \pmod{m}$와 같은 mod 합동(congruence)이란 x와 y를 m으로 각각 나누었을 때 나머지가 같다는 의미이다.
> - mod 합동은 다음이 성립하므로 동치 관계이다.
>   ① $A \equiv A \pmod{C}$ (반사 관계 성립)
>   ② $A \equiv B \pmod{C}$이면 $B \equiv A \pmod{C}$이다. (대칭 관계 성립)
>   ③ $A \equiv B \pmod{C}$이고 $B \equiv D \pmod{C}$이면 $A \equiv D \pmod{C}$이다. (추이 관계 성립)

제3절 함수

함수(function)는 관계(relation)의 특수한 형태로 첫 번째 원소가 모두 다른 순서쌍들의 집합이다. 일반적으로 집합 A에서 B로 가는 관계에서는 집합 A의 한 원소가 집합 B의 원소 한 개 이상과 대응하거나 혹은 어떤 원소와도 대응하지 않을 수 있다. 하지만 함수에서는 집합 A의 모든 원소가 반드시 집합 B의 원소 하나와 대응해야 한다. 만약 집합 A의 원소가 두 개 이상의 집합 B의 원소와 대응하는 경우는 함수가 아니다. 함수는 다음 [그림 2-15]와 같이 입력을 받아 필요한 처리를 하고 출력을 하는 형태이다.

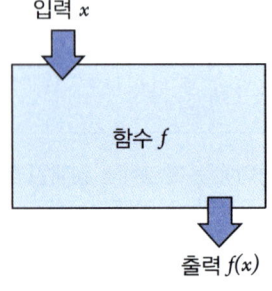

[그림 2-15] 함수(function)

> **더 알아두기**
>
> 기원전 5세기경 바빌로니아 사람들은 천체의 운동에서 주기성을 발견하기 위해 표를 만들었다. 이 표를 보면 바빌로니아 사람들이 비례 관계를 이해했던 것으로 보이는데, 이 표가 함수(function)의 기원이라 할 수 있다.
> 함수라는 용어는 17세기에 독일 수학자 라이프니츠(Leibniz)가 처음으로 사용하였고, 오일러(Euler)는 1734년에 함수를 '두 수 사이의 관계를 나타내는 식'이라고 하면서 함수 표기법 $f(x)$를 도입하였다. 라이프니츠는 함수에 대하여 '2개의 수 x, y에서 x값이 변함에 따라 y값이 정해질 때 y를 x의 함수라고 한다.'고 정의했다. 현대에는 1939년 부르바키(Nicholas Bourbaki)가 정의한 '집합 A와 집합 B가 있다고 하자. 집합 A에 있는 모든 x에 대하여 유일한 y가 존재한다면 y에서의 관계는 함수 관계라고 한다.'라는 함수 개념을 사용한다.

1 함수의 개념 중요 기출

함수는 한 집합의 원소들과 다른 집합의 원소들 간의 관계가 성립할 때 나타내는 순서쌍 중에서 앞에 있는 집합의 모든 원소가 한 번씩만 순서쌍에 포함된다. 즉, 두 집합 A와 B에서 **함수(function)** f는 **집합 A에서 B로의 관계의 부분집합**으로서, 집합 A의 모든 원소 a가 집합 B의 원소 중 오직 하나씩만 대응되는 관계를 함수라고 하며 다음과 같이 표기한다.

$$f: A \rightarrow B$$

이때, 집합 A는 함수 f의 **정의역(domain)**이라 하고 집합 B는 함수 f의 **공변역(codomain)**이라 한다. 함수 f를 **사상(mapping)**이라고 하며 '함수 f는 A에서 B로 사상한다'고 읽는다. 사상은 보통 함수의 동의어로 쓰이나, 추상대수학에서는 더 좁은 뜻을, 범주론에서는 더 넓은 뜻을 갖는다.
함수 $f: X \rightarrow Y$는 $f(x) = y$로 표기할 수 있는데, 이때 y를 함수 f에 의한 x의 **상(image)** 또는 **함수값**이라고 하고 x를 **원상(preimage)**이라고 한다. 다시 말해, 함수는 정의역의 각 원소를 정확히 하나의 공변역 원소에 대응시킨다. 이러한 y를 $f(x)$라고 쓰며, 이러한 y들의 집합을 **치역(range)**이라고 한다. 치역은 공변역의 부분집합이나, 공변역보다 작을 수 있다.
함수 f의 정의역은 $dom(f)$로 표기하고 함수 f의 치역은 $ran(f)$으로 표기하며 다음과 같이 정의한다.

$$dom(f) = \{x \mid (x, y) \in f, x \in X, y \in Y\}$$
$$ran(f) = \{y \mid (x, y) \in f, x \in X, y \in Y\}$$

> **더 알아두기**
>
> - 표기 $f: X \rightarrow Y$는 f 정의역 X, 공변역 Y를 갖는 함수라는 뜻이다.
> - 표기 $f: x \mapsto y$는 $f(x) = y$와 같은 뜻이다.

함수를 정의역과 공변역을 생략하여 다음과 같이 표기하기도 한다.

> f
> $f(x)$
> $f(x) \ (x \in X)$
> $y = f(x)$

어떤 가족의 구성원들의 집합을 정의역, 날짜의 집합을 공변역으로 하며, 각 구성원 x를 구성원 x의 생년월일 $f(x)$로 대응시키는 관계 f는 함수이다. 모든 구성원은 어느 날엔가 태어났으며, 동시에 두 다른 날에 태어났을 수 없기 때문이다.

정의역이 $\{1, 2, 3\}$이고 공변역이 $\{4, 5, 6, 7\}$이며, 대응 규칙 $f(1) = 4$, $f(2) = 5$, $f(3) = 6$을 따르는 대응 관계는 함수이다. 실수 집합 R에 대하여 모든 실수를 그 제곱으로 대응시키는 대응 관계 $f: R \to R$, $x \mapsto x^2$는 함수이다. 공집합 $\emptyset$에 대하여 임의 Y가 $f: \emptyset \to Y$는 함수이며, 여기에는 아무런 대응 규칙이 필요하지 않다. 이러한 함수를 **공함수**(empty function)라고 한다. $f: \emptyset \to \emptyset$는 공변역이 공집합인 유일한 함수이다. 구체적인 함수를 나타내는 방법은 여러 가지가 있다. 정의역의 원소가 유한개일 경우, 각 원소가 공변역의 어느 원소와 대응하는지를 표에 열거하여 나타낼 수 있다. 함수값을 구하는 공식이나 알고리즘이 존재한다면, 이를 통해 나타낼 수도 있다. 함수의 정의역과 공변역이 모두 실수 집합이나 복소수 집합의 부분집합이라면, 함수의 그래프를 통해 나타낼 수도 있는데, 직관적인 반면 정확성이 떨어질 수 있다.

함수의 정의역, 공변역, 치역을 일반적인 다이어그램으로 표현하면 다음 [그림 2-16]과 같다.

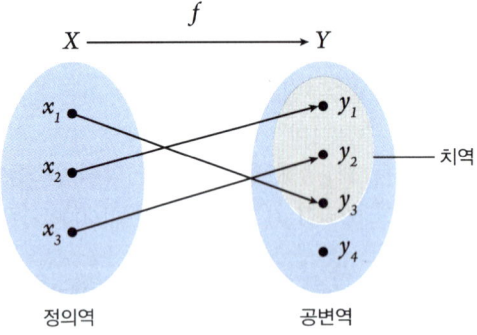

[그림 2-16] 함수의 정의역, 치역, 공변역

두 함수 f와 g에 대하여 정의역과 공변역이 같고, 정의역의 모든 원소 x가 $f(x) = g(x)$이면 함수 f와 g는 서로 '같다(equal)'라고 하고 $f = g$로 표기한다.

집합 $A = \{a, b, c\}$와 집합 $B = \{1, 2, 3, 4\}$로의 관계가 다음과 같을 때, 함수인지 아닌지를 판별하고 함수이면 정의역, 치역, 공변역을 구해보자.

$f_1 = \{(a,1), (b,3), (c,2)\}$
$f_2 = \{(a,2), (b,1), (c,4)\}$
$f_3 = \{(a,1), (b,3)\}$
$f_4 = \{(a,1), (b,2), (b,3), (c,4)\}$

(1) 관계 f_1의 경우, 정의역인 집합 A의 모든 원소 각각은 공변역인 집합 B에서 하나의 원소와 대응하고 있다.

$$f_1(a) = 1, f_1(b) = 3, f_1(c) = 2$$

집합 B의 원소 중에서 4는 대응되는 집합 A의 원소가 없지만 집합 A의 모든 원소가 집합 B의 원소와 대응하고 있으므로 관계 f_1은 함수이다. 따라서 정의역, 치역, 공변역을 구하면 다음과 같다.

$$dom(f_1) = \{a, b, c\},\ ran(f_1) = \{1, 2, 3\},\ codom(f_1) = \{1, 2, 3, 4\}$$

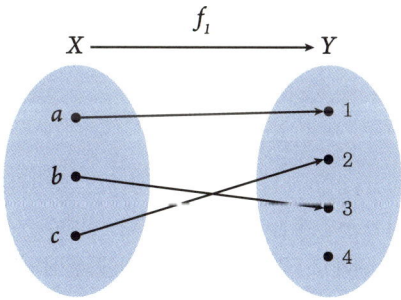

(2) 관계 f_2의 경우, 정의역인 집합 A의 모든 원소 각각은 공변역인 집합 B에서 하나의 원소와 대응하고 있다.

$$f_2(a) = 2, f_2(b) = 1, f_2(c) = 4$$

집합 B의 원소 중에서 3은 대응되는 집합 A의 원소가 없지만 집합 A의 모든 원소가 집합 B의 원소와 대응하고 있으므로 관계 f_2는 함수이다. 따라서 정의역, 치역, 공변역을 구하면 다음과 같다.

$$dom(f_2) = \{a, b, c\},\ ran(f_2) = \{1, 2, 4\},\ codom(f_2) = \{1, 2, 3, 4\}$$

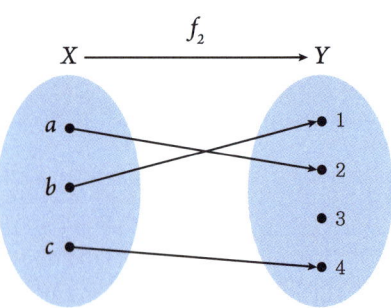

(3) 관계 f_3의 경우에는 정의역인 집합 A의 모든 원소 중 c에 대응하는 공변역 집합 B의 원소가 없다. 즉 집합 A의 원소 c에 대한 상이 없다. 함수는 정의역의 모든 원소가 집합 B의 원소 중 오직 하나씩만 대응되는 관계로 정의된다. 이 정의에 위배되므로 관계 f_3는 함수가 아니다.

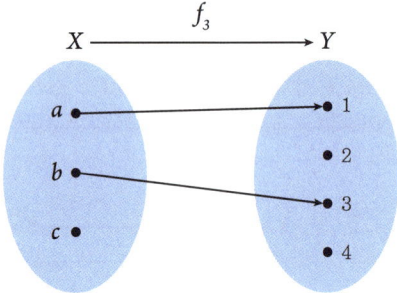

(4) 관계 f_4의 경우에는 정의역인 집합 A의 모든 원소 중 b는 공변역 집합 B에서 대응하는 원소가 2, 3 두 개이다. 즉 집합 A의 원소 b에 대한 상이 두 개이다. 함수는 정의역의 모든 원소가 집합 B의 원소 중 오직 하나씩만 대응되는 관계로 정의된다. 이 정의에 위배되므로 관계 f_4는 함수가 아니다.

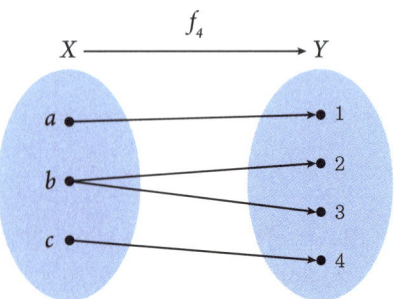

2 함수 그래프

두 집합 A와 B에 대한 모든 함수 $f: A \to B$는 집합 A에서 집합 B로의 관계로 정의할 수 있으며, 이 관계를 그래프로 나타낸 것을 **함수 그래프**(function graph)라 한다.

함수 $f: A \to B$에 대한 함수 그래프 G는 $x \in A$이고 $y = f(x)$인 순서쌍 (x, y)의 집합을 나타낸다. 즉, G는 다음과 같이 표현된다.

$$G = \{(x, y) | x \in A, y \in B, y = f(x)\}$$

함수 f에 대한 그래프 G의 원소들을 좌표 평면상에 점으로 표시하는 것을 $y = f(x)$의 '**그래프의 기하학적 표현**'이라 한다. 함수 f의 그래프에서 순서쌍들은 집합 A의 모든 원소 x에 대하여 오직 하나씩만의 관계를 가지고 있어야 한다.

기하학적 표현은 함수 f에 대한 그래프 G의 원소들을 좌표 평면 위에 점으로 표시하는 것을 말한다. 정의역이 실수인 경우에는 연속적 표현으로 나타나게 된다.

함수 $f: R \to R$일 때 다음의 함수에 대하여 함수 그래프를 순서쌍의 집합으로 나타내고, 좌표 평면상에 나타내 보자.

예제 1

함수 $y = x + 3$

$y = x + 3$을 순서쌍의 집합으로 표현하면 $G = \{(x, y) | y = x + 3, x \in R\}$이 되고 이를 좌표 평면상에 나타내면 다음 [그림 2-17]과 같다.

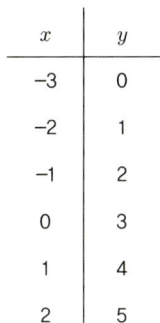
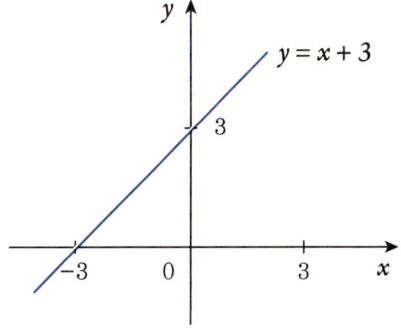

[그림 2-17] 함수 그래프

예제 2

함수 $y=|x|$ (단, $x \in$ 실수)인 경우

$y=|x|$를 순서쌍의 집합으로 표현하면 $G=\{(x,y)|y=|x|, x \in R\}$이 되고 이를 좌표 평면상에 나타내면 다음 [그림 2-18]과 같다.

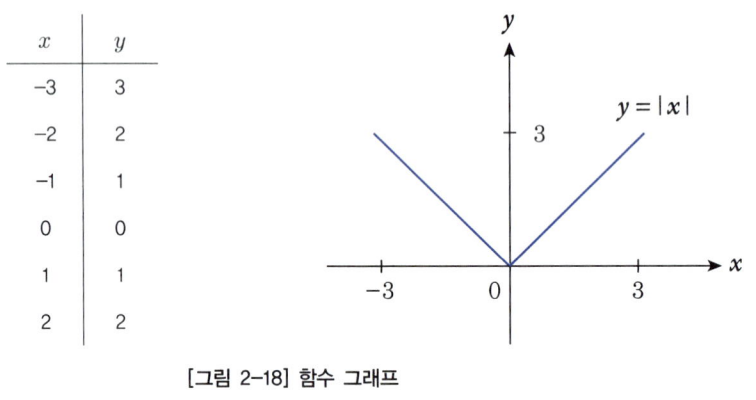

[그림 2-18] 함수 그래프

이러한 그래프를 이용하여 함수 여부를 판별할 수도 있다. 다음 [그림 2-19]는 실수 R에서 R로의 관계를 그래프로 나타낸 것이다. 그래프를 보면 $x=0$ 일 때 대응되는 y의 값이 없으므로 "함수는 x의 모든 실수 값이 y의 실수 값에 하나씩 대응된다."는 함수의 정의에 위배된다. 따라서 함수가 아니다.

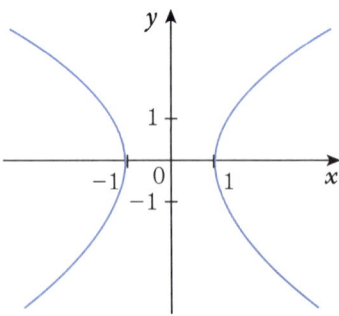

[그림 2-19] 실수 R에서 R로의 관계

제4절 유용한 함수

함수는 입력과 출력의 대응 형태에 따라 특성을 판별할 수 있는데, 정의역과 공변역의 대응 관계에 따라서 단사함수, 전사함수, 전단사함수 등으로 나눌 수 있다. 본 절에서는 유용한 함수 몇 가지에 대해 설명하기로 한다.

1 단사함수

정의역의 서로 다른 원소를 공변역의 서로 다른 원소로 대응시키는 함수를 **단사함수**(injection 또는 injective function) 또는 **일대일 함수**(one-to-one function)라 한다. 공변역의 각 원소는 정의역의 원소 중 최대 한 원소의 상이다. 즉, 단사함수는 정의역의 모든 원소들이 서로 다른 공변역 원소와 대응하는 함수를 말한다.

> 함수 $f: A \to B$에서 $a_i, a_j \in A$에 대하여 $f(a_i) = f(a_j)$이면 $a_i = a_j$일 경우, 함수 f를 단사함수라고 한다.
> - $\forall a_i, a_j \in A,\ f(a_i) = f(a_j) \Rightarrow a_i = a_j$

이때 정의역 A의 모든 원소들이 공변역 B의 모든 원소와 대응되므로 단사함수를 일대일 함수라고 하는 것이다. 만일 함수 $f: A \to B$이 단사함수이면 $a_i, a_j \in A$에 대하여 $a_i \neq a_j$이면 $f(a_i) \neq f(a_j)$이 성립한다. 단사함수의 치역은 공변역의 부분집합이 된다. 즉, $f: A \to B$에서 $ran(f) \subseteq B$이다.

예를 들어, 다음은 단사함수이다.

> $f: \{1, 2, 3\} \to \{A, B, C, D\}$
> $f: 1 \mapsto A$
> $f: 2 \mapsto B$
> $f: 3 \mapsto C$

그러나 자연수에 대하여 이를 2로 나눈 나머지로 대응되는 함수의 경우에 모든 홀수를 1, 모든 짝수를 0으로 대응시키기 때문에 단사함수가 아니다.
각 원소의 관계를 화살표로 나타내는 화살표 도표(arrow diagram)로 단사함수 $f: A \to B$를 그리면 [그림 2-20]과 같다.

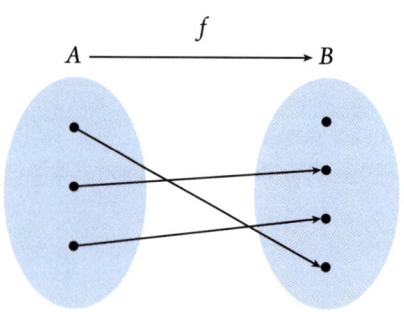

[그림 2-20] 단사함수

[그림 2-20]에서 보듯이 함수 f가 단사함수인 경우, 집합 B의 모든 원소가 집합 A의 원소와 반드시 대응하는 것은 아니다. 집합 A와 B의 원소의 개수를 비교하면 $|A| \leq |B|$으로, 집합 B의 원소의 개수는 집합 A의 원소의 개수보다 크거나 같아야 한다. 즉, 정의역의 원소의 개수는 공변역의 원소의 개수보다 적거나 같아야 하며, 치역의 원소의 개수도 공변역의 원소의 개수보다 적거나 같아야 한다.

$$|dom(f)| \leq |codom(f)|, \ |ran(f)| \leq |codom(f)|$$

예를 들어, 집합 $A = \{a, b, c\}$와 집합 $B = \{1, 2, 3, 4\}$로의 관계가 다음과 같을 때, 단사함수인지 아닌지를 판별해보자.

$$f_1 = \{(a,1), (b,3), (c,2)\}$$
$$f_2 = \{(a,3), (b,3), (c,4)\}$$

관계 f_1의 경우, 정의역인 집합 A의 모든 원소가 공변역 집합 B의 원소와 다음과 같이 대응되므로 함수이다.

$$f_1(a) = 1, \ f_1(b) = 3, \ f_1(c) = 2$$

함수 f_1은 정의역인 집합 A의 모든 원소가 서로 다른 공변역 집합 B의 원소와 다음과 같이 대응되므로 단사함수이다.

$$a_i \neq a_j \text{일 때 } f_1(a_i) \neq f_1(a_j)$$

관계 f_2의 경우 정의역인 집합 A의 원소 중 a와 b가 서로 같은 공변역인 집합 B의 원소 3과 다음과 같이 대응하고 있다.

$$f_2(a) = 3, \ f_2(b) = 3, \ f_2(c) = 4$$

즉, $a_i \neq a_j$일 때 $f_2(a_i) = f_2(a_j)$이므로 단사함수가 아니다.

2 전사함수

만약 함수 f가 공변역의 모든 원소에게 정의역의 적어도 하나의 원소를 대응시킨다면(즉, 치역이 공변역과 같다면) f를 **전사함수**(surjective function) 또는 위로의 함수라고 한다.

함수 $f: A \to B$에서 집합 B의 모든 원소 b에 대하여 $f(a) = b$가 되는 $a \in A$가 적어도 하나 존재할 때 함수 f를 전사함수라고 한다.

$$\forall b \in B, \; \exists a \in A, \; f(a) = b$$

전사함수의 특징으로는 공변역 B의 모든 원소가 정의역에 대응되어야 하므로 그 자체가 바로 치역이 된다는 것이다. 즉, 전사함수 $f: A \to B$에서 $ran(f) = B$이다.

전사함수는 모든 함수의 관계가 집합 B의 모든 원소에 반영되므로 **반영 함수**(onto function)라고도 한다.

예를 들어, 다음의 함수 f는 전사함수이다.

$f: \{1,2,3,4\} \to \{D, C, B\}$
$f: 1 \mapsto D$
$f: 2 \mapsto C$
$f: 3, 4 \mapsto B$

각 원소의 관계를 화살표로 나타내는 화살표 도표(arrow diagram)로 전사함수 $f: A \to B$를 그리면 [그림 2-21]과 같다.

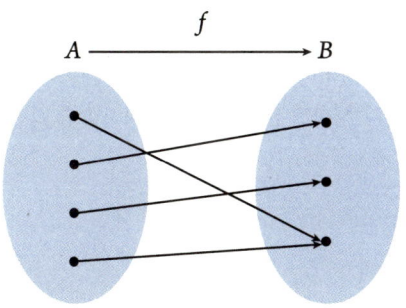

[그림 2-21] 전사함수

함수 f가 전사함수인 경우, 단사함수와는 반대로 [그림 2-21]에서 보듯이 집합 B의 모든 원소가 집합 A의 원소와 반드시 대응해야 한다. 그러므로, 집합 A와 B의 원소의 개수를 비교하면 $|A| \geq |B|$으로, 집합 A의 원소의 개수가 집합 B의 원소의 개수보다 크거나 같아야 한다. 즉, 정의역의 원소의 개수는 공변역의 원소의 개수보다 많거나 같아야 하며, 치역의 원소의 개수는 공변역의 원소의 개수와 같아야 한다.

$$|dom(f)| \geq |codom(f)|, \ |ran(f)| = |codom(f)|$$

전사함수의 여부는 모든 공변역의 원소들이 정의역의 원소와 대응하고 있는지를 확인하면 된다. 이때 하나의 공변역 원소가 서로 다른 두 개 이상의 정의역 원소와 대응될 수도 있다.

예를 들어, 집합 $A = \{a, b, c, d\}$와 집합 $B = \{1, 2, 3\}$으로의 관계가 다음과 같을 때, 전사함수인지 아닌지를 판별해보자.

$$f_1 = \{(a, 1), (b, 3), (c, 2), (d, 1)\}$$
$$f_2 = \{(a, 1), (b, 3), (c, 1), (d, 3)\}$$

관계 f_1의 경우 정의역인 집합 A의 모든 원소가 하나의 공변역 집합 B의 원소와 다음과 같이 대응되므로 함수이다.

$$f_1(a) = 1, \ f_1(b) = 3, \ f_1(c) = 2, \ f_1(d) = 1$$

공변역에 있는 모든 원소가 정의역의 원소와 적어도 하나 이상 대응하고 있으며, 모든 공변역 원소 b에 대하여 $f(a) = b$가 되는 정의역 원소 a가 존재하므로($a \in A$) 함수 f_1은 전사함수이다.

관계 f_2의 경우에도 정의역인 집합 A의 모든 원소가 하나의 공변역 집합 B의 원소와 다음과 같이 대응되므로 함수이다.

$$f_2(a) = 1, \ f_2(b) = 3, \ f_2(c) = 1, \ f_2(d) = 3$$

공변역인 집합 B에 있는 원소 중 2는 정의역인 집합 A의 원소와 대응하고 있지 않아 공변역 원소 b에 대하여 $f(a) = b$가 되는 정의역 원소 a가 존재하지 않으므로($a \notin A$) 함수 f_2는 전사함수가 아니다.

3 전단사함수 중요 기출

만약 함수 $f: A \to B$에서 f가 단사함수를 만족하면서 전사함수를 만족하는 함수일 때, 함수 f를 **전단사함수**(bijective function) 또는 일대일 대응 함수(one-to-one correspondence function)라고 한다. 전단사함수 여부를 판별하기 위해서는 해당 함수의 단사함수 여부와 전사함수 여부를 모두 확인해야 한다. 함수가 단사함수와 전사함수를 모두 만족하면 전단사함수가 되고, 단사함수와 전사함수 중 하나라도 만족하지 않으면 전단사함수가 될 수 없다.

예를 들어, 다음의 함수 f는 단사함수이면서 전사함수이므로 전단사함수이다.

$f: \{1, 2, 3, 4\} \rightarrow \{D, E, B, C\}$
$f: 1 \mapsto D$
$f: 2 \mapsto E$
$f: 3 \mapsto B$
$f: 4 \mapsto C$

각 원소의 관계를 화살표로 나타내는 화살표 도표(arrow diagram)로 전단사함수 $f: A \rightarrow B$를 그리면 [그림 2-22]와 같다.

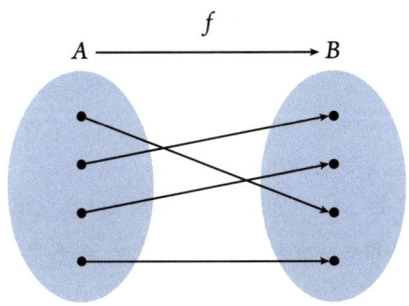

[그림 2-22] 전단사함수

함수 f가 전단사함수인 경우, [그림 2-22]에서 보듯이 집합 A의 모든 원소가 집합 B의 모든 원소와 하나씩 반드시 대응해야 한다. 그러므로 집합 A와 B의 원소의 개수를 비교하면 $|A| = |B|$으로, 집합 A의 원소의 개수와 집합 B의 원소의 개수와 같아야 한다. 즉, 정의역의 원소의 개수는 공변역의 원소의 개수와 같아야 하며, 치역의 원소의 개수와 공변역의 원소의 개수와 같아야 한다.

$$|dom(f)| = |codom(f)|, \ |ran(f)| = |codom(f)|$$

전단사함수의 여부는 모든 공변역의 원소들이 정의역의 원소와 대응하고 있는지를 확인하면 된다.

예를 들어, 집합 $A = \{a, b, c, d\}$와 집합 $B = \{1, 2, 3, 4\}$로의 관계가 다음과 같을 때, 전단사함수인지 아닌지를 판별해보자.

$f_1 = \{(a, 1), (b, 3), (c, 2), (d, 4)\}$
$f_2 = \{(a, 1), (b, 3), (c, 1), (d, 2)\}$

관계 f_1의 경우 정의역인 집합 A의 모든 원소가 하나의 공변역 집합 B의 원소와 다음과 같이 대응되므로 함수이다.

$$f_1(a) = 1, \ f_1(b) = 3, \ f_1(c) = 2, \ f_1(d) = 4$$

정의역 집합 A의 서로 다른 원소들$(a_i \neq a_j)$이 서로 다른 공변역 집합 B의 원소들과 대응$(f(a_i) \neq f(a_j))$하므로 함수 f_1은 단사함수이고, 공변역 집합 B에 있는 모든 원소들이 정의역 집합 A의 원소와 적어도 하나씩 대응하고 있으므로 전사함수이다. 즉, 함수 f_1은 단사함수이면서 전사함수이므로 전단사함수이다.

관계 f_2의 경우에도 정의역인 집합 A의 모든 원소가 하나의 공변역 집합 B의 원소와 다음과 같이 대응되므로 함수이다.

$$f_2(a) = 1, \ f_2(b) = 3, \ f_2(c) = 1, \ f_2(d) = 2$$

함수 f_2는 정의역인 집합 A의 원소 중 a와 c가 서로 같은 공변역인 집합 B의 원소 1과 대응하고 있다. 즉, $a_i \neq a_j$일 때 $f_2(a_i) = f_2(a_j)$이므로 단사함수가 아니다.

또한 공변역인 집합 B에 있는 원소 중 4는 정의역인 집합 A의 원소와 대응하고 있지 않으므로, 공변역 원소 b에 대하여 $f(a) = b$가 되는 정의역 원소 a가 존재하지 않아$(a \not\in A)$ 함수 f_2는 전사함수가 아니다. 그러므로 함수 f_2는 단사함수도 아니고 전사함수도 아니므로 전단사함수가 아니다.

4 합성함수 중요

두 함수 $f: A \to B$와 $g: B \to C$에 대하여 집합 A의 각 원소를 집합 C의 원소에 대응하여 새로운 함수 $g \circ f: A \to C$를 생성할 수 있다. 이렇게 만들어진 집합 A에서 집합 C로의 새로운 함수를 **합성함수** (composition function)라고 하며 다음을 만족한다.

$g \circ f = \{(a, c) \mid a \in A, b \in B, c \in C, f(a) = b, g(b) = c\}$
$g \circ f = (g \circ f)(a) = g(f(a)), \ \forall a \in A$

함수 $f: A \to B$의 공변역 B와 함수 $g: B \to C$의 정의역 B가 같아야 두 함수 f와 g의 합성 함수 $g \circ f$를 만들 수 있다. 즉, 먼저 A의 원소를 f에 따라, f의 공변역이자 g의 정의역인 B의 원소에 대응시키고, 다시 이를 g에 따라 C의 원소로 대응시킨다.

두 함수 f와 g의 합성은 원소 $a \in A$가 함수 f에서 처리되어 그 결과인 $f(a) \in B$를 얻고 $f(a)$를 함수 g에 대입하여 최종적으로 $g(f(a)) \in C$가 구해지며 이 합성함수는 $g \circ f$로 표기한다. 그러므로 두 함수 f와 g를 합성한 $g \circ f$는 이 합성함수의 정의역을 가지는 함수 f를 뒤에 쓰고 공변역을 가지는 함수 g를 앞에 표기한 것이다.

예를 들어, 수식 $u = 2x$와 $y = u + 1$의 합성은 식 $u = 2x$에 의하여 $y = u + 1$의 u에 $2x$를 대입하여 수식 $y = 2x + 1$이 된다.

각 원소의 관계를 화살표로 나타내는 화살표 도표(arrow diagram)로 두 함수 $f: A \to B$와 $g: B \to C$의 합성 함수 $g \circ f: A \to C$를 그리면 [그림 2-23]과 같다.

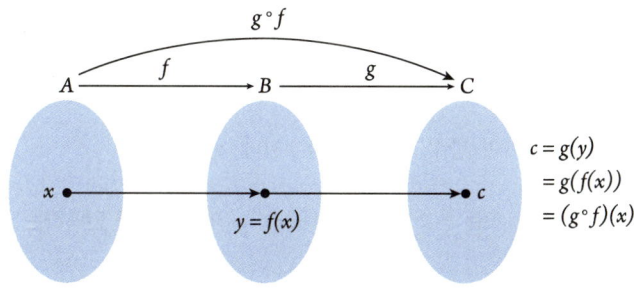

[그림 2-23] 합성함수

합성한 각각의 함수의 특성에 따라 합성함수의 특성이 결정된다. 합성함수의 기본적인 특성을 살펴보자. 세 집합 A, B, C에 대하여 함수 $f: A \to B$와 $g: B \to C$가 존재할 때 합성함수 $g \circ f$의 특성은 다음과 같다.

(1) 함수 f, g가 단사함수이면 합성함수 $g \circ f$도 단사함수이다.

> - f가 단사함수이므로 $a_i, a_j \in A$이고 $a_i \neq a_j$일 때, $f(a_i), f(a_j) \in B$이고 $f(a_i) \neq f(a_j)$이다.
> - g도 단사함수이므로 $f(a_i), f(a_j) \in B$이고 $f(a_i) \neq f(a_j)$일 때, $g(f(a_i)), g(f(a_j)) \in C$이고 $g(f(a_i)) \neq g(f(a_j))$ 이다.
> - f와 g의 특성에 따라 $g \circ f: A \to C$는 $a_i, a_j \in A$이고 $a_i \neq a_j$일 때 $g(f(a_i)), g(f(a_j)) \in C$이고 $g(f(a_i)) \neq g(f(a_j))$ 이다.
> - 그러므로 "함수 f, g가 단사함수이면 합성함수 $g \circ f$도 단사함수이다."는 성립한다.

(2) 함수 f, g가 전사함수이면 합성함수 $g \circ f$도 전사함수이다.

> - g가 전사함수이므로 모든 원소 $c \in C$에 대하여 $g(b) = c$를 만족하는 어떤 원소 $b \in B$가 존재한다.
> - f가 전사함수이므로 모든 원소 $b \in B$에 대하여 $f(a) = b$를 만족하는 어떤 원소 $a \in A$가 존재한다.
> - f와 g의 특성에 따라 $(g \circ f)(a) = g(f(a)) = g(b) = c$로 모든 원소 $c \in C$에 대하여 $g(f(a)) = c$를 만족하는 어떤 원소 $a \in A$가 존재한다.
> - 그러므로 "함수 f, g가 전사함수이면 합성함수 $g \circ f$도 전사함수이다."는 성립한다.

(3) 함수 f, g가 전단사함수이면 합성함수 $g \circ f$도 전단사함수이다.

> - f와 g가 전단사함수이면, 모두 단사함수이면서 동시에 전사함수가 된다.
> - (1)과 (2)에 의하여 f와 g의 특성에 따라 $g \circ f$는 단사함수이자 전사함수가 된다.
> - 그러므로 "함수 f, g가 전단사함수이면 합성함수 $g \circ f$도 전단사함수이다."는 성립한다.

(4) 합성함수 $g \circ f$가 단사함수이면 함수 f도 단사함수이다.

- $g \circ f$가 단사함수이므로, $g(f(a_i)) \neq g(f(a_j))$일 때, $a_i, a_j \in A$에 대하여 $a_i \neq a_j$이다.
- $g(f(a_i)) \neq g(f(a_j))$를 만족하려면 $f(a_i) \neq f(a_j)$가 되어야 한다.
- $f(a_i) \neq f(a_j)$일 때, $a_i \neq a_j$이다.
- 그러므로 "합성함수 $g \circ f$가 단사함수이면 함수 f도 단사함수이다."는 성립한다.

(5) 합성함수 $g \circ f$가 전사함수이면 함수 g도 전사함수이다.

- $g \circ f$가 전사함수이므로, 모든 원소 $c \in C$에 대하여 $g(f(a)) = c$를 만족하는 $a \in A$가 적어도 하나 존재한다.
- $f(a) = b$이고 $b \in B$이므로 $g(b) = c$이다.
- 모든 원소 $c \in C$에 대하여 $g(b) = c$를 만족하는 $b \in B$가 적어도 하나 존재하므로 g는 전사함수이다.
- 그러므로 "합성함수 $g \circ f$가 전사함수이면 함수 g도 전사함수이다."는 성립한다.

(6) 합성함수 $g \circ f$가 전단사함수이면 함수 f는 단사함수이고 함수 g는 전사함수이다.

- $g \circ f$가 전단사함수이면, $g \circ f$가 단사함수이면서 동시에 전사함수가 된다.
- (4)와 (5)에 의하여 f는 단사함수이고 g는 전사함수가 된다.
- 그러므로 "합성함수 $g \circ f$가 전단사함수이면 함수 f는 단사함수이고 함수 g는 전사함수이다."는 성립한다.

5 여러 함수

(1) 항등함수

집합 A의 함수 $f : A \to A$가 $f(a) = a$로 정의되는 관계를 **항등함수**(identity function : i_A 또는 I_A)라고 한다.

항등함수는 정의역과 공변역이 같은 집합이며 공변역과 치역도 같아야 한다. 항등함수는 정의역의 원소 a_i, a_j가 $a_1 \neq a_2$이면 $f(a_i) \neq f(a_j)$이므로 단사함수이고 모든 공변역 원소 b에 대해 $f(a) = b$를 만족하는 정의역 원소 a가 존재하므로 전사함수이다. 즉 항등함수는 전단사함수가 된다.

어떤 함수 f와 항등함수의 합성은 함수 f와 동일하다. 함수 $f : A \to B$이고 집합 A에 대한 항등함수가 I_A, 집합 B에 대한 항등함수가 I_B일 때 합성함수는 다음과 같다.

$$f \circ I_A = I_B \circ f = f$$

(2) 역함수

앞에서 관계 R에 대한 역관계 R^{-1}를 학습하였다. 이와 유사하게 함수에서도 역함수가 존재하며 이 역함수는 전단사함수의 경우에만 구할 수 있다. 즉, 전단사함수는 가역함수가 된다.

함수 $f: A \to B$에서 만약 f가

> "임의의 $b \in B$에 대하여, $b = f(a)$인 $a \in A$가 유일하게 존재한다."

를 만족한다면, 이에 따른, 정의역과 공역은 뒤바뀌고, 대응 관계는 방향만 뒤바뀐 함수 $f^{-1}: B \to A$가 존재한다. 이를 f의 **역함수**(inverse function : f^{-1})라고 한다.

역이 존재하는 함수를 가역함수(invertible function)라고 한다. 어떤 함수가 가역함수일 필요충분조건은, 전단사함수라는 것이다.

역함수는 전단사함수 $f: A \to B$에 대해 $f^{-1}: B \to A$로 대응되는 함수이다. 모든 $a \in A$와 $b \in B$에 대해 $f(a) = b$일 때, $f^{-1}(b) = a$가 존재한다. 이때 $f(a)$를 가역함수라 하고 $f^{-1}(a)$를 역함수라 한다. 예를 들어, 지수함수는 가역함수이며, 그 역함수는 로그함수이다.

> **더 알아두기**
>
> **항등함수와 역함수의 관계**
> - 함수 $f: x \to y$에 대하여
> $f^{-1} \circ f = I_X$
> $f \circ f^{-1} = I_X$
> - 예를 들어 자연수의 집합에 대한 항등함수는 다음과 같이 곱셈적 함수이다.
> $(f \circ g)(a) = a$이면, $f \circ g = I$를 의미하므로 $f \cdot f^{-1} = I$이 된다. 결과로 비교대입법에 의하여 $g = f^{-1}$이 된다. $g(1) = a$를 예약했으므로, $f^{-1}(1) = a$이 되어 결과로 $f(a) = 1$이다.

(3) 상수함수

상수함수(constant function)는 정의역의 값에 관계없이 항상 같은 값을 갖는 함수를 말한다. 예를 들어, $f(x) = 3$은 x의 값이 무엇이든 항상 3이라는 값을 갖는다.

정의역 A와 공변역 B 사이의 함수 $f: A \to B$가 주어졌을 때 다음 조건들이 서로 동치이며, 이를 만족시키는 함수 f를 상수함수라고 한다.

> - 임의의 $a, a' \in A$에 대하여 $f(a) = f(a')$이다.
> - 임의의 $a \in A$에 대하여 $f(a) = b$가 되는 $b \in B$가 존재하며, b는 a에 의존하지 않는다.
> - A가 공집합이거나, 또는 임의의 $a \in A$에 대하여 $f(a) = b$가 되는, a에 의존하지 않는 $b \in B$가 유일하게 존재한다.

(4) 특성함수

전체집합을 U라고 할 때 U의 부분집합 A의 **특성함수**(characteristic function) $f_A: U \to \{0, 1\}$는 다음과 같이 정의된다.

$$f_A(x) = \begin{cases} 0, & x \notin A \\ 1, & x \in A \end{cases}, \quad A \subset U$$

예를 들어 전체집합 $U = \{x \in R \mid 0 \leq x \leq 1\}$의 부분집합 $A = \left\{x \in R \mid 0 \leq x < \dfrac{1}{3}\right\}$에 대한 특성함수를 그래프로 그리면 다음 [그림 2-24]와 같다.

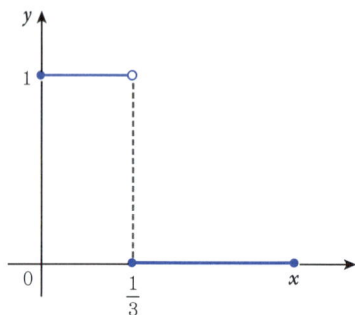

[그림 2-24] 특성 함수

(5) 바닥함수(최대정수함수), 천장함수(최소정수함수), 분수부분함수

바닥함수(floor function)는 각 실수 이하의 최대 정수를 구하는 함수이다. 천장함수(ceiling function)는 각 실수 이상의 최소 정수를 구하는 함수이다. 바닥함수는 내림함수, 버림함수, 최대정수함수(greatest integer function)라고도 하며, 천장함수는 올림함수, 최소정수함수(least integer function)라고도 한다. 분수부분함수(fractional part function)는 주어진 실수에서 최대 정수를 뺀 나머지 부분인 1보다 작은 실수를 구하는 함수이다.

① **바닥함수**

바닥함수 $\lfloor - \rfloor : R \to Z$ (R: 실수, Z: 정수)는 다음과 같다.

$$\lfloor x \rfloor = \max\{n \in Z : n \leq x\}$$

즉, 실수 x의 바닥함수 값은 x와 같거나 그보다 작은 정수 가운데 가장 큰 하나이다.

다음은 바닥함수의 예이다.

- $\lfloor 5.2 \rfloor = 5$
- $\lfloor -5.2 \rfloor = -6$
- $\lfloor 3 \rfloor = 3$
- $\lfloor -4 \rfloor = -4$

바닥함수의 여러 가지 표기법은 다음과 같다.

- $\lfloor x \rfloor$
- $[x]$ 이를 가우스 기호라고 한다.
- $\text{floor}(x)$
- $\text{int}(x)$

② **천장함수**

천장함수 $\lceil - \rceil : R \rightarrow Z$는 다음과 같다.

$$\lceil x \rceil = \min\{n \in Z : n \geq x\}$$

즉, 실수 x의 천장함수 값은 x와 같거나 그보다 큰 정수 가운데 가장 작은 하나이다.

다음은 천장함수의 예이다.

- $\lceil 5.72 \rceil = 6$
- $\lceil -5.72 \rceil = -5$
- $\lceil 3 \rceil = 3$
- $\lceil -4 \rceil = -4$

천장함수는 $\lceil x \rceil$ 또는 $\text{ceil}(x)$로 표기한다.

바닥함수와 천장함수를 그래프로 그리면 다음 [그림 2-25]와 같다. 바닥함수는 작은 값을 채워진 원으로 큰 값을 비워진 원으로, 천장함수는 작은 값을 비워진 원으로 큰 값을 채워진 원으로 표시하였다.

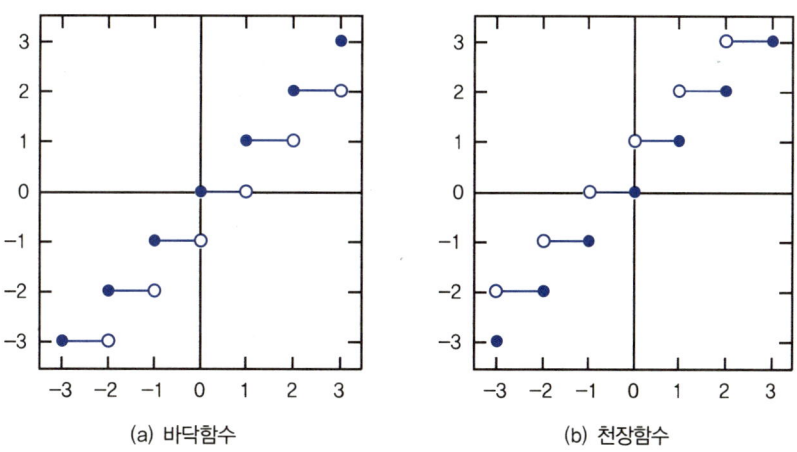

(a) 바닥함수   (b) 천장함수

[그림 2-25] 바닥함수와 천장함수

③ **분수부분함수**

분수부분함수 $\{-\}: R \to [0,1)$는 다음과 같다.

$$\{x\} = x - \lfloor x \rfloor = \min\{y \in R_{\geq 0} : x - y \in Z\}$$

다음은 분수부분함수의 예이다.

- $\{5.25\} = 5.25 - \lfloor 5.25 \rfloor = 5.25 - (5) = 0.25$
- $\{-5.25\} = -5.25 - \lfloor -5.25 \rfloor = -5.25 - (-6) = 0.75$
- $\{5\} = 5 - \lfloor 5 \rfloor = 5 - 5 = 0$
- $\{-5\} = -5 - \lfloor 5 \rfloor = -5 - (-5) = 0$

분수부분함수는 $\{x\}$ 또는 $\text{frac}(x)$로 표기한다.

바닥함수, 천장함수 및 분수부분함수에 관하여 다음과 같은 부등식들이 성립한다.

- $\lfloor x \rfloor \leq x < \lfloor x \rfloor + 1$
- $\lceil x \rceil - 1 < x \leq \lceil x \rceil$
- $x - 1 < \lfloor x \rfloor \leq x$
- $x \leq \lceil x \rceil < x + 1$
- $0 \leq \{x\} < 1$

삼각 부등식과 닮은 다음과 같은 부등식들도 성립한다.

- $\lfloor x \rfloor + \lfloor y \rfloor \leq \lfloor x + y \rfloor \leq \lfloor x \rfloor + \lfloor y \rfloor + 1$
- $\lceil x \rceil + \lceil y \rceil - 1 \leq \lceil x + y \rceil \leq \lceil x \rceil + \lceil y \rceil$

> **더 알아두기**
>
> 삼각 부등식은 삼각형의 세 변에 대한 부등식으로, 임의의 삼각형의 두 변의 길이의 합은 나머지 한 변의 길이보다 크다는 것이다. 이 부등식은 여러 공간에 적용된다.

바닥함수와 천장함수를 통해 실수 부등식과 동치인 정수 부등식을 얻을 수 있다. 즉, 임의의 $n \in Z$ 및 $x \in R$에 대하여, 다음 두 부등식은 서로 동치이다.

- $n > x \Leftrightarrow n > \lfloor x \rfloor$
- $n < x \Leftrightarrow n < \lceil x \rceil$
- $n \geq x \Leftrightarrow n \geq \lceil x \rceil$
- $n \leq x \Leftrightarrow n \leq \lfloor x \rfloor$

천장함수를 다음과 같이 바닥함수를 써서 항등식을 나타낼 수 있다.

$$\lceil x \rceil = -\lfloor -x \rfloor = \begin{cases} \lfloor x \rfloor & x \in Z \\ \lfloor x \rfloor + 1 & x \notin Z \end{cases}$$

비슷하게 다음과 같은 항등식들이 성립한다.

- $\lfloor -x \rfloor = \begin{cases} -\lfloor x \rfloor & x \in Z \\ -\lfloor x \rfloor - 1 & x \notin Z \end{cases}$
- $\lceil -x \rceil = \begin{cases} -\lceil x \rceil & x \in Z \\ -\lceil x \rceil + 1 & x \notin Z \end{cases}$
- $\{-x\} = \begin{cases} 0 & x \in Z \\ -\{x\} + 1 & x \notin Z \end{cases}$

임의의 정수는 바닥함수와 천장함수의 고정점이다.

$$\lfloor n \rfloor = \lceil n \rceil = n \qquad n \in Z$$

바닥함수와 천장함수의 정의에 따라, 다음과 같은 항등식들이 성립한다.

- $\max\{n \in Z : n \leq x\} = \lfloor x \rfloor$
- $\min\{n \in Z : n \geq x\} = \lceil x \rceil$
- $\min\{n \in Z : n > x\} = \lfloor x \rfloor + 1$
- $\max\{n \in Z : n < x\} = \lceil x \rceil - 1$

더 알아두기

멱등법칙(dempotent)은 수학이나 전산학에서 연산의 한 성질을 나타내는 것으로, 연산을 여러 번 적용하더라도 결과가 달라지지 않는 성질을 의미한다.
어떤 집합 A에서 자신으로 가는 함수의 멱등성은, A의 모든 원소 x에 대해 $f(f(x)) = f(x)$가 성립한다는 성질이다. 멱등성을 지닌 함수를 멱등함수(idempotent function)라고 한다.

바닥함수와 천장함수와 분수부분함수의 합성은 다음과 같다. 특히, 바닥함수와 천장함수와 분수부분함수는 모두 **멱등함수**이다.

- $\lfloor \lfloor x \rfloor \rfloor = \lfloor x \rfloor$
- $\lceil \lceil x \rceil \rceil = \lceil x \rceil$
- $\{\{x\}\} = \{x\}$
- $\lceil \lfloor x \rfloor \rceil = \lfloor x \rfloor$

- $\lfloor \lceil x \rceil \rfloor = \lceil x \rceil$
- $\{\lfloor x \rfloor\} = 0$
- $\lfloor \{x\} \rfloor = 0$
- $\{\lceil x \rceil\} = 0$
- $\lceil \{x\} \rceil = \begin{cases} 0 & x \in Z \\ 1 & x \notin Z \end{cases}$

임의의 $n \in Z$ 및 $x \in R$에 대하여, 다음과 같은 항등식들이 성립한다. 특히, 분수부분함수는 양의 최소 주기가 1인 주기함수이다.

- $\lfloor x+n \rfloor = \lfloor x \rfloor + n$
- $\lceil x+n \rceil = \lceil x \rceil + n$
- $\{x+n\} = \{x\}$

임의의 $m, n \in Z \,(n > 0)$ 및 $x \in R$에 대하여, 다음과 같은 항등식들이 성립한다.

- $\left\lfloor \dfrac{x+m}{n} \right\rfloor = \left\lfloor \dfrac{\lfloor x \rfloor + m}{n} \right\rfloor$
- $\left\lceil \dfrac{x+m}{n} \right\rceil = \left\lfloor \dfrac{\lfloor x \rfloor + m}{n} \right\rfloor$
- $\left\lceil \dfrac{m}{n} \right\rceil = \left\lfloor \dfrac{m+n-1}{n} \right\rfloor$

임의의 $n \in Z^+$ 및 $x, y \in R$에 대하여, 다음과 같은 항등식들이 성립한다.

- $\lfloor \lfloor x/y \rfloor / n \rfloor = \lfloor x/(yn) \rfloor$
- $\lceil \lceil x/y \rceil / n \rceil = \lceil x/(yn) \rceil$

> **더 알아두기**
>
> 에르미트 항등식이란 샤를 에르미트가 만든 항등식으로, 임의의 실수 x와 양의 정수 n에 대하여 항상 성립하는 항등식이다. 이는 다음과 같다.
> $$\sum_{k=0}^{n-1}\left[x+\frac{k}{n}\right] = [x] + \left[x+\frac{1}{n}\right] + \left[x+\frac{2}{n}\right] + \cdots + \left[x+\frac{n-1}{n}\right] = [nx]$$
> (단, $[x]$는 가우스 기호이다. 이는 x를 넘지 않는 최대의 정수이다.)

임의의 $n \in Z^+$ 및 $x \in R$에 대하여, 다음과 같은 합 공식이 성립한다. 이를 **에르미트 항등식**이라고 한다.

- $\lfloor nx \rfloor = \lfloor x \rfloor + \lfloor x + \dfrac{1}{n} \rfloor + \cdots + \lfloor x + \dfrac{n-1}{n} \rfloor$
- $\lceil nx \rceil = \lceil x \rceil + \lceil x - \dfrac{1}{n} \rceil + \cdots + \lceil x - \dfrac{n-1}{n} \rceil$

특히, $x = m/n\,(m \in Z)$인 경우 다음과 같다.

$$m = \lfloor \dfrac{m}{n} \rfloor + \lfloor \dfrac{m+1}{n} \rfloor + \cdots + \lfloor \dfrac{m+n-1}{n} \rfloor$$
$$= \lceil \dfrac{m}{n} \rceil + \lceil \dfrac{m+1}{n} \rceil + \cdots + \lceil \dfrac{m-n+1}{n} \rceil$$

특히, $n = 2$인 경우 다음과 같은 항등식을 유도할 수 있다.

$$m = \lfloor \dfrac{m}{2} \rfloor + \lceil \dfrac{m}{2} \rceil$$

임의의 $m, n \in Z^+$ 및 $x \in R$에 대하여, 다음이 성립한다.

$$\lfloor \dfrac{x}{n} \rfloor + \lfloor \dfrac{x+m}{n} \rfloor + \lfloor \dfrac{x+2m}{n} \rfloor + \cdots + \lfloor \dfrac{x+(n-1)m}{n} \rfloor$$
$$= \lfloor \dfrac{x}{m} \rfloor + \lfloor \dfrac{x+n}{m} \rfloor + \lfloor \dfrac{x+2n}{m} \rfloor + \cdots + \lfloor \dfrac{x+(m-1)n}{m} \rfloor$$

즉, 이러한 합 공식은 m, n의 순서와 무관하다. 특히, $x = 0$인 경우 합이 다음과 같이 주어진다.

$$\lfloor \dfrac{m}{n} \rfloor + \lfloor \dfrac{2m}{n} \rfloor + \cdots + \lfloor \dfrac{(n-2)m}{n} \rfloor = \dfrac{(m-1)(n-1) + \gcd\{m,n\} - 1}{2}$$

특히, m, n이 서로소인 경우 (즉, $\gcd\{m,n\} = 1$인 경우) 다음과 같다.

$$\lfloor \dfrac{m}{n} \rfloor + \lfloor \dfrac{2m}{n} \rfloor + \cdots + \lfloor \dfrac{(n-2)m}{n} \rfloor = \dfrac{(m-1)(n-1)}{2}$$

분수부분함수는 1-주기함수이며, 그 푸리에 급수는 다음과 같다.

$$\{x\} = \dfrac{1}{2} - \dfrac{1}{\pi} \sum_{n=1}^{\infty} \dfrac{\sin(2n\pi x)}{n} \qquad x \notin Z$$

바닥함수와 천장함수는 주기함수가 아니므로, 이들의 푸리에 급수는 균등 수렴하지 않는다. 바닥함수와 천장함수는 조각마다 일차함수이며, 분수부분함수는 조각마다 상수함수이다. 이 셋의 불연속점 집합은 모두 정수 집합이다.

○✗로 점검하자 | 제2장

※ 다음 지문의 내용이 맞으면 O, 틀리면 ✗를 체크하시오. [1~11]

01 서로 다른 두 집합에 속하는 서로 다른 두 원소 간의 관계를 표현하기 위해 순서쌍 집합을 사용한다. (   )

>>> 집합 A의 원소 a와 집합 B의 원소 b에 대하여 집합 A, B의 곱집합으로 만들어진 순서쌍은 (a, b)이다.

02 두 집합의 곱집합으로 만들어진 순서쌍 (a, b)와 (b, a)는 같은 원소이다. (   )

>>> 관계를 가지는 집합의 원소들이 정확한 정보를 제공하기 위해서는 그 원소들의 순서도 중요하게 고려해야 한다.

03 집합 A에 대한 관계 R은 포함된 순서쌍 원소들의 구성에 따른 특정한 성질에 따라 추이 관계, 반사 관계, 대칭관계, 반대칭 관계 등으로 분류할 수 있다. (   )

>>> 집합에 대한 관계는 순서쌍 원소들의 구성에 따른 특정한 성질에 따라 분류할 수 있다.

04 어떤 집합의 그 위의 관계에 대한 열림은 그 집합의 원소와 관계가 있는 원소가 항상 그 집합에 속한다는 성질이다. (   )

>>> 어떤 집합의 어떤 성질에 대한 닫힘(closure)은 원래의 관계에 순서쌍 원소를 추가하여 특정 성질에 맞게 만든 것이다.

05 순서쌍을 찾아가며 추이 폐포를 만드는 과정은 다소 복잡하고 쉽지 않다. 추이 폐포를 만드는 더 간단한 방법으로는 연결 관계(connectivity closure, R^*)를 이용하는 방법이 있다. (   )

>>> 연결 관계는 원소가 n개인 집합 A에 대한 관계 R에 대하여 다음으로 정의된다.

$$R^* = \bigcup_{n=1}^{\infty} R^n = R^1 \cup R^2 \cup ... \cup R^n$$

연결 관계 R^*은 관계 R의 추이 폐포이다. 어떤 관계 S가 관계 R을 포함하는 추이 관계면 $R^* \subseteq S$이다.

정답 1 O 2 ✗ 3 O 4 ✗ 5 O

06 순서를 갖기 위해서는 관계 R에서 $a \neq b$일 때 (a,b)가 존재하면 (b,a)는 존재할 수 없다. (   )

>>> 즉 관계 R에 반대칭 관계가 성립할 때 순서 관계를 갖는다.

07 하세 도형은 방향 그래프의 한 종류이지만 화살표와 함께 모든 연결선(edge)을 트리(tree)와 같이 위에서 아래로 향하게 그린다. (   )

>>> 하세 도형(Hasse diagram)를 이용하여 반순서 집합 (A, ≼)을 그래프로 나타내는데, 화살표는 사용하지 않는다.

08 함수 $f: A \to B$에 대한 함수 그래프 G는 $x \in A$이고 $y = f(x)$인 순서쌍 (x, y)의 집합을 나타낸다. (   )

>>> 두 집합 A와 B에 대한 모든 함수 $f: A \to B$는 집합 A에서 집합 B로의 관계로 정의할 수 있으며, 이 관계를 그래프로 나타낸 것을 함수 그래프(function graph)라 한다.

09 합성함수 $g \circ f$가 전단사함수이면 함수 f는 단사함수이고 함수 g도 단사함수이다. (   )

>>> 합성함수 $g \circ f$가 전단사함수이면 함수 f는 단사함수이고 함수 g는 전사함수이다.

10 바닥함수(floor function)는 각 실수 이하의 최소 정수를 구하는 함수이고, 천장함수(ceiling function)는 각 실수 이상의 최대 정수를 구하는 함수이다. (   )

>>> 바닥함수(floor function)는 각 실수 이하의 최대 정수를 구하는 함수이고, 천장함수(ceiling function)는 각 실수 이상의 최소 정수를 구하는 함수이다.

11 바닥함수와 천장함수와 분수부분함수는 모두 멱등함수이다. (   )

>>> 바닥함수와 천장함수와 분수부분함수의 합성으로 멱등성을 지닌 함수를 만들 수 있다.

정답 6 ○ 7 × 8 ○ 9 × 10 × 11 ○

제 2 장 | 실전예상문제

01 관계 R의 원소인 순서쌍에서 첫 번째 원소의 집합을 정의역(domain)이라 하고 $dom(R)$로 표시하며 두 번째 원소의 집합을 치역(range)이라 하며 $ran(R)$로 표시 한다.
$dom(R) = \{a | (a,b) \in R\} \subseteq A$
$ran(R) = \{b | (a,b) \in R\} \subseteq B$

02 합성관계는 이미 주어진 두 관계 R_1, R_2로부터 새로운 관계 $R_1 \cdot R_2$ (또는 $R_1 R_2$)를 만들어 내는 것이다.
$R_1 \cdot R_2 = \left\{(a,c) \middle| \begin{array}{l} a \in A, \\ c \in C, (a,b) \in R_1 \\ \text{and } (b,c) \in R_2 \end{array}\right\}$

정답 01 ② 02 ①

---

01 집합 $A = \{1, 2, 3\}$에 대해서 관계 $R = \{(1,2), (1,3), (3,2)\}$인 관계가 주어진 경우, 정의역 D와 치역 R로 옳은 것은?

① $D = \{1, 3\}$, $R = \{1, 3\}$
② $D = \{1, 3\}$, $R = \{2, 3\}$
③ $D = \{1, 2, 3\}$, $R = \{1, 3\}$
④ $D = \{1, 2, 3\}$, $R = \{1, 2, 3\}$

02 집합 $A = \{1, 2, 3, 4\}$, $B = \{a, b, c, d\}$, $C = \{x, y, z\}$에 대하여 $R = \{(1,a), (2,d), (3,a), (3,b), (3,d)\}$, $S = \{(b,x), (b,z), (d,z)\}$인 관계가 있는 경우에는 합성 관계 $R \cdot S$로 바른 것은?

① $R \cdot S = \{(2,z), (3,x), (3,z)\}$
② $R \cdot S = \{(1,x), (2,x), (3,z)\}$
③ $R \cdot S = \{(1,z), (2,x), (2,x)\}$
④ $R \cdot S = \{(2,z), (3,x), (3,y)\}$

03 다음과 같이 집합 A와 관계 R이 있을 경우, 관계 R이 반순서 관계가 되려면 어떤 관계를 추가해야 하는가?

- 집합 $A = \{1, 2, 3, 4, 5\}$
- 관계 $R = \{(1,1), (2,2), (3,3), (4,4), (5,5), (1,3), (2,4), (3,5)\}$

① $(1,5)$를 추가해야 한다.
② $(1,5), (2,3)$을 추가해야 한다.
③ $(2,5), (3,4)$를 추가해야 한다.
④ $(3,4), (4,5), (1,5)$를 추가해야 한다.

03 주어진 관계 R이 반순서 관계가 되려면, 다음 조건들을 만족해야 한다.
- 반사적 : 모든 원소 a에 대해 $(a,a) \in R$이어야 한다.
  → 이미 $(1,1), (2,2), (3,3), (4,4), (5,5)$가 포함되어 있어 반사적이다.
- 추이적 : 만약 $(a,b) \in R$이고, $(b,c) \in R$이면, $(a,c) \in R$이어야 한다.
  → 현재 관계에서는 추이적이지 않다.
  예를 들어, $(1,3) \in R$이고, $(3,5) \in R$이면, $(1,5)$가 추가되어야 한다.
- 반대칭적 : 만약 $(a,b) \in R$이고 $(b,a) \in R$이면 $a = b$이어야 한다.
  → 현재 관계에서는 반대칭적이다.
따라서 추이성을 만족하려면 $(1,5)$와 같은 추가적인 관계가 필요하다.

04 함수 $f(x) = \dfrac{a}{x+2}$의 역함수 $g(x)$에 대하여 $g(2) = 5$일 때, 상수 a의 값은?

① 4
② 10
③ 14
④ 20

04 $f(x) = \dfrac{a}{x+2}$의 역함수 $g(x)$는 $g(x) = \dfrac{a}{x} - 2$이 된다.
그러므로 $g(2) = \dfrac{a}{2} - 2 = 5$가 되어 $a = 14$가 된다.

정답   03 ①   04 ③

05 집합 $A = \{0, 1, 2\}$와 집합 $B = \{1, 2, 3\}$에서 집합 A의 원소 x, 집합 B의 원소 y에 대해 x가 y보다 작은 관계의 집합 R을 구한 것은?

① $R = \{(0,1), (0,2), (0,3), (1,2), (2,2), (2,3)\}$
② $R = \{(0,1), (0,2), (1,1), (1,2), (1,3), (2,3)\}$
③ $R = \{(0,1), (0,2), (0,3), (1,2), (1,3), (2,3)\}$
④ $R = \{(0,1), (0,2), (1,1), (1,2), (2,1), (2,2)\}$

05 집합 $A = \{0, 1, 2\}$와 집합 $B = \{1, 2, 3\}$에서 집합 A의 원소 x, 집합 B의 원소 y에 대해 x가 y보다 작은 관계의 집합 R의 순서쌍은 (x, y)이며 이때 $x < y$이어야 한다.

06 다음 관계들에 대한 설명 중 틀린 것은?

① 추이 관계 : $\forall a, b, c \in X$, $_aR_b \wedge {_bR_c} \Rightarrow {_aR_c}$
② 반사 관계 : $\forall a \in X$, $(a, a) \in R$
③ 비반사 관계 : $\forall a \in X$, $(a, a) \not\in R$
④ 대칭 관계 : $\forall a, b \in X$, $_aR_b \wedge {_bR_a} \Rightarrow a = b$

06 대칭 관계는 $\forall a, b \in X$, $_aR_b \Rightarrow {_bR_a}$ 이고 반대칭 관계는 $\forall a, b \in X$, $_aR_b \wedge {_bR_a} \Rightarrow a = b$이다.

07 집합 $A = \{1, 2, 3, 4\}$일 때, 다음 관계 중 반사 관계가 아닌 것은?

① $R_1 = \{(1,1), (1,2), (2,1), (2,2), (3,3), (3,4), (4,4)\}$
② $R_2 = \{(1,1), (2,2), (3,3), (4,4)\}$
③ $R_3 = \{(1,2), (1,3), (2,1), (2,3), (3,2), (3,4), (4,2)\}$
④ $R_4 = \{(3,2), (3,3), (4,4), (4,1), (2,3), (1,1), (2,2), (1,3)\}$

07 반사 관계는 $\forall a \in X, (a, a) \in R$ (관계행렬의 대각원소가 모두 1)이다.

정답 05 ③ 06 ④ 07 ③

08 집합 $A = \{a, b, c, d\}$일 때 다음 관계 중 추이 관계가 <u>아닌</u> 것은?

① $R_1 = \{(a,a), (a,d), (b,c), (c,c), (c,a), (d,b), (d,d)\}$
② $R_2 = \{(a,a), (b,b), (c,c), (d,b), (d,d)\}$
③ $R_3 = \{(a,a), (d,d)\}$
④ $R_1 = \{(a,a), (a,b), (a,c), (a,d), (b,c), (d,a), (d,b)\}$

08 추이 관계는 $\forall a, b, c \in X$, $_aR_b \wedge {_bR_c} \Rightarrow {_aR_c}$ 이다.
(a, d)와 (d, b)는 R_1의 원소지만, (a, b)는 R_1의 원소가 아니기 때문에 추이 관계가 아니다

09 다음 중 관계 R이 동치 관계가 되기 위한 필요조건이 <u>아닌</u> 것은?

① 반사 관계
② 대칭 관계
③ 추이 관계
④ 반대칭 관계

09 관계 R이 반사 관계, 대칭 관계, 추이 관계일 때 R을 동치 관계라고 한다.

10 집합 $A = \{a, b, c, d\}$의 모든 분할을 구하면 몇 가지인가?

① 3
② 15
③ 7
④ 9

10 집합 $A = \{a, b, c, d\}$의 모든 분할은 다음과 같이 15개이다.
$\{\{a, b, c, d\}\}$, $\{\{a\}, \{b, c, d\}\}$,
$\{\{b\}, \{a, c, d\}\}$, $\{\{c\}, \{a, b, d\}\}$,
$\{\{d\}, \{a, b, c\}\}$, $\{\{a, b\}, \{c, d\}\}$,
$\{\{a, c\}, \{b, d\}\}$, $\{\{a, d\}, \{b, c\}\}$,
$\{\{a\}, \{b\}, \{c, d\}\}$,
$\{\{a\}, \{c\}, \{b, d\}\}$,
$\{\{a\}, \{d\}, \{b, c\}\}$,
$\{\{b\}, \{c\}, \{a, d\}\}$,
$\{\{b\}, \{d\}, \{a, c\}\}$,
$\{\{c\}, \{d\}, \{a, b\}\}$,
$\{\{a\}, \{b\}, \{c\}, \{d\}\}$

정답 08 ① 09 ④ 10 ②

11 두 집합 A와 B에서 함수(function) f는 집합 A에서 B로의 관계의 부분집합으로서, 집합 A의 모든 원소 a가 집합 B의 원소 중 오직 하나씩만 대응되는 관계이다.

11 관계가 다음과 같이 화살표 도표로 주어졌을 때 함수가 아닌 것은?

①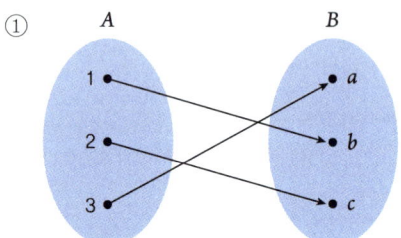

②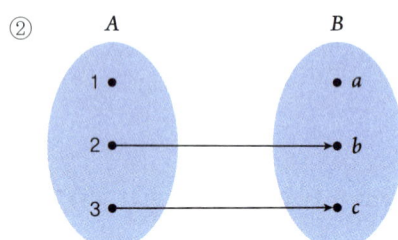

③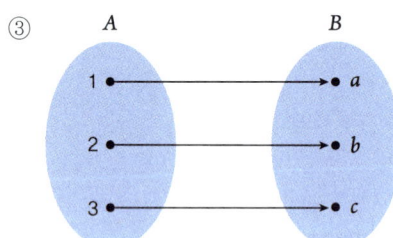

④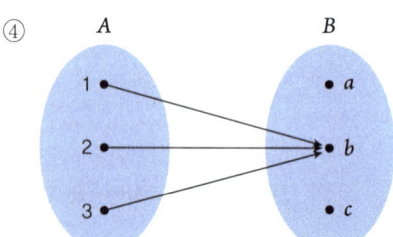

정답 11 ②

12 다음 함수식들이 실수 R에서 R로의 함수일 때, 단사함수, 전사함수, 전단사함수 여부를 판단한 결과가 옳은 것은?

① $f(x) = 2^x$: 단사함수이나 전사함수는 아니다.
② $f(x) = \sin x$: 단사함수이나 전사함수는 아니다.
③ $f(x) = x^3 + 2x^2$: 단사함수이나 전사함수는 아니다.
④ $f(x) = x^2$: 단사함수이나 전사함수는 아니다.

12
- $f(x) = \sin x$: $f(0) = f(\pi) = 0$ 일 때 $0 \neq \pi$ 이므로 단사함수가 아니고, $f(R) \neq R$ 이므로 전사함수도 아니다.
- $f(x) = x^3 + 2x^2$: $f(-2) = f(0) = 0$ 일 때 $-2 \neq 0$ 이므로 단사함수는 아니고, $f(R) = R$ 이므로 전사함수이다.
- $f(x) = x^2$: $f(-1) = f(1) = 1$ 일 때 $-1 \neq 1$ 이므로 단사함수가 아니고, $f(R) \neq R$ 이므로 전사함수도 아니다.

13 다음 바닥함수, 천장함수에 대한 항등식 중 <u>틀린</u> 것은?

① $\lfloor \lfloor x \rfloor \rfloor = \lfloor x \rfloor$
② $\lceil \lceil x \rceil \rceil = \lceil x \rceil$
③ $\lceil \lfloor x \rfloor \rceil = \lceil x \rceil$
④ $\lfloor \lceil x \rceil \rfloor = \lceil x \rceil$

13 $\lceil \lfloor x \rfloor \rceil = \lfloor x \rfloor$

14 바닥함수, 천장함수 및 분수부분함수에 관하여 다음과 같은 부등식들이 성립한다고 할 때, <u>틀린</u> 것은?

① $\lfloor x \rfloor \leq x < \lfloor x \rfloor + 1$
② $\lceil x \rceil - 1 < x \leq \lceil x \rceil$
③ $x - 1 < \lfloor x \rfloor \leq x$
④ $x \leq \lfloor x \rfloor < x + 1$

14 천장함수 $\lceil x \rceil$ 의 범위는 다음과 같다.
$x \leq \lceil x \rceil < x + 1$

정답 12 ① 13 ③ 14 ④

Self Check로 다지기 | 제2장

➡ 관계
① 이항관계 R
- 두 집합 A, B의 곱집합 $A \times B$의 부분집합
- $A \times B$의 원소인 순서쌍이 (a, b)일 때, $(a, b) \in R$과 $_aR_b$는 동치

② 관계의 표현 방법
화살표 도표, 좌표 도표, 관계 행렬, 방향 그래프

③ 합성 관계
- 이미 주어진 두 관계 R_1, R_2로부터 새로운 관계 $R_1 \cdot R_2$(또는 $R_1 R_2$)를 만들어 내는 것
- $R_1 \cdot R_2 = \{(a, c) | a \in A, c \in C, (a, b) \in R_1 \text{ and } (b, c) \in R_2\}$

➡ 정의역, 공변역, 치역
① 정의역(Domain)
집합 A에서 집합 B로 가는 관계 R에 속한 순서쌍의 첫 번째 원소가 포함되어 있는 집합, $dom(R) = \{a | a \in A\}$

② 공변역(Codomain)
집합 A에서 집합 B로 가는 관계에서 관계 R에 속한 순서쌍의 두 번째 원소가 포함되어 있는 집합, $codom(R) = \{b | b \in B\}$

③ 치역(Range)
집합 A에서 집합 B로 가는 관계 R에 속한 순서쌍의 두 번째 원소들을 모아놓은 집합 (공변역의 부분집합), $ran(R) = \{b | (a, b) \in R\} \subseteq B$

➡ 관계의 성질
① 추이 관계
$\forall a, b, c \in X, \ _aR_b \wedge {_bR_c} \Rightarrow {_aR_c}$

② 반사 관계
$\forall a \in X, (a, a) \in R$ (관계행렬의 대각원소가 모두 1)

③ 비반사 관계
$\forall a \in X, (a, a) \notin R$ (관계행렬의 대각원소가 모두 0)

④ 대칭 관계
$\exists a, b \in X, \ _aR_b \Rightarrow {_bR_a}$

⑤ 반대칭 관계
$\forall a, b \in X, \ _aR_b \wedge {_bR_a} \Rightarrow a = b$

관계의 폐포
① 반사 폐포
$R_2 = R_1 \cup \{(a,a) | a \in A\}$
② 대칭 폐포
$R_2 = R_1 \cup \{(b,a) \in A \times A | (a,b) \in R\} = R_1 \cup R_1^{-1}$
③ 추이 폐포
$R_2 = R_1 \cup \{(a,c) \in A \times A | (a,b) \in R_1 \wedge (b,c) \in R_1\}$

반순서와 동치 관계
① 반순서
  집합 A에 대한 반순서 관계 R은 반사 관계, 반대칭 관계, 추이 관계 성립
② 비교가능, 비교불가능
  집합 A에 대한 관계 R이 반순서 관계이고 $a, b \in A$일 때
  - 비교가능(comparable) : $(a,b) \in R$ 또는 $(b,a) \in R$일 때 a와 b ($a \preceq b$ or $b \preceq a$)
  - 비교불가능(noncomparable) : $(a,b) \notin R$ 또는 $(b,a) \notin R$일 때 a와 b ($a \npreceq b$ or $b \npreceq a$)
③ 극대원소(Maximal Element)
  반순서 집합 A에 포함되는 원소들 중 가장 우선순위가 높은 원소들
④ 극소원소(Minimal Element)
  반순서 집합 A에 포함되는 원소들 중 가장 우선순위가 낮은 원소들
⑤ 최대원소(Greatest Element)
  반순서 집합 A에 포함되는 원소들 중 가장 우선순위가 높은 원소
⑥ 최소원소(Least Element)
  반순서 집합 A에 포함되는 원소들 중 가장 우선순위가 낮은 원소
⑦ 동치 관계
  관계 R에서 반사 관계, 대칭 관계, 추이 관계가 모두 성립

함수
① 함수의 개념
  - 두 집합 A와 B에서 함수(function) f는 집합 A에서 B로의 관계의 부분집합으로서, 집합 A의 모든 원소 a가 집합 B의 원소 중 오직 하나씩만 대응되는 관계
  - $f : A \to B$
② 함수 그래프
  - 함수 $f : A \to B$에 대한 함수 그래프 G는 $x \in A$이고 $y = f(x)$인 순서쌍 (x, y)의 집합
  - $G = \{(x, y) | x \in A, y \in B, y = f(x)\}$

유용한 함수
① 단사함수
$\forall a_i, a_j \in A, \ f(a_i) = f(a_j) \Rightarrow a_i = a_j$
② 전사함수
$\forall b \in B, \ \exists a \in A, \ f(a) = b$
③ 전단사함수
함수 $f: A \to B$에서 f가 단사함수를 만족하면서 전사함수를 만족하는 함수
④ 합성함수
두 함수 $f: A \to B$ 와 $g: B \to C$에 대하여 집합 A의 각 원소를 집합 C의 원소에 대응하여 만들어진 새로운 함수 $g \circ f: A \to C$

여러 함수
① 항등함수
- 집합 A의 함수 $f: A \to A$가 $f(a) = a$로 정의되는 관계
- $f \circ I_A = I_B \circ f = f$

② 역함수
전단사함수 $f: A \to B$에 대해 $f^{-1}: B \to A$로 대응되는 함수

③ 상수함수
정의역의 값에 관계없이 항상 같은 값을 갖는 함수

④ 특성함수
- 전체집합 U의 부분집합 A의 특성함수(characteristic function)
  $f_A: U \to \{0, 1\}$
- $f_A(x) = \begin{cases} 0, & x \notin A \\ 1, & x \in A \end{cases}, \quad A \subset U$

⑤ 바닥함수(최대정수함수), 천장함수(최소정수함수), 분수부분함수
- 바닥함수(floor function) $\lfloor - \rfloor : R \to Z$ (R: 실수, Z: 정수)
  $\lfloor x \rfloor = \max n \in Z : n \leq x$
  각 실수 이하의 최대 정수를 구하는 함수
- 천장함수(ceiling function) $\lceil - \rceil : R \to Z$
  $\lceil x \rceil = \min n \in Z : n \geq x$
  각 실수 이상의 최소 정수를 구하는 함수
- 분수부분함수(fractional part function) $\{-\} : R \to [0, 1)$,
  $\{x\} = x - \lfloor x \rfloor = \min\{y \in R_{\geq 0} : x - y \in Z\}$
  주어진 실수에서 최대 정수를 뺀 나머지를 구하는 함수

제3장

그래프 이론

제1절	용어 및 오일러 사이클
제2절	그래프의 표현방법
제3절	최단 경로
제4절	경로의 존재
제5절	동형 그래프
제6절	평면 그래프
제7절	트리
실전예상문제	

얼마나 많은 사람들이 책 한 권을 읽음으로써 인생에 새로운 전기를 맞이했던가.

– 헨리 데이비드 소로 –

보다 깊이 있는 학습을 원하는 수험생들을 위한
시대에듀의 동영상 강의가 준비되어 있습니다.
www.sdedu.co.kr ➔ 회원가입(로그인) ➔ 강의 살펴보기

제 3 장 그래프 이론

그래프 이론(graph theory)은 18세기 스위스 출신의 저명한 수학자 오일러(Leonhard Euler, 1707~1783)에 의해 본격적으로 시작되었다. 초기에는 수학이나 기하학의 영역으로 출발하였지만 컴퓨터 및 공학 분야로 확대되었다. 여러 자원들이나 도시들 간의 연결 상태를 추상화해서 나타낼 수 있기 때문에 전기회로망이나 분자 구조식을 표현하는 등 다양한 영역에서 응용된다.

그래프 이론의 대표적인 예로 쾨니히스베르크(Königsberg) 다리 문제가 있다. 프로이센의 쾨니히스베르크(지금의 러시아 칼리닌그라드)에는 프레겔 강이 흐르고 있고, 이 강에는 두 개의 큰 섬이 있다. 그리고 이 섬들과 도시의 나머지 부분을 연결하는 7개의 다리가 있다.

이곳을 산책하던 사람이 7개의 다리들을 한 번만 건너면서 처음 시작한 위치로 돌아오는 길이 있는가 하는 문제를 제기했다. 이것은 **한붓그리기**(traversable)로 유명한 문제이다. 이 문제를 가장 처음으로 제시한 사람이 누구인지는 알려져 있지 않다. 언제부터인가 "임의의 지점에서 출발하여 일곱 개의 다리를 한 번씩만 건너서 원래 위치로 돌아오는 방법"에 대한 문제가 있었고, 많은 사람들이 이 문제의 답을 찾기 위해 노력을 했다. 누가 생각해낸 것인지 궁금해지는 괴상한 문제 하나가 수많은 수학자들을 괴롭혔으나 1735년에 오일러는 그래프를 이용하여 이것이 불가능하다는 것을 증명했다.

> **더 알아두기**
> - **한붓그리기**(traversable) : 그래프에서 연필을 떼지 않고 모든 연결선을 오직 한번만 지나가게 그리는 것이다. 연결된 그래프에서 한붓그리기가 가능하려면 시작하는 정점과 끝나는 정점을 제외한 모든 정점의 차수가 짝수여야 한다.
> - **차수** : 어떤 정점에 인접하는 연결선들의 개수

[그림 3-1]은 쾨니히스베르크의 다리를 그래프로 그린 것이다. 두 개의 큰 섬은 점 A와 D로 표기하였고 도시의 나머지 부분을 각각 점 B와 C로 표기하였다. 그리고 4영역을 연결하는 다리는 선으로 표기하였다. 그래프에서 A, B, C, D를 **정점**(vertex)이라 하고 정점들을 연결하는 선을 **연결선**(edge)이라고 한다.

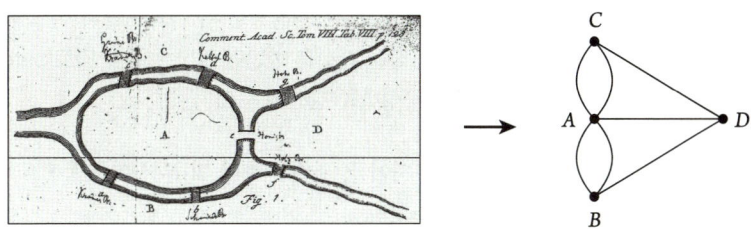

[그림 3-1] 쾨니히스베르크의 다리

그래프는 연결선의 모양에 따라서 두 가지로 나눌 수 있다. 연결선에 화살표가 있어서 진행 방향이 있는 방향 그래프(directed graph)와 연결선에 화살표가 없는 방향이 없는 그래프(undirected graph)로 나눈다. 이 책에서는 방향이 없는 그래프는 '**그래프**'로 방향이 있는 그래프는 '**방향 그래프**'로 지칭하겠다.

> **더 알아두기**
>
> **그래프를 응용하는 몇 가지 예**
> - 도로망, 지하철 노선도 등 생활에 필요한 정보를 표현할 때
> - 통신 분야에서 네트워크 설계할 때
> - 논리 회로를 설계하고 분석할 때
> - 최단거리를 찾거나 최단거리를 순회하는 문제 해결
> - 시스템의 흐름도나 컴파일러에서 최적화를 할 때
> - 어떤 값을 탐색하거나 정렬할 때
> - 알고리즘을 설계할 때
> - 전기회로망을 설계하고 응용할 때
> - 순서도를 통한 작업 계획을 분석할 때
> - 분자구조식을 설계하고 화학 결합을 표시할 때
> - 유한상태 기계를 표현할 때
> 이 외에도 유전학, 언어학, 사회과학 등 광범위한 분야에 응용

제1절 용어 및 오일러 사이클

1 그래프의 용어 기출

그래프(graph) G는 **정점**(vertex)들과 이들을 연결하는 **연결선**(edge)들로 이루어지며 $G=(V, E)$로 표기한다. 정점은 다른 말로 노드(node)라고도 하며 연결선은 간선(edge)이라고도 한다. $G=(V, E)$에서 V는 그래프 G의 정점들의 집합이며, E는 해당 그래프에 존재하는 연결선들의 집합으로 연결선은 두 정점들을 연결한 두 점점의 순서쌍으로 표현한다. 여기서 정점은 점, 간선은 선을 말한다. 그래프에서 어느 한 정점으로부터 다른 정점으로 도달하는 길을 찾을 수 있는데 이때 같은 간선을 한번만 지나는 길을 **경로**(path)라고 한다. 여기서 길이(length)는 경로 또는 사이클(cycle)을 구성하는 간선의 수이다.

그래프에서의 경로는 경로, 단순 경로, 기본 경로, 사이클, 단순 사이클, 기본 사이클 등으로 구분된다.

> ① 경로(path)
> 그래프에서의 경로는 정점들을 나열한 열 $v_1, v_2, \cdots, v_n$에서 모든 $1 \leq k \leq n$에 대해 간선 $(v_k, v_{k+1}) \in E$ 이 존재하는 경우를 말하며 이 경우 경로의 길이(length)는 $n-1$이다. 두 개의 정점 사이를 잇는 간선들을 순서대로 나열하게 된다.

② 단순 경로(simple path)
　간선이 겹치지 않는 경로이다.
③ 기본 경로(elementary path)
　정점이 겹치지 않는 경로이다.
④ 사이클(cycle) 또는 순환(circuit)
　경로 $(v_1, v_2, \cdots, v_n)$에서 시점 v_1과 종점 v_n이 일치하는 경우를 말한다.
⑤ 단순 사이클(simple cycle)
　같은 간선을 반복하여 방문하지 않는 사이클을 말한다.
⑥ 기본 사이클(elementary cycle)
　시작 정점을 제외한 어떠한 정점도 반복하여 방문하지 않는 사이클을 말한다.

> **더 알아두기**
>
> **루프(loop)**
> 단 하나의 정점만을 연결하는 연결선으로 (v,v) 또는 $\langle v,v \rangle$ 형태의 연결선을 가진다.

다음의 정점과 간선의 집합으로 표현한 그래프를 그림으로 그리면 [그림 3-2]와 같다.

그래프 $G = (V, E)$
$V = \{1, 2, 3, 4\}$
$E = \{(1,2), (1,3), (2,3), (2,4)\}$

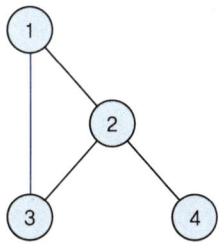

[그림 3-2] 그래프의 예

그래프 [그림 3-3]과 같이 $G = (V, E)$에서 정점 u와 v를 연결한 간선 $e = (u,v)$가 있을 때 정점 u와 v는 서로 **인접**(adjacent)하고 간선 e는 정점 u와 v에 **근접**(incident)한다. 정점 u의 **차수**(degree)는 u에 인접한 간선들의 개수를 말한다. 정점 u와 v의 경우 인접한 간선들의 개수가 1이므로 차수가 동일하다. 차수는 $d(u) = d(v) = 1$(또는 $\deg(u) = \deg(v) = 1$)로 표기한다.

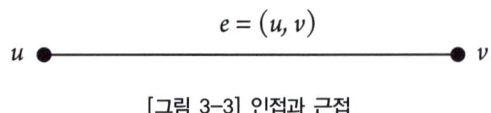

[그림 3-3] 인접과 근접

그래프에서 정점들 간의 연결 여부에 따라 연결 그래프, 강한 연결 그래프 등이 정의된다. 그래프의 모든 정점들이 연결되어 있으면 **연결 그래프**(connected graph)라 하고, **강한 연결 그래프**(strongly connected graph)는 그래프에서 두 정점 v와 u에 대해서 v에서 u로의 경로와 u에서 v로의 경로들이 존재하는데, 특히 방향 그래프에서만 의미가 있다. 또한 그래프에서 모든 정점들이 연결되어 있는 부분을 **연결 요소**(connectivity component)라고 하며, **연결 수**(connectivity number)란 그래프 G에서 연결 요소의 개수를 말한다. [그림 3-4]와 같이 연결 그래프는 그래프로, 강한 연결 그래프는 방향 그래프로 표현된다. 강한 연결 그래프 그림을 보면서 정점 1에서 정점 3으로 가는 경로는 1→0→4→3이고 정점 3에서 정점 1로 가는 경로는 3→2→1로 강한 연결 그래프의 조건을 만족함을 확인할 수 있으며, 모든 경로에 대해서도 강한 연결 그래프의 조건을 만족함을 확인할 수 있다.

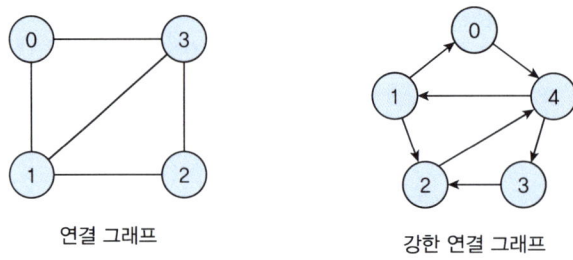

[그림 3-4] 연결 그래프와 강한 연결 그래프

> **더 알아두기**
>
> - 그래프 $G = (V, E)$
> $V = \{v_1, v_2, \cdots, v_{n-1}, v_n\}$
> $E = \{e_1, e_2, \cdots, e_{m-1}, e_m\} = \{(v_i, v_j), \cdots\}$
>
> - 방향 그래프 $G = \langle V, E \rangle$
> $V = \{v_1, v_2, \cdots, v_{n-1}, v_n\}$
> $E = \{e_1, e_2, \cdots, e_{m-1}, e_m\} = \{\langle v_i, v_j \rangle, \cdots\}$

[그림 3-5]는 그래프와 방향 그래프의 예이다. 방향 그래프는 **방향 간선**(undirected edge)만 사용하고 간선을 통해서 한쪽 방향으로만 갈 수 있으며, 방향 간선은 $\langle 0, 1 \rangle$과 같이 정점의 쌍으로 표현한다. 그림의 방향 그래프 예에서 0→3→1은 정점 0에서 정점 1로 가는 경로이다.

$v \to w$인 간선에 대해서 정점 v를 정점 w의 **선행자**(predecessor)라 하며 정점 w를 정점 v의 **후속자**(successor)라고 한다. 경로 0→3→1에서 정점 0은 정점 3의 선행자이며 정점 3은 정점 0의 후속자이다.

방향 그래프 $G=\langle V, E\rangle$를 집합으로 표시하면 다음과 같다. 방향 간선인 정점의 쌍은 항상 선행자를 먼저 쓰고 후속자를 뒤에 쓴다.

> $G=\langle V, E\rangle$
> $V=\{0, 1, 2, 3\}$
> $E=\{\langle 0,1\rangle, \langle 0,3\rangle, \langle 2,3\rangle, \langle 3,1\rangle\}$

방향 그래프에서 정점 v를 머리로 하는 간선의 수를 **진입 차수**(in degree)라 하고 방향 그래프에서 정점 v를 꼬리로 하는 간선의 수를 **진출 차수**(out degree)라고 한다. [그림 3-5]의 방향 그래프에서 정점 3의 진입 차수는 2이고 진출 차수는 1이다.

[그림 3-5] 그래프와 방향 그래프

(1) 단순 그래프

단순 그래프(simple graph)는 두 정점 사이에 연결선이 하나 이하로 존재하는 그래프로, 하나의 정점은 자기 자신으로 연결되는 선이 존재하지 않는다. [그림 3-6]은 단순 그래프의 예이다.

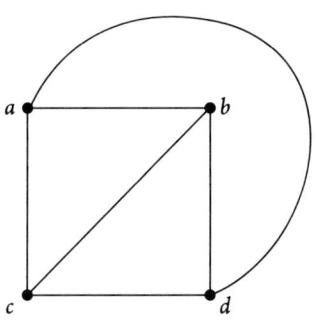

[그림 3-6] 단순 그래프의 예

(2) 다중 그래프

다중 그래프(multigraph)는 두 정점 사이에 여러 연결선이 존재할 수 있는 그래프의 일반화이다. 두 정점 사이의 연결선은 개수에 제한이 없다. [그림 3-7]은 다중 그래프의 예이다.

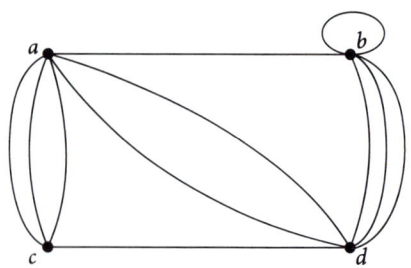

[그림 3-7] 다중 그래프의 예

(3) 가중치 그래프

가중치 그래프(weighted graph)는 [그림 3-8]과 같이 간선에 비용(cost)이나 가중치(weight)가 할당된 그래프로, 네트워크(network)라고도 한다. 가중치 그래프를 이용하여 최소 비용 신장 트리, 최단 경로 문제, 위상 순서, 임계 경로 등을 해결한다.

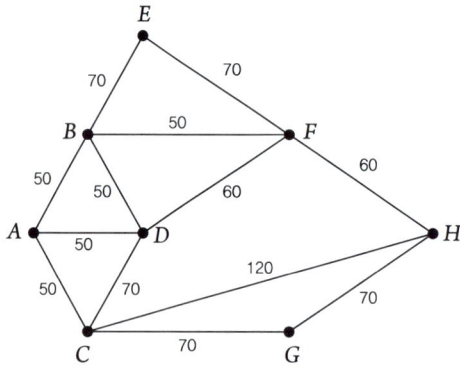

[그림 3-8] 가중치 그래프의 예

(4) 완전 그래프

n개의 정점으로 구성된 그래프에서 간선 수가 최대인 그래프를 완전 그래프(complete graph)라고 한다. 이때 최대 간선의 수는 $n(n-1)/2$개이다. 방향 그래프는 최대 간선의 수가 $n(n-1)$개이다. [그림 3-9]의 그래프는 4개의 정점을 가진 완전 그래프로 최대 간선의 수가 $n(n-1)/2 = 4 \times (4-1)/2 = 6$개다. n개의 정점으로 구성된 완전 그래프는 K_n으로 표기한다.

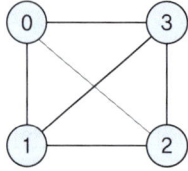

[그림 3-9] 완전 그래프

(5) 부분 그래프

$V(G') \subseteq V(G)$이고, $E(G') \subseteq E(G)$인 그래프 G'를 그래프 G의 **부분 그래프**(subgraph)라고 한다. 부분 그래프는 그래프 G를 구성하는 정점 일부와 간선들 중 일부를 그리면 된다. [그림 3-10]은 [그림 3-9]의 완전 그래프에 대한 부분 그래프를 그린 것이다. 부분 그래프는 다음 세 가지 말고도 다양한 형태로 그릴 수 있다.

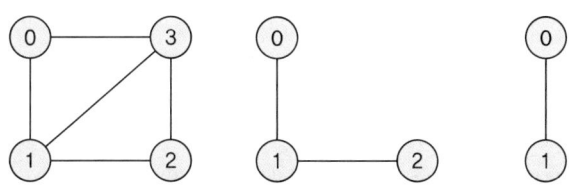

[그림 3-10] 부분 그래프의 예

(6) 부분신장 그래프

그래프 $G = (V, E)$에서 $V' = V$이고 $E' \subseteq E$인 그래프를 **부분신장 그래프**(Spanning Graph)라고 한다. 부분신장 그래프는 그래프 G의 정점을 모두 포함해야 하지만, 간선은 일부만 포함한다. [그림 3-11]은 [그림 3-9]의 완전 그래프에 대한 부분신장 그래프를 그린 것이다.

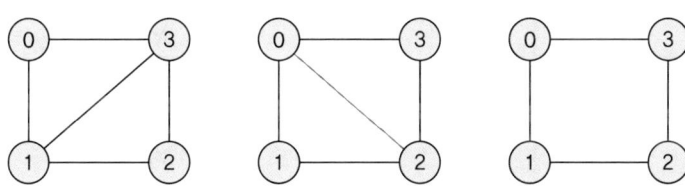

[그림 3-11] 부분신장 그래프의 예

(7) 정규 그래프

정규 그래프(Regular Graph)는 그래프 $G = (V, E)$ 내에 있는 모든 정점의 차수가 같은 그래프이다. 각 정점의 차수가 모두 k인 경우 k-정규 그래프로 표기한다. [그림 3-9]의 완전 그래프는 3-정규 그래프이다.

(8) 이분 그래프

그래프 $G = (V, E)$에서 정점 집합 V가 $V = V_1 \cup V_2$와 $V_1 \cap V_2 = \varnothing$을 만족하는 두 집합 V_1과 V_2로 분리되고, 그래프의 모든 간선이 V_1의 한 정점에서 V_2의 한 정점으로 연결되는 그래프를 **이분 그래프**(Bipartite Graph)라고 한다. [그림 3-12]는 이분 그래프의 예이다. 그림 (1)은 $V_1 = \{a, b\}$와 $V_2 = \{c, d, e\}$로 나누어질 수 있으므로, 그림 (2)와 같이 이분 그래프로 그릴 수 있다.

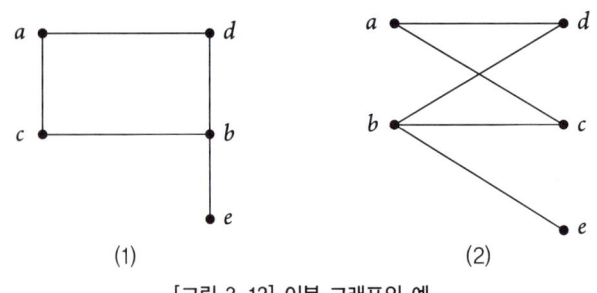

[그림 3-12] 이분 그래프의 예

(9) 완전 이분 그래프

이분 그래프 $G=(V, E)$에서 V_1의 모든 정점과 V_2의 모든 정점 사이에 간선이 있는 그래프를 완전 이분 그래프(Complete Bipartite Graph)라고 한다. V_1의 정점의 개수가 $|V_1|=m$이고 V_2의 정점의 개수가 $|V_2|=n$일 때 완전 이분 그래프는 $K_{m,n}$으로 표기한다. [그림 3-13]의 (1)은 (2)와 같이 $V_1 = \{A, G, C, E\}$와 $V_2 = \{H, B, F, D\}$로 나누어지는 이분 그래프로 그릴 수 있다. 또한 V_1의 모든 정점과 V_2의 모든 정점 사이에 간선이 존재하므로 완전 이분 그래프 $K_{4,4}$이다.

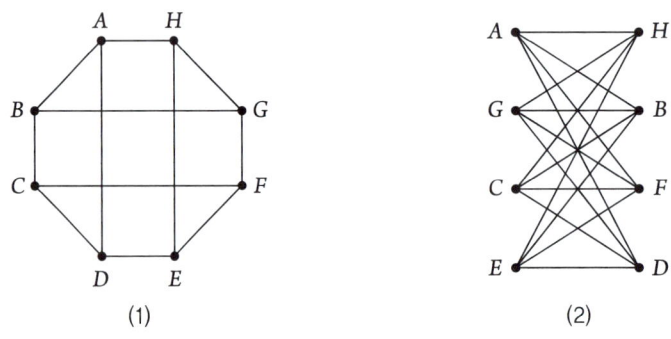

[그림 3-13] 완전 이분 그래프의 예

2 오일러 사이클 중요 기출

그래프 이론에서 **오일러 경로**(Euler path, Eulerian path)는 정점은 여러 번 지날 수 있지만 그래프의 모든 간선을 단 한 번씩만 통과하는 경로를 뜻한다. 흔히 한붓그리기 문제라고도 한다. 그중에서 같은 정점에서 시작해서 같은 정점에서 끝나는 오일러 경로를 **오일러 사이클**(Euler cycle) 또는 **오일러 회로**(Euler circuit, Eulerian circuit)라고 한다. 오일러 회로를 지닌 그래프를 **오일러 그래프**(Euler graph)라고 한다. 오일러는 그래프가 오일러 회로를 가질 필요충분조건은 "그래프가 연결된 그래프이고, 모든 정점의 차수가 짝수이어야 한다."라는 것을 알아냈다. 오일러 회로가 아닌 오일러 경로(즉, 시작 정점과 끝나는 정점이 다른 경로)가 있을 필요충분조건은 "정확히 두 개의 정점만이 홀수의 차수를 가지고 그 그래프가 연결되어 있다."라는 것이다. 이와 같은 조건은 다중 그래프에서도 유효하다. 그리고 홀수 차수가 2개인 그래프는 한 홀수점에서 출발하여 다른 홀수점이 종착점이 되도록 그리면 된다.

[그림 3-1]에서 강으로 분할되는 네 지역 A, B, C, D를 점(정점)으로 나타내고, 다리들을 이 네 점을 연결하는 선(간선)으로 생각할 때 다리 건너기 문제는 '한붓그리기 또는 오일러 트레일(Eulerian trail)' 문제로 바뀌게 된다. 그런데 '한붓그리기'가 가능한 도형은 다음의 두 가지 경우뿐이다.

① 차수가 홀수인 정점이 하나도 없는 경우에는 시작점과 도착점이 일치한다.
② 차수가 홀수인 정점이 두 개 있는 경우는 시작점과 도착점이 다르다.

즉, 차수가 홀수인 정점이 세 개 이상이면 한붓그리기가 불가능하다. 한 정점에 연결된 선의 수가 짝수이면 짝수 점, 홀수이면 홀수점이라고 하는데 그림을 보면 정점 A에 연결된 간선이 5개, 정점 B에 연결된 간선이 3개, 정점 C에 연결된 간선이 3개, 정점 D에 연결된 간선이 3개로 정점 A, B, C, D가 모두 홀수점이 된다. 즉, 홀수점의 개수가 4개나 되므로 '한붓그리기'가 불가능하다. 그러나 홀수점이 두 개 있을 경우에는 그 두 점이 각각 시작점과 도착점이 되어야 한다. 따라서 정점 u에서 출발하여 정점 v에서 끝나든지 또는 정점 v에서 출발하여 정점 u에서 끝나도록 하든지 해야 가능하다. 다음 [그림 3-14]의 그래프에서 오일러 경로나 오일러 사이클을 찾아보자.

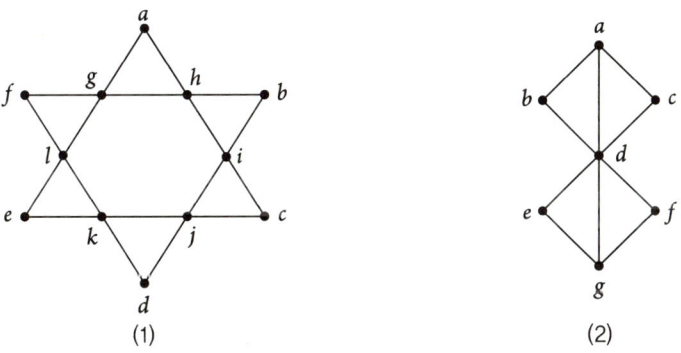

[그림 3-14] 오일러 경로와 오일러 사이클의 예

먼저 그림 (1)에서 각 정점들의 차수를 구하면 다음과 같다.
정점 a, b, c, d, e, f는 모두 차수가 2다. $(d(a)=d(b)=d(c)=d(d)=d(e)=d(f)=2)$
정점 g, h, i, j, k, l은 모두 차수가 4이다. $(d(g)=d(h)=d(i)=d(j)=d(k)=d(l)=4)$
그래프가 연결된 그래프이고, 모든 정점의 차수가 짝수이므로 이 그래프는 오일러 회로를 갖는 오일러 그래프다. 예를 들면 다음과 같이 정점 a에서 출발하면 a로 도착하는 경로가 반드시 존재한다.

$$a-h-b-i-c-j-d-k-e-l-f-g-l-k-j-h-g-a$$

그림 (2)의 각 정점들의 차수는 다음과 같다.
정점 a, g는 모두 차수가 3이다. $(d(a)=d(g)=3)$
정점 b, c, e, f는 모두 차수가 2다. $(d(b)=d(c)=d(e)=d(f)=2)$
정점 d는 차수가 6이다. $(\deg(d)=6)$

그래프가 연결된 그래프이고, 정점 중에서 a, g만 차수가 홀수이므로 오일러 경로가 있을 필요충분조건인 "정확히 두 개의 정점만이 홀수의 차수를 가지고 그 그래프가 연결되어 있다."를 만족한다. 따라서 이 그래프는 다음과 같은 오일러 경로를 갖는다.

$$a-b-d-c-g-f-d-c-a-d-g$$

그래프 이론에서 중요한 점은 주어진 그래프에서 원하는 경로나 사이클을 찾는 문제를 해결하는 방법을 찾는 것이다. 예를 들어 여행을 하는 경우에 방문하려는 곳에 대한 교통 정보를 잘 수집하여 많은 관광지를 제한된 시간 안에 짧은 이동으로 방문할 때가 가장 경제적이다. 이러한 문제를 해결하기 위해 그래프가 각 정점을 정확히 한 번만 경유하는 경로가 존재하는 지 여부를 알 수 있다면 매우 유용하다. 즉 방문할 관광지를 그래프에서 정점으로 표시할 수 있으며 각 관광지를 정확히 한 번만 경유하는 최적의 관광경로를 찾는 데 목적이 있다. 이와 같이 그래프 $G = (V, E)$의 모든 정점을 한 번씩만 방문하는 경로를 **해밀턴 경로**(Hamiltonian Path)라고 한다. 윌리엄 로언 해밀턴이 1857년에 정십이면체의 그래프 위의 해밀턴 순환을 찾는 문제를 제안하였다. 해밀턴은 이 문제를 아이코시언 게임(icosian game)이라고 불렀다.

그래프 $G = (V, E)$의 정점 v에서 시작하여 모든 정점을 한 번씩 방문하고 다시 정점 v로 돌아오는 회로를 **해밀턴 회로**(Hamiltonian Circuit, 해밀턴 순회) 또는 **해밀턴 순환**(Hamiltonian Cycle)이라고 한다. 해밀턴 회로를 포함하는 그래프를 **해밀턴 그래프**(Hamiltonian Graph)라고 한다.

만약 그래프 $G = (V, E)$가 $n \geq 3$인 정점을 갖는 그래프라고 할 때 서로 인접하지 않는 두 정점 u와 v사이에 $d(u) + d(v) \geq n$이 성립하면 그래프 G는 해밀턴 경로를 갖는다.

> **더 알아두기**
>
> 다음과 같은 그래프들은 해밀턴 그래프이다.
> - 크기가 3 이상인 완전 그래프
> - 크기가 3 이상인 순환 그래프
> - 정다면체의 그래프

오일러 그래프이자 해밀턴 그래프인 $G = (V, E)$에 대해 해밀턴 회로의 길이는 $n(V(G))$이며, 오일러 그래프의 길이는 $n(E(G))$이다. 오일러 그래프이면서 동시에 해밀턴 그래프일 수 있고, 둘 중 한 쪽에만 해당될 수도 있으며, 둘 다 아닐 수도 있다. 즉, 오일러 그래프와 해밀턴 그래프 사이에는 관계가 없다.

[그림 3-15]는 해밀턴이 제안한 정십이면체에 대한 그래프를 그린 것이다. 모서리는 간선으로 표현하였고 모서리들이 만나는 꼭지점들을 정점으로 표현하여 정십이면체는 20개의 정점과 30개의 간선을 가진 그래프가 된다. 그래프는 모든 정점의 차수가 3인 3-정규 그래프이다.

그래프에서 해밀턴 사이클의 예를 하나 들면 다음과 같다. 이외에도 다수의 해밀턴 사이클이 존재한다.

$$17-18-19-20-16-15-14-13-12-11-10-9-8-2-3-4-5-1-6-7-17$$

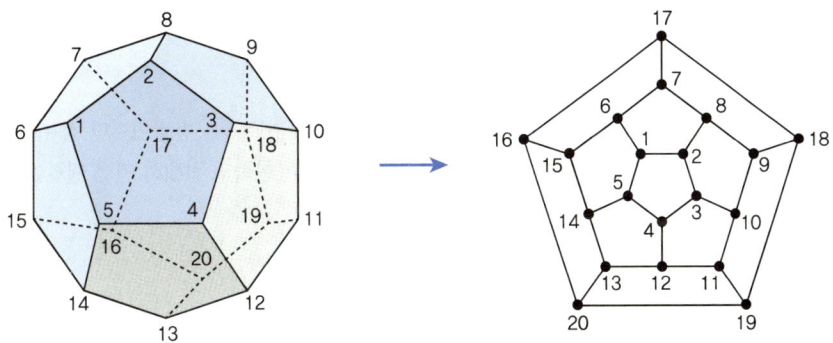

[그림 3-15] 12면체에 표시한 지역에 대한 그래프

다음 [그림 3-16]의 그래프에서 해밀턴 경로나 해밀턴 사이클을 찾아보자.
먼저 그림 (1)에서 해밀턴 경로의 예로 $A-E-B-F-C-G-D$를 찾을 수 있다. 해밀턴 회로의 경우, 정점 E를 두 번씩 지나거나 정점 A가 제외될 수 있기 때문에 존재할 수 없다. 그림 (1)에서는 해밀턴 경로만 존재한다.
그림 (2)의 경우에는 해밀턴 경로의 예로 $A-D-B-E-C-F$를 찾을 수 있다. 해밀턴 회로의 예로는 $A-E-C-F-B-D-A$를 찾을 수 있으므로 해밀턴 경로와 해밀턴 회로 모두 존재한다.

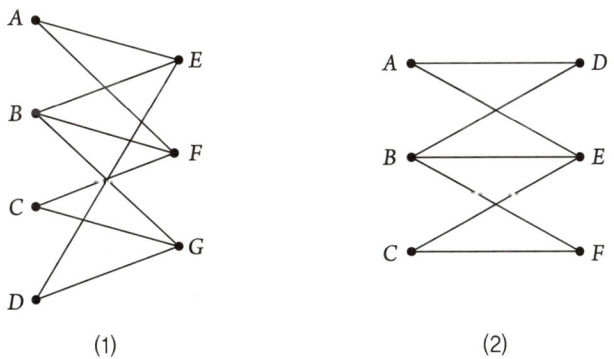

[그림 3-16] 해밀턴 경로와 해밀턴 사이클의 예

제2절 그래프의 표현방법 중요

그래프는 그림을 이용하여 표현하는 것으로 이해하기도 쉽고 가장 자연스러운 방법이지만 컴퓨터는 그림으로 표현된 정보를 바로 이용할 수 없다. 그래프를 컴퓨터 프로그램으로 구현하기 위해서 인접 행렬이나 인접 리스트를 이용하여 표현한다.

1 인접 행렬

인접 행렬(adjacency matrix)은 그래프의 모든 정점을 행과 열의 원소로 표현한다. 두 정점 사이에 연결하는 간선이 존재하면 행렬에 해당하는 원소의 값이 1이 되고, 두 정점 사이에 간선이 존재하지 않으면 0이 된다. $n \geq 1$개의 정점을 가진 그래프 $G=(V,E)$에 대해, $|V|=n$일 때 크기가 $n \times n$인 정방 행렬 A로 나타내며, 이때 A의 원소 a_{ij}는 컴퓨터 프로그래밍에서는 2차원 배열 $a[n,n]$으로 표현한다.

$$a_{ij} = \begin{cases} 1, & (v_i, v_j) \in E \\ 0, & others \end{cases} \Rightarrow a[i,j] = \begin{cases} 1, & (i,j) \in E(G) \\ 0, & others \end{cases}$$

인접 행렬을 **부속 행렬**(incidence matrix)이라고도 하며, $|V|=n$인 그래프를 인접 행렬로 표현하는 데 필요한 공간은 n^2비트이다. 그래프에서 행렬은 대칭이기 때문에 행렬의 상위 삼각이나 하위 삼각만 저장한다면 거의 반 정도의 공간을 절약할 수 있다.

예를 들어 [그림 3-9]의 완전 그래프를 인접 행렬로 표현하면 $|V|=4$이므로 다음과 같이 크기가 4×4인 정방 행렬이 된다. 정점의 차수가 2이고 출발 정점과 도착 정점이 같은 경우(self loop)가 없으므로 행렬의 대각선 상의 모든 원소 값이 0인 대칭행렬임을 알 수 있다.

$$\begin{array}{c} \quad [0][1][2][3] \\ \begin{matrix}[0]\\[1]\\[2]\\[3]\end{matrix} \begin{bmatrix} 0 & 1 & 1 & 1 \\ 1 & 0 & 1 & 1 \\ 1 & 1 & 0 & 1 \\ 1 & 1 & 1 & 0 \end{bmatrix} \end{array}$$

인접 행렬의 정보는 간선이나 아크의 존재 여부에 있다. 그래프의 인접 행렬에서 행 i의 합과 열 i의 합은 동일하며 정점 i의 차수이다. 방향 그래프의 인접 행렬에서 행 i의 합은 정점 i의 **진출 차수**(Out degree)이며, 열 i의 합은 정점 i의 **진입 차수**(In degree)가 된다. [그림 3-17]은 다음의 그래프 G_1, G_2, G_3을 인접 행렬로 표현한 것이다.

$$G_1 = (V_1, E_1), V_1(G_1) = \{0,1,2,3\}, E_1(G_1) = \{(0,1),(0,3),(1,2),(1,3),(2,3)\}$$
$$G_2 = (V_2, E_2), V_2(G_2) = \{0,1,2\}, E_2(G_2) = \{\langle 0,1 \rangle, \langle 1,0 \rangle, \langle 1,2 \rangle\}$$
$$G_3 = (V_3, E_3), V_3(G_3) = \{0,1,2,3,4\}, E_3(G_3) = \{(0,1),(1,2),(3,4)\}$$

그래프 G_1의 정점 1은 인접 행렬에서는 행 1과 열 1에 해당한다. 행 1의 합은 3이며 정점 1의 차수 $d(1) = 3$과 같다. 방향 그래프 G_2의 정점 1은 인접 행렬에서는 행 1과 열 1에 해당한다. 행 1의 합은 2이며 정점 1의 진출 차수도 2이다. 열 1의 합은 1이고 이 값은 정점 1의 진입 차수 1과 같다.

방향 그래프에 대한 인접 행렬은 그래프의 인접 행렬과 비슷하지만 약간의 차이가 있다. 방향 그래프는 각 간선의 방향이 존재하므로 임의의 정점 u에서 v로 가는 간선이 존재하면 행렬의 값은 1, 그렇지 않으면 0이 된다. [그림 3-17]에서 방향 그래프 G_2에서 정점 2를 보면 진출하는 간선은 없고 정점 1로부터 진입하는 간선만 존재한다. 따라서 인접 행렬을 보면 행 2에 해당하는 값은 모두 0이고 열 2에 해당하는 값은 행 1에 해당하는 값만 1이 됨을 확인할 수 있다. 즉 원소 $a_{20} = a_{21} = a_{22} = 0$이고 원소 $a_{12} = 1$이다. 그래프 G_1, G_3는 대각선을 기준으로 대칭 행렬이며 방향 그래프 G_2는 대칭 행렬이 아니다. 그래프 G_1, G_2는 **연결 그래프**(connected graph)이고 G_3는 **단절 그래프**(disconnected graph)이다.

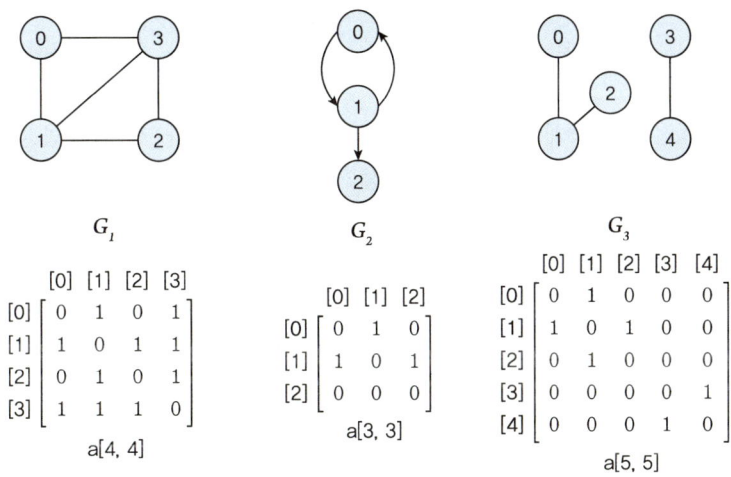

[그림 3-17] 그래프 G_1, G_2, G_3에 대한 인접 행렬 표현

2 인접 리스트

인접 리스트(adjacency list)는 그래프를 구성하는 모든 정점들에 대하여 간선으로 연결되어 있는 정점들을 **연결 리스트**(linked list)로 나열한 것이다. 즉, 인접 리스트는 각 정점에 대해 포인터(pointer)를 가진 노드가 주어지고, 그 정점으로부터 연결된 정점들을 차례로 연결 리스트로 표시한 것인데, 같은 리스트 내에서는 순서는 의미가 없다.

연결 리스트는 노드(node)의 연결(link)로 표현하며, 헤드 노드(head node)를 제외한 각 노드는 2개의 필드(field)로 구성되어 있다. 첫 번째 필드는 데이터 필드로, 그래프의 정점 값을 저장한다. 두 번째 필드는 포인터 필드로, 해당 정점 다음에 따라오는 노드의 주소를 가리킨다. 연결 리스트의 각 노드들은 헤드(head)라고 불리는 시작 노드와 연결된 인접 노드를 갖고 마지막 노드의 포인터 필드에는 null 값을 저장하여 데이터의 마지막을 표시한다. 헤드 노드는 연결된 정점의 주소를 가리키는 한 개의 포인터 필드를 가지는 노드이다.

> **더 알아두기**
>
> **연결 리스트로 구현한 인접 리스트**
> - 각 정점의 리스트는 헤드 노드와 정점 필드와 link 필드를 가진 리스트 노드로 구성된다.
> - n개의 정점과 e개의 간선(arc)을 가진 그래프는 n개의 헤더 노드와 그래프에서 하나의 간선은 두 번씩 중복 저장되므로 $2 \times n$개의 리스트 노드가 필요하다.
> - n개의 정점과 e개의 간선(arc)을 가진 방향 그래프는 n개의 헤드 노드와 e개의 리스트 노드가 필요하다.

[그림 3-18]은 그래프 G_1과 방향 그래프 G_2를 인접 리스트로 표현한 것이다. 그래프 G_1의 정점이 모두 4개이므로 4개의 연결 리스트로 표현하였다. 정점 0에 연결된 간선이 (0, 1)과 (0, 3) 두 개이므로 정점 0은 헤드 노드 1개, 정점 1에 대한 노드와 정점 3에 대한 노드를 생성하여 연결(link)하였다. 이때 정점 1과 정점 3의 연결 순서는 의미가 없으며 제일 마지막에 연결하는 노드의 포인터 필드에 null 값을 입력하면 된다. 그래프 G_1에서 간선의 개수가 $|E_1| = 5$이므로, 헤드 노드를 제외한 전체 노드의 개수가 그래프의 특징으로 10개임을 확인할 수 있다.

방향 그래프 G_2는 정점이 모두 3개이므로 3개의 연결 리스트로 표현하였다. 정점 1에 연결된 간선이 (0, 1)과 (1, 2) 두 개이므로 정점 1은 정점 0에 대한 노드와 정점 2에 대한 노드를 생성하여 연결(link)하였다. 이때 정점 0과 정점 2의 연결 순서는 의미가 없으며 제일 마지막에 연결하는 노드의 포인터 필드에 null 값을 입력하면 된다. 방향 그래프 G_2에서 간선의 개수가 $|E_2| = 3$이므로 헤드 노드를 제외한 전체 노드의 개수가 3개임을 확인할 수 있다. 노드 2의 경우에는 정점 2에서 나가는 방향의 간선이 없으므로 연결된 노드가 없다. 따라서 헤드 노드는 필드 값으로 null을 가진다.

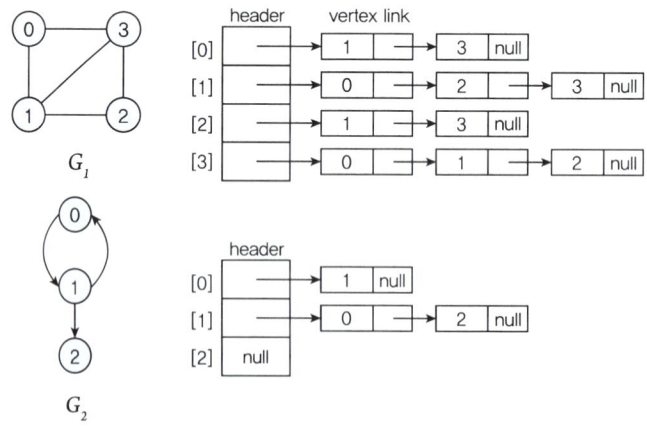

[그림 3-18] 그래프 G_1과 방향 그래프 G_2의 인접 리스트 표현

제3절 최단 경로

그래프 G의 간선에 비용(cost)이나 가중치(weight)에 해당하는 값을 할당하면 **가중치 그래프**(weighted graph)가 된다. 도시를 정점으로 도시와 도시를 연결하는 고속도로를 간선으로 표시하고 통행료를 간선의 값으로 하는 가중치 그래프를 그릴 수 있다. 이때 도로의 통행료 비용을 그래프로 보는 것이 가능하다. **그래프의 가중치**는 그래프의 모든 간선의 가중치의 합을 의미한다. 방향 그래프에서의 가중치는 화살표가 시작하는 정점에서 화살표가 도착하는 정점으로 가는 데 부여된 값이다.

일반적으로 그래프의 두 정점 사이에 여러 경로가 존재할 수 있는데 가중치 그래프에서는 여러 경로 중에서 가중치의 합이 가장 작은 경로를 찾을 수 있으며, 이 경로를 **최단 경로**(shortest path)라고 한다.

예를 들어 서울에서 부산으로 갈 때 네비게이션을 이용하여 가장 짧은 길을 찾는 것과 비슷한 문제이며 각 구간에서 거리가 가중치가 될 수 있다. 최단 경로는 다양한 경로들 중에서 가장 효과적이고 경제적인 경로를 찾는 문제이며, 도로망이나 인터넷 네트워크 경로 등을 선택하는 데 응용될 수 있다.

[그림 3-19]의 가중 그래프에서 간선의 가중치가 두 정점 사이의 거리를 나타내며, 정점 v_0를 출발점이라고 할 때 v_0에서 v_1까지의 모든 경로를 찾으면 다음과 같다.

① $v_0 v_2 v_3 v_1$(경로), 45(거리)
② $v_0 v_1$(경로), 50(거리)
③ $v_0 v_4 v_3 v_1$(경로), 95(거리)

정점 v_0에서 v_1까지의 최단 거리가 45이고 최단 경로는 $v_0 v_2 v_3 v_1$임을 알 수 있다. 이 경우 경로의 길이는 3이지만 직접 v_1으로 가는 경로 $v_0 v_1$보다 거리가 짧다.

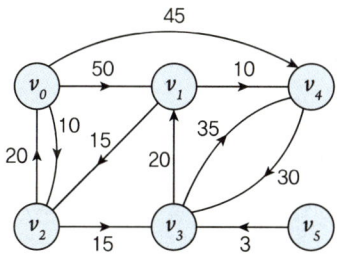

[그림 3-19] 가중 그래프

[그림 3-19] 가중 그래프의 정점 v_0에서 다른 모든 정점까지의 최단 경로와 최단 거리를 구하여 정리하면 다음 표와 같다.

출발점	도착점	최단 경로	최단거리
v_0	v_1	$v_0 v_2 v_3 v_1$	45
v_0	v_2	$v_0 v_2$	10
v_0	v_3	$v_0 v_2 v_3$	25
v_0	v_4	$v_0 v_4$	45

위의 예에서 최단 거리를 구하기 위해서 많은 경우의 수를 고려해야 하며 그래프가 크고 복잡한 경우 계산량이 많아질 수밖에 없다.

최단 거리를 가지는 최단 경로를 구하는 문제를 해결할 수 있는 방법을 **다익스트라 알고리즘**(Dijkstra algorithm)이라 부르는데, 출발점으로부터 거리가 최소로 알려진 점들의 집합 S를 유지하면서 가장 짧은 거리를 가지는 나머지 정점 v를 차례로 S에 포함시킨다.

> **더 알아두기**
>
> **다익스트라 알고리즘(Dijkstra algorithm)**
> ① 주어진 방향 그래프 $G=\langle V, E \rangle$에서 $V=\{1,2,\cdots,n\}$이고 정점 $\{1\}$이 출발점이라고 가정한다.
> ② 정점 i에서 j로 가는 거리를 $C[i,j]$로 나타내는데, 만약 i에서 j로 가는 경로가 없으면 거리는 ∞가 된다.
> ③ $D[i]$는 출발점에서 현재 점 i에 이르는 가장 짧은 거리를 나타낸다.
>
> **다익스트라 알고리즘(Dijkstra algorithm) 실행 단계**
> ① 처음 $S[\ ]$에 시작점 v를 저장한다. $Dist[v]=0$, $Dist[i]=weight[v,i]$
> ② 가장 최근에 $S[\ ]$에 첨가한 정점을 u로 설정
> ③ u의 모든 인접 정점 중에서 $S[\ ]$에 포함되지 않은 정점 w에 대해 $Dist[w]$를 다시 계산한다.
> $Dist[w]=\min(Dist[w], Dist[u]+weight[u,w])$
> ④ $S[\ ]$에 포함되지 않은 정점 k 중에서 $Dist[k]$가 가장 작은 정점 k를 $S[\ ]$에 추가한다.
> ⑤ 모든 정점에 대한 최단 경로가 결정될 때까지 단계 ②~④를 반복한다.

다익스트라 알고리즘을 가중 그래프에 적용하여 최단 경로를 구해보자.

다음 [그림 3-20]은 최단 경로 문제를 해결하기 위해서 가중치 그래프를 인접 행렬로 표현한 것이다. 행렬에서 간선이 없는 노드쌍의 가중치는 ∞이다. 그래프에서 정점 0에서 정점 3으로 가는 최단 경로를 찾을 수 있는데 $0-4-1-2-3$이 최단 경로이며 최단 거리는 $3+2+4+2=11$이다. 다익스트라 알고리즘을 이용하여 정점 0을 출발점으로 하여 모든 정점에 대한 최단 거리를 구하고 결과를 확인해 보자.

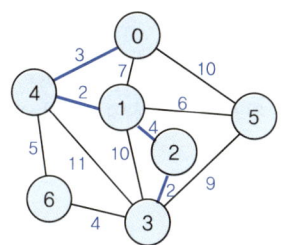

[그림 3-20] 최단 경로 문제 예

처음 단계에서 $S=\{0\}$, $D[1]=7$, $D[2]=\infty$, $D[3]=\infty$, $D[4]=3$, $D[5]=10$, $D[6]=\infty$이 된다. 알고리즘의 첫 번째 반복에서 $w=4$가 최소의 D값을 가진 정점으로 선택된다. 그러면 $Dist[1]=\min(7,3+2)=5$가 된다. 왜냐하면 정점 0에서 정점 1로 바로 가는 것보다 정점 4를 경유해서 가는 것이 더 값이 작기 때문에 값이 변경된다. 정점 4를 선택함으로 인하여 $Dist[3]=\min(\infty,3+11)=14$가 되며 $Dist[6]=\min(\infty,3+5)=8$이 된다. $D[2]$와 $D[5]$는 변동이 없다.

알고리즘의 두 번째 반복에서 $w=1$이 최소의 D값을 가진 정점으로 선택된다. 그러면 $Dist[2]=\min(\infty,3+2+4)=9$가 된다. 다른 정점들에 대한 값들은 변동이 없다. 알고리즘의 세 번째 반복에서 $w=6$이 최소의 D값을 가진 정점으로 선택된다. 그러면 $Dist[3]=\min(14,3+2+4+2)=11$이 된다. 다른 정점들에 대한 값들은 변동이 없다.

알고리즘의 네 번째 반복에서 $w=2$가 최소의 D값을 가진 정점으로 선택되며, 알고리즘의 다섯 번째 반복에서 $w=5$가 최소의 D값을 가진 정점으로 선택된다. 정점들에 대한 값들은 변동이 없다. 마지막으로 알고리즘의 여섯 번째 반복에서 $w=3$이 최소의 D값을 가진 정점으로 선택된다. 각 반복 과정 후의 D값은 다음 표와 같으며 세 번째 반복 이후 정점 0에서 정점 1, 2, 3, 4, 5, 6까지의 최단 거리가 각각 5, 9, 11, 3, 10, 8로 최종 결정된다. 정점 0에서 정점 3까지의 최단 거리 11은 [그림 3-20]의 그래프에서 확인한 최단 거리 11과 일치한다.

단계	S	w	$D[0]$	$D[1]$	$D[2]$	$D[3]$	$D[4]$	$D[5]$	$D[6]$
0	$\{0\}$		0	7	∞	∞	3	10	∞
1	$\{0,4\}$	4	0	5	∞	14	3	10	8
2	$\{0,4,1\}$	1	0	5	9	14	3	10	8
3	$\{0,4,1,6\}$	6	0	5	9	11	3	10	8
4	$\{0,4,1,6,2\}$	2	0	5	9	11	3	10	8
5	$\{0,4,1,6,2,5\}$	5	0	5	9	11	3	10	8
6	$\{0,4,1,6,2,5,3\}$	3	0	5	9	11	3	10	8

해밀턴 순환(Hamiltonian circuit)의 응용 문제로는 **순회판매원 문제**(Traveling salesperson problem)가 있다. 순회판매원 문제란 방문해야 할 도시들과 이들 사이의 거리가 주어졌을 경우, 순회판매원이 어떤 특정한 도시를 출발하여 어떠한 도시도 두 번 방문함이 없이 모든 도시들을 거쳐 처음 출발한 도시로 되돌아올 때,

총 여행 거리가 최소가 되는 경로를 찾는 문제이다. 이 최소의 경로를 '최적'의 경로라고 할 수 있다. 그러나 일반적인 해결 알고리즘이 존재하지 않는다.

최근접 이웃 방법(nearest neighbor method)을 통하여 최소값은 아니더라도 근사값은 구할 수 있다. 이 방법은 임의로 선택한 정점에서 출발하여 그 정점과 가장 가까운 정점을 찾아서 연결하여 경로를 찾는다. 경로를 첨가하는 과정을 반복하며 마지막에 순회를 형성하도록 하는 것이다.

제4절 경로의 존재

방향 그래프(Directed Graph)는 정점(vertex)을 연결하는 간선(edge)에 방향성을 부여하여 간선을 화살표로 표시한다. 이것의 의미는 정점 A에서 정점 B로 갈 수는 있어도, B에서 A로는 갈 수 없는 상황을 모델링하는 데 유용하다. 도로를 모델링할 경우 일방통행로가 해당될 것이고, 공정을 모델링할 경우 비가역적(irreversible) 변이가 이에 해당될 것이다. 따라서 방향 그래프는 어떤 두 정점 간에 연결될 수 있는가(connectivity)를 확인할 수 있다. 여기서 **도달 가능성**(reachability)은 한 정점에서 연결되는 모든 정점을 찾아보는 문제로, 깊이 우선 탐색(Depth First Search)이나 와샬(Warshall) 알고리즘을 통해 이행적 폐쇄(Transitive Closure)를 찾는 방법으로 해결할 수 있다.

이행적 폐쇄(Transitive Closure) 또는 추이 클로져는 어떤 정점 A에서 C로 가는 직접경로는 없고, 우회경로가 있을 때 $A{\rightarrow}C$로의 간선을 연결한 그래프이다. [그림 3-21]은 방향 그래프 G에 대한 이행 폐쇄를 그린 것이다. 방향 그래프 G에서 정점 A에서 C로 가는 직접경로는 없으나 우회경로인 $A{\rightarrow}B{\rightarrow}C$가 존재하여 A에서 C로 도달가능하다. 따라서 정점 A에서 C로 가는 화살표 간선을 추가할 수 있다. 기존의 간선과 구분하기 위해 점선으로 표시하였다.

방향 그래프에서 이행적 폐쇄를 찾기 위해서는 먼저 각 정점에서 도달하는 경로를 모두 찾는다. 다음은 [그림 3-21]의 방향 그래프 G의 정점들의 경로를 모두 찾은 결과이다.

> 정점 A : $A{\rightarrow}B$, $A{\rightarrow}D$, $A{\rightarrow}B{\rightarrow}C$
> 정점 B : $B{\rightarrow}C$, $B{\rightarrow}C{\rightarrow}D$
> 정점 C : $C{\rightarrow}D$

경로 $A{\rightarrow}B{\rightarrow}C$에서 $A{\rightarrow}C$, 경로 $B{\rightarrow}C{\rightarrow}D$에서 $B{\rightarrow}D$를 찾아서 간선을 연결하여 이행적 폐쇄를 구한다.

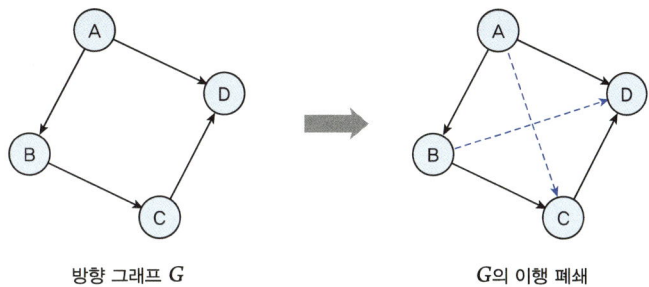

방향 그래프 G   G의 이행 폐쇄

[그림 3-21] 이행적 폐쇄

> **더 알아두기**
>
> - D^+ : 이행적 폐쇄 행렬(transitive closure matrix)
> - $D^+[i,j]=1$: 정점 i에서 j까지 길이가 0보다 큰 경로의 존재 유무를 표현한다.
> - D^* : 반사 이행적 폐쇄 행렬(reflexive transitive closure matrix)
> - $D^*[i,j]=1$: 정점 i에서 j까지 길이가 0 이상인 경로의 존재 유무를 표현한다.

방향 그래프 $G=<V,E>$에서 정점 v_1과 v_2를 연결하는 간선 $<v_1,v_2>$가 존재하면, 정점 v_1에서 v_2로 가는 간선의 길이가 n인 경로는 E^n으로 표기한다. 즉, 간선의 길이가 1인 경로는 E^1로, 길이가 2인 경로는 E^2로 표기한다.

$E^* = E \cup E^2 \cup E^3 \cup \cdots$를 구하여 두 정점 사이의 경로의 존재 여부를 확인할 수 있다. E에 대한 인접 행렬이 X이고 E^*에 대한 인접 행렬이 X^*이면 $X^* = X + X^2 + X^3 + \cdots + X^n$이 성립한다. 여기서 X^*를 도달 행렬(reachability matrix)라고 하고 행렬 X에 대한 거듭제곱은 불곱(Boolean product) 연산이고 합은 불합(Boolean sum) 연산이다. 도달 행렬은 방향 그래프에서 정점 간 경로의 존재 여부를 행렬로 표현한 것이다. [그림 3-21]의 방향 그래프 G에 대한 도달 행렬을 구해보자. 먼저 방향 그래프의 인접 행렬을 구하면 다음과 같다.

$$X = \begin{array}{c} \\ A \\ B \\ C \\ D \end{array} \begin{array}{c} A\ B\ C\ D \\ \begin{bmatrix} 0 & 1 & 0 & 1 \\ 0 & 0 & 1 & 0 \\ 0 & 0 & 0 & 1 \\ 0 & 0 & 0 & 0 \end{bmatrix} \end{array}$$

X^2부터 X^4까지 구하면 다음과 같다.

$$X^2 = \begin{array}{c} A \\ B \\ C \\ D \end{array} \begin{bmatrix} 0 & 0 & 1 & 0 \\ 0 & 0 & 0 & 1 \\ 0 & 0 & 0 & 0 \\ 0 & 0 & 0 & 0 \end{bmatrix} \quad X^3 = \begin{array}{c} A \\ B \\ C \\ D \end{array} \begin{bmatrix} 0 & 0 & 0 & 1 \\ 0 & 0 & 0 & 0 \\ 0 & 0 & 0 & 0 \\ 0 & 0 & 0 & 0 \end{bmatrix} \quad X^4 = \begin{array}{c} A \\ B \\ C \\ D \end{array} \begin{bmatrix} 0 & 0 & 0 & 0 \\ 0 & 0 & 0 & 0 \\ 0 & 0 & 0 & 0 \\ 0 & 0 & 0 & 0 \end{bmatrix}$$

$X^* = X + X^2 + X^3 + X^4$를 구하여 도달 행렬을 완성하고 이에 대한 방향 그래프를 그리면 [그림 3-22]와 같으며, 이 방향 그래프는 [그림 3-21]의 이행적 폐쇄와 같은 결과이다.

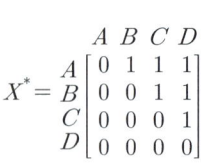
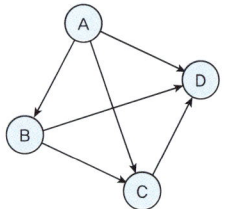

[그림 3-22] X*와 방향 그래프

1 와샬(Warshall) 알고리즘 〈중요〉

와샬 알고리즘은 그래프에서 한 노드에서 다른 노드까지의 **도달가능성**(reachability)을 알아보는 알고리즘이다. 즉 방향 그래프에서 임의의 정점 A에서 B로 가는 경로의 존재 여부를 알고자 할 때 사용한다. 정점 B가 A에 연결되어 있는가를 확인하는 연결성의 문제이며, 연결되어 경로가 존재한다면 정점 A에서 B로 연결하는 간선을 추가한다. 어떤 정점에서 출발해서 도달 가능한 정점들의 집합을 찾는 문제를 도달가능성(reachability)이라고 한다. 와샬 알고리즘은 인접 행렬을 사용한다.

> **더 알아두기**
>
> **와샬(Warshall) 알고리즘**
> - $A \to B$와 $B \to C$를 만족하는 경로가 있으면 경로 $A \to C$도 존재한다.
> - 자기 자신으로 가는 경로는 있다고 가정한다. 즉 $A \to A$는 도달가능(reachable)하다.
>
> ```
> Warshall(Graph g) {
>     for (x = all vertices) {
>         for (y = all vertices) {
>             if (x→y is reachable) {
>                 for (z = all vertices) {
>                     if (y→z is reachable)   x→z is reachable;
>                 }
>             }
>         }
>     }
> }
> ```

와샬 알고리즘은 인접 행렬만을 보고 이행폐쇄를 결정하는 방법이다. 임의의 방향 그래프 $G = \langle V, E \rangle$에서 $V = \{v_1, v_2, v_3, \cdots, v_n\}$가 있는 경우, 관계 $W^{(n)}$는 다음과 같이 정의한다.

① $u, v \in V$에 대해 $uW^{(1)}v$일 필요충분조건은 uEv이거나 v_1을 중간 정점으로 하는 u에서 v로의 경로가 존재하는 것이다.
② $u, v \in V$에 대해 $uW^{(n+1)}v$일 필요충분조건은 $uW^{(n)}v$이거나 $\{v_1, v_2, v_3, \cdots, v_{n+1}\}$의 부분집합을 중간 정점으로 하는 u에서 v로의 경로가 존재하는 것이다.

인접 행렬이 A인 방향 그래프의 도달행렬 A^*를 계산하고 결과는 행렬 W에 남는다.

[그림 3-23]은 방향 그래프 $G = \langle V, E \rangle$, $V(G) = \{A, B, C, D, E, F\}$, $E(G) = \{\langle A,C \rangle, \langle A,B \rangle, \langle A,D \rangle,$ $\langle D,C \rangle, \langle D,F \rangle, \langle E,A \rangle, \langle F,B \rangle, \langle F,D \rangle, \langle F,E \rangle\}$에 대해 와샬 알고리즘을 적용하여 이행적 폐쇄를 찾은 예이다. 먼저 방향 그래프 G의 인접 행렬을 그린다. 와샬 알고리즘은 자기 자신으로의 간선은 있다고 가정하기 때문에 대각요소는 모두 1로 설정한다. 와샬 알고리즘에서 x값으로 G의 인접 행렬에서 정점 A를 선택한다. 인접 행렬을 보면 A와 간선으로 연결된 정점은 B, C, D이므로 이 세 정점을 y로 두어 알고리즘을 적용한다. 정점 B와 C는 연결된 간선이 자기 자신 이외엔 없으므로 추가 연결을 찾을 수 없고 y값인 D에 대해 z값을 찾으면 인접 행렬에서 정점 D에 연결된 정점 C와 F를 찾을 수 있다. 즉 A에서 F까지 도달 가능한 것이므로 인접 행렬의 원소값을 0에서 1로 변경하여 $\langle A, F \rangle$로 만든다. 이와 같이 와샬 알고리즘을 모든 정점들에 적용하면 [그림 3-23]의 와샬 알고리즘의 결과로 새로운 인접 행렬을 얻고 이 인접 행렬을 그래프로 그리면 이행적 폐쇄가 된다. 결과는 모든 정점에 대해 도달가능성(reachability)을 계산한 것과 동일한 결과가 나온다.

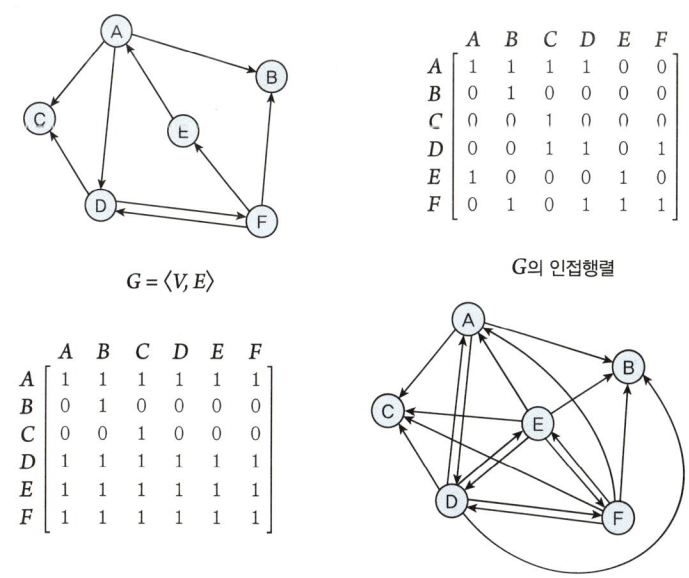

[그림 3-23] 방향 그래프 G에 대한 와샬 알고리즘의 적용 예

그래프에 연결된 모든 정점을 탐색하기 위해서는 임의 정점을 선택하기보다는 시작점을 기준으로 일정한 방향으로 탐색하는 것이 더 효율적이다. 깊이 우선 탐색(Depth First Search : DFS)과 너비 우선 탐색(Breadth First Search : BFS)은 어떠한 시작점 v에서 시작하여 모든 정점을 방문하는 경로를 찾는다.

2 깊이 우선 탐색(Depth First Search : DFS)

깊이 우선 탐색은 시작점 v부터 방문한다. v에 인접한 정점 중에서 방문하지 않은 정점 w를 방문하고 다시 w로부터 탐색을 시작한다.

어떤 정점 u를 방문하고 u에 인접한 모든 정점들을 이미 방문한 경우에는 그 전에 마지막으로 방문한 정점으로 되돌아가서 위의 과정들을 반복한다. 모든 정점들을 방문한 후 탐색을 종료한다.

> **더 알아두기**
>
> **깊이 우선 탐색(depth first search : DFS) 방법**
> ① 시작점 i를 방문한다.
> ② 정점 i에 인접한 정점 중에서 아직 방문하지 않은 정점이 있으면, 이 정점들을 모두 스택에 저장한다.
> ③ 스택에서 정점을 삭제하여 새로운 i를 설정하고, 단계 ①부터 다시 수행한다.
> ④ 스택이 공백이 되면 연산을 종료한다.
>
> ```
> depth_first_search(v)
>   v를 방문되었다고 표시;
>   for all u∈(v에 인접한 정점) do
>     if (u가 아직 방문되지 않았으면) then depth_first_search(u)
> ```

[그림 3-24]는 그래프 G에 대한 깊이 우선 탐색의 과정 및 결과이다. 탐색은 1, 2, 4, 8, 5, 6, 7, 3의 순서로 이루어진다.

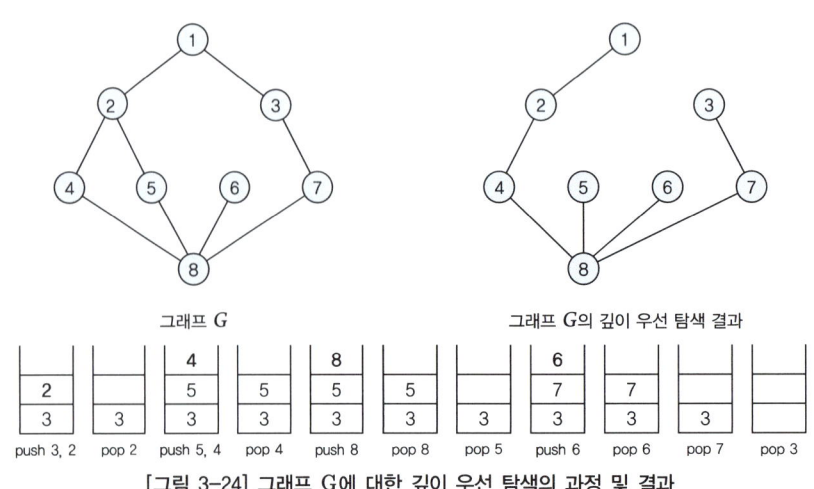

[그림 3-24] 그래프 G에 대한 깊이 우선 탐색의 과정 및 결과

여기서는 시작 정점을 1로 하였다. 1을 시작점으로 하고 1과 연결된 모든 정점을 그림과 같이 스택에 저장한다. 스택에는 정점 2와 3이 저장된다. 다음으로는 스택에서 2를 꺼내어 1과 연결한다. 2를 시작점으로 하여 2와 연결된 정점을 찾는다. 1, 4, 5가 연결되어 있고 1은 이미 방문을 하였다. 스택에 있는 3은 2와 연결된 정점이 아니므로 아직 꺼낼 수 없다. 정점 1에서 아직 방문하지 않은 4와 5를 스택에 저장한다. 스택에서 4를 꺼내어 2와 연결한다. 정점 4를 시작점으로 하여 연결된 모든 정점을 보면 2와 8이 있다. 이때 정점 2는 이미 방문하였으므로 정점 8을 스택에 저장한다. 정점 8을 DFS에 추가하고 8을 시작점으로 하여 연결된 정점 4, 5, 6, 7 중에 아직 방문하지 않은 정점 5가 스택에 있으므로 5를 DFS에 추가하고 정점 6과 7을 스택에 저장한다. 시작점을 5로 하고 5와 연결된 정점이 모두 방문했음을 확인한다. 스택에서 6을 DFS에 추가하고 6을 시작점으로 하여 연결된 정점들을 확인한다. 정점 8이 이미 방문한 정점이므로 스택에서 7을 꺼내어 DFS에 추가하고 7을 시작점으로 하여 연결된 정점들을 확인한다. 마지막 스택에 남아있는 3을 꺼내어 DFS에 추가하고 DFS를 완성한다.

3 너비 우선 탐색(Breadth First Search : BFS)

너비 우선 탐색은 처음에 방문한 정점과 인접한 정점들을 차례로 방문한다는 점에서 깊이 우선 탐색과 차이가 있다. 먼저 시작점 v를 방문한 후 v에 인접한 모든 정점들을 차례로 방문한다. 더 이상 방문할 정점이 없는 경우 다시 v에 인접한 정점 가운데 맨 처음으로 방문한 정점과 인접한 정점들을 차례로 방문한다. v에 인접한 정점 중 두 번째로 방문한 정점과 인접한 정점들을 차례로 방문하는 과정을 반복하여 모든 정점들을 방문한 후 탐색을 종료한다.

깊이 우선 탐색이 스택(stack)을 사용하는 데 비해, 너비 우선 탐색은 큐(queue)를 사용한다.

> **더 알아두기**
>
> **너비 우선 탐색(breadth first search ; BFS) 방법**
> ① 정점 i를 방문한다.
> ② 정점 i에 인접한 정점 중에서 아직 방문하지 않은 정점이 있으면, 이 정점들을 모두 큐에 저장한다.
> ③ 큐에서 정점을 삭제하여 새로운 i를 설정하고, 단계 ①부터 다시 수행한다.
> ④ 큐가 공백이 되면 연산을 종료한다.
>
> ```
> breadth_first_search(v)
>     v를 방문되었다고 표시;
>     큐 Q에 정점 v를 삽입;
>     while (not is_empty(Q)) do
>         큐 Q에서 정점 w를 삭제;
>         for all u∈(v에 인접한 정점) do
>             if (u가 아직 방문되지 않았으면) then  u를 큐 Q에 삽입;
>                 u를 방문되었다고 표시;
> ```

앞의 깊이 우선 탐색 과정을 설명하기 위해 사용한 그래프를 이용하여 너비 우선 탐색 과정을 설명하고자 한다, 과정과 결과는 [그림 3-25]와 같다. BFS의 결과는 1, 2, 3, 4, 5, 7, 8, 6의 순서로 이루어진다.
DFS와 동일하게 시작 정점을 1로 하였다. 1을 시작점으로 하고 1과 연결된 모든 정점을 그림과 같이 큐에 저장한다. 큐에는 정점 2와 3이 저장된다. 다음으로는 큐에서 2를 꺼내어 1과 연결한다. 2를 시작점으로 하여 2와 연결된 정점을 찾는다. 1, 4, 5가 연결되어 있고 1은 이미 방문을 하였다. 2와 연결된 정점들 중에서 아직 방문하지 않은 4와 5를 큐에 저장한다. 큐에서 3을 꺼내어 1과 연결한다. 정점 3을 시작점으로 하여 연결된 모든 정점을 보면 1과 7이 있다. 이때 정점 1은 이미 방문하였으므로 정점 7을 큐에 저장한다. 큐에서 4를 꺼내어 2와 연결한다. 정점 4를 정점 2에 연결하고 4를 시작점으로 하여 연결된 정점 2, 8중에 아직 방문하지 않은 정점 8을 큐에 저장한다. 큐에서 5를 꺼내어 시작점을 5로 하고 5와 연결된 정점을 모두 방문했음을 확인한다. 큐에서 7을 꺼내어 3에 연결하고 7과 연결된 정점 3과 8을 모두 방문했음을 확인한다. 큐에서 8을 꺼내서 4와 연결한다. 8을 시작점으로 하여 연결된 정점들을 확인한다. 아직 방문하지 않은 정점 6을 큐에 저장한다. 큐에서 6을 꺼내어 8에 연결하여 BFS를 [그림 3-25]와 같이 완성한다.

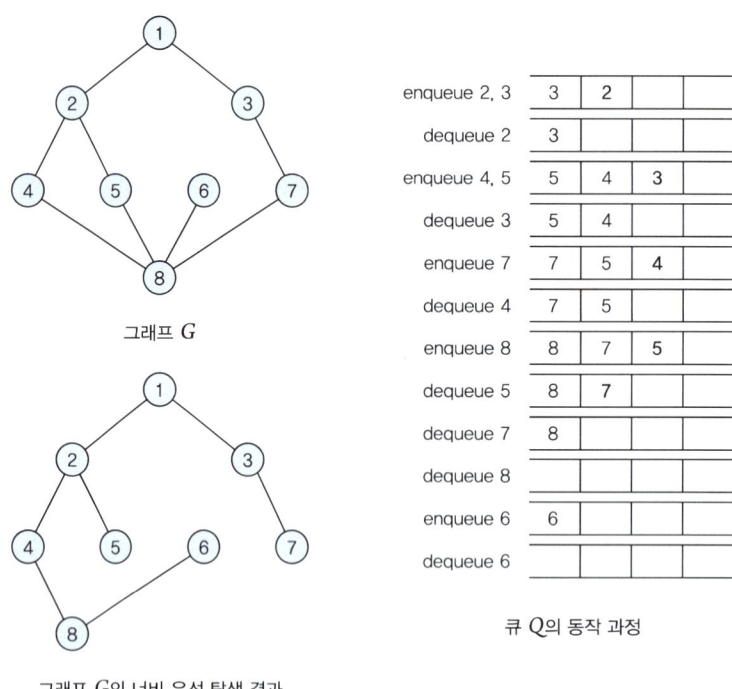

[그림 3-25] 그래프 G에 대한 너비 우선 탐색의 과정 및 결과

제5절 동형 그래프 기출

동형 그래프는 모양은 다르지만 두 그래프가 동일한 정점과 간선으로 이루어져 있는 그래프를 말한다. 그래프를 구성하는 정점과 간선이 같다면 다양한 형태의 그래프가 존재할 수 있다.

> **더 알아두기**
>
> **동형 그래프(Isomorphic Graph)**
> 그래프 $G_1 = (V_1, E_1)$와 $G_2 = (V_2, E_2)$에 대해 함수 $f: V_1 \rightarrow V_2$가 $u, v \in V_1$에 대해 $(u,v) \in E_1 \Leftrightarrow (f(u), f(v)) \in E_2$ 전단사함수일 때 그래프 $G_1 = (V_1, E_1)$와 $G_2 = (V_2, E_2)$는 동형 그래프이다.

다음 [그림 3-26] 그래프 G_1, G_2, G_3는 형태는 다르지만 동일한 정점과 간선으로 이루어진 동형 그래프이다. 각 정점들의 차수를 정리한 후 차수와 같은 값들 사이를 간선으로 고려하여 대응시키면서 정점들에 대하여 다음과 같은 함수 f를 정의할 수 있다.

$$f(A) = E, \ f(B) = F, \ f(C) = G, \ f(D) = H$$
$$f(A) = I, \ f(B) = J, \ f(C) = K, \ f(D) = L$$

이때 함수 f는 전단사함수이므로 간선 E에 속하는 임의의 간선을 선택했을 때 그 간선에 대응하는 간선의 쌍이 E_2에 존재한다. 예를 들어 $(A,B) \in E$이면 $(f(A), f(B)) = (E, F) \in E_2$이고 그 역도 성립한다. 따라서 두 그래프 G_1, G_2는 서로 동형 그래프이다.

그래프 G_1, G_3에 대해서 그리고 G_2과 G_3에 대해서도 동일한 방법을 적용하여 서로 동형 그래프임을 알 수 있다.

모두 4개의 정점과 6개의 간선으로 이루어져 있으며 정점들의 차수도 동일하다. 또한 사이클의 길이도 동일함을 확인할 수 있다.

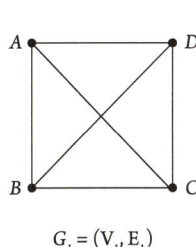
$G_1 = (V_1, E_1)$

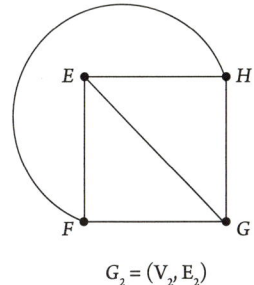
$G_2 = (V_2, E_2)$

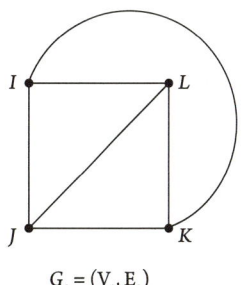
$G_3 = (V_3, E_3)$

[그림 3-26] 동형 그래프의 예

제6절　평면 그래프 [기출]

평면 그래프는 그래프 $G=(V, E)$를 평면에 그릴 때, 정점이 아닌 곳에서는 어떤 간선도 교차하지 않는 그래프이다. 평면 그래프에서 교차하지 않는 간선에 의하여 나누어지는 영역을 **면**(face)이라 한다. 면은 평면 그래프에서만 존재하며, 평면 그래프는 간선을 경계로 하여 하나 이상의 면으로 구성된다.
[그림 3-27]의 그래프는 모두 평면 그래프이다. (a)는 면이 2개인 평면 그래프이고, (b)와 (c)는 면이 1개인 평면 그래프이다.

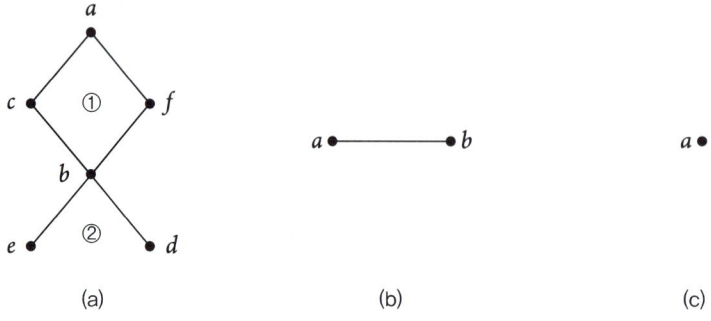

[그림 3-27] 평면 그래프의 예

정점, 간선, 면과의 관계를 공식으로 표현할 수 있는데 이것을 **오일러의 정리**(Euler's theorem) 또는 **오일러 공식**(Euler formula)이라고 한다.
연결된 평면 그래프 $G=(V, E)$에서 정점의 개수를 $|V|=v$, 간선의 개수를 $|E|=e$, 면의 개수를 s라고 할 때 다음의 오일러의 정리(오일러 공식)가 성립한다.

$$v - e + s = 2$$

위의 공식을 증명하기 위해서는 간선이 하나인 그래프와 간선이 둘 이상인 그래프를 나누어 고려해야 한다.

(1) 간선이 하나인 그래프는 다음 [그림 3-28]과 같이 두 종류다.

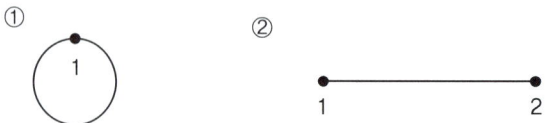

[그림 3-28] 간선이 하나인 그래프

① $v=1, e=1, s=2$로 $v-e+s=1-1+2=2$가 되어 오일러 공식이 성립한다.
② $v=2, e=1, s=1$로 $v-e+s=2-1+1=2$가 되어 오일러 공식이 성립한다.

(2) 둘 이상의 간선으로 구성된 그래프는 수학적 귀납법을 이용해 증명한다.

$e=1$일 때, $v-e+s=2-1+1=2$이므로 오일러 공식이 성립한다.

$e=k$일 때, $v-e+s=2$로 오일러 공식이 성립한다고 가정하고, $e=k+1$일 때 오일러 공식이 성립하는지 증명한다. $e=k$인 그래프에서 간선을 추가해서($e=k+1$) 만들어지는 평면 그래프는 다음과 같이 두 가지 경우가 있다.

① 간선을 추가하기 위해 정점을 추가하는 경우 $e=k+1$, v는 $v+1$이다. 이때 면의 수는 증가하지 않는다.

$v+1-(k+1)+s=v-k+s=2$로 귀납 가정이 성립하므로 오일러 공식이 성립한다.

② 기존의 정점에 간선을 추가하는 경우 $e=k+1$이지만 정점은 증가하지 않는다. 다만 면의 수가 하나 더 증가하게 되므로 s는 $s+1$이다.

$v-(k+1)+s+1=v-k+s=2$로 귀납 가정이 성립하므로 오일러 공식이 성립한다.

다음 [그림 3-29]의 그래프 G_1이 평면 그래프인지 판별하고 오일러의 공식이 성립하는지 확인해보자. 그래프 G_1과 G_2는 다음과 같이 동형 그래프이다.

각 정점들의 차수를 정리한 후 차수와 같은 값들 사이를 간선으로 고려하여 대응시키면서 정점들에 대하여 다음과 같은 함수 f를 정의할 수 있다.

$$f(v_1)=a_1, f(v_2)=a_2, f(v_3)=a_3, f(v_4)=a_4, f(v_5)=a_5, f(v_6)=a_6$$

이때 함수 f는 전단사함수이므로 그래프 G_1에서 간선 E_1에 속하는 임의의 간선을 선택했을 때 그 간선에 대응하는 간선의 쌍이 E_2에 존재한다. 예를 들어 $(v_1, v_2) \in E_1$에 대해 $(f(v1), f(v2)) = (a_1, a_2) \in E_2$이고 그 역도 성립한다. 따라서 두 그래프 G_1, G_2는 서로 동형 그래프이다. 그래프 G_1과 평면 그래프 G_2가 동형이므로 오일러 공식을 적용할 수 있다.

그래프 G_1의 정점의 수 $v=6$, 간선의 수 $e=11$이고 면이 수를 모른다고 할 때 오일러 공식을 면의 수 s에 대한 식으로 정리하면 $s=2-v+e$가 된다. 정점의 개수와 간선이 개수를 입력하면 면의 개수 $s=2-6+11=7$을 구할 수 있다. 그래프 G_1과 동형 그래프인 G_2에서 면의 개수를 세어 보면 7이며, 이는 오일러 공식이 성립함을 보여준다.

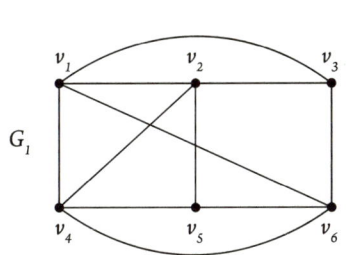 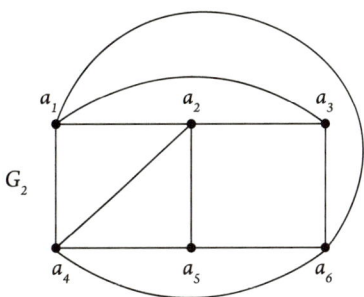

[그림 3-29] 오일러 공식의 적용 예

제7절 트리 중요

그래프의 특별한 형태로서 회로(cycle)가 없는 연결 무향 그래프를 트리(tree)라고 한다. 트리는 나무를 거꾸로 세워놓은 모양과 같다고 하여 붙여진 이름이다. 트리는 특히 컴퓨터를 이용한 자료 처리와 응용에 매우 중요한 역할을 한다. 특히 트리 중 이진 트리(binary tree)는 산술적 표현이나 자료구조 등을 간단하게 표현할 수 있는 장점이 있어서 매우 유용하게 활용되고 있다.

트리는 회사의 조직이나 가계도 또는 컴퓨터에서 파일을 관리하는 디렉터리(directory)나 데이터베이스의 자료와 같이 계층적인 관계를 표현하는 데 활용된다. 비선형 자료구조(non-linear data structure)인 트리는 정렬(sorting)이나 프로그래밍 언어 구문 등에서도 다양하게 사용하고 있다.

트리는 1847년 전기회로의 법칙으로 유명한 독일의 물리학자 키르히호프(Kirchhof)에 의해 회로 이론의 개발에 이용되었고, 영국의 수학자 케일리는 1857년, 탄화수소 계열의 물질들을 표현하기 위해 트리를 사용하였다.

화합물인 포화 탄화수소는 C_k, H_{2k+2}인 형태의 분자식을 가진다. 탄소의 원자가는 4이고, 수소의 원자가는 1임을 고려하여 화합물 내에 결합되어 있는 원소들을 선으로 연결하여 구조를 표현한다. CH_4를 분자식으로 가지는 메탄의 구조는 [그림 3-30]과 같은 트리의 형태로 나타낸다.

[그림 3-30] 메탄의 구조와 트리의 표현

부탄과 이소부탄은 화학식(C_4H_{10})으로는 같으나, [그림 3-31]과 같이 서로 다른 화학적 구조를 가지는 이성체이다. 화학식만으로는 구별하기 어렵지만 트리 개념을 도입하여 수많은 이성체들의 분자 구조를 규명하는데 결정적인 역할을 하였다. 트리는 컴퓨터 기술의 발전과 확산에 힘입어 다양한 분야들에 적용되고 있다.

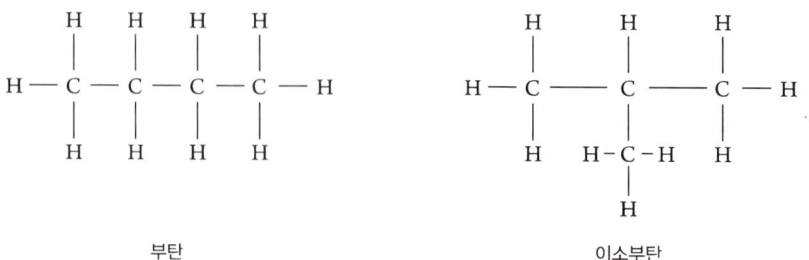

부탄　　　　　　　　　　　　이소부탄

[그림 3-31] 이성체를 구별하는 서로 다른 트리

트리는 이외에도 최적화 문제, 알고리즘, 자료의 탐색 및 정렬 등의 IT 분야에 활용되고 있다.

> **더 알아두기**
>
> **트리의 응용 분야**
> ① 최적화 문제의 해결
> ② 알고리즘(데이터 구조 및 정렬)
> ③ 분자구조식 설계와 화학 결합의 표시 및 유전학
> ④ 언어들 간의 번역, 언어학
> ⑤ 자료의 탐색, 정렬, 데이터베이스 구성
> ⑥ 사회과학(조직의 분류에 있어서의 구조) 등

트리의 구조를 보면 하나 이상의 **노드(node)**로 구성된 유한 집합으로서 특별히 지정된 노드인 **루트(root, 뿌리)**가 있고, 나머지 노드들은 다시 각각 트리이면서 연결되지 않는(disjoint) $T_1, T_2, \cdots, T_n (n \geq 0)$ 트리들로 나눌 수 있다. 이때 $T_1, T_2, \cdots, T_n (n \geq 0)$을 **부분트리(subtree, 서브트리)**라고 한다.

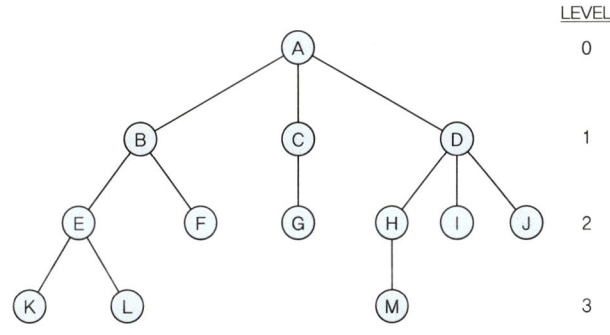

[그림 3-32] 트리의 예

트리에서 사용하는 용어로는 다음과 같이 노드(node), 루트(root), 차수(degree), 레벨(level) 등이 있으며 위의 [그림 3-32]의 트리에 대해 다음과 같이 정리할 수 있다.

- 노드(node) : 트리를 구성하는 개체 (트리 T에서는 $A \sim M$)
- 루트(root) : 트리의 시작 노드로 통상 특정 노드를 지정함 (트리 T에서는 노드 A)
- 차수(degree) : 어떤 노드의 자식 노드의 개수 (트리 T에서 노드 D의 차수는 3)
- 레벨(level)[1] : 루트를 레벨 0(또는 1)로 지정하고, 하위로 갈수록 레벨 + 1
- 잎 또는 단말 노드(leaf 또는 terminal node) : 자식 노드를 갖지 않는 노드 (트리 T에서는 K, L, F, G, M, I, J)
- 자식 노드(children node) : 어떤 노드에 직접 연결된 하위 노드 (트리 T에서 B의 자식 노드는 E, F)
- 부모 노드(parent node) : 자식 노드의 반대되는 개념으로, 어떤 노드에 직접 연결된 상위 노드 (트리 T에서 B의 부모 노드는 A)

---

[1] 이 교재에서는 레벨을 0부터 시작하는 것으로 통일함

- 형제 노드(sibling 또는 brother node) : 동일한 부모 노드를 갖는 노드 (트리 T에서 H, I, J)
- 중간 노드(internal node) : 루트도 아니고 잎 노드도 아닌 노드 (트리 T에서 B, C, D, E, H)
- 조상(ancestor) : 루트로부터 어떤 노드에 이르는 경로상의 모든 노드 (트리 T에서 E의 조상은 A, B)
- 자손(descendant) : 어떤 노드에서 모든 잎 노드에 이르는 경로상의 모든 노드 (트리 T에서 D의 자손은 H, I, J, M)
- 높이(height) : 트리의 최대 레벨 (그래프 G에서는 3)
- 숲(forest) : 트리의 루트를 제거했을 때 발생하는 하위 트리 (트리 T에서는 B, C, D를 루트로 하는 3개의 하위 트리 발생)

n개의 노드를 가진 트리는 $n-1$개의 연결선을 가진다.

트리를 정의할 때에는 다양한 정의가 쓰인다. 연결 그래프 $T = (V, E)$에서 정점의 수가 $|V| = n$이고 간선의 개수가 $|E| = m$일 때 다음은 모두 동치이다.

① T는 트리이다.
② T는 회로(cycle)가 없는 연결 그래프이다.
③ T는 회로가 없고, 단순 그래프의 형태를 유지하면서 간선을 추가할 경우 회로가 생긴다.
④ T는 연결 그래프이고, 어느 한 간선만을 제거해도 연결 그래프가 아니게 된다.
⑤ T는 연결 그래프이고 정점들을 연결한 간선의 수는 $m = n - 1$이다.

1 최소 신장 트리

어떤 그래프 G에서 모든 노드들을 포함하는 트리를 신장 트리(spanning tree, 생성 트리)라고 한다. 신장 트리의 비용을 최소로 만드는 것은 실제 응용 분야에서 경제적이나 효율성 등을 고려할 때 매우 중요한 문제가 된다. 예를 들어서 본사와 각 지역에 있는 지점의 통신 네트워크를 구성하고자 할 때 네트워크를 어떤 방법으로 구성하느냐에 따라서 통신비용에 차이가 날 수 있다. 본사와 지점간의 네트워크 경로와 지점과 지점 간의 네트워크 경로 간의 통신 요금을 가중치 그래프로 나타내어 확인할 수 있다. 경제성을 고려할 때 전체 통신 요금을 최소화하면서 본사와 지점, 지점과 지점 간의 통신이 원활하도록 연결하는 문제를 **최소 신장 트리**(minimum spanning tree, MST)로 해결할 수 있다. 최소 신장 트리는 **최소 비용 신장 트리**(minimum cost spanning tree)라고도 한다.

> **더 알아두기**
>
> **최소 비용 신장 트리(minimum cost spanning tree)**
> 트리를 구성하는 간선들의 비용(가중치) 합이 최소가 되는 신장 트리

가중치가 부여된 무방향 그래프 $G = (V, E)$에서만 최소 비용 신장 트리를 만들 수 있으며 이때 $n-1$ ($n = |V|$)개의 간선만 사용한다. 사이클을 생성하는 간선은 사용할 수 없다.

다음 [그림 3-33]은 그래프 G와 G의 신장 트리들이다. 그림에서 신장 트리는 그래프 G의 노드들을 모두 포함한다.

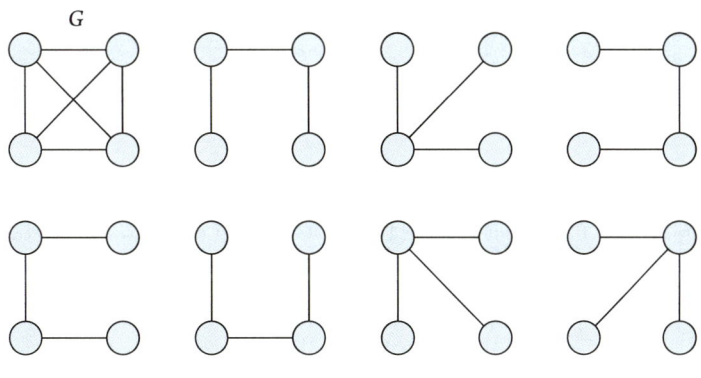

[그림 3-33] 그래프 G와 신장 트리

> **더 알아두기**
>
> **최소 신장 트리 응용분야**
> - 도로 건설: 도시들을 모두 연결하면서 도로의 길이를 최소가 되도록 하는 문제
> - 전기 회로: 단자들을 모두 연결하면서 전선의 길이를 가장 최소로 하는 문제
> - 통신: 전화선의 길이가 최소가 되도록 전화 케이블망을 구성하는 문제
> - 배관: 파이프를 모두 연결하면서 파이프의 총 길이를 최소로 하는 문제

최소 신장 트리를 찾아내는 알고리즘으로는 프림 알고리즘(Prim algorithm), 크루스칼 알고리즘(Kruskal algorithm), 솔린 알고리즘(Sollin algorithm)이 있다.

(1) 프림 알고리즘(Prim algorithm)

프림 알고리즘은 임의 정점을 시작점으로 하고 이 정점으로부터 연결된 간선들의 가중치를 비교한다. 이 중에서 가장 작은 값을 가진 간선을 선택하고 이 간선과 연결된 정점을 신장 트리에 추가한다. 신장 트리에 있는 정점들 중에서 가장 작은 값을 가진 간선이 연결된 정점을 신장 트리에 추가하는 방법을 신장 트리 집합이 $n-1$개의 간선을 가질 때까지 반복하여 최소 비용 신장 트리를 완성한다.

> **더 알아두기**
>
> **프림 알고리즘(Prim algorithm)**
> ① 시작 정점에서부터 출발하여 신장 트리 집합을 단계적으로 확장해나간다. 시작 단계에서는 시작 정점만이 신장 트리 집합에 포함된다.
> ② 신장 트리 집합에 인접한 정점 중에서 최저 간선으로 연결된 정점을 선택하여 신장 트리 집합에 추가한다.
> ③ 이 과정은 신장 트리 집합이 $n-1$개의 간선을 가질 때까지 반복한다.

[그림 3-34]는 가중 그래프에서 프림 알고리즘을 이용하여 최소 신장 트리를 구한 예이다. 프림 알고리즘을 적용하여 최소 신장 트리를 구성하는 과정을 살펴보자. 여기서 시작점은 정점 a로 한다.

① 시작점인 정점 a를 신장 트리에 그리고 정점 a에 인접한 정점 중에서 최소값을 가진 간선을 찾는다.
   $\min(|(a,b)|=6, |(a,c)|=2, |(a,e)|=8)=2$ 이므로 간선 (a,c)와 정점 c를 신장 트리에 추가한다.
② 신장 트리 정점 리스트에 있는 정점의 집합 $\{a,c\}$에 인접한 정점 중에서 최소값을 가진 간선을 찾는다.
   $\min(|(a,b)|=6, |(a,e)|=8, |(c,b)|=5, |(c,d)|=3, |(c,f)|=1, |(c,e)|=6)=1$ 이므로 간선 (c,f)와 정점 f를 신장 트리에 추가한다.
③ 신장 트리 정점 리스트에 있는 정점의 집합 $\{a,c,f\}$에 인접한 정점 중에서 최소값을 가진 간선을 찾는다.
   $\min(|(a,b)|=6, |(a,e)|=8, |(c,b)|=5, |(c,d)|=3, |(c,e)|=6, |(f,d)|=7, |(f,e)|=5)=3$ 이므로 간선 (c,d)와 정점 d를 신장 트리에 추가한다.
④ 신장 트리 정점 리스트에 있는 정점의 집합 $\{a,c,f,d\}$에 인접한 정점 중에서 최소값을 가진 간선을 찾는다.
   $\min(|(a,b)|=6, |(a,e)|=8, |(c,b)|=5, |(c,e)|=6, |(f,d)|=7, |(f,e)|=5, |(d,b)|=4)=4$ 이므로 간선 (b,d)와 정점 b를 신장 트리에 추가한다.
⑤ 신장 트리 정점 리스트에 있는 정점의 집합 $\{a,c,f,d,b\}$에 인접한 정점 중에서 최소값을 가진 간선을 찾는다. 이때 순환이 되는 간선은 제외한다. 간선 (a,b), (b,c), (d,f)는 연결하면 순환이 되므로 제외한다.
   $\min(|(a,e)|=8, |(c,e)|=6, |(f,e)|=5)=5$ 이므로 간선 (f,e)와 정점 e를 신장 트리에 추가한다.
⑥ 모든 정점이 신장 트리에 추가되었고 간선의 수가 $n-1$개이므로 최소 신장 트리가 완성되었다. 최소비용은 최소 신장 트리의 간선들의 합인 15이다.

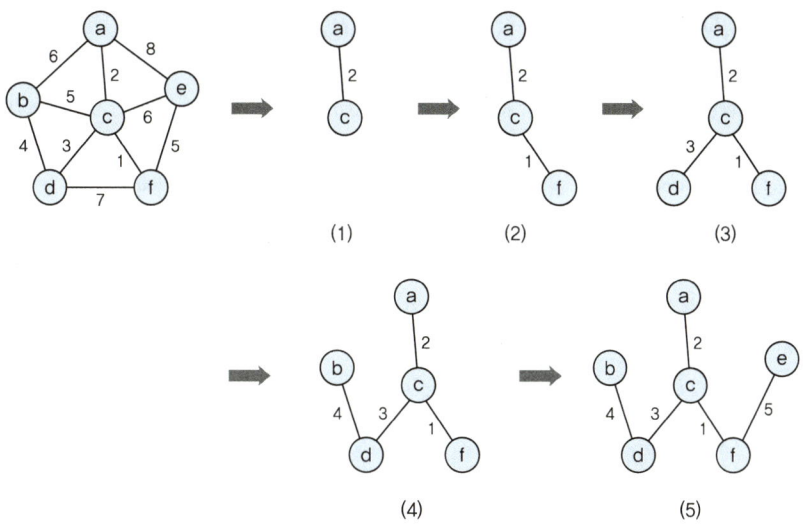

[그림 3-34] 프림 알고리즘의 예

(2) 크루스칼 알고리즘(Kruskal algorithm)

크루스칼 알고리즘은 비용이 가장 작은 간선을 하나씩 선택하여 최소 비용 신장 트리 T에 추가하고, 선택한 간선은 이미 T에 포함되어 있는 간선들과 연결될 때 사이클을 형성하지 않아야 한다. 비용이 같은 간선의 경우에는 임의로 하나씩 선정한다. 크루스칼 알고리즘은 갈망 기법(greedy method)을 사용하는데 최종 해답을 단계별로 쉬운 것에서부터 구하는 방법이다. 각 단계에서 생성되는 중간 해답이 그 단계에서는 최적이 되는 방법이다. 크루스칼 알고리즘을 적용하기 위해서는 그래프의 간선들을 가중치의 오름차순으로 정렬해 두어야 한다.

> **더 알아두기**
>
> **크루스칼 알고리즘(Kruskal algorithm)**
> ① 그래프의 각 정점이 각각 하나의 트리가 되도록 하는 숲 F를 만든다.
> ② 모든 간선을 원소로 갖는 집합 S를 만든다.
> ③ S에 값이 있으면
> • 가장 작은 가중치의 간선을 S에서 하나 제거한다.
> • 그 간선이 어떤 두 개의 트리를 연결한다면 두 트리를 연결하여 하나의 트리로 만든다.
> • 그렇지 않다면 그 간선은 버린다.
> ④ n개의 정점에 대하여 $n-1$개의 간선이 연결되면 종료한다.

[그림 3-35]는 가중 그래프에서 크루스칼 알고리즘을 이용하여 최소 신장 트리를 구한 예이다. 크루스칼 알고리즘을 적용하여 최소 신장 트리를 구성하는 과정을 살펴보자. 먼저 그래프의 간선들을 가중치의 오름차순으로 정렬했다. 같은 가중치에 대해서는 정점의 순서대로 나열하였다.

① 간선들의 집합 S에서 가장 작은 값을 가진 간선 (c, f)를 S에서 제거하고 신장 트리에 정점 c, f 그리고 간선 (c, f)를 추가한다.
② 간선들의 집합 S에서 가장 작은 값을 가진 간선 (a, c)를 S에서 제거하고 신장 트리에 정점 a와 간선 (a, c)를 추가한다.
③ 간선들의 집합 S에서 가장 작은 값을 가진 간선 (c, d)를 S에서 제거하고 신장 트리에 정점 d와 간선 (c, d)를 추가한다.
④ 간선들의 집합 S에서 가장 작은 값을 가진 간선 (b, d)를 S에서 제거하고 신장 트리에 정점 b와 간선 (b, d)를 추가한다. 그리고 간선들의 집합 S에서 가장 작은 값을 가진 간선 (c, b)를 S에서 제거한 후 사이클을 만드는 간선이므로 버린다.
⑤ 간선들의 집합 S에서 가장 작은 값을 가진 간선 (e, f)를 S에서 제거하고 신장 트리에 정점 e와 간선 (e, f)를 추가한다.

집합 S에 간선들이 남아있으나 6개의 정점에 대하여 5개의 간선이 연결되었으므로 종료한다.
최소비용은 최소 신장 트리의 간선들의 합인 15이다. 앞에서 같은 그래프에 대해 프림 알고리즘을 적용한 결과와 같다.

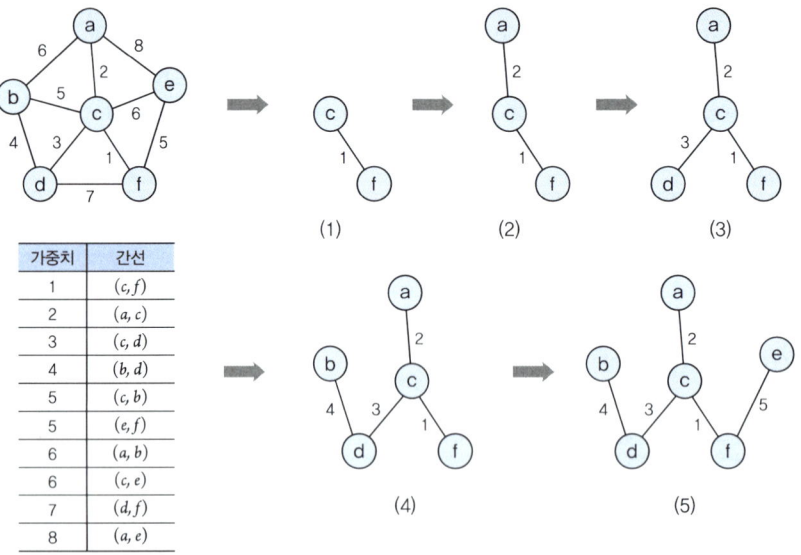

[그림 3-35] 크루스칼 알고리즘의 예

2 뿌리트리(root tree)

뿌리트리는 트리의 노드 중 하나가 **루트**(root, 뿌리)로 지정된 트리이며 뿌리는 트리의 가장 위쪽에 위치한다. 트리를 구성하는 노드들 중 뿌리 이외의 나머지 노드들은 뿌리 밑에 계층적으로 놓인다. 트리는 다양한 형태가 있을 수 있는데 뿌리가 정해지면 이러한 트리는 뿌리트리로 변형할 수 있다. 뿌리로 지정된 노드를 가장 위에 두고 나머지 노드들은 그 아래에 연결되도록 그리면 뿌리트리가 된다. 트리에서 이진 트리와 뿌리트리는 컴퓨터 분야에서 가장 많이 응용된다.
[그림 3-36]은 트리 G에서 정점 B, D, F를 뿌리로 하여 뿌리트리로 변경한 것이다.

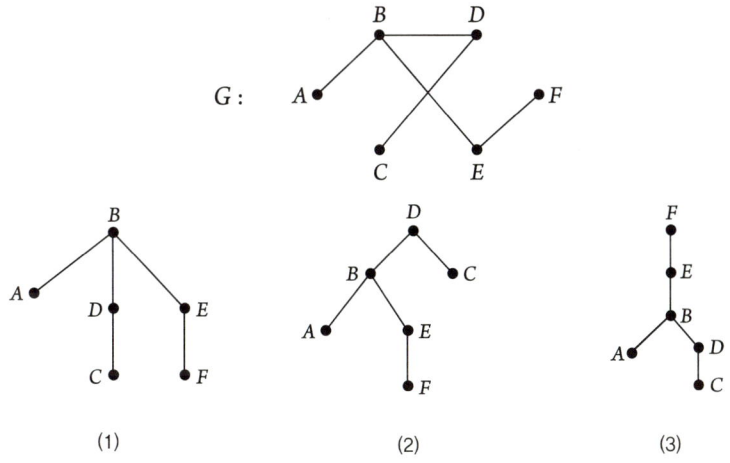

[그림 3-36] 트리 G와 G의 뿌리트리

첫 번째 뿌리트리는 노드 B를 뿌리로 하여 가장 위쪽에 놓고 노드 B와 인접한 노드를 배치한다. 노드 B와 인접한 노드 A, D, E를 노드 B의 바로 아래에 놓는다. 그 다음 단계로 노드 A, D, E와 인접한 노드를 배치한다. 노드 D와 연결되어 있는 노드 C를 노드 D의 아래에 놓고, 노드 E와 연결되어 있는 노드 F를 노드 E의 아래에 그리면 [그림 3-36]의 (1)과 같이 모든 노드의 자리가 정해지고 노드 B가 뿌리인 뿌리트리가 완성된다. 같은 방법으로 노드 D를 뿌리로 한 뿌리트리와 노드 F를 뿌리로 한 뿌리트리를 그릴 수 있다.

뿌리트리는 뿌리가 가장 상위에 있고 뿌리 외에 나머지 정점들은 뿌리로부터 도달하는 경로가 유일하게 존재한다. 뿌리를 제외한 모든 노드들이 오직 하나의 선행자만 갖고 있는 트리를 **방향 트리**(directed tree)라고 한다. 방향 트리는 각 노드의 후속자들은 통상 왼쪽부터 순서화된다.

> **더 알아두기**
>
> 방향이 있고 순서화된 트리는 다음의 성질들을 만족하는 방향 그래프이다.
> - 선행자가 없는 뿌리라고 불리는 노드가 하나 있으나, 이 뿌리에서는 모든 노드로 갈 수 있는 경로가 있다.
> - 뿌리를 제외한 모든 노드들은 오직 하나씩만의 선행자를 가진다.
> - 각 노드의 후속자들은 통상 왼쪽으로부터 순서화된다.
> - 어떤 방향 트리를 그릴 때 그 트리의 뿌리는 가장 위에 있다.
> - 연결선들은 밑을 향하여 그려진다.

이진 트리(binary tree)는 뿌리트리에서 자식 노드가 2개 이하인 트리이다. 0개 이상의 노드들로 이루어진 유한 집합으로, 공집합이거나 모든 노드들은 뿌리의 **왼쪽 부분트리**(left subtree)와 **오른쪽 부분트리**(right subtree)로 구성된다. 이진 트리는 [그림 3-37]과 같이 모든 노드가 2개의 **부분트리**(subtree)를 가지고 있는 트리이며 부분트리는 공집합일 수 있다. 이진 트리의 노드에는 최대 2개까지의 자식 노드가 존재한다. 모든 노드의 차수가 2 이하이므로 컴퓨터로 구현하기가 편리하다. 이진 트리에는 부분트리 간의 순서가 존재한다.

> **더 알아두기**
>
> **이진 트리의 정의**
> - 공집합이거나 뿌리와 왼쪽 부분트리, 오른쪽 부분트리로 구성된 노드들의 유한집합으로 정의된다.
> - 이진 트리의 부분트리들은 모두 이진 트리이어야 한다.

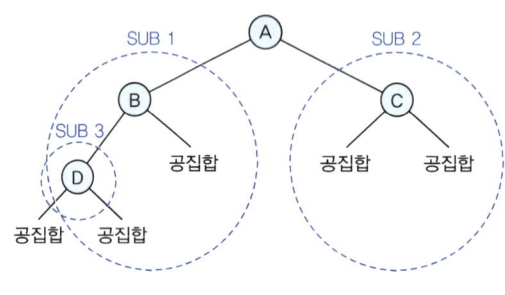

[그림 3-37] 이진 트리

트리는 차수가 너무 다양해서 컴퓨터로 모델링하기 어려운 단점이 있으나 이진 트리를 이용하면 컴퓨터로 모델링하기 수월하다. 이진 트리도 [그림 3-38]과 같이 다양한 유형이 존재한다.

왼쪽 사항 이진 트리   오른쪽 사항 이진 트리

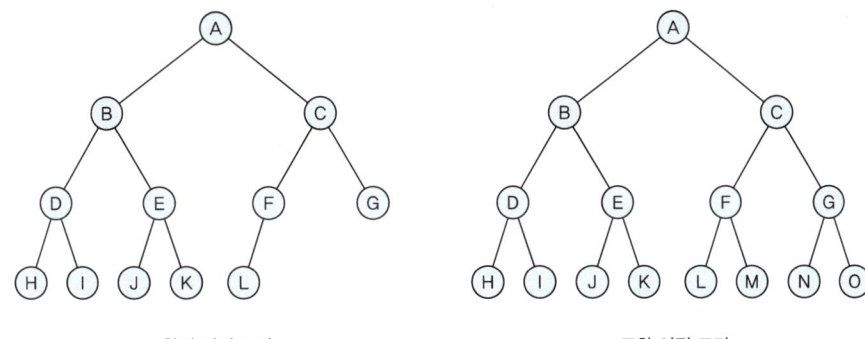

[그림 3-38] 다양한 유형의 이진 트리

사향(경사) 이진 트리 (skewed binary tree)	모든 노드들이 한쪽(왼쪽 또는 오른쪽)으로만 존재하는 트리, 왼쪽 사향 이진 트리(left skewed binary tree), 오른쪽 사향 이진 트리(right skewed binary tree)
완전 이진 트리 (complete binary tree)	마지막 레벨이 k라면 $k-1$ 레벨까지는 모든 노드가 완성되어 있고, k 레벨의 모든 노드는 왼쪽부터 꽉 차 있는 트리
포화 이진 트리 (full binary tree)	마지막 레벨이 k라면 k레벨이 가질 수 있는 최대 노드를 모두 가지고 있는 트리

> **더 알아두기**
>
> 이진 트리의 유용한 성질
> - 이진 트리가 레벨 k에서 가질 수 있는 최대 노드 수는 2^k개
> - 높이가 m인 이진 트리가 가질 수 있는 최대 노드 수는 $2^{m+1}-1$개
> - 높이가 m인 이진 트리가 가질 수 있는 최소 노드 수는 $m+1$개
> - 이진 트리의 잎 노드의 수를 n_0, 차수가 2인 노드의 수를 n_2라 할 때 $n_0 = n_2 + 1$

이진 트리는 **배열**(array)과 **연결 리스트**(linked list)를 이용하여 표현할 수 있다. 이때 뿌리 아래 노드들의 위치를 정할 때 왼쪽 자식과 오른쪽 자식을 구분할 수 있어야 한다. 배열을 이용하여 이진 트리를 표현할 때에는 다수의 행과 1개의 열로 이루어진 1차원 배열을 이용한다.

노드 개수가 n개인 이진 트리를 1차원 배열을 사용하여 표현하면 각 노드의 부모 노드가 저장된 배열 인덱스와 자식 노드가 저장된 배열 인덱스에 대하여 다음과 같은 일정한 규칙이 있다.

> - 노드 i의 부모 노드 인덱스: $\frac{i}{2}$, $i > 1$
> - 노드 i의 왼쪽 자식 노드 인덱스: $2 \times i$, $(2 \times i) \leq n$
> - 노드 i의 오른쪽 자식 노드 인덱스: $2 \times i + 1$, $(2 \times i + 1) \leq n$
> - 뿌리 노드 인덱스: 1, $n > 0$

형제 노드 중 왼쪽 노드의 인덱스 순서가 오른쪽 노드보다 빠르다.
모든 이진 트리를 포화 이진 트리라고 가정하고 [그림 3-39]와 같이 각 노드에 번호를 붙여서 그 번호를 배열의 인덱스로 삼아 노드의 데이터를 배열에 저장한다. 단, 노드 번호는 1번부터 시작하므로 1차원 배열에서 인덱스 계산을 쉽게 하기 위해서 인덱스 0번은 사용하지 않고 비워 두고, 인덱스 1번에 뿌리에 해당하는 값을 저장한다.

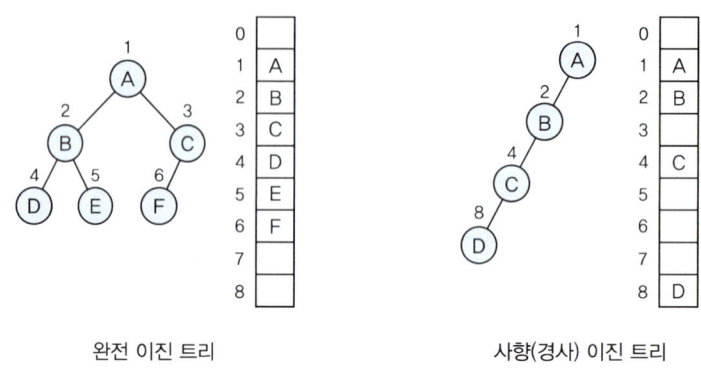

완전 이진 트리   사항(경사) 이진 트리

[그림 3-39] 이진 트리의 배열 표현

[그림 3-39]의 완전 이진 트리에서 이진 트리와 저장한 배열에서의 인덱스 관계를 확인해 보자. 노드 번호가 5번이고 인덱스 5번에 저장되어 있는 노드 E의 부모 노드가 저장된 인덱스는 $\frac{i}{2} = \frac{5}{2} = 2$번이 된다. 노드 B의 왼쪽 자식 노드의 인덱스는 $2 \times i = 2 \times 2$이므로 4번이 되고, 오른쪽 자식 노드는 $2 \times i + 1 = 2 \times 2 + 1$이므로 5번이 된다. 뿌리노드는 항상 배열 1번에 저장된다.

배열을 이용한 이진 트리의 표현은 쉽게 만들 수 있으며 인덱스 규칙에 따라서 부모 노드와 자식 노드를 쉽게 찾을 수 있다. 다만, 완전 이진 트리는 메모리 공간이 최적으로 사용되지만 사항(경사) 이진 트리의 경우에는 [그림 3-39]에서 확인할 수 있듯이 사용하지 않아서 낭비되는 빈공간이 발생한다. 또한, 배열을 이용한 방법은 트리의 중간에 새로운 노드를 삽입하거나 기존의 노드를 삭제할 경우 해당 위치(인덱스 i) 이후에 위치하고 있는 노드들의 수만큼의 연산과 이동 시간이 필요하고 처음부터 배열의 크기를 최대 크기로 결정해야 하므로 비효율적이다. 따라서 배열보다는 연결 리스트를 많이 사용한다.

연결 리스트는 포인터를 이용하여 부모 노드가 자식 노드를 가리키게 하는 방법으로 뿌리트리를 표현한다. 연결 리스트는 [그림 3-40]과 같이 하나의 노드를 표현하는 데 왼쪽 포인터, 노드의 값(데이터), 오른쪽 포인터를 나타내는 3개의 필드를 가진다. 왼쪽 링크 필드는 왼쪽 자식 노드를 연결하고 오른쪽 링크 필드는 오른쪽 자식 노드를 연결한다. 자식 노드가 없는 경우에는 링크 필드에 NULL을 저장하여 NULL포인터로 설정한다.

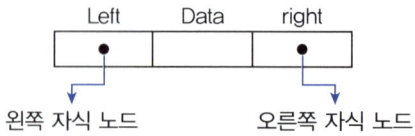

[그림 3-40] 연결 리스트 노드

완전 이진 트리와 사향(경사) 이진 트리를 연결 리스트로 표현하면 [그림 3-41]과 같다.

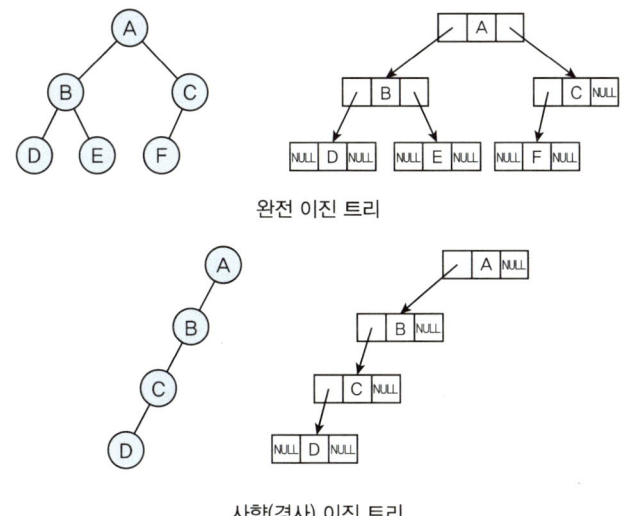

[그림 3-41] 이진 트리의 연결 리스트 표현

3 정렬과 탐색

순서 트리(Ordered Tree)는 각 자식 노드에 순서가 부여되어 저장 위치가 고정되는 트리이다. 즉, 형제 노드들 간에 순서가 정해져 있는 트리이다. 순서 트리는 허프만부호(Huffman code)트리, 구문해석의 구문트리, 계산의 결정과정을 나타내는 결정 트리 등에서 이용된다.

이진 트리는 순서가 있는 데이터들을 삽입, 삭제, 수정, 정렬, 탐색 등을 효율적으로 행할 수 있는 구조로 순서 트리에 많이 이용된다. 트리에서의 **탐색**(traversal)은 트리의 노드들을 체계적으로 방문하는 것이다. 트리는 자료의 저장과 검색에 있어서 매우 중요한 구조를 제공한다. 트리에서의 연산에는 여러 가지가 있으나 가장 빈번하게 하는 것은 각 노드를 꼭 한 번씩만 방문하는 탐색(traversal)일 것이다. 탐색의 결과 각 노드에 들어 있는 데이터를 차례로 나열하게 된다. 이진 트리를 탐색하는 것은 여러 가지 응용에 널리 쓰이며 각 노드와 그것의 부분트리를 같은 방법으로 탐색할 수 있다.

이진 탐색 트리는 임의의 정점의 왼쪽 부분트리에는 해당 정점보다 작은 값을 배정하고 오른쪽 부분트리에는 더 큰 값을 배정하여 구성한다. 뿌리를 기준으로 왼쪽은 뿌리보다 작은 값, 오른쪽은 뿌리보다 큰 값이 존재하게 되어 탐색을 할 때 뿌리에서 시작하여 크기에 따라 왼쪽 또는 오른쪽 자식을 따라가면서 할 수 있다.

트리 순회(tree traversal)란 트리의 각 노드를 체계적인 방법으로 방문하는 과정을 말한다. 하나도 빠뜨리지 않고, 트리에 있는 노드를 정확히 한 번만 중복 없이 방문해야 한다. 노드를 방문하는 순서에 따라 **전위 순회**(preorder traversal), **중위 순회**(inorder traversal), **후위 순회**(postorder traversal) 세 가지로 분류한다. 이 순서들은 수식 표현에서 **전순위 표기**(prefix), **중순위 표기**(infix), **후순위 표기**(postfix)와 각각 대응된다.

> **더 알아두기**
>
> **3가지의 기본적인 순회방법**
> V : 뿌리노드
> L : 왼쪽 자식 노드
> R : 오른쪽 자식 노드
>
> ① 전위 순회(preorder traversal) : VLR
>   자손 노드보다 뿌리노드를 먼저 방문한다.
> ② 중위 순회(inorder traversal) : LVR
>   왼쪽 자식 노드, 뿌리노드, 오른쪽 자식 노드 순으로 방문한다.
> ③ 후위 순회(postorder traversal) : LRV
>   뿌리노드보다 자손 노드를 먼저 방문한다.

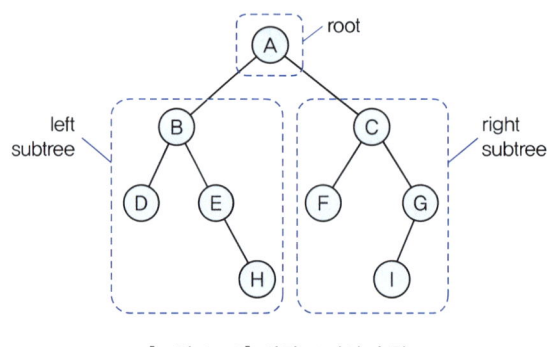

[그림 3-42] 이진 트리의 순회

[그림 3-42]의 이진 트리에 대하여 전위 순회, 중위 순회, 후위 순회하는 과정을 살펴보자. 순회 결과로 출력하는 데이터는 집합 $Data$에 저장한다.

I. 탐색의 방식

(1) 전위 순회(preorder traversal)

전위 순회는 뿌리에서 시작하여 트리의 각 노드에 대하여 다음과 같은 재귀적(recursive) 방법으로 정의된다.

> ① 트리의 뿌리노드를 방문하고 데이터를 출력한다.
> ② 트리의 왼쪽 부분트리를 방문한다.
> ③ 트리의 오른쪽 부분트리를 방문한다.

뿌리노드를 먼저 방문하고 데이터를 출력하므로 $Data = \{A\}$가 된다. 뿌리노드 방문 후 왼쪽 부분트리를 다시 전위 순회를 해야 한다. 뿌리노드의 왼쪽 부분트리의 뿌리노드는 B이므로 출력되어 $Data = \{A, B\}$가 된다. 부분트리의 뿌리노드 B를 출력한 후 다시 B의 왼쪽 부분트리를 방문하면 자식이 없는 단말노드 D가 있다. 노드 D의 데이터를 출력하면 $Data = \{A, B, D\}$가 된다. 부분트리의 뿌리노드 B의 오른쪽 부분트리로 이동한다. 부분트리의 뿌리인 노드 E를 출력하고 E는 왼쪽 자식노드가 없으므로 오른쪽 부분트리로 이동하여 단말노드인 H를 출력한다. $Data = \{A, B, D, E, H\}$가 된다. 뿌리노드와 뿌리의 왼쪽 부분트리에 대한 탐색이 끝났으므로 뿌리의 오른쪽 부분트리로 이동한다. 오른쪽 부분트리의 뿌리인 노드 C를 방문하고 데이터를 출력한다. $Data = \{A, B, D, E, H, C\}$가 된다. 왼쪽 부분트리를 방문하면 노드 F만 있는 단말노드이므로 출력하여 $Data = \{A, B, D, E, H, C, F\}$가 되고, 노드 C의 왼쪽 부분트리 탐색이 끝났으므로 오른쪽 부분트리를 탐방한다. 뿌리노드 G를 출력한 후 왼쪽 부분트리로 이동한다. $Data = \{A, B, D, E, H, C, F, G\}$가 된다. 뿌리노드 I만 있는 단말노드이므로 출력하면 $Data = \{A, B, D, E, H, C, F, G, I\}$가 되고 트리의 탐색은 종료된다.
[그림 3-42]의 뿌리트리에 대한 전위 순회 결과는 $A, B, D, E, H, C, F, G, I$이다.

(2) 중위 순회(inorder traversal)

중위 순회는 뿌리에서 시작하여 트리의 각 노드에 대하여 다음과 같은 재귀적(recursive) 방법으로 정의된다.

> ① 트리의 왼쪽 부분트리를 방문한다.
> ② 트리의 뿌리노드를 방문하고 데이터를 출력한다.
> ③ 트리의 오른쪽 부분트리를 방문한다.

중위 순회는 가장 먼저 왼쪽 부분트리를 중위 순회한 후 뿌리노드를 방문하고 오른쪽 부분트리를 중위 순회한다. 뿌리노드 A의 왼쪽 부분트리로 이동하면 뿌리노드가 B인 부분트리이다. 여기서 다시 왼쪽 부분트리로 이동한다. 노드 B의 왼쪽 부분트리를 방문하면 자식이 없는 단말노드 D가 있다. 더 이상 방문할 왼쪽 부분트리가 없으므로 방문하고 데이터를 출력하고 바로 위의 부모 노드로 이동한다. $Data = \{D\}$가 된다. 노드 D의 부모 노드 B를 출력하고 B의 오른쪽 자식 E를 뿌리로 하는 부분트리로 이동한다. $Data = \{D, B\}$가 된다. 노드 E는 왼쪽 자식이 없으므로 출력한다. $Data = \{D, B, E\}$가 된다. 노드 E의 오른쪽 부분트리를 방문한다. 뿌리노드 H만 있는 단말노드이므로 출력한다. $Data = \{D, B, E, H\}$가 된다. 이진 트리 뿌리노드 A의 왼쪽 부분트리에 대한 순회가 끝났으므로 A를 방문하고 출력한다. $Data = \{D, B, E, H, A\}$가 된다. 오른쪽 부분트리를 방문하면 뿌리노드가 C인 부분트리이고 이 부분트리의 왼쪽 부분트리를 방문한다. 노드 F만 있는 단말노드이므로 출력하여 $Data = \{D, B, E, H, A, F\}$가 되고 노드 C의 왼쪽 부분트리 탐색이 끝났으므로 C를 방문하고 출력한다. $Data = \{D, B, E, H, A, F, C\}$가 된다. C의 오른쪽 자식 G를 뿌리로 하는 부분트리로 이동한다. 노드 G의 왼쪽 자식이 뿌리노드인 부분트리로 이동한다. 뿌리노드 I만 있는 단말노드이므로 출력하여 $Data = \{D, B, E, H, A, F, C, I\}$가 된다. 노드 G의 왼쪽 부분트리 탐색이 끝났으므로 G를 방문하고 출력한다. 트리의 탐색은 종료되며, [그림 3-42]의 뿌리트리에 대한 중위 순회 결과는 $D, B, E, H, A, F, C, I, G$이다.

(3) 후위 순회(postorder traversal)

후위 순회는 뿌리에서 시작하여 트리의 각 노드에 대하여 다음과 같은 재귀적(recursive) 방법으로 정의된다.

> ① 트리의 왼쪽 부분트리를 방문한다.
> ② 트리의 오른쪽 부분트리를 방문한다.
> ③ 트리의 뿌리노드를 방문하고 데이터를 출력한다.

후위 순회는 가장 먼저 왼쪽 부분트리를 후위 순회한 후 오른쪽 부분트리를 후위 순회하고 뿌리노드를 방문한다. 뿌리노드 A의 왼쪽 부분트리로 이동하면 뿌리노드가 B인 부분트리이다. 여기서 다시 왼쪽 부분트리로 이동한다. 노드 B의 왼쪽 부분트리를 방문하면 자식이 없는 단말노드 D가 있다. 더 이상 방문할 왼쪽 부분트리가 없으므로 방문하고 데이터를 출력하고 바로 위의 부모 노드로 이동한다. $Data = \{D\}$가 된다. 노드 D의 부모노드 B의 오른쪽 자식 E를 뿌리로 하는 부분트리로 이동한다. 노드 E는 왼쪽 자식이 없으므로 오른쪽 부분트리를 방문한다. 뿌리노드 H만 있는 단말노드이므로 출력한다. $Data = \{D, H\}$가 된다. 노드 H의 부모노드 E를 방문하여 출력하고 노드 E의 부모노드 B를 방문하여 출력하면 $Data = \{D, H, E, B\}$가 된다.

이진 트리 뿌리노드 A의 왼쪽 부분트리에 대한 순회가 끝났으므로 A의 오른쪽 부분트리로 이동한다. 오른쪽 부분트리를 방문하면 뿌리노드가 C인 부분트리이고 이 부분트리의 왼쪽 부분트리를 방문한다. 노드 F만 있는 단말노드이므로 출력하여 $Data = \{D, H, E, B, F\}$가 되고 노드 C의 왼쪽 부분트리 탐색이 끝났으므로 C의 오른쪽 부분트리로 이동한다. 노드 G인 부분트리에서 노드 G의 왼쪽 부분트리로 이동한다. 뿌리노드 I만 있는 단말노드이므로 출력하여 $Data = \{D, H, E, B, F, I\}$가 되고 I의 부모 노드인 G는 오른쪽 자식 노드가 없으므로 노드 G를 출력한다. $Data = \{D, H, E, B, F, I, G\}$가 된다. 노드 C로 이동하여 출력하고 트리 전체의 뿌리 노드인 A로 이동하여 출력하면 $Data = \{D, H, E, B, F, I, G, C, A\}$가 되고 트리의 탐색은 종료된다. [그림 3-42]의 뿌리트리에 대한 후위 순회 결과는 $D, H, E, B, F, I, G, C, A$이다.

이진 트리는 수식을 **피연산자**(operand)와 **연산자**(operator)를 구분하여 표현하는 방법으로 사용되기도 한다. 피연산자는 모두 **단말노드**에, 연산자는 **비단말노드**에 할당된다. 예를 들어 수식 $((A+B) \times C)/D$을 이진 트리로 표현하면 다음 [그림 3-43]과 같다.

수식을 이진 트리로 표현하는 방법은 수식에서 연산자와 피연산자를 먼저 단말 노드로 표현한다. 피연산자들을 수식에 따라 연산자 노드에 연결하는 작업을 계속하면 수식이 완성된다. $(A+B)$를 만들고 부분트리 $(A+B)$와 단말노드 C를 곱하기 연산자 '×' 노드로 연결한다. 만들어진 부분트리 $(A+B) \times C$와 단말노드 D를 나누기 연산자 '/' 노드로 연결하면 수식 이진 트리가 완성된다.

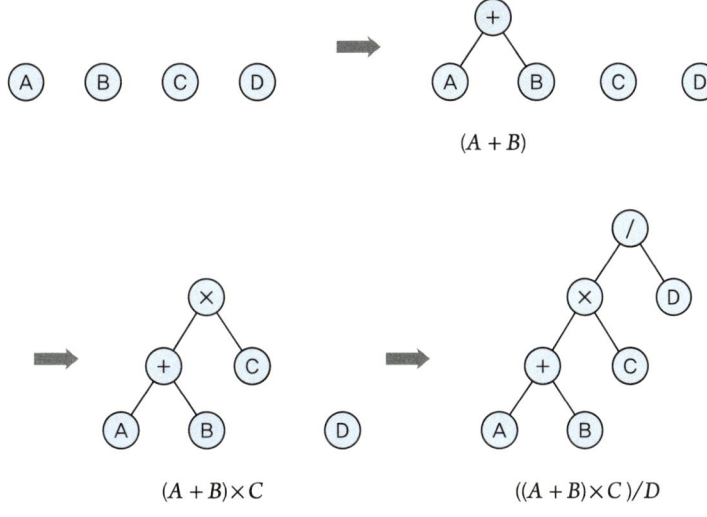

[그림 3-43] ((A+B)×C)/D의 수식 이진 트리

연산자와 피연산자로 표현된 수식은 표현에서 **전위표기법**(prefix notation), **중위표기법**(infix notation), **후위표기법**(postfix notation)으로 나타낼 수 있다. 전위, 중위, 후위의 명칭은 연산자의 위치에 따른 것이다. 전위표기법은 연산자를 두 개의 피연산자 앞에 표기하고, 중위표기법은 연산자를 두 개의 피연산자 사이에 표기하며, 후위표기법은 연산자를 두 개의 피연산자의 뒤에 표기한다. 우리가 일반적으로 사용하는 수식표현 방법은 중위표기법이다.

수식 이진 트리에 사용된 수식 $((A+B) \times C)/D$을 전위표기법으로 표현하면 다음과 같다.

① $(A+B)$을 $+AB$로 표기한다.
② $(A+B) \times C$에서는 $(A+B)$가 $+AB$으로 표기됨으로 $\times$연산이 $+AB$와 C 앞에 표기된다. 따라서 $\times +ABC$로 표기한다.
③ 최종적으로 /연산은 $\times +ABC$와 D의 연산이므로 $((A+B) \times C)/D$는 $/\times +ABCD$로 표기한다.

중위표기법은 원래의 수식과 같이 $A+B \times C/D$이다. 그러나 연산자의 우선순위를 표현하기 위해서 괄호를 추가할 필요가 있다.

수식 $((A+B) \times C)/D$을 후위표기법으로 표현하면 다음과 같다.

① $(A+B)$을 $AB+$로 표기한다.
② $(A+B) \times C$에서는 $(A+B)$가 $AB+$으로 표기됨으로 $\times$연산이 $AB+$와 C 뒤에 표기된다. 따라서 $AB+C\times$로 표기한다.
③ 최종적으로 /연산은 $AB+C\times$와 D의 연산이므로 $((A+B) \times C)/D$은 $AB+C\times D/$로 표기된다.

다음 [그림 3-44]의 수식 이진 트리를 전위 순회, 중위 순회, 후위 순회하여 수식을 전위표기법(prefix notation), 중위표기법(infix notation), 후위표기법(postfix notation)으로 나타내면 다음과 같다.

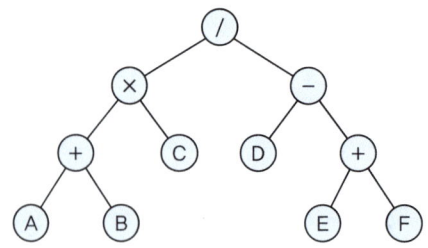

[그림 3-44] 수식 이진 트리

① 전위 순회: $/\times+ABC-D+EF$ (전위표기법)
② 중위 순회: $A+B\times C/D-E+F$ (중위표기법)
③ 후위 순회: $AB+C\times DEF+-/$ (후위표기법)

이진 트리는 순서가 있는 데이터들에서 특정 값을 찾거나 저장하는 데 유용하게 사용된다. 이진 탐색 트리(binary search tree)는 이진 트리에 몇 가지 제약조건을 추가하여 만든 트리로 빠르게 데이터를 검색, 추가, 삭제, 정렬할 수 있다.

> **더 알아두기**
>
> **이진 탐색 트리(binary search tree)**
> 노드가 가지는 데이터의 내용에 대한 기준에 따라 노드의 위치를 탐색할 수 있는 트리
>
> **이진 탐색 트리를 구현하기 위한 규칙**
> ① 트리에서 탐색되는 모든 원소는 서로 다른 유일한 값(key)을 갖는다.
> ② 왼쪽 서브 트리에 있는 원소들의 값은 그 뿌리의 값보다 작거나 앞선 순서를 갖는다.
> ③ 오른쪽 서브 트리에 있는 원소들의 값은 그 뿌리의 값보다 크거나 뒤의 순서를 갖는다.

다음은 이진 탐색 트리의 예이다. 뿌리인 18을 기준으로 왼쪽은 18보다 작은 값들로 구성된 부분트리이고, 오른쪽은 18보다 큰 값들로 구성된 부분트리이다. 즉, 18은 이진 트리에 존재하는 탐색 가능한 모든 원소들의 유일한 값(key)이다. 왼쪽 부분트리의 뿌리인 12를 기준으로 왼쪽 부분트리는 12보다 작은 값들로 구성되고 오른쪽 부분트리는 12보다 큰 값들로 구성된다. 그러므로 18보다 작은 값들은 12를 유일한 값(key)으로 하여 탐색할 수 있다. 반대로 18보다 큰 값들은 22가 유일한 값(key)이 될 것이다.

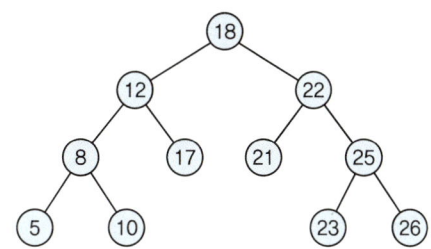

[그림 3-45] 이진 탐색 트리

[그림 3-45]의 이진 탐색 트리에서 23을 탐색해보자.

> ① 23은 이 트리의 뿌리 노드이면서 유일한 값(key)인 18보다 크므로 오른쪽 부분트리를 탐색한다.
> ② 23은 오른쪽 부분트리의 뿌리 노드이면서 유일한 값(key)인 22보다 크므로 오른쪽 부분트리를 탐색한다.
> ③ 23은 오른쪽 부분트리의 뿌리 노드이면서 유일한 값(key)인 25보다 작으므로 왼쪽 부분트리를 탐색한다.
> ④ 23은 왼쪽 부분트리의 뿌리 노드이므로 탐색을 종료한다.

9개의 데이터가 15, 10, 25, 20, 11, 7, 16, 27, 8의 순서로 입력될 때 이 데이터들로 이진 탐색 트리를 작성해보자.

> ① 첫 번째 데이터를 뿌리로 둔다. 15가 뿌리가 된다.
> ② 10을 입력하면 먼저 뿌리인 15와 비교한다. 15보다 작으므로 15의 왼쪽 자식이 된다.
> ③ 25를 입력하면 뿌리인 15와 비교한다. 15보다 크므로 15의 오른쪽 자식이 된다.
> ④ 20을 입력하면 뿌리인 15와 비교하고 15보다 크므로 15의 오른쪽 부분트리에 속한다. 오른쪽 부분트리의 25보다 작으므로 25의 왼쪽 자식이 된다.
> ⑤ 11을 입력하면 뿌리인 15와 비교하고 15보다 작으므로 15의 왼쪽 부분트리에 속한다. 10보다 크므로 10의 오른쪽 자식이 된다.
> ⑥ 7을 입력하면 뿌리인 15와 비교하고 15보다 작으므로 15의 왼쪽 부분트리에 속한다. 10보다 작으므로 10의 왼쪽 자식이 된다.
> ⑦ 16을 입력하면 뿌리인 15와 비교하고 15보다 크므로 15의 오른쪽 부분트리에 속한다. 오른쪽 부분트리의 25보다 작으므로 25의 왼쪽 부분트리에 속한다. 20과 비교하여 작으므로 20의 왼쪽 자식이 된다.
> ⑧ 27을 입력하면 뿌리인 15와 비교하고 15보다 크므로 15의 오른쪽 부분트리에 속한다. 오른쪽 부분트리의 25보다 크므로 25의 오른쪽 자식이 된다.
> ⑨ 8을 입력하면 뿌리인 15와 비교하고 15보다 작으므로 15의 왼쪽 부분트리에 속한다. 10보다 작으므로 10의 왼쪽 부분트리에 속한다. 7보다 크므로 7의 오른쪽 자식이 된다. 모든 입력이 끝났으므로 최종적으로 이진 탐색 트리는 다음 [그림 3-46]과 같이 완성된다.

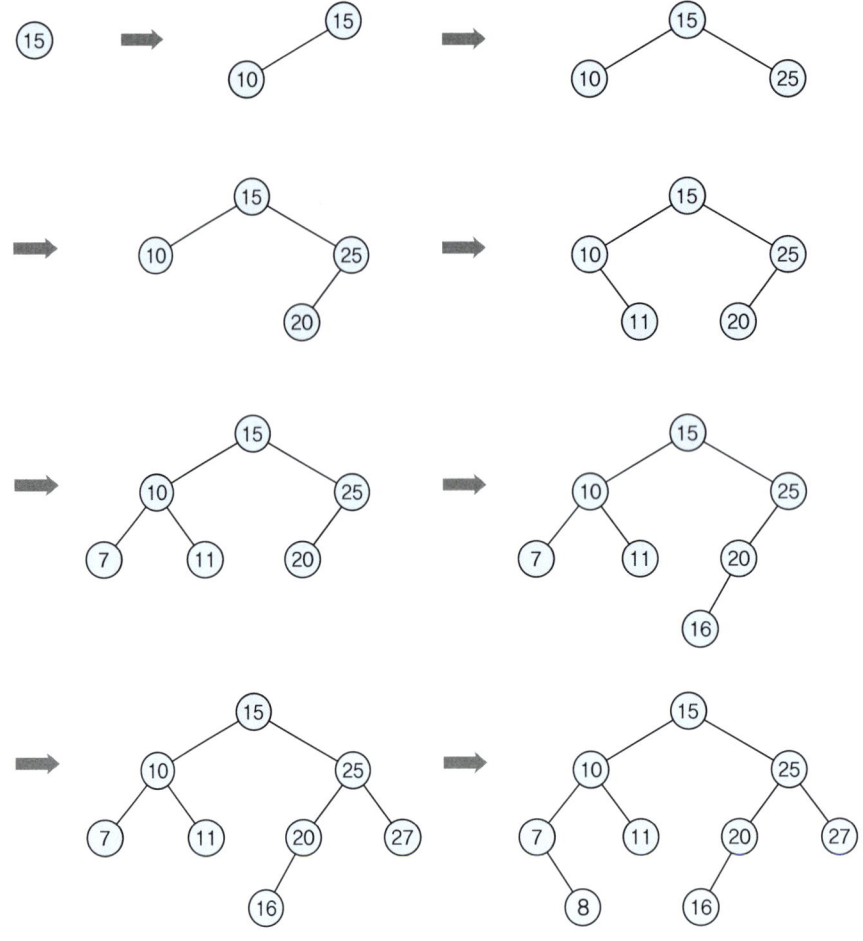

[그림 3-46] 이진 탐색 트리 만들기

II. 정렬 방법

트리를 이용하여 정렬을 할 수 있는데 대표적인 트리를 이용한 정렬 방법으로는 힙(heap) 정렬과 이진탐색트리를 이용한 이진 트리 정렬 등이 있다.

(1) 힙(heap) 정렬

힙(heap)은 완전이진트리(Complete binary tree)를 기본으로 한 자료구조(tree-based structure)로서 최댓값 및 최솟값을 찾아내는 연산을 빠르게 할 수 있으며 다음과 같은 특성을 가진다.

- A가 B의 부모노드(parent node)이면, A의 값과 B의 값 사이에 대소관계가 존재한다.
- 힙(heap)에는 두 가지 종류가 있으며, 부모노드의 값이 자식노드의 값보다 항상 큰 힙을 최대 힙(max heap), 부모노드의 키(key)값이 자식노드의 키(key)값보다 항상 작은 힙을 최소 힙(min heap)이라고 부른다.

- 최대 힙은 트리의 뿌리가 항상 트리의 모든 노드 중에서 최댓값이며, 최소 힙은 트리의 뿌리가 항상 최솟값이다.
- 노드 값의 대소관계는 부모노드와 자식노드 사이에만 성립하며, 형제 사이에는 대소관계가 정해지지 않는다.

각 노드의 자식노드의 최대개수는 대부분의 경우에 최대 두 개인 이진 힙(binary heap)을 사용한다. 가장 높은(혹은 가장 낮은) 우선순위를 가지는 노드가 항상 뿌리노드에 오게 되는 힙의 특징을 응용하여 우선순위 큐와 같은 자료형을 구현할 수 있다. 힙의 목적은 삭제 연산이 수행될 때마다 가장 큰 값 또는 가장 작은 값을 찾아내는 것이다. 이진 탐색 트리에서는 중복된 값을 허용하지 않지만 힙 트리(heap tree)에서는 중복된 값을 허용한다.

예를 들어 원소 2, 4, 5, 7, 3, 10, 8, 1, 9, 6에 대하여 최대 힙을 만드는 과정을 예를 이용하여 살펴보자.

① 먼저 첫 번째 원소 2와 두 번째 원소 4를 순서대로 연결하고 나서 최대 힙을 만들기 위해 부모노드와 자식노드를 비교하여 자식노드가 부모노드보다 크면 위치를 교환한다.

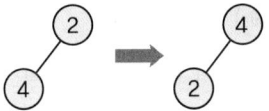

② 힙은 완전이진트리이므로 원소 5를 일단 마지막 위치에 놓고 부모노드와 크기를 비교하여 위치를 찾는다.

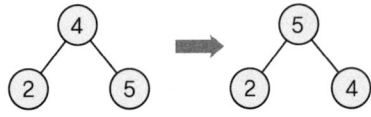

③ 원소 7을 추가하고 부모노드와 크기를 비교한다. 부모노드인 2보다 크므로 2와 위치를 교환한 후 다시 부모노드인 5와 비교한다. 5보다 크므로 위치를 교환한다. 더 이상 비교할 부모가 없으므로 원소 7까지의 힙이 완성된다.

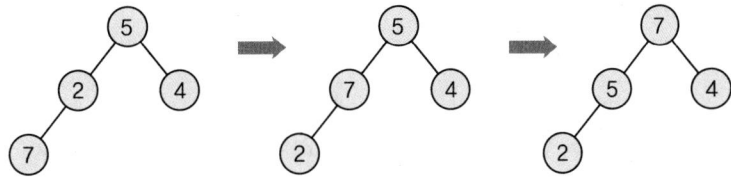

④ 나머지 원소들 3, 10, 8, 1, 9, 6을 입력한 결과는 다음과 같다.

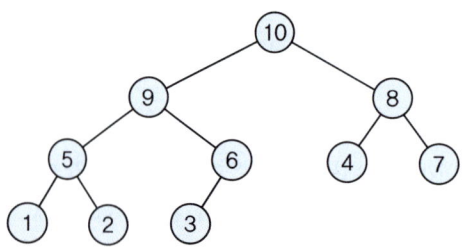

유사한 방법으로 주어진 원소들에 대하여 부모노드와 비교하며 부모노드가 자식노드보다 작은 값으로 이루어진 완전이진트리를 완성하면 최소 힙을 구할 수 있다. 최대 힙에 사용한 원소 2, 4, 5, 7, 3, 10, 8, 1, 9, 6에 대한 최소 힙은 다음 [그림 3-47]과 같다.

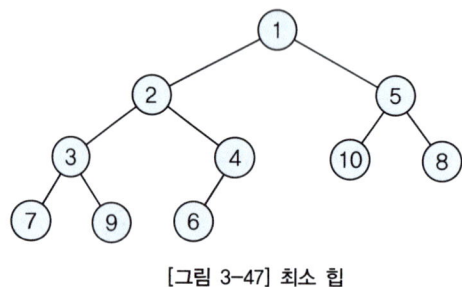

[그림 3-47] 최소 힙

앞의 예에서 최대 힙과 최소 힙은 삽입 연산에 의하여 만들어진다. 다음은 최대 힙을 만드는 삽입 연산의 알고리즘이다.

```
algorithm insert_max_heap(array A, int key)
    heap_size ← heap_size+1;
    j ← heap_size;
    A[j] ← key;
    while j ≠ 1 and A[j] > A[PARENT(j)] do
        tmp ← A[j] ;
        A[j] ← A[PARENT(j)];
        A[PARENT(j)] ← A[j];
        j ← PARENT(j);
```

앞에서 만든 최대 힙과 최소 힙에 대하여 삭제 연산을 적용하면 주어진 원소들을 오름차순과 내림차순으로 정렬한 결과를 얻을 수 있다. 둘 다 동일한 방법이므로 여기서는 최소 힙에서 오름차순 정렬한 결과를 살펴보자.

최소 힙에서 삭제 연산은 최솟값을 가진 요소를 삭제하는 것이다. 최소 힙에서 최솟값은 뿌리 노드이므로 뿌리노드의 값을 지우고 힙을 재구성한다. 여기서 힙의 재구성이란 힙의 성질을 만족하기 위하여 부모와 자식의 노드를 교환하는 과정을 의미한다. [그림 3-47]에서 뿌리 노드를 삭제한다고 가정하자.

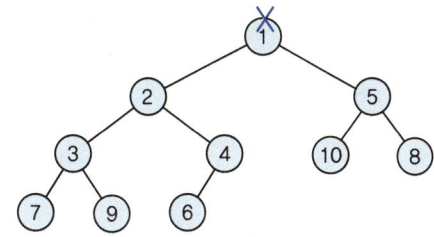

① 먼저 뿌리 노드를 삭제한 후 빈자리에 힙의 가장 마지막 노드를 이동한다.

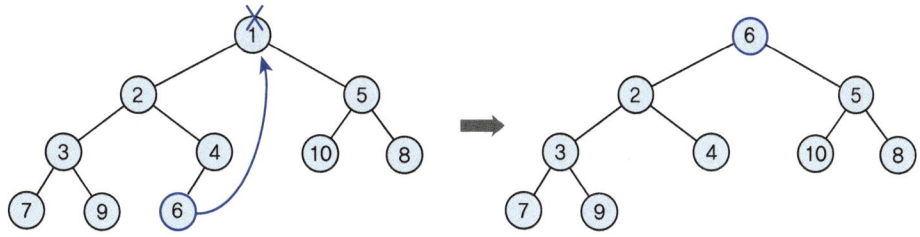

② 새로 뿌리가 된 노드 6과 자식 노드들을 비교하면 자식노드들이 더 작으므로 교환이 필요하다. 자식들 중에서 더 작은 값과 교환이 일어난다. 따라서 노드 6과 노드 2를 교환한다.

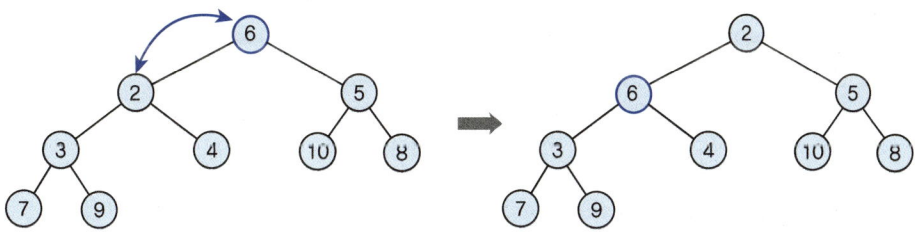

③ 아직도 노드 6이 자식노드들보다 크기 때문에 6과 자식노드 3과 위치를 교환한다.

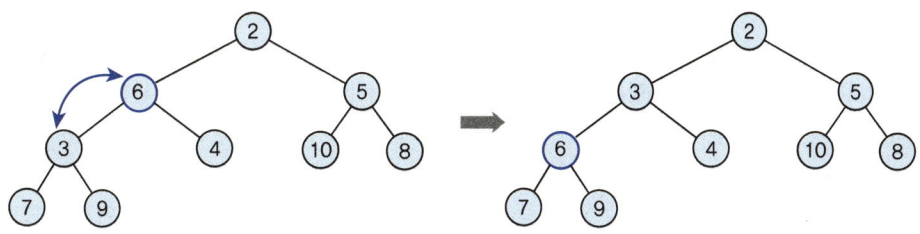

④ 노드 6이 자식 노드 7과 9보다 작으므로 더 이상의 교환은 필요 없다.

이와 같은 방법을 계속 반복하여 힙이 완전히 비어있는 상태가 될 때까지 뿌리 노드를 제거하며 제거한 노드들의 값을 열거하면 원소들을 오름차순으로 정렬한 결과를 얻을 수 있게 된다.

III. 순서트리 활용

(1) 허프만 코드 트리(Huffman code tree)

컴퓨터에서는 7비트(bits)의 길이의 아스키(ASCII) 코드를 사용하여 문자를 표현하는데 이 아스키(ASCII) 코드는 문자의 발생빈도와는 상관없이 하나의 파일 안에 문자의 수만큼 비트 수가 늘어난다. 하나의 파일 안에는 같거나 서로 다른 문자들이 섞여있는데 만일 문자의 발생 빈도에 따라 코드의 크기를 조절하여 발생 빈도가 높은 문자에 적은 비트를 할당하고 발생 빈도가 낮은 문자에 많은 비트를 할당하면 파일의 용량을 줄일 수 있다. 이렇게 파일의 크기를 줄이는 방법을 데이터 압축(Data Compression)이라고 한다.

허프만 코드(Huffman code) 는 데이터를 효율적으로 압축하는 데 사용하는 방법으로 탐욕 알고리즘 중 하나이다. 문자의 빈도수를 이용하여 **허프만 코드 트리(Huffman code tree)** 를 만들고 허프만 코드 트리에서 허프만 코드를 생성한다. 이때 허프만 코드 트리는 최대 힙이다.

> **더 알아두기**
>
> **허프만 알고리즘(Huffman Algorithm)**
> 발생 빈도가 높은 문자는 비트 수가 적은 비트열을 할당하고 발생 빈도가 낮은 문자는 비트 수가 많은 비트열을 할당하는 알고리즘
> ① 문자들의 발생 빈도를 값으로 하는 노드를 만들고 크기 순서로 나열한다.
> ② 발생 빈도가 가장 낮은 두 문자의 노드를 선택하여 하나의 이진 트리로 연결한다.
>   • 빈도 수가 낮은 문자의 노드는 왼쪽에, 빈도 수가 높은 문자는 오른쪽에 놓는다.
>   • 두 노드의 뿌리는 두 문자의 빈도의 합으로 한다.
>   • 문자들을 이진 트리로 연결하는 작업을 최우선으로 하고, 그 후에 이진 트리들을 연결한다.
> ③ ②의 과정을 모든 문자가 하나의 이진 트리로 만들어질 때까지 반복한다.
> ④ 완성된 이진 트리의 왼쪽 노드에는 0을 오른쪽 노드에는 1을 부여하여 뿌리부터 해당 문자까지 부여된 0 또는 1을 순서대로 나열하면 해당 문자의 허프만 코드가 된다.

허프만 코드를 생성할 때 고려해야 할 사항이 있다. 예를 들어 알파벳의 열(sequence)로서 이루어진 메시지가 있고 각 메시지의 영문자가 각각 독립적이고 위치에 관계없이 어떤 정해진 확률로 나타난다고 하자. 가령 5개의 영문자 a, b, c, d, e 가 나타날 확률이 각각 0.12, 0.4, 0.15, 0.08, 0.25라고 할 때 이 영문자를 각각 0과 1의 열로서 코드화하고자 하는데 이때 만들어진 코드는 다른 영문자의 코드의 접두어로 표현되지 않도록 만들어야 한다. 즉 a가 10이고 b가 101일 때 a는 b의 접두어가 되므로 허프만 코드로 적합하지 않다. 이러한 특성을 이용하여 최소 개의 코드로써 정확하게 송신할 수 있으며 수신된 코드를 정확하게 코드화할 수 있다.

예를 들어 a, e, h, i, o, u, y의 7개의 알파벳으로 이루어진 하나의 파일이 있다고 가정하고 각 문자의 허프만 코드를 구해서 데이터를 압축해보자.

문자	a	e	h	i	o	u	y
빈도수	13	8	23	9	2	17	5

① 문자들의 발생 빈도를 값으로 하는 노드를 만들고 크기 순서로 나열한다.

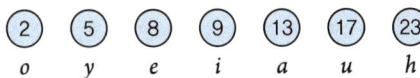

② 이 중에서 빈도가 가장 낮은 두 문자는 o와 y이다. 더 낮은 빈도인 문자 o를 왼쪽에 두고 오른쪽엔 y를 두어 부분 이진 트리를 만든다.

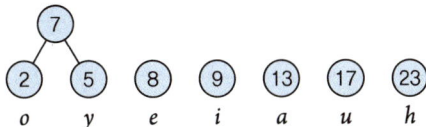

③ 다음으로 빈도가 가장 낮은 노드는 생성한 부분 이진 트리의 뿌리와 문자 e이므로, 빈도가 더 낮은 부분 이진 트리를 왼쪽으로, 문자 e를 오른쪽에 두어 부분 이진 트리를 만든다.

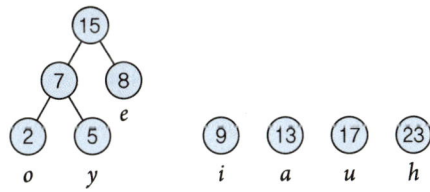

④ 그 다음으로 빈도가 낮은 문자는 i와 a이다. 빈도수의 크기에 따라 i를 왼쪽에 두고 a를 오른쪽에 둔 부분 이진 트리를 만든다.

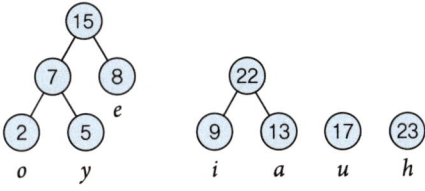

⑤ 다음으로 빈도가 낮은 문자인 u와 뿌리가 15인 부분 이진 트리를 연결한다. 왼쪽에 작은 값, 오른쪽에 큰 값이 와야 하므로 왼쪽에 뿌리가 15인 부분 이진 트리가 오고 오른쪽엔 문자 u가 오는 형태의 이진 트리가 된다.

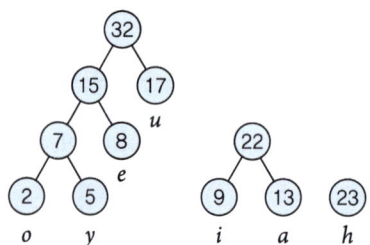

⑥ 다음으로 빈도가 낮은 뿌리가 22인 부분트리와 마지막으로 남은 문자 h를 연결하여 이진 트리를 만든다. 둘 중에 빈도가 더 낮은 뿌리가 22인 부분트리를 왼쪽에 두고 문자 h를 오른쪽에 두어 연결한다.

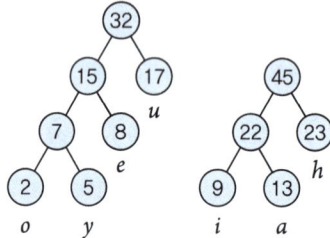

⑦ 더 이상 남은 문자가 없으므로 두 부분 이진 트리를 하나의 이진 트리로 만든다. 역시 뿌리의 값이 작은 부분 이진 트리를 왼쪽에, 큰 부분 이진 트리가 오른쪽에 오도록 만든다.

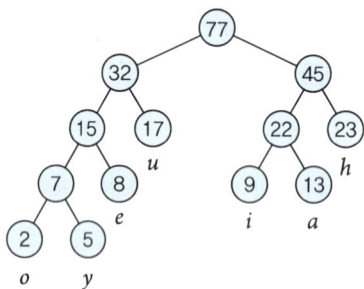

⑧ 각 부분 이진 트리의 왼쪽 노드에는 0을 오른쪽 노드에는 1을 부여한다.

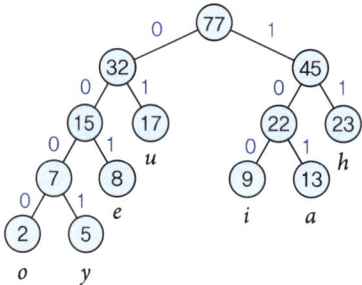

⑨ ⑧의 결과에 의해 각 문자에 코드를 부여한다. 레벨 2인 u인 경우, 뿌리로부터 부여된 0 또는 1을 나열하여 코드를 만들면 '01'이 된다. h의 경우도 레벨 2인데 마찬가지로 뿌리로부터 부여된 0 또는 1을 나열하여 코드를 만들면 '11'이 된다. 마찬가지 방법으로 레벨 4인 y의 경우, '0001'이 된다. 다른 문자들에 대해서도 같은 방법으로 코드를 만들면 다음과 같다.

트리레벨	2		3			4	
문자	u	h	e	i	a	o	y
허프만 코드	01	11	001	100	101	0000	0001

빈도수가 낮은 o와 y의 허프만 코드는 4개의 비트들로 이루어지며 빈도수가 높은 u와 h는 허프만 코드가 2개의 비트들로 이루어진다. 이 파일은 77개의 문자로 이루어졌다. 주어진 파일을 허프만 코드로 변경하기 전에는 모든 문자들이 각각 7비트 아스키코드로 표현되므로 파일의 용량은 539bits ($77 \times 7 = 539$)이다. 이 파일을 허프만 코드로 변경하여 압축하면 다음과 같이 용량이 198bits로 줄어든 것을 확인할 수 있다.

- 문자 $u, h : 2 \times (17 + 23) = 80$
- 문자 $e, i, a : 3 \times (8 + 9 + 13) = 90$
- 문자 $o, y : 4 \times (2 + 5) = 28$

(2) 결정 트리(decision tree)

트리를 매우 유용하게 활용한 것으로 결정 트리가 있다. 우리는 가능성 있는 경우의 수가 너무 많기 때문에 보는 면에서 입증하기가 매우 어려운 문제를 만날 경우가 있다. 이때 트리를 이용한 설성 트리를 활용하면 주어진 문제를 일목요연하게 입증할 수 있다. 결정 트리(decision tree)는 의사를 결정하는 규칙과 그에 따른 결과들을 트리 구조로 만든 의사 결정을 지원하는 도구의 일종이다. 결정 트리를 이용하여 운용 과학 중에서도 의사 결정 분석에서 목표에 가장 가까운 결과를 낼 수 있는 전략을 찾는다. 대표적인 결정 트리의 예로 잘 알려진 '8개의 동전 문제(eight-coins problem)'를 이용하여 결정 트리에 대해 알아보자.

> **더 알아두기**
>
> **8개의 동전 문제(eight-coins problem)**
> 크기와 색이 똑같은 8개의 동전이 있는데 이 중에서 한 개는 무게가 다르다. 이 불량인 동전을 하나의 천칭 저울을 세 번만 사용하여 찾을 수 있다.
> - 천칭 저울 : 무게가 같거나 크고 작은 것만을 판단할 수 있는 저울

크기와 색이 똑같은 8개의 동전 a, b, c, d, e, f, g, h이 있는데 이 중에서 한 개는 불량품이어서 다른 동전들과는 무게가 다르다. 무게가 다르다는 정보만 있고 다른 7개의 동전보다 더 무거운지 또는 더 가벼운지에 대한 정보가 없을 때 하나의 천칭 저울을 이용하여 불량인 동전을 찾으려고 한다. 단 세 번만의 계량으로 불량인 동전을 찾을 수 있고 이 동전이 다른 동전보다 무겁거나 가벼운지를 동시에 판단할 수 있는데 다음 [그림 3-48]의 결정 트리를 이용하여 확인할 수 있다. 그림에서 L은 정상보다 가벼운지(Lighter, L), H는 무거운지(Heavier, H)를 나타내는 기호이다. 처음에 두 개의 동전 g와 h를 제외한 6개의 동전을 각각 천칭 저울의 양쪽에 놓는다. 만약 $a+b+c < d+e+f$라면 불량품이 이 6개 안에 있으며 이때 g와 h는 정상품이라는 것을 알 수 있다. 트리의 다음 레벨에서 d와 b를 천칭 저울에서 바꾸어 계량한 결과로 먼저 $a+d < b+e$이 되어 부등호에 변화가 없다면 a가 불량품이거나 e가 불량품인 경우의 2가지 가능성이 존재한다. 이 경우에 정상품과 비교하여 H나 L을 판단할 수 있다. 두 번째로 만약 $a+d = b+e$이라면 c나 f가 불량품이다. 세 번째로 b나 d가 불량품인 경우에는 다른 정상품과 비교하여 b와 d에 대해 H나 L을 결정할 수 있다.

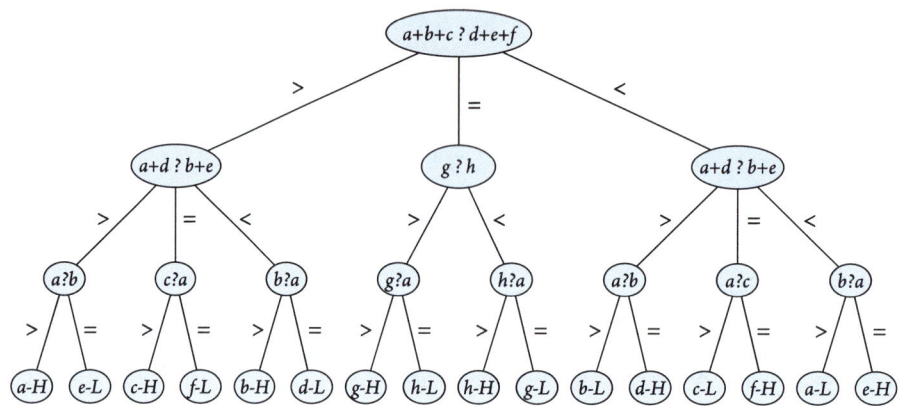

[그림 3-48] 8개의 동전 문제 결정 트리

위의 [그림 3-48]의 결정 트리를 보면 8개의 동전들의 무거운지 가벼운지에 대해 16개의 최종 노드를 이용하여 모든 가능한 경우의 수를 표현하고 있다. 결정 트리에서 확인할 수 있듯이 뿌리로부터의 모든 경로는 정확하게 단 3번의 비교만 필요하다.

○✗로 점검하자 | 제3장

※ 다음 지문의 내용이 맞으면 O, 틀리면 ✗를 체크하시오. [1 ~ 14]

01 그래프 $G=(V, E)$는 무한한 개수의 정점 또는 노드들의 집합인 V와 노드들을 연결한 간선의 집합인 E로 이루어진다. (　　)

> 그래프 $G=(V, E)$는 유한한 개수의 정점 또는 노드들의 집합인 V와 노드들을 연결한 간선의 집합인 E로 이루어진다.

02 그래프는 트리의 부분집합에 속한다. (　　)

> 트리는 그래프의 부분집합에 속한다.

03 방향 그래프는 루프를 가질 수 있다. (　　)

> 그래프와 방향 그래프 모두 루프를 가질 수 있다.

04 해밀턴 경로(Hamiltonian path)는 그래프의 정점은 여러 번 지날 수 있지만 간선은 한 번씩만 지날 수 있는 경로이다. (　　)

> 해밀턴 경로(Hamiltonian path)는 그래프 $G=(V, E)$의 정점 v에서 시작하여 모든 정점을 한 번씩 방문하고 다시 정점 v로 돌아오지 않는 경로이다.

05 오일러 그래프는 연결 그래프이다. (　　)

> 오일러 회로를 지닌 그래프를 오일러 그래프(Euler graph)라고 한다. 그래프가 오일러 회로를 가질 필요충분조건은 '그래프가 연결된 그래프이고, 모든 정점의 차수가 짝수이어야 한다.'이다.

06 모든 정점이 같은 차수를 갖는 그래프를 정규 그래프라고 한다. (　　)

> 정규 그래프(Regular Graph)는 그래프 $G=(V, E)$ 내에 있는 모든 정점의 차수가 같은 그래프이다. 각 정점의 차수가 모두 k인 경우 k-정규 그래프로 표기한다.

07 각 정점이 모든 다른 정점과 연결되어 있는 그래프를 완전 그래프라고 한다. (　　)

> 완전 그래프는 모든 정점이 모든 다른 정점과 연결되어 있는 그래프이다.

정답 1 ✗ 2 ✗ 3 O 4 ✗ 5 O 6 O 7 O

08 간선들이 서로 교차하지 않도록 평면상에 그릴 수 있는 그래프를 동형 그래프라고 한다.
(   )

> 간선들이 서로 교차하지 않도록 평면상에 그릴 수 있는 그래프를 평면 그래프라고 한다.

09 그래프에서 정점이 n개이고 간선이 m개 있을 때 정점의 차수의 합은 $2n$이다. (   )

> 그래프에서 정점 n개이고 간선이 m개 있을 때 정점의 차수의 합은 $2m$이다.

10 트리에서 어떤 노드의 차수는 그 노드의 부분트리의 개수를 나타낸다. (   )

> 트리는 하나 이상의 노드(node)로 구성된 유한 집합으로서 특별히 지정된 노드인 루트(root, 뿌리)가 있고, 나머지 노드들은 다시 각각 트리이면서 연결되지 않는(disjoint) $T_1, T_2, \cdots, T_n \ (n \geq 0)$ 트리들로 나눌 수 있다. 이때 $T_1, T_2, \cdots, T_n \ (n \geq 0)$을 부분트리(subtree, 서브트리)라고 한다. 어떤 노드의 차수는 그 노드의 자식 노드의 개수를 말하며 해당 노드의 부분트리의 개수는 자식 노드의 수와 같다.

11 오일러의 공식은 연결된 평면 그래프 $G=(V,E)$에서 정점의 개수를 $|V|=v$, 간선의 개수를 $|E|=e$, 면의 개수를 s라고 할 때 $v-e+s=2$이다. (   )

> 연결된 평면 그래프 $G=(V,E)$에서 정점의 개수를 $|V|=v$, 간선의 개수를 $|E|=e$, 면의 개수 s를 라고 할 때 다음의 오일러의 정리(오일러 공식)가 성립한다.
> $v-e+s=2$

12 신장 트리에서는 그래프의 모든 노드들을 포함한다. (   )

> 어떤 그래프 G에서 모든 노드들을 포함하는 트리를 신장 트리(spanning tree, 생성 트리)라고 한다.

13 높이가 2인 포화 이진 트리에서의 잎 노드는 2개이다. (   )

> 높이가 2인 포화 이진 트리에서의 잎 노드는 4개이다.

14 이진 트리(binary tree)는 뿌리 트리에서 자식 노드가 2개 이하인 트리로, 1개 이상의 노드들로 이루어진 유한집합이다. (   )

> 이진 트리(binary tree) 뿌리 트리에서 자식 노드가 2개 이하인 트리로, 0개 이상의 노드들로 이루어진 유한 집합이다.

정답 8 × 9 × 10 ○ 11 ○ 12 ○ 13 × 14 ×

제 3 장 | 실전예상문제

01 다음 중 트리(tree) 구조에 맞는 것은?

① 가계도
② 오일러 그래프
③ 해밀톤 회로
④ 순환의 그래프

> 01 트리 구조는 부모와 자식의 관계, 상하 관계를 표현할 수 있다. 그러므로 가계도와 같은 관계를 표현하는데 매우 적합하다.

02 다음 중 트리(Tree)가 되지 <u>않는</u> 그래프는?

①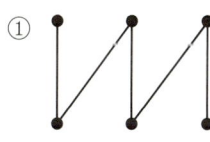

②

③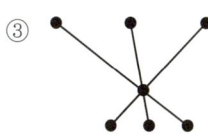

④

> 02 그래프의 특별한 형태로서 회로(cycle)가 없는 연결 무향 그래프를 트리(tree)라고 한다. ②는 중간에 연결이 끊어졌으므로 트리가 아닌 숲에 해당된다.

정답 01 ① 02 ②

03 정점 A에서 정점 H까지의 최단 경로는 (A, B, E, H)이고, 최단 경로의 길이는 5이다.

03 가중그래프에서 정점 A로부터 정점 H까지의 최단 경로와 최단 경로의 길이로 맞는 것은?

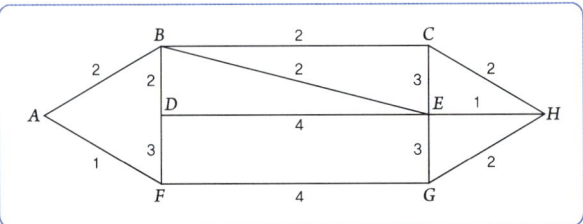

① $(A, D, E, H), 5$
② $(A, B, E, H), 3$
③ $(A, B, E, H), 5$
④ $(A, D, E, H), 6$

04 ④를 제외한 나머지는 모두 트리(tree)이다.

04 다음 중 숲은 어느 것인가?

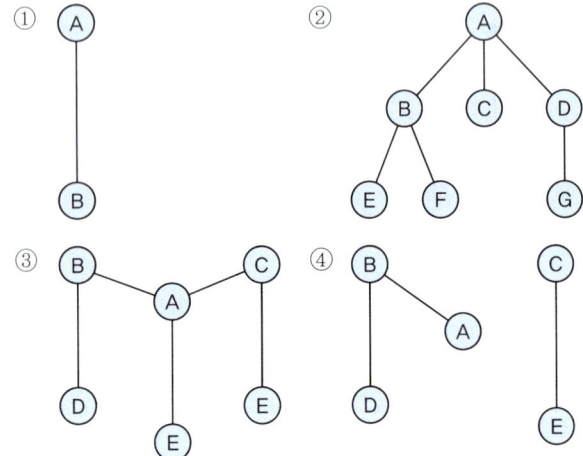

정답 03 ③ 04 ④

05 다음과 같은 그래프 G의 신장 트리가 아닌 것은?

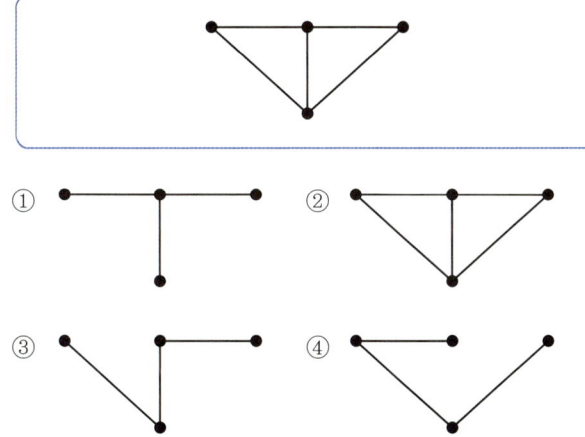

05 어떤 그래프 G에서 모든 노드들을 포함하는 트리를 신장 트리(spanning tree, 생성 트리)라고 한다. ②는 그래프이다.

06 다음 중 트리(tree)에 대한 설명으로 틀린 것은?

① 사이클(cycle)이 존재하지 않는 그래프이다.
② 루트(root)라 불리는 특별한 노드가 한 개 존재한다.
③ 루트로 들어오는 연결선이 없으므로 루트는 모든 트리의 출발점이 된다.
④ 루트로부터 다른 모든 노드로 가는 경로가 항상 존재하는 것은 아니다.

06 뿌리로부터 다른 모든 노드로 가는 경로가 항상 유일하게 존재한다.

정답 05 ② 06 ④

07 멀티 그래프의 모든 정점에서 연결된 간선의 개수가 홀수인 정점(홀수점)의 개수가 0 또는 2개인 경우를 오일러 경로라고 한다.

07 오일러 경로에 관한 내용으로 틀린 것은?

① 멀티 그래프에서 모든 연결선들을 꼭 한 번씩만 통과하는 경로를 오일러 경로(Eulerian path)라고 한다.
② 쾨니히스베르크 다리 문제는 오일러 경로를 찾을 수 있는지 여부와 같은 문제이다.
③ 멀티 그래프의 모든 정점에서 연결된 간선의 개수가 홀수인 정점(홀수점)의 개수가 0 또는 2개인 경우를 오일러 경로라고 한다.
④ 멀티 그래프의 모든 정점에서 연결된 간선의 개수가 짝수인 정점(짝수점)의 개수가 0 또는 2개인 경우를 오일러 경로라고 한다.

08 간선으로 연결된 정점들은 모두 1로 표기한다.
$a_{ij} = \begin{cases} 1, & (v_i, v_j) \in E \\ 0, & others \end{cases}$
$\Rightarrow a[i,j] = \begin{cases} 1, & (i,j) \in E(G) \\ 0, & others \end{cases}$

08 다음 그래프의 인접 행렬은?

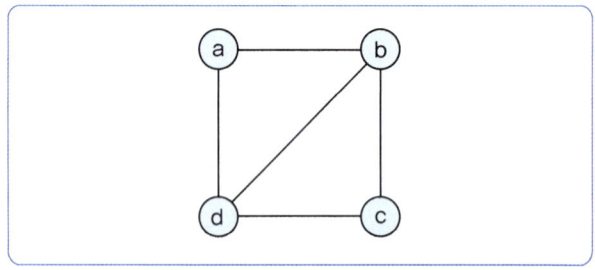

① $\begin{array}{c} a\ b\ c\ d \\ a \\ b \\ c \\ d \end{array} \begin{bmatrix} 0 & 1 & 0 & 1 \\ 1 & 0 & 1 & 1 \\ 0 & 1 & 0 & 1 \\ 1 & 1 & 1 & 0 \end{bmatrix}$ ② $\begin{array}{c} a\ b\ c\ d \\ a \\ b \\ c \\ d \end{array} \begin{bmatrix} 0 & 1 & 0 & 1 \\ 1 & 0 & 0 & 1 \\ 0 & 1 & 0 & 1 \\ 1 & 1 & 1 & 0 \end{bmatrix}$

③ $\begin{array}{c} a\ b\ c\ d \\ a \\ b \\ c \\ d \end{array} \begin{bmatrix} 0 & 1 & 0 & 1 \\ 1 & 0 & 0 & 1 \\ 0 & 1 & 0 & 1 \\ 1 & 1 & 1 & 1 \end{bmatrix}$ ④ $\begin{array}{c} a\ b\ c\ d \\ a \\ b \\ c \\ d \end{array} \begin{bmatrix} 0 & 1 & 0 & 1 \\ 1 & 0 & 1 & 1 \\ 0 & 1 & 0 & 1 \\ 1 & 1 & 1 & 1 \end{bmatrix}$

정답 07 ④ 08 ①

09 다음 그래프 중에서 평면 그래프가 아닌 것은?

①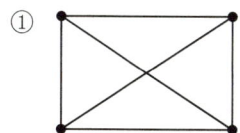

②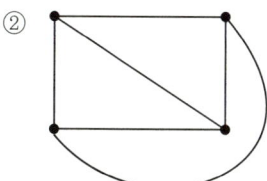

③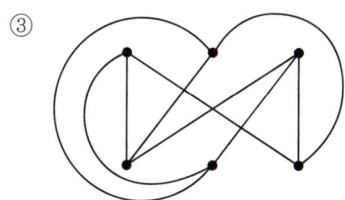

④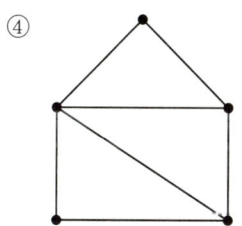

09 교차하여 만나는 간선이 있으므로 평면 그래프가 아니다.
평면 그래프(Planar Graph)는 그래프 $G=(V, E)$를 평면에 그릴 때, 정점이 아닌 곳에서는 어떤 간선도 교차하지 않는 그래프이다.

10 연결된 평면 그래프에서 간선이 8개, 면의 수가 4일 때 정점의 개수는?

① 5
② 6
③ 7
④ 8

10 연결된 평면 그래프 $G=(V, E)$에서 정점의 개수를 $|V|=v$, 간선의 개수를 $|E|=e$, 면의 개수를 s라고 할 때 다음의 오일러의 정리(오일러 공식)가 성립한다.
$v-e+s=2$

정답   09 ③   10 ②

11 n개의 정점으로 구성된 그래프에서 간선 수가 최대인 그래프를 완전 그래프(complete graph)라고 한다. 이때 최대 간선의 수는 $n(n-1)/2$개이다. 방향 그래프는 최대 간선의 수가 $n(n-1)$개이다.

11 다음 중 완전 그래프가 아닌 것은?

①

②

③

④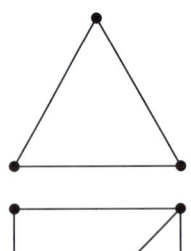

12 강한 연결 그래프(strongly connected graph)는 방향 그래프에서 두 정점 v와 u에 대해서 v에서 u로의 경로와 u에서 v로의 경로가 존재한다.

12 다음 중 그래프에 대한 설명으로 틀린 것은?
① 방향 그래프(directed graph)는 간선에 화살표가 있어서 진행 방향이 있는 그래프이다.
② 무방향 그래프(undirected graph)는 간선에 진행 방향이 없는 그래프이다.
③ 연결 그래프(connected graph)는 그래프의 모든 정점들이 연결되어 있는 그래프이다.
④ 강한 연결 그래프(strongly connected graph)는 방향 그래프에서 두 정점 v와 u에 대해서 v에서 u로의 경로만 존재한다.

정답 11 ④ 12 ④

13 다음 그래프를 너비 우선 탐색한 결과로 맞는 것은?

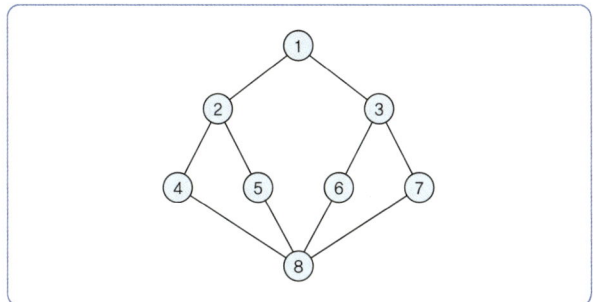

① 1, 2, 4, 8, 5, 6, 3, 7
② 1, 2, 3, 4, 5, 6, 7, 8
③ 1, 2, 4, 5, 8, 6, 7, 3
④ 1, 2, 4, 8, 5, 6, 7, 3

14 다음 트리에 대해서 옳게 설명한 것은?

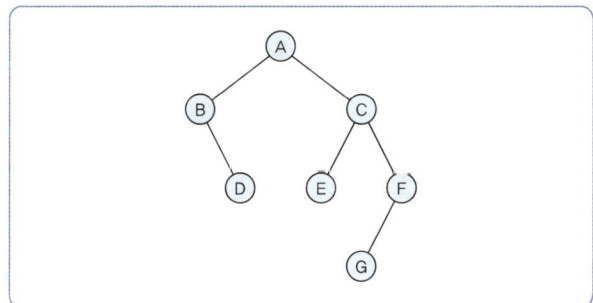

① 잎노드는 A, B, C, F이다.
② 트리의 높이는 4이다.
③ 노드 C의 차수는 2이다.
④ 노드 G의 조상 노드는 A, C, E, F이다.

15 15개의 정점을 가지는 트리에 간선이 몇 개 있는가?

① 14   ② 15
③ 13   ④ 12

13 너비 우선 탐색은 먼저 시작점 v를 방문한 후 v에 인접한 모든 정점들을 차례로 방문한다. 더 이상 방문할 정점이 없는 경우 다시 v에 인접한 정점 가운데 맨 처음으로 방문한 정점과 인접한 정점들을 차례로 방문한다.
v에 인접한 정점 중 두 번째로 방문한 정점과 인접한 정점들을 차례로 방문하는 과정을 반복한다. 모든 정점들을 방문한 후 탐색을 종료한다.

14 ① 잎노드는 D, E, G이다.
② 트리의 높이는 3이다.
④ 노드 G의 조상 노드는 A, C, F이다.

15 정점의 개수가 m이고 간선의 수가 n일 때 다음의 수식이 성립한다.
$m = n + 1$

정답 13 ② 14 ③ 15 ①

Self Check로 다지기 | 제3장

➡ 한붓그리기(traversable)
① 그래프에서 연필을 떼지 않고 모든 연결선을 오직 한 번만 지나가게 그리는 것
② 연결된 그래프에서 한붓그리기가 가능하려면 시작하는 정점과 끝나는 정점을 제외한 모든 정점의 차수는 짝수

➡ 그래프
① 그래프(graph) $G = (V, E)$
② V : 정점들의 집합
③ E : 간선들의 집합
④ 간선(edge) : 두 정점들을 연결한 두 정점의 순서쌍으로 표현

➡ 그래프의 종류
① 방향 그래프(directed graph)
연결선에 화살표가 있어서 진행 방향이 있는 그래프
② 무방향 그래프(undirected graph)
간선에 진행 방향이 없는 그래프
③ 연결 그래프(connected graph)
그래프의 모든 정점들이 연결되어 있음
④ 강한 연결 그래프(strongly connected graph)
방향 그래프에서 두 정점 v와 u에 대해서 v에서 u로의 경로와 u에서 v로의 경로가 존재함

➡ 경로(path)
그래프에서의 경로는 정점들을 나열한 열 $v_1, v_2, \cdots, v_n$에서 모든 $1 \leq k \leq n$에 대해 간선 $(v_k, v_{k+1}) \in E$이 존재하는 경우, 여기서 경로의 길이(length)는 $n-1$
① 단순 경로(simple path)
간선이 겹치지 않는 경로
② 기본 경로(elementary path)
정점이 겹치지 않는 경로
③ 사이클(cycle) 또는 순환(circuit)
경로 $(v_1, v_2, \cdots, v_n)$에서 시점 v_1과 종점 v_n이 일치하는 경우를 말한다.
④ 단순 사이클(simple cycle)
같은 간선을 반복하여 방문하지 않는 사이클
⑤ 기본 사이클(elementary cycle)
시작 정점을 제외한 어떠한 정점도 반복하여 방문하지 않는 사이클

그래프의 표현 방법
① 인접 행렬(adjacency matrix)

그래프 $G=(V, E)$의 모든 정점을 행과 열의 원소로 표현

$a_{ij} = \begin{cases} 1, & (v_i, v_j) \in E \\ 0, & others \end{cases} \Rightarrow a[i,j] = \begin{cases} 1, & (i,j) \in E(G) \\ 0, & others \end{cases}$

② 인접 리스트(adjacency list)

그래프를 구성하는 모든 정점들에 대하여 간선으로 연결되어 있는 정점들을 연결 리스트(linked list)로 나열한 것으로 같은 리스트 내에서는 순서는 의미가 없음

오일러 순환 및 해밀턴 순환
① 오일러 경로(Euler path, Eulerian path)

정점은 여러 번 지날 수 있지만 그래프의 모든 간선을 단 한 번씩만 통과하는 경로

② 오일러 순환(Euler cycle)

그래프 $G=(V, E)$에서 정점은 여러 번 지날 수 있지만 간선은 한 번씩만 통과하고 같은 정점에서 시작하여 같은 정점에서 끝나는 경로

③ 해밀턴 경로(Hamiltonian path)

그래프 $G=(V, E)$의 정점 v에서 시작하여 모든 정점을 한 번씩 방문하고 다시 정점 v로 돌아오지 않는 경로

④ 해밀턴 순환(Hamiltonian Cycle)

그래프 $G=(V, E)$의 정점 v에서 시작하여 모든 정점을 한 번씩 방문하고 다시 정점 v로 돌아오는 회로

⑤ 해밀턴 그래프(Hamiltonian Graph)

해밀턴 회로를 포함하는 그래프

오일러의 정리
연결된 평면 그래프 $G=(V, E)$에서 정점의 개수를 $|V|=v$, 간선의 개수를 $|E|=e$, 면의 개수를 s를 라고 할 때 다음의 오일러의 정리(오일러 공식)가 성립

$v-e+s=2$

그래프의 탐색
① 깊이 우선 탐색(Depth First Search : DFS)
② 너비 우선 탐색(Breadth First Search : BFS)

트리
하나 이상의 노드(node)로 구성된 유한집합으로, 루트(root, 뿌리)와 부분트리(subtree, 서브트리)로 이루어짐

① 용어
- 노드(node) : 트리를 구성하는 개체
- 뿌리(root) : 트리의 시작 노드로 통상 특정 노드를 지정함
- 차수(degree) : 어떤 노드의 자식 노드의 개수
- 레벨(level) : 뿌리를 레벨 0(또는 1)로 지정하고, 하위로 갈수록 레벨 + 1
- 잎 또는 단말 노드(leaf 또는 terminal node) : 자식 노드를 갖지 않는 노드
- 자식 노드(children node) : 어떤 노드에 직접 연결된 하위 노드
- 부모 노드(parent node) : 자식 노드의 반대되는 개념으로 어떤 노드에 직접 연결된 상위 노드
- 형제 노드(sibling 또는 brother node) : 동일한 부모 노드를 갖는 노드
- 중간 노드(internal node) : 뿌리도 아니고 잎 노드도 아닌 노드
- 조상(ancestor) : 뿌리로부터 어떤 노드에 이르는 경로상의 모든 노드
- 자손(descendant) : 어떤 노드에서 모든 잎 노드에 이르는 경로상의 모든 노드
- 높이(height) : 트리의 최대 레벨
- 숲(forest) : 트리의 뿌리를 제거했을 때 발생하는 하위 트리

② 최소 신장 트리 알고리즘
프림 알고리즘(Prim algorithm), 크루스칼 알고리즘(Kruskal algorithm), 솔린 알고리즘(Sollin algorithm)

③ 이진 트리(binary tree)
- 뿌리 트리에서 자식 노드가 2개 이하인 트리
- 0개 이상의 노드들로 이루어진 유한집합으로, 공집합이거나 모든 노드들은 뿌리의 왼쪽 부분 트리(left subtree)와 오른쪽 부분트리(right subtree)로 구성됨
- 표현방법 : 배열, 연결 리스트

④ 트리 순회(tree traversal)
트리의 각 노드를 체계적인 방법으로 방문하는 과정 : 전위 순회(preorder traversal), 중위 순회(inorder traversal), 후위 순회(postorder traversal)

제 4 장

수학논리

제1절	명제논리
제2절	술어논리
제3절	추론방법
제4절	불 대수
제5절	불 대수와 조합회로
실전예상문제	

지식에 대한 투자가 가장 이윤이 많이 남는 법이다.

– 벤자민 프랭클린 –

  보다 깊이 있는 학습을 원하는 수험생들을 위한
시대에듀의 동영상 강의가 준비되어 있습니다.
www.sdedu.co.kr ➜ 회원가입(로그인) ➜ 강의 살펴보기

제 4 장 수학논리

일반적으로 사람들은 어떠한 주장을 하거나 주장에 대해 증명을 할 때 논리에 맞추어 풀어 나갈 수 있어야한다. 이를 객관적인 증거라고 하며, 주장하는 내용에 대해 타인이 수긍할 수 있는 기본적인 근거가 된다. 이때 주장이 논리적인지를 판단하는 것은 주어진 문제를 객관적으로 명확하게 분석하는지의 여부와 사고의 법칙을 체계적으로 추구하여 분석하는지의 여부로 결정된다. 논리의 중요한 목적은 어떤 특정한 논리를 통한 입증이 옳은가를 측정하는 데 필요한 법칙을 제공한다는 점이다. 논리를 풀어갈 때 참(true)이라고 인정되는 명제들을 나열하여 자신이 주장하는 결론을 유도해간다. 이렇게 논리를 풀어가는 과정을 **추론**(reasoning, inference, argument)이라고 한다.

논리에 대한 연구는 컴퓨터 관련 학문이나 공학 등 여러 분야에 폭넓게 응용된다. 알고리즘의 설계나 증명, 디지털 논리 회로의 설계, 논리 프로그램 관련 분야, 관계형 데이터베이스 이론, 오토마타와 계산 이론, 인공지능 등에 필요한 이론적 기반을 제공하고 있다.

논리는 일반적으로 주어와 술어를 구분하지 않고 전체를 하나의 식으로 처리하여 참 또는 거짓을 판별하는 법칙인 **명제 논리**(Propositional Logic)와 주어와 술어로 구분하여 참 또는 거짓에 관한 법칙인 **술어 논리**(Predicate Logic)로 구분된다.

제1절 명제논리

참(true) 또는 거짓(false)을 명확하게 구분할 수 있는 **문장**(statement)이나 수식을 **명제**(proposition)라고 한다. 일상에서 사용하는 여러 형식의 문장들 중에서 감탄문, 명령문, 의문문은 명제가 될 수 없으며 객관적인 판단으로 참과 거짓인 진릿값으로 표현할 수 있어야 명제이다. 따라서 '전래동화는 재미있다.'와 같은 문장은 사람에 따라 다르게 판단될 수 있으므로 명제가 아니다. 명제에서 참 또는 거짓으로 나타내는 값을 **진릿값**(truth value)이라고 한다. 하나의 단순 명제는 두 개의 값 T 또는 F 중에 하나의 값을 가지므로, n개의 단순 명제가 있을 때 진릿값의 경우의 수는 2^n개다.

> **더 알아두기**
>
> **명제**(proposition)
> 일반적으로 영어 소문자(p, q, r)로 나타낸다.
> 명제는 T(참, true)와 F(거짓, false)의 2가지의 진릿값만을 가지므로 이진 논리라고 한다.
>
> **진릿값**(truth value)
> 명제의 진릿값이 참이면 1 또는 T(true), 진릿값이 거짓이면 0 또는 F(false)로 나타낸다.

여러 명제를 연결하여 하나의 명제로 만들 수 있는데 이때 명제들을 연결하여 하나의 명제로 만들어주는 연산자를 **논리 연산자**라고 한다.

1 논리 연결자 **중요**

하나의 문장이나 식으로 된 명제를 단순 명제(simple proposition)라고 하고, 여러 개의 단순 명제들을 논리 연산자들로 연결하여 만들어진 명제를 합성 명제(composition proposition)라고 한다. 단순 명제들을 연결시켜 주는 역할을 하는 $\vee, \wedge, \neg$과 같은 논리 연산자(Logical Operators)를 논리 연결자(Logical Connectives)라고 한다. 논리 기호 $\sim, \vee, \wedge$ 등을 여러 번 사용하여 합성 명제를 구성할 경우 합성 명제 $P(p, q, r, \cdots)$의 부분 명제 $p, q, r, \cdots$ 등을 **변수**라 하고, 합성 명제의 진릿값은 각 변수들의 진릿값에 의해 구할 수 있다. 즉, 합성 명제의 진릿값은 그 명제를 구성하는 단순 명제의 진릿값과 논리 연산자의 특성에 따라 값이 정해진다. 논리 연결자들의 기호 및 이름과 그 의미를 정리하면 다음 표와 같다.

연결자 이름	기호	의미
부정	$\sim, \neg$	NOT
논리곱	$\wedge$	AND
논리합	$\vee$	OR
배타적 논리합	$\oplus$	Exclusive OR
함축	$\Rightarrow, \rightarrow$	if $\cdots$ then
동치	$\Leftrightarrow, \leftrightarrow$	if and only if(iff)

> **더 알아두기**
>
> **논리 연산자 우선순위**
> 합성 명제에서 여러 개의 논리 연산자들이 쓰일 수 있는데 괄호가 없는 경우에는 다음의 우선순위에 의해 실행된다.
>
> | 우선순위 | 연산자 |
> | --- | --- |
> | 1 | $\neg$ |
> | 2 | $\wedge$ |
> | 3 | $\vee$ |
> | 4 | $\rightarrow$ |
> | 5 | $\leftrightarrow$ |

(1) 부정

문장 p가 명제일 때 not p도 명제다. 이를 명제 p의 **부정**(negative)이라고 하며, $\neg p$ 또는 $\sim p$로 표기하며 'not p' 또는 'p가 아니다.'라고 읽는다. 만약 p의 진릿값이 참이면 $\neg p$의 진릿값은 거짓이 되고, p의 진릿값이 거짓이면 $\neg p$의 진릿값은 참이 된다. 다음은 명제 p에 대하여 $\neg p$의 진릿값에 대한 진리표이다.

p	$\neg p$
T	F
F	T

(2) 논리곱

문장 p와 q가 명제일 때 두 명제의 p and q도 명제가 된다. 이 명제를 **논리곱**(conjunction)이라고 하고 $p \wedge q$로 표기하며 'p and q' 또는 'p 그리고 q'라고 읽는다. 두 명제의 논리곱은 p와 q의 진릿값이 모두 참일 때 연산 결과가 참이고 그렇지 않으면 결과가 거짓이다. 두 명제 p와 q에 대한 논리곱 $p \wedge q$의 진리표는 다음과 같다.

p	q	$p \wedge q$
F	F	F
F	T	F
T	F	F
T	T	T

(3) 논리합

문장 p와 q가 명제일 때 두 명제의 p or q도 명제가 된다. 이 명제를 **논리합**(disjunction)이라고 하고 $p \vee q$로 표기하며, 'p or q'나 'p 또는 q'라고 읽는다. 두 명제의 진릿값이 모두 거짓일 때만 논리합의 결과가 거짓이고 다른 모든 경우 그 결과는 참이 된다. 두 명제 p와 q에 대한 논리합 $p \vee q$의 진리표는 다음과 같다.

p	q	$p \vee q$
F	F	F
F	T	T
T	F	T
T	T	T

(4) 배타적 논리합 기출

문장 p와 q가 명제일 때 $p\ exclusive-or\ q$도 명제이며 이를 명제의 **배타적 논리합**(exclusive −OR)이라고 하고, $p \oplus q$로 표기한다. 이를 '익스클루시브 OR(exclusive OR)' 또는 'XOR'이라고 읽는다. 배타적 논리합은 논리 회로의 구성에 많이 사용되며 컴퓨터 하드웨어나 통신에서의 자료전송 시 패리티 비트(parity bit) 등에 다양하게 활용되고 있다. p와 q의 진릿값 중에서 하나만 참일 때만 모두 참이고, 그렇지 않은 경우엔 거짓이다. 연산의 대상인 명제의 개수가 세 개 이상일 때 배타적 논리합의 결과는 참인 명제의 개수가 홀수일 때 참이 되며 그렇지 않은 경우엔 거짓이 된다. 두 명제 p와 q에 대한 배타적 논리합 $p \oplus q$의 진리표는 다음과 같다.

p	q	$p \oplus q$
F	F	F
F	T	T
T	F	T
T	T	F

(5) 함축 기출

문장 p와 q가 명제일 때 $p\ implies\ q$도 명제이며 이를 **명제의 함축**(implication) 또는 조건 연산자라고 한다. $p \to q$로 표기하며 'p이면 q이다.'라고 읽는다. 조건 연산자 $\to$ 는 'p이면 q이다.'뿐만 아니라, 다음과 같이 똑같은 진릿값을 가지는 다양한 표현으로 나타내질 수 있다.

> ① p이면 q이다. (if p then q)
> ② p는 q의 충분조건이다. (p is sufficient for q)
> ③ q는 p의 필요조건이다. (q is necessary for p)
> ④ p는 q를 함축한다. (p implies q)

함축 $p \to q$는 충분조건에 해당하는 p의 진릿값이 참이고 필요조건에 해당하는 q의 진릿값이 거짓일 때만 연산의 결과가 거짓이고 그렇지 않은 다른 모든 경우는 연산 결과가 참이다. 두 명제 p와 q에 대한 함축 $p \to q$의 진리표는 다음과 같다.

p	q	$p \to q$
F	F	T
F	T	T
T	F	F
T	T	T

(6) 동치

문장 p와 q가 명제일 때 $p\ if\ and\ only\ if\ q$도 명제이며 이를 **명제의 동치**(propositional equivalence) 또는 **쌍방조건문**(biconditional)이라고 한다. $p \leftrightarrow q$로 표기하며 'p이면 q이고 q이면 p이다.'라고 읽는다. 명제 p와 q가 모두 참이거나 거짓일 때 연산의 결과가 참이고 그렇기 않은 경우에는 모두 거짓인 진릿값을 가진다. 쌍방 조건도 같은 의미를 가진 다른 표현으로 나타낼 수 있다.

> ① p이면 q이고 q이면 p이다. (p if and only if q)
> ② p는 q의 필요충분조건이다. (p is necessary and sufficient for q)

두 명제 p와 q에 대한 동치 $p \leftrightarrow q$의 진리표는 다음과 같다.

p	q	$p \leftrightarrow q$
F	F	T
F	T	F
T	F	F
T	T	T

(7) 역, 이, 대우

명제 p, q에 대해 $p \rightarrow q$일 때 $q \rightarrow p$를 $p \rightarrow q$의 역(converse)이라고 하고 $\neg p \rightarrow \neg q$를 $p \rightarrow q$의 이(inverse)라고 하며 $\neg q \rightarrow \neg p$를 $p \rightarrow q$의 대우(contraposition)라고 한다. 두 명제 p와 q에 대한 역, 이, 대우의 상호 관계를 [그림 4-1]로 표현하였다.

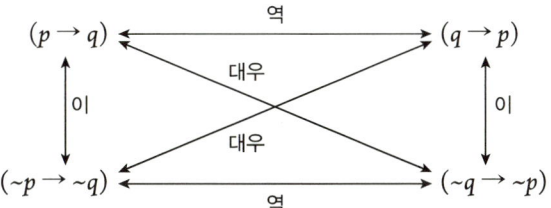

[그림 4-1] 명제의 역, 이, 대우의 관계도

명제의 역, 이, 대우의 상호 관계를 진리표를 이용하여 알아보자. 두 명제 p와 q에 대한 $p \rightarrow q$의 역, 이, 대우를 진리표로 표현하면 다음과 같다.

p	q	$p \rightarrow q$	$q \rightarrow p$	$\neg p \rightarrow \neg q$	$\neg q \rightarrow \neg p$
F	F	T	T	T	T
F	T	T	F	F	T
T	F	F	T	T	F
T	T	T	T	T	T

위의 진리표와 [그림 4-1]의 관계도로 표현한 것과 같이 명제의 역, 이, 대우는 다음과 같은 관계가 성립한다. 주어진 명제가 논리적으로 참인지 거짓인지의 증명이 필요한 경우 논리적 동치 관계인 대우를 이용하여 증명할 수 있다.

> ① 명제의 역과 이는 서로 대우 관계이다.
> ② 명제와 그 명제의 대우는 논리적 동치 관계이다.
> ③ 이외에는 논리적 동치관계가 존재하지 않는다.

(8) 합성 명제의 진릿값

단순 명제의 진릿값은 그 명제가 참이냐 거짓이냐에 따라 T 또는 F로 표시하지만 합성 명제의 진릿값은 복잡한 경우가 많다. 복잡한 경우라도 **진리표**(truth table)를 사용하여 단계적으로 연산함으로써 원하는 합성 명제의 진릿값을 보다 쉽고 편리하게 구할 수 있다.

먼저 진리표에 단순 명제들이 가질 수 있는 모든 경우의 진릿값을 표시한 후 합성 명제들을 연산의 순서대로 연산한다.

명제 p, q에 대해 합성명제 $(\neg q \vee \neg p) \wedge p$의 진릿값을 하나씩 단계적으로 연산하는 과정은 다음의 진리표와 같다. 먼저 연산의 우선순위에 따라서 $\neg p$와 $\neg q$를 구한 후 $(\neg q \vee \neg p)$를 연산하고 나서 최종적으로 $(\neg q \vee \neg p) \wedge p$을 연산한다.

p	q	$\neg p$	$\neg q$	$(\neg q \vee \neg p)$	$(\neg q \vee \neg p) \wedge p$
F	F	T	T	T	F
F	T	T	F	T	F
T	F	F	T	T	T
T	T	F	F	F	F

2 항진명제와 모순명제 중요

합성명제를 구성하고 있는 단순 명제의 진릿값에 상관없이 합성명제의 연산결과가 항상 참이면 이를 **항진명제**(tautology)라고 하며, 이와는 반대로 합성명제의 연산결과가 항상 거짓이면 이를 **모순명제**(contradiction)라고 한다. 항진명제도 아니고 모순명제도 아닌 명제를 **사건명제**(contingency)라고 한다.

p가 단순 명제일 때 $p \vee (\neg p)$는 명제 p가 거짓이면 $\neg p$가 참이 되어 연산의 결과가 항상 참인 항진명제이고, $p \wedge (\neg p)$는 명제 p가 참이면 $\neg p$가 거짓이 되어 연산의 결과가 항상 거짓인 모순명제이다. 항진명제와 모순명제 여부는 다음과 같이 진리표를 작성하여 연산 결과를 통해 확인할 수 있다. 여기서 항진명제의 부정은 모순명제이고 모순명제의 부정은 항진명제임을 알 수 있다.

p	$\neg p$	$p \vee (\neg p)$	$p \wedge (\neg p)$
F	T	T	F
T	F	T	F

3 논리적 동치 중요

두 개의 명제 p, q의 쌍방 조건 $p \leftrightarrow q$가 항진 명제이면, 두 명제 p, q를 **논리적 동치**(logical equivalence)라고 하고 $p \equiv q$ 또는 $p \Leftrightarrow q$라고 표기한다. 두 명제 p, q가 논리적 동치(logical equivalence)라는 것은, 명제 p와 q가 같은 논리 값을 가진다는 의미이다. 합성 명제에서도 연산 결과의 진릿값이 서로 같은 경우 이를 **논리적 동치**(logical equivalence)라고 한다.

두 명제가 논리적 동치일 경우는 두 명제의 논리 값이 서로 같으므로 하나의 명제가 다른 명제를 대신할 수 있다. 어떤 복잡한 명제를 좀 더 간단한 명제로 만들기 위해 논리적 동치 관계인 다른 명제를 사용하여 간소화 할 수 있다. 논리적 동치 관계의 기본 법칙을 정리하면 다음과 같다.

법칙 이름	논리적 동치관계
멱등 법칙 (idempotent law)	$p \vee p \equiv p$ $p \wedge p \equiv p$
항등 법칙 (identity law)	$p \vee F \equiv p$ $p \wedge T \equiv p$
지배 법칙 (domination law)	$p \vee T \equiv T$ $p \wedge F \equiv F$
부정 법칙 (negation law)	$\neg T \equiv F$ $\neg F \equiv T$ $p \vee (\neg p) \equiv T$ $p \wedge (\neg p) \equiv F$
이중 부정 법칙 (double negative law)	$\neg(\neg p) \equiv p$
교환 법칙 (commutative law)	$p \vee q \equiv q \vee p$ $p \wedge q \equiv q \wedge p$ $p \leftrightarrow q \equiv q \leftrightarrow p$
결합 법칙 (associative law)	$(p \vee q) \vee r \equiv p \vee (q \vee r)$ $(p \wedge q) \wedge r \equiv p \wedge (q \wedge r)$
분배 법칙 (distributive law)	$p \vee (q \wedge r) \equiv (p \vee q) \wedge (p \vee r)$ $p \wedge (q \vee r) \equiv (p \wedge q) \vee (p \wedge r)$
흡수 법칙 (absorption law)	$p \vee (p \wedge q) \equiv p$ $p \wedge (p \vee q) \equiv p$
드 모르간 법칙 (De Morgan's law)	$\neg(p \vee q) \equiv (\neg p) \wedge (\neg q)$ $\neg(p \wedge q) \equiv (\neg p) \vee (\neg q)$
함축 법칙 (implication law)	$p \rightarrow q \equiv \neg p \vee q$
대우 법칙 (contraposition law)	$p \rightarrow q \equiv \neg q \rightarrow \neg p$

두 명제가 논리적 동치 관계임을 입증하는 방법은 다음과 같이 두 가지로 정리할 수 있다. 이 중 문제에 적당한 방법을 선택하여 문제를 해결한다.

① 두 명제에 대한 진리표를 구하고 두 명제의 진릿값이 같음을 증명한다.
② 하나의 명제로부터 논리적 동치 관계의 기본 법칙을 이용하여 다른 명제로 유도한다.

예를 들어 명제 $\neg(p \vee (\neg p \wedge q))$와 $\neg p \wedge \neg q$에 대하여 서로 동치 관계 여부를 확인해 보자. 먼저 진리표를 이용하여 동치 관계 여부를 확인한다. 두 명제에 대해 각각 진릿값을 구하면 다음과 같다.

p	q	$\neg p$	$\neg q$	$(\neg p \wedge q)$	$(p \vee (\neg p \wedge q))$	$\neg(p \vee (\neg p \wedge q))$
F	F	T	T	F	F	T
F	T	T	F	T	T	F
T	F	F	T	F	T	F
T	T	F	F	F	T	F

p	q	$\neg p$	$\neg q$	$\neg p \wedge \neg q$
F	F	T	T	T
F	T	T	F	F
T	F	F	T	F
T	T	F	F	F

위의 진리표에서 합성 명제 $\neg(p \vee (\neg p \wedge q))$의 진릿값과 합성 명제 $\neg p \wedge \neg q$의 진릿값이 동일하므로 $\neg(p \vee (\neg p \wedge q)) \equiv \neg p \wedge \neg q$임을 알 수 있다.

논리적 동치 관계의 기본 법칙을 합성 명제 $\neg(p \vee (\neg p \wedge q))$에 적용하면 다음과 같다.

> ① $\neg(p \vee (\neg p \wedge q)) = \neg((p \vee \neg p) \wedge (p \vee q))$: 분배 법칙 적용
> ② $\neg((p \vee \neg p) \wedge (p \vee q)) = \neg(T \wedge (p \vee q))$: 부정 법칙 적용
> ③ $\neg(T \wedge (p \vee q)) = \neg(p \vee q)$: 항등 법칙 적용
> ④ $\neg(p \vee q) = \neg p \wedge \neg q$: 드모르간의 법칙 적용

기본 법칙들을 적용하여 합성 명제 $\neg(p \vee (\neg p \wedge q))$을 간단하게 나타내면 합성 명제 $\neg p \wedge \neg q$가 된다. 즉, $\neg(p \vee (\neg p \wedge q)) \equiv \neg p \wedge \neg q$ 임을 알 수 있다.

'p이면 q이고 q이면 p이다.'인 쌍방 조건 $p \leftrightarrow q$를 명제 p, q와 연산자로 표현하면 $(p \to q) \wedge (q \to p)$와 같다. 진리표를 이용하여 쌍방 조건 $p \leftrightarrow q$를 합성 명제 $(p \to q) \wedge (q \to p)$가 서로 논리적 동치임을 확인할 수 있다.

p	q	$p \leftrightarrow q$	$p \to q$	$q \to p$	$(p \to q) \wedge (q \to p)$
F	F	T	T	T	T
F	T	F	T	F	F
T	F	F	F	T	F
T	T	T	T	T	T

이와 같이, 두 합성 명제에 대하여 진리표를 이용하거나 논리적 동치 관계의 기본 법칙을 적용하여 논리적 동치 관계를 확인할 수 있다. 또는 복잡한 합성 명제를 보다 간단한 논리적 동치인 명제로 표현하는 것이 가능하다. 합성 명제 $\neg(\neg p \wedge q) \wedge (p \vee q)$에 논리적 기본 법칙들을 적용하여 정리하면 다음과 같다.

① $\neg(\neg p \wedge q) \wedge (p \vee q) = (\neg(\neg p) \vee \neg q) \wedge (p \vee q)$: 드모르간의 법칙 적용
② $(\neg(\neg p) \vee \neg q) \wedge (p \vee q) = (p \vee \neg q) \wedge (p \vee q)$: 이중 부정 법칙 적용
③ $(p \vee \neg q) \wedge (p \vee q) = p \vee (\neg q \wedge q)$: 분배 법칙 적용
④ $p \vee (\neg q \wedge q) = p \vee F$: 부정 법칙 적용
⑤ $p \vee F = p$: 항등 법칙 적용

즉, $\neg(\neg p \wedge q) \wedge (p \vee q) \equiv p$ 이므로 합성 명제 $\neg(\neg p \wedge q) \wedge (p \vee q)$ 대신 논리적 동치인 명제 p를 사용할 수 있다.

제2절 술어논리

명제는 참과 거짓이 명확하게 결정되나 명제 중에는 값이 정해지지 않는 변수(variable)나 객체(object)가 있어서 참과 거짓을 판별하기 어려운 경우가 있다. 변수가 있는 경우 변수의 값에 따라 명제의 참과 거짓이 결정된다. 예를 들어, 명제 '$x - 7 = 3$'은 '$x = 10$'일 때만 참이고 그 외에는 거짓의 값을 가진다. 이런 경우에 '$x - 7 = 3$을 만족시키는 변수 x의 값이 있다.'고 표현한다. 이와 같은 형태의 명제는 함수 $P(x)$로 표시하고, $P(x)$를 변수 x에 대한 **명제 술어**(propositional predicate)라고 하며 명제 논리와 구분하여 명제 술어에 대한 논리를 **술어논리**(predicate logic) 또는 **함수논리**(function logic)라고 한다. 이와 같이 술어논리는 대상의 성질을 서술하는 문장들로 이루어진다. 이때, 대상은 $x, y, z, \cdots$와 같이 소문자로 나타내며, **술어**(predicate)는 $P, Q, R, \cdots$와 같이 대문자로 표시한다. 그리고 'x는 P이다.'라는 문장은 간단히 함수의 형태인 '$P(x)$'라고 쓴다.

술어논리(predicate logic)는 '주어'와 '술어'의 구조가 존재하고, '주어'가 될 수 있는 대상에 대한 **한정자**(quantifier)를 사용할 수 있다. 술어논리는 하나의 명제를 술어와 객체로 분리하여 표현하는데, 하나의 술어는 하나 이상의 객체를 수식할 수 있다. 또한 객체는 상수가 사용될 수도 있고 변수가 사용될 수도 있다. 이때, 변수 x가 나타내는 객체의 집합 D를 **정의역**(domain)이라 한다. 이 정의역(x의 범위) 내에서 변수 x만을 지정하는 기호를 사용할 수 있는데, 이것을 **한정자**(quantifier)라고 한다.

한정기호에는 전체 한정자와 존재 한정자가 있다. $P(x)$가 논의 영역 D를 가지는 명제함수일 때 'D에 속하는 모든 x에 대해 $P(x)$는 참이다.'라는 문장은 기호 $\forall$를 사용하여 $\forall x P(x)$와 같이 표기한다. 여기서 기호 $\forall$를 **전체 한정자**(universal quantifier)라고 한다. 즉, 전체 한정자 $\forall$는 모든(all)의 의미를 나타낸다. 명제 함수의 전체 한정이란 '정의역에 속하는 모든 x에 대하여 $P(x)$가 참'이라고 말하는 것과 같다. 또한 $P(x)$가 논의 영역 D를 가지는 명제함수일 때 'D에 속하는 어떤 x에 대해 $P(x)$가 참인 x가 존재 한다'라는 문장은 기호 $\exists$를 사용하여 $\exists x P(x)$와 같이 표기한다. 여기서 기호 $\exists$를 **존재 한정자**(universal quantifier)라고 한다. 즉, 존재 한정자 $\exists$는 어떤(some)의 의미를 나타낸다. 명제 함수의 존재 한정이란 '정의역에 속하는 적어도 하나의 x에 대하여 $P(x)$가 참'이라고 말하는 것과 같다.

> **더 알아두기**
>
> **명제함수(propositional function)**
> 변수 x를 포함한 문장 $P(x)$와 논의영역(정의역) D가 있을 때, 변수 x의 값이 D에 포함되면 문장 $P(x)$를 변수 x에 대한 명제함수(propositional function)라고 한다.
>
> **논의영역(universe of discourse)**
> 문장이 명제로 명확하게 구분되기 위해 문장 속의 변수 x가 속하는 범위이다.

예를 들어, x가 정수이고 $P(x)$가 '$x^2=1$'이라고 할 때 다음의 진릿값을 구해보자.
① $\forall x P(x)$: 이 명제는 '모든 정수 x에 대하여 $x^2=1$이다.'라는 의미이다. 그러나 $x=1$ 또는 $x=-1$인 경우에만 $x^2=1$이 성립하므로 이 명제는 거짓이다.
② $\exists x P(x)$: 이 명제는 '$x^2=1$인 어떤 정수 x가 존재한다.'라는 의미이다. $x=1$ 또는 $x=-1$인 경우에 $x^2=1$이 성립하므로 이 명제는 참이다.

'모든 꽃은 여름에 핀다.'라는 명제가 있다고 할 때 이 명제의 부정은 '어떤 꽃도 여름에 피지 않는다.'라고 생각할 수 있지만 이 명제의 부정은 '어떤 꽃은 여름에 피지 않는다.' 또는 '1개 또는 더 많은 꽃이 여름에 피지 않는다.'이다. 결국 1개의 꽃이라도 여름에 피지 않으면 모든 꽃이 여름에 핀다는 명제는 거짓이 된다.
전체 한정자($\forall$)를 사용한 명제의 부정은 **존재 한정자**($\exists$)를 사용한 명제와 논리적으로 동등하다. 한정자를 사용한 명제의 논리적 동등성을 논할 때 술어를 다른 술어로 바꾸거나 술어변수의 정의역을 바꾸는 등 어떤 경우에도 논리적으로 같은 진릿값을 가진다는 의미이다.
전체 한정자와 존재 한정자의 부정을 정리하면 다음과 같다.

- $\neg(\forall x P(x)) \Leftrightarrow \exists x (\neg P(x))$
- $\neg(\exists x P(x)) \Leftrightarrow \forall x (\neg P(x))$

> **더 알아두기**
>
> **전체 한정자와 존재 한정자의 상호 관계**
> ① '모든 x에 대하여 $P(x)$가 성립한다.'고 하면, 이의 부정은 '$P(x)$가 성립하지 않는 x가 존재한다.'가 된다. 이것을 논리 기호로 나타내면 다음과 같다.
> $\neg(\forall x P(x)) \Leftrightarrow \exists x (\neg P(x))$
> ② '$P(x)$가 성립하는 x가 존재한다.'고 하면, 부정은 '모든 x는 $P(x)$가 성립하지 않는다.'가 된다. 이것을 논리 기호로 나타내면 다음과 같다.
> $\neg(\exists x P(x)) \Leftrightarrow \forall x (\neg P(x))$

명제논리에서는 명제가 최소 단위이므로 명제의 내부구조에 대한 분석은 이루어질 수 없으나 술어논리는 명제논리와는 달리 명제의 내부구조 분석에 의한 추론 규칙이 존재한다. 예를 들어서 다음의 두 명제논리는 완전히 별개의 사실이다.

> ① 곰은 동물이다.
> ② 사자는 동물이다.

이것으로부터 '곰'과 '사자'가 모두 '동물'이라는 유사점을 발견할 수 없다. 따라서 '모든 동물은 움직인다.'와 같이 두 명제와 관련 있는 명제를 추가해도 '곰'과 '사자'는 '움직인다'라는 사실을 유도할 수 없게 된다. 술어논리는 이러한 명제논리의 문제를 해결할 수 있다.

술어논리는 하나의 명제를 술어와 그 술어의 수식을 받는 객체로 분리하여 '술어(객체)'의 형태로 표현한다. 예를 들면 앞의 세 명제는 다음과 같이 술어논리식으로 표현될 수 있다.

> ① 곰은 동물이다. : $Animal(Bear)$
> ② 사자는 동물이다. : $Animal(Lion)$
> ③ 모든 동물은 움직인다. : $\forall x\{Animal(x) \rightarrow Move(x)\}$

여기서 $Animal$은 '동물이다'라는 술어에 해당되고, $Bear$와 $Lion$은 각각 '곰'과 '사자'를 나타내는 객체가 된다. 이때 $Bear$와 $Lion$은 모두 $Animal$이라는 공통된 술어의 수식을 받고 있다. 이때 $Animal(Bear)$, $Animal(Lion)$가 모두 참이라면 $\forall x\{Animal(x) \rightarrow Move(x)\}$에 의해 $Move(Bear)$와 $Move(Lion)$가 모두 참이라는 사실을 유도해 낼 수 있다.

제3절 추론방법

주어진 명제가 참인 것을 전제로 새로운 명제가 참이 되는 것을 유도해내는 방법을 **추론**(Argument)이라고 한다. 주어진 명제가 참이고 유도된 명제가 참인 추론을 타당(valid)하다고 하며 **유효 추론**(valid argument)이라고 하고, 유도된 명제가 거짓인 추론을 **허위 추론**(fallacious argument)이라고 한다. 주어진 명제들인 $p_1, p_2, p_3 \cdots, p_n$을 **전제**(premise)라고 하고 주어진 명제들에 의해 새로이 유도된 명제 q를 **결론**(conclusion)이라고 한다. 즉, 주어진 전제가 참이고 결론도 참인 추론이 유효 추론이고, 결론이 거짓인 추론이 허위 추론(fallacious argument)이다. 주어진 추론에 대한 유효 추론 여부는 진리표를 이용하여 전제가 참인 경우 결론이 참인지 거짓인지를 확인하여 알 수 있다.

1 추론 법칙 (중요)

전제 $p_1, p_2, p_3 \cdots, p_n$이 참이면 결론 q가 논리적으로 참이라고 하는 것은 함축 $(p_1 \wedge p_2 \wedge p_3 \wedge \cdots \wedge p_n) \to q$이 참이라는 것을 의미한다. 이는 타당한 논증에서 사용한 모든 명제가 참이면 결론도 참이 될 수 있으며 전제 중에서 하나라도 거짓인 명제가 존재한다면 결론이 참이 아닐 수 있다는 것을 의미한다. 여러 개의 전제가 있는 경우에 추론 법칙을 이용하여 타당성을 확인한다. **추론 법칙**은 대치 법칙, 긍정 법칙, 부정 법칙, 조건 법칙, 양도 법칙, 분리 법칙 등 다양하다. 여러 문장을 논리적으로 같은 동치 문장으로 대치하는 것을 대치 법칙이라고 하는데, 원래의 주장을 논리적으로 동치인 문장으로 여러 번 대치해도 영향을 주지 않는다. 다음의 표에 여러 가지 추론 법칙을 정리하였다.

법칙 이름	추론 규칙
긍정 법칙 (modus ponens)	p $p \to q$ $\therefore q$
부정 법칙 (modus tollens)	$\neg q$ $p \to q$ $\therefore \neg p$
조건적 삼단 법칙 (hypothetical syllogism)	$p \to q$ $q \to r$ $\therefore p \to r$
선언적 삼단 법칙 (disjunctive dilemma)	$p \vee q$ $\neg p$ $\therefore q$
양도 법칙 (constructive dilemma)	$(p \to q) \wedge (r \to s)$ $p \vee r$ $\therefore (q \vee s)$
파괴적 법칙 (destructive dilemma)	$(p \to q) \wedge (r \to s)$ $\neg q \vee \neg s$ $\therefore \neg p \vee \neg r$
선접 법칙 (disjunctive addition)	p $\therefore p \vee q$
분리 법칙 (simplication)	$p \wedge q$ $\therefore p$
연접 법칙 (conjunction)	p q $\therefore p \wedge q$

전제를 $p_1, p_2, p_3 \cdots, p_n$이라 하고 결론을 q라고 할 때 추론에 대한 것을 수학적 식으로 표시하면 기호 '⊢'를 사용하여 $p_1, p_2, p_3 \cdots, p_n \vdash q$라고 표시한다.

명제 p와 q가 다음과 같을 때 $p \to q, p \vdash q$ 추론식에 대해 다음과 같이 표현한다.

> p : '오늘은 날씨가 좋다.'
> q : '나는 자전거를 탄다.'
> '오늘 날씨가 좋으면 나는 자전거를 탄다.' $(p \to q)$
> '오늘은 날씨가 좋다.' (p)
> '그러므로 나는 자전거를 탄다.' (q)

위의 예처럼 추론은 주어진 명제들로부터 결론을 얻는 것이기 때문에, 유도된 결론은 '그러므로'나 '따라서'로 시작한다. 추론 $p \to q$, $p \vdash q$이 유효 추론인지 허위 추론인지 여부는 다음과 같이 진리표를 작성하여 결정할 수 있다.

p	q	$p \to q$	
F	F	T	
F	T	T	@
T	F	F	
T	T	T	@

위의 진리표에서 전제 $p \to q$와 q가 모두 참인 경우는 두 번째와 네 번째 행으로, '@'로 표시하였다. 두 경우 모두 추론의 전제인 p의 진릿값을 보면 첫 번째는 거짓이고 두 번째는 참이므로, 이 추론은 허위 추론이다. 추론에 대한 참 거짓은 예와 같이 명제들과 그들의 진릿값을 비교해 보면 알 수 있고, 결과에 따라 유효 추론인지 허위 추론인지를 알 수 있다.

> **더 알아두기**
>
> **가장 많이 사용되고 잘 알려진 3가지 논리 법칙** 기출
> ① 긍정 법칙 : p, $p \to q \vdash q$
> ② 부정 법칙 : $\neg q$, $p \to q \vdash \neg p$
> ③ 삼단 법칙 : $p \to q$, $q \to r \vdash p \to r$

다음 명제를 모두 참이라 가정하고 추론 법칙에 의하여 보물의 위치를 찾아보자.

> ① 집이 단독주택이면 보물은 침실에 있지 않다. $(p \to \neg q)$
> ② 거실에 난초가 있으면 보물은 침실에 있다. $(r \to q)$
> ③ 집은 단독주택이다. (p)
> ④ 거실에 난초가 있거나 보물은 주방에 있다. $(r \vee s)$

주어진 명제를 기호로 분리하여 정리하면 다음과 같다.

> p : 집이 단독주택이다.
> q : 보물은 침실에 있다.
> r : 거실에 난초가 있다.
> s : 보물은 주방에 있다.

주어진 명제에 대하여 추론 법칙을 적용하면 다음과 같다.
명제 ①과 ③에 대하여 긍정 법칙을 적용하면 $p \to \neg q, p \vdash \neg q$이다.
명제 ①과 ③에 대하여 긍정 법칙의 결과 $\neg q$와 명제 ②를 부정 법칙에 적용하면 $\neg q, r \to q \vdash \neg r$이다.
긍정 법칙과 부정 법칙의 결과 $\neg r$과 명제 ④를 선언적 삼단 법칙에 적용하면 $r \lor s, \neg r \vdash s$이다. 그러므로 추론의 결과 '보물은 주방에 있다'는 것을 알 수 있다.

제4절 불 대수

불 대수(Boolean algebra)는 1854년 영국의 수학자 부울(George Boole, 1815~1864)이 쓴 『사고의 법칙 연구(An Investigation of the Laws of Thought)』에서 수학적 논리 형태로 처음 소개되었다. 이후 1938년 섀넌(Shannon)이 불 대수의 기본 개념을 이용하여 회로 함수에 대한 설계로 발전시켰다. 불 대수는 논리대수(logic algebra)라고도 하며, 논리적인 문제를 해결하기 위한 수학적인 방법이다.
0과 1의 조합으로 연산되는 것을 불 대수라고 하며, 전기 장치나 컴퓨터 회로는 켜짐(1)과 꺼짐(0)의 두 가지 상태로 불 대수를 나타낸다. 불 대수는 **스위칭 대수(switching algebra)**라고도 불리는데 스위치나 회로는 닫힘과 열림의 두 가지 상태 중 하나인 참 또는 거짓, 1 또는 0으로 표현될 수 있다. 일반적으로 컴퓨터 내부에서 1은 $+5V$로 0은 $0V$의 전압으로 표현하여 컴퓨터의 언어인 기계어를 나타낸다.

1 불 대수식 중요

불 대수식은 두 원소를 가지는 집합 $A = \{0, 1\}$와 이항 연산자(binary operator)인 '+(합, sum, OR)'와 '·(곱, product, AND)' 그리고 단항 연산자(unary operator)인 ' ¯ ' 또는 ''(부정, complement, NOT)'으로 표현된다. 불 보수(boolean complement)는 2진 변수의 값을 반전시키는 단항 연산자이다. 컴퓨터 연산에서 뺄셈을 다룰 때 유용하게 사용된다. 연산자 '(NOT)를 이용하여 불 값의 보수를 구한다. 불 대수에서 모든 원소의 보수는 유일(unique)하다. 불 대수에서 연산자의 연산 우선순위는 부정(NOT)이 가장 우선이며 다음으로는 곱(AND), 합(OR)의 순서이다.

> **더 알아두기**
>
> **불 대수 연산자 우선순위**
> ′ > • > +

두 원소 $A = \{0, 1\}$에 대한 불 대수의 기본 연산 ′(NOT), +(OR), •(AND)의 결과를 표로 정리하면 다음과 같다.

a_1	a_2	$a_1{'}$ (NOT)	$a_2{'}$ (NOT)	$a_1 + a_2$ (OR)	$a_1 \cdot a_2$ (AND)
0	0	1	1	0	0
0	1	1	0	1	0
1	0	0	1	1	0
1	1	0	0	1	1

(1) ′(NOT)

단항 연산자이며 0은 1, 1은 0이 된다. 수식은 다음과 같다.

$$0' = 1 \ (\overline{0} = 1)$$
$$1' = 0 \ (\overline{1} = 0)$$

(2) +(OR)

이항 연산자이며 하나의 항이라도 1이 있으면 연산의 결과는 1이다. 수식은 다음과 같다.

$$0 + 0 = 0$$
$$0 + 1 = 1$$
$$1 + 0 = 1$$
$$1 + 1 = 1$$

(3) •(AND)

이항 연산자이며 하나의 항이라도 0이 있으면 연산의 결과는 0이다. 수식은 다음과 같다.

$$0 \cdot 0 = 0$$
$$0 \cdot 1 = 0$$
$$1 \cdot 0 = 0$$
$$1 \cdot 1 = 1$$

예를 들어 불 대수식 $(1 \cdot 0+0 \cdot 1)' + 0' \cdot 0'$의 연산 결과는 다음과 같이 1이 된다.

$$
\begin{aligned}
(1 \cdot 0+0 \cdot 1)' + 0' \cdot 0' &= (0+0)' + 1 \text{ (AND와 NOT)} \\
&= (0)' + 1 \text{ (OR)} \\
&= 1 \text{ (NOT과 OR)}
\end{aligned}
$$

불 수식은 0, 1의 값 외에도 x, y, z 등과 같은 불 변수(boolean variable)를 이용하여 표현할 수 있다. $x' + y + z \cdot (x + y')$와 같은 불 수식에서 불 변수가 가질 수 있는 값인 0 또는 1을 정해 놓으면 불 수식에 대한 값을 구할 수 있다. 두 불 수식이 같은 진리표를 가질 경우 두 불 수식을 **동치**(equivalence)라고 하고, 두 불 함수 f_1과 f_2가 동치인 경우 $f_1 = f_2$로 표기한다.

불 수식에서는 다음 표에 정리한 불 수식의 법칙들을 이용하여 복잡한 불 수식을 간단한 수식이나 값으로 대체할 수 있다. 이 법칙들에 대한 증명은 불 수식의 등호의 왼쪽 수식과 오른쪽 수식의 진리표를 만들고 두 진리표가 동치인 것을 확인하면 된다.

법칙 이름	불 대수 기본 법칙
교환 법칙 (commutative law)	$x + y = y + x$ $x \cdot y = y \cdot x$
결합 법칙 (associative law)	$x + (y + z) = (x + y) + z$ $x \cdot (y \cdot z) = (x \cdot y) \cdot z$
분배 법칙 (distributive law)	$x \cdot (y + z) = (x \cdot y) + (x \cdot z)$ $x + (y \cdot z) = (x + y) \cdot (x + z)$
드 모르간 법칙 (De Morgan's law)	$(x + y)' = x' \cdot y'$ $(x \cdot y)' = x' + y'$
항등 법칙 (identity law)	$x + 0 = x$ $x \cdot 1 = x$
멱등 법칙 (idempotent law)	$x + x = x$ $x \cdot x = x$
유계 법칙 (bound law)	$x + 1 = 1$ $x \cdot 0 = 0$
보수 법칙 (complement law)	$x + x' = 1$ $x \cdot x' = 0$
이중 보수 법칙 (involution negative law)	$(x')' = x$
흡수 법칙 (absorption law)	$x + xy = x$ $x(x + y) = x$
0과 1의 법칙 (0 and 1 law)	$0' = 1$ $1' = 0$

2 불 대수식의 표현 (중요)

불 변수들에 대한 함수를 **불 함수**(boolean function)라 하며 n개의 불 변수 $x_1, x_2, \cdots, x_n$에 대한 불 함수는 $f(x_1, x_2, \cdots, x_n)$으로 표기한다. 예를 들어 $x + yz$는 $f(x,y,z) = x + yz$가 된다. 이와 같이 불 함수는 불 변수와 불 연산자로 구성된 불 수식으로 표현할 수 있다. n개의 불 변수가 있을 때 그 변수들로부터 얻을 수 있는 조합은 $00\cdots0, 00\cdots1, \cdots, 11\cdots1$로 2^n개이다. 여기서 0은 해당하는 원소가 없는 경우이고, 1은 해당 원소가 있는 경우로 생각한다.

n개의 불 변수로 만들어지는 진리표에서 변수의 각 항을 **최소항**(minterm)이라고 한다. n개의 변수가 있는 경우 2^n개의 최소항이 있으며 이 최소항들은 n개의 불 변수들의 곱으로 나타낸다.

불 함수는 불 변수에 대한 최소항 중에서 1의 값을 가지는 최소항들의 합을 식으로 표현하는 함수이다. 모든 최소항들은 불 곱으로 표현하는데 해당되는 변수를 x라고 할 때 그 값이 1이면 x, 0이면 x' 또는 $\bar{x}$로 표시한다. 변수 x, y, z에 대한 최소항은 다음 표와 같다. 3개의 변수가 있으므로 $2^3 = 8$개의 최소항이 만들어진다.

x	y	z	최소항(minterm)
0	0	0	$x'y'z'$
0	0	1	$x'y'z$
0	1	0	$x'yz'$
0	1	1	$x'yz$
1	0	0	$xy'z'$
1	0	1	$xy'z$
1	1	0	xyz'
1	1	1	xyz

예를 들어 세 변수 x, y, z가 각각 $x=0, y=1, z=1$일 때 불 함수 $f(x,y,z)$의 값이 1이고 나머지의 경우엔 0이라고 할 때 '011'이므로 최소항은 $x'yz$이 된다. 진리표를 이용하여 확인해 보자. 진리표를 구하여 $f(x,y,z) = 1$인 최소항을 불 변수의 곱으로 나타내면 불 변수가 x, y, z이므로 $2^3 = 8$개의 최소항이 만들어진다. 이를 진리표를 만들면 다음과 같다. 진리표에서 $x=0, y=1, z=1$일 때 불 함수 $f(x,y,z) = 1$이므로 $f(x,y,z) = x'yz$이다.

x	y	z	$f(x,y,z)$	최소항(minterm)
0	0	0	0	$x'y'z'$
0	0	1	0	$x'y'z$
0	1	0	0	$x'yz'$
0	1	1	1	$x'yz$
1	0	0	0	$xy'z'$
1	0	1	0	$xy'z$
1	1	0	0	xyz'
1	1	1	0	xyz

다른 예로 불 함수의 진리표가 다음과 같을 때 불 함수는 $f(x,y,z)=1$인 최소항들의 합이므로 $f(x,y,z)=000+011+101=x'y'z'+x'yz+xy'z$이다.

x	y	z	$f(x,y,z)$
0	0	0	1
0	0	1	0
0	1	0	0
0	1	1	1
1	0	0	0
1	0	1	1
1	1	0	0
1	1	1	0

불 함수를 최소항들의 합으로 표현하는 것을 **곱의 합**(sum of products) 또는 **논리합 표준형**(disjunctive normal form, DNF)이라고 한다. 즉, 최소항들은 불 변수의 곱으로 표현하고 불 함수는 최소항들의 합으로 표현한다. 불 함수 $f(x,y)=(x+y)\cdot x'+y$를 불 변수의 곱의 합으로 나타낼 수 있다. 먼저 불 함수를 불 변수에 대한 진리표로 나타내고, 그 진리표에서 불 변수에 대한 '곱의 합' 표현으로 불 함수를 나타내면 된다. $f(x,y)=(x+y)\cdot x'+y$에 대한 진리표는 다음과 같다.

x	y	x'	$(x+y)$	$(x+y)\cdot x'$	$(x+y)\cdot x'+y$
0	0	1	0	0	0
0	1	1	1	1	1
1	0	0	1	0	0
1	1	0	1	0	1

위의 진리표에서 $(x+y)\cdot x'+y$의 값이 1인 최소항들을 곱의 합으로 나타내면 $f(x,y)=x'y+xy$가 된다. 여기서 $(x+y)\cdot x'+y$와 $x'y+xy$이 동치임을 알 수 있다.

불 변수들의 합으로도 항을 만들 수 있다. 불 변수들의 합으로 만든 항을 **최대항**(maxterm)이라고 한다. 최소항과 마찬가지로 최대항도 n개의 변수가 있는 경우 2^n개의 최대항을 가질 수 있다. 모든 최대항들은 불 합으로 표현하는데 해당되는 변수를 x라고 할 때 그 값이 0이면 x, 1이면 x' 또는 $\overline{x}$로 표시한다. 변수 x, y, z에 대한 최대항은 다음 표와 같다. 3개의 변수가 있으므로 $2^3=8$개의 최대항이 만들어진다.

x	y	z	**최대항**(maxterm)
0	0	0	$x+y+z$
0	0	1	$x+y+z'$
0	1	0	$x+y'+z$
0	1	1	$x+y'+z'$
1	0	0	$x'+y+z$
1	0	1	$x'+y+z'$
1	1	0	$x'+y'+z$
1	1	1	$x'+y'+z'$

최대항을 이용한 불 함수 표현은 합의 곱으로서 나타낸다. 앞의 최소항을 구하는 예제에서 다룬 불 함수 $f(x,y)=(x+y) \cdot x'+y$를 최대항으로 표현한 불 변수의 합의 곱으로 나타내면 다음과 같다.
$f(x,y)=(x+y)(x'+y)$

x	y	x'	$(x+y) \cdot x'+y$	최대항(maxterm)
0	0	1	0	$x+y$
0	1	1	1	$x+y'$
1	0	0	0	$x'+y$
1	1	0	1	$x'+y'$

불 함수 $f(x,y)=(x+y) \cdot x'+y$를 최소항으로 표현한 $x'y+xy$와 최대항으로 표현한 $(x+y)(x'+y)$는 서로 동치이다.

3 불 대수 간소화 (종요)

불 대수의 변수들은 논리회로를 구성하는 게이트의 입력이 되며, 변수로 이루어진 **불 대수 하나의 항은 하나의 게이트로 표현**된다. 따라서 복잡한 논리회로의 간소화는 논리회로를 구성하는 게이트의 수와 게이트의 입력을 나타내는 변수의 수를 줄이는 것과 동일하다. 논리회로 자체를 직접 간소화하는 것은 매우 어렵기 때문에 논리식으로 표현하고 불 대수의 기본 법칙을 이용하여 간소화하는 방법을 통해 복잡한 논리회로를 동일한 동작을 하는 간단한 논리회로로 간소화할 수 있다. 즉, 불 함수의 간소화를 통해 논리회로를 구성하는 게이트의 수와 입력 변수의 수를 줄일 수 있다. 불 대수의 간소화는 불 대수 기본 법칙을 이용하는 방법 외에도 카르노맵을 이용하는 방법이 있다.

(1) 불 대수 기본 법칙 이용 (기출)

불 함수 $f(x,y,z)=x'yz+xyz'+x'y'z+xyz$를 불 수식의 기본 법칙을 이용하여 동치인 간단한 수식으로 변경해 보자.

> ① 분배 법칙: $x'yz+xyz'+x'y'z+xyz = x'z(y+y')+xy(z'+z)+x'y'z$
> ② 보수 법칙: $x'z(y+y')+xy(z'+z)+x'y'z = x'z(1)+xy(1)+x'y'z$
> ③ 분배 법칙: $x'z(1)+xy(1)+x'y'z = x'z(1+y')+xy(1)$
> ④ 유계 법칙: $x'z(1+y')+xy(1) = x'z(1)+xy(1)$
> ⑤ 항등 법칙: $x'z(1)+xy(1) = x'z+xy$

불 수식의 기본 법칙을 이용하여 함수 $f(x,y,z)=x'yz+xyz'+x'y'z+xyz$는 $f(x,y,z)=x'z+xy$로 간소화하여 변경할 수 있다.

이과 같이 불 대수의 기본 법칙을 이용하여 간소화 하는 방법은 과정이 복잡하고 간소화에 대한 검증이 쉽지 않다. 변수가 많고 항의 수가 많은 경우엔 더욱 어렵다.

(2) 카르노맵 기출

카르노맵(Karnaugh map)은 불 변수들에 대한 최소항들을 도표로 그려서 인접한 항들을 서로 묶은 후에 최소화하는 방법이다.

카르노맵을 그릴 때는 불 변수들로부터 나타내어지는 모든 경우의 최소항들을 사각형으로 연결시켜서, 최소항들 중 1의 값을 가지는 사각형 안에 '1'을 표시한다. '1'로 표시된 사각형들에서 불 수식의 공통점을 찾아내어 불 함수를 간소화하는데, 사각형을 연결시킬 때는 인접한 사각형끼리는 한 변수의 변화만 있게 만들어야 한다. 예를 들어, x와 y가 불 변수일 때 xy와 $x'y'$는 두 변수 모두 다른 값을 가지기 때문에 서로 인접하지 않게 놓는다. n차 불 함수에 대해 2^n개의 불 변수의 조합이 가능하므로 2^n개의 셀을 갖는 카르노맵이 작성된다. 일반적으로 불 변수의 개수가 2개부터 6개일 때 카르노맵을 사용한다. 변수의 개수에 따른 카르노맵의 작성과 활용을 살펴보자.

① 2변수 카르노맵

두 변수를 x, y라 할 때 필요한 사각형의 셀의 수는 $2^2 = 4$개이며 두 변수들이 가질 수 있는 모든 경우인 $x'y'$, $x'y$, xy', xy에 대한 값을 표기한다. x가 0이고 y가 1이면 그에 해당하는 불 수식 $x'y$이며 해당 셀의 값은 1이 된다.

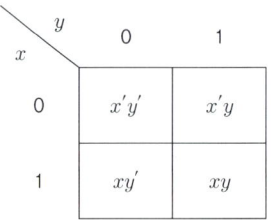

카르노맵에서 1로 표기된 셀이 인접한 경우 2의 승수 개만큼(2^n, $n \geq 1$) 묶어서 표현하면 간소화가 된다. [그림 4-2]에서 $f_1(x,y)$의 경우는 1의 값을 가진 셀이 서로 인접하므로 그림처럼 묶는다. x의 값이 0일 때 y의 값은 0, 1 모두 포함되므로 y는 소거되고 x'만 남는다. 따라서 $f_1(x,y) = x'y' + x'y = x'$이다. $f_2(x,y)$의 경우는 1의 값을 가진 셀이 서로 인접한 두 곳 모두 그림처럼 묶는다. 위의 묶음은 $f_1(x,y)$과 같고, 아래쪽으로의 묶음은 x의 값에 관계없이 y의 값은 0이므로 x는 소거되고 y'만 남는다. 따라서 $f_2(x,y) = x'y' + x'y + xy' = x' + y'$이다. $f_3(x,y)$의 경우는 모든 셀의 값이 1이다. x와 y의 값에 관계없이 모두 1이므로 4개의 셀을 모두 묶는다. 따라서 $f_3(x,y) = x'y' + x'y + xy' + xy = 1$이다. $f_4(x,y)$는 1을 가진 셀들이 서로 인접하지 않으므로 묶을 항이 없다. 그러므로 원래의 불 함수 그대로 $f_4(x,y) = x'y' + xy$이다. $f_2(x,y)$의 경우에 $x'y'$는 묶음에 두 번 사용 되었다. 이와 같이 필요하면 셀은 중복해서 묶을 수 있으며 최대한 많이 묶을수록 훨씬 간단한 불 수식을 구할 수 있다.

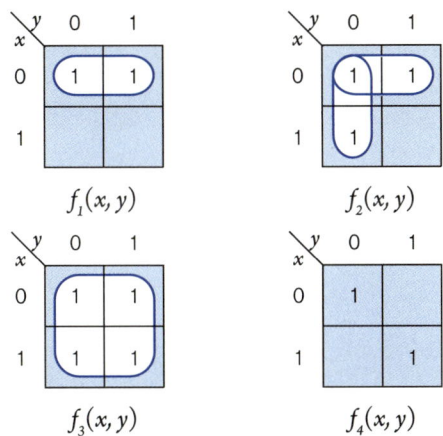

[그림 4-2] 두 변수에 대한 카르노맵의 예

불 함수 $f(x,y) = xy + x'y + x'y'$ 을 카르노맵을 이용하여 간소화하면 다음 [그림 4-3]과 같다. 먼저 $f(x,y) = xy + x'y + x'y'$ 을 카르노맵으로 도시한다. 그림에서 셀의 값이 1인 인접한 셀들을 묶으면 $f(x,y) = xy + x'y + x'y' = x' + y$로 간소화할 수 있다.

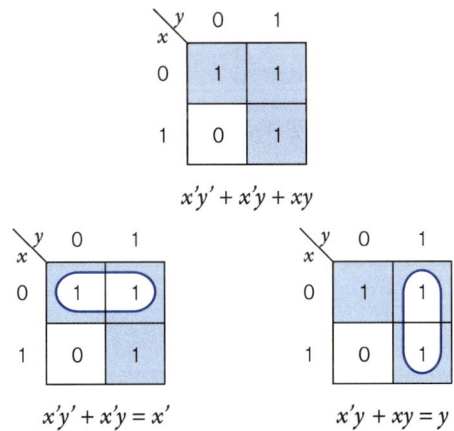

[그림 4-3] $f(x,y) = xy + x'y + x'y'$의 카르노맵

② **3변수 카르노맵**

3개의 변수 x, y, z의 경우에는 $2^3 = 8$개의 사각형이 필요하다. 세 변수들이 가질 수 있는 모든 경우인 $x'y'z'$, $x'y'z$, $x'yz'$, $\cdots$, xyz에 대한 값을 표기한다.

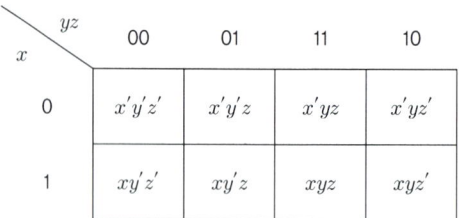

세 변수들에 대한 카르노맵을 그릴 때 주의할 점은 yz의 값에 대하여 '01' 다음이 '10'이 아니라 '11'이라는 것이다. 두 변수가 동시에 변경되는 것이 허용되지 않으므로 '10'과 '11'의 순서를 바꾸어야 한다. 또한 오른쪽 끝의 사각형과 왼쪽 끝의 사각형이 인접하다고 생각하여 묶어야한다. [그림 4-4]의 예와 같이 묶어서 간소화한다.

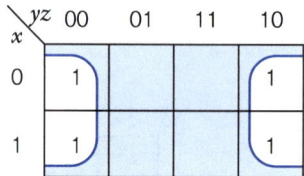

[그림 4-4] 3변수의 카르노맵 예

다음의 진리표로 표현한 불 함수를 카르노맵을 이용하여 간소화하자.

x	y	z	$f(x,y,z)$
0	0	0	1
0	0	1	0
0	1	0	1
0	1	1	1
1	0	0	0
1	0	1	1
1	1	0	0
1	1	1	1

위의 진리표를 카르노맵으로 옮겨서 인접한 셀들을 묶으면 다음 [그림 4-5]와 같다.

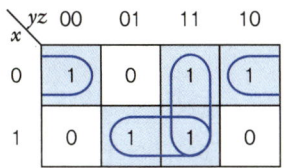

[그림 4-5] 카르노맵 예

진리표의 불 함수를 수식으로 표현하면 $f(x,y,z) = x'y'z' + x'yz + x'yz' + xy'z + xyz$이므로 1이 되는 항이 5개다. 카르노맵을 이용하여 $f(x,y,z) = x'z' + xz + yz$와 같이 3개의 항으로 간소화가 되었다.

③ 4변수 카르노맵

4개의 변수 w, x, y, z의 경우에는 $2^4 = 16$개의 사각형이 필요하다. 네 변수들이 가질 수 있는 모든 경우인 $w'x'y'z'$, $w'x'y'z$, $w'x'yz$, $\cdots$, $wxyz$에 대한 값을 표기한다.

wx \ yz	00	01	11	10
00	$w'x'y'z'$	$w'x'y'z$	$w'x'yz$	$w'x'yz'$
01	$w'xy'z'$	$w'xy'z$	$w'xyz$	$w'xyz'$
11	$wxy'z'$	$wxy'z$	$wxyz$	$wxyz'$
10	$wx'y'z'$	$wx'y'z$	$wx'yz$	$wx'yz'$

네 변수들에 대한 카르노맵을 그릴 때 주의할 점은 세 변수들에 대한 카르노맵을 그릴 때와 마찬가지로 yz의 값뿐만 아니라 wx에 대해서도 '01' 다음이 '10'이 아니라 '11'이라는 것이다. 또한 오른쪽 끝의 사각형과 왼쪽 끝의 사각형뿐만 아니라 위와 아래의 사각형들 역시 인접하다고 생각하여 묶어야 하며 각 모서리의 사각형도 인접하다고 보기 때문에 [그림 4-6]의 예와 같이 묶는다.

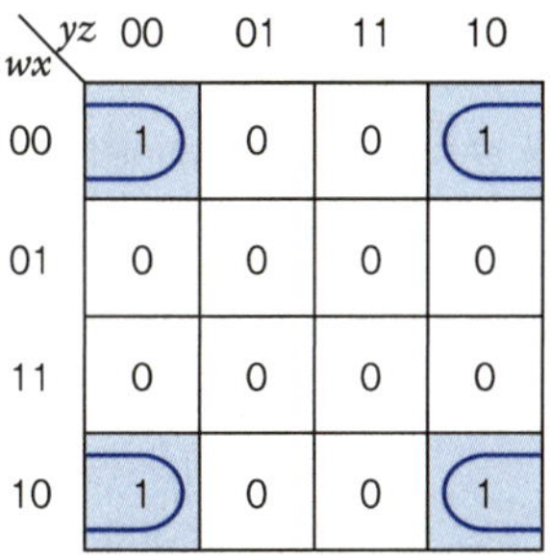

wx \ yz	00	01	11	10
00	1	0	0	1
01	0	0	0	0
11	0	0	0	0
10	1	0	0	1

[그림 4-6] 4변수 카르노맵 예

예를 들어 4개의 변수를 가진 불 함수 $f(w,x,y,z) = w'xyz + wxyz' + w'xy'z + w'x'y'z + w'xy'z'$ $+ wx'y'z + w'xyz' + wx'y'z' + wxyz$에 대한 카르노맵을 그리면 다음 [그림 4-7]과 같다. 불 함수는 $f(w,x,y,z) = w'x + xy + w'y'z + wx'y'$로 간소화된다.

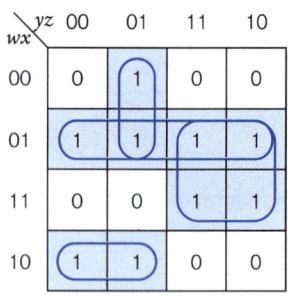

[그림 4-7] 4변수 카르노맵 예

> **더 알아두기**
>
> **카르노맵을 이용한 불 함수의 간소화**
> ① n차 불 함수에 대응하는 n변수 카르노맵을 선택한다.
> ② 불 함수에 있는 항들 각각에 대응하는 카르노맵 셀에 1을 표시한다.
> ③ 인접하는 셀의 값이 1이면 2의 승수 개만큼(2^n, $n \geq 1$) 최대한 많이 묶는다.
> ④ 묶음에 있는 공통변수들을 찾아 논리합으로 전개한다.

제5절 불 대수와 조합회로

불 대수를 이용하면 복잡한 논리회로의 설계를 간단하게 나타낼 수 있는데, 이때 디지털 신호를 나타내기 위해 사용되는 논리회로는 게이트(gate)로 구성된다.

논리 게이트(logic gate)는 논리회로를 구성하는 기본 소자로서 이진 입력 정보를 이용해서 0 또는 1의 논리적인 값을 생성한다. 게이트는 AND, OR, NOT, NAND, NOR, XOR 게이트 등이 있다.

논리회로는 회로 구조의 특성에 따라 **순차회로**(sequential logic circuit)와 **조합회로**(combinational logic circuit)로 분류한다. 순차회로는 이전 상태의 신호와 외부 입력 신호에 따라 출력이 결정되는 회로이다. 이전상태가 계속 유지되려면 출력을 입력에 반영하는 되먹임 논리회로 구조를 갖는다. 조합회로는 입력 신호만으로 출력이 결정되는 회로이다. 불 함수로 표현된 식은 컴퓨터에서 사용되는 기본적인 논리 회로를 설계하는 데 활용한다. 컴퓨터 회로를 설계하는 데 있어서 입력과 출력은 논리 회로의 게이트(gate)들을 상호 연결함으로써 구성할 수 있다. 입력은 불 변수로, 출력은 불 함수로, 불 연산자는 게이트로 표현한다. 논리 값이 1일 때는 회로의 스위치가 연결된(on) 상태이고, 0일 때는 연결되지 않은(off) 상태를 나타낸다.

1 게이트의 종류 (중요)

(1) AND 게이트

두 개의 입력신호 x와 y에 대하여 xy를 출력한다. AND 게이트는 [그림 4-8]과 같이 그리며 출력 결과는 입력 신호 x와 y에 대하여 논리곱 $x \wedge y$의 연산과 같다. 즉, 입력 값 x와 y 모두 1일 때만 출력은 1이 되며 다른 경우엔 모두 0이 출력된다. AND 게이트는 스위치가 직렬로 연결되어 있으므로 두 스위치가 모두 1(ON)이 되어야 회로가 연결된다.

$$xy = \begin{cases} 1, & x=y=1 \\ 0, & others \end{cases}$$

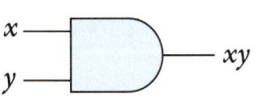

[그림 4-8] AND 게이트

입력		출력
x	y	xy
0	0	0
0	1	0
1	0	0
1	1	1

(2) OR 게이트

두 개의 입력신호 x와 y에 대하여 $x+y$를 출력한다. OR 게이트는 [그림 4-9]와 같이 그리며 출력 결과는 입력 신호 x와 y에 대하여 논리합 $x+y$의 연산과 같다. 즉, 입력 값 x와 y 모두 0일 때만 출력은 0이 되며 다른 경우엔 모두 1이 출력된다. OR 게이트는 스위치가 병렬로 연결되어 있으므로 두 스위치 중 하나만 1이 되면 회로가 연결된다.

$$x+y = \begin{cases} 1, & others \\ 0, & x=y=0 \end{cases}$$

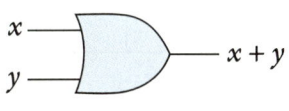

[그림 4-9] OR 게이트

입력		출력
x	y	$x+y$
0	0	0
0	1	1
1	0	1
1	1	1

(3) NOT 게이트

한 개의 입력신호 x에 대하여 x'를 출력한다. NOT 게이트는 [그림 4-10]과 같이 그리며 출력 결과는 입력 신호 x에 대하여 부정 $\neg x$의 연산과 같다. 즉, 입력 값 x가 0일 때 출력은 1이 되며, 1일 때 0이 출력된다. 입력과 출력이 서로 반대이므로 NOT 게이트를 인버터(inverter)라고도 한다.

$$x' = \begin{cases} 1, & x = 0 \\ 0, & x = 1 \end{cases}$$

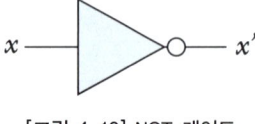

[그림 4-10] NOT 게이트

입력	출력
x	x'
0	1
1	0

(4) NAND 게이트

두 개의 입력신호 x와 y에 대하여 $\overline{xy}$를 출력한다. NAND 게이트는 [그림 4-11]과 같이 그리며 출력 결과는 입력 신호 x와 y에 대하여 논리곱 $x \wedge y$의 연산 결과에 NOT 연산을 한 것과 같다. 모든 입력이 참일 때에만 거짓인 출력을 내보내는 논리 회로이다. 즉, 입력 값 x와 y 모두 1일 때만 출력은 0이 되며 다른 경우엔 모두 1이 출력된다. NAND 게이트는 AND 게이트에서 모든 출력이 반전된 것으로 간주할 수도 있다.

$$\overline{xy} = \begin{cases} 1, & others \\ 0, & x = y = 1 \end{cases}$$

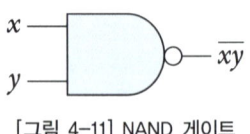

[그림 4-11] NAND 게이트

입력		출력
x	y	$\overline{xy}$
0	0	1
0	1	1
1	0	1
1	1	0

(5) NOR 게이트

두 개의 입력신호 x와 y에 대하여 $\overline{x+y}$를 출력한다. NOR 게이트는 [그림 4-12]와 같이 그리며 출력 결과는 입력 신호 x와 y에 대하여 논리합 $x+y$의 연산에 NOT 연산을 한 것과 같다. 즉, 입력 값 x와 y 모두 0일 때만 출력은 1이 되며 다른 경우엔 모두 0이 출력된다. NOR 게이트는 OR 게이트에서 모든 출력이 반전된 것으로 간주할 수도 있다.

$$\overline{x+y} = \begin{cases} 1, & x=y=0 \\ 0, & others \end{cases}$$

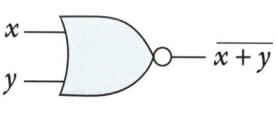

[그림 4-12] NOR 게이트

입력		출력
x	y	$\overline{x+y}$
0	0	1
0	1	0
1	0	0
1	1	0

(6) XOR 게이트

두 개의 입력신호 x와 y에 대하여 $x \oplus y$를 출력한다. XOR 게이트는 [그림 4-13]과 같이 그리며 출력 결과는 입력 신호 x와 y에 대하여 배타적 논리합과 같다. 입력 값 중에서 참이 홀수 개일 때 참이고, 그렇지 않은 경우엔 거짓 출력을 내보내는 논리 회로이다. 즉, 입력 값 x와 y 중에서 하나만 1일 때 출력은 1이 되며 다른 경우엔 모두 0이 출력된다.

$$x \oplus y = \begin{cases} 1, & true\ input(1)\ is\ odd \\ 0, & others \end{cases}$$

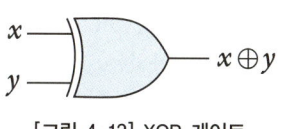

[그림 4-13] XOR 게이트

입력		출력
x	y	$x \oplus y$
0	0	0
0	1	1
1	0	1
1	1	0

$x \oplus y$는 $x'y + xy'$와 동치이므로 XOR 게이트는 NOT, AND와 OR 게이트로 [그림 4-14]와 같이 표현할 수 있다.

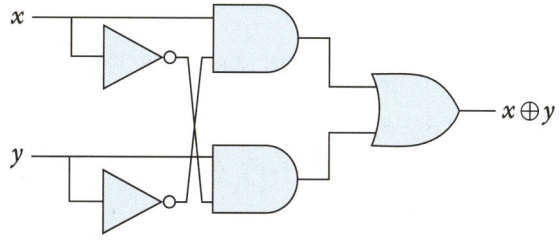

[그림 4-14] $x \oplus y = x'y + xy'$

(7) NXOR(XNOR) 게이트 기출

XOR 게이트와 NOT 게이트를 결합한 논리소자로, 두 개의 입력을 받아 XOR 연산을 한 후에 불 보수(boolean complement)한 결과를 출력하는 것과 같다.

$$x \odot y = \begin{cases} 1, & others \\ 0, & true\ input(1)\ is\ odd \end{cases}$$

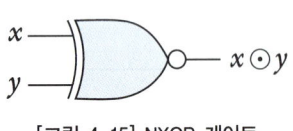

[그림 4-15] NXOR 게이트

입력		출력
x	y	$x \odot y$
0	0	1
0	1	0
1	0	0
1	1	1

(8) NAND와 NOR 게이트의 다른 표현

NAND 게이트를 함수로 표현하면 $f(x,y)=(xy)'$이며 드모르간의 법칙을 적용하면 $(xy)'=x'+y'$이 된다. 즉, NAND 게이트는 2개의 NOT 게이트와 1개의 OR 게이트로 표현할 수 있다. NOR 게이트는 함수로 표현하면 $f(x,y)=(x+y)'$이며 드모르간의 법칙을 적용하면 $(x+y)'=x'y'$가 된다. 즉, NAND 게이트는 2개의 NOT 게이트와 1개의 AND 게이트로 표현할 수 있다. 이와 같이 모든 불 함수는 최소항의 불 합이나 최대항의 불 곱으로 표현할 수 있다. 다시 말해서, 불 연산자 AND, OR, NOT 만으로 모든 논리 함수를 나타낼 수 있다. 이와 같은 성질을 논리함수의 완전성(completeness)이라 한다. [그림 4-16]과 같이 NAND와 NOR 게이트는 동일한 회로 동작을 NOT, AND, OR 게이트를 이용하여 표현할 수 있으나 게이트의 수를 비교했을 때 NAND와 NOR 게이트를 사용하는 것이 더 효율적이라 할 수 있다.

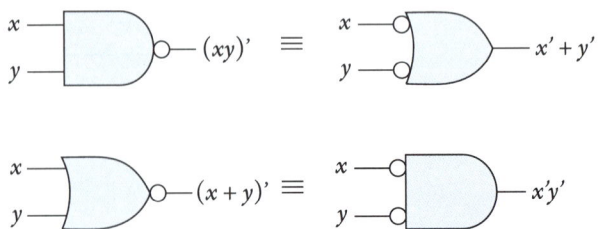

[그림 4-16] NAND와 NOR 게이트의 다른 표현

불 함수의 간소화 작업으로 가능한 작은 수의 게이트를 사용하면서도 같은 기능을 가지는 논리 회로를 설계하여 훨씬 효율적인 회로를 구성할 수 있다. 즉, 논리회로를 만들기 전에 먼저 불 수식을 간소화하여 부품의 수를 줄이는 것이 좋다.

불 수식 $xyz+xyz'$을 간소화하지 않고 논리회로로 표현하면 다음 [그림 4-17]과 같다. NOT 게이트 1개, AND 게이트 2개, OR 게이트 1개로 모두 4개의 게이트가 필요하다.

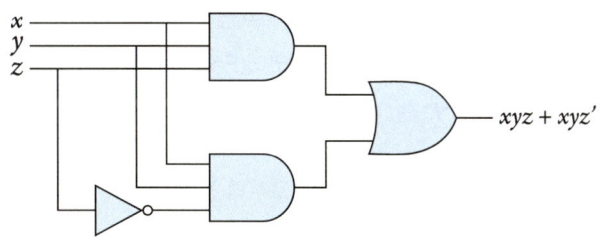

[그림 4-17] $xyz+xyz'$의 논리 회로

이번엔 불 수식 $xyz+xyz'$을 간소화한 후 논리회로로 표현해 보자.

① 분배 법칙 적용: $xyz+xyz' = xy(z+z')$
② 보수 법칙 적용: $xy(z+z') = xy(1)$
③ 항등 법칙 적용: $xy(1) = xy$

간소화한 결과로 $xyz+xyz'$와 동치인 불 수식 xy로 표현할 수 있다. 4개의 게이트로 만든 회로를 [그림 4-18]과 같이 단 한 개의 게이트로 구현할 수 있는 것이다.

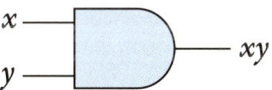

[그림 4-18] xy의 논리회로

2 조합회로 종요

논리회로의 응용 범위는 매우 넓은데, 어느 제품이든지 회로가 들어가는 것은 모두 논리회로를 응용한 것이다. 논리회로는 우리 생활과 매우 밀접한 관계가 있다. 일상생활에서 사용하는 TV를 비롯한 가전제품 대부분은 논리회로를 이용한 것이다. 논리회로는 엘리베이터를 비롯한 수없이 많은 제품에 응용되고 있다. **조합논리회로**(combinational logic circuit)는 디지털 회로 이론에서 현재 입력에 따라 일정한 출력을 갖는 논리회로를 말한다. 현재 입력뿐만 아니라 이전 입력의 영향 또한 함께 받는 순차 논리와는 구별된다. 현재 입력만으로 출력이 결정되기 때문에 조합 논리에는 기억 장치가 사용되지 않는다.

대표적인 조합논리회로의 종류로는 반가산기, 전가산기, 디코더, 인코더, 멀티플렉서, 디멀티플렉서 등이 있다. 컴퓨터의 중앙처리장치(CPU)에 있는 산술논리장치(Arithmetic Logic Unit: ALU) 내에는 숫자들을 더하는 기능을 가진 가산기가 내장되어 있다. **가산기**(adder)는 덧셈 연산을 수행하는 논리회로이며 디지털회로, 조합회로의 하나이다. 가산기는 산술논리장치뿐만 아니라 주소 값, 테이블 색인 등을 더하는 프로세서의 한 부분으로 사용되고 있다. **병렬 가산기(Parallel Adder)**는 여러 자리 2진수를 더하기 위한 연산회로이다, n자리의 bit 덧셈을 위해서 n개의 전가산기가 필요하다. 가장 하위 자리에서는 전단에서 올라오는 자리 올림(carry)이 없으므로 반가산기를 이용하여도 된다.

디코더(Decoder)는 코드화된 2진 정보를 다른 코드 형식으로 변환하는 해독 회로(2진법 수를 10진법으로 변환)이다. n개의 입력에 2^n개의 출력으로 구성된다. **인코더(Encoder)**는 사람이 사용하는 문자 체계를 컴퓨터에 맞게 변환시키는 회로(10진법의 수를 2진법으로 변환)이다. 인코더는 디코더의 반대 기능으로 2^n개의 입력선과 n개의 출력선으로 구성된다.

멀티플렉서(Multiplexer)는 여러 곳의 입력선(2^n개)으로부터 들어오는 데이터 중 하나를 선택하여 한 곳으로 출력시키는 회로이다. **디멀티플렉서(Demultiplexer)**는 1개의 입력선으로 들어오는 정보를 2^n개의 출력선 중에서 하나를 선택하여 출력시키는 회로이며 멀티플렉서의 반대 기능을 가진다.

논리회로를 설계할 때 고려해야 할 것은 게이트의 입력 및 게이트의 수를 최소화하여 논리회로의 **전파지연시간을 최소화**하는 것이다. 그리고 **상호 연결되는 수를 최소화**하여 설계한다. 조합논리회로를 구성하는 논리회로의 설계 과정은 다음과 같다. 회로를 만들 때 설계하려고 하는 회로의 사양을 분석하고, 분석된 동작을 실행하기 위한 함수를 먼저 구해야 한다.

① 주어진 문제를 분석한다.
② 입력 변수, 출력 변수 그리고 출력의 변수명을 결정한다.
③ 진리표를 작성한 후 진리표로부터 불 함수를 구한다.
④ 진리표에 의해 카르노맵 또는 그 외의 방법으로 간소화한다.
⑤ 간소화된 불 함수에 의해 논리회로를 설계한다.

조합논리회로를 구성하는 논리회로의 설계 과정에 따라 만든 반가산기, 전가산기, 반감산기, 전감산기에 대한 조합회로는 다음과 같다.

(1) 반가산기

반가산기(Half Adder)는 두 개의 입력 x, y를 받아서 합(Sum)과 자리올림(Carry)을 구하는 조합회로이다. 입력 값은 0 또는 1의 값을 가지는 bit이며 두 입력 비트를 더하여 1 자리의 합은 S로 출력되고 덧셈의 결과로 자리 올림수가 발생하면 C로 출력한다. 두 bit를 더하는 동작을 진리표로 나타내면 다음 표와 같다. 입력 값이 모두 1일 때만 자리올림수가 발생한다.

입력		출력	
x	y	S	C
0	0	0	0
0	1	1	0
1	0	1	0
1	1	0	1

진리표에서 출력 S와 C에 대한 불 함수를 구하여 간소화하면 다음과 같다.

$S = x'y + xy' = x \oplus y$
$C = xy$

출력 S는 입력값 x, y에 대한 XOR 연산이므로 XOR 게이트를 사용하고, 출력 C는 입력값 x, y에 대한 AND 연산이므로 AND 게이트를 사용하여 논리회로를 설계한다. 불 함수에 따라 반가산기 회로를 그리면 [그림 4-19]와 같다. 즉, 반가산기는 1개의 XOR 게이트와 1개의 AND 게이트로 만들 수 있다.

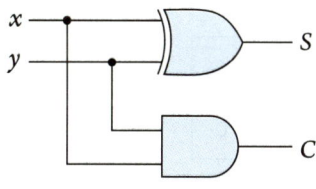

[그림 4-19] 반가산기

(2) 전가산기

반가산기는 밑의 자리로부터 올라오는 자리올림수를 고려하지 않고 두 입력 값만 고려한 가산기이다. 반가산기를 확장하여 두 개의 입력 x, y와 밑의 자리로부터 올라오는 자리올림수 C_i를 포함한 3개의 입력을 사용하여 합(Sum)과 자리올림(Carry)을 구하는 조합회로를 **전가산기**(Full Adder)라고 한다. 전가산기 회로를 설계하기 위해 먼저 세 개의 입력 x, y, C_i에 대해 덧셈 연산을 하고 연산의 결과인 두 개의 출력 S(덧셈의 결과)와 C_o(덧셈 후 자리올림)에 대한 내용을 진리표로 작성한다.

입력			출력	
x	y	C_i	S	C_o
0	0	0	0	0
0	0	1	1	0
0	1	0	1	0
0	1	1	0	1
1	0	0	1	0
1	0	1	0	1
1	1	0	0	1
1	1	1	1	1

진리표에서 출력 S와 C_o에 대한 불 함수를 구하여 간소화하면 다음과 같다.

$$S = x'y'C_i + x'yC_i' + xy'C_i' + xyC_i$$
$$\quad = x \oplus y \oplus C_i$$
$$C_o = x'yC_i + xy'C_i + xyC_i' + xyC_i$$
$$\quad = xC_i + yC_i + xy$$
$$\quad = (x \oplus y)C_i + xy$$

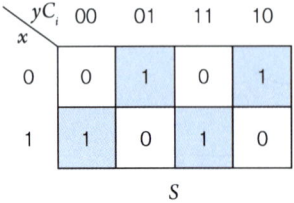
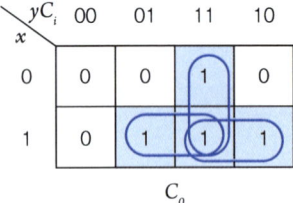

불 함수에 따라 전가산기 회로를 그리면 [그림 4-20]과 같이 2개의 반가산기와 1개의 OR 게이트로 구현된다.

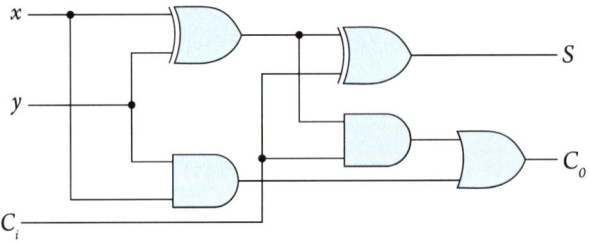

[그림 4-20] 전가산기

반가산기와 전가산기 회로를 설계하듯이 감산기를 설계할 수 있다. 감산기를 설계할 때 두 가지 구성 방법을 고려할 수 있다. 첫 번째 방법으로는 연산수의 보수를 피연산수와 더하여 구하는 방법으로 보통 2의 보수를 사용한다. 두 번째 방법으로는 피연산수에서 연산수를 빼서 구하는 방법이다. 여기서는 두 번째 방법으로 반감산기와 전감산기를 설계한다.

(3) 반감산기

반감산기(Half Subtracter)는 두 개의 입력 x, y에 대하여 **두 값의 차**(Difference)와 피연산수가 연산수보다 작을 경우 위의 자리에서 빌려와야 하는데 이 **빌려오는 수**(Borrow)를 구하는 조합회로이다. 즉, 두 개의 입력과 두 개의 출력으로 구성된다. 두 개의 입력 x, y에 대한 뺄셈연산을 진리표로 표현하면 다음과 같다.

입력		출력	
x	y	D	B
0	0	0	0
0	1	1	1
1	0	1	0
1	1	0	0

진리표에서 출력 D와 B에 대한 불 함수를 구하여 간소화하면 다음과 같다.

$$D = x'y + xy' = x \oplus y$$
$$B = x'y$$

출력 D는 입력값 x, y에 대한 XOR 연산이므로 XOR 게이트를 사용하고 출력 B는 입력값 x에 NOT 연산을 한 후 y에 대한 AND 연산이므로 NOT 게이트와 AND 게이트를 사용하여 논리 회로를 설계한다. 불 함수에 따라 반감산기 회로를 그리면 [그림 4-21]과 같다. 즉, 반감산기는 1개의 XOR 게이트와 1개의 NOT 게이트 및 1개의 AND 게이트로 회로가 만들어진다.

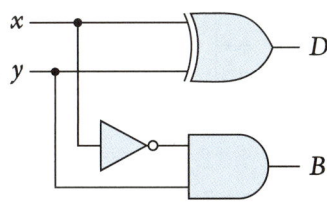

[그림 4-21] 반감산기

(4) 전감산기

전감산기(Full Subtracter)는 두 개의 입력 x, y와 밑의 자리에 빌려준 빌림수 B_i를 포함한 3개의 입력을 사용하여 차(Difference)와 빌려오는 수(Borrow)를 구하는 조합회로이다. 즉, 세 개의 입력과 두 개의 출력으로 구성된다. 세 개의 입력 x, y, B_i에 대한 뺄셈연산을 진리표로 표현하면 다음과 같다.

입력			출력	
x	y	B_i	D	B_o
0	0	0	0	0
0	0	1	1	1
0	1	0	1	1
0	1	1	0	1
1	0	0	1	0
1	0	1	0	0
1	1	0	0	0
1	1	1	1	1

진리표에서 출력 D와 B_o에 대한 불 함수를 구하여 간소화하면 다음과 같다.

$$D = x'y'B_i + x'yB_i' + xy'B_i' + xyB_i$$
$$= x \oplus y \oplus B_i$$
$$B_o = x'y'B_i + x'yB_i' + x'yB_i + xyB_i$$
$$= x'B_i + x'y + yB_i$$
$$= x'y + (x'y' + xy)B_i$$
$$= x'y + \overline{(x \oplus y)}B_i$$

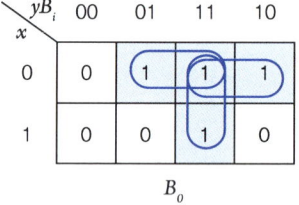

불 함수에 따라 전감산기 회로를 그리면 [그림 4-22]와 같이 2개의 반감산기와 1개의 OR 게이트로 구현된다.

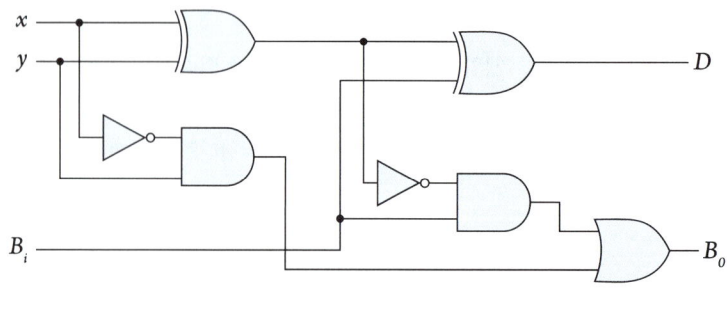

[그림 4-22] 전감산기

○✕로 점검하자 | 제4장

※ 다음 지문의 내용이 맞으면 ○, 틀리면 ✕를 체크하시오. [1 ~ 14]

01 3×5는 명제이다. (   )
>>> 명제는 참과 거짓을 판단할 수 있어야 한다.

02 추론이란 결론이 제일 마지막 부분에 있는 명제들의 나열이다. (   )
>>> 추론이란 주어진 명제가 참인 것을 전제로 새로운 명제가 참이 되는 것을 유도해 내는 방법이다.

03 전체 한정자는 $P(x)$를 만족시키는 x가 적어도 하나 존재한다는 것을 의미한다. (   )
>>> 전체 한정자는 모든 x가 $P(x)$를 만족시킨다는 것을 의미한다.

04 조합 논리 회로(combinational logic circuit)는 현재 입력에 따라 일정한 출력을 갖는 논리회로이다. (   )
>>> 조합회로는 입력 신호만으로 출력이 결정되는 회로이다.

05 불 함수를 최대항들의 합으로 표현하는 것을 곱의 합(sum of products) 또는 논리합 표준형(disjunctive normal form, DNF)이라고 한다. (   )
>>> 곱의 합(sum of products) 또는 논리합 표준형(disjunctive normal form, DNF)은 불 함수를 최소항들의 합으로 표현하는 것이다.

06 '모든 x에 대하여 $P(x)$가 성립한다.'라고 하면, 이의 부정은 '$P(x)$가 성립하지 않는 x가 존재한다.'가 된다. (   )
>>> 전체 한정자와 존재 한정자의 부정을 정리하면 다음과 같다.
 • $\neg(\forall x\, P(x)) \Leftrightarrow \exists x\, (\neg P(x))$
 • $\neg(\exists x\, P(x)) \Leftrightarrow \forall x\, (\neg P(x))$

07 여러 문장을 논리적으로 같은 동치 문장으로 대치하는 것을 긍정 법칙이라고 한다. (   )
>>> 여러 문장을 논리적으로 같은 동치 문장으로 대치하는 것을 대치 법칙이라고 하는데 원래의 주장을 논리적으로 동치인 문장으로 여러 번 대치해도 영향을 주지 않는다.

정답 1 ✕ 2 ✕ 3 ✕ 4 ○ 5 ✕ 6 ○ 7 ✕

08 추론 $p{\rightarrow}q, p \vdash q$이 유효 추론인지 허위 추론인지 여부는 진리표를 작성하여 결정할 수 있다.
( )

> 주어진 전제가 참이고 결론도 참인 추론이 유효 추론이고, 결론이 거짓인 추론이 허위 추론(fallacious argument)이다. 주어진 추론에 대한 유효 추론 여부는 진리표를 이용하여 전제가 참인 경우 결론이 참인지 거짓인지를 확인하여 알 수 있다.

09 불 대수의 간소화는 불 대수 기본 법칙을 이용하는 방법만 가능하다. ( )

> 불 대수의 간소화는 불 대수 기본 법칙을 이용하는 방법 외에도 카르노맵을 이용하는 방법이 있다.

10 5차 불 함수에 대해 카르노맵은 20개의 셀을 가진다. ( )

> n차 불 함수에 대해 2^n개의 불 변수의 조합이 가능하므로 2^n개의 셀을 갖는 카르노맵이 작성된다. 5차 불 함수에 대해 $2^5 = 32$개의 셀을 갖는다.

11 디코더(Decoder)는 사람이 사용하는 문자 체계를 컴퓨터에 맞게 변환시키는 회로(10진법의 수를 2진법으로 변환)이다. ( )

> 인코더(Encoder)는 사람이 사용하는 문자 체계를 컴퓨터에 맞게 변환시키는 회로(10진법의 수를 2진법으로 변환)이다. 인코더는 디코더의 반대 기능으로 2^n개의 입력선과 n개의 출력선으로 구성된다.

12 전가산기는 반가산기 1개를 이용하여 만들 수 있다. ( )

> 전가산기 회로는 2개의 반가산기와 1개의 OR 게이트로 구현된다.

13 감산기를 설계할 때 연산수의 보수를 피연산수와 더하여 구하는 방법으로 보통 1의 보수를 사용한다. ( )

> 감산기를 설계할 때 두 가지 구성 방법을 고려할 수 있다. 첫 번째 방법으로는 연산수의 보수를 피연산수와 더하여 구하는 방법으로 보통 2의 보수를 사용한다. 두 번째 방법으로는 피연산수에서 연산수를 빼서 구하는 방법이다.

14 논리적 동치(logical equivalence)는 두 개의 명제 p, q의 쌍방 조건 $p{\leftrightarrow}q$가 항진 명제일 때 명제 p와 q의 관계를 의미한다. ( )

> 두 개의 명제 p, q의 쌍방 조건 $p{\leftrightarrow}q$가 항진 명제이면, 두 명제 p, q를 논리적 동치(logical equivalence)라 하고 $p \equiv q$ 또는 $p{\Leftrightarrow}q$라고 표기한다. 두 명제 p, q가 논리적 동치(logical equivalence)라는 것은, 명제 p와 q가 같은 논리 값을 가진다는 의미이다.

정답 8 ○ 9 × 10 × 11 × 12 × 13 × 14 ○

제 4 장 | 실전예상문제

01 단순 명제들의 참, 거짓에 관계없이 항상 참인 명제는?

① 유효명제
② 항진명제
③ 모순명제
④ 사건명제

> 01 합성명제를 구성하고 있는 단순 명제의 진릿값에 상관없이 합성명제의 연산결과가 항상 참이면 이를 항진명제(tautology)라고 하며, 이와는 반대로 합성명제의 연산결과가 항상 거짓이면 이를 모순명제(contradiction)라고 한다. 항진명제도 아니고 모순명제도 아닌 명제를 사건명제(contingency)라고 한다.

02 다음 문장 중에서 명제인 것은?

① 사과는 맛있다.
② $3x > 5y$
③ 28은 3의 배수이다.
④ 지금 비가 오나요?

> 02 참(true) 또는 거짓(false)을 명확하게 구분할 수 있는 문장(statement)이나 수식을 명제(proposition)라고 한다. 일상에서 사용하는 여러 형식의 문장들 중에서 감탄문, 명령문, 의문문은 명제가 될 수 없으며 객관적인 판단으로 참과 거짓인 진릿값으로 표현할 수 있어야 명제이다.

03 $p \rightarrow \neg q$가 참일 때 다음 중 반드시 참인 것은?

① $q \rightarrow \neg p$
② $p \rightarrow q$
③ $\neg q \rightarrow p$
④ $\neg p \rightarrow q$

> 03 명제와 그 명제의 대우는 논리적 동치 관계이다. $p \rightarrow \neg q$의 대우는 $q \rightarrow \neg p$이다.

정답 01 ② 02 ③ 03 ①

04 명제 '겨울에는 눈이 내리고 날씨가 덥지 않다.'를 수식으로 잘 표현한 것은?

> p : 겨울에는 눈이 내린다. q : 날씨가 덥다.

① $\neg p \wedge q$
② $q \wedge p$
③ $p \wedge \neg q$
④ $q \wedge \neg p$

04 명제 '겨울에는 눈이 내리고 날씨가 덥지 않다.'에서 다음과 같이 기호를 정의하면
p : 겨울에는 눈이 내린다.
q : 날씨가 덥다.
명제는 $p \wedge \neg q$로 표현한다.

05 $\neg(\neg p \wedge \neg q)$를 간소화한 결과로 옳은 것은?

① $\neg p \wedge q$
② $p \wedge q$
③ $p \vee \neg q$
④ $p \vee q$

05 드모르간의 법칙을 적용하면
$\neg(\neg p \wedge \neg q) = p \vee q$이다.

06 $P(x)$를 '$|x| > 5$'라고 할 때 진릿값이 옳은 것은?

① $P(-6) : F$
② $P(-7) : T$
③ $P(5) : T$
④ $P(-3) : T$

06 $P(x)$가 '$|x| > 5$'이므로 x의 절대값이 5보다 크면 모두 참(T)이다.

07 다음 불 함수 중 최소항 전개인 것은?

① $f(x,y) = x + x'y' + y$
② $f(x,y) = x + x'y$
③ $f(x,y,z) = x'z + xy'z + y$
④ $f(w,x,y,z) = wx'y'z + wxyz + w'xy'z$

07 $f(w,x,y,z) = wx'y'z + wxyz + w'xy'z$는 4차 불 함수이고 이 함수를 구성하는 모든 항이 4개의 변수로 구성된 최소항이므로 최소항 전개이다.

정답 04 ③ 05 ④ 06 ② 07 ④

08 다음 중 모순명제에 해당되는 것은?

① $p \to p$
② $(p \land (p \to q)) \to q$
③ $\neg(p \lor q) \to (\neg p \to \neg q)$
④ $p \land \neg p$

08 $p \land \neg p = F$ 결과가 항상 거짓이므로 모순명제이다.

09 다음 기호에 맞는 불식은?

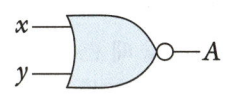

① $A = x + y$
② $A = (x + y)'$
③ $A = (xy)'$
④ $A = xy$

09 NOR 게이트는 두 입력 값 x, y에 대해 OR 연산을 한 후 NOT 연산을 한 것과 동일하다. → $(x+y)'$

10 불 연산 $+, \cdot, '$ 의 우선순위가 옳은 것은?

① $', \cdot, +$
② $\cdot, ', +$
③ $+, ', \cdot$
④ $+, \cdot, '$

10 불 대수 연산자 우선순위는 $' > \cdot > +$ 이다.

정답 08 ④ 09 ② 10 ①

11 불 대수의 기본 연산 ′(NOT), +(OR), ·(AND)은 다음과 같다.
[문제 하단의 표 내용 참고]

11 불 수식 $0 \cdot 1 + 1 \cdot 1 + 1 + 0$의 값을 구하면?

① 3
② 2
③ 1
④ 0

a_1	a_2	a_1' (NOT)	a_2' (NOT)	$a_1 + a_2$ (OR)	$a_1 \cdot a_2$ (AND)
0	0	1	1	0	0
0	1	1	0	1	0
1	0	0	1	1	0
1	1	0	0	1	1

12 n개의 변수가 있는 경우 2^n개의 최소항이 있으며 이 최소항들은 n개의 불 변수들의 곱으로 나타낸다. 불 함수는 불 변수에 대한 최소항 중에서 1의 값을 가지는 최소항들의 합을 식으로 표현하는 함수이다.

12 4개의 불 변수가 있을 때 변수들로부터 만들 수 있는 불 함수는 최대 몇 가지가 있는가?

① 32
② 16
③ 8
④ 4

13 NAND 게이트는 입력 값 x와 y 모두 1일 때만 출력은 0이 되며 다른 경우엔 모두 1이 출력된다. NAND 게이트는 AND 게이트에서 모든 출력이 반전된 것으로 간주할 수도 있다.

13 다음의 진리표에 해당하는 게이트는?

입력		출력
x	y	f
0	0	1
0	1	1
1	0	1
1	1	0

① AND
② NAND
③ OR
④ NOR

정답 11 ③ 12 ② 13 ②

14 다음 중 논리함수의 완전성에 해당하지 <u>않는</u> 것은?
① XOR
② AND
③ OR
④ NOT

15 다음 중 NAND 게이트의 다른 표현은?

16 다음의 카르노맵을 이용한 논리식을 바르게 나타낸 것은?

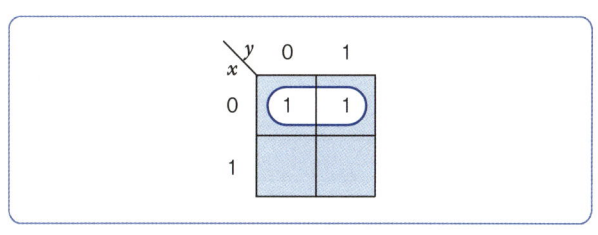

① y
② x'
③ $(xy)'$
④ x

Self Check로 다지기 | 제4장

➡ 명제

① 명제(proposition)
- 참(true) 또는 거짓(false)을 명확하게 구분할 수 있는 문장(statement)이나 수식
- T(참, true)와 F(거짓, false)의 2가지의 진릿값만을 가지는 이진 논리

② 진릿값(truth value)
  명제에서 참(1, T(true)) 또는 거짓(0, F(false))으로 나타내는 값

③ 단순명제(simple proposition)
  하나의 문장이나 식으로 된 명제

④ 합성명제(composition proposition)
  여러 개의 단순명제들을 논리 연산자들로 연결하여 만들어진 명제

⑤ 항진명제(tautology)
  합성명제를 구성하고 있는 단순명제의 진릿값에 상관없이 합성명제의 연산결과가 항상 참인 명제

⑥ 모순명제(contradiction)
  합성명제의 연산결과가 항상 거짓인 명제

⑦ 사건명제(contingency)
  항진명제도 아니고 모순명제도 아닌 명제

➡ 논리 연산자

① 논리 연산자(Logical Operators)

연결자 이름	기호	의미
부정	$\sim, \neg$	NOT
논리곱	$\wedge$	AND
논리합	$\vee$	OR
배타적 논리합	$\oplus$	Exclusive OR
함축	$\Rightarrow, \rightarrow$	if … then
동치	$\Leftrightarrow, \leftrightarrow$	if and only if(iff)

② 논리 연산자 우선순위

우선순위	연산자
1	$\neg$
2	$\wedge$
3	$\vee$
4	$\rightarrow$
5	$\leftrightarrow$

③ 역, 이, 대우
- 역(converse) : 명제 p, q에 대해 $p \to q$일 때 $q \to p$는 $p \to q$의 역
- 이(inverse) : $\neg p \to \neg q$는 $p \to q$의 이
- 대우(contraposition) : $\neg q \to \neg p$는 $p \to q$의 대우
- 명제의 역과 이는 서로 대우 관계
- 명제와 그 명제의 대우는 논리적 동치 관계
- 이외에는 논리적 동치 관계가 존재하지 않음

논리적 동치

① 논리적 동치(logical equivalence)
  두 개의 명제 p, q의 쌍방 조건 $p \leftrightarrow q$가 항진명제, $p \equiv q$, $p \Leftrightarrow q$
② 논리적 동치 관계의 기본 법칙

법칙 이름	논리적 동치 관계
멱등 법칙 (idempotent law)	$p \lor p \equiv p$ $p \land p \equiv p$
항등 법칙 (identity law)	$p \lor F \equiv p$ $p \land T \equiv p$
지배 법칙 (domination law)	$p \lor T \equiv T$ $p \land F \equiv F$
부정 법칙 (negation law)	$\neg T \equiv F$ $\neg F \equiv T$ $p \lor (\neg p) \equiv T$ $p \land (\neg p) \equiv F$
이중 부정 법칙 (double negative law)	$\neg(\neg p) \equiv p$
교환 법칙 (commutative law)	$p \lor q \equiv q \lor p$ $p \land q \equiv q \land p$ $p \leftrightarrow q \equiv q \leftrightarrow p$
결합 법칙 (associative law)	$(p \lor q) \lor r \equiv p \lor (q \lor r)$ $(p \land q) \land r \equiv p \land (q \land r)$
분배 법칙 (distributive law)	$p \lor (q \land r) \equiv (p \lor q) \land (p \lor r)$ $p \land (q \lor r) \equiv (p \land q) \lor (p \land r)$
흡수 법칙 (absorption law)	$p \lor (p \land q) \equiv p$ $p \land (p \lor q) \equiv p$
드 모르간 법칙 (De Morgan's law)	$\neg(p \lor q) \equiv (\neg p) \land (\neg q)$ $\neg(p \land q) \equiv (\neg p) \lor (\neg q)$
함축 법칙 (implication law)	$p \to q \equiv \neg p \lor q$
대우 법칙 (contraposition law)	$p \to q \equiv \neg q \to \neg p$

술어논리

① 한정자(quantifier)
- ∀ : 전체 한정자(universal quantifier)
- ∃ : 존재 한정자(universal quantifier)
- $\neg(\forall x\, P(x)) \Leftrightarrow \exists x\, (\neg P(x))$
- $\neg(\exists x\, P(x)) \Leftrightarrow \forall x\, (\neg P(x))$

② 명제함수(propositional function)
변수 x를 포함한 문장 $P(x)$와 논의영역(정의역) D가 있을 때, 변수 x의 값이 D에 포함되는 문장 $P(x)$

③ 논의영역(universe of discourse)
문장이 명제로 명확하게 구분되기 위해 문장 속의 변수 x가 속하는 범위

추론(reasoning, inference, argument)

논리를 풀어갈 때 참(true)이라고 인정되는 명제들을 나열하여 자신이 주장하는 결론을 유도해가는 것

① 유효 추론(valid argument)
주어진 명제가 참이고 유도된 명제가 참인 추론

② 허위 추론(fallacious argument)
유도된 명제가 거짓인 추론

③ 추론 법칙

법칙 이름	추론 규칙
긍정 법칙 (modus ponens)	p $p \to q$ $\therefore q$
부정 법칙 (modus tollens)	$\neg q$ $p \to q$ $\therefore \neg p$
조건적 삼단 법칙 (hypothetical syllogism)	$p \to q$ $q \to r$ $\therefore p \to r$
선언적 삼단 법칙 (disjunctive dilemma)	$p \vee q$ $\neg p$ $\therefore q$
양도 법칙 (constructive dilemma)	$(p \to q) \wedge (r \to s)$ $p \vee r$ $\therefore (q \vee s)$
파괴적 법칙 (destructive dilemma)	$(p \to q) \wedge (r \to s)$ $\neg q \vee \neg s$ $\therefore \neg p \vee \neg r$

선접 법칙 (disjunctive addition)	p $\therefore p \vee q$
분리 법칙 (simplication)	$p \wedge q$ $\therefore p$
연접 법칙 (conjunction)	p q $\therefore p \wedge q$

불 대수

① 불 대수식

+(합, sum, OR), •(곱, product, AND), ¯ 또는 ′(부정, complement, NOT)

② 불 대수 기본 법칙

법칙 이름	불 대수 기본 법칙
교환 법칙 (commutative law)	$x+y = y+x$ $x \cdot y = y \cdot x$
결합 법칙 (associative law)	$x+(y+z) = (x+y)+z$ $x \cdot (y \cdot z) = (x \cdot y) \cdot z$
분배 법칙 (distributive law)	$x \cdot (y+z) = (x \cdot y)+(x \cdot z)$ $x+(y \cdot z) = (x+y) \cdot (x+z)$
드 모르간 법칙 (De Morgan's law)	$(x+y)' = x' \cdot y'$ $(x \cdot y)' = x' + y'$
항등 법칙 (identity law)	$x+0 = x$ $x \cdot 1 = x$
멱등 법칙 (idempotent law)	$x+x = x$ $x \cdot x = x$
유계 법칙 (bound law)	$x+1 = 1$ $x \cdot 0 = 0$
보수 법칙 (complement law)	$x+x' = 1$ $x \cdot x' = 0$
이중 보수 법칙 (involution negative law)	$(x')' = x$
흡수 법칙 (absorption law)	$x+xy = x$ $x(x+y) = x$
0과 1의 법칙 (0 and 1 law)	$0' = 1$ $1' = 0$

③ 불 대수 간소화
- 곱의 합(sum of products) : 불 함수를 최소항들의 합으로 표현
- 합의 곱(product of sum) : 불 함수를 최대항들의 곱으로 만든 표현
- 카르노맵(Karnaugh map) : 불 변수들에 대한 최소항들을 도표로 그려서 인접한 항들을 서로 묶은 후에 최소화하는 방법

조합회로

① 논리 게이트(logic gate)
- 논리회로를 구성하는 기본 소자로서 이진 입력 정보를 이용해서 0 또는 1의 논리적인 값을 생성
- AND, OR, NOT, NAND, NOR, XOR

② 조합논리회로(combinational logic circuit)
- 현재 입력에 따라 출력이 항상 똑같이 결정되는 논리회로
- 반가산기, 전가산기, 디코더, 인코더, 멀티플렉서, 디멀티플렉서

③ 조합논리회로 설계 과정
- 주어진 문제를 분석한다.
- 입력 변수, 출력 변수 그리고 출력의 변수명을 결정한다.
- 진리표를 작성한 후 진리표로부터 불 함수를 구한다.
- 진리표에 의해 카르노맵 또는 그 외 방법으로 간소화한다.
- 간소화된 불 함수에 의해 논리회로를 설계한다.

제 5 장

행렬

제1절	행렬의 기본 연산
제2절	행렬식의 개념
제3절	행렬식의 성질
제4절	행렬과 행렬식의 응용
실전예상문제	

행운이란 100%의 노력 뒤에 남는 것이다.

– 랭스턴 콜먼 –

보다 깊이 있는 학습을 원하는 수험생들을 위한
시대에듀의 동영상 강의가 준비되어 있습니다.
www.sdedu.co.kr → 회원가입(로그인) → 강의 살펴보기

제 5 장 | 행렬

제1절 행렬의 기본 연산

행렬(matrix)은 1개 이상의 수나 식을 직사각형의 2차원 배열의 형태로 나열한 것을 말하며 가로줄을 행(row), 세로줄을 열(column)이라고 부른다. 행렬의 어원은 라틴어 Mater(어머니) + -ix의 합성어로서 모체를 의미한다. 행렬의 시작은 '연립일차방정식을 어떻게 풀까?'라며 고민을 하여 시작된 수의 구조이다. 아서 케일리가 연구하던 중에 행렬식의 값에 따라 연립방정식의 해가 다르게 나오는 것을 보고 이것이 해의 존재 여부를 판별한다는 관점에서 determinant라고 부른 데서 행렬식이 나오게 되었고, 윌리엄 로원 해밀턴의 '연립방정식의 계수랑 변수를 따로 분리해서 사용하면 어떨까?'라는 생각에서 행렬의 개념이 나오게 되었다. 방대한 분량의 데이터를 컴퓨터를 사용하여 동일한 연산을 수행할 경우에 행렬을 주로 사용한다. 또한 행렬은 2차원 배열로 나열된 형태이므로 원소들 간의 관계를 표현하기에 적합하여 어떤 연산을 수행한 후 원소들의 관계 변화를 확인하는 수단으로 활용될 수 있다.

1 행렬의 기본 개념

(1) 행렬의 표기

행렬은 그 특성상 **동일한 형태의 데이터로 동일한 연산을 수행**하는 경우에 적합하다. 행렬은 하나 이상이 원소들을 1차원 또는 2차원으로 나열해 놓은 배열이 모양인데 가로줄을 행(row)이라고 하고 세로줄을 열(column)이라고 한다. 행렬을 표기할 때에는 A, B, C 등의 알파벳 대문자를 사용한다. m, n을 양의 정수라고 할 때 크기 (m × n)을 갖는 행렬 A는 다음과 같이 성분을 직사각형으로 배열한 다음 소괄호 또는 대괄호 안에 원소들을 넣어서 표기한다.

$$A = [a_{ij}] \quad or \quad [a_{ij}]_{m \times n} \quad or \quad (a_{ij})_{m \times n} \quad or \quad (A)_{ij}$$

$$= \begin{bmatrix} a_{11} & a_{12} & \cdots & a_{1n} \\ a_{21} & \ddots & \cdots & \vdots \\ \vdots & \cdots & \cdots & \vdots \\ a_{m1} & \cdots & \cdots & a_{mn} \end{bmatrix} \begin{matrix} \leftarrow \text{제1행} \\ \leftarrow \text{제2행} \\ \\ \leftarrow \text{제m행} \end{matrix}$$

↑ 제1열   ↑ 제n열

$A = [a_{ij}]$, $i = 1, \cdots, m$, $j = 1, \cdots, n$이라 적고, $m \times n$ 행렬 또는 (m, n) 행렬이라고 부른다. 행렬을 구성하는 성분은 소문자를 사용해서 표기하는데 행렬 A에서 i 행과 j 열에 있는 성분은 a_{ij}이다. 행렬의 특정한 행과 열을 표기할 때에는 다음과 같이 표기한다.

> 행렬 A의 i번째 행 : $(a_{i1}, a_{i2}, \cdots, a_{in})$
> 행렬 A의 j번째 열 : $\begin{bmatrix} a_{1j} \\ a_{2j} \\ \cdots \\ a_{mj} \end{bmatrix}$

(2) 행렬의 용어

행렬 중에서 행의 수와 열의 수가 같은 행렬이 있을 때 이를 **정방행렬** 또는 **정사각 행렬**(square matrix)이라 하고, $(n \times n)$ 행렬이라고 한다. 이때 n을 '**차수**(order)'라고 하며 원소 $a_{11}, a_{22}, \ldots, a_{nn}$을 포함하는 대각선을 '**주대각**(principal diagonal)'이라고 한다.

행렬과 관련하여 다음과 같은 다양한 용어들에 대해 살펴보자.

① **행렬의 크기**(Magnitude) = **행렬의 차원**(Dimension)

행렬의 크기는 행 크기와 열 크기를 말한다. 행렬의 크기는 행렬의 차원을 의미하는데, m 행과 n 열을 갖는 행렬의 경우 '$m \times n$ 크기' 또는 '$m \times n$ 차원'을 갖는다고 한다. 두 행렬의 크기가 같다는 것은 두 행렬이 같은 수의 행과 열을 갖는다는 것을 의미한다. 즉, 행렬 A가 다음과 같다면 '3×3 크기를 갖는다.'라고 하거나 '3×3 차원을 갖는다.'라고 한다.

$$A = \begin{bmatrix} 1 & -1 & 2 \\ 3 & 2 & 0 \\ 2 & 1 & 3 \end{bmatrix}$$

만약 m = 1이라면, A를 $1 \times n$ 행벡터(row vector)라고 한다.
만약 n = 1이라면, A를 $m \times 1$ 열벡터(column vector)라고 한다.

② **행렬의 상등**(equal, equivalent)

크기도 같고, 대응하는 성분들도 같은 두 행렬에 대해 행렬의 상등이라고 한다. 다음의 두 행렬 A와 B는 상등이다.

$$A = \begin{bmatrix} 1 & -1 & 2 \\ 3 & 2 & 0 \\ 2 & 1 & 3 \end{bmatrix} \quad B = \begin{bmatrix} 1 & -1 & 2 \\ 3 & 2 & 0 \\ 2 & 1 & 3 \end{bmatrix}$$

③ **행렬의 차수**(order)

크기가 '$m \times n$'인 행렬에서, m = n이면 m차(또는 n차) 정방행렬이라고 한다.

④ **주대각선, 대각성분(main diagonal, principle diagonal, diagonal entry, trace)**
정방행렬에서 좌측 맨 위 a_{11}부터 우측 맨 아래 a_{nn}까지 그은 사선방향 성분들을 주대각선이라고 하고 해당 원소들을 대각성분이라고 한다. 다음 행렬 A에서 주대각선에 있는 대각성분은 1, 2, 3이다.

$$A = \begin{bmatrix} 1 & -1 & 2 \\ 3 & 2 & 0 \\ 2 & 1 & 3 \end{bmatrix}$$

⑤ **대각합(Trace)**
정방행렬에서 주대각선 성분들의 합을 대각합이라고 한다. 따라서 위의 행렬 A의 대각합은 1 + 2 + 3 = 6이다.

$$Tr(A) = a_{11} + a_{22} + \ldots + a_{nn} = \sum_{i=1}^{n} a_{ii}$$

⑥ **행렬의 계수(Rank)**
1차 독립인 행벡터의 최대수를 행렬의 계수라고 한다.

2 행렬의 기본 연산 중요

행렬 연산에서 가장 기본적인 합(덧셈), 차(뺄셈), 곱(곱셈), 스칼라 곱을 할 수 있다. 우선 행렬은 쉽게 연산을 할 수 있는 것이 아니고, 행렬을 연산하기 위해서는 조건이 필요하다. 덧셈과 뺄셈을 하기 위해서는 행렬의 행과 열의 수가 일치해야 하고, 곱셈을 하기 위해서는 곱하는 행렬의 앞 행렬의 열과 뒤 행렬의 행의 수가 일치해야 한다.

(1) 행렬의 합

행렬과 행렬을 더할 수가 있는데 이것을 행렬의 합이라고 한다. 두 행렬의 덧셈을 하기 위해서는 두 행렬의 열과 행의 크기가 서로 같아야 한다. 즉, 양의 정수 m, n에 대하여 A = $[a_{ij}]$와 B = $[b_{ij}]$가 모두 m × n 행렬일 때 행렬의 합 A + B는 ij-성분이 $a_{ij} + b_{ij}$인 행렬이다.

$$A = \begin{bmatrix} a_{11} & a_{12} & \cdots & a_{1n} \\ a_{21} & a_{22} & \cdots & a_{2n} \\ \vdots & \vdots & & \vdots \\ a_{i1} & a_{i2} & \cdots & a_{in} \\ \vdots & \vdots & & \vdots \\ a_{m1} & a_{m2} & \cdots & a_{mn} \end{bmatrix}, \quad B = \begin{bmatrix} b_{11} & b_{12} & \cdots & b_{1n} \\ b_{21} & b_{22} & \cdots & b_{2n} \\ \vdots & \vdots & & \vdots \\ b_{i1} & b_{i2} & \cdots & b_{in} \\ \vdots & \vdots & & \vdots \\ b_{m1} & b_{m2} & \cdots & b_{mn} \end{bmatrix}$$

$$A + B = \begin{bmatrix} a_{11}+b_{11} & a_{12}+b_{12} & \cdots & a_{1n}+b_{1n} \\ a_{21}+b_{21} & a_{22}+b_{22} & \cdots & a_{2n}+b_{2n} \\ \vdots & \vdots & & \vdots \\ a_{i1}+b_{i1} & a_{i2}+b_{i2} & \cdots & a_{in}+b_{in} \\ \vdots & \vdots & & \vdots \\ a_{m1}+b_{m1} & a_{m2}+b_{m2} & \cdots & a_{mn}+b_{mn} \end{bmatrix}$$

예를 들어서 다음의 행렬 A와 B를 더한 행렬을 C라고 하면 다음과 같이 계산된다.

$$A = \begin{bmatrix} 2 & 0 & 1 \\ 1 & -1 & 0 \\ 2 & 1 & 1 \end{bmatrix}, \quad B = \begin{bmatrix} 1 & -1 & 2 \\ 3 & 2 & 0 \\ 2 & 1 & 3 \end{bmatrix}$$

$$C = \begin{bmatrix} 2+1 & 0+(-1) & 1+2 \\ 1+3 & -1+2 & 0+0 \\ 2+2 & 1+1 & 1+3 \end{bmatrix} = \begin{bmatrix} 3 & -1 & 3 \\ 4 & 1 & 0 \\ 4 & 2 & 4 \end{bmatrix}$$

행렬의 합은 교환법칙이 성립한다. 즉, A + B = B + A가 성립한다. 그리고 A + B + C + ⋯ + Z를 순서를 아무리 바꿔서 연산을 하여도 결과는 동일하다.

(2) 행렬의 차 기출

행렬에서 행렬을 뺄셈을 할 수가 있는데 이것을 행렬의 차라고 한다. 뺄셈도 덧셈과 마찬가지로 두 행렬의 크기가 같아야 한다. 그리고 덧셈을 뺄셈으로 바꾸기만 하면 된다. 즉, 양의 정수 m, n에 대하여 A = $[a_{ij}]$와 B = $[b_{ij}]$가 모두 m × n 행렬일 때 행렬의 차 A − B는 ij−성분이 $a_{ij} - b_{ij}$인 행렬이다.

예를 들어서 다음의 행렬 A에서 B를 뺄셈한 행렬을 C라고 하면 다음과 같이 계산된다.

$$A = \begin{bmatrix} 2 & 0 & 1 \\ 1 & -1 & 0 \\ 2 & 1 & 1 \end{bmatrix}, \quad B = \begin{bmatrix} 1 & -1 & 2 \\ 3 & 2 & 0 \\ 2 & 1 & 3 \end{bmatrix}$$

$$C = \begin{bmatrix} 2-1 & 0-(-1) & 1-2 \\ 1-3 & -1-2 & 0-0 \\ 2-2 & 1-1 & 1-3 \end{bmatrix} = \begin{bmatrix} 1 & 1 & -1 \\ -2 & -3 & 0 \\ 0 & 0 & -2 \end{bmatrix}$$

행렬의 차는 교환법칙이 성립하지 않는다. 즉, A − B ≠ B − A이다. 단 부호만 반대이다. 즉, A − B = −(B − A)이다. 위의 행렬 B에서 A를 뺀 B − A의 행렬을 D라고 할 때 다음과 같이 계산되며 그 결과는 C ≠ D이고 C = (−D)이다.

$$D = \begin{bmatrix} 1-2 & -1-0 & 2-1 \\ 3-1 & 2-(-1) & 0-0 \\ 2-2 & 1-1 & 3-1 \end{bmatrix} = \begin{bmatrix} -1 & -1 & 1 \\ 2 & 3 & 0 \\ 0 & 0 & 2 \end{bmatrix}$$

(3) 행렬의 곱 기출

행렬과 행렬을 곱할 수가 있는데 이것을 행렬의 곱이라고 한다. 두 행렬의 곱셈을 하기 위해서는 앞에 놓인 행렬의 열과 뒤에 놓인 행렬의 행의 크기가 서로 같아야 한다. 즉, 양의 정수 m, n, p에 대하여 $A = [a_{ij}]$가 크기 m × n인 행렬이고 $B = [b_{ij}]$가 크기 n × p 행렬일 때 행렬의 곱 AB = C = $[c_{ij}]$는 다음과 같이 정의되는 m × p 크기의 행렬이 된다.

$$c_{ij} = \sum_{k=1}^{n} a_{ik}b_{kj} = a_{i1}b_{1j} + a_{i2}b_{2j} + ... + a_{in}b_{nj}$$

*i = 1, 2, 3, …, m
*j = 1, 2, 3, …, p

$$AB = \begin{bmatrix} a_{11} & a_{12} & \cdots & a_{1n} \\ a_{21} & a_{22} & \cdots & a_{2n} \\ \vdots & \vdots & & \vdots \\ a_{i1} & a_{i2} & \cdots & a_{in} \\ \vdots & \vdots & & \vdots \\ a_{m1} & a_{m2} & \cdots & a_{mn} \end{bmatrix} \begin{bmatrix} b_{11} & b_{12} & \cdots & b_{1j} & \cdots & b_{1p} \\ b_{21} & b_{22} & \cdots & b_{2j} & \cdots & b_{2p} \\ \vdots & \vdots & & \vdots & & \vdots \\ b_{n1} & b_{n2} & \cdots & b_{nj} & \cdots & b_{np} \end{bmatrix}$$

m × n 　　　　　n × p

$$= \begin{bmatrix} c_{11} & c_{12} & \cdots & c_{1p} \\ c_{21} & c_{22} & \cdots & c_{2p} \\ \vdots & \vdots & c_{ij} & \vdots \\ c_{m1} & c_{m2} & \cdots & c_{mp} \end{bmatrix} = C$$

m × p

예를 들어서 다음의 행렬 A에서 B를 곱셈한 행렬 AB = C는 다음과 같이 계산된다.

$$A = \begin{bmatrix} 2 & 1 \\ 1 & -1 \\ 1 & 2 \end{bmatrix} \quad B = \begin{bmatrix} 1 & -1 & 0 \\ 2 & 1 & -1 \end{bmatrix}$$

$$AB = C = \begin{bmatrix} 2 \times 1 + 1 \times 2 & 2 \times (-1) + 1 \times 1 & 2 \times 0 + 1 \times (-1) \\ 1 \times 1 + (-1) \times 2 & 1 \times (-1) + (-1) \times 1 & 1 \times 0 + (-1) \times (-1) \\ 1 \times 1 + 2 \times 2 & 1 \times (-1) + 2 \times 1 & 1 \times 0 + 2 \times (-1) \end{bmatrix} = \begin{bmatrix} 4 & -1 & -1 \\ -1 & -2 & 1 \\ 5 & 1 & -2 \end{bmatrix}$$

집합이나 행렬의 합에서도 결합법칙과 분배법칙이 성립하고 행렬의 곱에서도 결합법칙과 분배법칙 등이 성립한다. 그러나 행렬의 곱에서는 교환법칙이 성립하지 않는다.

(4) 스칼라 곱

스칼라 곱은 행렬의 크기와 상관없이 행렬의 모든 원소에 일정한 상수를 곱하는 것이다. 임의의 실수 값을 k라고 할 때 임의 행렬 $A = [a_{ij}]$에 대하여 스칼라 곱 $kA = [ka_{ij}]$이다. 즉, 행렬 A에 스칼라 값 k를 곱하는 것은 행렬 A의 모든 항에 k를 곱하는 것과 같다. 다음과 같은 행렬로 표현할 수 있다.

$$kA = \begin{bmatrix} ka_{11} & ka_{12} & \cdots & ka_{1n} \\ ka_{21} & ka_{22} & \cdots & ka_{2n} \\ \vdots & \vdots & \cdots & \vdots \\ ka_{m1} & ka_{m2} & \cdots & ka_{mn} \end{bmatrix}$$

예를 들어서 다음의 행렬 A에 3을 스칼라 곱을 하면 다음과 같이 계산된다.

$$3A = 3 \times \begin{bmatrix} 2 & 0 & 1 \\ 1 & -1 & 0 \\ 2 & 1 & 1 \end{bmatrix} = \begin{bmatrix} 6 & 0 & 3 \\ 3 & -3 & 0 \\ 6 & 3 & 3 \end{bmatrix}$$

3 특수한 행렬 중요

(1) 대각행렬

양의 정수 n에 대하여 정방행렬 n × n에서 대각선을 제외한 모든 항들이 0인 행렬을 대각행렬(diagram matrix)이라고 한다.

$$D = \begin{bmatrix} d_1 & 0 & \cdots & 0 \\ 0 & d_2 & \cdots & 0 \\ \vdots & \vdots & \ddots & \vdots \\ 0 & 0 & \cdots & d_n \end{bmatrix}$$

예를 들어 다음의 행렬은 모두 대각행렬이다.

$$D_1 = \begin{bmatrix} 2 & 0 & 0 \\ 0 & -1 & 0 \\ 0 & 0 & 1 \end{bmatrix}, \quad D_2 = \begin{bmatrix} 1 & 0 \\ 0 & 2 \end{bmatrix}$$

정방행렬일 때 정방행렬의 주대각선 위의 모든 성분들인 대각항의 합을 **대각합**(trace)이라고 하고 정방행렬 A의 대각합은 tr(A) 또는 trace(A)로 표기한다. 행렬의 대각합은 행과 열 번호가 동일한 성분들의 합이다. 예를 들면 다음 정방행렬 A의 대각합은 tr(A) = 2 + −1 + 1 = 2이다.

$$A = \begin{bmatrix} 2 & 0 & 1 \\ 1 & -1 & 0 \\ 2 & 1 & 1 \end{bmatrix}$$

대각행렬에서 대각선의 항들이 모두 1인 n × n 행렬을 항등행렬(identity matrix) 또는 단위행렬이라고 한다. 크기가 n × n인 항등행렬을 I_n으로 표기하는데 n × n 항등행렬은 어떤 행렬 A에 대하여 다음의 공식 $AI_n = A = I_n A$가 성립한다. 즉, 행렬의 앞이나 뒤 어느 곳에 곱을 하여도 행렬에 영향을 주지 않는다. 다음은 항등행렬 I_2, I_3, I_4이다.

$$I_2 = \begin{bmatrix} 1 & 0 \\ 0 & 1 \end{bmatrix},\ I_3 = \begin{bmatrix} 1 & 0 & 0 \\ 0 & 1 & 0 \\ 0 & 0 & 1 \end{bmatrix},\ I_4 = \begin{bmatrix} 1 & 0 & 0 & 0 \\ 0 & 1 & 0 & 0 \\ 0 & 0 & 1 & 0 \\ 0 & 0 & 0 & 1 \end{bmatrix}$$

(2) 영행렬

모든 i, j에 대하여 $a_{ij} = 0$인 행렬, 즉 행렬의 모든 성분이 0인 행렬을 영행렬(zero matrix) 또는 널행렬(null matrix)이라고 한다, 표기는 볼드체 **0**으로 한다. 다음의 행렬들은 모든 성분이 0인 영행렬의 예들이다.

$$[0],\ \begin{bmatrix} 0 & 0 \\ 0 & 0 \end{bmatrix},\ \begin{vmatrix} 0 & 0 & 0 \\ 0 & 0 & 0 \\ 0 & 0 & 0 \end{vmatrix},\ \begin{bmatrix} 0 \\ 0 \end{bmatrix},\ [0\ 0]$$

(3) 전치행렬

양의 정수 m, n에 대하여 크기 m × n인 행렬 $A = [a_{ij}]$에 대하여 $b_{ji} = a_{ij}$인 크기 n × m인 행렬 $B = [b_{ji}]$를 행렬 A의 **전치행렬**(transposed matrix)이라고 한다. 전치행렬은 행과 열을 교환하여 얻는 행렬이다. 즉, 주대각선을 축으로 하는 반사 대칭으로 얻는 행렬로 A^T로 표기한다. 다음의 예는 행렬 A와 행렬 A의 전치행렬 A^T이다.

$$A = \begin{vmatrix} a & b \\ c & d \end{vmatrix},\ A^T = \begin{vmatrix} a & c \\ b & d \end{vmatrix}$$

(4) 대칭행렬

양의 정수 n에 대하여 크기가 n × n인 정방행렬이 자신의 전치행렬과 동일할 때 대칭행렬(symmetric matrix)이라고 한다. 다시 말하면 대칭행렬 $A = [a_{ij}]$는 모든 i, j에 대하여 $a_{ji} = a_{ij}$가 성립한다. 즉, 행렬 A가 $A = A^T$를 만족하면 대칭행렬이다. 다음은 대칭행렬의 예이다.

$$A = \begin{vmatrix} a & b \\ b & d \end{vmatrix}, \ A^T = \begin{vmatrix} a & b \\ b & d \end{vmatrix}, \ A = A^T$$

(5) 교대행렬

양의 정수 n에 대하여 크기가 n × n인 임의의 정방행렬 A와 이의 전치행렬 A^T가 $A = -A^T$를 만족할 때 행렬 A를 교대행렬(alternating matrix)이라고 한다. 즉, 행렬 $A = [a_{ij}]$에서 모든 i, j에 대하여 $a_{ji} = -a_{ij}$가 성립하는 행렬을 의미한다. 다음 행렬 A는 교대행렬이다.

$$A = \begin{vmatrix} a & -b \\ b & d \end{vmatrix}, \ A^T = \begin{vmatrix} a & b \\ -b & d \end{vmatrix}, \ A = -A^T$$

(6) 역행렬 기출

양의 정수 n에 대하여 크기가 n × n인 임의의 정방행렬 A와 B에 대하여 $AB = BA = I$(I : 항등행렬)일 때 A를 가역행렬(nonsingular, invertible)이라 하고 B를 A의 **역행렬**(inverse matrix)이라고 한다. 이 때 B는 하나뿐인 유일한 행렬이며 A^{-1}로 표기하고 $AA^{-1} = A^{-1}A = I$는 항상 성립한다.

$A = \begin{bmatrix} a & b \\ c & d \end{bmatrix}$에 대하여 수식에 대입하면 다음을 알 수 있다.

$$AA^{-1} = A^{-1}A = I$$

$$\begin{bmatrix} a & b \\ c & d \end{bmatrix} \begin{bmatrix} x & y \\ u & v \end{bmatrix} = \begin{bmatrix} 1 & 0 \\ 0 & 1 \end{bmatrix}$$

$$\begin{bmatrix} ax+bu & ay+bv \\ cx+du & cy+dv \end{bmatrix} = \begin{bmatrix} 1 & 0 \\ 0 & 1 \end{bmatrix}$$

정리하면 A^{-1}을 구하는 식은 다음과 같다.

$$A^{-1} = \frac{1}{ad-bc} \begin{bmatrix} d & -b \\ -c & a \end{bmatrix}$$

(7) 삼각행렬

양의 정수 n에 대하여 크기가 n × n인 임의의 정방행렬이 주대각선을 기준으로 대각항의 위쪽이나 아래쪽 항들의 값이 모두 0인 경우를 **삼각행렬**(triangular matrix)이라고 한다. 삼각행렬 중에서 주대각선 위에 있는 모든 항들이 0인 행렬을 **하삼각행렬**(lower triangular matrix)이라고 하고 주대각선 아래에 있는 항들이 모두 0인 행렬을 **상삼각행렬**(upper triangular matrix)이라고 한다.
다음과 같은 모양을 가지는 행렬 L을 하삼각행렬이라고 한다.

$$L = \begin{bmatrix} l_{1,1} & & & & 0 \\ l_{2,1} & l_{2,2} & & & \\ l_{3,1} & l_{3,2} & \ddots & & \\ \vdots & \vdots & \ddots & \ddots & \\ l_{n,1} & l_{n,2} & \cdots & l_{n,n-1} & l_{n,n} \end{bmatrix}$$

다음과 같은 모양을 가지는 행렬 U를 상삼각행렬이라고 한다.

$$U = \begin{bmatrix} u_{1,1} & u_{1,2} & u_{1,3} & \cdots & u_{1,n} \\ & u_{2,2} & u_{2,3} & \cdots & u_{2,n} \\ & & \ddots & \ddots & \vdots \\ & & & \ddots & u_{n-1,n} \\ 0 & & & & u_{n,n} \end{bmatrix}$$

삼각행렬의 대각항이 모두 0인 행렬을 **순삼각행렬**(strict triangular), 혹은 삼각행렬의 모양에 따라 순하삼각행렬, 순상삼각행렬이라고 한다.

삼각행렬은 다음과 같은 특성이 있다.
① 상삼각행렬이면서 하삼각행렬인 행렬은 대각행렬이다.
② 삼각행렬이면서 정규행렬인 행렬은 대각행렬이다.
③ 상삼각행렬은 덧셈, 곱셈, 역행렬에 대해 닫혀 있다. 즉, 상삼각행렬 간의 덧셈, 곱셈, 역행렬 연산을 통해 나오는 행렬은 상삼각행렬이다. 이 성질은 하삼각행렬에 대해서도 동일하게 성립한다. 단, 순삼각행렬 등과 같이 행렬식이 0의 값을 가질 경우에는 역행렬이 존재하지 않으므로, 역행렬에 대해 닫혀 있기 위해서는 삼각행렬이 가역행렬이어야 한다는 추가 조건이 있다.
④ 삼각행렬의 행렬식은 대각항들의 곱과 같다.
⑤ 대각행렬과 사다리꼴행렬은 삼각행렬의 특수한 형태이다.

제2절 행렬식의 개념

1 행렬의 기본 행 연산

임의의 행렬 A에 대하여 행과 열을 조작하는 연산을 할 수 있다. 다음과 같은 세 가지 타입의 연산들을 **기본 행(열) 연산**(Elementary row/column operation)이라고 한다.

- 행렬 A의 두 행(열)을 교환한다. : $R_i \leftrightarrow R_j$
- 행렬 A의 한 행(열)에 0이 아닌 스칼라를 곱한다. : $\alpha R_i \to R_i$
- 행렬 A의 한 행(열)에 스칼라 배를 해서 다른 행(열)에 더한다. : $\alpha R_i + R_j \to R_j$

행 연산(row operation)과 **열 연산**(column operation)을 통틀어서 **기본연산**(Elementary operation)이라고 한다. 보통 열 연산은 거의 사용하지 않으며 행 연산을 주로 사용한다. 기본 행 연산 3가지는 어떤 행렬 A에서 행들의 위치를 바꾸거나 스칼라를 곱하거나, 한 행에 스칼라를 곱하여 다른 행과 더하거나 빼는 것이다. 마치 연립방정식의 해를 구하는 과정과 같다. 연립방정식을 풀 때 한 방정식(한 줄)에 어떤 숫자를 곱한 뒤에 다른 방정식과 더하거나 빼서 미지수를 제거할 수 있다. 이 과정은 한 행에 스칼라를 곱하거나, 곱해서 다른 행과 더하는 기본 행 연산과 동일하다. 연립방정식의 해를 구하는 과정에서 두 방정식의 위치를 바꾸는 것으로 해가 달라지지 않는 것과 동일하게 두 행을 교환하는 기본 행 연산도 가능한 것이다.

다음은 행렬 A와 이에 대하여 기본 행 연산의 3가지 타입의 연산을 각각 적용한 결과이다. 1행과 2행을 교환한 행렬 B, 3열에 3배를 곱한 행렬 C, 1행에 2행의 2배를 더한 행렬 D이다.

$$A = \begin{bmatrix} 1 & 2 & 3 \\ -1 & 0 & 1 \\ 2 & 1 & -1 \end{bmatrix}$$

$$B = \begin{bmatrix} -1 & 0 & 1 \\ 1 & 2 & 3 \\ 2 & 1 & -1 \end{bmatrix}, \; C = \begin{bmatrix} 1 & 2 & 3 \\ -1 & 0 & 1 \\ 6 & 3 & -3 \end{bmatrix}, \; D = \begin{bmatrix} -1 & 2 & 5 \\ -1 & 0 & 1 \\ 2 & 1 & -1 \end{bmatrix}$$

행렬의 각 행에서 가장 처음 나타나는 0이 아닌 수를 사다리꼴 행렬에서의 **피벗**(pivot)으로 정할 수 있다. 피벗을 경우에 따라서 선행자(leading one)로 표현하기도 한다.

2 행 사다리꼴과 기약 행 사다리꼴

(1) 행 사다리꼴과 기약 행 사다리꼴이란?

정수 m, n에 대하여 크기가 m × n인 임의의 행렬 A에 대해 기본 행 연산들을 행한 후 그 결과가 다음의 3가지 조건들을 만족하면 이 행렬을 행 사다리꼴(row echelon form)이라고 하며 REF로 표기한다.

> ① 0으로만 이루어진 행들이 있으면 행렬의 아래쪽에 위치한다.
> ② 모두가 0은 아닌 행은 가장 왼쪽에 가장 처음 나타나는 0이 아닌 수를 피벗으로 한다.
> ③ 모두가 0은 아닌 연이은 두 행에 대하여 아래쪽 행의 피벗은 위쪽 행의 피벗보다 오른쪽에 위치한다.

행 사다리꼴 행렬(row echelon form matrix)은 다음과 같이 성분이 계단 모양으로 배열된 행렬을 뜻한다.

$$\begin{pmatrix} a_{11} & a_{12} & a_{13} & a_{14} & \cdots & a_{1n} \\ 0 & a_{22} & a_{23} & a_{24} & \cdots & a_{2n} \\ 0 & 0 & 0 & a_{34} & \cdots & a_{3n} \\ 0 & 0 & 0 & 0 & \cdots & 0 \\ \vdots & \vdots & \vdots & \vdots & \ddots & \vdots \\ 0 & 0 & 0 & 0 & \cdots & 0 \end{pmatrix}$$

다음의 행렬들은 모두 피벗의 아래 숫자들이 모두 0이므로 행 사다리꼴이다.

$$\begin{bmatrix} 1 & 3 & -1 & 4 \\ 0 & 1 & 2 & 3 \\ 0 & 0 & 0 & 1 \end{bmatrix} \quad \begin{bmatrix} 1 & 3 & 2 \\ 0 & 1 & -1 \\ 0 & 0 & 1 \end{bmatrix} \quad \begin{bmatrix} 1 & 0 & 3 & -1 \\ 0 & 0 & 1 & 5 \end{bmatrix}$$

크기가 m × n인 임의의 행렬 A에 대해 기본 행 연산들을 행한 후 그 결과가 행 사다리꼴이고 다음의 4번째 조건을 만족시키는 행렬을 기약 행 사다리꼴(reduced row echelon form)이라고 하며 RREF로 표기한다.

> ④ 한 행의 피벗을 포함하는 열(column)은 피벗 이외의 값들이 모두 0이다.

다음의 행렬처럼 배열된 행렬이 기약 행 사다리꼴이다.

$$\begin{pmatrix} 1 & 0 & a_{13} & 0 & \cdots & a_{1n} \\ 0 & 1 & a_{23} & 0 & \cdots & a_{2n} \\ 0 & 0 & 0 & 1 & \cdots & a_{3n} \\ 0 & 0 & 0 & 0 & \cdots & 0 \\ \vdots & \vdots & \vdots & \vdots & \ddots & \vdots \\ 0 & 0 & 0 & 0 & \cdots & 0 \end{pmatrix}$$

다음의 행렬들은 모두 피벗의 위와 아래의 숫자들이 0이므로 기약 행 사다리꼴이다.

$$\begin{bmatrix} 1 & 0 & 0 & 0 \\ 0 & 1 & 2 & 0 \\ 0 & 0 & 0 & 1 \end{bmatrix} \quad \begin{bmatrix} 1 & 0 & 0 \\ 0 & 1 & 0 \\ 0 & 0 & 1 \end{bmatrix} \quad \begin{bmatrix} 1 & 0 & 0 & -1 \\ 0 & 0 & 1 & 5 \end{bmatrix}$$

(2) 행 사다리꼴과 기약 행 사다리꼴 만들기

기약 행 사다리꼴을 구하기 위한 기본 행 연산은 다음의 두 단계로 이루어진다.
① **전향단계**(forward phase) : 피벗의 아랫부분을 0이 되도록 행 연산을 한다.
② **후향단계**(backward phase) : 피벗의 윗부분을 0이 되도록 행 연산을 한다.

이와 같이 피벗을 제외한 부분을 0으로 만드는 방법을 소거법이라고 한다.

전향단계까지의 연산 과정을 실행하여 행 사다리꼴을 구하는 소거법을 **가우스 소거법**(Gause elimination), 후향단계까지 실행하는 소거법을 **가우스-조르단 소거법**(Gause-Jordan elimination)이라고 한다.

다음 행렬 A의 기약 행 사다리꼴을 구하는 과정은 다음과 같다.

$$A = \begin{bmatrix} 1 & -2 & -1 & 2 \\ -1 & 2 & 2 & 1 \\ 2 & -3 & -2 & 1 \end{bmatrix}$$

먼저 계산하기 편하게 소거할 항을 선택한다. 먼저 계산하기 편한 $\boxed{1}$을 피벗으로 하고 $\ominus$을 소거될 항으로 정하여 다음과 같이 기본 행 연산을 한다.

$$\begin{bmatrix} \boxed{1} & -2 & -1 & 2 \\ \ominus & 2 & 2 & 1 \\ 2 & -3 & -2 & 1 \end{bmatrix}$$

1행에 2행을 더하여 2행으로 한다.

$$R_1 + R_2 \to R_2, \begin{bmatrix} 1 & -2 & -1 & 2 \\ 0 & 0 & 1 & 3 \\ 2 & -3 & -2 & 1 \end{bmatrix}$$

다음에 1행을 이용하여 3행의 첫 번째 항을 소거한다. 3행은 1행에 (-2)를 곱하여 3행에 더하는 연산을 한다.

$$(-2) \times R_1 + R_3 \to R_3, \begin{bmatrix} 1 & -2 & -1 & 2 \\ 0 & 0 & 1 & 3 \\ 0 & 1 & 0 & -3 \end{bmatrix}$$

다음에 2행과 3행의 위치를 교환한다.

$$R_2 \leftrightarrow R_3, \begin{bmatrix} 1 & -2 & -1 & 2 \\ 0 & 1 & 0 & -3 \\ 0 & 0 & 1 & 3 \end{bmatrix}$$

2행에 2를 곱하여 1행에 더한다.

$$2 \times R_2 + R_1 \to R_1, \begin{bmatrix} 1 & 0 & -1 & -4 \\ 0 & 1 & 0 & -3 \\ 0 & 0 & 1 & 3 \end{bmatrix}$$

1행과 3행을 더하여 1행으로 한다. 그 결과로 세 개 피벗 위와 아래 모두 0이 되어 기약 행사다리꼴이 되었다.

$$R_1 + R_3 \to R_1, \begin{bmatrix} 1 & 0 & 0 & -1 \\ 0 & 1 & 0 & -3 \\ 0 & 0 & 1 & 3 \end{bmatrix}$$

행렬을 행 사다리꼴로 만들었을 때 행 전체가 0이 아닌 행의 개수를 주어진 행렬의 **계수(rank)**라고 한다. 위 행렬 A의 계수는 3이다. 행 전체가 0이 아닌 행의 개수는 수학적으로 중요한 의미를 가진다. 행이 다른 행들의 선형 조합으로 표현될 수 있는 경우, 이 관계를 선형 종속(Linearly Dependent)이라 하는데 행렬의 계수는 행렬이 가지는 선형 독립/종속의 성질과 관련이 있다. 행렬이 가지고 있는 선형 독립인 행들의 개수가 계수이다.

3 행렬식 기출

정방행렬을 하나의 스칼라 값으로 대응시킬 수 있다. 정방행렬에 하나의 스칼라 값을 대응시키는 함수를 **행렬식**(Determinant)이라고 하며 정방행렬 A에 대한 행렬식은 보통 det(A) 또는 |A|로 표시한다. 기호는 행렬 A의 괄호 대신 수직 막대선을 그어서 나타낸다. n차 정방행렬의 행렬식은 n차 행렬식이라고 한다.

행렬식 용어를 처음 소개한 가우스(Gause)는 행렬식이 행렬의 성질을 결정할 수 있다고 믿었고 그 후 코시(Cauchy)에 의해 현대적 개념의 행렬식이 되었다.

$$A = \begin{bmatrix} a_{11} & a_{12} & \cdots & a_{1n} \\ a_{21} & a_{22} & \cdots & a_{2n} \\ \vdots & \vdots & & \vdots \\ a_{n1} & a_{n2} & \cdots & a_{nn} \end{bmatrix} \quad \mathrm{Det}(A) = \begin{vmatrix} a_{11} & a_{12} & \cdots & a_{1n} \\ a_{21} & a_{22} & \cdots & a_{2n} \\ \vdots & \vdots & & \vdots \\ a_{n1} & a_{n2} & \cdots & a_{nn} \end{vmatrix}$$

n차 정방행렬에 대한 행렬식의 정의는 다음과 같다.

(1) 1×1 행렬 $A = \begin{bmatrix} a_{11} \end{bmatrix}$ 의 행렬식의 정의

$$\det(A) = |a_{11}| = a_{11}$$

(2) 2×2 행렬 $A = \begin{bmatrix} a_{11} & a_{12} \\ a_{21} & a_{22} \end{bmatrix}$ 의 행렬식의 정의

$$\det(A) = \begin{vmatrix} a_{11} & a_{12} \\ a_{21} & a_{22} \end{vmatrix} = a_{11}a_{22} - a_{12}a_{21}$$

(3) 3×3 행렬 $A = \begin{bmatrix} a_{11} & a_{12} & a_{13} \\ a_{21} & a_{22} & a_{23} \\ a_{31} & a_{32} & a_{33} \end{bmatrix}$ 의 행렬식의 정의

$$\det(A) = \begin{vmatrix} a_{11} & a_{12} & a_{13} \\ a_{21} & a_{22} & a_{23} \\ a_{31} & a_{32} & a_{33} \end{vmatrix}$$
$$= a_{11}a_{22}a_{33} + a_{12}a_{23}a_{31} + a_{13}a_{21}a_{32} - a_{13}a_{22}a_{31} - a_{11}a_{23}a_{32} - a_{12}a_{21}a_{33}$$

행렬식의 공식을 도식화하여 **사루스의 공식**(Sarrus's Formula)에 따라 행렬식을 구할 수 있다. 2×2 행렬식이나 3×3 행렬식의 경우 도식적인 방법을 사용하면 계산이 보다 편리하다. 화살표가 지나는 문자를 곱한 것에다 화살표 끝의 부호를 붙여서 합한다.

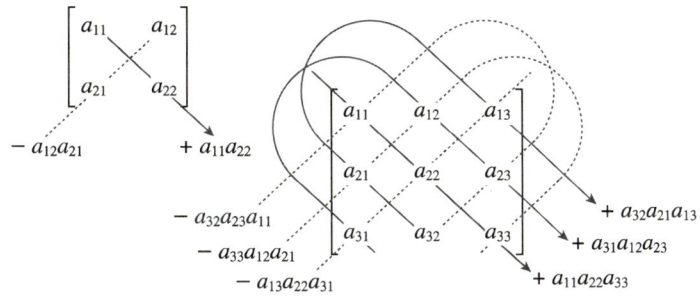

사루스 공식은 행렬의 크기가 3×3 이하인 경우에만 계산이 가능하다. 일반적으로 행렬식을 계산하는 방법은 여인수에 의한 행렬식의 계산이 있으며 행렬의 크기에 제한이 없다.

$n \times n$ 정방행렬 A의 행렬식 $|A|$의 값이 0일 때 행렬 A를 특이행렬(singular matrix)이라고 하고, 행렬식의 값이 0이 아닌 행렬을 정칙행렬(non-singular matrix)이라고 한다.

$n \times n$ 정방행렬 A, B가 정칙행렬이면 $AB = BA = I$가 되며 이때의 행렬을 가역적(nonsingular, invertible)이라고 한다.

다음의 정방행렬 A의 행렬식을 사루스 공식을 이용해서 구하면 다음과 같이 구할 수 있다.

$$A = \begin{bmatrix} 1 & 3 & 2 \\ 0 & 1 & -1 \\ 1 & 0 & 1 \end{bmatrix}$$

$$\det(A) = 0 + (-3) + 1 - 0 - 0 - 2 = -4$$

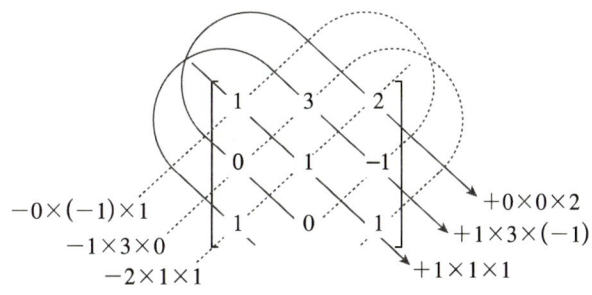

삼각행렬의 행렬식은 대각선상에 있는 항들을 곱하여 구할 수 있다. 상삼각행렬이나 하삼각행렬의 경우에 항들의 곱에 0이 포함이 되므로 대각선상의 항들만 계산을 하여 행렬식을 구할 수 있는 것이다.

다음 삼각행렬 A와 B의 행렬식은 대각선상의 항들만 곱하여 det(A) = 3, det(B) = 6을 구할 수 있다.

$$A = \begin{bmatrix} 1 & 0 & 0 \\ 2 & 3 & 0 \\ 5 & 2 & 1 \end{bmatrix}, \; B = \begin{bmatrix} 1 & -1 & 7 \\ 0 & 3 & 2 \\ 0 & 0 & 2 \end{bmatrix}$$

$$\det(A) = \begin{vmatrix} 1 & 0 & 0 \\ 2 & 3 & 0 \\ 5 & 2 & 1 \end{vmatrix} = 1 \times 3 \times 1 = 3$$

$$\det(B) = \begin{vmatrix} 1 & -1 & 7 \\ 0 & 3 & 2 \\ 0 & 0 & 2 \end{vmatrix} = 1 \times 3 \times 2 = 6$$

제3절 행렬식의 성질

1 행렬식의 일반적인 성질

행렬식의 다양한 성질들을 활용하여 쉽게 행렬식을 구할 수 있다. $n \times n$ 정방행렬 A에서 임의의 두 행(또는 열)이 같은 경우가 있는데 이때 행렬식의 값은 0이다.
다음의 행렬 A는 첫 번째 행과 세 번째 행이 동일하기 때문에 행렬식은 0이다.

$$|A| = \begin{vmatrix} 1 & 2 & 3 \\ 2 & 1 & 1 \\ 1 & 2 & 3 \end{vmatrix} = 1 \times 1 \times 3 + 2 \times 1 \times 1 + 3 \times 2 \times 2 - 3 \times 1 \times 1 - 2 \times 2 \times 3 - 1 \times 1 \times 2 = 0$$

$n \times n$ 정방행렬 A의 임의의 두 행(열)을 서로 바꾼 행렬이 B일 때 행렬식의 값은 같고 부호만 반대이다. 즉 det(A) = −det(B)이다.
다음은 3×3 정방행렬 A의 행렬식과 A에서 1행과 3행을 바꾼 행렬 B의 행렬식을 구한 결과이다. 행렬식의 값은 같고 부호만 반대인 것을 확인할 수 있다.

$$|A| = \begin{vmatrix} 1 & 2 & -1 \\ 2 & 1 & 1 \\ 1 & -1 & 0 \end{vmatrix}$$
$$= 1 \times 1 \times 0 + 2 \times 1 \times 1 + (-1) \times 2 \times (-1) - (-1) \times 1 \times 1 - 2 \times 2 \times 0 - 1 \times 1 \times (-1) = 6$$

$$|B| = \begin{vmatrix} 1 & -1 & 0 \\ 2 & 1 & 1 \\ 1 & 2 & -1 \end{vmatrix}$$
$$= 1 \times 1 \times (-1) + 0 \times 2 \times 2 + (-1) \times 1 \times 1 - 0 \times 1 \times 1 - 1 \times 1 \times 2 - (-1) \times 2 \times (-1) = -6$$

$n \times n$ 정방행렬 A의 행렬식의 값은 전치행렬의 행렬식의 값과 같다. 즉 $\det(A) = \det(A^T)$이다.

$$\det\begin{bmatrix} a & b \\ c & d \end{bmatrix} = \det\begin{bmatrix} a & c \\ b & d \end{bmatrix}$$

$$|A| = \begin{vmatrix} 1 & 3 \\ 2 & 1 \end{vmatrix} = 1 \times 1 - 3 \times 2 = -5$$

$$|A^T| = \begin{vmatrix} 1 & 2 \\ 3 & 1 \end{vmatrix} = 1 \times 1 - 2 \times 3 = -5$$

같은 크기의 $n \times n$ 정방행렬 A와 B를 곱한 행렬의 행렬식은 각각의 행렬식을 곱한 것과 동일하다. 두 행렬 $A = \begin{bmatrix} 3 & 1 \\ 1 & 2 \end{bmatrix}$, $B = \begin{bmatrix} 1 & -1 \\ 2 & 1 \end{bmatrix}$의 행렬식은 다음과 같으며 두 행렬식을 곱하면 15이다.

$$|A| = \begin{vmatrix} 3 & 1 \\ 1 & 2 \end{vmatrix} = 5, \ |B| = \begin{vmatrix} 1 & -1 \\ 2 & 1 \end{vmatrix} = 3$$

그리고 두 행렬의 곱과 행렬식 det(AB)는 다음과 같다. det(A) × det(B) = det(AB) = 15임을 확인할 수 있다.

$$AB = \begin{bmatrix} 5 & -2 \\ 5 & 1 \end{bmatrix}, \ |AB| = \begin{vmatrix} 5 & -2 \\ 5 & 1 \end{vmatrix} = 15$$

$n \times n$ 정방행렬 A의 어떤 행이나 열의 각 항에 동일한 스칼라 값 k를 곱한 후 얻은 행렬식은 A의 행렬식에 k를 곱한 것과 동일하다. 예로서 위의 행렬 A이 첫 번째 열의 값들에 정수 3을 각각 곱한 후 행렬식을 구하면 15이고 행렬 A의 행렬식에 3을 곱한 결과도 15임을 확인할 수 있다.

$$\begin{vmatrix} 3 \times 3 & 1 \\ 3 \times 1 & 2 \end{vmatrix} = \begin{vmatrix} 9 & 1 \\ 3 & 2 \end{vmatrix} = 18 - 3 = 15$$

$$3 \times |A| = 3 \times \begin{vmatrix} 3 & 1 \\ 1 & 2 \end{vmatrix} = 3 \times 5 = 15$$

$n \times n$ 정방행렬 A의 한 행이나 열의 모든 항의 값이 0이면 det(A)=0이 된다. 예를 들어 행렬 $A = \begin{bmatrix} 0 & 1 & 2 \\ 0 & 2 & 1 \\ 0 & 1 & -3 \end{bmatrix}$에 대하여 행렬식을 구하면 $|A| = \begin{vmatrix} 0 & 1 & 2 \\ 0 & 2 & 1 \\ 0 & 1 & -3 \end{vmatrix} = 0$이다.

대각행렬의 경우 행렬식은 대각선의 값을 곱하여 바로 구할 수 있다.

$$\det(A) = \begin{vmatrix} 1 & 0 & 0 \\ 0 & 2 & 0 \\ 0 & 0 & 3 \end{vmatrix} = 1 \times 2 \times 3 = 6$$

2 여인수를 이용한 행렬식

3차 이상의 정방행렬의 행렬식을 구할 때 행렬을 작게 분할한 소행렬을 이용해서 구할 수 있다. **소행렬(Minor Matrix)**은 M_{ij}로 표기하며 n차 정방행렬에서 i번째 행과 j번째 열을 제거해서 얻은 $(n-1) \times (n-1)$ 행렬이다. 예를 들어 행렬 $A = \begin{bmatrix} 2 & 1 & 2 \\ 3 & 2 & 1 \\ 1 & 1 & -3 \end{bmatrix}$에 대하여,

소행렬 M_{11}은 행렬 A에서 1행과 1열을 제거한 나머지 부분인 $M_{11} = \begin{bmatrix} 2 & 1 \\ 1 & -3 \end{bmatrix}$이다.

소행렬 M_{22}는 행렬 A에서 2행과 2열을 제거한 나머지 부분인 $M_{22} = \begin{bmatrix} 2 & 2 \\ 1 & -3 \end{bmatrix}$이다.

소행렬 M_{31}은 행렬 A에서 3행과 1열을 제거한 나머지 부분인 $M_{31} = \begin{bmatrix} 1 & 2 \\ 2 & 1 \end{bmatrix}$이다.

이처럼 임의의 행렬 A에 대한 소행렬 M_{ij}는 A보다 행과 열의 크기가 하나씩 작다.

소행렬에 대한 행렬식을 소행렬식이라고 한다. 행렬의 크기가 큰 경우에 소행렬을 구하고 각각의 소행렬식을 구하고 여인수를 이용하여 원래 행렬의 행렬식을 구할 수 있다.
n차 정방행렬 $A = [a_{ij}]$에서 원소인 항 a_{ij}에 관련된 계수를 **여인수(Cofactor)**라고 하며 A_{ij}로 표기하고 그 계수들의 행렬을 **여인수행렬(Cofactor Matrix)**이라고 한다.

$$A_{ij} = (-1)^{i+j} \det(M_{ij})$$

여인수는 행렬식을 구하는 식에서 행렬 A의 항 a_{ij}의 계수가 되는 수로 소행렬식에 의해서 결정이 되고 여인수행렬 내에서의 위치에 따라서 부호가 결정된다.

$$\begin{bmatrix} + & - & + & - & \cdots \\ - & + & - & + & \cdots \\ + & - & + & - & \cdots \\ - & + & - & + & \cdots \\ \cdots & \cdots & \cdots & \cdots & \cdots \end{bmatrix}$$

소행렬, 소행렬식, 여인수를 이용하여 3차 이상의 정방행렬에 대한 행렬식을 구할 수 있는데, 이를 여인수를 이용한 행렬식이라고 한다.
여인수를 이용한 n차 정방행렬에 A에 대한 행렬식은 행 또는 열을 하나 선택하고 해당 항의 여인수와 곱한 후에 그 결과를 더하여 구한다. 따라서 i행을 선택한 경우와 j열을 선택한 경우로 나뉘어서 다음과 같이 수식을 정의한다.

- 정방행렬 A에서 i행을 선택한 경우에 행렬식을 구하는 식은,
  $\det(A) = a_{i1}A_{i1} + a_{i2}A_{i2} + a_{i3}A_{i3} + \cdots + a_{in}A_{in}$이다.
- 정방행렬 A에서 j열을 선택한 경우에 행렬식을 구하는 식은,
  $\det(A) = a_{1j}A_{1j} + a_{2j}A_{2j} + a_{3j}A_{3j} + \cdots + a_{nj}A_{nj}$이다.

행렬 $A = \begin{bmatrix} 2 & 1 & 2 \\ 3 & 2 & 1 \\ 1 & 1 & -3 \end{bmatrix}$ 의 행렬식을 여인수를 이용한 방법으로 구해보자.

1행부터 3행까지 1열부터 3열까지 각각 선택하여 행렬식을 구하고 결과를 확인해보자.

① 1행을 선택하여 소행렬과 소행렬식을 구하여 여인수를 이용하여 행렬식을 구하면 다음과 같이 -2를 얻는다.

$$\begin{aligned}\det(A) &= a_{11}A_{11} + a_{12}A_{12} + a_{13}A_{13} \\ &= 2 \times (-1)^{1+1} \times \det(M_{11}) + 1 \times (-1)^{1+2} \times \det(M_{12}) + 2 \times (-1)^{1+3} \times \det(M_{13}) \\ &= 2 \times \begin{vmatrix} 2 & 1 \\ 1 & -3 \end{vmatrix} + (-1) \times \begin{vmatrix} 3 & 1 \\ 1 & -3 \end{vmatrix} + (2) \times \begin{vmatrix} 3 & 2 \\ 1 & 1 \end{vmatrix} \\ &= 2 \times (2 \times (-3) - 1 \times 1) - (3 \times (-3) - 1 \times 1) + 2 \times (3 \times 1 - 2 \times 1) \\ &= -2 \end{aligned}$$

② 2행을 선택하여 소행렬과 소행렬식을 구하여 여인수를 이용하여 행렬식을 구하면 다음과 같이 -2를 얻는다.

$$\begin{aligned}\det(A) &= a_{21}A_{21} + a_{22}A_{22} + a_{23}A_{23} \\ &= 3 \times (-1)^{2+1} \times \det(M_{21}) + 2 \times (-1)^{2+2} \times \det(M_{22}) + 1 \times (-1)^{2+3} \times \det(M_{23}) \\ &= (-3) \times \begin{vmatrix} 1 & 2 \\ 1 & -3 \end{vmatrix} + 2 \times \begin{vmatrix} 2 & 2 \\ 1 & -3 \end{vmatrix} + (-1) \times \begin{vmatrix} 2 & 1 \\ 1 & 1 \end{vmatrix} \\ &= (-3) \times (1 \times (-3) - 2 \times 1) + 2 \times (2 \times (-3) - 2 \times 1) + (-1) \times (2 \times 1 - 1 \times 1) \\ &= -2 \end{aligned}$$

③ 3행을 선택하여 소행렬과 소행렬식을 구하여 여인수를 이용하여 행렬식을 구하면 다음과 같이 -2를 얻는다.

$$\begin{aligned}\det(A) &= a_{31}A_{31} + a_{32}A_{32} + a_{33}A_{33} \\ &= 1 \times (-1)^{3+1} \times \det(M_{31}) + 1 \times (-1)^{3+2} \times \det(M_{32}) + (-3) \times (-1)^{3+3} \times \det(M_{33}) \\ &= 1 \times \begin{vmatrix} 1 & 2 \\ 2 & 1 \end{vmatrix} + (-1) \times \begin{vmatrix} 2 & 2 \\ 3 & 1 \end{vmatrix} + (-3) \times \begin{vmatrix} 2 & 1 \\ 3 & 2 \end{vmatrix} \\ &= 1 \times (1 \times 1 - 2 \times 2) - (2 \times 1 - 2 \times 3) + (-3) \times (2 \times 2 - 1 \times 3) \\ &= -2 \end{aligned}$$

④ 1열을 선택하여 소행렬과 소행렬식을 구하여 여인수를 이용하여 행렬식을 구하면 다음과 같이 -2를 얻는다.

$$
\begin{aligned}
\det(A) &= a_{11}A_{11} + a_{21}A_{21} + a_{31}A_{31} \\
&= 2\times(-1)^{1+1}\times\det(M_{11}) + 3\times(-1)^{2+1}\times\det(M_{21}) + 1\times(-1)^{3+1}\times\det(M_{31}) \\
&= 2\times\begin{vmatrix}2 & 1\\1 & -3\end{vmatrix} - 3\times\begin{vmatrix}1 & 2\\1 & -3\end{vmatrix} + 1\times\begin{vmatrix}1 & 2\\2 & 1\end{vmatrix} \\
&= 2\times(2\times(-3) - 1\times 1) - 3\times(1\times(-3) - 2\times 1) + (1\times 1 - 2\times 2) \\
&= -2
\end{aligned}
$$

⑤ 2열을 선택하여 소행렬과 소행렬식을 구하여 여인수를 이용하여 행렬식을 구하면 다음과 같이 -2를 얻는다.

$$
\begin{aligned}
\det(A) &= a_{12}A_{12} + a_{22}A_{22} + a_{32}A_{32} \\
&= 1\times(-1)^{1+2}\times\det(M_{12}) + 2\times(-1)^{2+2}\times\det(M_{22}) + 1\times(-1)^{3+2}\times\det(M_{32}) \\
&= (-1)\times\begin{vmatrix}3 & 1\\1 & -3\end{vmatrix} + 2\times\begin{vmatrix}2 & 2\\1 & -3\end{vmatrix} + (-1)\times\begin{vmatrix}2 & 2\\3 & 1\end{vmatrix} \\
&= -(3\times(-3) - 1\times 1) + 2\times(2\times(-3) - 2\times 1) - (2\times 1 - 2\times 3) \\
&= -2
\end{aligned}
$$

⑥ 3열을 선택하여 소행렬과 소행렬식을 구하여 여인수를 이용하여 행렬식을 구하면 다음과 같이 -2를 얻는다.

$$
\begin{aligned}
\det(A) &= a_{13}A_{13} + a_{23}A_{23} + a_{33}A_{33} \\
&= 2\times(-1)^{1+3}\times\det(M_{13}) + 1\times(-1)^{2+3}\times\det(M_{23}) + (-3)\times(-1)^{3+3}\times\det(M_{33}) \\
&= 2\times\begin{vmatrix}3 & 2\\1 & 1\end{vmatrix} + (-1)\times\begin{vmatrix}2 & 1\\1 & 1\end{vmatrix} + (-3)\times\begin{vmatrix}2 & 1\\3 & 2\end{vmatrix} \\
&= 2\times(3\times 1 - 2\times 1) - (2\times 1 - 1\times 1) + (-3)\times(2\times 2 - 1\times 3) \\
&= -2
\end{aligned}
$$

3 기본 행 연산을 이용한 행렬식

행렬식의 일반적인 성질을 이용하여 행렬식을 구하는 것은 4차 이상의 정방행렬의 경우에 계산이 복잡하여 계산 시간이 많이 걸린다. 4차 이상인 경우에 기본 행 연산을 이용하면 보다 쉽게 행렬식의 값을 구할 수 있다.

기본 행 연산에서의 행렬식의 특성은 다음과 같이 세 가지가 있다.

- 행렬에서 하나의 행 또는 열에 스칼라 값 k를 곱하면 원래 행렬식에 k를 곱한 것과 동일하다.
- 행렬의 두 개의 행 또는 열을 교환한 행렬의 행렬식은 원래 행렬식에서 부호만 변경하면 된다.
- 행렬에서 하나의 행 또는 열에 k를 곱한 것을 다른 행이나 열에 더하여 만든 행렬식은 원래의 행렬식과 동일하다.

4차 이상의 정방행렬은 기본 행 연산을 이용하여 행 사다리꼴로 만든 후에 주대각선 상에 있는 원소들을 곱한 값이 행렬식의 값이 된다.
다음의 4차 정방행렬 A의 행렬식을 기본 행 연산을 이용하여 구해보자.

$$A = \begin{bmatrix} 1 & 3 & -1 & 2 \\ -1 & 2 & 2 & 1 \\ 2 & 5 & -3 & 3 \\ 0 & 0 & 0 & 2 \end{bmatrix}$$

1행에 2행을 더하여 2행으로 한다.

$$R_1 + R_2 \to R_2, \ \det(A) = \begin{vmatrix} 1 & 3 & -1 & 2 \\ 0 & 5 & 1 & 3 \\ 2 & 5 & -3 & 3 \\ 0 & 0 & 0 & 2 \end{vmatrix}$$

다음에 1행을 이용하여 3행의 첫 번째 항을 소거한다. 3행은 1행에 (-2)를 곱하여 3행에 더하는 연산을 한다.

$$(-2) \times R_1 + R_3 \to R_3, \ \det(A) = \begin{vmatrix} 1 & 3 & -1 & 2 \\ 0 & 5 & 1 & 3 \\ 0 & -1 & -1 & -1 \\ 0 & 0 & 0 & 2 \end{vmatrix}$$

3행의 두 번째 항을 소거하기 위하여 3행에 5를 곱한 후 2행과 더한 결과를 3행으로 한다.

$$5 \times R_3 + R_2 \to R_3, \ \det(A) = \begin{vmatrix} 1 & 3 & -1 & 2 \\ 0 & 5 & 1 & 3 \\ 0 & 0 & -4 & -2 \\ 0 & 0 & 0 & 2 \end{vmatrix}$$

행렬 A는 상삼각행렬이 된다.
결과로 $\det(A) = 1 \times 5 \times (-4) \times 2 = -40$인 행렬식을 구할 수 있다.

4 행렬식과 역행렬 (중요)

(1) 행렬식과 역행렬

어떤 행렬 A의 행렬식 값 det(A) = 0이면 행렬 A는 역행렬을 갖지 않고 det(A) ≠ 0이면 A의 역행렬이 존재한다. 즉, 행렬식(determinant)은 어떤 행렬의 역행렬 존재 여부에 대한 판별값 역할을 한다.

> **더 알아두기**
>
> 가역행렬(Invertible Matrix)과 특이행렬(Singular Matrix)
> - 가역행렬 : det(A) ≠ 0인 행렬이며 역행렬이 존재하는 행렬이다.
> - 특이행렬 : det(A) = 0인 행렬이며 역행렬이 존재하지 않는 행렬이다.

행렬 $A = \begin{bmatrix} 2 & 2 \\ 2 & 3 \end{bmatrix}$의 역행렬을 $A^{-1} = \begin{bmatrix} a & b \\ c & d \end{bmatrix}$라고 하여 역행렬의 공식 $AA^{-1} = A^{-1}A = I$에 대입하여 구하는 과정은 다음과 같다.

$$AA^{-1} = \begin{bmatrix} 2 & 2 \\ 2 & 3 \end{bmatrix}\begin{bmatrix} a & b \\ c & d \end{bmatrix} = \begin{bmatrix} 2a+2c & 2b+2d \\ 2a+3c & 2b+3d \end{bmatrix} = \begin{bmatrix} 1 & 0 \\ 0 & 1 \end{bmatrix}$$

$2a+2c = 1,\ 2b+2d = 0,\ 2a+3c = 0,\ 2b+3d = 1$

$(2a+2c)-(2a+3c) = 1-0 \quad \therefore a = \dfrac{3}{2},\ c = -1$

$(2b+2d)-(2b+3d) = 0-1 \quad \therefore b = -1,\ d = 1$

역행렬을 구할 때 차수가 높은 정방행렬의 경우는 이와 같은 방법으로 연산을 할 경우에 변수가 많아져서 복잡해진다. 이러한 점을 보완하기 위해서 행렬식과 여인수행렬, 전치행렬을 이용하여 역행렬을 구하는 방법 등을 사용한다.

행렬식을 이용하여 역행렬을 구하는 공식은 다음과 같다.

$$A^{-1} = \frac{1}{\det(A)}\left[A_{ij}\right]^T \text{ (단, } \det(A) \neq 0\text{)}$$

여기서 $[A_{ij}]^T$은 여인수행렬 $[A_{ij}]$에 대한 전치행렬로 수반행렬(Adjoint Matrix)이라고 한다.

앞에서 예로 사용한 행렬 $A = \begin{vmatrix} 2 & 1 & 2 \\ 3 & 2 & 1 \\ 1 & 1 & -3 \end{vmatrix}$의 역행렬을 행렬식을 이용하여 구하는 과정은 다음과 같다.

앞의 예에서 소행렬과 소행렬식을 이용하여 구한 행렬 A의 행렬식은 $\det(A) = -2$이며 여인수행렬 $[A_{ij}]$과 수반행렬 $[A_{ij}]^T$은 다음과 같다.

$$[A_{ij}] = \begin{bmatrix} A_{11} & A_{12} & A_{13} \\ A_{21} & A_{22} & A_{23} \\ A_{31} & A_{32} & A_{33} \end{bmatrix} = \begin{bmatrix} -7 & 10 & 1 \\ 5 & -8 & -1 \\ -3 & 4 & 1 \end{bmatrix}, \quad [A_{ij}]^T = \begin{bmatrix} A_{11} & A_{21} & A_{31} \\ A_{12} & A_{22} & A_{32} \\ A_{13} & A_{23} & A_{33} \end{bmatrix} = \begin{bmatrix} -7 & 5 & -3 \\ 10 & -8 & 4 \\ 1 & -1 & 1 \end{bmatrix}$$

$A_{11} = (-1)^{1+1} \times \det(M_{11}) = -7$
$A_{12} = (-1)^{1+2} \times \det(M_{12}) = 10$
$A_{13} = (-1)^{1+3} \times \det(M_{13}) = 1$
$A_{21} = (-1)^{2+1} \times \det(M_{21}) = 5$
$A_{22} = (-1)^{2+2} \times \det(M_{22}) = -8$
$A_{23} = (-1)^{2+3} \times \det(M_{23}) = -1$
$A_{31} = (-1)^{3+1} \times \det(M_{31}) = -3$
$A_{32} = (-1)^{3+2} \times \det(M_{32}) = 4$
$A_{33} = (-1)^{3+3} \times \det(M_{33}) = 1$

행렬식과 수반행렬을 이용하여 다음과 같이 행렬 A에 대한 역행렬을 구할 수 있다.

$$A^{-1} = \frac{1}{\det(A)}[A_{ij}]^T = \frac{1}{-2}\begin{bmatrix} -7 & 5 & -3 \\ 10 & -8 & 4 \\ 1 & -1 & 1 \end{bmatrix} = \begin{bmatrix} \frac{7}{2} & -\frac{5}{2} & \frac{3}{2} \\ -5 & 4 & -2 \\ -\frac{1}{2} & \frac{1}{2} & -\frac{1}{2} \end{bmatrix}$$

(2) 기본 행 연산을 이용한 역행렬

어떤 행렬에 대하여 행렬의 오른쪽에 항들을 추가하여 만든 행렬을 **첨가행렬**(augmented matrix)이라고 한다.

$$A = \begin{bmatrix} a_{11} & a_{12} & a_{13} \\ a_{21} & a_{22} & a_{23} \\ a_{31} & a_{32} & a_{33} \end{bmatrix}$$

→ 첨가행렬 : $\begin{bmatrix} a_{11} & a_{12} & a_{13} & | & b_{11} & b_{12} & b_{13} \\ a_{21} & a_{22} & a_{23} & | & b_{21} & b_{22} & b_{23} \\ a_{31} & a_{32} & a_{33} & | & b_{31} & b_{32} & b_{33} \end{bmatrix}$

어떤 행렬 A의 역행렬을 구할 때 항등행렬을 추가하여 첨가행렬을 만든 후 행렬식을 이용하여 역행렬을 구할 수 있다. 이것을 가우스-조르단(Gause-Jordan)의 역행렬을 구하는 알고리즘이라고 한다.

가우스-조르단의 역행렬을 구하는 알고리즘을 이용하여 A의 역행렬을 구하는 과정은 다음과 같다.

① 역행렬을 구하고자 하는 행렬 A에 항등행렬 I를 추가하여 첨가행렬 [A|I]를 만든다.
② 행렬 A의 부분이 항등행렬 I가 될 때까지 행 연산을 한다.
③ 행렬 A가 가역적 행렬인지 확인한다.
　③-1. A가 항등행렬로 바뀔 수 있으면 원래 항등행렬 I가 있던 위치에 있는 행렬이 A의 역행렬 A^{-1}이다.
　③-2. A의 행 연산을 하는 과정에서 한 행이 모두 0이 되는 경우는 A가 비가역적이 된다, 비가역적인 경우에 역행렬이 없으므로 연산을 중단한다.

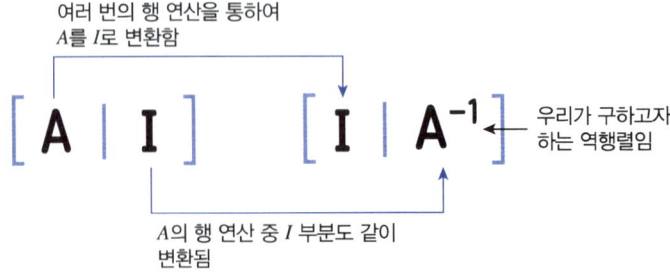

첨가행렬을 이용한 가우스-조르단 알고리즘을 적용하여 앞에서 예로 사용한 행렬 $A = \begin{bmatrix} 2 & 1 & 2 \\ 3 & 2 & 1 \\ 1 & 1 & -3 \end{bmatrix}$의 역행렬을 구하는 과정은 다음과 같다.

먼저 첨가행렬을 만든다.

$$[A|I] = \begin{bmatrix} 2 & 1 & 2 & | & 1 & 0 & 0 \\ 3 & 2 & 1 & | & 0 & 1 & 0 \\ 1 & 1 & -3 & | & 0 & 0 & 1 \end{bmatrix}$$

a_{11}의 값을 1로 만들기 위해서 1행과 3행을 교환한다.

$$R_1 \leftrightarrow R_3, \begin{bmatrix} 1 & 1 & -3 & | & 0 & 0 & 1 \\ 3 & 2 & 1 & | & 0 & 1 & 0 \\ 2 & 1 & 2 & | & 1 & 0 & 0 \end{bmatrix}$$

1행을 이용하여 2행의 첫 번째 항 a_{21}을 0으로 만든다. 1행에 (-3)을 곱하여 2행에 더하여 2행으로 한다.

$$(-3) \times R_1 + R_2 \to R_2, \begin{bmatrix} 1 & 1 & -3 & | & 0 & 0 & 1 \\ 0 & -1 & 10 & | & 0 & 1 & -3 \\ 2 & 1 & 2 & | & 1 & 0 & 0 \end{bmatrix}$$

1행을 이용하여 3행의 첫 번째 항 a_{31}을 0으로 만든다. 1행에 -2를 곱하여 3행에 더하여 3행으로 한다.

$$(-2) \times R_1 + R_3 \to R_3, \begin{bmatrix} 1 & 1 & -3 & | & 0 & 0 & 1 \\ 0 & -1 & 10 & | & 0 & 1 & -3 \\ 0 & -1 & 8 & | & 1 & 0 & -2 \end{bmatrix}$$

a_{22}를 1로 만들기 위해 2행에 -1을 곱한다.

$$(-1) \times R_2 \to R_2, \begin{bmatrix} 1 & 1 & -3 & | & 0 & 0 & 1 \\ 0 & 1 & -10 & | & 0 & -1 & 3 \\ 0 & -1 & 8 & | & 1 & 0 & -2 \end{bmatrix}$$

a_{32}를 0으로 만들기 위해 2행과 3행을 더하고 결과를 3행으로 한다.

$$R_2 + R_3 \to R_3, \begin{bmatrix} 1 & 1 & -3 & | & 0 & 0 & 1 \\ 0 & 1 & -10 & | & 0 & -1 & 3 \\ 0 & 0 & -2 & | & 1 & -1 & 1 \end{bmatrix}$$

a_{33}을 1로 만들기 위해 3행에 $-\frac{1}{2}$를 곱한다.

$$(-1/2)\times R_3 \to R_3, \begin{bmatrix} 1 & 1 & -3 \\ 0 & 1 & -10 \\ 0 & 0 & 1 \end{bmatrix} \begin{array}{|ccc} 0 & 0 & 1 \\ 0 & -1 & 3 \\ -\frac{1}{2} & \frac{1}{2} & -\frac{1}{2} \end{array}$$

a_{23}을 0으로 만들기 위해 3행에 10을 곱하여 2행에 더하고 결과를 2행으로 한다.

$$10\times R_3 + R_2 \to R_2, \begin{bmatrix} 1 & 1 & -3 \\ 0 & 1 & 0 \\ 0 & 0 & 1 \end{bmatrix} \begin{array}{|ccc} 0 & 0 & 1 \\ -5 & 4 & -2 \\ -\frac{1}{2} & \frac{1}{2} & -\frac{1}{2} \end{array}$$

a_{13}을 0으로 만들기 위해 3행에 3을 곱하여 1행에 더하고 결과를 1행으로 한다.

$$3\times R_3 + R_1 \to R_1, \begin{bmatrix} 1 & 1 & 0 \\ 0 & 1 & 0 \\ 0 & 0 & 1 \end{bmatrix} \begin{array}{|ccc} -\frac{3}{2} & \frac{3}{2} & -\frac{1}{2} \\ -5 & 4 & -2 \\ -\frac{1}{2} & \frac{1}{2} & -\frac{1}{2} \end{array}$$

마지막으로 a_{12}를 0으로 만들기 위해 2행에 -1을 곱하여 1행에 더하고 결과를 1행으로 한다.

$$(-1)\times R_2 + R_1 \to R_1, \begin{bmatrix} 1 & 0 & 0 \\ 0 & 1 & 0 \\ 0 & 0 & 1 \end{bmatrix} \begin{array}{|ccc} \frac{7}{2} & -\frac{5}{2} & \frac{3}{2} \\ -5 & 4 & -2 \\ -\frac{1}{2} & \frac{1}{2} & -\frac{1}{2} \end{array}$$

연산의 결과는 $[I|A^{-1}]$로 행렬 A의 역행렬은 다음과 같으며 앞에서 행렬식과 여인수행렬, 전치행렬을 이용하여 역행렬을 구한 결과와 동일하다.

$$A^{-1} = \begin{bmatrix} \frac{7}{2} & -\frac{5}{2} & \frac{3}{2} \\ -5 & 4 & -2 \\ -\frac{1}{2} & \frac{1}{2} & -\frac{1}{2} \end{bmatrix}$$

제4절 행렬과 행렬식의 응용

1 행렬과 행렬식의 응용분야

행렬과 행렬식은 과학과 수학의 수많은 분야에서 다양하게 응용된다. 물리학의 전기 회로 이론, 고전역학, 광학, 전자기학, 양자역학, 양자 전기역학 등 분야에서 응용되며, 컴퓨터 그래픽스에서 3차원 이미지를 2차원 평면에 투영하거나 사실적인 움직임을 그려내기 위해 사용한다.

행렬은 선형방정식(Linear Equation)의 해를 효율적으로 구할 때 사용되며 그래프의 표현이나 응용에 사용된다. 최단 거리 경로 문제 해결하기, 통신 네트워크의 구조 설계 및 관리, GPS(Global Positioning System)에서의 응용, 암호화 등에서 중요한 역할을 한다.

교통 흐름, 암호 해독, 마르코프 연쇄(Markov chain), 화학 방정식, 선형 변환, 가계 관리, 선형방정식을 적용한 경제학 이론의 확립, 경영 관리 등에도 활용된다.

암호문을 만들고 해독하는 기술은 선형대수를 많이 이용하고 있다. 행렬 B가 행렬 A의 역행렬일 때, 행렬 A를 이용하여 암호문을 만들고 역행렬인 행렬 B를 이용하여 그것을 해독한다.

마르코프 연쇄(Markov chain)를 확률 과정으로 표현하는 마르코프 행렬(Markov matrix)은 확률론적 방법으로 전개되므로 확률 행렬(Stochastic matrix)으로도 잘 알려져 있다.

행렬식을 응용하는 대표적인 분야는 선형방정식(Linear Equation)의 해법이다. 또한 행렬식을 이용하여 좌표계나 평행사변형의 면적이나 정육면체의 부피를 구하고 키르히호프 전류 법칙과 전압 법칙의 적용 등에 광범위하게 응용되고 있다.

행렬과 행렬식을 이용해서 복잡한 선형방정식을 빠르게 모델링하고 계산할 수 있으므로 바이오 컴퓨터 기술, 양자 암호 기술, 나노 기술 등 4차 산업 혁명의 주요 기술 발전의 바탕이 될 수 있다.

2 행렬을 이용한 그래프의 표현

그래프를 표현하고 응용할 때 행렬을 활용한다. 그래프는 다음과 같은 **인접행렬**로 표현할 수 있다. 인접행렬은 그래프에서 간선으로 연결이 되는 곳은 0의 값, 연결선이 있는 곳은 1의 값이 된다.

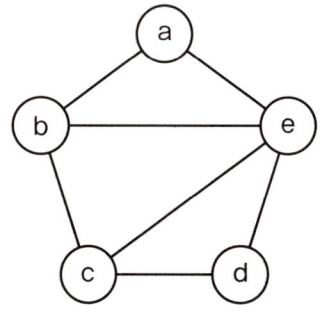

$$\begin{array}{c c}& \begin{array}{c c c c c} a & b & c & d & e \end{array} \\ \begin{array}{c} a \\ b \\ c \\ d \\ e \end{array} & \left[\begin{array}{c c c c c} 0 & 1 & 0 & 0 & 1 \\ 1 & 0 & 1 & 0 & 1 \\ 0 & 1 & 0 & 1 & 1 \\ 0 & 0 & 1 & 0 & 1 \\ 1 & 1 & 1 & 1 & 0 \end{array}\right] \end{array}$$

이와 같은 개념을 확장하여 행렬을 최단 거리 경로, 통신 네트워크의 연결, 그래프 이론 등 관련된 다양한 분야에 응용할 수 있다.

3 연립방정식의 해 구하기 종요

(1) 가우스 소거법 이용하기

행렬은 연립방정식의 해를 어떻게 구할 수 있을지 연구하면서 나온 개념이다. 행렬을 이용하여 연립방정식을 구하는 과정을 알아보자. 수학적이나 과학적으로 제기되는 일반적인 문제는 어떤 해(Solution)가 존재한다. 이 해를 구하기 위해 문제를 수식으로 표현할 수 있는데 하나 이상의 미지수(Unknown Value)를 표현하는 방정식이 된다.

미지수가 1개인 경우를 1차 방정식 또는 선형방정식(Linear Equation)이라고 하며 a_1, a_2, a_3, $\cdots$, a_n, b가 실수일 때 $a_1 x_1 + a_2 x_2 + \ldots + a_n x_n = b$와 같이 표현된다. 여기서 $a_1, a_2, a_3, \ldots, a_n$은 계수이고 b는 상수, $x_1, x_2, x_3, \ldots, x_n$을 미지수라고 한다. 1차 방정식은 미지수들을 곱한 것이나 제곱근을 포함하지 않고 모든 미지수는 1차로 표현된다.

1차 방정식의 미지수는 해당 방정식의 해(Solution) 또는 해의 집합(Solution Set)을 가진다. 방정식의 미지수에 해당하는 해 또는 해의 집합을 구하는 것은 1차 방정식을 푼다는 것을 의미한다.

> **더 알아두기**
>
> 방정식의 해(Solution)
> 1차 방정식에 포함된 미지수가 n개인 경우 $x_1 = s_1$, $x_2 = s_2, \ldots, x_n = s_n$을 만족하는 $s_1, s_2, s_3, \ldots, s_n$을 해라고 한다.

다음과 같이 선형방정식(1차 방정식) m개로 구성된 방정식을 연립 1차 방정식이라고 한다.

$$\begin{aligned} a_{11}x_1 + a_{12}x_2 + a_{13}x_3 + \cdots + a_{1n}x_n &= b_1 \\ a_{21}x_1 + a_{22}x_2 + a_{23}x_3 + \cdots + a_{2n}x_n &= b_2 \\ a_{31}x_1 + a_{32}x_2 + a_{33}x_3 + \cdots + a_{3n}x_n &= b_3 \\ &\cdots \\ a_{m1}x_1 + a_{m2}x_2 + a_{m3}x_3 + \cdots + a_{mn}x_n &= b_m \end{aligned}$$

이러한 연립 1차 방정식의 해는 가감법이나 대입법을 이용하여 미지수를 소거하거나 하나의 방정식을 다른 방정식에 대입하여 구할 수 있다. 또한 계수와 미지수, 상수로 구성되는 연립방정식은 행렬로 표현하여 그 해를 구할 수 있다.

다음과 같이 연립 1차 방정식의 계수를 행렬 A로, 미지수를 행렬 X로, 그리고 상수를 행렬 B로 표현하여 구한다.

$$A = \begin{bmatrix} a_{11} & a_{12} & a_{13} & \cdots & a_{1n} \\ a_{21} & a_{22} & a_{23} & \cdots & a_{2n} \\ \cdots & \cdots & \cdots & \cdots & \cdots \\ a_{m1} & a_{m2} & a_{m3} & \cdots & a_{mn} \end{bmatrix}, \ X = \begin{bmatrix} x_1 \\ x_2 \\ \cdots \\ x_n \end{bmatrix}, \ B = \begin{bmatrix} b_1 \\ b_2 \\ \cdots \\ b_m \end{bmatrix}$$

$$AX = \begin{bmatrix} a_{11} & a_{12} & a_{13} & \cdots & a_{1n} \\ a_{21} & a_{22} & a_{23} & \cdots & a_{2n} \\ \cdots & \cdots & \cdots & \cdots & \cdots \\ a_{m1} & a_{m2} & a_{m3} & \cdots & a_{mn} \end{bmatrix} \begin{bmatrix} x_1 \\ x_2 \\ \cdots \\ x_n \end{bmatrix} = \begin{bmatrix} b_1 \\ b_2 \\ \cdots \\ b_m \end{bmatrix} = B$$

이렇게 만든 행렬들을 $AX = B$ 형태로 연산하면 연립 1차 방정식의 형태가 된다. 이와 같은 연립 1차 방정식의 미지수에 대한 해를 구하기 위해서 계수와 상수를 첨가행렬의 모양으로 만들어서 이용한다. 첨가행렬을 행 사다리꼴로 만드는데 이것을 가우스 행렬이라고 한다. 이렇게 가우스 행렬을 만들고 나서 연립 1차 방정식의 모양으로 만들면 미지수 행렬의 가장 마지막 행에 해당하는 미지수의 해를 구할 수 있다. 구한 해를 이용하여 각 행에 포함된 미지수들의 해를 구할 수 있다. 이렇게 가장 마지막 행의 해를 구한 후 거꾸로 대입하여 해를 구하는 방법을 후진대입법(Backward Substitution)이라고 한다. 이와 같이 가우스 소거법 또는 조르단 소거법을 이용하면 미지수의 해를 구할 수 있다.

다음의 연립 1차 방정식의 해를 가우스 소거법을 이용하여 구해보자.

$$\begin{cases} x_1 + x_2 - 2x_3 - 5x_4 = 10 \\ 3x_2 + 3x_3 - 3x_4 = -3 \\ -2x_1 - 3x_4 = 5 \\ 6x_1 - 3x_3 + 4x_4 = 1 \end{cases}$$

이 연립 1차 방정식의 계수행렬 A, 미지수행렬 X, 상수행렬 B는 각각 다음과 같다.

$$A = \begin{bmatrix} 1 & 1 & -2 & -5 \\ 0 & 3 & 3 & -3 \\ -2 & 0 & 0 & -3 \\ 6 & 0 & -3 & 4 \end{bmatrix}, \ X = \begin{bmatrix} x_1 \\ x_2 \\ x_3 \\ x_4 \end{bmatrix}, \ B = \begin{bmatrix} 10 \\ -3 \\ 5 \\ 1 \end{bmatrix}$$

계수행렬과 상수행렬을 합하여 첨가행렬을 다음과 같이 만든다.

$$\begin{bmatrix} 1 & 1 & -2 & -5 & | & 10 \\ 0 & 3 & 3 & -3 & | & -3 \\ -2 & 0 & 0 & -3 & | & 5 \\ 6 & 0 & -3 & 4 & | & 1 \end{bmatrix}$$

만든 첨가행렬에 대해 행 연산을 하여 가우스 행렬을 만든다.
a_{33}이 0이므로 가우스 행렬의 모양을 만들기 위해서 3행과 4행을 교환한다.

$$R_3 \leftrightarrow R_4, \begin{bmatrix} 1 & 1 & -2 & -5 & | & 10 \\ 0 & 3 & 3 & -3 & | & -3 \\ 6 & 0 & -3 & 4 & | & 1 \\ -2 & 0 & 0 & -3 & | & 5 \end{bmatrix}$$

a_{22}를 1로 만들기 위해서 2행에 1/3을 곱한다.

$$\left(\frac{1}{3}\right) \times R_2 \to R_2, \begin{bmatrix} 1 & 1 & -2 & -5 & | & 10 \\ 0 & 1 & 1 & -1 & | & -1 \\ 6 & 0 & -3 & 4 & | & 1 \\ -2 & 0 & 0 & -3 & | & 5 \end{bmatrix}$$

a_{31}을 0으로 만들기 위해서 1행에 (−6)을 곱한 후 3행에 더하여 3행으로 한다.

$$(-6) \times R_1 + R_3 \to R_3, \begin{bmatrix} 1 & 1 & -2 & -5 & | & 10 \\ 0 & 1 & 1 & -1 & | & -1 \\ 0 & -6 & 9 & 34 & | & -59 \\ -2 & 0 & 0 & -3 & | & 5 \end{bmatrix}$$

a_{32}를 0으로 만들기 위해서 2행에 6을 곱한 후 3행에 더하여 3행으로 한다.

$$6 \times R_2 + R_3 \to R_3, \begin{bmatrix} 1 & 1 & -2 & -5 & | & 10 \\ 0 & 1 & 1 & -1 & | & -1 \\ 0 & 0 & 15 & 28 & | & -65 \\ -2 & 0 & 0 & -3 & | & 5 \end{bmatrix}$$

a_{41}을 0으로 만들기 위해서 1행에 2를 곱한 후 4행에 더하여 4행으로 한다.

$$2 \times R_1 + R_4 \to R_4, \begin{bmatrix} 1 & 1 & -2 & -5 & | & 10 \\ 0 & 1 & 1 & -1 & | & -1 \\ 0 & 0 & 15 & 28 & | & -65 \\ 0 & 2 & -4 & -13 & | & 25 \end{bmatrix}$$

a_{42}를 0으로 만들기 위해서 2행에 (-2)를 곱한 후 4행에 더하여 4행으로 한다.

$$(-2) \times R_2 + R_4 \to R_4, \begin{bmatrix} 1 & 1 & -2 & -5 & | & 10 \\ 0 & 1 & 1 & -1 & | & -1 \\ 0 & 0 & 15 & 28 & | & -65 \\ 0 & 0 & -6 & -11 & | & 27 \end{bmatrix}$$

a_{43}을 0으로 만들기 위해서 3행에 2를 곱하고 4행에 5를 곱한 후 두 행을 더하여 4행으로 한다.

$$2 \times R_3 + 5 \times R_4 \to R_4, \begin{bmatrix} 1 & 1 & -2 & -5 & | & 10 \\ 0 & 1 & 1 & -1 & | & -1 \\ 0 & 0 & 15 & 28 & | & -65 \\ 0 & 0 & 0 & 1 & | & 5 \end{bmatrix}$$

마지막으로 a_{33}을 1로 만들기 위해서 3행에 1/15을 곱한다.

$$\left(\frac{1}{15}\right) \times R_3 \to R_3, \begin{bmatrix} 1 & 1 & -2 & -5 & | & 10 \\ 0 & 1 & 1 & -1 & | & -1 \\ 0 & 0 & 1 & \frac{28}{15} & | & -\frac{13}{3} \\ 0 & 0 & 0 & 1 & | & 5 \end{bmatrix}$$

계산된 첨가행렬에서

계수행렬은 $\begin{bmatrix} 1 & 1 & -2 & -5 \\ 0 & 1 & 1 & -1 \\ 0 & 0 & 1 & \frac{28}{15} \\ 0 & 0 & 0 & 1 \end{bmatrix}$, 미지수행렬은 $\begin{bmatrix} x_1 \\ x_2 \\ x_3 \\ x_4 \end{bmatrix}$, 상수행렬은 $\begin{bmatrix} 10 \\ -1 \\ -\frac{13}{3} \\ 5 \end{bmatrix}$ 이므로 이를 이용해서 연립 1차 방정식을 만들면 다음과 같다.

$$\begin{cases} x_1 + x_2 - 2x_3 - 5x_4 = 10 \\ x_2 + x_3 - x_4 = -1 \\ x_3 + \frac{28}{15}x_4 = -\frac{13}{3} \\ x_4 = 5 \end{cases}$$

후진대입법으로 풀면 $x_4 = 5$이므로 $x_3 + \frac{28}{15}x_4 = -\frac{13}{3}$에 대입하여 $x_3 + \frac{28}{15} \times 5 = -\frac{13}{3}$을 풀면 $x_3 = -\frac{41}{3}$이다.

$x_3 = -\frac{41}{3}$과 $x_4 = 5$를 $x_2 + x_3 - x_4 = -1$에 대입하여 $x_2 - \frac{41}{3} - 5 = -1$을 계산하면 $x_2 = \frac{53}{3}$이다.

$x_2 = \dfrac{53}{3}$, $x_3 = -\dfrac{41}{3}$, $x_4 = 5$를 $x_1 + x_2 - 2x_3 - 5x_4 = 10$에 대입하여 $x_1 + \dfrac{53}{3} + \dfrac{82}{3} - 25 = 10$을 계산하면 $x_1 = -10$이다.

가우스행렬식 $\begin{bmatrix} 1 & 1 & -2 & -5 \\ 0 & 1 & 1 & -1 \\ 0 & 0 & 1 & \dfrac{28}{15} \\ 0 & 0 & 0 & 1 \end{bmatrix} \left| \begin{array}{c} 10 \\ -1 \\ -\dfrac{13}{3} \\ 5 \end{array} \right|$ 에 행렬 연산을 계속하여 가우스 조르단 소거법을 이용하면 미지의 수를 바로 얻을 수 있다.

$\begin{bmatrix} 1 & 1 & -2 & -5 \\ 0 & 1 & 1 & -1 \\ 0 & 0 & 1 & \dfrac{28}{15} \\ 0 & 0 & 0 & 1 \end{bmatrix} \left| \begin{array}{c} 10 \\ -1 \\ -\dfrac{13}{3} \\ 5 \end{array} \right|$ 에서 삼각형 부분을 모두 0으로 만든다.

a_{34}인 $28/15$를 0으로 만들기 위해서 4행에 $(-28/15)$을 곱한 후 3행에 더하여 3행으로 한다.

$\left(-\dfrac{28}{15}\right) \times R_4 + R_3 \to R_3$, $\begin{bmatrix} 1 & 1 & -2 & -5 \\ 0 & 1 & 1 & -1 \\ 0 & 0 & 1 & 0 \\ 0 & 0 & 0 & 1 \end{bmatrix} \left| \begin{array}{c} 10 \\ -1 \\ -\dfrac{41}{3} \\ 5 \end{array} \right|$

a_{23}을 0으로 만들기 위해서 3행에 (-1)을 곱한 후 2행에 더하여 2행으로 한다.

$(-1) \times R_3 + R_2 \to R_2$, $\begin{bmatrix} 1 & 1 & -2 & -5 \\ 0 & 1 & 0 & -1 \\ 0 & 0 & 1 & 0 \\ 0 & 0 & 0 & 1 \end{bmatrix} \left| \begin{array}{c} 10 \\ \dfrac{38}{3} \\ -\dfrac{41}{3} \\ 5 \end{array} \right|$

a_{24}를 0으로 만들기 위해서 4행과 2행을 더하여 2행으로 한다.

$R_4 + R_2 \to R_2$, $\begin{bmatrix} 1 & 1 & -2 & -5 \\ 0 & 1 & 0 & 0 \\ 0 & 0 & 1 & 0 \\ 0 & 0 & 0 & 1 \end{bmatrix} \left| \begin{array}{c} 10 \\ \dfrac{53}{3} \\ -\dfrac{41}{3} \\ 5 \end{array} \right|$

4행과 3행, 2행을 이용하여 1행의 a_{12}, a_{13}, a_{14}를 0으로 만든다.

$$5 \times R_4 + 2 \times R_3 - R_2 + R_1 \to R_1, \begin{bmatrix} 1 & 0 & 0 & 0 & | & -10 \\ 0 & 1 & 0 & 0 & | & \frac{53}{3} \\ 0 & 0 & 1 & 0 & | & -\frac{41}{3} \\ 0 & 0 & 0 & 1 & | & 5 \end{bmatrix}$$

이 첨가행렬로 연립 1차 방정식을 만들면 미지수의 해를 바로 구할 수 있다.

$$x_1 = -10,\ x_2 = \frac{53}{3},\ x_3 = -\frac{41}{3},\ x_4 = 5$$

(2) 역행렬 이용하기

$AX = B$가 n개의 변수에 대한 n개의 방정식으로 이루어진 선형시스템이고 행렬 A가 가역적이면 선형시스템, 즉 연립 1차 방정식은 유일한 해 $X = A^{-1}B$를 가진다.

$AX = B$에서 양변에 A의 역행렬 A^{-1}을 곱한 식 $A^{-1}AX = A^{-1}B$는 $A^{-1}A = I$에 의해 $IX = A^{-1}B$가 되며 $IX = X$이므로 $X = A^{-1}B$가 되는 것이다. 따라서 주어진 행렬의 역행렬을 알면 $A^{-1}B$을 연산하여 미지의 수 X를 구할 수 있다.

다음 연립 1차 방정식의 해를 역행렬을 이용해서 구해보자.

$$\begin{cases} 2x_1 + x_2 + 2x_3 = 1 \\ 3x_1 + 2x_2 + x_3 = 2 \\ x_1 + x_2 - 3x_3 = 0 \end{cases}$$

이 선형시스템에서 A행렬과 B행렬은 다음과 같다.

$$A = \begin{bmatrix} 2 & 1 & 2 \\ 3 & 2 & 1 \\ 1 & 1 & -3 \end{bmatrix},\ B = \begin{bmatrix} 1 \\ 2 \\ 0 \end{bmatrix}$$

3절에서 행렬 $A = \begin{bmatrix} 2 & 1 & 2 \\ 3 & 2 & 1 \\ 1 & 1 & -3 \end{bmatrix}$의 역행렬을 가우스-조르단 알고리즘을 적용하여 구한 결과는

$$A^{-1} = \begin{bmatrix} \frac{7}{2} & -\frac{5}{2} & \frac{3}{2} \\ -5 & 4 & -2 \\ -\frac{1}{2} & \frac{1}{2} & -\frac{1}{2} \end{bmatrix}$$

이다. 이 역행렬을 이용해서 미지의 수를 구하는 연산은 다음과 같다.

$$X = A^{-1}B = \begin{bmatrix} \frac{7}{2} & -\frac{5}{2} & \frac{3}{2} \\ -5 & 4 & -2 \\ -\frac{1}{2} & \frac{1}{2} & -\frac{1}{2} \end{bmatrix} \times \begin{bmatrix} 1 \\ 2 \\ 0 \end{bmatrix} = \begin{bmatrix} \frac{7}{2} \times 1 + \left(-\frac{5}{2}\right) \times 2 + \frac{3}{2} \times 0 \\ (-5) \times 1 + 4 \times 2 + (-2) \times 0 \\ \left(-\frac{1}{2}\right) \times 1 + \frac{1}{2} \times 2 + \left(-\frac{1}{2}\right) \times 0 \end{bmatrix} = \begin{bmatrix} -\frac{3}{2} \\ 3 \\ \frac{1}{2} \end{bmatrix}$$

결과로 미지의 수는 $x_1 = -\frac{3}{2}$, $x_2 = 3$, $x_3 = \frac{1}{2}$ 임을 알 수 있다.

(3) 크래머 공식 이용하기

선형대수학에서, 크래머 공식(Cramer's rule)은 유일한 해를 가지며 변수와 방정식의 수가 같은 연립 1차 방정식의 해를 구하는 공식이다. 계수 행렬과 그 한 열을 상수항으로 대신하여 얻는 행렬들의 행렬식의 비를 통해 해를 나타낸다. 둘 또는 셋 이상의 방정식으로 이루어진 연립 1차 방정식의 경우, 가우스 소거법에 의한 알고리즘이 크래머 공식에 의한 알고리즘보다 효율적이다.

크래머 공식은 연립 1차 방정식 $Ax = B$에서 A가 정방행렬이고 행렬식이 0이 아닐 때 유일한 해를 다음과 같이 나타낸다. 여기서 A_j는 A의 j번째 열을 B로 대신하여 얻는 행렬이다.

$$x_j = \frac{\det A_j}{\det A} = \frac{\begin{vmatrix} a_{11} & \cdots & b_1 & \cdots & a_{1n} \\ a_{21} & \cdots & b_2 & \cdots & a_{2n} \\ \vdots & & \vdots & & \vdots \\ a_{n1} & \cdots & b_n & \cdots & a_{nn} \end{vmatrix}}{\begin{vmatrix} a_{11} & \cdots & a_{1j} & \cdots & a_{1n} \\ a_{21} & \cdots & a_{2j} & \cdots & a_{2n} \\ \vdots & & \vdots & & \vdots \\ a_{n1} & \cdots & a_{nj} & \cdots & a_{nn} \end{vmatrix}} \qquad (j = 1, \cdots, n)$$

예를 들어, 미지수가 2개이고 방정식이 2개인 경우에 유일한 해를 갖는다면 그 해는 다음과 같다.

$$\begin{cases} ax_1 + bx_2 = c \\ dx_1 + ex_2 = f \end{cases}$$

$$x_1 = \frac{\begin{vmatrix} c & b \\ f & e \end{vmatrix}}{\begin{vmatrix} a & b \\ d & e \end{vmatrix}} = \frac{ce - bf}{ae - bd}, \quad x_2 = \frac{\begin{vmatrix} a & c \\ d & f \end{vmatrix}}{\begin{vmatrix} a & b \\ d & e \end{vmatrix}} = \frac{af - cd}{ae - bd}$$

미지수가 3개이고 방정식이 3개인 경우에 유일한 해를 갖는다면 그 해는 다음과 같다.

$$ax_1 + bx_2 + cx_3 = d$$
$$ex_1 + fx_2 + gx_3 = h$$
$$ix_1 + jx_2 + kx_3 = l$$

$$x_1 = \frac{\begin{vmatrix} d & b & c \\ h & f & g \\ l & j & k \end{vmatrix}}{\begin{vmatrix} a & b & c \\ e & f & g \\ i & j & k \end{vmatrix}}, \quad x_2 = \frac{\begin{vmatrix} a & d & c \\ e & h & g \\ i & l & k \end{vmatrix}}{\begin{vmatrix} a & b & c \\ e & f & g \\ i & j & k \end{vmatrix}}, \quad x_3 = \frac{\begin{vmatrix} a & b & d \\ e & f & h \\ i & j & l \end{vmatrix}}{\begin{vmatrix} a & b & c \\ e & f & g \\ i & j & k \end{vmatrix}}$$

다음의 연립 1차 방정식의 해를 크래머 공식을 이용해서 계산하면 $x_1 = 8$, $x_2 = 5$를 구할 수 있다.

$$2x_1 - 3x_2 = 1$$
$$-x_1 + 2x_2 = 2$$

$$x_1 = \frac{\begin{vmatrix} 1 & -3 \\ 2 & 2 \end{vmatrix}}{\begin{vmatrix} 2 & -3 \\ -1 & 2 \end{vmatrix}} = \frac{2+6}{4-3} = 8, \quad x_2 = \frac{\begin{vmatrix} 2 & 1 \\ -1 & 2 \end{vmatrix}}{\begin{vmatrix} 2 & -3 \\ -1 & 2 \end{vmatrix}} = \frac{4+1}{4-3} = 5$$

○✕로 점검하자 | 제5장

※ 다음 지문의 내용이 맞으면 O, 틀리면 ✕를 체크하시오. [1~10]

01 행렬은 형태가 다른 데이터로 동일한 연산을 수행하는 경우에 적합한 구조이다. (   )

>>> 행렬은 그 특성상 동일한 형태의 데이터로 동일한 연산을 수행하는 경우에 적합하다.

02 행렬의 행과 열의 수가 일치할 경우에 덧셈 연산을 할 수 있다. (   )

>>> 행렬의 덧셈과 뺄셈을 하기 위해서는 행렬의 행과 열의 수가 일치해야 하고, 곱셈을 하기 위해서는 곱하는 행렬의 앞 행렬과 뒤 행렬의 열과 행이 일치해야 한다.

03 단위행렬은 대각행렬에서 대각선의 항들이 모두 1인 행렬이다. (   )

>>> 대각행렬에서 대각선의 항들이 모두 1인 $n \times n$ 행렬을 항등행렬(identity matrix) 또는 단위행렬이라고 한다.

04 행렬의 곱은 교환법칙이 항상 성립한다. (   )

>>> 집합이나 행렬의 합에서도 결합법칙과 분배법칙이 성립하고 행렬의 곱에서도 결합법칙과 분배법칙 등이 성립한다. 그러나 행렬의 곱에서는 교환법칙이 성립하지 않는다.

05 어떤 행렬 A의 행렬식의 값은 전치행렬의 행렬식의 값과 항상 같다. (   )

>>> $n \times n$ 정방행렬 A의 행렬식의 값은 전치행렬의 행렬식의 값과 같다. 즉 $\det(A) = \det(A^T)$이다.

정답 1 ✕ 2 ○ 3 ○ 4 ✕ 5 ○

06 어떤 행렬 A에서 임의의 두 행을 교환해도 행렬식은 변함이 없다. (   )

> 기본 행 연산을 한 행렬은 원래 행렬과 행렬식은 같다. 기본 행 연산 3가지는 어떤 행렬 A에서 행들의 위치를 바꾸거나, 스칼라를 곱하거나, 한 행에 스칼라를 곱하여 다른 행과 더하거나 빼는 것이다.

07 가우스-조르단 방법은 전향단계까지 기본 행 연산 과정을 실행하여 행 사다리꼴을 구하는 소거법이다. (   )

> 전향단계까지 기본 행 연산 과정을 실행하여 행 사다리꼴을 구하는 소거법을 가우스 소거법(Gause elimination), 후향단계까지 실행하는 소거법을 가우스-조르단 소거법 (Gause-Jordan elimination)이라고 한다.

08 행렬을 이용하여 선형방정식을 간단하게 표현할 수 있고 보다 쉽게 선형방정식의 해를 구할 수 있다. (   )

> 행렬은 연립방정식의 해를 어떻게 구할 수 있을지 연구하면서 나온 개념이다. 행렬을 이용하여 연립방정식을 구할 수 있다. 행렬식을 응용하는 대표적인 분야는 선형방정식(Linear Equation)의 해법이다.

09 가우스 소거법 또는 조르단 소거법을 이용하면 미지수의 해를 구할 수 있다. (   )

> 가우스 행렬을 만들고 나서 연립 1차 방정식의 모양으로 만들면 미지수행렬의 가장 마지막 행에 해당하는 미지수의 해를 구할 수 있다.

10 행렬을 이용하여 그래프를 표현할 수 있는데 이를 인접행렬이라고 한다. (   )

> 그래프는 인접행렬로 표현할 수 있다. 인접행렬은 그래프에서 간선으로 연결이 되는 곳은 0의 값, 연결선이 있는 곳은 1의 값이 된다.

정답 6 ○ 7 × 8 ○ 9 ○ 10 ○

제5장 | 실전예상문제

01 다음 행렬 A와 B에 대한 연산으로 옳지 <u>않은</u> 것은?

$$A = \begin{bmatrix} 1 & 2 \\ 0 & -1 \end{bmatrix}, B = \begin{bmatrix} -1 & 0 \\ 3 & 2 \end{bmatrix}$$

① $A+B = \begin{bmatrix} 0 & 2 \\ 3 & 1 \end{bmatrix}$

② $A-B = \begin{bmatrix} 2 & 2 \\ -3 & -3 \end{bmatrix}$

③ $2A+B = \begin{bmatrix} 1 & 2 \\ 3 & 0 \end{bmatrix}$

④ $B-A = \begin{bmatrix} -2 & -2 \\ 3 & 3 \end{bmatrix}$

> **01** 행렬 연산 2A + B는 행렬 A의 모든 값에 2를 곱한 후 행렬 B를 더한다. 결과는 다음과 같다.
> $2A+B = 2\begin{bmatrix} 1 & 2 \\ 0 & -1 \end{bmatrix} + \begin{bmatrix} -1 & 0 \\ 3 & 2 \end{bmatrix}$
> $= \begin{bmatrix} 2 & 4 \\ 0 & -2 \end{bmatrix} + \begin{bmatrix} -1 & 0 \\ 3 & 2 \end{bmatrix} = \begin{bmatrix} 1 & 4 \\ 3 & 0 \end{bmatrix}$

02 다음 중 임의의 행렬 A, B에 대한 내용으로 옳은 것은?

① 행렬의 뺄셈에 대하여 A − B = B − A이다.
② 행렬의 곱셈에 대하여 AB = BA이다.
③ 행렬 A와 B는 항상 덧셈이 가능하다.
④ 행렬의 곱셈에 대하여 분배법칙이 성립한다.

> **02** 두 행렬의 뺄셈과 곱셈은 교환법칙이 성립하지 않는다. 두 행렬의 행과 열의 크기가 같아야 덧셈연산을 할 수 있다. 행렬의 곱셈에 대하여 분배법칙이 성립한다.

정답 01 ③ 02 ④

03 다음 중 단위행렬은 무엇인가?

① $\begin{bmatrix} 1 & 1 & 1 \\ 0 & 1 & 1 \\ 0 & 0 & 1 \end{bmatrix}$

② $\begin{bmatrix} 1 & 0 & 0 \\ 0 & 1 & 0 \\ 0 & 0 & 1 \end{bmatrix}$

③ $\begin{bmatrix} 1 & 0 & 0 \\ 1 & 0 & 0 \\ 1 & 0 & 0 \end{bmatrix}$

④ $\begin{bmatrix} 1 & 1 & 1 \\ 0 & 0 & 0 \\ 0 & 0 & 0 \end{bmatrix}$

03 단위행렬은 대각행렬에서 대각선의 항들이 모두 1인 n × n 행렬이다.

04 크기 $m \times n$인 행렬 $A = [a_{ij}]$에서 모든 원소의 값이 0인 행렬을 무엇이라고 하는가?

① 영행렬
② 전치행렬
③ 삼각행렬
④ 대칭행렬

04 행렬의 모든 원소의 값이 0인 행렬을 영행렬이라고 한다.

05 다음 행렬 중 행 사다리꼴 행렬이 아닌 것은?

① $\begin{bmatrix} 1 & 1 & 1 \\ 0 & 1 & 1 \\ 0 & 0 & 1 \end{bmatrix}$

② $\begin{bmatrix} 1 & 0 & 0 \\ 0 & 1 & 0 \\ 0 & 0 & 1 \end{bmatrix}$

③ $\begin{bmatrix} 1 & 0 & 0 \\ 0 & 1 & 0 \\ 0 & 1 & 1 \end{bmatrix}$

④ $\begin{bmatrix} 1 & 1 & 0 \\ 0 & 1 & 0 \\ 0 & 0 & 0 \end{bmatrix}$

05 행 사다리꼴(row echelon form)은 다음의 조건을 만족한다.
- 0으로만 이루어진 행들이 있으면 행렬의 아래쪽에 위치한다.
- 모두가 0은 아닌 행은 가장 왼쪽에 가장 처음 나타나는 0이 아닌 수를 피벗으로 한다.
- 모두가 0은 아닌 연이은 두 행에 대하여 아래쪽 행의 피벗은 위쪽 행의 피벗보다 오른쪽에 위치한다.

정답 03 ② 04 ① 05 ③

06 피벗의 위와 아래의 숫자들이 0인 행 사다리꼴인 행렬이 기약 행 사다리꼴 행렬이다.

06 다음 행렬 중 기약 행 사다리꼴 행렬이 아닌 것은?

① $\begin{bmatrix} 1 & 0 & 2 & 0 \\ 0 & 1 & 0 & 0 \\ 0 & 0 & 0 & 1 \end{bmatrix}$

② $\begin{bmatrix} 1 & 0 & 0 \\ 0 & 1 & 0 \\ 0 & 0 & 1 \end{bmatrix}$

③ $\begin{bmatrix} 1 & 0 & 0 & 0 \\ 0 & 0 & 1 & 5 \end{bmatrix}$

④ $\begin{bmatrix} 1 & 2 & 0 & 0 \\ 0 & 1 & 0 & 0 \\ 0 & 0 & 1 & 1 \end{bmatrix}$

07 삼각행렬의 행렬식은 대각선 원소들을 곱하여 구한다.

07 다음 행렬의 행렬식의 값으로 옳은 것은?

$$\begin{bmatrix} 1 & 2 & -1 \\ 0 & 1 & 3 \\ 0 & 0 & 1 \end{bmatrix}$$

① 6
② 0
③ 1
④ −5

08 $n \times n$ 정방행렬 A의 행렬식의 값은 전치행렬의 행렬식의 값과 같다. 즉 $\det(A) = \det(A^T)$이다.

08 행렬 $A = \begin{bmatrix} a_{11} & a_{12} \\ a_{21} & a_{22} \end{bmatrix}$의 행렬식에 관한 내용으로 옳지 않은 것은?

① $\det(A) = a_{11}a_{22} - a_{12}a_{21}$
② $\det(A) = -\det(A^T)$
③ $\begin{bmatrix} 5 \times a_{11} & a_{12} \\ 5 \times a_{21} & a_{22} \end{bmatrix} = 5 \times \det(A)$
④ $\det(A) = \det(A^T)$

정답 06 ④ 07 ③ 08 ②

09 다음 중 역행렬에 관한 내용으로 옳지 않은 것은?

① 모든 행렬에 대하여 역행렬이 항상 존재하는 것은 아니다.
② $AA^{-1} = A^{-1}A = I$는 항상 성립한다.
③ 행렬식은 어떤 행렬의 역행렬 존재여부에 대한 판별값 역할을 한다.
④ 임의의 두 행렬 A, B에 대하여 $(AB)^{-1} = A^{-1}B^{-1}$이다.

> 09 곱의 역행렬은 순서를 바꾼 역행렬의 곱과 같다.
> 즉, $(AB)^{-1} = B^{-1}A^{-1}$이다.

10 다음 중 행렬의 응용분야와 거리가 먼 것은?

① 게임 알고리즘
② 그래프 이론
③ 통신 네트워크
④ 최단 거리 경로

> 10 행렬은 선형방정식(Linear Equation)의 해를 효율적으로 구할 때 사용되며 그래프의 표현이나 응용에 사용된다. 최단 거리 경로 문제 해결하기, 통신 네트워크의 구조 설계 및 관리, GPS(Global Positioning System)에서의 응용, 암호화 등에서 중요한 역할을 한다.

11 다음 행렬 중 교대행렬은 무엇인가?

① $\begin{bmatrix} 1 & 1 & 0 \\ 1 & 1 & 3 \\ 0 & 3 & 1 \end{bmatrix}$

② $\begin{bmatrix} 1 & -3 & 0 \\ 1 & 2 & -1 \\ 0 & 3 & 1 \end{bmatrix}$

③ $\begin{bmatrix} 1 & 0 & -3 \\ 0 & 2 & 1 \\ 3 & 1 & 1 \end{bmatrix}$

④ $\begin{bmatrix} 1 & -1 & 0 \\ 1 & 1 & -3 \\ 0 & 3 & 1 \end{bmatrix}$

> 11 정수 n에 대하여 크기가 n × n인 임의의 정방행렬 A와 이의 전치행렬 A^T가 $A = -A^T$를 만족할 때 행렬 A를 교대행렬(alternating matrix)이라고 한다. 즉, 행렬 A = $[a_{ij}]$에서 모든 i, j에 대하여 $a_{ji} = -a_{ij}$가 성립하는 행렬을 의미한다.

정답 09 ④ 10 ① 11 ④

12 전치행렬은 행과 열을 교환하여 얻는 행렬이다.

12 행렬 $A = \begin{bmatrix} a & b \\ c & d \end{bmatrix}$의 전치행렬 A^T로 옳은 것은?

① $\begin{bmatrix} d & c \\ b & a \end{bmatrix}$

② $\begin{bmatrix} a & c \\ b & d \end{bmatrix}$

③ $\begin{bmatrix} d & b \\ c & a \end{bmatrix}$

④ $\begin{bmatrix} a & b \\ b & a \end{bmatrix}$

13 대각합은 정방행렬에서 주대각선 성분들의 합이다.

13 다음 행렬 A의 대각합은?

$$A = \begin{bmatrix} 1 & 0 & 3 \\ -1 & 2 & 6 \\ 7 & 3 & 1 \end{bmatrix}$$

① 12
② 0
③ 4
④ 2

14 $n \times n$ 정방행렬 A의 행렬식 $|A|$의 값이 0일 때 행렬 A를 특이행렬(singular matrix)이라고 하고 행렬식의 값이 0이 아닌 행렬을 정칙행렬(non-singular matrix)이라고 한다.

14 $n \times n$ **정방행렬 A의 행렬식** $|A| = 0$**인 행렬 A를 지칭하는 것은?**

① 특이행렬
② 정칙행렬
③ 가역행렬
④ 영행렬

정답 12 ② 13 ③ 14 ①

15 다음 중 행렬식의 성질에 대한 설명으로 옳지 않은 것은?

① $n \times n$ 정방행렬 A에서 임의의 두 행(또는 열)이 같은 경우 행렬식의 값은 0이다.
② 사루스 공식을 이용한 행렬식을 계산하는 방법은 행렬의 크기에 제한이 없다.
③ 같은 크기의 $n \times n$ 정방행렬 A와 B를 곱한 행렬의 행렬식은 각각의 행렬식을 곱한 것과 동일하다.
④ 3차 이상의 정방행렬의 행렬식을 구할 때 행렬을 작게 분할한 소행렬을 이용해서 구할 수 있다.

15 사루스 공식은 행렬의 크기가 3 × 3 이하인 경우에만 계산이 가능하다. 일반적으로 행렬식을 계산하는 방법으로는 여인수에 의한 행렬식의 계산이 있으며 행렬의 크기에 제한이 없다.

정답 15 ②

Self Check로 다지기 | 제5장

→ 행렬의 기본 개념

(1) 행렬 표기
① 행렬 : 하나 이상의 원소들을 1차원 또는 2차원으로 나열해 놓은 배열의 모양
  • 가로줄 : 행(row)
  • 세로줄 : 열(column)
② 행렬 표기 : A, B, C 등의 알파벳 대문자 사용
③ 행렬의 구성 성분 표기 : a, b, c 등의 알파벳 소문자 사용
  예 a_{ij} : i 행과 j 열에 있는 성분
④ m × n 행렬 또는 (m, n) 행렬

$$A = [a_{ij}] \quad or \quad [a_{ij}]_{m \times n} \quad or \quad (a_{ij})_{m \times n} \quad or \quad (A)_{ij}$$

$$= \begin{bmatrix} a_{11} & a_{12} & \cdots & a_{1n} \\ a_{21} & \ddots & \cdots & \vdots \\ \vdots & \cdots & \cdots & \vdots \\ a_{m1} & \cdots & \cdots & a_{mn} \end{bmatrix} \begin{matrix} \leftarrow 제1행 \\ \leftarrow 제2행 \\ \\ \leftarrow 제m행 \end{matrix}$$

↑ 제1열   ↑ 제n열

(2) 행렬 용어
① 정방행렬 또는 정사각행렬(square matrix)
  행렬 중에서 행의 수와 열의 수가 같은 행렬
② 행렬의 차수(order)
  정방행렬에서 행 또는 열의 수
③ 주대각선(principal diagonal)
  • 원소 $a_{11}, a_{22}, \ldots, a_{nn}$을 포함하는 대각선
  • 대각성분 : 주대각선에 해당하는 성분
  • 대각합(Trace) : 주대각성분들의 합, $Tr(A) = a_{11} + a_{22} + \ldots + a_{nn} = \sum_{i=1}^{n} a_{ii}$
④ 행렬의 크기(Magnitude) 또는 행렬의 차원(Dimension)
  행 크기와 열 크기
⑤ 행벡터(row vector)
  열의 개수가 1인 행렬
⑥ 열벡터(column vector)
  행의 개수가 1인 행렬
⑦ 행렬의 계수(Rank)
  1차 독립인 행벡터의 최대수

행렬의 기본 연산

양의 정수 m, n에 대하여 A = $[a_{ij}]$와 B = $[b_{ij}]$가 모두 m × n 행렬일 때,

(1) 행렬의 덧셈(합)
① 조건 : 두 행렬의 열과 행의 크기가 서로 같아야 함
② 행렬의 덧셈 A + B : ij-성분이 a_{ij} + b_{ij}인 행렬
③ 교환법칙 성립 : A + B = B + A

(2) 행렬의 뺄셈(차)
① 조건 : 두 행렬의 열과 행의 크기가 서로 같아야 함
② 행렬의 뺄셈 A − B : ij-성분이 a_{ij} − b_{ij}인 행렬
③ 교환법칙 성립하지 않음 : A − B ≠ B − A, A − B = −(B − A)

(3) 행렬의 곱
① 조건 : 앞에 놓인 행렬의 열과 뒤에 놓인 행렬의 행의 크기가 서로 같아야 함
② 양의 정수 m, n, p 에 대하여 A = $[a_{ij}]$가 크기 m × n인 행렬이고 B = $[b_{ij}]$가 크기 n × p 행렬일 때 행렬의 곱 AB = C = $[c_{ij}]$는 다음과 같이 정의되는 m × p 크기의 행렬이 됨

$$c_{ij} = \sum_{k=1}^{n} a_{ik}b_{kj} = a_{i1}b_{1j} + a_{i2}b_{2j} + \ldots + a_{in}b_{nj}$$

*i = 1, 2, 3, …, m
*j = 1, 2, 3, …, p

③ 교환법칙 성립하지 않음 : AB ≠ BA

(4) 스칼라 곱
행렬의 크기와 상관없이 행렬의 모든 원소에 일정한 상수를 곱하는 것, $kA = [ka_{ij}]$ (k : 스칼라 값)

특수한 행렬

(1) 대각행렬(diagram matrix)
양의 정수 n에 대하여 정방행렬 n × n에서 대각선을 제외한 모든 항들이 0인 행렬

(2) 항등행렬(identity matrix) 또는 단위행렬
① 대각행렬에서 대각선의 항들이 모두 1인 n × n 행렬
② I_n : 크기가 n × n인 항등행렬, AI_n = A = I_nA

(3) 영행렬(zero matrix) 또는 널행렬(null matrix)
행렬의 모든 성분이 0인 행렬, 즉 모든 i, j에 대하여 $a_{ij} = 0$이며, 볼드체 0으로 표기

(4) 전치행렬(transposed matrix)
행과 열을 교환하여 얻는 행렬, A^T

(5) 대칭행렬(symmetric matrix)
양의 정수 n에 대하여 크기가 n × n인 정방행렬이 자신의 전치행렬과 동일한 행렬, $a_{ji} = a_{ij}$, $A = A^T$

(6) 교대행렬(alternating matrix)
행렬 A = $[a_{ij}]$에서 모든 i, j에 대하여 $a_{ji} = -a_{ij}$가 성립하는 행렬

(7) 역행렬(inverse matrix)
① A의 역행렬 : A^{-1}로 표기
② $A = \begin{bmatrix} a & b \\ c & d \end{bmatrix}$에 대하여 $AA^{-1} = A^{-1}A = I$
$$A^{-1} = \frac{1}{ad-bc} \begin{bmatrix} d & -b \\ -c & a \end{bmatrix}$$

(8) 가역행렬(nonsingular, invertible)
정수 n에 대하여 크기가 n × n인 임의의 정방행렬 A와 B에 대하여 $AB = BA = I$(I : 항등행렬)일 때 행렬 A

(9) 삼각행렬(triangular matrix)
① 정수 n에 대하여 크기가 n × n인 임의의 정방행렬이 주대각선을 기준으로 대각항의 위쪽이나 아래쪽 항들의 값이 모두 0인 행렬
② 하삼각행렬(lower triangular matrix) : 삼각행렬 중에서 주대각선 위에 있는 모든 항들이 0인 행렬
③ 상삼각행렬(upper triangular matrix) : 주대각선 아래에 있는 항들이 모두 0인 행렬
④ 순삼각행렬(strict triangular) : 삼각행렬의 대각항이 모두 0인 행렬
⑤ 삼각행렬의 특성
  • 상삼각행렬이면서 하삼각행렬인 행렬은 대각행렬
  • 삼각행렬이면서 정규행렬인 행렬은 대각행렬
  • 상삼각행렬은 덧셈, 곱셈, 역행렬에 대해 닫혀 있음
  • 삼각행렬의 행렬식은 대각항들의 곱과 같음
  • 대각행렬과 사다리꼴행렬은 삼각행렬의 특수한 형태

ㄹ 행렬식을 위한 연산

(1) **기본 행(열) 연산(Elementary row/column operation)**
   ① 행렬 A의 두 행(열)을 교환 : $R_i \leftrightarrow R_j$
   ② 행렬 A의 한 행(열)에 0이 아닌 스칼라를 곱함 : $\alpha R_i \rightarrow R_i$
   ③ 행렬 A의 한 행(열)에 스카라 배를 해서 다른 행(열)에 더함 : $\alpha R_i + R_j \rightarrow R_j$

(2) **행 사다리꼴(row echelon form)**
   정수 m, n에 대하여 크기가 m × n인 임의의 행렬 A에 대해 기본 행 연산들을 행한 후 그 결과가 다음의 3가지 조건들을 만족하는 행렬, REF
   ① 0으로만 이루어진 행들이 있으면 행렬의 아래쪽에 위치
   ② 모두가 0은 아닌 행은 가장 왼쪽에 가장 처음 나타나는 0이 아닌 수를 피벗으로 함
   ③ 모두가 0은 아닌 연이은 두 행에 대하여 아래쪽 행의 피벗은 위쪽 행의 피벗보다 오른쪽에 위치함

(3) **행 사다리꼴 행렬(row echelon form matrix)**
   성분이 계단 모양으로 배열된 행렬

$$\begin{pmatrix} a_{11} & a_{12} & a_{13} & a_{14} & \cdots & a_{1n} \\ 0 & a_{22} & a_{23} & a_{24} & \cdots & a_{2n} \\ 0 & 0 & 0 & a_{34} & \cdots & a_{3n} \\ 0 & 0 & 0 & 0 & \cdots & 0 \\ \vdots & \vdots & \vdots & \vdots & \ddots & \vdots \\ 0 & 0 & 0 & 0 & \cdots & 0 \end{pmatrix}$$

(4) **기약 행 사다리꼴(reduced row echelon form)**
   크기가 m × n인 임의의 행렬 A에 대해 기본 행 연산들을 행한 후 그 결과가 행 사다리꼴이고 한 행의 피벗을 포함하는 열(column)은 피벗 이외의 값들이 모두 0인 행렬, RREF

(5) **행 사다리꼴과 기약 행 사다리꼴 만들기**
   ① 전향단계(forward phase) : 피벗의 아랫부분을 0이 되도록 행 연산
   ② 후향단계(backward phase) : 피벗의 윗부분을 0이 되도록 행 연산

(6) **가우스 소거법(Gause elimination)**
   전향단계까지의 연산 과정을 실행하여 행 사다리꼴을 구하는 소거법

(7) **가우스-조르단 소거법(Gause-Jordan elimination)**
   후향단계까지 실행하는 소거법

행렬식(Determinant)
정방행렬에 하나의 스칼라 값을 대응시키는 함수, det(A) 또는 $|A|$

(1) 사루스의 공식(Sarrus's Formula)
행렬의 크기가 3 × 3 이하인 경우 행렬식 계산 가능

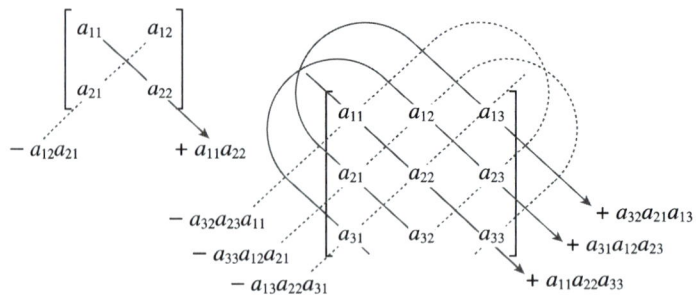

(2) 특이행렬(singular matrix)
행렬식의 값이 0인 행렬

(3) 정칙행렬(non-singular matrix)
① 행렬식의 값이 0이 아닌 행렬
② 정방행렬 A, B가 정칙행렬이면 $AB = BA = I$, 가역적(nonsinglar, invertible)

행렬식의 성질

(1) 행렬식의 일반적인 성질
① $n \times n$ 정방행렬 A에서 임의의 두 행(또는 열)이 같은 경우 행렬식의 값은 0
② $n \times n$ 정방행렬 A의 임의의 두 행(열)을 서로 바꾼 행렬이 B일 때 행렬식의 값은 같고 부호만 반대, det(A) = -det(B)
③ $n \times n$ 정방행렬 A의 행렬식의 값은 전치행렬의 행렬식의 값과 같음, $det(A) = det(A^T)$
④ 같은 크기의 $n \times n$ 정방행렬 A와 B를 곱한 행렬의 행렬식은 각각의 행렬식을 곱한 것과 동일함
⑤ $n \times n$ 정방행렬 A의 어떤 행이나 열의 각 항에 동일한 스칼라 값 k를 곱한 후 얻은 행렬은 A의 행렬식에 k를 곱한 것과 동일함
⑥ 대각행렬의 경우 행렬식은 대각선의 값을 곱하여 바로 구할 수 있음

(2) 여인수를 이용한 행렬식
3차 이상의 정방행렬의 행렬식을 구할 때 행렬을 작게 분할한 소행렬을 이용해서 구할 수 있음

① 소행렬(Minor Matrix), M_{ij}로 표기
  n차 정방행렬에서 i번째 행과 j번째 열을 제거해서 얻은 $(n-1) \times (n-1)$ 행렬

② 소행렬식
  소행렬에 대한 행렬식

③ 여인수(Cofactor)
  n차 정방행렬 $A = [a_{ij}]$에서 원소인 항 a_{ij}에 관련된 계수, A_{ij}

④ 여인수행렬(Cofactor Matrix)
  - 여인수로 만든 행렬
  - $A_{ij} = (-1)^{i+j} \det(M_{ij})$
  - 여인수행렬 내에서의 위치에 따라서 부호가 결정됨

(3) 기본 행 연산을 이용한 행렬식
① 4차 이상인 경우에 기본 행 연산을 이용하면 보다 쉽게 행렬식의 값을 구할 수 있음
② 기본 행 연산에서의 행렬식의 특성 세 가지
  - 행렬에서 하나의 행 또는 열에 스칼라 값 k를 곱하면 원래 행렬식에 k를 곱한 것과 동일함
  - 행렬의 두 개의 행 또는 열을 교환한 행렬의 행렬식은 원래 행렬식에서 부호만 변경함
  - 행렬에서 하나의 행 또는 열에 k를 곱한 것을 다른 행이나 열에 더하여 만든 행렬식은 원래의 행렬식과 동일함

(4) 행렬식과 역행렬
어떤 행렬 A의 행렬식 값 det(A) = 0이면 행렬 A는 역행렬을 갖지 않고 det(A) ≠ 0이면 A의 역행렬이 존재

① 가역행렬(Invertible Matrix)과 특이행렬(Singular Matrix)
  - 가역행렬 : det(A) ≠ 0인 행렬이며 역행렬이 존재하는 행렬
  - 특이행렬 : det(A) = 0인 행렬이며 역행렬이 존재하지 않는 행렬

② 기본 행 연산을 이용한 역행렬
  첨가행렬(augmented matrix)은 어떤 행렬에 대하여 행렬의 오른쪽에 항들을 추가하여 만든 행렬

$$A = \begin{bmatrix} a_{11} & a_{12} & a_{13} \\ a_{21} & a_{22} & a_{23} \\ a_{31} & a_{32} & a_{33} \end{bmatrix}$$

$$\rightarrow 첨가행렬 : \begin{bmatrix} a_{11} & a_{12} & a_{13} & | & b_{11} & b_{12} & b_{13} \\ a_{21} & a_{22} & a_{23} & | & b_{21} & b_{22} & b_{23} \\ a_{31} & a_{32} & a_{33} & | & b_{31} & b_{32} & b_{33} \end{bmatrix}$$

③ 가우스-조르단(Gause-Jordan)의 역행렬을 구하는 알고리즘
어떤 행렬 A의 역행렬을 구할 때 항등행렬을 추가하여 첨가행렬을 만든 후 행렬식을 이용하여 역행렬을 구할 수 있음

행렬과 행렬식의 응용

(1) 그래프의 표현

인접행렬은 그래프에서 간선으로 연결이 되는 곳은 0의 값, 연결선이 있는 곳은 1의 값으로 표현

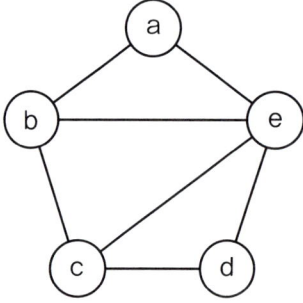

$$\begin{bmatrix} 0 & 1 & 0 & 0 & 1 \\ 1 & 0 & 1 & 0 & 1 \\ 0 & 1 & 0 & 1 & 1 \\ 0 & 0 & 1 & 0 & 1 \\ 1 & 1 & 1 & 1 & 0 \end{bmatrix}$$

(2) 연립 방정식의 해 구하기

① 가우스 소거법 이용

연립 1차 방정식의 계수를 행렬 A로, 미지수를 행렬 X로, 그리고 상수를 행렬 B로 표현

$$A = \begin{bmatrix} a_{11} & a_{12} & a_{13} & \cdots & a_{1n} \\ a_{21} & a_{22} & a_{23} & \cdots & a_{2n} \\ \cdots & \cdots & \cdots & \cdots & \cdots \\ a_{m1} & a_{m2} & a_{m3} & \cdots & a_{mn} \end{bmatrix}, X = \begin{bmatrix} x_1 \\ x_2 \\ \cdots \\ x_n \end{bmatrix}, B = \begin{bmatrix} b_1 \\ b_2 \\ \cdots \\ b_m \end{bmatrix}$$

$$AX = \begin{bmatrix} a_{11} & a_{12} & a_{13} & \cdots & a_{1n} \\ a_{21} & a_{22} & a_{23} & \cdots & a_{2n} \\ \cdots & \cdots & \cdots & \cdots & \cdots \\ a_{m1} & a_{m2} & a_{m3} & \cdots & a_{mn} \end{bmatrix} \begin{bmatrix} x_1 \\ x_2 \\ \cdots \\ x_n \end{bmatrix} = \begin{bmatrix} b_1 \\ b_2 \\ \cdots \\ b_m \end{bmatrix} = B$$

② **역행렬 이용하기**
$AX = B$ 가 n개의 변수에 대한 n개의 방정식으로 이루어진 선형시스템이고 행렬 A가 가역적이면, 선형시스템(연립 1차 방정식)은 유일한 해 $X = A^{-1}B$를 가짐

③ **크래머 공식 이용하기**
- 계수행렬과 그 한 열을 상수항으로 대신하여 얻는 행렬들의 행렬식의 비를 통해 해를 나타냄
- 크래머 공식 : 연립 1차 방정식 $Ax = B$에서 A가 정방행렬이고 행렬식이 0이 아닐 때 유일한 해를 다음과 같이 나타냄

$$x_j = \frac{\det A_j}{\det A} = \frac{\begin{vmatrix} a_{11} & \cdots & b_1 & \cdots & a_{1n} \\ a_{21} & \cdots & b_2 & \cdots & a_{2n} \\ \vdots & & \vdots & & \vdots \\ a_{n1} & \cdots & b_n & \cdots & a_{nn} \end{vmatrix}}{\begin{vmatrix} a_{11} & \cdots & a_{1j} & \cdots & a_{1n} \\ a_{21} & \cdots & a_{2j} & \cdots & a_{2n} \\ \vdots & & \vdots & & \vdots \\ a_{n1} & \cdots & a_{nj} & \cdots & a_{nn} \end{vmatrix}} \qquad (j = 1, \cdots, n)$$

또 실패했는가? 괜찮다. 다시 실행하라. 그리고 더 나은 실패를 하라!

– 사뮈엘 베케트 –

제 6 장

자동장치와 언어와 문법

- 제1절 순차회로와 유한상태 기계
- 제2절 결정적 유한상태 자동장치
- 제3절 언어와 문법
- 제4절 비결정적 유한상태 자동장치
- 제5절 언어와 자동장치
- 실전예상문제

이성으로 비관해도 의지로써 낙관하라!

– 안토니오 그람시 –

합격의 공식 ▶ **온라인 강의**

보다 깊이 있는 학습을 원하는 수험생들을 위한
시대에듀의 동영상 강의가 준비되어 있습니다.
www.sdedu.co.kr ➔ 회원가입(로그인) ➔ 강의 살펴보기

제 6 장 자동장치와 언어와 문법

자동장치(automata, 오토마타)는 수학적 방법론에 바탕을 둔 디지털 컴퓨터의 추상적인 모델이다. 이론적인 계산 모델인 오토마타 중에서 유한 오토마타는 컴파일러의 어휘 분석을 수행하는 데 있어서 결정적인 역할을 한다. 오토마타 이론에서 가장 중요한 3가지 개념은 **언어**(language), **문법**(grammar), **오토마타**(automata, 자동장치)를 들 수 있다. 이 세 가지는 상호 간에 깊은 관련성을 가지고 있기 때문에 각각의 개념을 파악하고 그들 간의 관계를 탐구하는 것은 매우 중요하다.

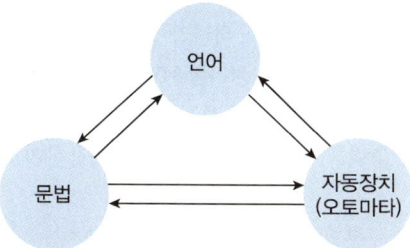

[그림 6-1] 언어, 문법, 자동장치의 관계

제1절 순차회로와 유한상태 기계

논리회로는 회로 구조의 특성에 따라 **순차회로**(sequential logic circuit)와 **조합회로**(combinational logic circuit)로 분류한다. 조합회로는 입력 신호만으로 출력이 결정되는 회로이다. 불 함수로 표현된 식은 컴퓨터에서 사용되는 기본적인 논리회로를 설계하는 데 활용한다. 순차회로는 이전 상태의 신호와 외부 입력 신호에 따라 출력이 결정되는 회로이다. 이전 상태가 계속 유지되려면 출력을 입력에 반영하는 되먹임 논리회로 구조를 갖는다. 조합회로는 입력 신호만으로 회로를 설계하기 때문에 메모리가 없으나, 순차회로는 이전 입력을 기억하고 그에 따라 출력을 계산하므로 메모리기 존재한다. 순차회로를 설계하고 구축하는 방법으로 상태기법을 많이 사용한다.

1 순차회로

순차논리회로(sequential logic circuit) 즉, 순차회로는 입력 값과 시스템의 상태에 따라서 출력이 달라지는 회로이다. 즉 입력과 입력이 시작되는 시점의 기계 상태에 따라 출력이 결정된다. 순차회로는 이전 출력 값을 저장할 필요가 있어 상태메모리를 가지며 컴퓨터와 같은 디지털 장치들은 많은 부분이 순차회로로 설계된다. 순차회로는 현재의 입력, 과거의 출력 상태 모두에 의해서 출력 논리가 결정된다. 구성상 특징으로 다음 [그림

6-2]와 같이 피드백 경로가 있으며 메모리(기억성)가 있어서 일련의 연산 사이에 정보를 저장할 수 있는 회로가 구성된다.

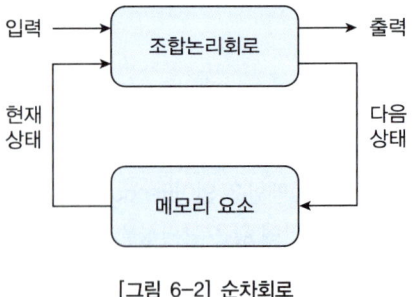

[그림 6-2] 순차회로

순차회로에서의 설계에서 많이 사용하는 방법 중의 하나가 상태기법이다. 입력에 따라 출력을 만들어 내는 출력함수와 현재의 상태에서 다음 상태로 전이되는 **전이함수**(transition function)가 존재한다. **상태도, 상태표** 등에 의해 순차회로의 동작 묘사가 가능하다. 회로의 설계 목적을 구현하기 위해 동작 상태를 추상화하여 상태도를 그린다. 이 상태도에 입력과 출력을 표시하고 논리회로를 이용하여 회로를 구현한다.

순차회로는 다음과 같이 특징별로 구분할 수 있다.

(1) 내부 기억소자 형태

① **래치**(latch) : 클럭 입력을 갖지 않는 2진 기억소자(쌍안정회로)로 '기억' 및 '귀환' 요소가 있으므로 플립플롭과 유사하나, '클럭' 입력이 없는 비동기식 순서논리회로 소자이다. 입력되는 펄스를 래치(걸어잠금)하거나 기억하는 회로이며 종류로는 $S-R$ 래치, D 래치 등이 있다.

래치는 접점 스위치의 바운싱(접점 개폐 시 여러 번 탈부착되는 현상) 방지에 응용되며 클럭 입력과 함께 결합되면 '플립플롭'이 된다.

② **플립플롭**(flip-flop) : flip의 뜻은 '휙 뒤집다'이고 flop은 '털썩 주저앉다'라는 뜻을 가진다. 클럭 입력을 갖는 2진 기억소자(쌍안정회로)로 클럭 입력이 있는 동기식 순서논리회로 소자이다. '클럭' 입력 및 '래치' 소자로 만들어진다. 용도로는 비트 기억으로 사용되며 순차논리회로에서 가장 기본적으로 사용되는 기억 요소이다. 종류는 $S-R$ 플립플롭, $J-K$ 플립플롭(가장 많이 사용됨), T 플립플롭, D 플립플롭 등이 있다. 플립플롭은 클럭 입력에 의해서만 반응하며 출력 상태를 바꾸는 동기식 순차회로로, 주로 외부 클럭의 전이 시에만 상태가 바뀐다. 이를 에지 트리거(Edge Trigger)라고도 한다. 또한 현재 상태 및 입력뿐만 아니라, 클럭에 의해서도 출력이 결정된다. 즉, 펄스가 활성단계에 있는 동안, 데이터 입력의 변화는 래치의 상태를 바꾸어 주는 등의 동작을 한다.

> **더 알아두기**
>
> 클럭 신호(clock signal)
> 논리상태 H(high, 논리 1)와 L(low, 논리 0)이 주기적으로 나타나는 방형파 신호
> • 이상적인 클럭 신호
>
>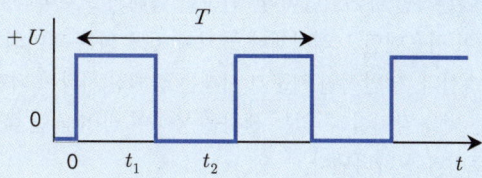
>
> • 클럭의 전이(transition)
> 논리상태가 H(high, 논리 1)에서 L(low, 논리 0)로, L(low, 논리 0)에서 H(high, 논리 1)로 변경

(2) 타이밍
① **비동기 순차회로** : 단지 입력이 변하는 순서에 따라서만 동작한다. 즉, 입력변화에만 반응하여 상태가 바뀐다. 래치에 해당한다.
② **동기 순차회로** : 클럭을 통해서만 동작한다. 플립플롭에 해당한다.

(3) 저장 방식
① **정적 저장소자** : 영구 저장된다.
② **동적 저장소자** : 일시 저장된다.

(4) 무어 기계 및 밀리 기계
① **무어 기계(Moore Machine)** : 출력이 현재 상태에 의해서만 결정된다.
② **밀리 기계(Mealy Machine)** : 출력이 현재 상태와 입력 모두에 의해서 결정된다.

순차회로의 주요 응용으로는 클럭을 공유하는 다수의 플립플롭들이 묶인 순서논리회로인 레지스터와 다수의 플립플롭들이 미리 정해진 순서대로 상태가 변하는 순서논리회로인 카운터가 있다.

2 유한상태 기계 (중요)

유한상태 기계(Finite-State Machine, FSM) 또는 유한 오토마톤(Finite Automaton, FA / 복수형: 유한 오토마타 Finite Automata)은 컴퓨터 프로그램과 전자 논리 회로를 설계하는 데에 쓰이는 수학적 모델이다. 간단히 상태 기계라고 부르기도 한다. 유한상태 기계는 유한한 개수의 상태를 가질 수 있는 오토마타, 즉 추상 기계라고 할 수 있다. 이러한 기계는 한 번에 오로지 하나의 상태만을 가지게 되며, 여기서 **현재 상태**(Current

State)는 임의의 주어진 시간의 상태를 말한다. 이러한 기계는 어떠한 사건(Event)에 의해 한 상태에서 다른 상태로 변화할 수 있으며, 이를 전이(Transition)라 한다. 특정한 유한상태 기계는 현재 상태로부터 가능한 전이 상태와, 이러한 전이를 유발하는 조건들의 집합으로서 정의된다.

오토마타(Automata)는 일반적으로 입력 장치, 출력 장치, 저장 장치, 제어 장치를 가지고 있으므로 현대적인 디지털 컴퓨터가 작동하는 이론적인 메커니즘이다. 단순한 형태의 오토마타는 기원전 3천 년 무렵부터 만들어졌는데, 고대 이집트인들이 사용했던 모래시계나 물시계 등도 넓은 의미의 오토마타이다. 벽에 걸려 있는 뻐꾸기 시계도 오토마타에 속한다. 일반적인 뻐꾸기 시계는 정해진 시각이 되면 뻐꾸기가 안에서 튀어나와 울지만, 요즘의 뻐꾸기 시계는 빛을 감지할 수 있는 센서를 통하여 밤이 되면 울지 않는 기능도 가지고 있는 등 여러 가지 형태의 시계 오토마타를 나타낸다.

'유한'은 '한계를 가진다'는 의미이다. 예를 들어 선풍기와 같은 가전제품의 경우 바람의 세기를 '강', '중', '약' 세 가지의 유한한 상태를 가지며 '약'에서 '중'으로 '중'에서 '강'으로 상태의 전이가 가능하다. 이렇게 유한한 상태를 가지는 기계를 **유한상태 기계**(Finite-State Machine) 또는 **유한 오토마타**(Finite Automata, FA)라고 할 수 있다. 유한 오토마타는 이산적인 입력과 출력을 가지는 시스템의 수학적 모형으로 유한한 개수의 내부의 상태들을 가지고 있는데, 시스템의 상태는 다음에 들어올 입력에 대한 시스템의 행동을 결정하는데 필요한 과거의 정보들을 요약한다. 오토마타는 이산적인(discrete) 시간 단위로 작동됨을 기본 가정으로 한다. 어느 특정 시각에 제어 장치는 특정의 상태에 놓여 있으며 입력 기능은 입력 파일상의 어떤 특정한 심볼을 읽는다. 제어 장치의 다음 상태는 **전이 함수**(transition function)에 의해 결정되며 전이 함수는 현재의 제어 상태, 입력 기호(symbol), 임시 저장 장치 내의 정보들에 의해 결정된다. 제어장치와 입력파일, 임시기억장소의 상태를 종합하여 **형상**(configuration)이라고 한다. 오토마타가 한 형상으로부터 다음 형상으로 전이하는 것을 **이동**(move)이라 한다. 다음 [그림 6-3]은 일반적인 오토마타의 도식적인 표현이다.

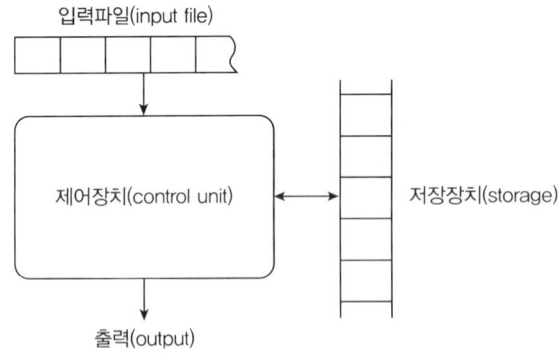

[그림 6-3] 오토마타의 일반적 구조

오토마타는 입력 데이터를 읽을 수 있는 입력 기능을 가지고 있다. 입력 데이터는 입력 파일에 쓰여져 있는 알파벳상의 문자열(string)들로 이루어져 있는데, 입력 파일은 네모꼴의 셀(cell)들로 이루어져 있으며 각 셀에는 오직 하나의 기호(symbol)만 존재한다.

오토마타는 특정 형태의 출력 기능을 가지고 있다. 0(no)이나 1(yes)의 출력을 생성할 수 있으며 출력이 단순히 0(no)이나 1(yes)로 제한되어 있는 오토마타를 **인식기**(accepter)라 한다. 입력 문자열이 주어졌을 때 인식기는 단지 그 문자열을 인식(accept)하거나 거부(reject)하는 역할만 수행한다. 또한 임의의 문자열을 출력으로 생성할 수 있는 오토마타를 **변환기**(transducer)라 한다. 변환기로서의 유한 오토마타는 입력이 출력에 관여를 하는가의 여부에 따라서 **무어 기계**(Moore machine)와 **밀리 기계**(Mealy machine) 두 종류로 분류한다. 무어 기계는 출력이 현재의 상태에서만 결정이 되며, 밀리 기계는 출력이 현재의 상태와 입력 모두에 의해서 결정된다. 일반적으로 대부분의 시스템에서는 무어 기계와 같은 것을 선호한다.

> **더 알아두기**
>
> **인식기**(accepter)
> 인식(accept)하거나 거부(reject)하는 역할만 수행하는 오토마타
>
> **변환기**(transducer)
> 출력이 있는 유한 오토마타

오토마타는 무한 개의 셀들로 이루어진 임시 저장 장치를 가질 수 있다. 각 셀은 하나의 기호만을 가질 수 있는데, 오토마타는 작동에 따라 셀들의 내용을 읽어 내거나 변경할 수 있다. 오토마타는 유한 개의 내부 상태를 제어할 수 있는 제어 장치를 가지고 있으며 이것의 제어에 따라 상태가 변화될 수 있다.

유한한 상태들의 집합과 전이 함수(transition function)들의 집합으로 구성된 유한상태 기계(유한 오토마타)는 임시 저장장치를 가지지 않는다. 여기서의 '전이'는 알파벳 Q로부터 선택된 입력 기호(input symbol)에 의해 생기는, 상태에서 상태로의 변화이다. 입력 기호에 따라 상태는 항상 변할 수 있으며, 원래의 상태로 다시 돌아가는 전이도 있을 수 있다. 유한상태 기계의 구조는 [그림 6-4]와 같다.

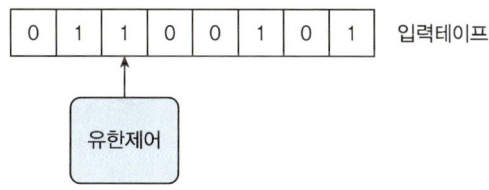

[그림 6-4] 유한상태 기계(유한 오토마타)

유한상태 기계는 다음과 같이 구성되며 $M = (Q, I, O, \delta, f, q_0)$로 표현하는데, 6개의 순서쌍으로 이루어진다.

- Q: 상태들의 유한 집합(finite set of states)
- I: 유한 개의 입력 기호의 집합
- O: 유한 개의 출력 기호의 집합
- δ: $Q \times I \rightarrow Q$인 전이 함수(transition function)
- f: $Q \times I \rightarrow O$인 출력 함수(output function)
- q_0: $q_0 \in Q$인 시작 상태(start state)

유한상태 기계는 원으로 표현하는 상태와 전이를 나타내는 화살표가 있는 연결선으로 이루어진 상태도로 표현한다. 즉 상태도는 정점들의 상태를 나타내는 **방향 그래프**(directed graph)다. 초기 상태 q_0는 직선 화살표로 나타내며, 만일 $\delta(q_1, i) = q_2$인 입력 i가 존재하면 M의 상태도 안에 화살표 (q_1, q_2)가 존재한다. 이때

$f(q_1, i) = o$라면 화살표 (q_1, q_2)는 i/o라고 나타낸다. 앞에서 상태도, 상태표 등에 의해 순차회로의 동작 묘사가 가능하다고 하였다.

예를 들어, 유한상태 기계에 대하여 $M = \{q_0, q_1\}$, $I = \{x, y\}$, $O = \{0, 1\}$이 주어지고 전이 함수 $\delta: Q \times I \to Q$와 출력 함수 $f: Q \times I \to O$가 다음과 같을 때 상태표를 만들고 상태도[전이 그래프(transition graph)]를 그릴 수 있다.

$\delta(q_0, x) = q_0$, $\delta(q_0, y) = q_1$, $\delta(q_1, x) = q_1$, $\delta(q_1, y) = q_1$
$f(q_0, x) = 0$, $f(q_0, y) = 1$, $f(q_1, x) = 1$, $f(q_1, y) = 0$

다음은 주어진 전이 함수와 출력 함수에 대해 상태표를 작성한 것이다.

Q \ I	δ		f	
	x	y	x	y
q_0	q_0	q_1	0	1
q_1	q_1	q_1	1	0

주어진 유한상태 기계의 상태도는 다음 [그림 6-5]와 같다.

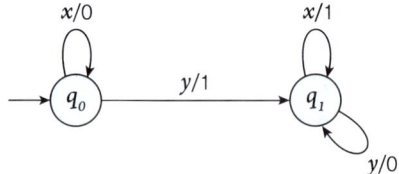

[그림 6-5] 상태도의 예

유한상태 기계 $M = (Q, I, O, \delta, f, q_0)$의 상태도가 다음 [그림 6-6]과 같을 때 입력 "$aabb$"에 대하여 입력에 따른 새로운 상태 $\delta(s, x)$와 출력 $g(s, x)$을 구해보자.

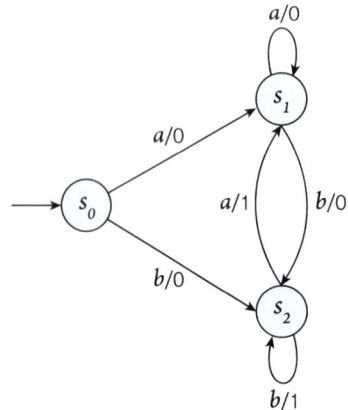

[그림 6-6] 유한상태 기계의 상태도

[그림 6-6]에서 시작상태 S_0에서 시작하여 입력이 "$aabb$"일 때 상태는 차례로 S_1, S_1, S_2, S_2로 변하는 것을 알 수 있다. 여기에서 출력은 "0001"이다. 그러므로 다음의 **전이식**과 **출력식**이 성립한다.

$$\delta(S_0, a) = S_1, g(S_0, a) = 0$$
$$\delta(S_0, aa) = S_1, g(S_0, aa) = 00$$
$$\delta(S_0, aab) = S_2, g(S_0, aab) = 000$$
$$\delta(S_0, aabb) = S_2, g(S_0, aabb) = 0001$$

오토마타(자동장치)는 **결정적 오토마타**(deterministic automata)와 **비결정적 오토마타**(nondeterministic automata)로 구분한다. 결정적 오토마타에서는 각 이동이 현재 형상에 의해 유일하게 결정된다. 즉 오토마타의 내부 상태, 입력, 임시 기억장소의 내용이 알려지면 오토마타의 이후 동작을 정확하게 예측할 수 있다. 비결정적 오토마타에서는 각 단계에서 이동 가능한 형상이 여러 개 존재할 수 있으며 정확하게 단 하나만의 이동만을 예측하기보다는 모든 이동 가능한 행동들의 집합을 예측할 수 있을 뿐이다.

제2절　결정적 유한상태 자동장치 중요 기출

유한상태 자동장치는 전이 방법에 따라 **결정적 유한상태 자동장치**(deterministic finite automata)와 **비결정적 유한상태 자동장치**(nondeterministic finite automata)로 구분되지만 기능에 있어서는 서로 동치이다. 결정적 유한상태 자동장치는 연산과정이 결정적으로 진행되는 **유한 인식기**(finite accepter)이다. 모든 오토마타와 공통적으로 결정적 유한상태 자동장치는 내부 상태들, 한 상태에서 다른 상태로의 전이 규칙들, 입력과 결정을 내리는 방법들을 가지고 있다.
결정적 유한상태 자동장치(Deterministic Finite state Automata, DFA)는 다음과 같이 5개의 원소들로 이루어진다.

$M = (Q, \Sigma, \delta, q_0, F)$
- Q : 내부 상태들의 유한 집합(finite set of internal states)
- Σ : 입력 문자, 입력 알파벳(input alphabet)이라고 불리는 유한 개의 기호 집합
- δ : $Q \times \Sigma \rightarrow Q$인 전체 함수(total function), 전이 함수(transition function)라고 함
- q_0 : $q_0 \in Q$인 시작 상태(start state), 유한상태 자동장치가 입력값을 처리하기 전의 상태
- F : $F \subseteq Q$인 최종 상태의 집합(set of final states), 유한상태 자동장치가 모든 입력값을 처리했을 때의 상태가 받아들여질 경우 이 상태의 집합을 의미

결정적 유한상태 자동장치는 다음의 절차로 동작한다.
① 처음에는 초기 상태인 q_0에 있는 것으로 가정하고 유한 제어에 의해 입력 장치는 입력 문자열(string)의 가장 왼쪽에 있는 기호(symbol)를 가리킨다.
② 오토마타의 작동에 따라 입력 장치에서 한 기호(symbol)씩 오른쪽으로 이동하면서 상태가 바뀐다. 즉, 문자를 왼쪽에서부터 하나씩 읽어 들인다.
③ 문자열(string)을 모두 읽고 난 후 DFA가 최종 상태에 있으면 그 문자열이 '인식(acception)'되고 그렇지 않으면 '기각(rejection)'된다.
④ 입력은 왼쪽에서 오른쪽으로의 방향으로만 이동이 가능하며 각 단계에서 하나씩의 기호(symbol)만을 읽을 수 있다는 점에 유의해야 한다. 예를 들어 전이가 $\delta(q_0, x) = q_1$이고 DFA가 상태 q_0에 있으며 현재 입력 기호가 x인 경우 이 DFA는 상태 q_1으로 전이하게 된다.

유한 오토마타를 가시적으로 표현하기 위해서 **전이 그래프**(transition graph)를 사용한다. $M = (Q, \Sigma, \delta, q_0, F)$가 결정적 유한상태 자동장치인 경우 이에 대한 전이 그래프 G_M은 $|Q|$개의 정점을 가지면, 각 정점에는 서로 다른 라벨(label) $q_i \in Q$가 주어진다. 각 전이 규칙 $\delta(q_i, x) = q_j$에 대해, 전이 그래프에 라벨 x를 갖는 간선 (q_i, q_j)가 존재한다. 라벨 q_0를 갖는 정점이 **시작 정점**(start vertex)이고 라벨 $q_f \in F$를 가지는 정점들이 **인식 정점**(final vertex)이다.

[그림 6-7]의 그래프는 다음의 결정적 유한상태 자동장치 $M = (Q, \Sigma, \delta, q_0, F)$를 그린 것이다.
내부 상태 집합은 $Q = \{q_0, q_1, q_2\}$이고 입력 알파벳이 $\Sigma = \{0, 1\}$이며 최종 상태 집합은 $F = \{q_1\}$이다. 이에 대한 전이 함수는 다음과 같다.

$\delta: \delta(q_0, 0) = q_0, \ \delta(q_0, 1) = q_1$
$\delta(q_1, 0) = q_0, \ \delta(q_1, 1) = q_2$
$\delta(q_2, 0) = q_2, \ \delta(q_2, 1) = q_1$

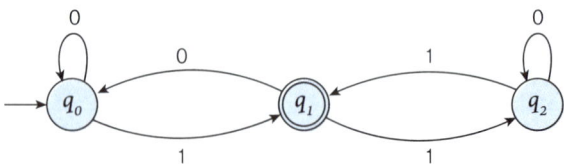

[그림 6-7] DFA 상태도

간선의 라벨은 0, 1이고 정점의 라벨은 q_0, q_1, q_2이다. q_0, q_1, q_2는 또한 자동장치의 상태이다. 여기서 q_0는 시작 상태이므로 앞에 작은 화살표를 그려서 시작 상태를 표시하고 q_1은 이중의 원으로 최종 상태를 나타낸다. 생성은 화살표에 따라 구하면 된다.

문자열 "0101"이 DFA M에 입력되었을 경우 동작 과정을 살펴보자.

> ① 0 : 시작 상태 q_0에서 0이라는 최초의 기호(symbol)를 읽었을 때 상태는 다시 q_0에 머무르게 된다.
> ② 1 : q_0에서 문자열의 두 번째 입력인 1을 읽고 q_1으로 이동하여 상태가 바뀐다.
> ③ 0 : q_1에서 세 번째 입력인 0을 읽고 다시 q_0로 이동하여 상태가 바뀐다.
> ④ 1 : q_0에서 다시 1이라는 마지막 기호를 읽고 상태는 q_1으로 바뀐다.

이때 1이 마지막 기호이고 상태 q_1이 최종 상태이므로 문자열 "0101"은 인식된다.

두 번째 예로 문자열 "011"이 DFA M에 입력되었을 경우 동작 과정을 살펴보자.

> ① 0 : 시작 상태 q_0에서 0이라는 최초의 기호(symbol)를 읽었을 때 상태는 다시 q_0에 머무르게 된다.
> ② 1 : q_0에서 문자열의 두 번째 입력인 1을 읽고 q_1으로 이동하여 상태가 바뀐다.
> ③ 1 : q_1에서 세 번째 입력인 1을 읽고 q_2로 이동하여 상태가 바뀐다.

이때 1이 마지막 기호이고 상태 q_2는 최종 상태가 아니므로 문자열 "011"은 기각된다.

어떤 경우에는 확장 전이 함수(extended transition function) $\delta: Q \times \Sigma^* \to Q$를 사용하는 것이 편리하다. 함수 δ에서 두 번째 함수는 단일 기호가 아닌 문자열이며 함수 값은 오토마타가 주어진 문자열을 모두 읽은 후에야 정해지는 상태이다. 예를 들어 $\delta(q_0, a) = q_1$이고 $\delta(q_1, b) = q_2$ 일 때 $\delta(q_0, ab) = q_2$가 성립한다.

모든 $q \in Q$, $w \in \Sigma^*$, $a \in \Sigma$에 대해 δ^*는 $\delta^*(q, \lambda) = q$, $\delta^*(q, wa) = \delta(\delta^*(q, w), a)$와 같이 재귀적으로 정의 될 수 있다.

> **더 알아두기**
>
> **DFA의 상태 수 최소화**
> - 초기의 동치관계 : 종결상태와 미종결상태로 구분한다.
> - 같은 입력에 대해서 서로 다른 동치로 가는 지시선이 존재하면, 다시 분할하여 새로운 동치류를 구성한다.
> - 새로운 M'을 형성한다.

제3절　언어와 문법

우리가 일상적으로 사용하는 언어는 한국어인 경우에는 자음과 모음을 여러 방법으로 결합한 것이고 영어인 경우에는 알파벳을 결합한 것이다. 언어를 만드는 데에 따라야 할 일정한 규칙을 문법이라고 한다. 본 절에서는 자동장치(automata)와 관련한 언어와 이 언어를 생성하는 데 지켜야 할 문법에 대해 살펴보자.

1　언어 중요

언어(language)는 한글을 비롯하여 영어 등 우리가 일상생활에서 자주 사용하는 자연어(natural language)와 오토마타를 이용하여 만들어지는 이론적인 언어인 **형식 언어**(formal language)의 2가지로 분류한다. 여기에서는 형식 언어(formal language)와 관련된 기본적인 용어와 표현들을 살펴본다. 형식 언어는 컴퓨터 관련 분야에 매우 중요한 역할을 담당해왔다. 1956년 미국의 저명한 언어학자인 촘스키(Noam Chomsky)가 연구를 시작한 이래 ALGOL과 같은 컴퓨터 프로그래밍 언어가 개발되었고 이후 여러 가지 프로그래밍 언어를 위한 컴파일러에 직접 응용되었다.

> **더 알아두기**
>
> **형식 언어**(formal language)
> 알파벳으로 만든 유한길이의 단어들(finite-length words, 즉 character strings)의 집합이다.

언어(language)에 대한 보편적이며 명확한 정의를 내리고 설명하기는 쉽지 않다. 언어의 사전적 의미로 어떤 생각이나 사실, 개념들을 표현할 수 있도록 해주는 기호(symbol)들의 집합과 기호를 다루는 규칙들의 집합을 가지는 시스템이라는 비공식적인 정의를 내리고 있다. 이러한 정의는 형식 언어에 대한 학습을 위해서는 충분하지 않으며 좀 더 정확한 정의가 필요하다.

언어를 이루는 기호들의 집합인 **알파벳**(alphabet)은 보통 Σ로 표현하며 하나 이상의 기호(symbol)들을 원소로 가진다. 각각의 기호들을 사용하여 **문자열**(string)을 만들 수 있으며, 문자열은 주어진 알파벳에 속한 기호들의 유한 길이의 순서열(finite sequence of symbols)이다. 예를 들어 알파벳이 $\Sigma = \{a, b\}$일 때 aab, ab, $abababaa$ 등의 문자열을 만들 수 있다. 문자열에 이름을 부여하여 문자열을 수식으로 표현할 수 있는데 문자열 "aab"의 이름을 w라고 하면 $w = aab$로 표기한다.

두 문자열 $u = abab$와 $v = aab$의 **접합**(concatenation)은 문자열 u의 오른쪽에 문자열 v를 이어서 문자열 $uv = ababaab$를 만든다. 문자열 내의 기호들을 역순으로 배열한 문자열을 **역 문자열**(inverse string)이라고 하며, 문자열 w의 역 문자열은 w^R로 표기한다.

문자열 w의 **길이**(length)는 해당 문자열의 기호들의 개수이며 $|w|$로 표기한다. 접합의 경우 각 문자열들의 길이의 합 $|uv| = |u| + |v|$과 같다. 문자열이지만 문자를 가지지 않은 문자열이 존재하는데 이를 **빈 문자열**(empty string)이라고 하며 λ로 표기한다.

임의의 문자열 w 내에 존재하는 연속적인 문자들의 문자열을 **부문자열**(substring)이라 하며 문자열 $w = uv$ 인 경우 uv의 전위부 u를 **접두사**(prefix), 후위부 v를 **접미사**(suffix)라고 한다. 예를 들어 $w = aab$인 경우 $\{\lambda, a, aa, aab\}$는 접두사의 집합이 되며, $\{aab, ab, b, \lambda\}$는 접미사의 집합이 된다. 또한 $u \neq \lambda$인 전위부를 **진접두사**(proper prefix)라고 하며, $v \neq \lambda$인 후위부를 **진접미사**(proper suffix)라고 한다.

문자열 $w = flower$일 때, 접두사, 진접두사, 접미사, 진접미사의 집합은 각각 다음과 같다.

- 접두사: $\{\lambda, f, fl, flo, flow, flowe, flower\}$
- 진접두사: $\{f, fl, flo, flow, flowe, flower\}$
- 접미사: $\{flower, flowe, flow, flo, fl, f, \lambda\}$
- 진접미사: $\{flower, flowe, flow, flo, fl, f\}$

문자열 w를 n번 반복하여 얻어지는 문자열은 w^n이며, 특별한 경우로 모든 문자열 w에 대해 $w^0 = \lambda$이다. 임의의 알파벳 Σ에 대해 Σ에 속한 기호들을 0개 이상 접합하여 얻어지는 모든 문자열들의 집합을 Σ^*로 표시한다. Σ^*은 항상 빈 문자열 λ을 포함하며 Σ^*에서 λ을 제외한 집합을 Σ^+로 표기한다. 즉, $\Sigma^* = \Sigma^+ + \lambda$이다. Σ는 유한집합이지만 Σ^*와 Σ^+는 이들 집합에 속하는 문자열들의 길이에 제한이 없기 때문에 항상 무한집합이 된다.

> **더 알아두기**
>
> **언어에서의 연산**
> ① 언어는 단어들로 이루어진 집합으로 집합의 일반적인 연산이 가능
>   합집합(union), 교집합(intersection), 차집합(difference)
> ② 여집합(complement)
>   언어 L의 여집합은 $\overline{L}$로 나타내는데 L의 Σ^*에 대한 여집합은 $\overline{L} = \Sigma^* - L$
> ③ 집합(concatenation)
>   두 개의 언어 L_1과 L_2의 연결은 L_1의 어떤 원소와 L_2의 어떤 원소를 차례로 연결하였을 때 표현되는 모든 스트링들의 집합(순서에 유의)
>   - $L_1 L_2 = \{ab : a \in L_1, b \in L_2\}$
>   - $L_2 L_1 = \{ba : b \in L_2, a \in L_1\}$
> ④ 언어 L이 n번 반복될 때는 L^n으로 표현
>   - 특히 모든 언어 L에 대해 $L^0 = \{\lambda\}$
>   - $L^1 = L, L^2 = LL, L^n = L^{n-1}L$
>   - $L = \{a^n b^n : n \geq 0\}$일 때 $L^2 = \{a^n b^n a^m b^m : n \geq 0, m \geq 0\}$
> ⑤ 스타-폐포(star-closure) 또는 클린-폐포(kleene closure)
> $L^* = L^0 \cup L^1 \cup L^2 \cdots$로 정의
> ⑥ 양성-폐포(positive closure)
>   - L^*에서 L^0를 제외한 것
>   - $L^+ = L^1 \cup L^2 \cdots$

언어(language)는 일반적으로 Σ^*의 부분집합으로 정의되며 임의의 언어 L에 속하는 문자열을 언어 L의 문장(sentence)이라 한다. 예를 들어, $\Sigma = \{a, b\}$일 때 $\Sigma^* = \{\lambda, a, b, aa, ab, bb, ba, \cdots\}$이며, 이때 집합 $\{a, ab, aab\}$는 Σ에 대한 언어가 된다. 문장들의 개수가 유한하므로 이 언어를 **유한 언어**(finite language)라고 한다. 언어 $L = \{a^n b^{n+1} : n \geq 0\}$에서 문자열 $aabbb$, $aaabbbb$는 L에 속하지만 $aabb$는 L에 속하지 않는다. 이 언어 L은 무한 언어(infinite language)이다. 언어들은 집합이기 때문에 합집합, 교집합, 차집합 등의 집합 연산에 닫혀있다. 특별히 L의 여집합은 Σ^*를 기준으로 하여 $\overline{L} = \Sigma^* - L$로 정의된다. **한 언어의 역**(reverse of a language)은 그 언어에 속하는 모든 문자열들의 역 문자열들의 집합 $L^R = \{w^R : w \in L\}$으로 정의된다.

두 언어 L_1과 L_2의 접합은 L_1의 원소와 L_2의 원소를 접합하여 얻어질 수 있는 모든 문자열들의 집합을 의미하며 다음과 같이 표현할 수 있다.

$$L_1 L_2 = \{xy : x \in L_1, y \in L_2\}$$

언어 L을 n번 접합하여 얻어지는 언어를 L^n으로 표시하며 특별히 $L^0 = \{\lambda\}$이고 $L^1 = L$이다. 특정 언어 L에 대한 **스타-폐포**(star-closure) 또는 **클린-폐포**(kleene-closure)는 $L^* = L^0 \cup L^1 \cup L^2 \cdots$이며, L^*에서 공 문자열 λ를 제외한 $L^+ = L^1 \cup L^2 \cdots$을 **양성-폐포**(positive-closure)라 한다.

예를 들어 어떤 언어 L이 $L = \{a^n b^n : n \geq 0\}$일 때 L^2은 다음과 같다.

$$L^2 = \{a^n b^n a^m b^m : n \geq 0, m \geq 0\}$$

여기서 n과 m은 아무런 관계가 없으며 "$abaabb$"는 L^2에 속한다. 언어 L의 역은 $L^R = \{b^n a^n : n \geq 0\}$와 같이 쉽게 집합으로 표현할 수 있지만, 언어 $\overline{L}$이나 L^*은 집합 표현으로 쉽게 표현하기 어렵다.
"aba"나 "$abba$"와 같이 앞에서 읽으나 뒤에서 읽으나 똑같은 문자열을 **팰린드롬**(palindromes)이라 한다.

(영문 예) eye, Madam 등
(국문 예) 자기 자, 아 좋다 좋아, 다시 합창합시다. 다 큰 도라지일지라도 크다.

> **더 알아두기**
>
> **언어와 문장**
> ① 언어(language) : L
>   일반적으로 Σ^*의 부분집합으로 정의(통상 대문자로 표현)
> ② 단어(word) 또는 문장(sentence)
>   어떤 언어 L안에 있는 어떤 스트링 w
> ③ 유한 언어(finite language)
>   유한개의 단어로 구성된 언어
>   예 $\Sigma = \{a, b\}$일 때 집합 $\{a, ab, aabb\}$

④ 무한 언어(infinite language)
단어의 개수가 무한개
예 $\Sigma = \{a, b\}$일 때 $L = \{a^n b^n : n \geq 0\}$
ab나 $aabb$는 L의 단어이지만 aa나 ba등은 L에 속하지 않으므로 L의 단어가 아님

(1) 정규 언어 중요

모든 유한 오토마타(유한상태 기계)는 특정 언어를 인식하게 된다. 모든 가능한 유한 오토마타들을 고려하면 이와 관련한 언어들의 집합을 구할 수 있다. 이러한 언어들의 집합을 언어군(family)이라고 하며, 결정적 유한 오토마타에 의해 인식되는 언어군은 극히 제한되어 있다. 유한상태 기계에 의해 인식되는 언어는 정규 언어(regular language)이므로, 결정적 유한 오토마타 및 비결정적 유한 오토마타에 의해 인식되는 언어는 모두 정규 언어(regular language)이다. 즉, 정규 언어인지 여부는 언어 L을 인식하는 유한 오토마타(DFA 또는 NFA)를 만들어 보면 알 수 있다.

언어 $L = \{awa : w \in \{a, b\}^*\}$가 정규 언어임을 보이는 과정을 살펴보자. 정규 언어임을 보이는 과정은 언어 L을 인식하는 DFA를 찾으면 된다. 이 DFA가 하는 일은 문자열 'a'로 시작하고 'a'로 끝나는가를 검사하며 중간에 어느 문자열이 있더라도 상관없지만 입력 문자열의 마지막 부분에 대한 검사를 할 수 있는 명확한 방법이 없기 때문에 이 문제에 대한 해는 복잡해질 수밖에 없다. 그러나 시작 문자열 'a' 외에 또 다른 'a'가 읽혀질 때마다 DFA를 인식 상태에 놓이게 하여 해결할 수 있다. 만약 마지막 입력이 아니고 문자열 'b'가 읽혀지면 DFA는 인식 상태가 아닌 것으로 하여 입력 기호(symbol)들을 처리하면서 그 이후에 다시 'a'를 읽을 때마다 DFA는 다시 인식 상태가 된다. 이렇게 하여 완전한 DFA를 [그림 6-8]과 같이 구할 수 있다. 이 DFA가 정상적으로 작동하는지는 몇 가지 입력 예들을 이용하여 한두 번의 검사로 확인할 수 있다.

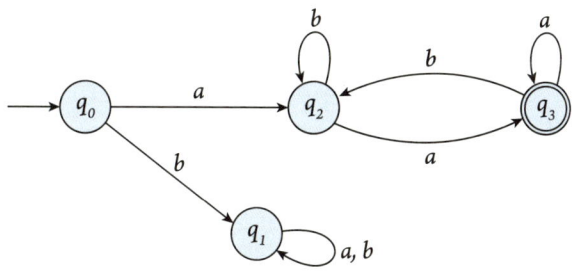

[그림 6-8] $L = \{awa : w \in \{a, b\}^*\}$의 DFA

임의의 언어 L이 정규 언어일 때 $L^2, L^3, \cdots$등도 모두 정규 언어가 된다. 언어 $L = \{awa : w \in \{a, b\}^*\}$에 대하여 L^2는 다음과 같으며 정규 언어임을 확인해 보자.

$$L^2 = \{aw_1 a a w_2 a : w_1, w_2 \in \{a, b\}^*\}$$

이 언어를 인식하는 DFA를 구성하기 위해서 같은 형태를 갖는 두 개의 연속된 문자열을 인식하는 DFA가 필요하므로 [그림 6-8]의 DFA를 기본 구조로 사용할 수 있다. 여기서 상태 q_3에 도달하면 "awa"의 형태를 갖는 두 번째 문자열이 나타나는지를 확인해야 하므로 q_3는 인식 상태가 될 수 없다. 따라서 상태 q_3는 두 번째 부분의 시작정점이 된다. 이와 같이 전체 입력 문자열은 "aa"가 나타나는 지점에서 두 부분으로 분리될 수 있으므로 전이를 $\delta(q_3, a) = q_4$로 두어 "aa"를 기점으로 두 번째 부분으로 진입하도록 한다. L^2에 대한 완전한 DFA는 [그림 6-9]와 같으며 이 언어가 정규 언어이다.

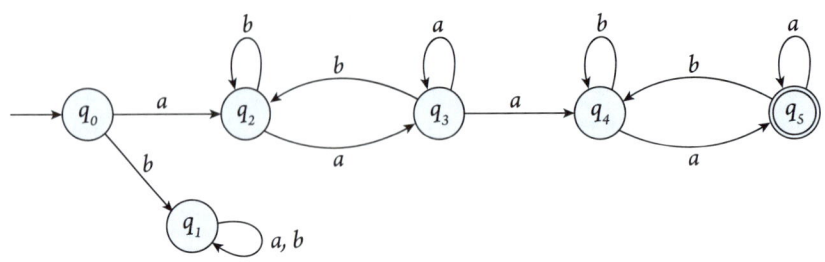

[그림 6-9] $L^2 = \{aw_1aaw_2a : w_1, w_2 \in \{a, b\}^*\}$의 DFA

(2) 정규 표현 〈종요〉

정규 언어를 표현하는 방법으로 **정규 표현**(regular express)이 있다. 알파벳 기호들(symbol)의 문자열과 괄호, 연산자 $+$, $\cdot$, $*$ 등을 사용한다. 가장 간단한 예로 언어 $\{a\}$가 있으며 이는 정규 표현 a로 표기할 수 있다. 언어 $\{a, b, c\}$의 경우에 정규 표현 $a + b + c$로 표현할 수 있으며 기호 ' $\cdot$ '는 **접합**(concatenation)의 의미로 사용된다. 기호 ' $*$ '는 **스타-폐포**(star-closure)의 의미로 사용한다. 정규 표현 $(a \cdot b + c)^*$는 $\{ab\} \cup \{c\}$의 스타-폐포라는 뜻이며, 이는 언어 $\{\lambda, ab, c, abc, abab, cc, cab, ccc, \cdots\}$를 의미한다.
Σ를 주어진 알파벳이라 할 때 정규 표현은 다음과 같이 정의된다.

① $\emptyset$, λ와 $a \in \Sigma$는 모두 정규 표현이며 이를 **기본 정규 표현**(primitive regular expression)이라고 한다.
② α_1과 α_2가 정규 표현이면 $\alpha_1 + \alpha_2$, $\alpha_1 \cdot \alpha_2$, α_1^*, (α_1)은 모두 **정규 표현**이 된다.
③ 특정 문자열이 정규 표현이 되기 위해서는 기본 정규 표현에서 시작하여 ②의 규칙을 유한 번 반복하여 해당 문자열이 유도될 수 있어야 한다.

예를 들어서 알파벳 $\Sigma = \{a, b, c\}$에 대하여 문자열 $(a \cdot b + c)^* \cdot (c + \lambda)$은 위의 규칙에 따라 구성되므로 정규 표현이다.

간단한 언어들을 묘사하기 위해서 정규 표현을 사용할 수 있는데 임의의 정규 표현 g에 대하여 $L(g)$가 g와 관련된 언어를 나타낸다고 할 때 정규 표현 g에 의해 묘사되는 언어 $L(g)$는 다음의 규칙들에 의해 결정된다.

① $\emptyset$은 공집합을 나타내는 정규 표현이다.
② λ는 $\{\lambda\}$를 나타내는 정규 표현이다.
③ 모든 $a \in \Sigma$에 대해 a는 $\{a\}$를 나타내는 정규 표현이다.
④ r_1과 r_2가 정규 표현일 경우, 다음의 연산이 성립한다.
- $L(r_1 + r_2) = L(r_1) \cup L(r_2)$
- $L(r_1 \cdot r_2) = L(r_1)L(r_2)$
- $L((r_1)) = L(r_1)$
- $L((r_1^*)) = (L(r_1))^*$

언어 $L(a^* + (a+b))$를 집합 형태로 표현하면 다음과 같다.

$$\begin{aligned} L(a^* + (a+b)) &= L(a^*) \cup L(a+b) \\ &= L(a^*) \cup (L(a) \cup L(b)) \\ &= \{\lambda, a, aa, aaa, \cdots\} \cup \{a, b\} \\ &= \{\lambda, a, b, aa, aaa, \cdots\} \end{aligned}$$

$\Sigma = \{a, b\}$에 대하여 $g = (a+bb)(a+b)^*$는 정규 표현이며 다음의 언어를 묘사하고 있다.

$$L(g) = \{a, bb, aa, ab, bba, bbb, \cdots\}$$

이는 정규 표현 g의 각 구성요소를 고려하면 알 수 있다. 첫 부분인 $(a+bb)$는 'a' 또는 'bb'를 의미하며, 두 번째 부분인 $(a+b)^*$는 문자 'a'와 'b'로 이루어지는 모든 문자열을 의미한다. 따라서 $L(g)$는 a 또는 bb로 시작하는 알파벳 $\{a, b\}$에 대한 모든 문자열들의 집합이다.

다른 예로 $\Sigma = \{a, b\}$에 대해 다음 언어에 대한 정규 표현을 찾아보자.

$$L(r) = \{w \in \Sigma^* : w\text{는 적어도 한 쌍의 연속된 } b\text{를 가지고 있다}\}$$

언어 $L(r)$에 대한 내용을 보면 $L(r)$에 속하는 모든 문자열은 어느 부분에 bb를 가지게 되며, 앞의 문자열이나 뒤에 오는 문자열은 어떤 형태이든 상관없다. 알파벳 $\{a, b\}$로 생성 가능한 모든 문자열들은 $\{a+b\}^*$로 표현할 수 있다. 그러므로 $L(r)$에 대한 정규 표현은 다음과 같이 묘사될 수 있다.

$$r = (a+b)^* bb (a+b)^*$$

조금 복잡한 예로 언어 $L = \{w \in \{a, b\}^* : w\text{는 연속된 '}a\text{'들의 쌍을 갖지 않는다}\}$를 묘사하는 정규 표현 r을 찾아보자.

이의 해답을 찾기 위해 중요하게 고려할 점은 연속으로 'a'가 올 수 없으므로 이 언어에 속하는 문자열에 a가 나타날 경우 바로 뒤에는 반드시 'b'가 온다는 것이다. 이러한 모양의 부분문자열은 a의 앞이나 뒤에 임의의 개수의 'b'를 가질 수 있으며 이것을 정규 표현으로 하면 $(b^* abb^*)^*$으로 묘사할 수 있다.

그러나 이 정규 표현으로는 'a'로 끝나는 문자열이나 'b'만으로 이루어진 문자열을 표현할 수 없으므로 해답이 완전하지 않다. 이런 특별한 경우를 고려하면 다음과 같은 정규 표현을 얻을 수 있다.

$$r_1 = (b^*abb^*)^*(a+\lambda) + b^*(a+\lambda)$$

이 정규 표현에서 언어 L이 'b'와 'ab'의 반복으로 이루어짐을 고려하여 $r_2 = (b+ab)^*(a+\lambda)$와 같이 더 간단한 정규 표현식을 얻을 수도 있다. 두 정규 표현 r_1과 r_2가 다른 형태이지만 같은 언어를 묘사하고 있으므로 둘 다 모두 정확한 정규 표현이 된다. 즉, 두 정규 표현 r_1과 r_2는 서로 동치 관계(equivalence relation)에 있다. 일반적으로 임의의 주어진 언어에 대해 무수히 많은 정규 표현들이 존재할 수 있다.

> **더 알아두기**
>
> **정규 표현의 대수적 성질**
> ① $a+b = b+a$, 　　　　$(a+b)+c = a+(b+c)$
> ② $(ab)c = a(bc)$, 　　　 $a(b+c) = ab+ac$
> ③ $(b+c)a = ba+ca$, 　　$a+a = a$
> ④ $a+\varnothing = a$, 　　　　$a\varnothing = \varnothing = \varnothing a$
> ⑤ $\lambda a = a = a\lambda$, 　　　$a^* = \lambda + aa^*$
> ⑥ $a^* = (\lambda+a)^*$, 　　　$(a^*)^* = a^*$
> ⑦ $(a+b)^* = (a^*b^*)^*$

2 문법(grammar) 〈중요〉

일반적인 **문법**(Grammar)이란 우리가 일상생활에서 사용하는 자연어(natural language)에서의 문법을 말하는데 한국어나 영어 등 자연어는 부정확하고 모호한 경우가 많다. 컴퓨터에서 쓰이는 문법에는 애매성이 배제되어야 하며 일정한 규칙을 따라 엄밀하게 정의되어야 하기 때문에 자연어와 같이 비형식적으로(informal) 묘사되는 것은 수학적으로 연구하기에 적절하지 않다.

문법은 어떤 문장이 제대로 작성되었는지의 여부를 판정하는 기준이 된다. 영어의 경우 한 가지 전형적인 규칙의 예는 '문장(sentence)에서는 명사구(noun phrase) 다음에 서술어(predicate)가 온다.'의 경우를 들 수 있다. 이것을 보다 구체적으로 다음과 같이 표현할 수 있다.

$$\langle sentence \rangle \rightarrow \langle noun\_phrase \rangle \langle predicate \rangle$$

문장 'A tiger run.'과 같은 실제 문장에서는 이 규칙만으로 충분하지 않고 $\langle noun\_phrase \rangle$와 $\langle predicate \rangle$에 대한 정의가 다음과 같이 마련되어야 한다.

$$\langle noun\_phrase \rangle \rightarrow \langle article \rangle \langle noun \rangle$$
$$\langle predicate \rangle \rightarrow \langle verb \rangle$$

실제로 단어 'A'를 $\langle article \rangle$에 'tiger'를 $\langle noun \rangle$에 'run'을 $\langle verb \rangle$에 대입시키면 문장 'A tiger run.'는 적절하게 구성되어 있는 문장이라고 판단할 수 있다. 만일 완전한 문장을 제공할 수 있다면 이론적으로 모든 적절한 문장들을 이와 같은 방식으로 설명할 수 있을 것이다. 이것을 트리 형태의 **파스 트리**(parse tree)로 나타내면 다음 [그림 6-10]과 같다.

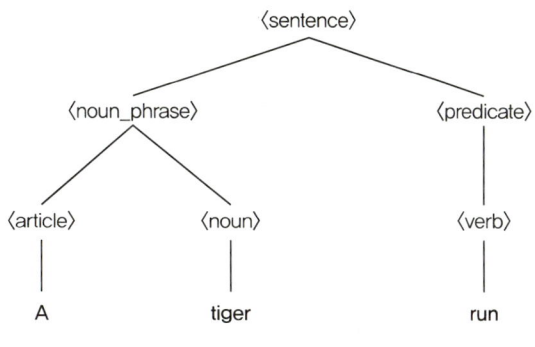

[그림 6-10] 문장 구조의 파스 트리

[그림 6-10]의 파스 트리와 같이 최상위 단계인 $\langle sentence \rangle$에서 시작하여 이를 계속 분해하면서 마지막으로 더 이상 분해할 수 없는 언어구조로 표현할 수 있다. 이러한 개념을 일반화하여 컴퓨터에서 쓰이는 문법인 **형식 문법**(formal grammar)이 제시되었다.

(1) 컴퓨터에 사용되는 문법 표현

컴퓨터에 사용되는 문법은 배커스와 나우어에 의해 체계화된 **배커스-나우어 표기법**(Backus-Naur Form, BNF)과 푸시다운 오토마타(Push-Down Automata, PDA)에 의한 **문맥 자유 문법**(Context-Free Grammer, CFG)으로 구별될 수 있다. 서로 표현 방법은 다르지만 기능상에서는 차이가 없다.

① 배커스-나우어 표기법

배커스-나우어 표기법(Backus-Naur form, BNF)은 문맥 무관 문법을 나타내기 위해 만들어진 표기법이다. 특별히 문법의 생성규칙을 나타낼 때 사용한다. BNF는 기본적으로 다음의 문법을 사용한다.

$$\langle 기호 \rangle ::= \langle 표현식 \rangle$$

여기에서 기호는 단말 기호가 될 수 없고, 비단말 심볼을 '$\langle$'와 '$\rangle$' 안에 넣으며 생성규칙 $x \rightarrow y$를 $x ::= y$로 표현한다. 표현식은 다른 기호의 조합 또는 여러 가지의 표현식 중 하나를 사용한다는 의미로 기호 '|'를 사용하며 '또는', 'or'이라고 읽는다. 다른 표현식으로 정의되지 않은 기호는 자동적으로 단말 기호가 된다. 또한 기호가 아닌 상수에는 따옴표를 붙여서 구별하기도 한다.

예를 들어, 16진수를 BNF 표기법으로 나타내면 다음과 같다.

$\langle digit \rangle ::= 0|1|2|3|4|5|6|7|8|9$
$\langle letter \rangle ::= A|B|C|D|E|F$
$\langle number \rangle ::= \langle digit \rangle | \langle letter \rangle$
$\langle integer \rangle ::= \langle number \rangle | \langle number \rangle \langle integer \rangle$

② 문맥 자유 문법

문맥 자유 문법(Context-free grammar, CFG) 또는 문맥 무관 문법은 형식 문법의 한 종류로 생성 규칙이 다음과 같은 문법을 의미한다.

$$V \to w$$

여기에서 V는 비단말 기호이고, w는 비단말과 단말 기호들로 구성된 문자열이다. 즉, 문맥 자유 문법의 각 생성규칙의 좌측에는 단 하나의 비단말 기호만 관계한다. 많은 프로그래밍 언어 문법은 문맥 자유 문법에 속하며, 따라서 이 문법은 컴파일러 등의 이론에 중요한 역할을 차지한다.

(2) 형식 문법

형식 문법 G는 네 개의 원소쌍을 가지며 다음과 같이 정의된다.

$G = (N, T, P, S)$
- N : 변수(variable)라 불리는 객체들의 유한 집합, 비단말 기호(nonterminal symbol), 통상 알파벳 대문자 사용($N \neq \emptyset$)
- T : 단말 기호(terminal symbol)라 불리는 객체들의 유한 집합, 통상 알파벳 소문자 사용($T \neq \emptyset$)
- P : 생성규칙(production)들의 유한 집합
- S : N에 속하는 특별한 기호이며 시작 변수(start variable)라 불림

여기서 N과 T는 서로소(disjoint)이다.

더 알아두기

서로소(disjoint)
공통으로 포함하는 원소가 없는 두 집합의 관계이다.

문법에서 생성규칙은 해당 문법이 어떻게 하나의 문자열을 다른 문자열로 변환하는가를 규정하고 이에 따라 주어진 문법에 대한 언어를 정의한다. 생성규칙은 다음의 형태를 갖는다.

$$x \to y \ : \ x \in (N \cup T)^+, \ y \in (N \cup T)^*$$

생성규칙 P가 다음과 같은 문법 $G=\{(A,S),\{0,1\},P,S\}$을 고려해 보자.

$$S \rightarrow 0A1 | \lambda, \quad A \rightarrow 0A1 | \lambda$$

위의 생성규칙들을 살펴보면 기호 '→'의 좌변(left-hand sides)이 같은 생성규칙들에 대해 다른 우변들을(right-hand sides) 기호 '|'를 사용하여 분리함으로써 간편한 약식 표기로 한 줄에 표기하였다. 즉, $S \rightarrow 0A1 | \lambda$는 $S \rightarrow 0A1$와 $S \rightarrow \lambda$의 두 생성규칙을 의미한다.

생성규칙을 주어진 문자열 $w=uxv$에 적용할 경우 x를 y로 대체하면 $z=uyv$를 얻는다. 이렇게 생성규칙을 적용하는 과정은 $w \Rightarrow z$로 표현하며 'w가 z를 **유도한다**(derive).' 또는 'z가 w로부터 유도된다.'고 말한다. 문법의 생성규칙들을 임의 순서로 연속적으로 적용하여 계속 새로운 문자열들이 유도된다.

만일 $w_1 \Rightarrow w_2 \Rightarrow \cdots \Rightarrow w_n$과 같은 유도가 가능하면, '$w_1$이 w_n을 유도한다.'고 말하며 $w_1 \Rightarrow^* w_n$와 같이 표기한다. 여기서 '*'는 w_1에서부터 w_n을 유도되는 과정에 여러 단계(0도 포함)가 취해질 수 있음을 의미한다.

문법 $G=(N,T,P,S)$에 의해 생성되는 언어는 $L(G)$로 표기하며 다음과 같이 정의된다.

$$L(G) = \{w \in T^*, S \Rightarrow^* w\}$$

$w \in L(G)$일 때 $S \Rightarrow w_1 \Rightarrow w_2 \Rightarrow \cdots \Rightarrow w_n \Rightarrow w$와 같은 순서열을 문장 w에 대한 **유도**(derivation)라 한다. 여기서 단말뿐만 아니라 변수들로 구성된 문자열 $S, w_1, w_2, \cdots, w_n$등을 이 유도에서의 **문장 형태**(sentential form)라 한다.

보통 주어진 언어에 대해 그 언어를 생성하는 문법이 여러 개 존재한다. 두 개의 문법 G_1과 G_2가 같은 언어를 생성하는 경우 $L(G_1)=L(G_2)$이면 문법의 모양은 서로 다르지만 두 문법은 서로 **동치**(equivalence)라고 한다.

> **더 알아두기**
>
> **두 문법의 동치(equivalence)**
> 두 개의 문법 G_1과 G_2가 동일한 언어 L을 생성하면 G_1과 G_2는 동치이다.
> - $G_1 : S \rightarrow aSbb|b|\lambda$
> - $G_2 : S \rightarrow aAbb|b|\lambda, A \rightarrow aAbb|\lambda$
>
> 일 때 G_1과 G_2는 동일한 언어 $L=\{a^n b^{n+1} : n \geq 0\}$을 생성한다.

(3) 정규 문법 (중요)

정규 문법(regular grammar)은 정규 언어를 기술하는 형식 문법이다. 정규 문법은 4개의 원소쌍 $\langle N, T, P, S \rangle$로 이루어져 있으며 생성규칙 P에 따라 다음과 같이 우선형 문법(right-linear grammar)이거나 좌선형 문법(left-linear grammar)이 된다.

① **우선형 문법(right-linear grammar)**

비단말(nonterminal)이 단말(terminal) 뒤에 나타난다.

$$A \to a$$
$$A \to aB$$
$$A \to \lambda$$

② **좌선형 문법(left-linear grammar)**

비단말(nonterminal)이 단말(terminal) 앞에 나타난다.

$$A \to a$$
$$A \to Ba$$
$$A \to \lambda$$

이때 $A, B \in N$, $a \in T$이고 λ는 길이가 0인 문자열이다.

이 문법은 정규 언어를 완전히 표현하는 문법으로, 유한 자동장치(오토마타)와 완전히 대응한다. 즉, 모든 정규 문법에 대응하는 유한 자동장치가 적어도 하나 있고, 반대로 모든 유한 자동장치에 대응하는 정규 문법이 적어도 하나 존재한다. 또한 이 문법은 정규식과도 대응한다. 좌선형 문법으로 만들어지는 언어는 우선형 문법으로 만들 수 있다. 마찬가지로 우선형 문법으로 만들어지는 언어는 좌선형 문법으로 만들 수 있다.

만약 생성규칙에서 $A \to aB$와 $A \to Ba$가 같이 존재한다면(우선형 문법과 좌선형 문법이 둘 다 존재), 그 문법은 정규 문법이 아니라 선형 문법(linear grammar)이라고 한다. 이 문법으로 만들어지는 언어는 정규 언어가 아닐 수도 있다.

예를 들어, 생성규칙 $S \to aA$, $A \to Sb$, $S \to \lambda$는 $a^i b^i$의 문자열을 만들어내지만, 이것은 정규 언어에 속하지 않는다.

> **더 알아두기**
>
> **정규 문법(regular grammar)**
> 정규 문법의 모든 생성규칙은 다음 2가지 중 하나로 표현된다.
> ① $A \to aB$, 여기서 $a \in T$이고, $A, B \in N$이다.
> ② $A \to Ba$, 여기서 $a \in T$이고, $A, B \in N$이다.

문법 $G_1 = (\{S\}, \{a,b\}, P_1, S)$에서 생성규칙이 $S \rightarrow abS|b$와 같이 주어졌다면 이는 우선형 문법이 된다. 다음 순서열은 G_1에 대한 하나의 유도 과정이다.

$$S \Rightarrow abS \Rightarrow ababS \Rightarrow abababS \Rightarrow abababb$$

유도 과정을 살펴보면 $L(G_1)$이 정규 표현 $r_1 = (ab)^*b$에 의해 묘사되는 언어임을 알 수 있다. 문법 $G_2 = (\{S\}, \{a,b\}, P_2, S)$에서 생성규칙이 $S \rightarrow Sab|b$와 같이 주어졌다면 이는 좌선형 문법이 된다. 다음 순서열은 G_2에 대한 하나의 유도 과정이다.

$$S \Rightarrow Sab \Rightarrow Sabab \Rightarrow Sababab \Rightarrow bababab$$

앞의 예와 마찬가지로 유도 과정을 살펴보면 $L(G_2)$이 정규 표현 $r_2 = b(ab)^*$에 의해 묘사되는 언어임을 쉽게 알 수 있다. 또 다른 예로 문법 $G_3 = (\{S, A, B\}, \{a,b\}, P_3, S)$가 다음과 같은 생성규칙들을 갖는 경우 정규 문법인지 확인해보자.

$S \rightarrow A$
$A \rightarrow aB | \lambda$
$B \rightarrow Ab$

이 문법에서 각 생성규칙을 보면 우선형 또는 좌선형의 모양을 갖추고 있다. 그러나 문법 자체를 보면 우선형 문법도 좌선형 문법도 아니므로 정규 문법이 아닌 선형 문법의 한 예이다. 선형 문법(linear grammar)은 각 생성규칙의 우변에 하나 이하의 변수만 있을 수 있으며 이 변수의 위치는 제한이 없다. 모든 정규 문법은 선형 문법이나 모든 선형 문법이 정규 문법이 되는 것은 아니다.

정규 문법 G가 생성하는 정규 언어 L을 나타내는 정규 표현을 구하는 과정은 다음과 같다.

① 정규 문법으로부터 일련의 정규 표현식을 구성한다.
   $X \rightarrow \alpha | \beta | \gamma$ 일 때, $X = \alpha + \beta + \gamma$
② 구성된 정규 표현식 중에 $X = \alpha X + \beta$ 형태의 식은 $X = \alpha^* \beta$로 푼다.
   (α, β가 정규 표현이고, $\lambda \notin L$이면, $X = \alpha X + \beta$의 유일한 해는 $X = \alpha^* \beta$이다.)
③ 위의 과정을 수행한 후 시작 기호에 대한 정규 표현식이 있는 곳으로 식을 대입해가면 정규 표현의 특성을 이용하여 $X = \alpha X + \beta$ 형태로 정리한 후 $X = \alpha^* \beta$를 적용한다.
④ 시작 심벌에 대한 정규 표현식을 $X = \alpha X + \beta$ 형태로 고친 후 식을 $X = \alpha^* \beta$로 풀면 $\alpha^* \beta$가 정의된 정규 문법으로부터 생성될 수 있는 정규 언어 $L = (\alpha^* \beta)$가 된다.

정규 문법 $G_N = (\{S, R\}, \{a, b\}, P_N, S)$의 생성규칙이 다음과 같을 때 위의 과정으로 정규 표현을 구해보자.

$$S \to aS, \ S \to bR, \ S \to \lambda, \ R \to aS$$

먼저, 생성규칙을 정리하면 다음과 같다.

$$S \to aS|bR|\lambda, \ R \to aS$$

다음으로 생성규칙으로부터 정규 표현을 구하면 다음과 같다.

$$S = aS + bR + \lambda, \ R = aS$$

마지막으로 시작 기호에 대한 정규 표현식이 있는 곳으로 식을 대입해가면 정규 표현의 특성을 이용하여 식을 정리하면 다음과 같다.

$$\begin{aligned} S &= aS + b(aS) + \lambda \\ &= aS + baS + \lambda \\ &= (a + ba)S + \lambda \\ &= (a + ba)^* \end{aligned}$$

위의 과정에 의하여 주어진 정규 문법으로부터 최종적으로 정규 언어 $L((a+ba)^*)$를 구할 수 있다.

(4) 촘스키 포함 관계(Chomsky Hierarchy) 중요

형식 언어의 선구자 촘스키는 4가지 문법의 언어군(family)에 숫자를 붙여서 **무제한 문법**(unrestricted grammars), **문맥 의존 문법**(context-sensitive grammars), **문맥 자유 문법**(context-free grammars), **정규 문법**(regular grammars)을 각각 Type 0, Type 1, Type 2, Type 3 문법이라고 이름 지었는데 문법의 숫자가 커질수록 제한이 많아진다. 문법의 포함 관계는 해당 언어들의 포함관계와도 연결되어 [그림 6-11]과 같이 **촘스키의 포함 관계**(Chomsky Hierarchy)를 형성하였다. 그림에서 모든 Type i 언어는 type $(i-1)$ 언어에 속하는 진부분집합의 관계이다.

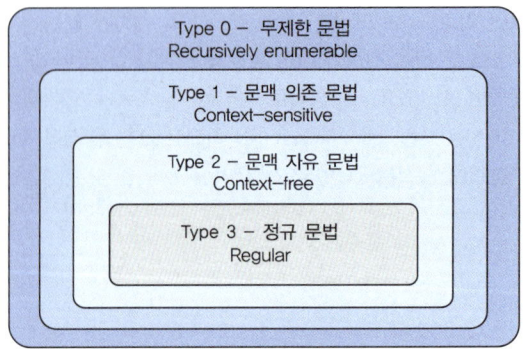

[그림 6-11] 촘스키 포함 관계(Chomsky Hierarchy)

> **더 알아두기**
>
> **촘스키 포함 관계(Chomsky Hierarchy)**
> ① 정규 언어(REG)는 문맥 자유 언어(CFL)의 진부분집합이다.
> ② 빈 문자열이 아닌 문맥 자유 언어(CFL)는 문맥 의존 언어(CSL)의 진부분집합이다.
> ③ 문맥 의존 언어 CSL은 무제한 문법으로 생성된 언어 r.e(recursively enumerable) 집합의 진부분집합이다.

문법 $G = (N, T, P, S)$에 대하여 $A, B \in N$이고 $\alpha, \beta, \gamma \in (N \cup T)^*$일 때 촘스키가 정의한 4가지 문법을 살펴보자.

① **Type-0 문법(unrestricted grammars)**

모든 형식 문법을 포함하는 무제한 문법이다. 튜링기계(Turing Machine)로 인식가능한 모든 언어를 정확히 생성한다. 여기서, 인식 가능한 언어란 튜링기계가 멈추는 모든 문자열(string)들을 의미한다. 생성규칙(production rule)에 제약을 두지 않는다. 단, $\alpha \to \beta$에서 $\alpha \neq \lambda$이다.

② **Type-1 문법(context-sensitive grammars)**

문맥 의존 언어(context-sensitive languages, CSL)를 생성한다. 이 문법은 $\alpha A \beta \to \alpha \gamma \beta$ 형태의 규칙을 가진다. 여기서 A는 비단말(nonterminal) 기호이고 α, β, γ 문자열(strings)은 단말(terminals) 기호와 비단말(nonterminals) 기호이다. 문자열 α, β는 공문자열(empty)일 수 있지만 γ는 공문자열이 아니어야(nonempty) 한다.

문맥 연관 문법(context-sensitive grammar, CSG)에서 모든 생성규칙은 $\alpha \to \beta$에서 $|\alpha| \leq |\beta|$이다.

③ **Type-2 문법(context-free grammars)**

문맥 자유 언어(context-free languages, CFL)를 생성한다. 모든 생성규칙은 $A \to \alpha$의 형태를 가진다. A는 하나의 비단말이고 α는 T^*에 속하는 문자열이다. 문맥 자유 문법은 대부분의 프로그래밍 언어 문법의 이론적 기초가 된다.

④ **Type-3 문법(regular grammars)**

정규 언어(regular languages)를 생성한다. 생성규칙은 $A \to aB, A \to a$ 혹은 $A \to Ba, A \to a$이다. 생성규칙에서 기호 '→' 왼쪽에 단 하나의 비단말(nonterminal)이 존재하며 기호 '→' 오른쪽에 단 하나의 단말(terminal)을 가지거나 단 하나의 비단말(nonterminal)이 뒤따르도록 규칙을 제한한다. 유한상태 자동장치(finite state automaton)로 결정가능한 모든 언어들이 해당한다. 탐색 패턴(search patterns)과 프로그래밍 언어의 어휘구조를 정의하는 데 사용된다.

촘스키 포함관계를 문법, 언어, 오토마타로 표현하면 다음 표와 같다.

유형	제0유형	제1유형	제2유형	제3유형
문법	무제한 문법	문맥 의존 문법	문맥 자유 문법	정규 문법
언어	귀납적 가산 언어	문맥 의존 언어	문맥 자유 언어	정규 언어
오토마타	튜링기계	선형제한 오토마타	푸시다운 오토마타	유한 오토마타
생성규칙	제약 없음	$\alpha A\beta \to \alpha\gamma\beta$	$A \to \alpha$	$A \to aB$ $A \to a$
언어의 예	—	$a^n b^n c^n$	$a^n b^n$	a^n

문법이 주어졌을 때, 다음의 절차로 그 문법이 어디에 속하는지 판별하고 해당 언어가 생성하는 언어를 알 수 있다.

> ① 우선 문맥 의존 문법인지를 판별한다.
> ② 문맥 의존 문법이 아니라면 무제한 문법이다.
> ③ 문맥 의존 문법이라면 문맥 자유 문법인지 판별한다.
> ④ 문맥 자유 문법이 아니라면 문맥 의존 문법이다.
> ⑤ 문맥 자유 문법이라면 정규 문법인지 판별한다.
> ⑥ 정규 문법이 아니라면 문맥 자유 문법이다.

어떤 문법이 네 가지 문법 중 어디에 속하는지 판별하는 방법은 생성규칙을 확인하는 것이다. 다음은 어떤 문법 G의 생성규칙이다. 어느 타입(type)에 속하는 문법인지 판별해보자.

> - $S \to xAS \mid x$
> - $A \to SyA \mid yx \mid SS$

위의 절차에 따라 먼저 문맥 의존 문법인지 판별한다. 각 생성규칙의 길이를 검사하면 모든 생성규칙이 $\alpha \to \beta$에서 $|\alpha| \leq |\beta|$를 만족하므로 문맥 의존 문법이다.
다음으로 문맥 자유 문법인지 확인하는 방법은 생성규칙의 왼쪽 부분이 비단말 기호 하나로 구성되어있는지 확인하면 되는데, 모두 맞으므로 문맥 자유 문법이다.
마지막으로 정규 문법인지 알아보면, 생성규칙 $S \to xAS$에서 생성규칙의 오른쪽 부분이 정규 문법에 맞지 않기 때문에 정규 문법이 아니다. 그러므로 이 문법은 문맥 자유 문법이다.

> **더 알아두기**
>
> 형식 언어 이론에서 자주 인용되는 언어들
> - 단순 매칭 언어(simple matching language) : CFL
> $L_m = \{a^n b^n | n \geq 0\}$
> - 중복 매칭 언어(double matching language) : CSL
> $L_{dm} = \{a^n b^n c^n | n \geq 0\}$
> - 좌우 대칭 언어(mirror image language) : CFL
> $L_{mi} = \{ww^R | w \in V_T^*\}$
> - 회문 언어(palindrome language) : CFL
> $L_r = \{w | w = w^R\}$
> - 괄호 언어(parenthesis language) : CFL
> $L_p = \{w | w$는 balanced parenthesis$\}$

제4절 비결정적 유한상태 자동장치

비결정적 유한상태 자동장치(NFA) 또는 비결정적 유한 오토마타(Non deterministic Finite Automata, NFA)는 상태의 입력에 대하여 전이되는 다음 상태가 한 개가 아닌 여러 개이거나 없을 수도 있어서 비결정이라고 한다. 유한 오토마타(인식기)가 비결정적으로 작동하도록 허락하는 경우 표현은 매우 복잡해진다. 비결정성(nondeterminism)은 오토마타의 이동(전이)에 있어 선택을 할 수 있음을 의미한다. 이는 각 상태에서 유일한 이동만을 규정하지 않고 가능한 여러 이동들의 집합을 허용하는 것으로, 오토마타의 전이 함수가 상태들의 집합을 치역(range)으로 갖게 하여 가능해진다. NFA는 결정적 유한상태 자동장치(deterministic Finite Automata, DFA)와 유사하게 정의하지만 입력기호를 사용하지 않고 바로 다음 상태로 전이할 수 있음을 나타내는 ϵ-전이($\epsilon-transition$) 또는 λ-전이($\lambda-transition$)를 추가한다.

비결정적 유한상태 자동장치(Non deterministic Finite Automata, NFA)는 다음과 같이 5개의 순서쌍으로 이루어진다.

> $M = (Q, \Sigma, \delta, q_0, F)$
> - Q : 공집합이 아닌 상태들의 유한 집합(finite set of states)
> - Σ : 입력 문자, 입력 알파벳(input alphabet)이라고 불리는 유한 개 기호의 집합
> - δ : $Q \times (\Sigma \cup \{\lambda\}) \to 2^Q$인 상태 전이 함수
> - q_0 : $q_0 \in Q$인 시작 상태(start state)
> - F : $F \subseteq Q$인 최종 상태의 집합(set of final states)

여기서 Q, Σ, q_0, F는 결정적 유한상태 자동장치와 같이 정의되고, 전이 함수 δ만 다르게 정의된다. 전이 함수 δ에서 $(\Sigma \cup \{\lambda\})$은 입력 가능한 모든 문자열($\Sigma$)과 길이가 0인 문자열($\lambda$)의 집합이며 δ 함수의 두 번째 인자로 빈 문자열(λ)을 넣을 수 있다는 의미이다. 예를 들어서 $\delta(q_1, \lambda)$는 입력 장치가 문자를 읽지 않아도 상태 전이가 가능하다는 것을 의미한다. DFA에서의 입력장치는 오른쪽으로만 움직였는데 이것 덕분에 NFA는 멈춰 있을 수도 있다. 2^Q은 Q의 멱집합으로 집합 Q의 모든 부분집합의 집합이다. NFA에서 δ함수의 결과는 Q의 부분집합으로 상태집합 Q의 단일 원소가 아니다. 2^Q은 공집합도 포함하므로 정의되지 않은 전이 상태(공집합)로 갈 수도 있다. 비결정적 유한 오토마타는 결정적 유한 오토마타와는 다르게 입력 기호에 대해서 λ-전이 ($\lambda - transition$)에 의해 0개 이상의 이동이 가능하다. 어떤 NFA가 q_1 상태에서 a를 입력 받았을 때 q_0, q_2가 다음 상태로 가능하다면 $\delta(q_1, a) = \{q_0, q_2\}$로 표현할 수 있다.

DFA와 마찬가지로 비결정적 유한상태 자동장치도 전이 그래프에 의해 표현될 수 있다. 전이 그래프의 정점들은 Q에 의해 결정되며, $\delta(q_i, x)$가 q_j를 포함할 경우만 라벨 x를 가지는 간선 (q_i, q_j)가 존재한다. 이때 x는 빈 문자열일 수도 있으므로 라벨 λ를 갖는 간선들도 존재할 수 있다.

어떤 문자열에 대해, 이 문자열이 모두 처리된 후에 자동장치(automata)를 종료 상태에 놓이게 하는 이동 순서가 존재하면, 이 문자열은 NFA에 의해 인식된다. 만약 가능한 다음 상태의 경우가 없다면, 기계는 입력을 거부한다(즉, 인식되지 않는다). 따라서 비결정성은 NFA가 모든 문자열들을 인식하고자 한다는 가정 하에 각 상태에서 최상의 이동이 선택되도록 하는 직관적인 통찰력이 필요하다.

[그림 6-12]에 있는 전이 그래프를 살펴보면 q_0로부터의 라벨 '1'을 가지는 전이가 두 개 있고 q_2로부터의 라벨 '0'을 가지는 전이도 두 개 있으므로 비결정적 유한상태 자동장치를 나타낸다.

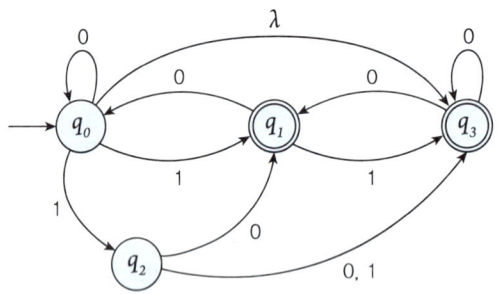

[그림 6-12] NFA의 예

위의 그림이 비결정적 유한상태 자동장치일 때 하나의 정점으로부터 같은 라벨을 가지는 여러 개의 간선들이 존재하며 λ-전이를 가지므로 비결정적이다. $\delta(q_3, 1)$와 같은 몇몇 전이는 그래프에 명시되어 있지 않다. 이는 공집합으로의 전이로 해석된다. 즉, $\delta(q_3, 1) = \varnothing$ 이다. 이 오토마타는 λ, 10101, 1010101 등의 문자열들을 인식하지만 1010, 10100 등은 인식하지 못한다. 입력 10에 대해서는 세 가지 다른 전이가 가능하다. 하나는 q_0에 도달하고, 다른 하나는 q_1에 도달하며 또 다른 하나는 q_2에 도달한다. q_0는 종료 상태가 아니지만, 이 문자열은 종료 상태에 도달하는 전이를 가지므로 인식된다.

DFA에서와 마찬가지로 NFA에서도 전이 함수는 두 번째 인수로 문자열을 갖도록 확장될 수 있다. 확장 전이 함수 δ^*는 다음의 성질을 만족해야 한다. 만일 $\delta^*(q_i, w) = Q_j$인 경우, 오토마타가 상태 q_i에서 시작하여 입력 문자열 w를 읽은 후에 전이가 가능한 상태들의 집합이 Q_j이다. 확장 전이 함수 δ^*를 DFA의 전이 함수식

$\delta^*(q,\lambda) = q$ 와 $\delta^*(q,wa) = \delta(\delta^*(q,w),a)$ 과 유사하게 순환적으로 정의하는 것이 가능하지만, 그 정의가 그리 명백하지 않다. 보다 더 이해하기 쉬운 정의를 전이 그래프를 이용하여 내릴 수 있다.

NFA의 확장 전이 함수는 다음과 같이 정의된다. 전이 그래프에서 q_i로부터 q_j로의 라벨 w를 가지는 보행이 존재하고 오직 그럴 때에만 $\delta^*(q_i,w)$가 q_j를 포함한다. 이는 모든 $q_i, q_j \in Q$ 와 $w \in \Sigma^*$ 에 대해 성립한다. [그림 6-13]의 NFA에는 여러 개의 λ – 전이가 존재하며, 또한 (q_1, a)나 (q_2, a)와 같이 정의되지 않은 전이들도 존재한다. 여기서 $\delta^*(q_1, a)$와 $\delta^*(q_2, a)$를 구해 보자.

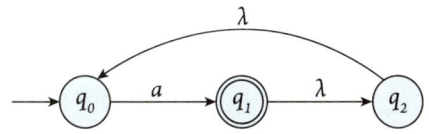

[그림 6-13] NFA의 예

위의 [그림 6-13]의 NFA에는 전이 함수 $\delta(q_1, a)$와 $\delta(q_2, a)$는 없지만 λ 입력으로 전이가 가능하다. 즉, 전이 함수 $\delta(q_1, a)$는 없지만 확장 전이 함수 $\delta^*(q_2, a) = \{q_0, q_1, q_2\}$는 다음과 같은 과정에 의해 존재한다.

- a를 한 번 사용하여 q_1에서 q_0로 이동하기: $\lambda\lambda a\lambda\lambda$
- a를 한 번 사용하여 q_1에서 q_1으로 이동하기: $\lambda\lambda a$
- a를 한 번 사용하여 q_1에서 q_2로 이동하기: $\lambda\lambda a\lambda$

q_1에서 라벨 a를 갖는 간선과 두 개의 λ – 간선을 거쳐 자신에게로 돌아가는 보행이 존재한다. 또한, q_1에서 λ – 간선들을 거쳐 q_0와 q_2로 가는 보행도 존재한다. 따라서, $\delta^*(q_1, a) = \{q_0, q_1, q_2\}$이 성립한다.

q_0와 q_1 사이에 a 간선이 존재하므로, $\delta^*(q_2, a)$가 q_1를 포함하는 것을 알 수 있다. 또한, 모든 상태는 이동 없이, 즉 입력 기호(symbol) 없이 자신에게 도달할 수 있으므로 $\delta^*(q_2, a)$는 q_2도 포함한다. 따라서 $\delta^*(q_2, a) = \{q_1, q_2\}$이 성립한다.

λ – 전이를 필요한 만큼 사용하면, 다음이 성립함도 알 수 있다.

$\delta^*(q_2, aa) = \{q_0, q_1, q_2\}$
- a를 두 번 사용하여 q_2에서 q_0로 이동하기: $\lambda a\lambda\lambda a\lambda\lambda$
- a를 두 번 사용하여 q_2에서 q_1으로 이동하기: $\lambda a\lambda\lambda a$
- a를 두 번 사용하여 q_2에서 q_2로 이동하기: $\lambda a\lambda\lambda a\lambda$

q_2에서 λ – 간선들을 거쳐 q_0와 q_2로 가는 보행이 존재하며 a를 두 번 사용하므로 a의 개수만큼 두 번 반복하면 된다. 또한 q_2에서 라벨 a를 갖는 간선과 두 개의 λ – 간선을 거쳐 자신에게로 돌아가는 보행이 존재한다. 마찬가지로 두 번 반복하여 $\delta^*(q_2, aa) = \{q_0, q_1, q_2\}$이 성립함을 확인할 수 있다.

문자열 w에 대해서 **보행**(walk)의 길이가 얼마나 길어질 수 있는지 계산할 수 있다. 문제는 라벨에 영향을 주지 않으면서 보행의 길이만 길어지게 하는 $\lambda-$전이에 의해 발생한다. q_1과 q_2 사이의 라벨 a를 갖는 보행은 $\lambda\lambda a\lambda$로 길이는 4이다. 두 정점 v_i와 v_j 사이에 라벨 w인 보행이 존재할 때 다음의 공식을 사용하면 보행의 길이의 최댓값을 계산할 수 있다.

> $\Lambda + (1+\Lambda) \times |w|$
> - Λ : 그래프 내의 $\lambda-$간선의 수
> - $|w|$: 문자열 w의 길이

Λ는 해당 그래프 내의 $\lambda-$간선들이 λ가 아닌 라벨을 가지는 간선에 의해 분리될 수 있는 보행이 존재한다. 그렇지 않은 경우에는 해당 보행이 라벨 λ를 갖는 사이클을 가지게 된다. 이와 같은 사이클은 해당 보행의 라벨에 영향을 주지 않고 단순 경로로 대치될 수 있다.

이를 이용하면 $\delta^*(q_i, w)$를 알아내는 방법을 다음과 같이 정리할 수 있다.

> ① 정점 q_i에서 출발하면서, 길이가 $\Lambda + (1+\Lambda) \times |w|$ 이하인 보행을 모두 찾는다.
> ② 찾아낸 보행들 중에서 라벨이 w인 보행을 선별한다.
> ③ 선별한 보행들의 인식 정점들이 $\delta^*(q_i, w)$의 원소이다.

2절에서 학습한 결정적 유한상태 자동장치(DFA)와 마찬가지로, NFA에 의해 인식되는 언어 역시 **확장 전이 함수**(extended transition function)에 의해 정의된다. 앞에서 설명한 방식으로 NFA $M = (Q, \Sigma, \delta, q_0, F)$에 의해 인식되는 문자열들의 집합으로 정의된다. 이를 형식적으로 정의하면 다음과 같다.

$$L(M) = \{w \in \Sigma^* : \delta^*(q_o, w) \cap F \neq \varnothing\}$$

여기서 $\delta^*(q_0, w) \cap F \neq \varnothing$ 의 의미는 q_0에 문자열 w를 입력했을 때 나올 수 있는 결과 중에 최종상태가 있어야 한다는 것으로, w 문자열로 그래프의 초기 정점에서 인식 정점까지 보행이 가능해야 한다. 즉, 이 언어는 전이 그래프의 초기 정점에서 종료 정점까지 라벨이 w인 보행이 존재하는 모든 문자열 w들로 구성된다. 다음 [그림 6-14]의 오토마타에 의해 인식되는 언어가 무엇인지에 대해 알아보자. 그래프를 보면, 이 NFA가 종료 상태에 도달할 수 있는 방법은 오직 입력 문자열이 "10"의 반복으로 이루어지는 경우와 빈 문자열인 경우임을 쉽게 알 수 있다. 따라서 이 오토마타는 언어 $L = \{(10)^n : n \geq 0\}$을 인식한다.

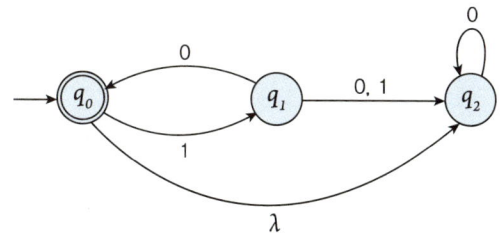

[그림 6-14] 오토마타의 예

문자열 $w = 111$이 입력되는 경우 우선 문자열 "11"을 받아들인 뒤에 오토마타는 상태 q_2에 있게 되는데, 이 상태에서 전이 $\delta(q_2, 1)$는 정의되어 있지 않다. 이러한 상황을 **종말 형상**(dead configuration)이라 한다. 이때 오토마타는 더 이상의 움직임이 없이 정지한다고 생각할 수 있지만 이런 상태에서 멈추는 것은 아니며 결과가 없다고만 생각하도록 하자. 다만, 명확하게 언급할 수 있는 사실은 다음과 같다.

$$\delta^*(q_0, 111) = \varnothing$$

결과적으로 입력 문자열 $w = 111$으로는 종료 상태에 도달될 수 없으며, 따라서 이 문자열은 인식되지 않는다. 비결정적 기계에 대해 논의할 때에는, 객관적인 개념을 사용하는 데에 조심해야 한다. 직관을 잘못 사용할 경우 많은 개념들이 혼란스러워질 수 있으므로, 우리는 어떤 결론을 실증하기 위하여 명확한 논증을 제시할 수 있어야 한다. 비결정성은 매우 어려운 개념이다. 디지털 컴퓨터는 어떤 시점에도 이들의 상태는 초기 상태와 입력에 따라 정확히 예측될 수 있으며, 우리는 이것을 완벽하게 결정적이라고 한다.

많은 결정적 알고리즘들은 어떤 단계에서 하나의 선택 또는 결정을 내리는 것을 필요로 한다. 예를 들어, 최적의 이동 경로를 알 수 없는 상황에서 **백트래킹**(backtracking)을 써서 찾아내는 방법이 있다. 하나를 확인하고, 결과가 맞지 않으면 마지막 결정 지점으로 돌아오고, 다시 다른 하나를 확인하고를 반복한다. 그러나 비결정적 알고리즘은 백트래킹 없이 최선의 선택을 하도록 할 수 있다. 결정적 알고리즘은 몇몇 작업을 해 줘야 비결정적 알고리즘을 모방(simulate)할 수 있다. 그 대표적인 예로 게임 프로그램이 있다. 게임 프로그램의 각 단계에서 최적의 이동을 알 수 없는 경우가 빈번하게 나타나지만, 백트래킹(backtracking) 등의 기법으로 모든 경우를 탐색해 봄으로써 이를 알아낼 수는 있다. 가능한 선택 대상이 여러 개 있는 경우 그 중의 하나를 선택하고 그 선택이 최적인지 아닌지가 명확히 밝혀질 때까지 검사를 계속한다. 선택이 최적이 아닐 경우, 마지막 결정 지점으로 되돌아와서 다른 선택에 대한 검사를 다시 시작하는 것이다. 최적의 선택을 할 수 있는 비결정적 알고리즘을 사용할 경우 백트래킹 없이 문제를 해결할 수 있으며, 결정적 알고리즘이 추가적인 작업을 통하여 비결정성을 시뮬레이션할 수 있다. 이러한 이유로 인하여 비결정적 기계는 **탐색-백트랙 알고리즘**(search-and-backtrack algorithm)에 대한 모델로 사용될 수 있다.

실세계의 시스템을 모델링할 때 비결정적인 기능을 포함하는 이유 몇 가지를 살펴보자. 먼저 비결정성을 쓰면 쉽게 풀리는 문제들이 있다. [그림 6-15]의 NFA를 살펴보자.

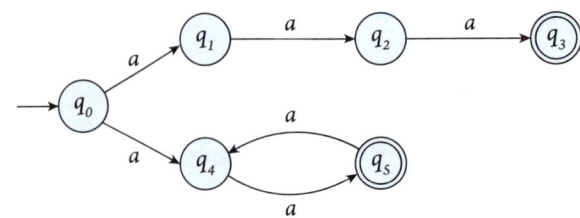

[그림 6-15] NFA의 예

이 그래프는 DFA로도 표현이 가능하지만 DFA로는 자연스럽고 쉽게 표현하기 어렵고 NFA로 보면 간단하다. 이 NFA가 선택을 내려야 하는 곳은 분명하다. 위쪽 화살표를 타고 가면 q_0에서 출발하여 q_3에 도착하므로 문자열 "aaa"이 인식(accept) 된다. 반면 아래쪽 화살표를 타고 가면 q_0에서 출발하여 q_5에 도착하는데 $aa, aaaa, aaaaaa, \cdots$ 와 같이 짝수 개의 'a'가 있는 문자열이 인식(accept) 된다. 그러므로 이 NFA가 인식(accept)하는 언어는 $\{a^3\} \cup \{a^{2n} : n \geq 1\}$이다. 이 언어는 서로 다른 두 개 집합들의 합집합이며, 이 경우 비결정성은 시작에 필요한 결정을 할 수 있게 한다. 이 문제에 대한 결정적 해결법은 정의에서처럼 명확하지 않다.

두 번째로 비결정성은 복잡한 언어를 간단하게 정의할 때 효과적이다. 문법의 정의에서 비결정적 요소를 가지고 있음을 유의하라. 생성규칙 $S \rightarrow aSb | \lambda$ 을 보면, 모든 시점에 두 생성규칙들 중 하나를 선택하게 되어 있음을 알 수 있다. 이는 단지 두 개의 규칙만으로도 수많은 다양한 문자열을 규정할 수 있는 것이다.

마지막으로, 비결정성을 도입하는 데에는 기술적인 이유가 존재한다. 이론적인 결과를 얻는 데에 있어서는 DFA보다는 NFA를 사용하는 경우 더 쉬워지는 경우가 있으며, 이 두 가지 형태의 오토마타 사이에는 핵심적인 부분에서 근본적인 차이가 존재하지 않는다. 결과적으로 비결정성을 사용하는 것이 결론의 일반성(generality)을 그대로 유지하면서 공식적인 논증(formal arguments)을 간단히 하는 효과를 보게 되는 것이다.

1 결정적 유한상태 자동장치와 비결정적 유한상태 자동장치의 동치성 _{종요}

$L(M_1) = L(M_2)$와 같이 두 오토마타가 같은 언어를 인식하는 경우, 유한 인식기(accepter) M_1과 M_2는 **동치**(equivalence)라 한다. 일반적으로 언어를 인식하는 인식기들은 여러 개 있으며 DFA나 NFA 모두 동치인 인식기들이 많이 있을 수 있다. DFA와 NFA는 같은 능력을 갖고 있어서 NFA가 인식하는 모든 언어에 대해, 해당 언어를 인식하는 DFA가 적어도 하나 존재한다. 즉, NFA에 의해 인식되는 모든 언어들에 대해 이를 인식하는 DFA가 항상 존재한다.

> **더 알아두기**
>
> 언어 L이 비결정적 유한상태 자동장치 $M_N = (Q_N, \Sigma, \delta_N, q_0, F_N)$에 의해 인식되는 언어일 때 $L = L(M_D)$를 만족하는 결정적 유한상태 자동장치 $M_D = (Q_D, \Sigma, \delta_D, \{q_0\}, F_D)$가 항상 존재한다.

NFA에서 하나의 상태에 대해 같은 입력이 들어올 경우 전이가 가능한 다음 상태가 두 개가 있다면 컴퓨터는 표를 보고 어느 노드를 택해야 하는지 알 수 없다. 이러한 이유로 한 입력에 대해 한 선택지만 가질 수 있는 동치인 DFA 변환이 필요하다. 간단한 예시를 통해 변환 과정을 보도록 하자.

NFA가 문자열 w를 읽은 후, NFA가 정확히 어느 상태에 있을지를 알 수는 없지만, 이 NFA가 놓여질 수 있는 가능한 상태들의 집합 (예를 들어 $\{q_i, q_j, \cdots, q_k\}$) 가운데 하나라는 것은 알 수 있다. 동치인 DFA는 같은 문자열을 읽어 들인 후 명확히 한 상태에 놓이게 된다. 문자열 'w'를 읽은 후, 동등한 DFA가 라벨이 $\{q_i, q_j, \cdots, q_k\}$인 상태에 놓이도록, DFA의 각 상태의 라벨이 NFA의 상태들의 집합이 되도록 각 상태에 라벨을 부여한다. $|Q|$개 상태들의 집합에 대하여, $2^{|Q|}$개의 부분집합들이 존재하므로, 대응되는 DFA에는 유한개의 상태들이 존재하게 된다. [그림 6-16]의 NFA를 동치인 DFA로 변환해 보자.

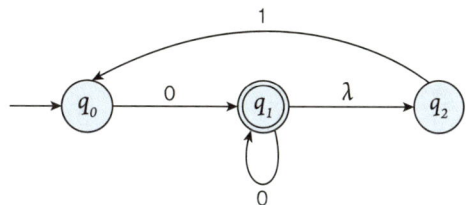

[그림 6-16] NFA의 예

이 NFA는 상태 q_0에서 시작하므로 DFA의 초기 상태에 라벨 $\{q_0\}$를 부여한다. 문자 '0'을 읽은 후, 이 NFA는 상태 q_1에 놓이거나 또는 λ-전이를 한 후 상태 q_2에 놓이게 된다. 따라서, 해당 DFA는 라벨이 $\{q_1, q_2\}$인 상태와 전이 $\delta(\{q_0\}, 0) = \{q_1, q_2\}$를 가져야 한다.

상태 q_0에서는, 기호 '1'이 입력되었을 때 NFA의 상태 전이는 정의되어 있지 않으며, 따라서 해당 DFA는 전이 $\delta(\{q_0\}, 1) = \varnothing$를 가져야 한다. 라벨 $\varnothing$을 갖는 상태는 NFA에 대한 불가능한 이동을 표현하는 것이며, 따라서 문자열을 인식할 수 없음을 의미한다. 결국 DFA에서의 이 상태는 **비종료 트랩 상태(nonfinal trap state)** 여야 한다.

DFA에 상태 $\{q_1, q_2\}$를 추가하고 이 상태로부터 다른 상태로의 전이도 생각한다. DFA에서의 이 상태는 NFA에서의 두 개의 상태에 해당하므로 NFA를 다시 참조하여야 한다. 이 NFA가 상태 q_1에 있고 '0'을 읽을 경우에는 그대로 상태 q_1에 놓이게 된다. 또한, 이 NFA는 상태 q_1에서 λ-전이를 통해 상태 q_2로 전이할 수 있다. 같은 입력에 대해, 이 NFA는 상태 q_2에서 어떤 전이도 정의되어 있지 않다. 따라서 $\delta(\{q_1, q_2\}, 0) = \{q_1, q_2\}$으로 정의할 수 있다.

이 NFA가 상태 q_2에 있고 '1'을 읽을 경우에는 상태 q_0로 전이할 수 있다. 같은 입력에 대해, 상태 q_1에서 어떤 전이도 정의되어 있지 않다. 따라서 $\delta(\{q_1, q_2\}, 1) = \{q_0\}$으로 정의할 수 있다. 각 상태에서의 모든 전이에 대한 정의가 되었으므로 주어진 NFA와 동치인 DFA를 [그림 6-17]과 같이 구성할 수 있다.

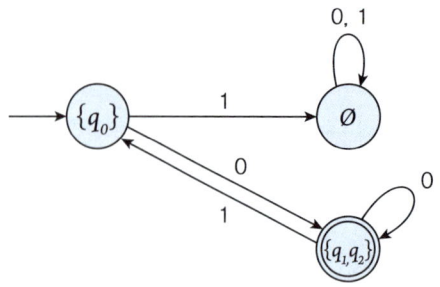

[그림 6-17] [그림 6-16]과 동치인 DFA

[그림 6-16]의 NFA는 $\delta^*(q_0, w)$가 q_1을 포함하는 모든 문자열 w를 인식한다. 이에 대응하는 DFA에서 이러한 문자열들을 모두 인식하기 위해서는 주어진 라벨에 q_1을 포함하는 모든 상태들이 **인식**(acception) **상태**가 되도록 하여야 한다. 여기서 $\{\emptyset\}$는 **기각**(rejection) **상태**이므로 제거해 준다. 그러므로 [그림 6-18]과 같이 모든 상태들이 인식 상태가 되는 DFA를 구할 수 있다.

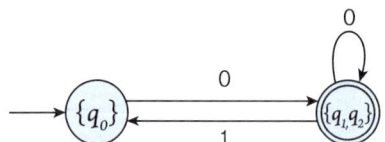

[그림 6-18] [그림 6-17]의 정리

위의 NFA를 DFA로 변환하는 또 다른 방법으로 상태 전이표를 이용하는 방법이 있다. 다음 [그림 6-19]의 NFA를 상태 전이표를 이용하여 동치인 DFA를 구해보자.

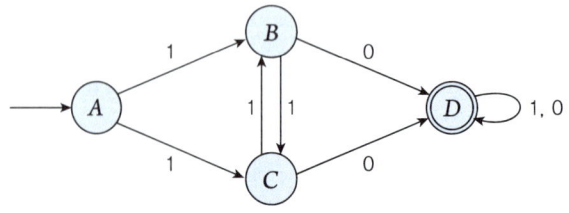

[그림 6-19] NFA

위의 [그림 6-19]의 상태 전이표는 다음과 같다. 상태 전이표에서 상태 A에서 '1'을 입력 할 시 B, C 두 개의 상태가 있기 때문에 NFA라는 것을 확인할 수 있다.

δ	0	1
A	∅	B, C
B	D	C
C	D	B
D	D	D

위의 표에서 DFA가 되지 않는 것은 A에서 '1'의 입력에 대해 B, C 두 개의 상태가 존재한다는 것이다. 이 B, C를 하나로 묶어 E라는 상태라고 한 뒤 이를 표에 추가하여 다음과 같이 수정한다. 상태 E에서 '0'과 '1'을 입력하여 전이되는 상태는 B, C 상태에서 '0'과 '1'을 입력하여 나오는 상태들의 합집합이다. 상태 B, C에서 0을 입력 시 둘 다 상태 D로 가기 때문에 E에서 '0'을 입력하면 D 상태가 나와야 한다. B, C에서 '1'을 입력 시 상태 B와 상태 C가 나오게 되는데 이를 합집합하면 B, C가 나오며 이는 E에서 '1'을 입력하면 자기 자신이 나오는 것과 같으므로 '1' 입력 시 E 상태를 가진다고 할 수 있다. 이를 반영한 상태 전이표는 다음과 같으며, 상태도는 [그림 6-20]과 같다.

δ	0	1
A	∅	E
E	D	E
B	D	C
C	D	B
D	D	D

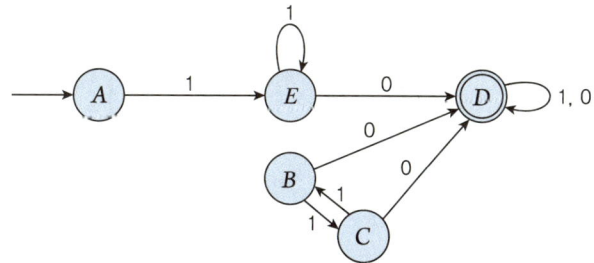

[그림 6-20] [그림 6-19]의 DFA

[그림 6-20]에서 상태 B와 상태 C는 도달 불가능한 상태이기 때문에 제거하여 최종적으로 [그림 6-19]의 NFA와 동치인 DFA를 [그림 6-21]과 같이 얻는다.

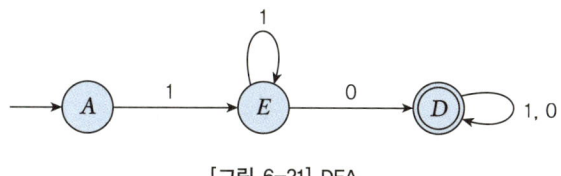

[그림 6-21] DFA

제5절 언어와 자동장치

언어 L을 수용하는 유한상태 자동장치가 존재하면 언어 L을 **정규 언어**(regular language)라고 한다. 특정 문자열이 주어진 언어에 속하는지를 결정할 때 그 논리적인 판단 과정이 유용하지만 대부분의 경우에는 정규 언어를 기술하는 보다 정교한 방법이 필요하게 된다. 언어 L이 정규 언어가 되려면 L의 문자열을 인식(accept)하는 **결정적 유한상태 자동장치**(Deterministic Finite Automata)가 있어야 한다. 다음 [그림 6-22] 의 DFA를 정규 문법으로 변환하는 과정을 살펴보자.

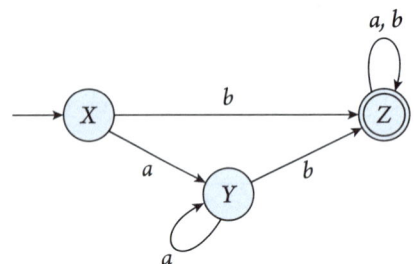

[그림 6-22] DFA 상태도

위의 DFA에서 단말기호인 입력 값은 a, b이고 비단말기호인 자동장치의 상태는 X, Y, Z이다. 초기상태 X는 시작기호이며 생성규칙은 화살표에 따라 구할 수 있다. 상태 X에서 'a'가 입력되면 상태 Y로 전이되므로 $X \rightarrow aY$로 표기할 수 있으며 상태 X에서 'b'가 입력되면 상태 Z로 전이되므로 $X \rightarrow bZ$로 표기할 수 있다. 같은 방법으로 상태 Y에서는 입력 'a'와 'b'에 대하여 각각 $Y \rightarrow aY$와 $Y \rightarrow bZ$를 정의할 수 있으며, 상태 Z에서는 $Z \rightarrow aZ$와 $Z \rightarrow bZ$를 정의할 수 있다. 또한 인식상태로 가는 간선이 있으면 생성규칙을 추가할 수 있는데 위의 [그림 6-22]의 상태도에서는 상태 Z가 인식상태이므로 $Z \rightarrow \lambda$를 추가한다. 또한 상태 X에서는 'b'가 입력되면 상태 Z로 전이되어 인식되므로 $X \rightarrow b$를 추가할 수 있으며 상태 Y에서는 입력 'b'에 대하여 상태 Z로 전이되어 인식(acception)되므로 $Y \rightarrow b$를 추가할 수 있다.

그러므로 위의 [그림 6-22]의 DFA 상태도에 대한 정규 문법 G_N은 $G_N = (\{X, Y, Z\}, \{a,b\}, P_N, X)$이며 생성 규칙은 다음과 같이 정의할 수 있다.

- $X \rightarrow aY | bZ | b$
- $Y \rightarrow aY | bZ | b$
- $Z \rightarrow aZ | bZ | \lambda$

정규 문법 $G_N = (N, T, P_N, S)$는 자동장치가 인식(acception)하는 문자열의 집합과 동일한 언어 $L(G_N)$을 만들어 낸다.

이번에는 정규 문법이 주어졌을 때 자동장치를 구하는 문제를 고려해보자. 주어진 정규 문법 $G_N = (\{S, X, Y\}, \{a, b\}, P_N, S)$의 생성규칙 P_N은 다음과 같다.

- $S \to aX \mid bS$
- $X \to aX \mid bY$
- $Y \to aX \mid bS \mid \lambda$

정규 문법에서 단말기호인 라벨은 a, b이고 비단말기호인 상태는 S, X, Y이며 시작상태는 S이다. 생성규칙에서 $Y \to \lambda$가 있으므로 상태 Y가 인식상태라는 것을 알 수 있다. 상태 S는 시작상태를 알리는 화살표를 붙이고 인식상태인 Y는 원을 두 개를 그려서 표기한다. 주어진 생성규칙에 따른 자동장치는 다음 [그림 6-23]과 같다.

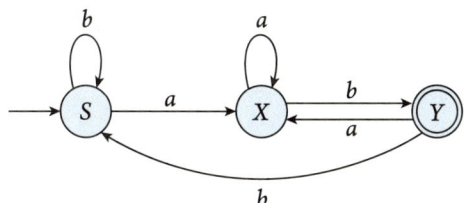

[그림 6-23] 자동장치의 상태도

촘스키가 분류한 4가지 문법의 언어군(family)에서 모든 형식문법을 포함하는 무제한 문법은 튜링기계(Turing machine)로 인식가능한 모든 언어를 정확히 생성한다. 튜링기계는 수학자 앨런 튜링이 1936년에 제시한 개념으로, 계산하는 기계의 일반적인 개념을 설명하기 위한 가상의 기계이며 자동장치(automata)의 일종이다. 튜링기계에 대해 살펴보자.

1 튜링기계 중요

튜링기계(Turing machine)는 임시 기억저장장소가 테이프(tape)인 자동장치(automata)이다. 튜링기계가 사용하는 특수한 테이프는 테이프의 머리 기호(head symbol)를 바탕으로 기계가 인식하거나 기록할 수 있는 기호들이 있다. 튜링기계는 양방향으로 무한한 확장이 가능한 테이프를 임시기억장치로 하는 오토마타(자동장치)이다. 이 테이프는 셀들로 나누어져 있는데 각 셀은 하나의 기호(symbol)를 가진다. 입·출력 머리(read-write head)가 존재하며 제어 장치의 명령에 따라 동작하게 된다. 테이프에 저장할 수 있는 정보의 양은 무한하며 테이프의 각 셀에 저장된 정보는 어떤 순서로든 읽거나 수정이 가능하다.

전형적인 튜링기계의 특징은 다음과 같다.

- 촘스키가 분류한 문법 Type 0부터 Type 3까지의 모든 언어를 인식할 수 있다.
- 양방향 이동이 가능한 입력 머리(input head)를 가진 테이프(기억장치)를 사용한다.
- 결정적(deterministic)이다. 즉, 한 가지 전이만이 가능하다.
- 입력은 테이프에 들어 있다.
- 종료 후 테이프의 내용을 출력으로 간주한다.

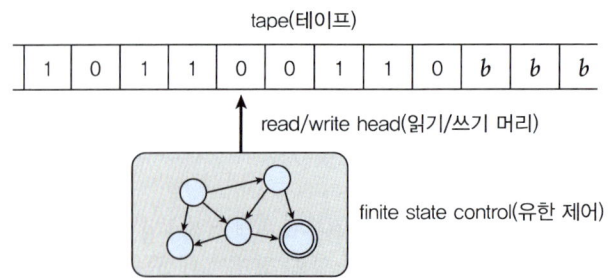

[그림 6-24] 기본적인 튜링기계

기본적인 튜링기계 M은 위의 [그림 6-24]와 같은 구조이며, 다음과 같은 7개의 쌍으로 정의된다.

> $M = (Q, \Sigma, \Gamma, \delta, q_0, B, F)$
> - Q : 상태(state)의 집합
> - Σ : 입력기호 집합, $\Sigma \subseteq (\Gamma - B)$
> - Γ : 테이프기호 집합
> - δ : $Q \times \Gamma \rightarrow Q \times \Gamma \times \{L, R\}$ 전이 함수, L은 왼쪽 이동을 R은 오른쪽 이동을 의미
> - q_0 : 초기 상태, $q_0 \in Q$
> - B : 공백 기호(blank symbol), $B \in \Gamma$
> - F : 최종 상태 집합, $F \subseteq Q$

튜링기계의 구성요소들의 역할과 동작은 다음과 같다.

① **테이프** : 테이프는 서로 연속한 단위 구간들로 나뉜다. 각각의 구간은 알파벳을 가지고, 특정 알파벳은 비어있음을 나타낸다. 테이프는 왼쪽이나 오른쪽으로 임의적으로 확장될 수 있으며, 한 번도 쓰이지 않은 구간은 비어있다는 기호로 표시된다. 어떤 테이프는 왼쪽을 고정시키고 오른쪽을 무한히 확장시키는 반직선의 형태로 되어있다.

② **머리** : 기계가 머리를 읽으면 테이프를 왼쪽이나 오른쪽으로 한 칸(오직 한 칸만) 이동시키는 역할을 한다. 다른 모델에서는 머리가 움직이고 테이프가 고정되기도 한다.

③ **상태 기록기** : 튜링기계의 유한히 많은 상태 중 하나를 기록한다. '개시 상태'는 상태 기록기를 초기화시키는 특별한 상태이다.

④ 유한한 표(또는 행동표)는 특정한 상태(q_i)에 있는 기계가 어떠한 기호(a_j)를 읽을 때 해야 할 행동을 다음과 같이 지시한다.

> - 기호(symbol)를 지우거나 적는다(예를 들어, a_j를 a_{j1}으로 치환).
> - 머리(head)를 옮긴다('L'은 왼쪽으로 한 칸 이동하는 것을, 'R'은 오른쪽으로 한 칸 이동하는 것을, 'N'은 정지하고 같은 자리에 있는 것을 의미한다).
> - 다음으로 같은 상태나 새로운 상태로 이동한다(예를 들어, q_i에서 q_{i1}으로 이동).

튜링기계가 가진 기호와 상태, 그리고 행동은 모두 **유한**(finite)하고 **이산적**(discrete)이며 **구분 가능**하다. 튜링기계는 원칙적으로 아주 강력하다. 전이 함수 δ는 이 컴퓨터가 어떻게 작동하는지를 정의하고, 우리는 때때로 전이 함수를 튜링기계의 '프로그램'이라 한다.

튜링기계는 **정지 상태**(halting state)에 놓임으로써 종료되는데, 전이 함수 δ가 정의되어 있지 않은 **형상**(configuration)에 도달할 경우 정지한다고 한다. 전이 함수 δ가 부분 함수이기 때문에 가능하다. 종료 시 상태가 최종 상태이면 성공적 종료이고, 종료 시 최종이 아닌 상태이면 실패라고 한다. 최종 상태에서 종료되도록, 최종 상태에서는 전이 함수를 정의하지 않는다.

다음 [그림 6-25]는 전이 $(q_0, a) = (q_1, d, R)$에 의한 동작 전과 동작 후의 변화를 나타낸다.

(a) 동작 전   (b) 동작 후

[그림 6-25] 전이에 의한 튜링머신의 동작 전과 후의 상태 변화 예

다음과 같이 정의된 튜링기계를 고려해 보자.

- $Q = \{q_0, q_1\}$, $\Sigma = \{a, b\}$, $\Gamma = \{a, b, B\}$, $F = \{q_1\}$
- $\delta(q_0, a) = (q_0, b, R)$
- $\delta(q_0, b) = (q_0, b, R)$
- $\delta(q_0, B) = (q_1, B, L)$

만약 이 튜링기계가 읽기-쓰기 머리 아래에 기호 a를 가지고 상태 q_0에서 시작하면, 적용할 수 있는 전이 규칙은 $\delta(q_0, a) = (q_0, b, R)$이다. 그러므로 머리(head)는 테이프의 a를 b로 교체하고 나서 오른쪽으로 한 셀만큼 이동한다. 이때 튜링기계는 그대로 상태 q_0에 놓여 있고 그 다음의 a는 b로 교체된다. 이후 q_0에서 b를 만날 경우에는 위의 두 번째 전이 규칙에 의하여 b는 바뀌지 않고 테이프 머리만 오른쪽으로 이동한다. 튜링기계가 첫 번째 공백을 만나면, 테이프 머리는 한 셀 왼쪽으로 움직이면서 종료 상태인 q_1에서 정지하게 된다. 예로 제시한 튜링기계는 함수 $\delta(q_1, b)$가 정의되어 있지 않으므로 튜링머신은 종료되고, 종료 시 상태가 최종상태인 q_1이므로 성공적으로 끝난다. 튜링기계에 입력 문자열 'aab'가 입력될 때 튜링기계의 움직임을 표현해 보자. [그림 6-26]은 시작단계의 형상에서부터 여러 단계를 거치는 과정을 보여준다.

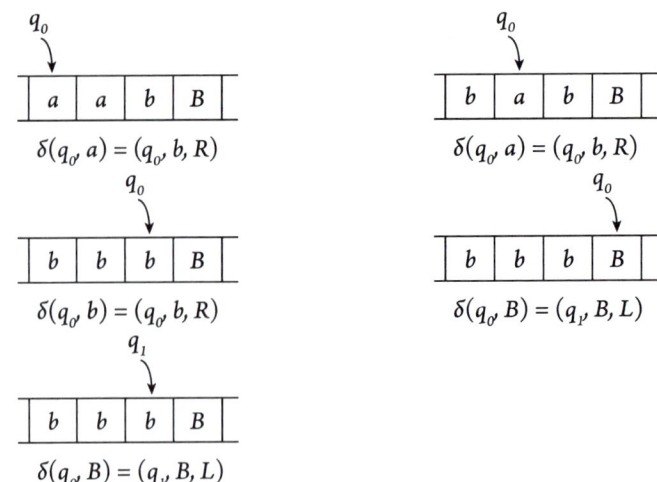

[그림 6-26] 튜링기계 동작 예

오토마타와 같이 튜링기계도 상태도를 이용하여 표현할 수 있다. 여기서는 그래프의 간선의 라벨은 세 개의 요소인 현재 테이프 기호, 대체될 기호, 읽기-쓰기 머리가 움직일 방향으로 주어진다. 앞의 예제의 튜링기계를 상태도로 표현하면 [그림 6-27]과 같다.

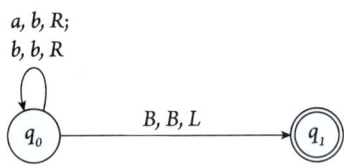

[그림 6-27] 튜링기계의 상태도

> **더 알아두기**
>
> **형상(configuration)**
> 순간 묘사(Instantaneous Description : ID)라고도 한다.
> - $a_1a_2\cdots a_{k-1}qa_ka_{k+1}\cdots a_n$ 일 때
> - q : 현재의 상태
> - $a_1a_2\cdots a_{k-1}a_ka_{k+1}\cdots a_n$: 테이프의 내용
> - a_k : 입력헤드가 가리키는 기억소자
>
> 공백은 일반적으로 표시하지 않지만, 공백이 계산(전이)에 사용되는 경우에는 표시한다.
>
> **move($\vdash$)**
> 한 형상에서 다른 형상으로의 이동을 의미한다.
> - $abq_1cd \vdash abeq_2d$ if $\delta(q_1, c) = (q_2, e, R)$
> - $abq_1cd \vdash aq_2bgd$ if $\delta(q_1, c) = (q_2, g, L)$

> move($\vdash^*$)
> 임의의 횟수의 이동들을 나타낸다.

[그림 6-26]에 있는 각 단계에 대한 순간적인 묘사(형상)들은 q_0aab, bq_0ab, bbq_0b, $bbbq_0B$, bbq_1b이다. 한 형상에서 다른 형상으로의 이동은 '$\vdash$'로 표기되므로 [그림 6-26]에 있는 튜링기계의 움직임은 다음과 같이 표현할 수 있다.

> $q_0aab \vdash bq_0ab \vdash bbq_0b \vdash bbbq_0B \vdash bbq_1b$ 또는 $q_0aab \vdash^* bbq_1b$

튜링기계는 **언어 인식기**로도 볼 수 있다. 어떤 문자열 w에 대하여 일련의 이동 후에 만약 튜링기계가 인식상태에 놓이고 정지하게 되면 w가 인식된 것으로 간주한다. 튜링기계 M에 의해 인식되는 언어인 $L(M)$은 M의 테이프 머리(head)가 가장 왼쪽 셀에 위치하고 q_0상태에서 시작하여 M이 최종상태에 이르게 하는 Σ^* 내의 단어들의 집합으로 $L(M) = \{w \in \Sigma^* | q_0w \vdash a_1pa_2 \text{ for some } q_f \in F, a_1, a_2 \in \Gamma^*\}$와 같이 정의된다.

$\Sigma = \{0, 1\}$에 대하여 정규식 00^*로 표시되는 언어를 인식하는 튜링기계는 다음의 과정으로 설계할 수 있다.

- 먼저 입력의 왼쪽 끝에서 시작하여, 각 기호를 읽고 만약 그 기호가 '0'이라면 오른쪽으로 이동하면서 계속 진행한다.
- 만약 '0' 이외의 다른 기호를 만나지 않고 공백에 도달하면 종료하고 해당 문자열을 인식한다.
- 만약 입력에 '1'이 포함되어 있다면 그 문자열은 $L(00^*)$에 속하지 않으며 인식상태가 아닌 상태에서 종료하게 된다.

여기서 튜링기계는 두 개의 내부 상태들 $Q = \{q_0, q_1\}$와 하나의 인식상태 $F = \{q_1\}$로 표현이 가능하다. 이에 대한 전이 함수는 다음과 같이 구성할 수 있다.

> $\delta(q_0, 0) = (q_0, 0, R)$
> $\delta(q_0, B) = (q_1, B, R)$

읽기-쓰기 머리 아래에 '0'이 있으면 머리는 오른쪽으로 이동한다. 전이 함수 $\delta(q_0, 1)$이 없기 때문에 만약 '1'이 읽혀지면 그 순간 기계는 인식상태가 아닌 q_0에서 정지한다.

튜링기계는 언어 인식기의 역할 뿐만 아니라 변환기로서 디지털 컴퓨터에 대한 간단한 추상적 모델을 제시한다.

정의역이 D인 함수 f에 대하여, 만약 모든 $w \in D$에 대하여 $q_0w \vdash^*_M q_f f(w), q_f \in F$이라는 조건을 만족하는 튜링기계 $M = (Q, \Sigma, \Gamma, \delta, q_0, B, F)$이 존재하면, 함수 f가 **튜링계산가능**(Turing-computable) 또는 **계산가능**(computable)이라 한다.

OX로 점검하자 | 제6장

※ 다음 지문의 내용이 맞으면 O, 틀리면 ×를 체크하시오. [1 ~ 14]

01 오토마타에서 제어장치의 작동은 이산적인 시간 단위로 작동되는 것을 기본 가정으로 한다. ( )

>>> 오토마타는 특정 형태의 출력 기능을 가지고 있다. 0(no)이나 1(yes)의 출력을 생성할 수 있다.

02 출력이 단순히 0(no)이나 1(yes)로 제한되어 입력 문자열이 주어졌을 때 단지 그 문자열을 인식(accept)하거나 거부(reject)하는 역할만 수행하는 오토마타를 변환기(transducer)라 한다. ( )

>>> 출력이 단순히 0(no)이나 1(yes)로 제한되어 있는 오토마타를 인식기(accepter)라 하고, 임의의 문자열을 출력으로 생성할 수 있는 오토마타를 변환기(transducer)라 한다.

03 유한 오토마타인 무어 기계는 출력이 현재의 상태에서만 결정이 되며, 밀리 기계는 출력이 현재의 상태와 입력 모두에 의해서 결정된다. 일반적으로 대부분의 시스템에서는 밀리 기계와 같은 것을 선호한다. ( )

>>> 일반적으로 대부분의 시스템에서는 무어 기계와 같은 것을 선호한다.

04 언어는 자연 언어와 형식 언어로 분류할 수 있는데, 자연 언어가 보다 엄격하다. ( )

>>> 형식 언어가 자연 언어보다 더 엄격하다.

05 비결정적 유한상태 자동장치는 현재의 형상에서 2가지 이상의 이동도 가능하다. ( )

>>> 결정적 유한상태 자동장치는 이동에 의한 다음 상태는 현재의 형상에 따라 유일하게 결정된다.

06 Σ가 알파벳일 때 Σ^+는 Σ상에서의 기호들의 결합으로 만들어지는 문자열들의 집합인데, 이때 Σ^+는 λ를 항상 포함한다. ( )

>>> Σ가 알파벳일 때 Σ^*는 Σ상에서의 기호들의 결합으로 만들어지는 모든 문자열들의 집합이며, λ를 항상 포함한다. Σ^+는 Σ^*에서 λ를 제외한 문자열들의 집합이다.

07 전이 함수는 현재의 제어 상태, 입력 기호, 임시 저장 장치 내의 정보들에 의해 결정된다. ( )

>>> 제어 장치의 다음 상태는 전이 함수에 의해 결정된다.

정답 1 O 2 × 3 × 4 × 5 O 6 × 7 O

08 Type-1 문법은 무제한 문법으로 r.e 언어를 생성한다. ( )

>>> Type-0 문법은 무제한 문법으로 r.e 언어를 생성한다.

09 튜링기계의 상태도에서 그래프의 간선의 라벨은 세 개의 요소인 현재 테이프 기호, 대체될 기호, 읽기-쓰기 머리가 움직일 방향으로 주어진다. ( )

>>> 오토마타와 같이 튜링기계도 상태도를 이용하여 표현할 수 있다.

10 튜링기계의 특징은 촘스키가 분류한 문법 Type 0부터 Type 3까지의 모든 언어를 인식할 수 있으며 비결정적(nondeterministic)이다. 즉, 한 가지 이상의 전이가 가능하다. ( )

>>> 튜링기계는 결정적(deterministic)이다. 즉, 한 가지 전이만이 가능하다.

11 언어 L을 수용하는 유한상태 자동장치가 존재하면 언어 L을 문맥 자유 언어(Context free language)라고 한다. ( )

>>> 언어 L을 수용하는 유한상태 자동장치가 존재하는 언어 L은 정규 언어(regular language)이다.

12 언어 L이 비결정적 유한상태 자동장치 $M_N = (Q_N, \Sigma, \delta_N, q_0, F_N)$에 의해 인식되는 언어일 때 $L = L(M_D)$를 만족하는 결정적 유한상태 자동장치 $M_D = (Q_D, \Sigma, \delta_D, \{q_0\}, F_D)$가 항상 존재한다. ( )

>>> NFA에 의해 인식되는 모든 언어들에 대해 이를 인식하는 DFA가 항상 존재한다.

13 문자열 $w = aab$에서 $\{\lambda, a, aa, aab\}$는 섭미사의 집합이 되며 $\{ab, b, \lambda\}$는 접두사의 집합이 된다. ( )

>>> 임의의 문자열 w 내에 존재하는 연속적인 문자들의 문자열을 부문자열(substring)이라 하며 문자열 $w = uv$인 경우 uv의 전위부 u를 접두사(prefix), 후위부 v를 접미사(suffix)라고 한다.

14 $\Sigma = \{a, b\}$에 대하여 $g = (a+bb)(a+b)^*$는 정규 표현이며 다음의 언어를 묘사하고 있다. $L(g) = \{a, bb, aa, ab, bba, bbb, \cdots\}$ ( )

>>> 정규 표현 g의 각 구성요소를 고려하면 알 수 있다. 첫 부분인 $(a+bb)$는 'a' 또는 "bb"를 의미하며, 두 번째 부분인 $(a+b)^*$는 문자 'a'와 'b'로 이루어지는 모든 문자열을 의미한다. 따라서 $L(g)$는 a또는 bb로 시작하는 알파벳 $\{a, b\}$에 대한 모든 문자열들의 집합이다.

정답 8 ✗ 9 ○ 10 ✗ 11 ✗ 12 ○ 13 ✗ 14 ○

제 6 장 실전예상문제

01 유한상태 기계에 문자열 $babab$가 입력되면 출력 문자열은 01010이 된다.

01 다음은 유한상태 기계에 대한 상태도이다. 입력 문자열에 대한 출력 문자열의 연결이 <u>틀린</u> 것은?

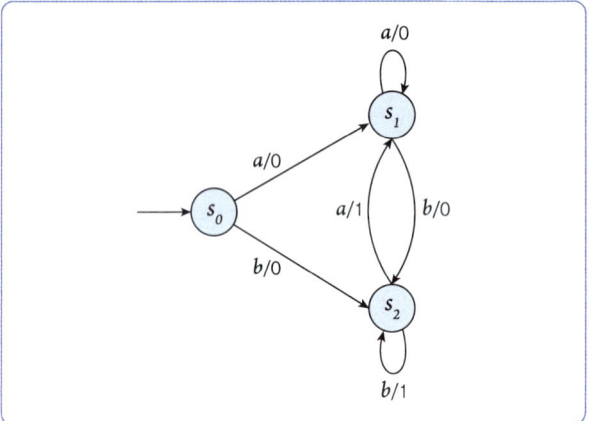

① $aaaaa$: 00000 ② $babab$: 01110
③ $bbbbb$: 01111 ④ $abaab$: 00100

02 $(0+1)^*$는 언어 $\{\epsilon, 0, 1, 00, 01, 000, \cdots\}$으로 ϵ을 포함하여 0과 1로 만들 수 있는 모든 문자열의 집합이다.

02 알파벳 $\Sigma\{0,1\}$에 대해 정규 표현이 나타내는 언어가 <u>틀린</u> 것은?

① $0+1$은 언어 $\{0,1\}$을 나타낸다.
② $(0+1)0$은 언어 $\{00, 10\}$을 나타낸다.
③ 0^*는 언어 $\{\epsilon, 0, 00, 000, \cdots\}$을 나타낸다.
④ $(0+1)^*$는 언어 $\{0, 1, 00, 01, 000, \cdots\}$을 나타낸다.

정답 01 ② 02 ④

03 다음 중 오토마타 이론에서 가장 중요한 3가지 개념이 <u>아닌</u> 것은?

① 인식기(accepter)
② 언어(language)
③ 문법(grammar)
③ 자동장치(automata)

03 오토마타 이론에서 가장 중요한 3가지 개념은 언어(language), 문법(grammar), 오토마타(automata, 자동장치)를 들 수 있다.

04 $(a+b)^*abb$로 만들어지는 문자열이 <u>아닌</u> 것은?

① $ababbabb$
② $bbbabb$
③ $abbbab$
④ $abbabb$

04 $(a+b)^*abb$로 만들어지는 문자열은 a와 b로 만들어지는 모든 문자열 중에서 abb로 끝나는 문자열의 집합이다.

05 문법 $G=(N, T, P, S)$에서 $N=\{S, A, B\}$, $T=\{a, b\}$이고 $P=\{S \to SAB, AB \to a, A \to b, B \to AB\}$일 때 촘스키의 문법 유형 중 어느 문법에 해당하는가?

① type-0
② type-1
③ type-2
④ type-3

05 생성규칙 $AB \to a$에서 2개 이상의 비단말 기호(symbol)가 단말 기호를 생성하였으므로 Type-1 이상의 문법이 될 수 없다. 따라서 Type-0문법이다.

정답 03 ① 04 ③ 05 ①

06 연산의 우선순위는 ( ) > * > + 이다.

06 다음 정규 표현의 연산순서는?

$$\underset{a}{(0 + 1)}\underset{b}{^{*}011}\underset{c}{(0 + 1)}$$

① $b\,a\,c$
② $a\,b\,c$
③ $a\,c\,b$
④ $c\,b\,a$

07 aba나 $abba$와 같이 앞에서 읽으나 뒤에서 읽으나 똑같은 문자열을 팰린드롬(palindromes)이라 한다.

07 다음의 문자열 중에서 팰린드롬(palindrome)에 해당하는 것은?

① apple
② rabbit
③ hello
④ level

08 문자열 $w = abcd$의 길이는 4이므로 $|w| = 4$이다.

08 문자열 $w = abcd$일 때 다음 중 맞는 것은?

① $|w| = 2$
② $|w| = 3$
③ $|w| = 4$
④ $|w| = 5$

정답 06 ③ 07 ④ 08 ③

09 문자열 $w = abcd$일 때 다음 중 맞는 것은?

① $(w^R)^R = cba$
② $w^R = dcba$
③ $(w^R)^R = dcba$
④ $w^R = abcd$

09 문자열 $w = abcd$일 때 역은 문자열의 순서를 거꾸로 하면 되므로 $w^R = dcba$이고 역의 역은 원래의 문자열과 동일하므로 $(w^R)^R = abcd$

10 다음의 정규 문법에 따른 정규 언어는?

$G = (\{S, A, B\}, \{a, b\}, P, S)$
$S \to aA\,|\,bB\,|\,b$
$A \to bA\,|\,\lambda$
$B \to bS$

① $L(G) = (bb)(ab^* + b)$
② $L(G) = (a+b)^*(ab^* + b)$
③ $L(G) = (bb)^*(ab + b^*)$
④ $L(G) = (bb)^*(ab^* + b)$

10 주어진 정규 문법을 정규 표현식으로 변경하면 다음과 같다.
$S = aA + bB + b \;\;(S \to aA\,|\,bB\,|\,b)$
$A = bA + \lambda = b^* \;\;(A \to bA\,|\,\lambda)$
$B = bS \;\;(B \to bS)$
정규 표현식을 다음의 과정으로 정리하여 정규 언어를 구할 수 있다.
$S = ab^* + b(bS) + b$
$\;\; = ab^* + bbS + b$
$\;\; = bbS + ab^* + b$
$\;\; = bbS + (ab^* + b)$
$\;\; = (bb)^*(ab^* + b)$

11 다음 DFA에 의해 인식되지 <u>않는</u> 문자열은?

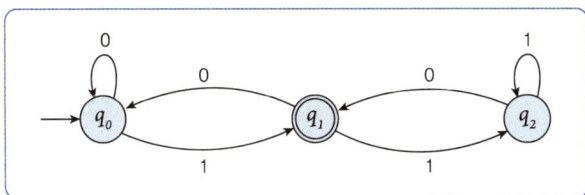

① 0001
② 01001
③ 00011
④ 0000110

11 문자열(string)을 모두 읽고 난 후 DFA가 최종 상태에 있으면 그 문자열이 '인식(acception)'되고 그렇지 않으면 '기각(rejection)'된다. 문자열 "00011"은 상태 q_2에서 멈춘다. 상태 q_2는 종료 상태가 아니므로 기각된다.

정답 09 ② 10 ④ 11 ③

12 언어 $L=\{a^n b^n | n \geq 0\}$에 속하는 문자열은 a가 나열된 후 바로 이어서 b가 나열되는 모양이며 a와 b의 개수는 동일하다.

12 다음 중 언어 $L=\{a^n b^n | n \geq 0\}$에 속하는 문자열은?

① $aaabbb$
② $ababab$
③ $bbbaaa$
④ $aabbaabb$

13 ②는 $L=\{0^n 1 0^n | n \geq 0\}$으로 1이 단 한 번만 사용된다.

13 다음 중 $\Sigma=\{0, 1\}$일 때 하나의 1을 가지는 모든 문자열들을 인식하는 DFA는?

①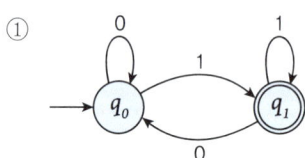

②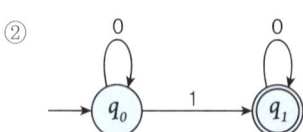

③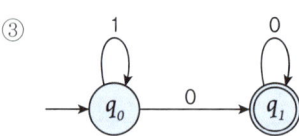

④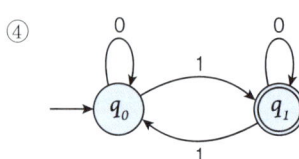

정답 12 ① 13 ②

14 문법 $G = (N, T, P, S)$에서 4개의 순서쌍에 들어가지 <u>않는</u> 것은?

① 생성규칙
② 변수
③ 전이 함수
④ 시작 기호

15 결정적 유한상태 자동장치 $M = (Q, \Sigma, \delta, q_0, F)$에서의 요소가 <u>아닌</u> 것은?

① 시작 상태
② 입력문자들의 집합
③ 전이 함수
④ 스택(stack)

14 형식문법 G는 네 개의 원소 쌍을 가지며 다음과 같이 정의된다.
$G = (N, T, P, S)$

- N: 변수(variable)라 불리는 객체들의 유한 집합, 비단말 기호(nonterminal symbol), 통상 알파벳 대문자 사용($N \neq \varnothing$)
- T: 단말 기호(terminal symbol)라 불리는 객체들의 유한 집합, 통상 알파벳 소문자 사용($T \neq \varnothing$)
- P: 생성규칙(production)들의 유한 집합
- S: N에 속하는 특별한 기호이며 시작 변수(start variable) 또는 시작 기호(start symbol)라 불림
  여기서 N과 T는 서로소(disjoint)이다.

15 결정적 유한상태 자동장치(Deterministic Finite state Automata, DFA)는 다음과 같이 5개의 원소들로 이루어진다.
$M = (Q, \Sigma, \delta, q_0, F)$

- Q: 내부 상태들의 유한 집합(finite set of internal states)
- Σ: 입력 문자, 입력 알파벳(input alphabet)이라고 불리는 유한 개의 기호 집합
- δ: $Q \times \Sigma \rightarrow Q$인 전체 함수(total function), 전이 함수(transition function)라고 함
- q_0: $q_0 \in Q$인 시작 상태(start state), 유한상태 자동장치가 입력 값을 처리하기 전의 상태
- F: $F \subseteq Q$인 최종 상태의 집합(set of final states), 유한상태 자동장치가 모든 입력 값을 처리했을 때의 상태가 받아들여질 경우 이 상태의 집합을 의미

정답 14 ③ 15 ④

Self Check로 다지기 | 제6장

⇥ **오토마타 이론에서 가장 중요한 3가지 개념**
언어(language), 문법(grammar), 오토마타(automata, 자동장치)

⇥ **언어에서의 연산**
① 언어는 단어들로 이루어진 집합으로 집합의 일반적인 연산이 가능
  합집합(union), 교집합(intersection), 차집합(difference)
② 여집합(complement)
  언어 L의 여집합은 $\overline{L}$로 나타내는데 L의 Σ^*에 대한 여집합은 $\overline{L} = \Sigma^* - L$
③ 접합(concatenation)
  두 개의 언어 L_1과 L_2의 연결(순서 주의)
  - $L_1 L_2 = \{ab : a \in L_1, b \in L_2\}$, $L_2 L_1 = \{ba : b \in L_1, a \in L_2\}$
④ 언어 L이 n번 반복될 때는 L^n으로 표현
  - 특히 모든 언어 L에 대해 $L^0 = \{\lambda\}$
  - $L^1 = L, L^2 = LL, L^n = L^{n-1}L$
  - $L = \{a^n b^n : n \geq 0\}$일 때 $L^2 = \{a^n b^n a^m b^m : n \geq 0, m \geq 0\}$
⑤ 스타-폐포(star-closure) 또는 클린-폐포(kleene closure)
  $L^* = L^0 \cup L^1 \cup L^2 \cdots$로 정의
⑥ 양성-폐포(positive closure)
  L^*에서 L^0를 제외한 것 : $L^+ = L^1 \cup L^2 \cdots$

⇥ **정규 언어(regular language)**
유한 자동장치의 형태를 기술하는 데 사용

① 정규 표현(regular expression)
  - 정규 언어에 속해 있는 문자열의 모양을 직접 기술
  - 예 ab^*, $(a+b)^* ba$
② 정규 문법(regular grammar)
  - Type 3
  - 어휘 분석 과정에 인식되는 결정적 유한상태 자동장치의 구조 표현 시 이용
  - $A \to aB | a$ $(A, B \in N, a \in T)$이 조건을 만족시켜야 하며, 정규 문법 $G = (N, T, P, S)$와 같은 방식으로 표현 가능
③ 정규 표현식
  생성규칙 P가 $S \to aA | b, A \to c$일 때 이를 정규 표현식 $S = aA + b, A = c$로 변경 가능함

④ 결정적 유한상태 자동장치
   문장을 입력받아 그 문장을 해당 문법에 대하여 'yes(1)' 또는 'no(0)'를 판단하는 기능을 하는 인식기이며 가장 간단한 형태

> $M = (Q, \Sigma, \delta, q_0, F)$
> - Q : 내부 상태들의 유한 집합(finite set of internal states)
> - Σ : 입력 문자, 입력 알파벳(input alphabet)이라고 불리는 유한 개의 기호 집합
> - δ : $Q \times \Sigma \rightarrow Q$인 전체 함수(total function), 전이 함수(transition function)라고 함
> - q_0 : $q_0 \in Q$인 시작 상태(start state)
> - F : $F \subseteq Q$인 최종 상태의 집합(set of final states)

➡ 촘스키 포함 관계(Chomsky Hierarchy)

유형	Type 0	Type 1	Type 2	Type 3
문법	무제한 문법	문맥 의존 문법	문맥 자유 문법	정규 문법
언어	귀납적 가산 언어	문맥 의존 언어	문맥 자유 언어	정규 언어
오토마타	튜링기계	선형제한 오토마타	푸시다운 오토마타	유한 오토마타
생성규칙	제약 없음	$\alpha A \beta \rightarrow \alpha \gamma \beta$	$A \rightarrow \alpha$	$A \rightarrow aB$ $A \rightarrow a$
언어의 예	—	$a^n b^n c^n$	$a^n b^n$	a^n

➡ 비결정적 유한상태 자동장치(Non deterministic Finite Automata, NFA)
① $M = (Q, \Sigma, \delta, q_0, F)$
   - Q : 공집합이 아닌 상태들의 유한 집합(finite set of states)
   - Σ : 입력 문자, 입력 알파벳(input alphabet)이라고 불리는 유한 개 기호의 집합
   - δ : $Q \times (\Sigma \cup \{\lambda\}) \rightarrow 2^Q$인 상태 전이 함수
   - q_0 : $q_0 \in Q$인 시작 상태(start state)
   - F : $F \subseteq Q$인 최종 상태의 집합(set of final states)

② 동치성
   언어 L이 비결정적 유한상태 자동장치 $M_N = (Q_N, \Sigma, \delta_N, q_0, F_N)$에 의해 인식되는 언어일 때 $L = L(M_D)$를 만족하는 결정적 유한상태 자동장치 $M_D = (Q_D, \Sigma, \delta_D, \{q_0\}, F_D)$가 항상 존재

➡ 튜링기계의 특징
① 촘스키가 분류한 문법 Type 0부터 Type 3까지의 모든 언어를 인식
② 양방향 이동이 가능한 입력 머리(input head)를 가진 테이프(기억장치) 사용
③ 결정적(deterministic)
④ 입력은 테이프에 있음
⑤ 종료 후 테이프의 내용을 출력으로 간주

할 수 있다고 믿는 사람은 그렇게 되고, 할 수 없다고 믿는 사람도 역시 그렇게 된다.

– 샤를 드골 –

부록

최종모의고사

- 최종모의고사 제1회
- 최종모의고사 제2회
- 정답 및 해설

비관론자는 어떤 기회가 찾아와도 어려움만을 보고,
낙관론자는 어떤 난관이 찾아와도 기회를 바라본다.

– 윈스턴 처칠 –

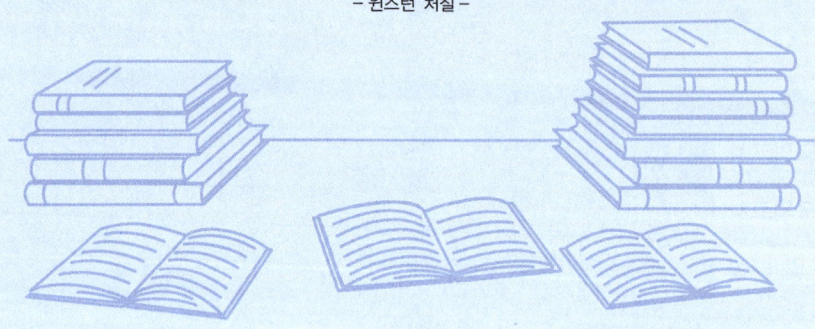

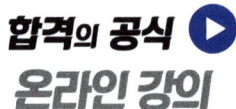

보다 깊이 있는 학습을 원하는 수험생들을 위한
시대에듀의 동영상 강의가 준비되어 있습니다.
www.sdedu.co.kr ➜ 회원가입(로그인) ➜ 강의 살펴보기

제1회 최종모의고사 | 이산수학

제한시간: 50분 | 시작 ___시 ___분 – 종료 ___시 ___분

정답 및 해설 364p

01 다음 중 $\overline{A} \cap B$의 벤 다이어그램을 표시한 것으로 옳은 것은?

①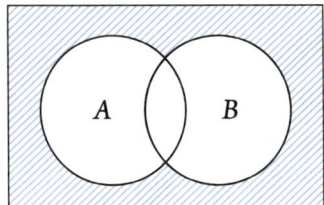

②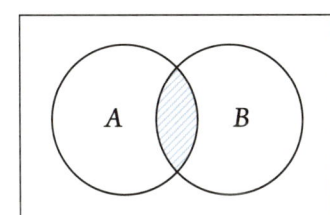

③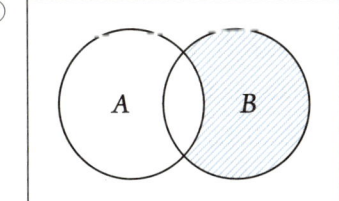

④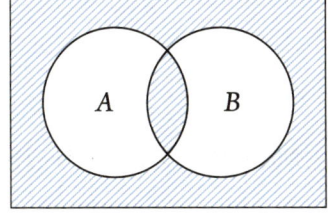

02 주어진 명제 $p \to q$를 그대로 이용하여 증명하기 어려울 때 $p \to q$와 동치인 다른 형태의 명제로 변형하여 공리, 정의, 정리 등을 이용해 증명하는 방법은?

① 직접 증명법
② 간접 증명법
③ 존재 증명법
④ 수학적 귀납법

03 다음 중 정리가 아닌 것은?

① 실수는 사칙연산에 닫혀 있다.
② 직각삼각형에서 빗변의 길이의 제곱은 다른 두 변의 길이의 제곱의 합과 같다.
③ 평면을 유한 개의 부분으로 나누어 각 부분에 색을 칠할 때, 서로 맞닿은 부분을 다른 색으로 칠한다면 네 가지 색으로 충분하다.
④ 네 변의 길이가 같은 사각형을 정사각형이라 한다.

04 다음 프로그램에서 $--x$ 문의 수행 횟수는?

```
for(k= 0; k< n; k++)
    for(j= 0; j< n; j++)
        --x;
```

① n^2 ② $\log_2 n$
③ 2^n ④ n

05 $A=\{x,y,z\}$, $B=\{1,2,3\}$이라 하고 다음과 같이 A에서 B로 가는 관계가 있을 때, $R=\{(x,1),(x,2),(x,3),(z,1),(z,3)\}$의 치역은?

① $\{x,y,z\}$
② $\{1,2,3\}$
③ $\{x,y,z,1,2,3\}$
④ $\{x,z\}$

06 다음 중 집합 $A=\{1,2,3,4,5,6,7\}$의 분할이 아닌 것은?

① $P_1=\{\{1,2\},\{3\},\{4,5\},\{6,7\}\}$
② $P_2=\{\{1\},\{2,3,4\},\{5\},\{6,7\}\}$
③ $P_3=\{\{1,2,3,4\},\{5,6\},\{1,7\}\}$
④ $P_4=\{\{1,2,3\},\{4,5,6\},\{7\}\}$

07 다음 순서쌍에 대한 식에서 x,y를 구한 값이 옳은 것은?

$$(4,6)=(2x-2,3y+3)$$

① $x=3, y=1$ ② $x=1, y=3$
③ $x=2, y=2$ ④ $x=5, y=-1$

08 집합 $A=\{1,2,3\}$의 관계가 다음 방향 그래프와 같을 때 다음 중 성립하는 관계로 옳은 것은?

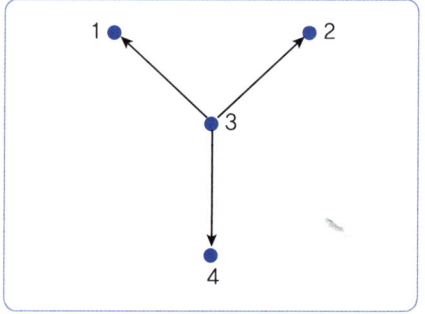

① 반대칭, 추이 관계
② 대칭 관계
③ 반사, 추이 관계
④ 대칭, 반사 관계

09 다음 관계 집합 $R=\{(x,y)|x\in X, y\in Y\}$ 중에서 X에서 Y로의 함수가 아닌 것은?

① $\{(3,2),(1,4),(4,5),(5.6)\}$
② $\{(1,-3),(2,5),(4,5),(6,6)\}$
③ $\{(1,3),(2,4),(3,5),(4,6)\}$
④ $\{(1,3),(1,4),(4,5),(5,6)\}$

10 행렬에 대한 설명으로 옳지 않은 것은?

① 두 행렬은 항상 덧셈이 가능하다.
② 두 행렬의 뺄셈은 교환 법칙이 성립하지 않는다.
③ 두 행렬을 더할 때 교환 법칙이 성립한다.
④ 두 행렬을 곱할 때 배분 법칙이 성립한다.

11 행렬 $A = \begin{bmatrix} 1 & 2 \\ 0 & 1 \end{bmatrix}$ 와 $B = \begin{bmatrix} 0 & 1 \\ -1 & 2 \end{bmatrix}$ 의 곱인 AB를 구하면?

① $\begin{bmatrix} 1 & 4 \\ 3 & 1 \end{bmatrix}$ ② $\begin{bmatrix} 0 & 2 \\ 0 & 2 \end{bmatrix}$

③ $\begin{bmatrix} -2 & 5 \\ -1 & 2 \end{bmatrix}$ ④ $\begin{bmatrix} 1 & 2 \\ -1 & 2 \end{bmatrix}$

12 선형방정식 $x - 4y = 1$, $2x + y = 3$을 행렬로 표현한 것은?

① $\begin{bmatrix} 1 & -4 \\ 2 & 1 \end{bmatrix} \begin{bmatrix} 1 \\ 3 \end{bmatrix} = \begin{bmatrix} x \\ y \end{bmatrix}$

② $\begin{bmatrix} 2 & 1 \\ 1 & -4 \end{bmatrix} \begin{bmatrix} x \\ y \end{bmatrix} = \begin{bmatrix} 1 \\ 3 \end{bmatrix}$

③ $\begin{bmatrix} 1 & -4 \\ 2 & 1 \end{bmatrix} \begin{bmatrix} y \\ x \end{bmatrix} = \begin{bmatrix} 1 \\ 3 \end{bmatrix}$

④ $\begin{bmatrix} 1 & -4 \\ 2 & 1 \end{bmatrix} \begin{bmatrix} x \\ y \end{bmatrix} = \begin{bmatrix} 1 \\ 3 \end{bmatrix}$

13 연결된 평면 그래프에서 정점이 7개이고 면이 3개일 때 간선의 개수는?

① 5   ② 6
③ 7   ④ 8

14 다음 그래프에 대한 설명이 틀린 것은?

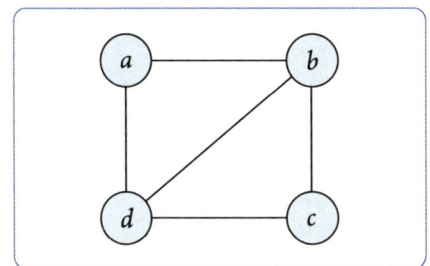

① 오일러 그래프   ② 평면 그래프
③ 해밀턴 그래프   ④ 이분 그래프

15 다음 인접행렬에 대한 방향 그래프를 그린 것은?

$$\begin{array}{c} 1\ 2\ 3 \\ \begin{array}{c}1\\2\\3\end{array}\begin{bmatrix} 0 & 1 & 1 \\ 0 & 1 & 0 \\ 1 & 1 & 0 \end{bmatrix} \end{array}$$

①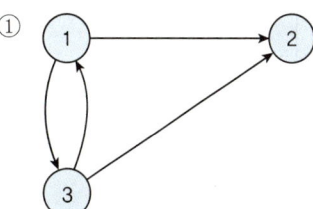

②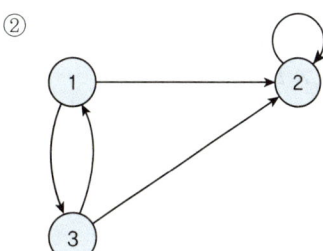

③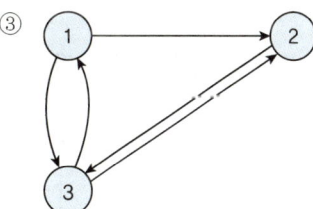

④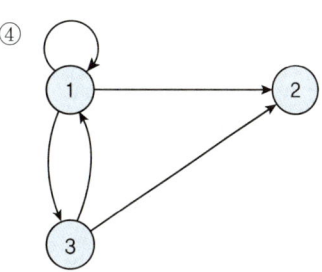

16 다음 가중 그래프에서 정점 A부터 정점 H까지 최단경로와 최단경로의 길이로 맞는 것은?

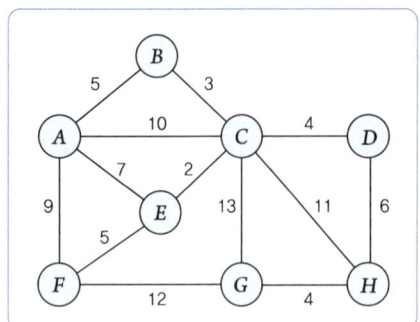

① (A, F, G, H), 25
② (A, C, H), 16
③ (A, B, C, D, H), 18
④ (A, E, C, H), 20

17 다음 그래프의 신장 트리가 <u>아닌</u> 것은?

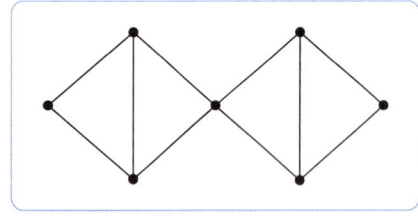

①

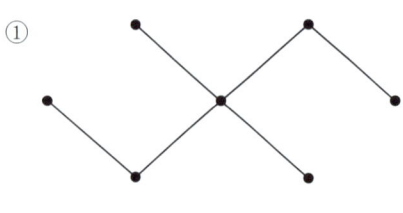

②

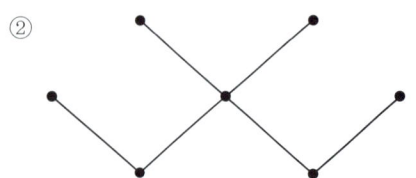

③

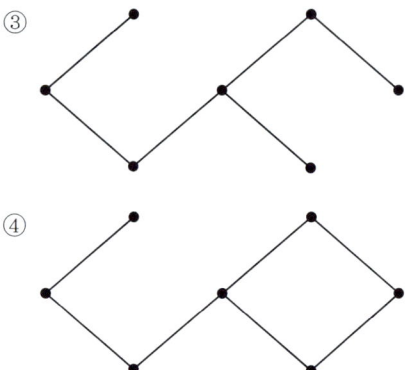

④

18 다음 중에서 거짓인 명제는?
① $\sqrt{9} = 3$
② $\sqrt{3}$ 은 무리수
③ $y = \sqrt{3}\,x$ 에서 $x = \sqrt{3}$ 일 때 $y = 3$
④ $\sqrt{3} > 3$

19 명제 p는 '비가 내린다.'이고 명제 q는 '밖에 나간다.'라고 할 때 '비가 내리면 밖에 안 나가고 비가 안 내리면 밖에 나간다.'를 맞게 표현한 것은?
① $(p \rightarrow q) \wedge (p \rightarrow q)$
② $(p \rightarrow \neg q) \wedge (\neg p \rightarrow q)$
③ $(\neg p \wedge q) \vee (p \wedge \neg q)$
④ $(p \wedge \neg q) \vee (\neg p \wedge q)$

20 다음 중 모순 명제가 <u>아닌</u> 것은?
① $\neg(p \vee \neg p)$
② $(p \wedge q) \wedge \neg(p \vee q)$
③ $\neg(p \vee (\neg p \wedge q))$
④ $\neg(p \vee \neg p) \wedge q$

21 다음 불식들을 간소화한 결과로 옳은 것은?

① $xy' + (x+y)' = x'$
② $x'y + (x+y)' = y'$
③ $xy + xy' = y$
④ $wx + (x'z)' + (y+z') = x + z' + y$

22 다음 논리회로를 간소화한 불대수식은?

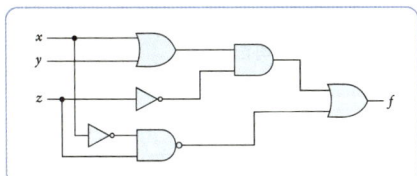

① $f(x,y,z) = x + z'$
② $f(x,y,z) = (x+y)z' + (x'z)'$
③ $f(x,y,z) = xz' + (x'+z)'$
④ $f(x,y,z) = y + z'$

23 다음과 같은 유한 오토마타에 의해 인식되는 문자열은?

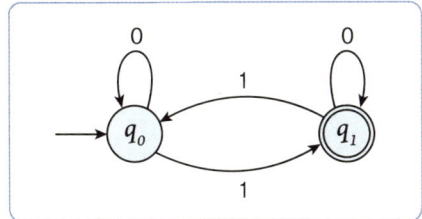

① 000011
② 010111
③ 001110
④ 111111

24 $ab(a+b)^*b$로 만들어지는 문자열은?

① ababbabb
② abbbabba
③ aabbbab
④ bbabba

25 다음 문장의 괄호에 들어갈 내용을 순서대로 바르게 적은 것은?

> 출력이 있는 유한 오토마타를 (　　)라고 한다. 무어 기계는 출력이 (　　)와 관계가 있으며 밀리 기계는 출력이 (　　)와 관계가 있다.

① 인식기(accepter), 전이, 상태
② 변환기(transducer), 전이, 상태
③ 변환기(transducer), 상태, 전이
④ 인식기(accepter), 상태, 전이

제2회 최종모의고사 | 이산수학

제한시간: 50분 | 시작 ___시 ___분 ─ 종료 ___시 ___분

➡ 정답 및 해설 367p

01 집합 $A = \{a, \{b, c\}, \{d, e\}\}$에 대하여 옳은 것은?

① $\{a\} \in A$
② $\{d, e\} \in A$
③ $\{\{b, c\}\} \in A$
④ $A = \{a, b, c, d, e\}$

02 다음 의사코드로 표현한 알고리즘에서 sum( )이 반환하는 값은?

```
sum( )
    sum ← 0;
    for i ← 1 to 100 do
        sum ← sum + i;
    return sum;
```

① 5050
② 100
③ 5005
④ 1010

03 $1 + 3 + 5 + \cdots + (2n-1) = n^2$ 임을 다음의 과정으로 증명하였다. 이와 같은 증명법을 무엇이라고 하는가?

> 먼저 $n = 1$을 대입하면 좌변 = 우변 = 1 임을 확인한다.
> 다음으로
> $1 + 3 + 5 + \cdots + (2n-1) = n^2$ 이 참이라고 가정하고 양변에 $n+1$의 항 $(2(n+1)) - 1$을 더하여 정리한다.
> $1 + 3 + 5 + \cdots + (2n-1) + (2n+1)$
> $= n^2 + 2n + 1 = (n+1)^2$
> 우변을 정리하면 $n+1$을 대입한 결과와 같다. 그러므로 가정은 참이 된다.

① 직접 증명법
② 간접 증명법
③ 존재 증명법
④ 수학적 귀납법

04 다음은 재귀 함수의 대표적인 예인 팩토리얼(factorial)을 구하는 함수이다. 수행시간은 얼마인가?

```
int factorial(n) {
    if n == 0:
        return 1
    return n * factorial(n - 1)
}
```

① $O(\log_2 n)$
② $O(n^3)$
③ $O(n)$
④ $O(\log_2 n)$

05 정수에서 정의되는 관계 R을 $R = \{(x,y) \mid |y-x| \leq 1\}$이라고 정의할 때 관계 R이 만족시키는 성질들만 모아놓은 것은?

① 반사 관계, 대칭 관계, 추이 관계
② 대칭 관계, 추이 관계
③ 반사 관계, 대칭 관계
④ 반사 관계, 추이 관계

06 다음 순서쌍에 대한 식에서 x, y를 구한 값이 옳은 것은?

$$(x, 3) = (5, x+y-1)$$

① $x = 5, y = -1$
② $x = 5, y = 3$
③ $x = 5, y = 2$
④ $x = 5, y = 1$

07 두 집합이 $A = \{1, 2, 3\}$, $B = \{a, b\}$일 때 $A \times B$를 구한 것으로 옳은 것은?

① $A \times B = \{(1,a), (1,b), (2,a), (2,b)\}$
② $A \times B = \{(1,a), (1,b), (2,a), (2,b), (3,a), (3,b)\}$
③ $A \times B = \{(a,1), (b,1), (a,2), (b,2), (a,3), (b,3)\}$
④ $A \times B = \{(a,1), (a,2), (b,2), (b,3)\}$

08 집합 $A = \{1, 2, 3\}$에 대하여 다음 관계들에 대한 특성이 틀리게 설명된 것은?

① $R = \{(1,1), (2,2), (3,3)\}$: 대칭 관계이고 반대칭 관계이다.
② $R = \{(1,2), (2,3), (3,1)\}$: 반사 관계도 대칭 관계도 추이 관계도 아니다.
③ $R = \{(1,1), (2,2), (3,3), (1,2), (1,3)\}$: 반사 관계이고 추이 관계이지만 대칭 관계는 아니다.
④ $R = \{(1,2), (2,3), (3,1)\}$: 반사 관계이고 추이 관계이다.

09 행렬 $A = \begin{bmatrix} 1 & 2 \\ 0 & 1 \end{bmatrix}$와 $B = \begin{bmatrix} 0 & 1 \\ -1 & 2 \end{bmatrix}$의 연산 $2A - B$의 결과에 대한 모든 항의 합은?

① 5
② 6
③ 7
④ 8

10 행렬 $A = \begin{bmatrix} n & -7 \\ -1 & 2n \end{bmatrix}$의 역행렬 A^{-1}의 항이 모두 양의 정수가 되는 n의 값은?

① 1
② 2
③ 3
④ 4

11 행렬 $A = \begin{bmatrix} 1 & 0 & 0 \\ 2 & 1 & 0 \\ 3 & 0 & 4 \end{bmatrix}$는 무슨 행렬인가?

① 하삼각행렬
② 상삼각행렬
③ 역행렬
④ 대각행렬

12 행렬과 행렬식을 이용해서 연립방정식의 해를 구하는 방법이 <u>아닌</u> 것은?

① 가우스 소거법 이용하기
② 역행렬 이용하기
③ 크래머 공식 이용하기
④ 근의 공식 이용하기

13 다음 중 평면 그래프가 <u>아닌</u> 것은?

①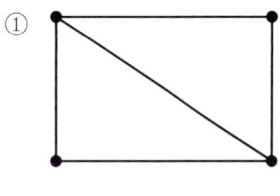

②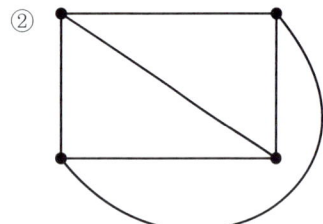

③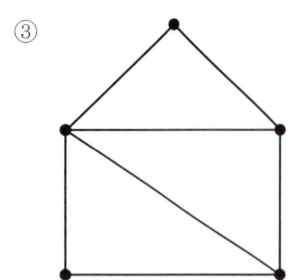

④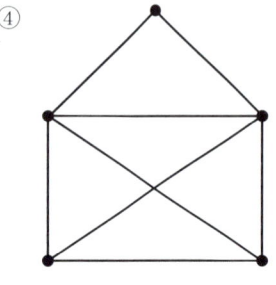

14 다음의 그래프의 인접 행렬은?

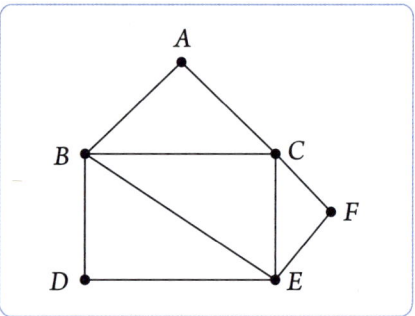

① $\begin{array}{c} \\ A \\ B \\ C \\ D \\ E \\ F \end{array} \begin{array}{c} ABCDEF \\ \begin{bmatrix} 0 & 1 & 1 & 0 & 0 & 0 \\ 1 & 0 & 1 & 1 & 1 & 0 \\ 1 & 1 & 0 & 0 & 1 & 1 \\ 0 & 1 & 0 & 0 & 1 & 0 \\ 0 & 1 & 1 & 1 & 0 & 1 \\ 0 & 0 & 1 & 0 & 1 & 0 \end{bmatrix} \end{array}$

② $\begin{array}{c} \\ A \\ B \\ C \\ D \\ E \\ F \end{array} \begin{array}{c} ABCDEF \\ \begin{bmatrix} 0 & 1 & 1 & 0 & 0 & 0 \\ 1 & 1 & 1 & 0 & 1 & 0 \\ 1 & 1 & 0 & 0 & 1 & 1 \\ 0 & 1 & 0 & 1 & 1 & 0 \\ 0 & 1 & 1 & 1 & 0 & 1 \\ 0 & 0 & 1 & 0 & 1 & 0 \end{bmatrix} \end{array}$

③ $\begin{array}{c} \\ A \\ B \\ C \\ D \\ E \\ F \end{array} \begin{array}{c} ABCDEF \\ \begin{bmatrix} 1 & 1 & 0 & 0 & 1 & 1 \\ 1 & 0 & 1 & 1 & 1 & 0 \\ 1 & 1 & 0 & 0 & 1 & 1 \\ 0 & 1 & 0 & 0 & 1 & 0 \\ 0 & 1 & 1 & 1 & 0 & 1 \\ 0 & 1 & 0 & 0 & 1 & 0 \end{bmatrix} \end{array}$

④ $\begin{array}{c} \\ A \\ B \\ C \\ D \\ E \\ F \end{array} \begin{array}{c} ABCDEF \\ \begin{bmatrix} 0 & 1 & 1 & 0 & 0 & 0 \\ 1 & 0 & 1 & 1 & 1 & 0 \\ 1 & 1 & 0 & 0 & 1 & 1 \\ 0 & 1 & 0 & 0 & 1 & 0 \\ 0 & 0 & 1 & 1 & 0 & 1 \\ 0 & 1 & 1 & 0 & 1 & 0 \end{bmatrix} \end{array}$

15 다음 중 $R = \{\langle a,b \rangle, \langle a,c \rangle, \langle a,d \rangle, \langle d,e \rangle\}$일 때 R^*를 구하면?

① $R^* = \left\{\begin{array}{l} \langle a,a \rangle, \langle a,b \rangle, \langle a,c \rangle, \\ \langle a,d \rangle, \langle b,b \rangle, \langle c,c \rangle, \\ \langle d,c \rangle, \langle d,d \rangle, \langle d,e \rangle, \\ \langle e,e \rangle \end{array}\right\}$

② $R^* = \left\{\begin{array}{l} \langle a,b \rangle, \langle a,c \rangle, \langle a,d \rangle, \\ \langle a,e \rangle, \langle d,e \rangle \end{array}\right\}$

③ $R^* = \left\{\begin{array}{l} \langle a,a \rangle, \langle a,b \rangle, \langle a,c \rangle, \\ \langle a,d \rangle, \langle a,e \rangle, \langle b,b \rangle, \\ \langle c,c \rangle, \langle d,d \rangle, \langle d,e \rangle, \\ \langle e,e \rangle \end{array}\right\}$

④ $R^* = \left\{\begin{array}{l} \langle a,a \rangle, \langle a,b \rangle, \langle a,c \rangle, \\ \langle a,d \rangle, \langle b,b \rangle, \langle c,c \rangle, \\ \langle d,c \rangle, \langle d,d \rangle, \langle d,e \rangle, \\ \langle e,e \rangle \end{array}\right\}$

17 다음의 그래프에서 크루스칼 알고리즘을 이용하여 MST를 구한 것으로 옳은 것은?

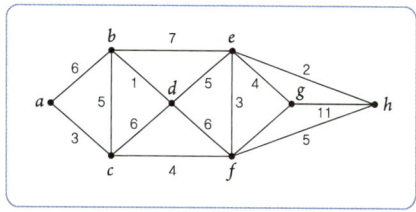

① $(b,d), (e,h), (a,c), (e,f), (c,f), (e,g),$ $(b,c), (d,e)$의 순서로 연결한다.
② $(b,d), (b,c), (a,c), (c,f), (e,f), (e,h),$ $(e,g), (d,e)$의 순서로 연결한다.
③ $(b,d), (e,h), (b,c), (a,c), (c,f), (e,f),$ $(e,g), (d,e)$의 순서로 연결한다.
④ $(b,d), (e,h), (b,c), (a,c), (e,f), (c,f),$ $(e,g), (d,e)$의 순서로 연결한다.

16 다음 방향 그래프에서 정점 A에서 G로 갈 수 있는 경로와 거리가 <u>잘못</u> 표기된 것은?

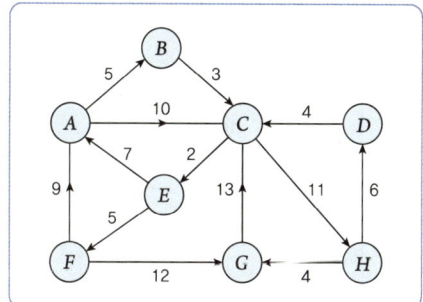

① $\langle A,B,C,E,F,G \rangle$, 27
② $\langle A,C,E,F,G \rangle$, 29
③ $\langle A,B,C,H,G \rangle$, 23
④ $\langle A,C,H,G \rangle$, 24

18 다음 중 항진 명제가 <u>아닌</u> 것은?

① $p \wedge q \rightarrow p$
② $(p \rightarrow q) \wedge \neg q \rightarrow p$
③ $p \rightarrow p \vee q$
④ $p \wedge (p \rightarrow q) \rightarrow q$

19 다음 중 $p \leftrightarrow q$와 동치는?

① $(p \to q) \land (q \to p)$
② $\neg p \land q$
③ $\neg p \lor \neg q$
④ $\neg(p \to q) \lor (q \to p)$

20 다음 중 추론에서 가장 많이 사용되고 잘 알려진 3가지 논리 법칙이 <u>아닌</u> 것은?

① 긍정 법칙
② 부정 법칙
③ 삼단 법칙
④ 흡수 법칙

21 다음의 불식을 불 연산의 기본 법칙을 이용하여 간단히 한 결과는?

$$x'y + x'y' + (x+y)'$$

① y
② x'
③ y'
④ x

22 다음 카르노맵의 간소화된 불 함수 $f(a,b,c,d)$를 구한 것은?

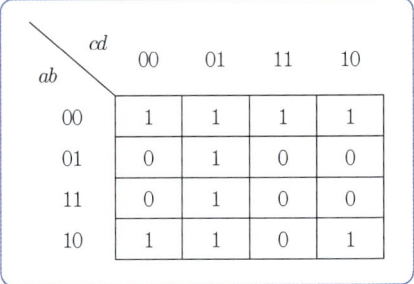

① $f(a,b,c,d) = ab' + cd' + b'd'$
② $f(a,b,c,d) = a'b' + c'd + b'd'$
③ $f(a,b,c,d) = a'b' + cd + b'd'$
④ $f(a,b,c,d) = a'b' + cd' + b'd$

23 다음은 유한상태기계에 대한 상태도이다. 입력 문자열에 대한 출력 문자열의 연결이 옳은 것은?

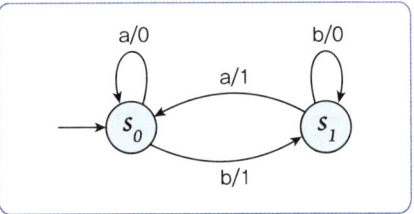

① $aaaaa$: 11111
② $babab$: 01110
③ $bbbbb$: 10000
④ $abaab$: 00100

24 다음 중 $\Sigma=\{a,b\}$일 때, 단 두 개의 a를 가지는 모든 문자열들을 인식하는 DFA는?

①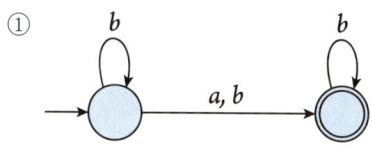

②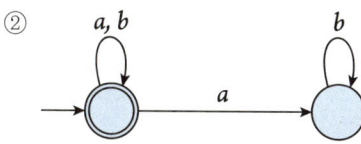

③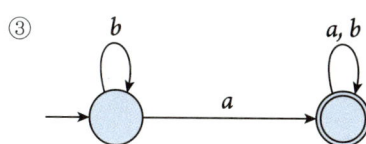

④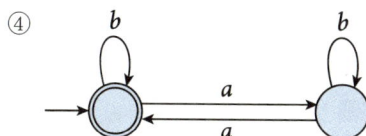

25 다음 그림의 NFA에 의해 인식되지 않는 문자열은?

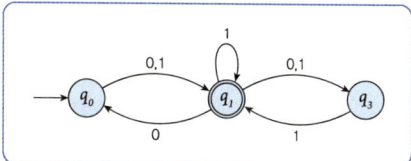

① 001
② 01001
③ 10010
④ 00000

제1회 정답 및 해설 | 이산수학

01	02	03	04	05	06	07	08	09	10	11	12	13	14	15
③	②	④	①	②	③	①	①	④	①	③	④	④	④	②

16	17	18	19	20	21	22	23	24	25
③	④	④	②	③	④	①	③	①	③

01 정답 ③

$\overline{A} \cap B$은 집합 A의 여집합과 집합 B의 교집합이므로 $B - A$와 동일한 벤 다이어그램으로 표현된다.

02 정답 ②

간접 증명법은 주어진 명제 $p \rightarrow q$를 그대로 이용하여 증명하기 어려울 때 $p \rightarrow q$와 동치인 다른 형태의 명제로 변형하여 공리, 정의, 정리 등을 이용해 증명하는 방법이다. 대우 증명법과 모순 증명법이 있다.

03 정답 ④

정리(Theorem)는 공리와 정의를 통해 참(T)으로 확인된 명제이다.
"네 변의 길이가 같은 사각형을 정사각형이라 한다."는 정의의 예이다.

04 정답 ①

주어진 프로그램은 두 개의 중첩된 for 루프와 $--x$ 명령어를 포함하고 있다. 변수 k는 0에서 $n-1$까지 증가하며, 총 n번 반복한다. 바깥 루프의 한 번의 반복마다, 변수 j는 0에서 $n-1$까지 증가하며, 총 n번 반복한다. 바깥 루프와 안쪽 루프가 중첩되어 있으므로, 전체 루프 반복 횟수는 $n \times n = n^2$이다.

05 정답 ②

관계 R의 원소인 순서쌍에서 두 번째 원소의 집합을 치역(range)이라 하며 $ran(R)$로 표시한다.
$ran(R) = \{b | (a, b) \in R\} \subseteq B$

06 정답 ③

공집합이 아닌 집합 A의 분할(partition)은 다음 조건을 만족시키는 A의 부분 집합의 모임 $\{A_1, A_2, \cdots, A_{n-1}, A_n\}$을 의미한다.
(1) $A_i \neq \varnothing, 1 \leq i \leq n$
(2) $A = \bigcup_{i=1}^{n} A_i$
(3) $A_i \cap A_j = \varnothing, i \neq j$

07 정답 ①

$(4, 6) = (2x - 2, 3y + 3)$이므로 두 수식을 대입하여 x, y를 구할 수 있다.
$4 = 2x - 2,\ 6 = 3y + 3$

08 정답 ①

반대칭, 추이 관계이다.
$\forall a, b \in x$에 대하여 $_aR_b \wedge _bR_a \Rightarrow a = b$이면 반대칭 관계이고, $\forall a, b, c \in x$에 대하여 $_aR_b \wedge _bR_c$이면 추이 관계이다.

09 정답 ④

함수(function)는 관계(relation)의 특수한 형태로 첫 번째 원소가 모두 다른 순서쌍들의 집합이다. $\{(1,3),(1,4),(4,5),(5,6)\}$는 $x=1$일 때 y의 값이 두 개 대응하므로 함수가 아니다.

10 정답 ①

두 행렬의 크기가 같아야 덧셈이 가능하다.

11 정답 ③

$$AB = \begin{bmatrix} 1 & 2 \\ 0 & 1 \end{bmatrix} \times \begin{bmatrix} 0 & 1 \\ -1 & 2 \end{bmatrix}$$
$$= \begin{bmatrix} 1\times 0+2\times(-1) & 1\times 1+2\times 2 \\ 0\times 0+1\times(-1) & 0\times 1+1\times 2 \end{bmatrix}$$
$$= \begin{bmatrix} -2 & 5 \\ -1 & 2 \end{bmatrix}$$

12 정답 ④

두 선형방정식은 $AX=B$와 같이 행렬로 표현할 수 있다.
여기서 $A = \begin{bmatrix} 1 & -4 \\ 2 & 1 \end{bmatrix}$, $X = \begin{bmatrix} x \\ y \end{bmatrix}$, $B = \begin{bmatrix} 1 \\ 3 \end{bmatrix}$
이다.

13 정답 ④

연결된 평면 그래프 $G=(V,E)$에서 정점의 개수를 $|V|=v$, 간선의 개수를 $|E|=e$, 면의 개수를 s라고 할 때 다음의 오일러의 정리(오일러 공식)가 성립한다.
$v-e+s=2$

14 정답 ④

이분 그래프의 조건은 정점의 집합을 두 개의 부분집합 X와 Y로 나눌 수 있어야 하며, 각 간선이 X와 Y 사이에만 존재해야 한다. 주어진 그래프를 확인하면, 정점 a, b, c, d를 두 개의 집합으로 나눌 수 없다. 특히 (b,d)와 같은 간선이 존재하기 때문에 이분 그래프가 될 수 없다.

15 정답 ②

방향 그래프에 대한 인접행렬은 방향 그래프는 각 간선의 방향이 존재하므로 임의의 정점 u에서 v로 가는 간선이 존재하면 행렬의 값은 1, 그렇지 않으면 0이 된다.

16 정답 ③

정점 A부터 정점 H까지 최단경로는 (A, B, C, D, H)이고 최단경로의 길이는 18이다.

17 정답 ④

어떤 그래프 G에서 모든 노드들을 포함하는 트리를 신장 트리(spanning tree, 생성 트리)라고 한다.
신장 트리는 연결 그래프의 모든 정점을 포함하면서 사이클이 없는 트리이며, 신장 트리는 (정점 수 − 1)개의 간선을 가진다. ④의 그래프는 정점 수가 7개, 간선 수가 7개이며, 사이클이 존재하므로, 신장 트리가 아니다.

18 정답 ④
$\sqrt{3} < 3$ 이다.

19 정답 ②
p: 비가 내린다. q: 밖에 나간다.
비가 내리면 밖에 안 나간다 : $p \to \neg q$
비가 안 내리면 밖에 나간다 : $\neg p \to q$
∴ $(p \to \neg q) \land (\neg p \to q)$ 이다.

20 정답 ③
진리표로 확인하면 다음과 같다.
$\neg(p \lor (\neg p \land q))$ 은 항진명제도 모순명제도 아니다.

p	q	$\neg(p \lor (\neg p \land q))$
F	F	T
F	T	F
T	F	F
T	T	F

21 정답 ④
① $xy' + (x+y)' = y'$
② $x'y + (x+y)' = x'$
③ $xy + xy' = x$

22 정답 ①
주어진 논리회로의 불식은
$f(x,y,z) = (x+y)z' + (x'z)'$ 이다.
불대수식을 이용하여 간소화하면
$f(x,y,z) = x + z'$ 이 된다.
$$\begin{aligned}f(x,y,z) &= (x+y)z' + (x'z)' \\ &= xz' + yz' + (x+z') \\ &= (xz' + x) + (yz' + z') \\ &= x(z'+1) + (y+1)z' \\ &= x + z'\end{aligned}$$

23 정답 ③
문자열 "001110"은 마지막 값이 입력되면 최종 상태 q_1에서 멈춘다. 그러므로 문자열 "001110"은 인식된다.

24 정답 ①
$ab(a+b)^*b$로 만들어지는 문자열은 ab로 시작하고 문자열 마지막에 b로 끝난다.

25 정답 ③
출력이 있는 유한 오토마타를 (변환기)라고 한다. 무어 기계는 출력이 (상태)와 관계가 있으며 밀리 기계는 출력이 (전이)와 관계가 있다.

제2회 정답 및 해설 | 이산수학

01	02	03	04	05	06	07	08	09	10	11	12	13	14	15
②	①	④	③	③	①	②	④	②	②	①	④	④	①	③
16	17	18	19	20	21	22	23	24	25					
④	①	②	①	④	②	②	③	④	③					

01 정답 ②

집합 $A = \{a, \{b,c\}, \{d,e\}\}$의 원소는 $a, \{b,c\}, \{d,e\}$이며 부분집합은
$\varnothing, \{a\}, \{\{b,c\}\}, \{\{d,e\}\},$
$\{\{a\}, \{b,c\}\}, \{\{a\}, \{d,e\}\}, \{\{b,c\}, \{d,e\}\},$
$\{a, \{b,c\}, \{d,e\}\}$이다.

02 정답 ①

1부터 100까지 자연수의 합을 계산하여 반환한다.

03 정답 ④

수학적 귀납법은 다음과 같이 기초 단계, 귀납 가성, 귀납 단계로 증명한다.
(1) 기초 단계(basis) : 출발점이 되는 n의 값을 대입하여 초기 값 계산
(2) 귀납 가정(inductive assumption) : $P_1, P_2, P_3, ..., P_n$이 사실이라고 가정
(3) 귀납 단계(inductive step) : 기초 단계와 귀납 가정을 이용하여 P_{n+1}의 경우에 성립됨을 보임

04 정답 ③

재귀 함수 $factorial$은 if문을 확인하여 n이 0이면 초기 값으로 1을 반환하고, n이 0이 아니면 n과 매개변수를 하나 줄여서 자기 자신을 호출한다. 그러므로 $f(0) = 1$이 된다. 전체 함수의 식을 $f(n)$이라고 하면 다음과 같이 복잡도를 계산할 수 있다.
$f(n) = n \times f(n-1), n \geq 1, f(0) = 1$
전개하면,
$f(0) = 1$
$f(1) = 1 \times f(0) = 1 \times 1$
$f(2) = 2 \times f(1) = 2 \times 1 \times 1$
$\vdots$
$f(n) = n \times (n-1) \times (n-2) \times ... \times 1 : O(n)$

05 정답 ③

관계 $R = \{(x,y) | |y-x| \leq 1\}$은 y와 x의 차이가 1 이하인 모든 정수 쌍 (x,y)를 나타낸다.
반사 관계는 모든 $x \in Z$에 대해 $(x,x) \in R$이 성립해야 한다.
$|x-x| = 0 \leq 1$이므로, (x,x)는 항상 관계 R에 포함된다. 따라서 R은 반사 관계이다.
대칭 관계는 $(x,y) \in R$이면 $(y,x) \in R$도 성립해야 한다.
$|y-x| \leq 1$이면, 절댓값의 대칭성으로 인해 $|x-y| \leq 1$도 성립한다. 따라서 R은 대칭 관계이다.
추이 관계는 $(x,y) \in R$이고 $(y,z) \in R$이면 $(x,z) \in R$도 성립해야 한다.
$x = 1$, $y = 2$, $z = 3$인 경우 $(1,2) \in R$ $(|2-1| = 1)$, $(2,3) \in R (|3-2| = 1)$,
$(1,3) \not\in R (|3-1| = 2)$이므로 관계 R에 포함되지 않는다. 따라서 R은 추이 관계가 아니다.

06 정답 ①
$(x, 3) = (5, x+y-1)$이므로 두 수식을 대입하여 x, y를 구할 수 있다.
$x = 5$, $3 = x+y-1$

07 정답 ②
순서쌍 $A \times B$에서 집합 A의 원소는 앞에 집합 B의 원소는 뒤에 놓는다.
$A \times B = \{(1,a), (1,b), (2,a), (2,b), (3,a), (3,b)\}$

08 정답 ④
관계 $R = \{(1,2), (2,3), (3,1)\}$는 반사 관계도 대칭 관계도 추이 관계도 아니다.
- 반사 관계 : $\forall a \in x, {_a}R_a$
- 대칭 관계 : $\forall a, b \in x, {_a}R_b \Rightarrow {_b}R_a$
- 반대칭 관계 : $\forall a, b \in x$, ${_a}R_b \wedge {_b}R_a \Rightarrow a = b$
- 추이 관계 : $\forall a, b, c \in x, {_a}R_b \wedge {_b}R_c$

09 정답 ②
$2A - B$
$= 2\begin{bmatrix} 1 & 2 \\ 0 & 1 \end{bmatrix} - \begin{bmatrix} 0 & 1 \\ -1 & 2 \end{bmatrix}$
$= \begin{bmatrix} 2 & 4 \\ 0 & 2 \end{bmatrix} - \begin{bmatrix} 0 & 1 \\ -1 & 2 \end{bmatrix} = \begin{bmatrix} 2 & 3 \\ 1 & 0 \end{bmatrix}$

10 정답 ②
$A^{-1} = \dfrac{1}{2n^2 - 7}\begin{bmatrix} 2n & 7 \\ 1 & n \end{bmatrix}$이고, 항이 모두 양의 정수가 되려면 $2n^2 - 7 = 1$이 되어야 한다. 그러므로 $n = 2$이다.

11 정답 ①
하삼각행렬(lower triangular matrix)은 삼각행렬 중에서 주대각선 위에 있는 모든 항들이 0인 행렬이다.

12 정답 ④
행렬과 행렬식을 이용해서 연립방정식의 해를 구하는 방법은 '가우스 소거법 이용하기', '역행렬 이용하기', '크래머 공식 이용하기'이다.

13 정답 ④
평면 그래프는 그래프 $G = (V, E)$를 평면에 그릴 때, 정점이 아닌 곳에서는 어떤 간선도 교차하지 않는 그래프이다.

14 정답 ①
인접 행렬(adjacency matrix)은 그래프의 모든 정점을 행과 열의 원소로 표현한다. 두 정점 사이에 연결하는 간선이 존재하면 행렬에 해당하는 원소의 값이 1이 되고, 두 정점 사이에 간선이 존재하지 않으면 0이 된다.

15 정답 ③
R^*는 주어진 순서쌍에다 자기 자신을 나타내는 순서쌍 5개와 순서쌍 $\langle a, e \rangle$를 추가한다.

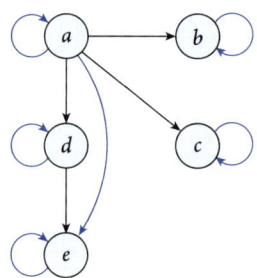

16 정답 ④

경로 $\langle A, C, H, G \rangle$의 거리는 $10 + 11 + 4 = 25$이다.

17 정답 ①

크루스칼 알고리즘(Kruskal algorithm)은 비용이 가장 작은 간선을 하나씩 선택하여, 최소 비용 신장 트리 T에 추가하고 선택한 간선은 이미 T에 포함되어 있는 간선들과 연결될 때 사이클을 형성하지 않아야 한다. 비용이 같은 간선의 경우에는 임의로 하나씩 선정한다.

18 정답 ②

$$(p \to q) \land \neg q \to p = (\neg p \lor q) \land \neg q \to p$$
$$= (\neg p \land \neg q) \lor (q \land \neg q) \to p$$
$$= (\neg p \land \neg q) \lor F \to p$$
$$= (\neg p \land \neg q) \to p$$
$$= \neg(\neg p \land \neg q) \lor p$$
$$= p \lor q \lor p$$

∴ 항진 명제가 아니다.

19 정답 ①

진리표를 이용하면 다음과 같다.

p	q	$p \leftrightarrow q$	$p \to q$	$q \to p$	$(p \to q) \land (q \to p)$
F	F	T	T	T	T
F	T	F	T	F	F
T	F	F	F	T	F
T	T	T	T	T	T

20 정답 ④

추론에서 가장 많이 사용되고 알려진 3가지 논리 법칙은 다음과 같다.
- 긍정 법칙 : p, $p \to q \vdash q$
- 부정 법칙 : $\neg q$, $p \to q \vdash \neg p$
- 삼단 법칙 : $p \to q$, $q \to r \vdash p \to r$

21 정답 ②

$$x'y + x'y' + (x+y)' = x'(y+y') + (x+y)'$$
$$= x' + (x+y)'$$
$$= x' + (x'y')$$
$$= x'(1+y')$$
$$= x'$$

22 정답 ②

카르노맵(Karnaugh map)은 불 변수들에 대한 최소항들을 도표로 그려서 인접한 항들을 서로 묶은 후에 최소화하는 방법이다.
① n차 불 함수에 대응하는 n변수 카르노맵을 선택한다.
② 불 함수에 있는 항들 각각에 대응하는 카르노맵 셀에 1을 표시한다.
③ 인접하는 셀의 값이 1이면 2의 승수 개만큼 (2^n, $n \geq 1$) 최대한 많이 묶는다.
④ 묶음에 있는 공통변수들을 찾아 논리합으로 전개한다.

ab\cd	00	01	11	10
00	1	1	1	1
01	0	1	0	0
11	0	1	0	0
10	1	1	0	1

23 정답 ③

유한상태기계에 문자열 $bbbbb$가 입력되면 출력 문자열은 10000이 된다.
$a/0$에서 a는 입력 기호, 0은 출력 기호이다.

24 정답 ④

④의 DFA만 a를 단 두 번 가진다.

25 정답 ③

문자열 "10010"은 q_0 또는 q_3에서 멈춘다.

독학학위제 2단계 전공기초과정인정시험 답안지(객관식)

컴퓨터용 사인펜만 사용

★ 수험생은 수험번호와 응시과목 코드번호를 표기(마킹)한 후 일치여부를 반드시 확인할 것.

전공분야

성명

수험번호

※ 감독관 확인란

(응시자수)
관리번호 (연번)
(인)

답안지 작성시 유의사항

1. 답안지는 반드시 컴퓨터용 사인펜을 사용하여 다음 <보기>와 같이 표기할 것.
   <보기> 잘된 표기: ● 잘못된 표기: ⊘ ⊙ ○ ◐
2. 수험번호 (1)에는 아라비아 숫자로 쓰고, (2)에는 "●"와 같이 표기할 것.
3. 과목코드는 뒷면 "과목코드번호"를 보고 해당과목의 코드번호를 찾아 표기하고, 응시과목란에는 응시과목명을 한글로 기재할 것.
4. 교시코드는 문제지 전면의 교시를 해당란에 "●"와 같이 표기할 것.
5. 한번 표기한 답은 긁거나 수정액 및 스티커 등 어떠한 방법으로도 고쳐서는 아니되고, 고친 문항은 "0"점 처리함.

[이 답안지는 마킹연습용 모의답안지입니다.]

독학학위제 2단계 전공기초과정인정시험 답안지(객관식)

컴퓨터용 사인펜만 사용

★ 수험생은 수험번호와 응시과목 코드번호를 옳게 표기(마킹)한 후 일치여부를 반드시 확인할 것.

전공분야

성 명

수 험 번 호

응시과목

과목코드

교시코드 ① ② ③ ④

답안지 작성시 유의사항

1. 답안지는 반드시 컴퓨터용 사인펜을 사용하여 다음 보기와 같이 표기할 것.
   보기) 잘 된 표기: ● 잘못된 표기: ⊙ ⊗ ◐ ◑ ○ ○
2. 수험번호 (1)에는 아라비아 숫자로 쓰고, (2)에는 "●"와 같이 표기할 것.
3. 과목코드는 뒷면 "과목코드번호"를 보고 해당과목의 코드번호를 찾아 표기하고, 응시과목란에는 응시과목명을 한글로 기재할 것.
4. 교시코드는 문제지 전면의 교시를 해당란에 "●"와 같이 표기할 것.
5. 한번 표기한 담은 긁거나 수정액 및 스티커 등 어떠한 방법으로도 고쳐서는 아니되며, 고친 문항은 "0"점 처리함.

※ 감독관 확인란
(인)

관리란 (연번) (응시자수)

절취선

[이 답안지는 마킹연습용 모의답안지입니다.]

참고문헌

- 김대수 저, 『4차 산업혁명 시대의 이산수학』, 생능출판사.
- 김대수 저, 『오토마타와 계산이론』, 생능출판사.
- 김대수 저, 『이산수학 Express』, 생능출판사.
- 김응모 외, 『형식언어와 오토마타 6판(한국어판)』, 홍릉과학출판사.
- 박주미 저, 『IT CookBook, 이산수학 : 수학으로 이해하는 디지털 논리』, 한빛아카데미.
- 박주미 저, 『IT CookBook, 컴퓨팅 사고력을 키우는 이산수학(개정판)』, 한빛아카데미.
- 함미옥・홍영진 저, 『IT CookBook, 이산수학 : 논리, 명제에서 알고리즘까지』, 한빛아카데미.
- 정보통신기술용어해설 : http://www.ktword.co.kr

당신이 저지를 수 있는 가장 큰 실수는 실수를 할까 두려워하는 것이다.

– 앨버트 하버드 –

시대에듀 독학사 컴퓨터공학과 2단계 이산수학

개정3판1쇄 발행	2025년 03월 05일 (인쇄 2025년 01월 07일)
초 판 발 행	2019년 05월 03일 (인쇄 2019년 03월 28일)
발 행 인	박영일
책 임 편 집	이해욱
편 저	이은주
편 집 진 행	송영진
표지디자인	박종우
편집디자인	차성미・고현준
발 행 처	(주)시대고시기획
출 판 등 록	제10-1521호
주 소	서울시 마포구 큰우물로 75 [도화동 538 성지 B/D] 9F
전 화	1600-3600
팩 스	02-701-8823
홈 페 이 지	www.sdedu.co.kr
I S B N	979-11-383-8537-4 (13000)
정 가	26,000원

※ 이 책은 저작권법의 보호를 받는 저작물이므로 동영상 제작 및 무단전재와 배포를 금합니다.
※ 잘못된 책은 구입하신 서점에서 바꾸어 드립니다.

··· 1년 만에 4년제 학위취득 ···
시대에듀와 함께라면 가능합니다!

시대에듀 전문 교수진과 함께라면 독학사 시험 합격은 더 가까워집니다!

수강생을 위한 프리미엄 학습 지원 혜택

| 최신 동영상 강의 | × | 기간 내 무제한 수강 | × | 모바일 강의 | × | 1:1 맞춤 학습 서비스 |

시대에듀 동영상 강의 | www.sdedu.co.kr

시대에듀 독학사
컴퓨터공학과

왜? 독학사 컴퓨터공학과인가?

4년제 컴퓨터공학 학위를 최소 시간과 비용으로 단 1년 만에 초고속 취득 가능!

1. 독학사 학과 중 거의 유일한 공과 계열 학과
2. 컴퓨터 관련 취업에 가장 유용한 학과
3. 전산팀, 서버관리실, R&D, 프로그래머, 빅데이터 · 데이터베이스 전문가, 시스템 · 임베디드 엔지니어, 각종 IT 관련 연구소 등 다양한 분야로 취업 가능

컴퓨터공학과 과정별 시험과목(2~4과정)

1~2과정 교양 및 전공기초과정은 객관식 40문제 구성

3~4과정 전공심화 및 학위취득과정은 객관식 24문제 + **주관식 4문제** 구성

2과정(전공기초)
- 논리회로
- C프로그래밍
- 자료구조
- 컴퓨터구조
- 운영체제
- 이산수학
- 객체지향프로그래밍
- 웹프로그래밍

3과정(전공심화)
- 인공지능
- 컴퓨터네트워크
- 임베디드시스템
- 소프트웨어공학
- 프로그래밍언어론
- 정보보호
- 컴파일러
- 컴퓨터그래픽스

4과정(학위취득)
- 알고리즘
- 통합컴퓨터시스템
- 통합프로그래밍
- 데이터베이스

※ 시대에듀에서 개설된 과목은 굵은 글씨로 표시하였습니다.

시대에듀 컴퓨터공학과 학습 커리큘럼

기본이론부터 실전문제풀이 훈련까지!
시대에듀가 제시하는 각 과정별 최적화된 커리큘럼에 따라 학습해 보세요.

STEP 01 기본이론 - 핵심이론 분석으로 확실한 개념 이해
> **STEP 02 문제풀이** - 실전예상문제를 통해 문제 유형 파악
> **STEP 03 모의고사** - 최종모의고사로 실전 감각 키우기
> **STEP 04 핵심요약** - 핵심요약집으로 중요 포인트 체크

핵심요약집 120% 활용 방안

교수님 코칭!

독학사 시험은 매년 정해진 평가영역에서 개념 위주의 문항이 출제됩니다. 결코 어렵게 출제되는 것이 아니기에 기본적인 사항 위주로 개념을 잘 정리해 둔다면 충분히 합격 점수인 60점 이상을 획득할 수 있습니다.

정리되지 않은 학습으로는 기울인 노력 대비 좋은 결과를 얻지 못합니다. 본서에 있는 핵심요약집은 각 단원별로 중요한 내용을 한 번 더 정리한 것으로, 다음과 같이 활용한다면 효율적인 학습에 도움이 될 것입니다.

정리 노트로 활용!

핵심요약집은 기본서의 핵심 내용이 단원별로 정리·요약되어 있으므로 중요 부분을 확인하기 쉬우며, 나만의 정리 노트로 활용할 수 있습니다.

자투리 시간에 활용!

바쁜 일상에서 공부할 시간을 따로 내는 것은 어려운 일입니다. 자투리 시간을 활용하여 정리된 요약집으로 틈틈이 복습한다면, 효과적으로 학습 시간을 확보할 수 있을 것입니다.

복습에 활용!

새로운 내용을 파악할 때 예습보다는 복습의 효과가 비교적 더 큽니다. 기본서 학습 후 복습할 때 핵심요약집을 통해 중요 내용을 떠올려 본다면 보다 효과적으로 정리할 수 있습니다.

시험 직전에 활용!

시험 직전에 많은 내용을 짧은 시간 안에 확인하려면 평소 정리 및 준비를 잘 해 두어야 합니다. 핵심요약집을 활용하여 시험 직전에 중요 부분을 확인한다면 합격에 도움이 될 것입니다.

이산수학

합격의 공식 시대에듀 www.sdedu.co.kr

시험장에 가져가는 핵심요약집

시/험/전/에/ 보/는/ 핵/심/요/약/키/워/드

나는 내가 더 노력할수록 운이 더 좋아진다는 걸 발견했다.

– 토마스 제퍼슨 –

합격의 공식 ▶
온라인 강의

보다 깊이 있는 학습을 원하는 수험생들을 위한
시대에듀의 동영상 강의가 준비되어 있습니다.
www.sdedu.co.kr ➜ 회원가입(로그인) ➜ 강의 살펴보기

이산수학

시험장에 가져가는 핵심요약집

제1장 기초

제1절 집합

집합(set) : 주어진 성질을 만족시키는 대상들[집합의 원소(element)]의 모임

1 집합의 표현

- **집합** : 일반적으로 알파벳 대문자 A, B, C, ⋯, Z로 표기
- **원소** : 일반적으로 알파벳 소문자 a, b, c, ⋯, z로 표기

> $a \in A$: a는 집합 A의 원소
> $a \notin A$: a는 집합 A의 원소가 아님

(1) 원소나열법

　예 $S_1 = \{1, 3, 5, 7, 9\}$,　$S_2 = \{흰색, 검은색\}$

(2) 조건제시법

　예 $S_1 = \{n | n은 자연수, 1 \leq n \leq 5\}$,　$S_2 = \{2n | n은 정수\}$

(3) 오일러 다이어그램(벤 다이어그램)

　$A \subset B$: 집합 A는 집합 B의 부분집합, 집합 A의 모든 원소가 집합 B의 원소

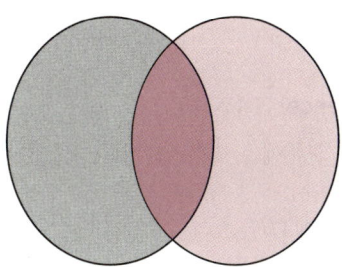

[두 집합의 오일러 다이어그램]

제1장 기초 **3**

2 집합의 크기 : 집합 A, B, C가 유한집합일 때

집합 S 내에 있는 서로 다른 원소들의 개수 : $|S|$

$|A \cup B| = |A|+|B|-|A \cap B|$
$|A \cap B| = |A|+|B|-|A \cup B|$
$|A - B| = |A \cap \overline{B}| = |A|-|A \cap B|$
$|A \times B| = |A| \times |B|$
$|A \cup B \cup C| = |A|+|B|+|C|-|A \cap B|-|A \cap C|-|B \cap C|+|A \cap B \cap C|$

3 집합의 관계 : 두 집합 A, B에 대하여

① 전단사 함수 $f : A \to B$ 존재 : $|A| = |B|$, 대등(equinumerous)
② 단사 함수 $f : A \to B$가 존재 : $|A| \leq |B|$
③ 단사 함수 $f : A \to B$가 존재하나, 전단사 함수 $f : A \to B$가 존재하지 않는다면 : $|A| < |B|$

4 집합의 연산

(1) 합집합(Union) : $A \cup B$

$A \cup B = \{x : x \in A \vee x \in B\}$

(2) 교집합(Intersection) : $A \cap B$

$A \cap B = \{x : x \in A \wedge x \in B\}$

(3) 차집합(Difference) : $A - B$

$A - B = \{x : x \in A \wedge x \notin B\}$

집합 A에서 집합 B의 차집합은 교집합을 이용해서 구할 수 있다.

$A - B = A - (A \cap B)$

(4) 대칭 차집합(Symmetric difference) : $A \triangle B$

둘 중 한 집합에는 속하지만 둘 모두에는 속하지는 않는 원소들의 집합

$A \triangle B = \{x | x \in A \cup B \wedge x \notin A \cap B\}$
$= \{x | x \in A - B \vee x \in B - A\}$
$= \{x | x \in ((A \cup B) - (A \cap B))\}$
$= \{x | (x \in A \wedge x \notin B) \vee (x \notin A \wedge x \in B)\}$

(5) 여집합(Complement) : A^C, A^-, A', $\overline{A}$

$A^C = \{x \in S : x \notin A\}$

(6) 집합 B의 부분집합(subset) A : $A \subseteq B$

$A \subseteq B = \{\forall x \in A : x \in B\}$

(7) 멱집합(Power set) : 2^s

집합의 모든 부분집합을 모아 놓은 것
$P(S) = \{A : A \subseteq S\}$

(8) 집합의 곱(Cartesian Product) : $A \times B$

$A \times B = \{(a,b) | a \in A \wedge b \in B\}$

(9) 집합의 대수 법칙

법칙의 이름	관계
결합법칙 (associative law)	$(A \cup B) \cup C = A \cup (B \cup C)$ $(A \cap B) \cap C = A \cap (B \cap C)$
교환법칙 (commutative law)	$A \cup B = B \cup A$ $A \cap B = B \cap A$
드모르간의 법칙 (De Morgan's law)	$\overline{A \cup B} = \overline{A} \cap \overline{B}$ $\overline{A \cap B} = \overline{A} \cup \overline{B}$
멱등법칙 (idempotent law)	$A \cup A = A$ $A \cap A = A$
역법칙 (inverse law)	$A \cup \overline{A} = U$ (U: 전체집합) $A \cap \overline{A} = \emptyset$, $\overline{U} = \emptyset$, $\overline{\emptyset} = U$
보법칙 (complement law)	$\overline{\overline{A}} = A$
분배법칙 (distribution law)	$A \cup (B \cap C) = (A \cup B) \cap (A \cup C)$ $A \cap (B \cup C) = (A \cap B) \cup (A \cap C)$
항등법칙 (identity law)	$A \cap U = A$, $A \cup U = U$ $A \cap \emptyset = \emptyset$, $A \cup \emptyset = A$
흡수법칙 (absorption law)	$(A \cap B) \cup A = A$ $(A \cup B) \cap A = A$
기타	$A - B = A \cap \overline{B}$ $A - A = \emptyset$, $A - \emptyset = A$

5 자주 사용하는 전체집합의 표기와 기호

(1) Z : 정수의 집합

$Z = \{\cdots, -2, -1, 0, 1, 2, \cdots\}$

(2) N : 자연수의 집합

$N = \{x | x \in Z, x > 0\} = \{1, 2, 3, \cdots\}$

(3) R : 실수의 집합

(4) Q : 유리수의 집합

$Q = \left\{\dfrac{x}{y} | x, y \in Z, y \neq 0\right\}$

(5) S_n : 1부터 n까지의 자연수의 집합

$S_n = \{x | x \in N, x \leq n\} = \{1, 2, \cdots, n\}$

제2절 증명방법

1 증명의 기본

① **공리** : 별도의 증명이 필요 없이 항상 참(T)으로 이용되는 명제(命題)
② **정리** : 공리와 정의를 통해 참(T)으로 확인된 명제
③ **정의** : 논의 대상이 지니는 의미내용에 착오가 일어나지 않도록 뚜렷이 규정한 문장이나 식
④ **증명** : 특정한 공리들을 가정하고, 그 가정 하에서 어떤 명제가 참이라는 것을 보여주는 것

2 여러 가지 증명방법

(1) **수학적 귀납법** : 기초 단계, 귀납 가정, 귀납 단계로 증명

① **기초 단계(basis)** : 출발점이 되는 n의 값을 대입하여 초기 값 계산
② **귀납 가정(inductive assumption)** : $P_1, P_2, P_3, \ldots, P_n$이 사실이라고 가정
③ **귀납 단계(inductive step)** : 기초 단계와 귀납 가정을 이용하여 P_{n+1}의 경우에 성립됨을 보임

(2) **직접 증명법** : 주어진 명제를 변경하지 않고 참(T)이라고 가정하고 공리, 정리, 정의 등을 이용하여 증명하는 방법

(3) **모순 증명법** : 주어진 문제의 명제를 일단 부정하고 논리를 전개하여 그것이 모순됨을 보임으로써 주어진 명제가 사실임을 증명하는 방법

(4) 대우 증명법 : 조건명제 $p \rightarrow q$와 $\neg q \rightarrow \neg p$가 대우관계로서 논리적 동치임을 이용하여, $\neg q \rightarrow \neg p$가 참인 것을 증명함으로써 $p \rightarrow q$가 참이 됨을 증명하는 방법

(5) 반례 증명법 : 주어진 명제가 참(T) 또는 거짓(F)임을 기존의 방법으로 입증하기가 어려운 경우, 모순이 되는 예를 하나 보임으로써 증명하는 방법

(6) 존재 증명법 : 주어진 명제가 참이 되는 예를 찾아 증명하는 방법

제3절 수의 표현

n진법과 n진수는 0과 n-1 사이의 숫자들을 이용해서 수를 표현하는 방식 또는 수를 말한다.

- n진법에서 n은 기수(Base Number)로, 표현된 수의 오른쪽 아래에 표기한다.
- 디지털 컴퓨터에서 주로 사용하는 대표적인 진수로는 2진수, 8진수, 10진수, 16진수가 있다.

1 진법별 수의 표현

(1) 10진수(Decimal Number) : 0~9

기수를 10으로 하는 수 체계로, 10을 한 자리의 기본 단위로 하는 진수

(2) 2진수(Binary Number) : 0~1, 1011.0101_2

기수를 2로 하는 수 체계로, 2를 한 자리의 기본 단위로 하는 진수

(3) 8진수(Octal Number) : 0~7, $1234_8 = 1 \times 8^3 + 2 \times 8^2 + 3 \times 8^1 + 4 \times 8^0$

기수를 8로 하는 수 체계로, 8을 한 자리의 기본 단위로 하는 진수

(4) 16진수(Hexadecimal Number) : 0~9, A~F, $B.716$

기수를 16으로 하는 수 체계로, 16을 한 자리의 기본 단위로 하는 진수

2 진법 변환

컴퓨터는 2진수를 기본으로 사용하며 8진수나 16진수도 사용함

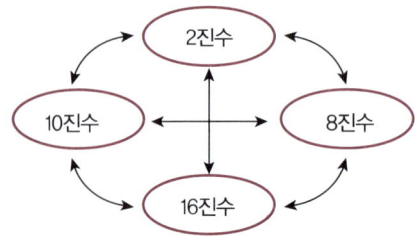

(1) 10진수의 2진수, 8진수, 16진수 변환
   ① **정수부**: 변환하려는 기수로 몫이 0이 될 때까지 나누면서 나오는 나머지를 역순으로 읽음
   ② **소수부**: 소수부가 0이 될 때까지 변환하려는 기수를 곱함

(2) 2진수, 8진수, 16진수의 10진수 변환
   각 숫자에 해당 자릿값의 가중치를 곱한 값을 모두 더함

(3) 2진수와 8진수, 16진수 간의 변환
   ① 2진수를 8진수로 변환: 2진수를 소수점 기준으로 3비트씩 나누고 각 3비트를 10진수로 변환하여 구함
   ② 8진수를 2진수로 변환: 8진수 한 자릿수는 2진수 3 자릿수가 됨
   ③ 2진수를 16진수로 변환: 2진수를 소수점 기준으로 4비트씩 나누고 각 4비트를 10진수로 변환
   ④ 16진수를 2진수로 변환: 16진수 한 자릿수는 2진수 4 자릿수가 됨

3 이진법 연산

(1) **덧셈**: 두 수의 합이 2가 되면 한 자리가 올라감

(2) **뺄셈**: 보수를 이용하여 덧셈 연산으로 구함
   ① **보수**: 진수를 나타내는 수를 r이라고 할 때 r의 보수와 r-1의 보수
   ② 보수를 이용하여 덧셈을 하면 뺄셈 연산의 결과를 얻을 수 있음

제4절 알고리즘

알고리즘은 어떠한 행동을 하기 위해서 만들어진 명령어들의 유한 집합(finite set)

1 알고리즘의 표현

(1) **자연어**(natural language) : 우리가 일상생활에서 사용하는 언어인 한국어 또는 영어 등과 같은 언어로 알고리즘을 기술하는 것

(2) **순서도**(flow chart) : 약속된 기호를 이용하여 알고리즘을 표현

구분	기호	의미
단말		순서도의 시작과 끝을 표시
준비		기억 장소, 초기값 등을 나타냄
입·출력		자료의 입·출력을 나타냄
비교·판단		조건을 비교·판단하여 흐름을 분기함
처리		자료의 연산, 이동 등 처리 내용을 나타냄
출력		각종 문서 및 서류를 출력함
흐름선	→	처리의 흐름을 나타냄
연결자		다음에 처리할 순서가 있는 곳으로 연결함

(3) **의사코드**(pseudo-code) : 컴퓨터 프로그램이나 알고리즘이 수행해야 할 내용을 우리가 사용하는 언어 (한국어 또는 영어 등)로 간략히 서술해 놓은 것

(4) **프로그래밍 언어**(programming language) : 컴퓨터 프로그래밍 언어

2 좋은 알고리즘의 특성

① **정확성**(correctness) : 입력을 이용한 문제해결과정과 출력은 명확한 작업 단계를 가져야 함
② **확정성**(definiteness) : 각 단계마다 결과가 확정되고 명확한 다음 단계를 가져야 함
③ **효율성**(effectiveness) : 문제해결과정이 구현될 수 있고 효율적이어야 함
④ **입력**(input) : 문제와 관련하여 정의된 입력이 반드시 있어야 함
⑤ **출력**(output) : 문제를 해결한 결과(답)로 된 출력이 반드시 있어야 함
⑥ **유한성**(finiteness) : 유한 개의 명령 단계를 작업한 이후에 반드시 종료해야 함
⑦ **일반성**(generality) : 같은 문제로 정의된 입력들에 일반적으로 적용할 수 있어야 함

3 알고리즘의 효율성

① **알고리즘의 일반적인 선택 기준**: 수행시간, 수행에 필요한 메모리 용량, 자료의 종류, 프로그래머의 성향
② **효율성(비용) 분석**: 연산에 필요한 시간(수행시간), 필요한 기억장소의 크기(메모리 용량)

4 알고리즘의 복잡성

(1) **복잡도(Complexity: $O(n)$)**: 빅오(Big-Oh) 표현을 사용, 알고리즘 수행 시 필요한 시간 또는 공간 비용
  ① $f(n) = O(g(n))$, f, g: 음수 값을 갖지 않는 함수
  ② **시간 복잡도(time complexity)**: 프로그램이 수행되는 시간
  ③ **공간 복잡도(space complexity)**: 프로그램이 수행에 필요한 기억 공간

(2) $O(1) < O(\log_2 n) < O(n) < O(n\log_2 n) < O(n^2) < O(n^3) < \cdots < O(2^n) < O(n!)$
  ① $O(1)$: n에 관계없이 일정 시간 이하에 수행되는 알고리즘 (파일의 첫 번째 바이트가 널(null)인지 검사)
  ② $O(\log_2 n)$: $\log_2 n$에 비례하는 시간 이하에 수행되는 알고리즘 (이진 탐색)
  ③ $O(n)$: n에 비례하는 시간 이하에 수행되는 알고리즘 (기수 정렬)
  ④ $O(n\log_2 n)$: n에 대략 비례할 수 있는 시간 이하에 수행되는 알고리즘 (정렬 알고리즘)
  ⑤ $O(n^2)$: n^2에 비례하는 시간 이하에 수행되는 알고리즘 (최장 공통 부분 수열 문제)
  ⑥ $O(n^3)$: n^3에 비례하는 시간 이하에 수행되는 알고리즘 (행렬 곱셈)
  ⑦ $O(2^n)$: 2^n과 같은 꼴의 수행 시간 이하에 수행되는 알고리즘 (충족 가능성 문제)
  ⑧ $O(n!)$: $n!$ 즉 $n \times (n-1) \times (n-2) \times ... \times 1$과 같은 수행 시간 이하에 수행되는 알고리즘 (배열의 모든 순열 검사), 대부분의 알고리즘은 $O(n!)$의 수행 시간을 가짐

5 재귀 함수의 복잡성

① **재귀 함수(recursive function)**: 함수 $f(n)$의 결과를 구하기 위해 $f(n-1)$, $f(n-2)$, $\cdots$, $f(1)$ 함수 중에서 한 개 이상의 내용이 포함되어 자기 자신을 다시 호출하는 함수
② **재귀 함수의 대표적인 예**: 팩토리얼을 구하는 함수 ($O(n)$)
  $f(n) = n \times f(n-1), n \geq 1, f(0) = 1$

6 다양한 알고리즘

(1) **탐색 알고리즘**

주어진 파일 또는 원소의 집합에서 특정 원소를 찾는 작업
  ① **순차 탐색 알고리즘**: $O(n)$
    원소들을 처음부터 하나씩 비교하여 탐색하는 알고리즘으로 효율적이지는 않지만 효과적인 방법, 선형 탐색(linear search)

② **이진 탐색 알고리즘** : $O(\log_2 n)$

원소들을 반으로 나누어 기준을 정하고 그 기준과 특정 원소를 비교하여 특정 원소가 속하는 영역에 대해서 탐색을 반복하는 방법으로 탐색 범위를 좁혀가는 알고리즘, 분할 정복 알고리즘(divide and conquer algorithm)

(2) 정렬 알고리즘

정렬(sort) : 주어진 파일 또는 원소의 집합에서 주어진 항목에 따라 크기 순서대로 늘어놓는 것

> 📂 **정렬의 방식**
> ㉠ 오름차순(ascending order) : 작은 순서부터 나열하는 것
> ㉡ 내림차순(descending order) : 큰 순서부터 나열하는 것
> ㉢ 단순하지만 비효율적인 방법 : 삽입 정렬, 선택 정렬, 버블 정렬
> ㉣ 복잡하지만 효율적인 방법 : 퀵 정렬, 히프 정렬, 합병 정렬, 기수 정렬
> ㉤ 저장된 위치에 따라 : 내부 정렬(internal sort)-주기억장치(memory), 외부 정렬(external sort)

I. 내부 정렬

① **선택 정렬** : $O(n^2)$

잘못된 위치에 들어가 있는 원소를 찾아 그것을 올바른 위치에 재배치하는 원소 교환 방식으로 정렬
㉠ 리스트 중에서 가장 작은 원소를 찾아 첫 번째 위치의 원소와 교환
㉡ 두 번째로 작은 원소를 찾아 두 번째 위치의 원소와 교환
㉢ 나머지 $a[i], \cdots, a[n-1]$ 원소 중 가장 작은 원소를 선택해서 $a[i]$ 원소와 교환
㉣ 이 과정을 반복 실행

② **버블 정렬** : $O(n^2)$

인접한 두 원소를 비교하여 순서가 서로 다르면 원소의 자리를 바꾸고, 그렇지 않으면 그 위치에 그대로 둠
㉠ 인접한 2개의 레코드를 비교하여 순서대로 되어 있지 않으면 서로 교환
㉡ 이러한 비교와 교환 과정을 리스트의 왼쪽 끝에서 오른쪽 끝까지 반복하여 스캔

③ **삽입 정렬** : $O(n^2)$

원소 중에서 가장 첫 번째 값을 정렬된 원소로 가정하고 그 다음 원소부터 정렬된 원소를 기준으로 적합한 위치에 삽입하는 방법으로 정렬되어 있는 부분에 새로운 레코드를 올바른 위치에 삽입하는 과정을 반복하는 방법

> • $S[\ ]$: 정렬된 배열의 왼쪽 부분
> • $U[\ ]$: 정렬되지 않은 배열의 오른쪽 부분

정렬되지 않은 $U[\ ]$의 왼쪽 끝에서 삽입할 원소를 찾아 정렬된 $S[\ ]$의 적절한 위치에 삽입함

㉠ $U[\ ]$의 왼쪽에서 삽입할 원소 k를 선택
㉡ k를 제거하여 빈자리로 만듦
㉢ $S[\ ]$에 있는 k보다 큰 원소들을 오른쪽으로 이동
㉣ k를 $S[\ ]$에 만들어진 빈자리에 삽입
㉤ $U[\ ]$의 모든 원소들이 $S[\ ]$에 삽입될 때까지 반복

④ **퀵 정렬**: $O(n \log n)$ - 최적, $O(n^2)$ - 최악
㉠ 모든 정렬 방법 중에서 평균 수행 시간이 가장 빠름

> 정렬 대상 원소들 중에서 피벗 값(pivot key) p를 정한 후, 이 피벗 값을 기준으로 피벗보다 큰 집합과 작은 집합으로 나누고, 나누어진 두 집합을(subset) 각각 다시 퀵 정렬로 재귀함으로써 모든 원소가 순서대로 정렬될 때까지 실행

㉡ 리스트를 2개의 부분 리스트로 비균등 분할하고, 각각의 부분 리스트를 다시 퀵 정렬

> - 배열 $a[m:n]$의 한 원소를 pivot(중심 값)으로 선정
> - pivot을 기준으로 $a[\ ]$를 두 개의 파티션(partition)으로 분할
>   - 왼쪽 파티션은 pivot보다 작은 값들로 구성
>   - 오른쪽 파티션은 pivot보다 크거나 같은 값들로 구성
> - 각 파티션에 대해 다시 퀵 정렬을 순환 적용
>   - 각 파티션이 하나의 원소로 될 때까지 반복

⑤ **합병 정렬**: $O(n \log n)$
원소 집합을 비슷한 크기로 반복해서 나누고 나눈 원소들의 집합의 크기가 1이 되었을 때 정렬된 두 원소 집합을 병합하여 크기가 2인 집합들을 생성하고, 다시 이 집합들에 대하여 병합 과정을 반복 시행하여 한 개의 집합을 만들어 내는 방법

> **합병 정렬의 분할 정복(divide and conquer) 방법**
> - 분할(Divide): 배열을 같은 크기의 2개의 부분 배열로 분할
> - 정복(Conquer): 부분 배열을 정렬한다. 부분 배열의 크기가 충분히 작지 않으면 재귀호출을 이용하여 다시 분할 정복 기법을 적용
> - 결합(Combine): 정렬된 부분 배열을 하나의 배열로 통합

⑥ **힙 정렬**: $O(\log_2 n)$
원소들을 정리할 때 동시에 처리하지 않고 모든 원소들 중에서 가장 큰(또는 작은) 원소를 찾아서 출력하고, 나머지 원소들 중에서 가장 큰(또는 작은) 원소를 찾아 출력하는 과정을 반복 시행하여 정렬

⑦ **쉘 정렬**: $O(n^{1.5})$ - 최악 및 평균, $O(n \log_2 n)$ - 최선
삽입 정렬을 확장한 개념으로, 원소 전체를 삽입 정렬하기 전에 이 원소들을 몇 개의 부분리스트로 나누어 삽입 정렬을 한 뒤 전체 원소에 대해 삽입 정렬을 수행

알고리즘	최선	평균	최악
삽입 정렬	$O(n)$	$O(n^2)$	$O(n^2)$
선택 정렬	$O(n^2)$	$O(n^2)$	$O(n^2)$
버블 정렬	$O(n^2)$	$O(n^2)$	$O(n^2)$
쉘 정렬	$O(n)$	$O(n^{1.5})$	$O(n^{1.5})$
퀵 정렬	$O(n\log_2 n)$	$O(n\log_2 n)$	$O(n^2)$
힙 정렬	$O(n\log_2 n)$	$O(n\log_2 n)$	$O(n\log_2 n)$
합병 정렬	$O(n\log_2 n)$	$O(n\log_2 n)$	$O(n\log_2 n)$
기수 정렬	$O(dn)$	$O(dn)$	$O(dn)$

II. 외부 정렬

외부기억장치에 대부분의 데이터가 있고 일부만 주기억장치에 저장된 상태에서 정렬하는 방법

- 정렬 단계(sort phase) : 정렬할 파일의 레코드들을 지정된 길이의 부분 파일로 분할해서 정렬하여 런(run)을 만들어 입력 파일로 분배하는 단계
- 런 생성 방법 : 내부 정렬(internal sort), 대체 선택(replacement selection), 자연 선택(natural selection)
- 합병 단계(merge phase) : 정렬된 런들을 합병해서 보다 큰 런으로 만들고, 이것들을 다시 입력 파일로 재분배하여 합병하는 방식으로, 모든 레코드들이 하나의 런에 포함되도록 만드는 단계

① **균형 합병 정렬(balanced merge sort)**
  ㉠ n개의 테이프 장치에 대하여 각 테이프에 똑같은 크기의 레코드들을 작은 블록으로 나누어 내부 방법을 통해 정렬
  ㉡ 최소 4개의 테이프가 있을 때 가능하며 2-way merge sort를 하는 방식

② **계단식 합병 정렬(cascade merge sort)**
  ㉠ 부분적으로 정렬된 부분 파일들을 한 개의 빈 테이프에 합병하여 정렬하는 방법을 반복 실행하여 정렬
  ㉡ 연속 합병 정렬이라고도 하며 n개의 테이프가 주어졌을 때, 처음에는 $(n-1)-way$ 합병을 하고 $(n-2)-way$ 합병, …, 2-way 합병 정렬을 반복적으로 행하는 방법으로 정렬

③ **교대 합병 정렬(oscillating merge sort)**
  ㉠ 테이프의 읽기, 쓰기 기능이 역방향과 순방향 모두 가능한 테이프 장치의 기능을 이용하여 정렬
  ㉡ n개의 테이프에서 1개의 테이프에는 정렬되지 않은 입력 파일이 저장되어 있고, $n-1$개의 테이프는 비어있으며 비어있는 $n-1$개의 테이프를 이용하여 합병 정렬

④ **다단계 합병 정렬(polyphase merge sort)**
  ㉠ 분산되어 기록된 레코드의 수를 피보나치 수열을 이용하여 정렬
  ㉡ n개의 입력 파일과 1개의 출력 파일로 구성
  ㉢ 최소 8개의 테이프가 필요하며 $k-way$ merge sort를 하는 방식

(3) 유클리드 알고리즘(Euclidean algorithm)

두 양의 정수 x, y가 갖는 공약수 중에서 최댓값인 최대공약수(Greatest Common Divisor, GCD)를 찾는 알고리즘, 유클리드 호제법

> 최대공약수 : $GCD(x,y) = GCD(y,r)$에 의하여 구할 수 있는데 r이 0이 될 때까지 이 과정을 반복하여 구함

제2장 관계와 함수

제1절 관계

관계(relation) : 객체(object)들 간의 연관성을 표현

1 관계와 이항관계

(1) **이항관계** : 두 집합 A, B에 대하여, A로부터 B로의 이항관계(binary relation) R은 두 집합의 곱집합 $A \times B$의 부분집합

   ※ $A \times B$의 원소인 순서쌍이 (a, b)일 때, $(a, b) \in R$과 $_aR_b$는 동치

   ① **정의역(Domain)** : 집합 A에서 집합 B로 가는 관계 R에 속한 순서쌍의 첫 번째 원소가 포함되어 있는 집합, $dom(R) = \{a | a \in A\}$

   ② **공변역(Codomain)** : 집합 A에서 집합 B로 가는 관계에서 관계 R에 속한 순서쌍의 두 번째 원소가 포함되어 있는 집합, $codom(R) = \{b | b \in B\}$

   ③ **치역(Range)** : 집합 A에서 집합 B로 가는 관계에서 관계 R에 속한 순서쌍의 두 번째 원소들을 모아놓은 집합(공변역의 부분집합), $ran(R) = \{b | (a, b) \in R\} \subseteq B$

(2) **집합의 곱(cartesian product)** : $A \times B = \{(a, b) | a \in A, b \in B\}$

   $A_1 \times A_2 \times \cdots \times A_n = \{(a_1, a_2, \cdots, a_n) |$ 모든 $i, 1 \leq i \leq n$에 대해 $a_i \in A_i\}$

(3) $n - ary$ **관계** : 원소가 두 개 이상인 경우의 관계

(4) **역관계(reverse relation)** : R^{-1}

   $R^{-1} = \{(b, a) | (a, b) \in R\}$

2 관계의 표현

순서쌍의 집합, 화살표 도표(arrow diagram), 좌표 도표(coordinate diagram), 관계 행렬(relation matrix), 방향 그래프(directed graph)

(1) 화살표 도표: 집합 A에서 집합 B의 관계 R의 순서쌍 집합 $(a,b) \in R$ $(a \in A, b \in B)$일 때 집합 A에 있는 원소 a에서 집합 B에 있는 원소 b로 화살표를 그려서 관계를 표현

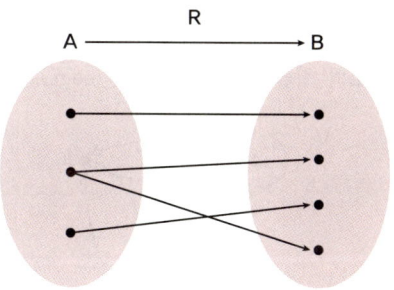

(2) 좌표 도표: 집합 A와 집합 B의 관계 R이 있을 때, 집합 A의 원소를 x축 위의 점으로 생각하고 집합 B의 원소를 y축 위의 점으로 생각하여 $a \in A$와 $b \in B$가 만나는 곳에 점으로 표시

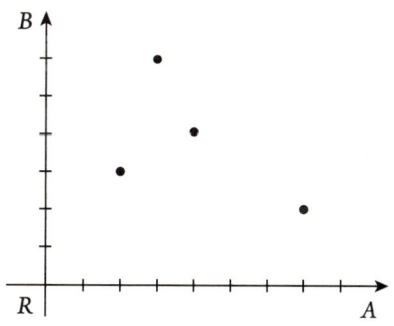

(3) 관계 행렬: 부울(boolean) 행렬을 이용하여 관계를 표현
　① 관계 행렬의 원소 m_{ij}가 '1'일 때: 관계 R에 원소 (a_i, b_j) 존재
　② 관계 행렬의 원소 m_{ij}가 '0'일 때: 관계 R에 원소 (a_i, b_j) 존재하지 않음
　　예 두 집합 $A = \{0, 1, 2\}$, $B = \{1, 2\}$에 대한 이항관계가 $R = \{(0,1), (1,2), (2,2)\}$일 때

- 관계 R의 관계 행렬 : $M_R = \begin{matrix} & \begin{matrix} 1 & 2 \end{matrix} \\ \begin{matrix} 0 \\ 1 \\ 2 \end{matrix} & \begin{bmatrix} 1 & 0 \\ 0 & 1 \\ 0 & 1 \end{bmatrix} \end{matrix}$

- 역관계 R^{-1}의 관계 행렬 : $M_{R^{-1}} = \begin{matrix} & \begin{matrix} 0 & 1 & 2 \end{matrix} \\ \begin{matrix} 1 \\ 2 \end{matrix} & \begin{bmatrix} 1 & 0 & 0 \\ 0 & 1 & 1 \end{bmatrix} \end{matrix}$

(4) 방향 그래프 : 하나의 집합 A에 대한 관계일 때, 집합 A의 각 원소를 그래프의 정점(vertex)으로 표시하고 $(a,b) \in R$일 경우 a에서 b로의 화살표가 있는 연결선(edge)으로 표현

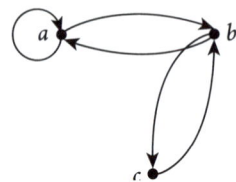

3 합성 관계

- 이미 주어진 두 관계 R_1, R_2로부터 새로운 관계 $R_1 \cdot R_2$(또는 $R_1 R_2$)를 생성(R_1의 치역이 R_2의 정의역)

$$R_1 \cdot R_2 = \{(a,c) \mid a \in A, c \in C, (a,b) \in R_1 \text{ and } (b,c) \in R_2\}$$

- 화살표 도표나 관계 행렬 이용

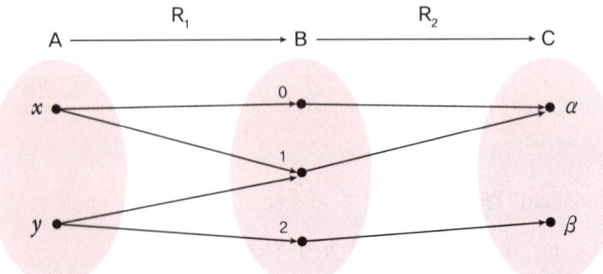

(1) 집합 A의 항등 관계(identity relation)

$I_A = \{(a,a) \mid a \in A\}$

$I_A R = R I_A = R$

(2) 합성 관계의 거듭 제곱(R^n): 집합 A에 대한 관계 R에 대하여 $n=1,2,3,\cdots$일 때의 거듭제곱

$$R^n = \begin{cases} R & , n=1 \\ R^{n-1} \circ R & , n>1 \end{cases}$$

4 관계의 성질

(1) 추이 관계: $\forall a, b, c \in X,\ _aR_b \wedge\ _bR_c \Rightarrow\ _aR_c$

집합 A의 원소 a, b, c에 대하여 관계 R이 $(a,b) \in R$이고 $(b,c) \in R$이면 $(a,c) \in R$인 관계를 만족하는 관계 R

(2) 반사 관계: 임의의 집합 A에 속하는 임의의 원소 a에 대해 $_aR_a$를 만족하는 이항관계

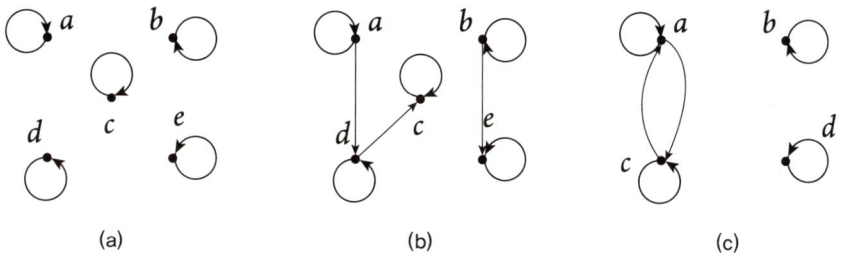

행렬로 표현하면 대각선에 해당되는 모든 값은 1

$$\begin{array}{c} \quad a\ b\ c\ d\ e \\ \begin{matrix} a \\ b \\ c \\ d \\ e \end{matrix}\begin{bmatrix} 1 & 0 & 0 & 0 & 0 \\ 0 & 1 & 0 & 0 & 0 \\ 0 & 0 & 1 & 0 & 0 \\ 0 & 0 & 0 & 1 & 0 \\ 0 & 0 & 0 & 0 & 1 \end{bmatrix} \\ (a) \end{array} \qquad \begin{array}{c} \quad a\ b\ c\ d\ e \\ \begin{matrix} a \\ b \\ c \\ d \\ e \end{matrix}\begin{bmatrix} 1 & 0 & 0 & 1 & 0 \\ 0 & 1 & 0 & 0 & 1 \\ 0 & 0 & 1 & 0 & 0 \\ 0 & 0 & 1 & 1 & 0 \\ 0 & 0 & 0 & 0 & 1 \end{bmatrix} \\ (b) \end{array} \qquad \begin{array}{c} \quad a\ b\ c\ d \\ \begin{matrix} a \\ b \\ c \\ d \end{matrix}\begin{bmatrix} 1 & 0 & 1 & 0 \\ 0 & 1 & 0 & 0 \\ 1 & 0 & 1 & 0 \\ 0 & 0 & 0 & 1 \end{bmatrix} \\ (c) \end{array}$$

(3) 비반사 관계: 집합 A의 모든 원소가 반사 관계를 만족하지 않는 이항관계

집합 A의 관계 R에 대하여 모든 $a \in A$에 대해 $(a,a) \notin R$인 관계

(4) 대칭 관계: $\forall a, b \in X,\ _aR_b \Rightarrow\ _bR_a$

집합 A에 속한 임의의 두 원소 a, b에 대하여 $(a, b) \in R$일 때 $(b, a) \in R$인 관계 R

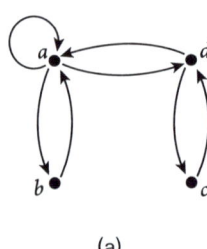

$$\begin{array}{c|cccc} & a & b & c & d \\ \hline a & 1 & 1 & 0 & 1 \\ b & 1 & 0 & 0 & 0 \\ c & 0 & 0 & 0 & 1 \\ d & 1 & 0 & 1 & 0 \end{array}$$

(a) (b)

(5) 반대칭 관계: $\forall a, b \in X,\ _aR_b \wedge\ _bR_a \Rightarrow a = b$

반대칭 관계 R은 집합 A에 있는 모든 원소 a, b에 대하여 $(a, b) \in R$이고 $(b, a) \in R$일 때 $a = b$인 관계를 만족함

5 관계의 폐포

(1) 반사 폐포: $R_2 = R_1 \cup \{(a, a) | a \in A\}$

집합 A에 대해 관계 R_1을 포함하면서 반사 관계를 갖는 R_2는 반사 폐포(reflexive closure)

$$\begin{array}{c|ccc} & \alpha & \beta & \gamma \\ \hline \alpha & 1 & 0 & 1 \\ \beta & 1 & 0 & 0 \\ \gamma & 0 & 1 & 0 \end{array}$$

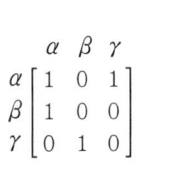

$$\begin{array}{c|ccc} & \alpha & \beta & \gamma \\ \hline \alpha & 1 & 0 & 1 \\ \beta & 1 & 1 & 0 \\ \gamma & 0 & 1 & 1 \end{array}$$

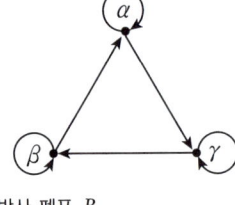

관계 R_1 반사 폐포 R_2

(2) 대칭 폐포: $R_2 = R_1 \cup \{(b, a) \in A \times A | (a, b) \in R\} = R_1 \cup R_1^{-1}$

집합 A에 대해 관계 R_1을 포함하면서 대칭 관계를 갖는 R_2는 대칭 폐포(symmetric closure)

$$\begin{array}{c|ccc} & \alpha & \beta & \gamma \\ \hline \alpha & 1 & 0 & 1 \\ \beta & 1 & 0 & 0 \\ \gamma & 0 & 1 & 0 \end{array}$$

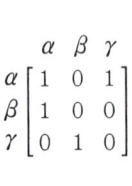

$$\begin{array}{c|ccc} & \alpha & \beta & \gamma \\ \hline \alpha & 1 & 1 & 1 \\ \beta & 1 & 0 & 1 \\ \gamma & 1 & 1 & 0 \end{array}$$

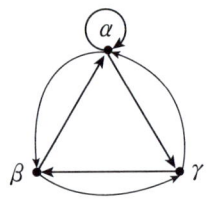

관계 R_1 대칭 폐포 R_2

(3) 추이 폐포 : $R_2 = R_1 \cup \{(a,c) \in A \times A | (a,b) \in R_1 \wedge (b,c) \in R_1\}$

① 집합 A에 대해 관계 R_1을 포함하면서 추이 관계를 갖는 R_2는 추이 폐포(transitive closure)

② 순서쌍을 찾아가며 추이 폐포를 만드는 과정은 다소 복잡하고 쉽지 않음

③ 연결 관계(connectivity closure, R^*)를 이용하여 추이 폐포 생성

$$R^* = \bigcup_{n=1}^{\infty} R^n = R^1 \cup R^2 \cup ... \cup R^n : \text{연결 관계 } R^* \text{은 관계 } R \text{의 추이 폐포}$$

제2절 반순서와 동치 관계

1 반순서

반순서 관계(partial order relation, 부분순서 관계) : 집합 A에 대한 관계 R이 반사 관계, 반대칭 관계, 추이 관계 성립

(1) 집합 A에서 관계 $R \subseteq A \times A$의 성질

① **추이 관계** : 모든 $x, y, z \in A$에 대해 $_xR_y$이고 $_yR_x$이면 $_xR_z$

② **반사 관계** : 모든 $x \in A$에 대해 $_xR_x$

③ **반대칭 관계** : 모든 $x, y \in A$에 대해 $_xR_y$이고 $_yR_x$이면 $x = y$

(2) 선형 순서(linearly order)

① 관계 R이 반순서를 만족함

② 만약 $a \in A$이고 $b \in A$라면 $_aR_b$, $_bR_a$ 또는 $a = b$ 중 하나가 성립함

(3) 완전 순서(total order)

집합 A에서의 관계 R이 반순서 관계이고 집합 A 모든 원소들을 그 관계에서 비교할 수 있는 관계 R

(4) 하세 도형(Hasse diagram) : 반순서 집합$(A, \leqslant)$을 그래프로 나타냄

① 규칙

㉠ 모든 순환(loop)은 표시하지 않음

㉡ 반순서 집합 A의 원소 x, y에 대해 $x \neq y$이고 $a \leqslant b$이면, 정점 a를 정점 b보다 아래쪽에 그림

㉢ 집합 A의 원소 x, y, z에서 $x \leqslant y$이고 $y \leqslant z$를 만족하는 y가 존재하지 않을 경우에만 x에서 z로의 연결을 그림

② 원소의 특징
  ㉠ 극대원소(Maximal Element) : 반순서 집합 A의 원소 a에 대해, $a<b$인 원소 b가 A에 존재하지 않는 경우, 원소 a
  ㉡ 극소원소(Minimal Element) : 반순서 집합 A의 원소 a에 대해, $b<a$인 원소 b가 A에 존재하지 않는 경우, 원소 a
  ㉢ 최대원소(Greatest Element) : 반순서 집합 A의 $\forall a$에 대해, $a \leq b$인 A의 원소 b
  ㉣ 최소원소(Least Element) : 반순서 집합 A의 $\forall a$에 대해, $b \leq a$인 A의 원소 b

2 동치 관계

관계 R에서 반사 관계, 대칭 관계, 추이 관계가 모두 성립

(1) 공집합이 아닌 집합 A의 분할(partition)

① $A_i \neq \varnothing, 1 \leq i \leq n$
② $A = \bigcup_{i=1}^{n} A_i$
③ $A_i \cap A_j = \varnothing, i \neq j$

(2) mod 합동 : $x \equiv y \,(\bmod\, m)$, x와 y를 m으로 각각 나누었을 때 나머지가 같다는 의미

① $A \equiv A \,(\bmod\, C)$ (반사 관계 성립)
② $A \equiv B \,(\bmod\, C)$이면 $B \equiv A \,(\bmod\, C)$임 (대칭 관계 성립)
③ $A \equiv B \,(\bmod\, C)$이고 $B \equiv D \,(\bmod\, C)$이면 $A \equiv D \,(\bmod\, C)$임 (추이 관계 성립)

제3절 함수

1 함수의 개념

관계(relation)의 특수한 형태로 첫 번째 원소가 모두 다른 순서쌍들의 집합

(1) 함수 표기

① $f: A \to B$ (함수 f는 A에서 B로 사상)
  ㉠ **집합 A** : 함수 f의 정의역(domain)
  ㉡ **집합 B** : 함수 f의 공변역(codomain)
  ㉢ **함수 f** : 사상(mapping)

② $f: X \to Y$는 $f(x) = y$로 표기할 수 있음
  ㉠ y : 함수 f에 의한 x의 상(image) 또는 함수값
  ㉡ x : 원상(preimage)

ⓒ **정의역** : $dom(f) = \{x | (x,y) \in f, x \in X, y \in Y\}$
ⓓ **치역** : $ran(f) = \{y | (x,y) \in f, x \in X, y \in Y\}$

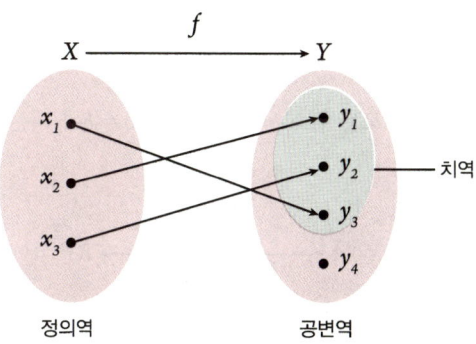

$f = g$: 두 함수 f와 g에 대하여 정의역과 공변역이 같고, 정의역의 모든 원소 x가 $f(x) = g(x)$이면 함수 f와 g는 서로 '같다(equal)'.

2 함수 그래프

$G = \{(x,y) | x \in A, y \in B, y = f(x)\}$: 집합 A에서 집합 B로의 관계를 나타낸 그래프

제4절 유용한 함수

1 단사함수

(1) $\forall a_i, a_j \in A, \ f(a_i) = f(a_j) \Rightarrow a_i = a_j$

(2) 정의역의 서로 다른 원소를 공변역의 서로 다른 원소로 대응시키는 함수

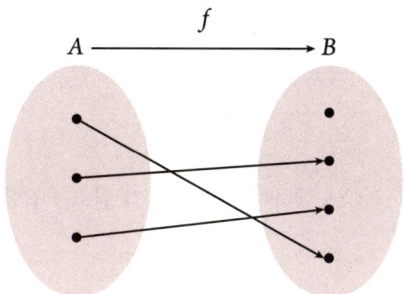

2 전사함수

(1) $\forall b \in B, \exists a \in A, f(a) = b$

(2) 치역과 공변역이 같은 함수 f

(3) 함수 $f: A \to B$에서 집합 B의 모든 원소 b에 대하여 $f(a) = b$가 되는 $a \in A$가 적어도 하나 존재하는 함수 f

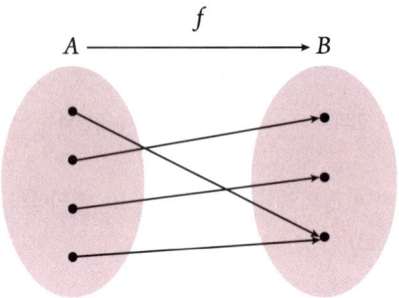

3 전단사함수

(1) $|dom(f)| = |codom(f)|, |ran(f)| = |codom(f)|$

(2) 함수 $f: A \to B$에서 f가 단사함수를 만족하면서 전사함수를 만족하는 함수

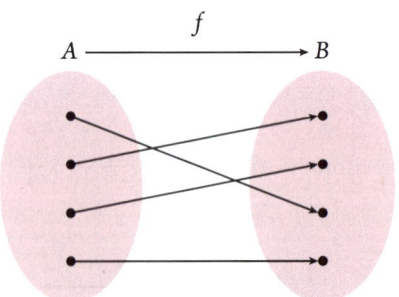

4 합성 함수

(1) 두 함수 $f: A \to B$와 $g: B \to C$에 대하여 집합 A의 각 원소를 집합 C의 원소에 대응하여 만든 새로운 함수 $g \circ f: A \to C$

(2) $g \circ f = \{(a, c) | a \in A, b \in B, c \in C, f(a) = b, g(b) = c\}$

(3) $g \circ f = (g \circ f)(a) = g(f(a)), \forall a \in A$

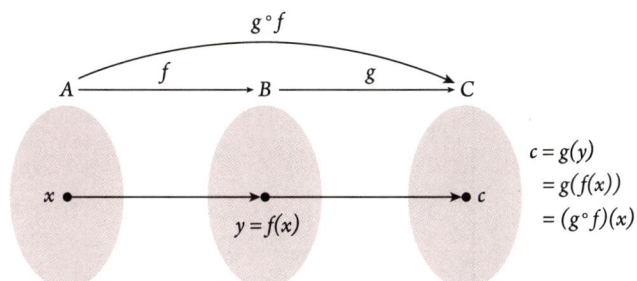

(4) 합성함수의 기본적인 특성

① 함수 f, g가 단사함수이면 합성함수 $g \circ f$도 단사함수
② 함수 f, g가 전사함수이면 합성함수 $g \circ f$도 전사함수
③ 함수 f, g가 전단사함수이면 합성함수 $g \circ f$도 전단사함수
④ 합성함수 $g \circ f$가 단사함수이면 함수 f도 단사함수
⑤ 합성함수 $g \circ f$가 전사함수이면 함수 g도 전사함수
⑥ 합성함수 $g \circ f$가 전단사함수이면 함수 f는 단사함수이고 함수 g는 전사함수

5 여러 함수

(1) 항등함수 : 집합 A의 함수 $f: A \to A$가 $f(a) = a$로 정의되는 관계

(2) 역함수 : $f^{-1}: B \to A$
정의역과 공변역은 뒤바뀌고, 대응 관계는 방향만 뒤바뀐 함수

(3) 상수함수 : 정의역의 값에 관계없이 항상 같은 값을 갖는 함수

(4) 특성함수

① 전체집합을 U라고 할 때 U의 부분집합 A의 특성함수(characteristic function)
② $f_A: U \to \{0, 1\}$, $f_A(x) = \begin{cases} 0, & x \notin A \\ 1, & x \in A \end{cases}$, $A \subset U$

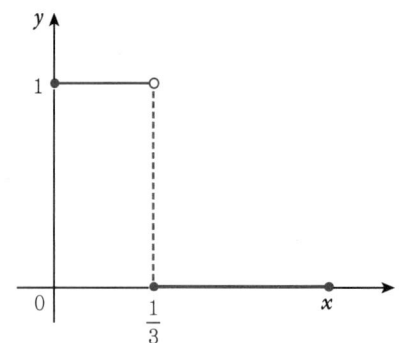

(5) 바닥함수(최대정수함수), 천장함수(최소정수함수), 분수부분함수

① **바닥함수** : 각 실수 이하의 최대 정수를 구하는 함수
  ㉠ 내림함수, 버림함수, 최대정수함수(greatest integer function)
  ㉡ $\lfloor x \rfloor = \max\{n \in Z : n \leq x\}$

② **천장함수** : 각 실수 이상의 최소 정수를 구하는 함수
  ㉠ 올림함수, 최소정수함수(least integer function)
  ㉡ $\lceil x \rceil = \min\{n \in Z : n \geq x\}$

③ **분수부분함수** : $\{x\}$, $\mathrm{frac}(x)$
  ㉠ $\{-\} : R \to [0, 1)$
  ㉡ $\{x\} = x - \lfloor x \rfloor = \min\{y \in R_{\geq 0} : x - y \in Z\}$

④ **관계**
  ㉠ $\max\{n \in Z : n \leq x\} = \lfloor x \rfloor$
  ㉡ $\min\{n \in Z : n \geq x\} = \lceil x \rceil$
  ㉢ $\min\{n \in Z : n > x\} = \lfloor x \rfloor + 1$
  ㉣ $\max\{n \in Z : n < x\} = \lceil x \rceil - 1$

⑤ **합성** : 바닥함수와 천장함수와 분수부분함수는 모두 멱등함수
  ㉠ $\lfloor \lfloor x \rfloor \rfloor = \lfloor x \rfloor$
  ㉡ $\lceil \lceil x \rceil \rceil = \lceil x \rceil$
  ㉢ $\{\{x\}\} = \{x\}$
  ㉣ $\lceil \lfloor x \rfloor \rceil = \lfloor x \rfloor$
  ㉤ $\lfloor \lceil x \rceil \rfloor = \lceil x \rceil$
  ㉥ $\{\lfloor x \rfloor\} = 0$
  ㉦ $\lfloor \{x\} \rfloor = 0$
  ㉨ $\{\lceil x \rceil\} = 0$
  ㉩ $\lceil \{x\} \rceil = \begin{cases} 0 & x \in Z \\ 1 & x \notin Z \end{cases}$

제3장 그래프 이론

제1절 용어 및 오일러 사이클

1 그래프의 용어

그래프(graph) $G = (V, E)$
- V : 그래프 G의 정점 또는 노드(node)들의 집합
- E : 해당 그래프에 존재하는 연결선 또는 간선(edge)들의 집합, 두 정점들을 연결한 두 정점의 순서쌍으로 표현

방향 그래프(directed graph) $G = \langle V, E \rangle$: 연결선에 화살표가 있어서 진행 방향이 있는 그래프
- $V = \{v_1, v_2, \cdots, v_{n-1}, v_n\}$
- $E = \{e_1, e_2, \cdots, e_{m-1}, e_m\} = \{\langle v_i, v_j \rangle, \cdots\}$
- $v \to w$인 간선: 정점 v는 정점 w의 선행자(predecessor), 정점 w는 정점 v의 후속자(successor)

방향이 없는 그래프(undirected graph) $G = (V, E)$: 연결선에 화살표가 없는 그래프
- $V = \{v_1, v_2, \cdots, v_{n-1}, v_n\}$
- $E = \{e_1, e_2, \cdots, e_{m-1}, e_m\} = \{(v_i, v_j), \cdots\}$

- **한붓그리기(traversable)** : 그래프에서 연필을 떼지 않고 모든 연결선을 오직 한 번만 지나가게 그리는 것
- **경로(path)** : 어느 한 정점으로부터 다른 정점으로 도달하는 길 중에서 같은 간선을 한 번만 지나는 길
- **길(length)** : 경로 또는 사이클(cycle)을 구성하는 간선의 수로 표현

(1) 그래프에서의 경로
  ① **경로(path)**
  정점들을 나열한 열 $v_1, v_2, \cdots, v_n$에서 모든 $1 \leq k \leq n$에 대해 간선 $(v_k, v_{k+1}) \in E$이 존재
    ⊙ 경로의 길이(length) : $n-1$
    ⓒ 두 개의 정점 사이를 잇는 간선들을 순서대로 나열
  ② **단순 경로(simple path)**
  간선이 겹치지 않는 경로
  ③ **기본 경로(elementary path)**
  정점이 겹치지 않는 경로

④ 사이클(cycle) 또는 순환(circuit)
경로 $(v_1, v_2, \cdots, v_n)$에서 시점 v_1과 종점 v_n이 일치하는 경우

⑤ 단순 사이클(simple cycle)
같은 간선을 반복하여 방문하지 않는 사이클

⑥ 기본 사이클(elementary cycle)
시작 정점을 제외한 어떠한 정점도 반복하여 방문하지 않는 사이클

⑦ 루프(loop)
단 하나의 정점만을 연결하는 연결선으로 (v,v) 또는 $\langle v,v \rangle$ 형태의 연결선을 가짐

> $G = (V, E)$에서 정점 u와 v를 연결한 간선 $e = (u, v)$가 있을 때
>
> $$e = (u, v)$$
> $u \bullet \longrightarrow \bullet v$
>
> ㉠ 인접(adjacent): 정점 u와 v는 서로 인접
> ㉡ 근접(incident): 간선 e는 정점 u와 v에 근접
> ㉢ 차수: 어떤 정점에 인접하는 연결선들의 개수, $d(u) = d(v) = 1$(또는 $\deg(u) = \deg(v) = 1$)
>   • 진입 차수(in degree): 방향 그래프에서 정점 v를 머리로 하는 간선의 수
>   • 진출 차수(out degree): 방향 그래프에서 정점 v를 꼬리로 하는 간선의 수

(2) 그래프
① **연결 그래프(connected graph)**: 모든 정점들이 연결되어 있는 그래프
② **강한 연결 그래프(strongly connected graph)**: 두 정점 v와 u에 대해서 v에서 u로의 경로와 u에서 v로의 경로들이 존재하는 방향 그래프
   ㉠ 연결 요소(connectivity component): 그래프에서 모든 정점들이 연결되어 있는 부분
   ㉡ 연결 수(connectivity number): 그래프에서 연결 요소의 개수
③ 그래프의 종류
   ㉠ 단순 그래프
      두 정점 사이에 연결선이 하나 이하로 존재하는 그래프로, 하나의 정점은 자기 자신으로 연결되는 선이 없음
   ㉡ 다중 그래프
      두 정점 사이에 여러 연결선이 존재할 수 있는 그래프이며, 두 정점 사이의 연결선은 개수에 제한이 없음
   ㉢ 가중치 그래프
      • 간선에 비용(cost)이나 가중치(weight)가 할당된 그래프로 네트워크(network)라고도 함
      • 최소 비용 신장 트리, 최단 경로 문제, 위상 순서, 임계 경로 등을 해결

ㄹ 완전 그래프
- n개의 정점으로 구성된 그래프에서 간선 수가 최대인 그래프
- 최대 간선의 수는 $n(n-1)/2$개
- 방향 그래프의 최대 간선의 수: $n(n-1)$개

ㅁ 부분 그래프

$V(G') \subseteq V(G)$이고, $E(G') \subseteq E(G)$인 그래프 G'는 그래프 G의 부분 그래프(subgraph)

ㅂ 부분 신장 그래프
- 그래프 $G=(V,E)$에서 $V'=V$이고 $E' \subseteq E$인 그래프
- 그래프 G의 정점을 모두 포함하고 간선은 일부만 포함

ㅅ 정규 그래프
- 그래프 $G=(V,E)$ 내에 있는 모든 정점의 차수가 같은 그래프
- k-정규 그래프: 각 정점의 차수가 모두 k인 경우

ㅇ 이분 그래프

그래프 $G=(V,E)$에서 정점 집합 V가 $V=V_1 \cup V_2$와 $V_1 \cap V_2 = \emptyset$을 만족하는 두 집합 V_1과 V_2로 분리되고, 그래프의 모든 간선이 V_1의 한 정점에서 V_2의 한 정점으로 연결되는 그래프

ㅈ 완전 이분 그래프
- 이분 그래프 $G=(V,E)$에서 V_1의 모든 정점과 V_2의 모든 정점 사이에 간선이 있는 그래프
- $|V_1|=m$이고 $|V_2|=n$일 때 $K_{m,n}$으로 표기

2 오일러 사이클

① **오일러 경로**(Euler path, Eulerian path): 정점은 여러 번 지날 수 있지만 그래프의 모든 간선을 단 한 번씩만 통과하는 경로, 한붓그리기 문제
② **오일러 사이클**(Euler cycle) 또는 **오일러 회로**(Euler circuit, Eulerian circuit): 같은 정점에서 시작해서 같은 정점에서 끝나는 오일러 경로
③ **오일러 그래프**(Euler graph): 오일러 회로를 지닌 그래프
④ **오일러 회로를 가질 필요충분조건**: 연결된 그래프이고, 모든 정점의 차수가 짝수
⑤ **오일러 경로가 있을 필요충분조건**: 정확히 두 개의 정점만 홀수의 차수를 가진 연결된 그래프
⑥ **해밀턴 경로**(Hamiltonian Path): 그래프 $G=(V,E)$의 모든 정점을 한 번씩만 방문하는 경로
⑦ **해밀턴 회로**(Hamiltonian Circuit): 그래프 $G=(V,E)$의 정점 v에서 시작하여 모든 정점을 한 번씩 방문하고 다시 정점 v로 돌아오는 회로, 해밀턴 순환(Hamiltonian Cycle)
⑧ **해밀턴 그래프**(Hamiltonian Graph): 해밀턴 회로를 포함하는 그래프
  ㄱ 크기가 3 이상인 완전 그래프
  ㄴ 크기가 3 이상인 순환 그래프
  ㄷ 정다면체의 그래프

제2절 그래프의 표현방법

1 인접 행렬

그래프의 모든 정점을 행과 열의 원소로 표현, 부속 행렬(incidence matrix)

① **두 정점 사이에 연결하는 간선이 존재** : 행렬에 해당하는 원소의 값은 1
② **두 정점 사이에 간선이 존재하지 않으면** : 행렬에 해당하는 원소의 값은 0
  $n \geq 1$개의 정점을 가진 그래프 $G=(V,E)$: $|V|=n$일 때 크기가 $n \times n$인 정방 행렬 A
③ A의 원소 a_{ij}는 컴퓨터 프로그래밍에서는 2차원 배열 $a[n,n]$으로 표현
④ $a_{ij} = \begin{cases} 1, & (v_i, v_j) \in E \\ 0, & others \end{cases} \Rightarrow a[i,j] = \begin{cases} 1, & (i,j) \in E(G) \\ 0, & others \end{cases}$
⑤ **필요한 공간** : n^2비트

2 인접 리스트

그래프를 구성하는 모든 정점들에 대하여 간선으로 연결되어 있는 정점들을 연결 리스트(linked list)로 나열한 것

① **각 정점의 리스트** : 헤드 노드와 정점 필드와 link 필드를 가진 리스트 노드로 구성
② n개의 정점과 e개의 간선(arc)을 가진 그래프 : $2 \times n$개의 리스트 노드 필요
③ n개의 정점과 e개의 간선(arc)을 가진 방향 그래프 : n개의 헤드 노드와 e개의 리스트 노드 필요

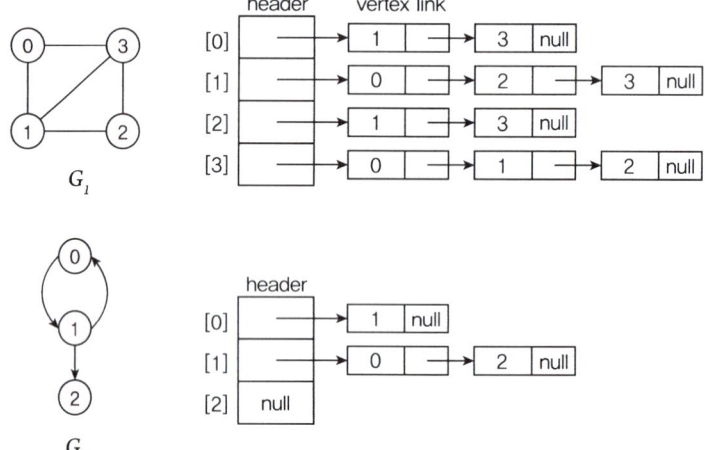

제3절 최단경로

- **최단경로(shortest path)** : 여러 경로 중에서 가중치의 합이 가장 작은 경로
- **다익스트라 알고리즘(Dijkstra algorithm)** : 최단거리를 가지는 최단경로를 구하는 문제를 해결할 수 있는 방법

> - 방향 그래프 $G = \langle V, E \rangle$에서 $V = \{1, 2, \cdots, n\}$이고 정점 $\{1\}$이 출발점이라고 가정
> - 정점 i에서 j로 가는 거리 $C[i,j]$는 i에서 j로 가는 경로가 없으면 거리는 ∞
> - $D[i]$는 출발점에서 현재 점 i에 이르는 가장 짧은 거리를 나타냄

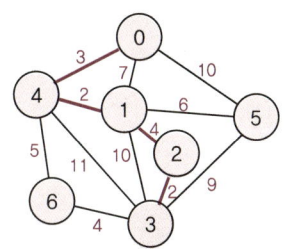

	0	1	2	3	4	5	6
0	0	7	∞	∞	3	10	∞
1	7	0	4	10	2	6	∞
2	∞	4	0	2	∞	∞	∞
3	∞	10	2	0	11	9	4
4	3	2	∞	11	0	∞	5
5	10	6	∞	9	∞	0	∞
6	∞	∞	∞	4	5	∞	0

단계	S	w	$D[0]$	$D[1]$	$D[2]$	$D[3]$	$D[4]$	$D[5]$	$D[6]$
0	{0}		0	7	∞	∞	3	10	∞
1	{0, 4}	4	0	5	∞	14	3	10	8
2	{0, 4, 1}	1	0	5	9	14	3	10	8
3	{0, 1, 1, 6}	6	0	5	9	11	3	10	8
4	{0, 4, 1, 6, 2}	2	0	5	9	11	3	10	8
5	{0, 4, 1, 6, 2, 5}	5	0	5	9	11	3	10	8
6	{0, 4, 1, 6, 2, 5, 3}	3	0	5	9	11	3	10	8

(1) 순회판매원 문제(Traveling salesperson problem)

① **해밀턴 순환(Hamiltonian circuit)의 응용 문제**
방문해야 할 도시들과 이들 사이의 거리가 주어졌을 경우, 순회판매원이 어떤 특정한 도시를 출발하여 어떠한 도시도 두 번 방문함이 없이 모든 도시들을 거쳐 처음 출발한 도시로 되돌아올 때, 총 여행 거리가 최소가 되는 경로를 찾는 문제

② **최근접 이웃 방법(nearest neighbor method)**
임의로 선택한 정점에서 출발하여 그 정점과 가장 가까운 정점을 찾아서 연결하여 경로를 찾고 경로를 첨가하는 과정을 반복하며 마지막에 순회를 형성하도록 하는 것

제4절 경로의 존재

- **도달 가능성(reachability)** : 한 정점에서 연결되는 모든 정점을 찾는 문제, 이행적 폐쇄(Transitive Closure)를 찾는 방법으로 해결
- **이행적 폐쇄(Transitive Closure, 추이 클로저)** : 어떤 정점 A에서 C로 가는 직접경로는 없고, 우회경로가 있을 때 $A{\rightarrow}C$로의 간선을 연결한 그래프

- D^+ : 이행적 폐쇄 행렬(transitive closure matrix)
- $D^+[i,j]=1$: 정점 i에서 j까지 길이가 0보다 큰 경로의 존재 유무를 표현
- D^* : 반사 이행적 폐쇄 행렬(reflexive transitive closure matrix)
- $D^*[i,j]=1$: 정점 i에서 j까지 길이가 0 이상인 경로의 존재 유무를 표현

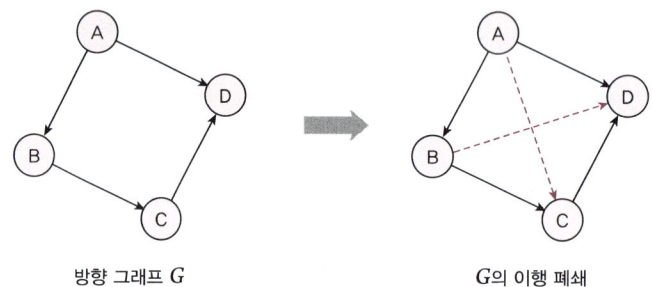

방향 그래프 G → G의 이행 폐쇄

1 와샬의 알고리즘

그래프에서 한 노드에서 다른 노드까지의 도달 가능성(reachability)을 알아보는 알고리즘

- $A{\rightarrow}B$와 $B{\rightarrow}C$를 만족하는 경로가 있으면 경로 $A{\rightarrow}C$도 존재
- 자기 자신으로 가는 경로는 있다고 가정, $A{\rightarrow}A$는 도달 가능(reachable)
- 인접행렬만을 보고 이행폐쇄를 결정하는 방법

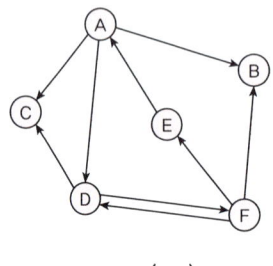

$G = \langle V, E \rangle$

$$\begin{array}{c|cccccc} & A & B & C & D & E & F \\ \hline A & 1 & 1 & 1 & 1 & 0 & 0 \\ B & 0 & 1 & 0 & 0 & 0 & 0 \\ C & 0 & 0 & 1 & 0 & 0 & 0 \\ D & 0 & 0 & 1 & 1 & 0 & 1 \\ E & 1 & 0 & 0 & 0 & 1 & 0 \\ F & 0 & 1 & 0 & 1 & 1 & 1 \end{array}$$

G의 인접행렬

$$\begin{array}{c c} & \begin{array}{c c c c c c} A & B & C & D & E & F \end{array} \\ \begin{array}{c} A \\ B \\ C \\ D \\ E \\ F \end{array} & \left[\begin{array}{c c c c c c} 1 & 1 & 1 & 1 & 1 & 1 \\ 0 & 1 & 0 & 0 & 0 & 0 \\ 0 & 0 & 1 & 0 & 0 & 0 \\ 1 & 1 & 1 & 1 & 1 & 1 \\ 1 & 1 & 1 & 1 & 1 & 1 \\ 1 & 1 & 1 & 1 & 1 & 1 \end{array} \right] \end{array}$$

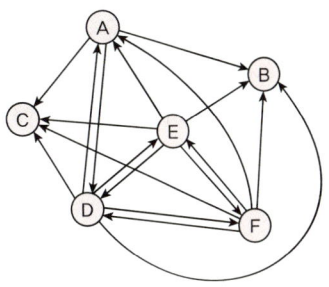

G에 대한 와샬 알고리즘 결과

2 깊이 우선 탐색

시작점 v에서 시작하여 모든 정점을 방문하는 경로를 찾음

> 📁 **깊이 우선 탐색(Depth First Search, DFS) 과정**
> ① 시작점 i 방문
> ② 정점 i에 인접한 정점 중에서 아직 방문하지 않은 정점이 있으면, 이 정점들을 모두 스택에 저장
> ③ 스택에서 정점을 삭제하여 새로운 i를 설정하고, 단계 ①부터 다시 수행
> ④ 스택이 공백이 되면 연산 종료

3 너비 우선 탐색

처음에 방문한 정점과 인접한 정점들을 차례로 방문

> 📁 **너비 우선 탐색(Breadth First Search, BFS) 과정**
> ① 정점 i 방문
> ② 정점 i에 인접한 정점 중에서 아직 방문하지 않은 정점이 있으면, 이 정점들을 모두 큐에 저장
> ③ 큐에서 정점을 삭제하여 새로운 i를 설정하고, 단계 ①부터 다시 수행
> ④ 큐가 공백이 되면 연산 종료

제5절 동형 그래프

모양은 다르지만 두 그래프가 동일한 정점과 간선으로 이루어져 있는 그래프

> 그래프 $G_1 = (V_1, E_1)$와 $G_2 = (V_2, E_2)$에 대해 함수 $f: V_1 \to V_2$가
> $u, v \in V_1$에 대해 $(u, v) \in E_1 \Leftrightarrow (f(u), f(v)) \in E_2$ 전단사함수일 때
> 그래프 $G_1 = (V_1, E_1)$와 $G_2 = (V_2, E_2)$는 동형 그래프

제6절 평면 그래프

- **평면 그래프(Planar Graph)** : 그래프 $G = (V, E)$를 평면에 그릴 때, 정점이 아닌 곳에서는 어떤 간선도 교차하지 않는 그래프
- **면(face)** : 평면 그래프에서 교차하지 않는 간선에 의하여 나누어지는 영역
- **오일러의 정리(Euler's theorem) 또는 오일러 공식(Euler formula)** : $v - e + s = 2$
- 연결된 평면 그래프 $G = (V, E)$에서 정점의 개수를 $|V| = v$, 간선의 개수를 $|E| = e$, 면의 개수를 s라고 할 때 오일러의 정리(오일러 공식) 성립

제7절 트리

- **트리(tree, 트리)** : 그래프의 특별한 형태로서, 회로(cycle)가 없는 연결 무향 그래프
- **n개의 노드를 가진 트리** : $n-1$개의 연결선

> 📎 **트리에서 사용하는 용어**
> - 노드(node) : 트리를 구성하는 개체
> - 루트(root, 뿌리) : 트리의 시작 노드로 통상 특정 노드를 지정함
> - 차수(degree) : 어떤 노드의 자식 노드의 개수
> - 레벨(level) : 루트를 레벨 0(또는 1)으로 지정하고, 하위로 갈수록 레벨 + 1
> - 잎 또는 단말 노드(leaf 또는 terminal node) : 자식 노드를 갖지 않는 노드
> - 자식 노드(children node) : 어떤 노드에 직접 연결된 하위 노드
> - 부모 노드(parent node) : 자식 노드의 반대되는 개념으로, 어떤 노드에 직접 연결된 상위 노드
> - 형제 노드(sibling 또는 brother node) : 동일한 부모 노드를 갖는 노드
> - 중간 노드(internal node) : 루트도 아니고 잎 노드도 아닌 노드
> - 조상(ancestor) : 루트로부터 어떤 노드에 이르는 경로상의 모든 노드
> - 자손(descendant) : 어떤 노드에서 모든 잎 노드에 이르는 경로상의 모든 노드
> - 높이(height) : 트리의 최대 레벨
> - 숲(forest) : 트리의 루트를 제거했을 때 발생하는 하위 트리

> 연결 그래프 $T=(V,E)$에서 정점의 수가 $|V|=n$이고 간선의 개수가 $|E|=m$일 때
> - T는 트리
> - T는 회로(cycle)가 없는 연결 그래프
> - T는 회로가 없고, 단순 그래프의 형태를 유지하면서 간선을 추가할 경우 회로가 생김
> - T는 연결 그래프이고, 어느 한 간선만을 제거해도 연결 그래프가 아님
> - T는 연결 그래프이고, 정점들을 연결한 간선의 수는 $m=n-1$

1 최소신장트리

- 신장트리(spanning tree, 생성트리) : 어떤 그래프 G에서 모든 노드들을 포함하는 트리
- 최소신장트리(minimum spanning tree, MST) : 트리를 구성하는 간선들의 비용(가중치) 합이 최소가 되는 신장트리, 최소 비용 신장트리(minimum cost spanning tree)
- 최소신장트리를 찾는 알고리즘 : 프림 알고리즘(Prim algorithm), 크루스칼 알고리즘(Kruskal algorithm), 솔린 알고리즘(Sollin algorithm)

(1) 프림 알고리즘

임의 정점을 시작점으로 하고 이 정점으로부터 연결된 간선들의 가중치를 비교하여 이 중에서 가장 작은 값을 가진 간선을 선택하고 이 간선과 연결된 정점을 신장트리에 추가, 신장트리 집합이 $n-1$개의 간선을 가질 때까지 반복하여 최소비용신장트리를 완성

① 시작 정점에서부터 출발하여 신장 트리 집합을 단계적으로 확장. 시작 단계에서는 시작 정점만이 신장트리 집합에 포함
② 신장트리 집합에 인접한 정점 중에서 최저 간선으로 연결된 정점을 선택하여 신장트리 집합에 추가
③ 이 과정은 신장트리 집합이 $n-1$개의 간선을 가질 때까지 반복

(2) 크루스칼 알고리즘

비용이 가장 작은 간선을 하나씩 선택하여, 최소비용신장트리 T에 추가하고 선택한 간선은 이미 T에 포함되어 있는 간선들과 연결될 때 사이클을 형성하지 않아야 함. 비용이 같은 간선의 경우에는 임의로 하나씩 선정

※ **갈망 기법(greedy method) 사용** : 최종 해답을 단계별로 쉬운 것에서부터 구하는 방법

① 그래프의 각 정점이 각각 하나의 트리가 되도록 하는 숲 F를 만듬
② 모든 간선을 원소로 갖는 집합 S를 만듬
③ S에 값이 있으면
   ㉠ 가장 작은 가중치의 간선을 S에서 하나 제거
   ㉡ 그 간선이 어떤 두 개의 트리를 연결한다면 두 트리를 연결하여 하나의 트리로 만듬
   ㉢ 그렇지 않다면 그 간선은 버림
④ n개의 정점에 대하여 $n-1$개의 간선이 연결되면 종료

2 뿌리트리

(1) **뿌리트리(root tree)**: 트리의 노드 중 하나가 루트(root, 뿌리)로 지정된 트리이며 뿌리는 트리의 가장 위쪽에 위치, 뿌리 외에 나머지 정점들은 뿌리로부터 도달하는 경로가 유일하게 존재

(2) **이진트리(binary tree)**: 뿌리트리에서 자식 노드가 2개 이하인 트리, 모든 노드가 2개의 부분트리(subtree)를 가지고 있는 트리

- 사향(경사) 이진트리(skewed binary tree): 모든 노드들이 한쪽(왼쪽 또는 오른쪽)으로만 존재하는 트리, 왼쪽 사향 이진트리(left skewed binary tree), 오른쪽 사향 이진트리(right skewed binary tree)
- 완전 이진트리(complete binary tree): 마지막 레벨이 k라면 $k-1$ 레벨까지는 모든 노드가 완성되어 있고, k레벨의 모든 노드는 왼쪽부터 꽉 차 있는 트리
- 포화 이진트리(full binary tree): 마지막 레벨이 k라면 k레벨이 가질 수 있는 최대 노드를 모두 가지고 있는 트리

이진트리의 유용한 성질
- 이진트리가 레벨 k에서 가질 수 있는 최대 노드 수는 2^k개
- 높이가 m인 이진트리가 가질 수 있는 최대 노드 수는 $2^{m+1}-1$개
- 높이가 m인 이진트리가 가질 수 있는 최소 노드 수는 $m+1$개
- 이진트리의 잎 노드의 수를 n_0, 차수가 2인 노드의 수를 n_2라 할 때 $n_0 = n_2 + 1$

(3) **이진트리 표현**

① **배열**

노드 개수가 n개인 이진트리를 1차원 배열을 사용하여 표현
- ㉠ 노드 i의 부모 노드 인덱스: $\frac{i}{2}$, $i > 1$
- ㉡ 노드 i의 왼쪽 자식 노드 인덱스: $2 \times i$, $(2 \times i) \leq n$
- ㉢ 노드 i의 오른쪽 자식 노드 인덱스: $2 \times i + 1$, $(2 \times i + 1) \leq n$
- ㉣ 뿌리노드 인덱스: 1, $n > 0$
- ㉤ 형제 노드 중 왼쪽 노드의 인덱스 순서가 오른쪽 노드보다 우선

② **연결리스트**

포인터를 이용하여 부모 노드가 자식 노드를 가리키게 하는 방법으로 뿌리트리를 표현

3 정렬과 탐색

- 순서트리(Ordered Tree) : 각 자식 노드에 순서가 부여되어 저장 위치가 고정되는 트리
- 트리순회(tree traversal) : 트리의 각 노드를 체계적인 방법으로 방문하는 과정

(1) 3가지의 기본적인 순회방법 : 모두 뿌리에서 시작

V : 뿌리노드
L : 왼쪽 자식 노드
R : 오른쪽 자식 노드

① **전위순회**(preorder traversal) : VLR
  ㉠ 트리의 뿌리노드를 방문하고 데이터를 출력
  ㉡ 트리의 왼쪽 부분트리를 방문
  ㉢ 트리의 오른쪽 부분트리를 방문
② **중위순회**(inorder traversal) : LVR
  ㉠ 트리의 왼쪽 부분트리를 방문
  ㉡ 트리의 뿌리노드를 방문하고 데이터를 출력
  ㉢ 트리의 오른쪽 부분트리를 방문
③ **후위순회**(postorder traversal) : LRV
  ㉠ 트리의 왼쪽 부분트리를 방문
  ㉡ 트리의 오른쪽 부분트리를 방문
  ㉢ 트리의 뿌리노드를 방문하고 데이터를 출력

(2) 수식 이진트리

> 연산자와 피연산로 표현된 수식(연산자의 위치에 따라)
> 전위표기법(prefix notation), 중위표기법(infix notation), 후위표기법(postfix notation)

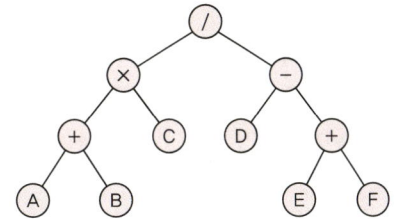

① 전위순회 : $/\times+ABC-D+EF$ (전위표기법)
② 중위순회 : $A+B\times C/D-E+F$ (중위표기법)
③ 후위순회 : $AB+C\times DEF+-/$ (후위표기법)

(3) 이진탐색트리(binary search tree)
노드가 가지는 데이터의 내용에 대한 기준에 따라 노드의 위치를 탐색할 수 있는 트리

> **이진탐색트리를 구현하기 위한 규칙**
> ① 트리에서 탐색되는 모든 원소는 서로 다른 유일한 값(key)을 가짐
> ② 왼쪽 서브트리에 있는 원소들의 값은 그 뿌리의 값보다 작거나 앞선 순서를 가짐
> ③ 오른쪽 서브트리에 있는 원소들의 값은 그 뿌리의 값보다 크거나 뒤의 순서를 가짐

(4) 정렬(sorting)
① **트리를 이용한 정렬** : 힙(heap) 정렬, 이진트리 정렬
② **힙 정렬(heap sorting)** : 완전이진트리(Complete binary tree)를 기본으로 한 자료구조(tree-based structure)로서 최댓값 및 최솟값을 찾아내는 연산을 빠르게 할 수 있음
  ㉠ A가 B의 부모 노드(parent node)이면, A의 값과 B의 값 사이에 대소 관계 존재
  ㉡ 최대 힙(max heap) : 부모 노드의 값이 자식 노드의 값보다 항상 큰 힙, 트리의 뿌리가 항상 트리의 모든 노드 중에서 최댓값
  ㉢ 최소 힙(min heap) : 부모 노드의 키(key)값이 자식 노드의 키(key)값보다 항상 작은 힙, 트리의 뿌리가 항상 최솟값
  ㉣ 노드 값의 대소 관계는 부모 노드와 자식 노드 사이에만 성립하며, 형제 사이에는 대소관계가 정해지지 않음

제4장 수학논리

- **추론(reasoning, inference, argument)** : 참(true)이라고 인정되는 명제들을 나열하여 자신이 주장하는 결론을 유도하여 논리를 풀어가는 과정
- **명제논리(Propositional Logic)** : 일반적으로 주어와 술어를 구분하지 않고 전체를 하나의 식으로 처리하여 참 또는 거짓을 판별하는 법칙
- **술어논리(Predicate Logic)** : 주어와 술어로 구분하여 참 또는 거짓에 관한 법칙

제1절 명제논리

- **명제(proposition)** : 참(true) 또는 거짓(false)을 명확하게 구분할 수 있는 문장(statement)
- **진리 값(truth value)** : 명제에서 참 또는 거짓으로 나타내는 값
- n개의 단순 명제가 있을 때 진리 값의 경우의 수 : 2^n개

1 논리 연결자

- 단순명제(simple proposition) : 하나의 문장이나 식으로 된 명제
- 합성명제(composition proposition) : 여러 개의 단순명제들을 논리 연산자들로 연결하여 만들어진 명제
- 논리 연결자(Logical Connectives) : 단순명제들을 연결시켜 주는 역할을 하는 $\vee$, $\wedge$, $\neg$과 같은 논리 연산자(Logical Operators)

연결자 이름	기호	의미
부정	$\sim$, $\neg$	NOT
논리곱	$\wedge$	AND
논리합	$\vee$	OR
배타적 논리합	$\oplus$	Exclusive OR
함축	$\Rightarrow$, $\rightarrow$	if … then
동치	$\Leftrightarrow$, $\leftrightarrow$	if and only if(iff)

(1) 부정 : $\neg p$

① 명제 p의 부정(negative) : 문장 p가 명제일 때 not p도 명제
② p의 진리 값이 참이면 $\neg p$의 진리 값은 거짓, p의 진리 값이 거짓이면 $\neg p$의 진리 값은 참

p	$\neg p$
T	F
F	T

(2) 논리곱 : $p \wedge q$

① 문장 p와 q가 명제일 때 두 명제의 p and q도 명제
② p와 q의 진리 값이 모두 참일 때 연산 결과가 참이고 그렇지 않으면 거짓

p	q	$p \wedge q$
F	F	F
F	T	F
T	F	F
T	T	T

(3) 논리합 : $p \vee q$

① 문장 p와 q가 명제일 때 두 명제의 p or q도 명제
② 두 명제의 진리 값이 모두 거짓일 때만 논리합의 결과가 거짓이고 다른 모든 경우엔 참

p	q	$p \vee q$
F	F	F
F	T	T
T	F	T
T	T	T

(4) 배타적 논리합 : $p \oplus q$

① 문장 p와 q가 명제일 때 $p\ exclusive-or\ q$도 명제
② p와 q의 진리 값 중에서 하나만 참일 때만 모두 참이고, 그렇지 않은 경우엔 거짓

p	q	$p \oplus q$
F	F	F
F	T	T
T	F	T
T	T	F

(5) 함축 : $p \rightarrow q$

① 문장 p와 q가 명제일 때 $p\ implies\ q$도 명제
② 명제의 함축(implication) 또는 조건 연산자
③ 충분조건에 해당하는 p의 진리 값이 참이고 필요조건에 해당하는 q의 진리 값이 거짓일 때만 연산의 결과가 거짓이고 그렇지 않은 다른 모든 경우는 연산 결과가 참

p	q	$p \rightarrow q$
F	F	T
F	T	T
T	F	F
T	T	T

(6) 동치 : $p \leftrightarrow q$

① 문장 p와 q가 명제일 때 $p\ if\ and\ only\ if\ q$도 명제
② 명제의 동치(propositional equivalence) 또는 쌍방조건문(biconditional)
③ 명제 p와 q가 모두 참이거나 거짓일 때 연산의 결과가 참이고 그렇기 않은 경우는 모두 거짓

p	q	$p \leftrightarrow q$
F	F	T
F	T	F
T	F	F
T	T	T

(7) 역, 이, 대우

① 명제 p, q에 대해
② $p \rightarrow q$의 역(converse) : $q \rightarrow p$
③ $p \rightarrow q$의 이(inverse) : $\neg p \rightarrow \neg q$
④ $p \rightarrow q$의 대우(contraposition) : $\neg q \rightarrow \neg p$

p	q	$p \rightarrow q$	$q \rightarrow p$	$\neg p \rightarrow \neg q$	$\neg q \rightarrow \neg p$
F	F	T	T	T	T
F	T	T	F	F	T
T	F	F	T	T	F
T	T	T	T	T	T

(8) 합성명제의 진리 값

① 진리표(truth table)를 사용하여 단계적으로 연산하여 합성명제의 진리 값을 구할 수 있음
② 진리표에 단순명제들이 가질 수 있는 모든 경우의 진리 값을 표시한 후 합성명제들을 연산의 순서대로 연산

2 항진명제와 모순명제

① **항진명제(tautology)** : 합성명제를 구성하고 있는 단순명제의 진리 값에 상관없이 합성명제의 연산 결과가 항상 참
② **모순명제(contradiction)** : 합성명제의 연산결과가 항상 거짓
③ **사건명제(contingency)** : 항진명제도 아니고 모순명제도 아닌 명제

p	$\neg p$	$p \vee (\neg p)$	$p \wedge (\neg p)$
F	T	T	F
T	F	T	F

3 논리적 동치 : $p \equiv q$, $p \Leftrightarrow q$

명제 p, q의 쌍방 조건 $p \leftrightarrow q$가 항진명제일 때 p, q, 연산 결과의 진리 값이 서로 같은 합성명제

① 두 명제에 대한 진리표를 구하고 두 명제의 진리 값이 같음을 증명
② 하나의 명제로부터 논리적 동치 관계의 기본 법칙을 이용하여 다른 명제로 유도

법칙 이름	논리적 동치 관계
멱등 법칙 (idempotent law)	$p \vee p \equiv p$ $p \wedge p \equiv p$
항등 법칙 (identity law)	$p \vee F \equiv p$ $p \wedge T \equiv p$
지배 법칙 (domination law)	$p \vee T \equiv T$ $p \wedge F \equiv F$
부정 법칙 (negation law)	$\neg T \equiv F$ $\neg F \equiv T$ $p \vee (\neg p) \equiv T$ $p \wedge (\neg p) \equiv F$
이중 부정 법칙 (double negative law)	$\neg(\neg p) \equiv p$
교환 법칙 (commutative law)	$p \vee q \equiv q \vee p$ $p \wedge q \equiv q \wedge p$ $p \leftrightarrow q \equiv q \leftrightarrow p$
결합 법칙 (associative law)	$(p \vee q) \vee r \equiv p \vee (q \vee r)$ $(p \wedge q) \wedge r \equiv p \wedge (q \wedge r)$
분배 법칙 (distributive law)	$p \vee (q \wedge r) \equiv (p \vee q) \wedge (p \vee r)$ $p \wedge (q \vee r) \equiv (p \wedge q) \vee (p \wedge r)$
흡수 법칙 (absorption law)	$p \vee (p \wedge q) \equiv p$ $p \wedge (p \vee q) \equiv p$
드 모르간 법칙 (De Morgan's law)	$\neg(p \vee q) \equiv (\neg p) \wedge (\neg q)$ $\neg(p \wedge q) \equiv (\neg p) \vee (\neg q)$
함축 법칙 (implication law)	$p \rightarrow q \equiv \neg p \vee q$
대우 법칙 (contraposition law)	$p \rightarrow q \equiv \neg q \rightarrow \neg p$

제2절 술어논리

(1) **명제술어(propositional predicate)** : 변수가 있는 명제를 함수 $P(x)$로 표시하고, $P(x)$는 변수 x에 대한 명제술어

(2) **술어논리(predicate logic)** : 명제술어에 대한 논리, 함수논리(function logic), 대상의 성질을 서술하는 문장들
　① **대상** : $x, y, z, \cdots$와 같은 소문자
　② **술어(predicate)** : $P, Q, R, \cdots$와 같은 대문자

③ **한정자(quantifier)** : 변수 x가 나타내는 객체의 집합 D를 정의역(domain)이라 할 때 정의역 내에서 변수 x만을 지정하는 기호
  ㉠ 전체한정자($\forall$) : 모든(all)의 의미
  ㉡ 존재한정자($\exists$) : 어떤(some)의 의미
  ㉢ $\neg(\forall x P(x)) \Leftrightarrow \exists x (\neg P(x))$
  ㉣ $\neg(\exists x P(x)) \Leftrightarrow \forall x (\neg P(x))$

제3절 추론 방법

- 추론(Argument) : 주어진 명제가 참인 것을 전제로 새로운 명제가 참이 되는 것을 유도해내는 방법
- 유효 추론(valid argument) : 주어진 명제가 참이고 유도된 명제가 참인 추론
- 허위 추론(fallacious argument) : 유도된 명제가 거짓인 추론
- 전제(premise) : 주어진 명제들 $p_1, p_2, p_3 \cdots, p_n$
- 결론(conclusion) : 주어진 명제들에 의해 새로이 유도된 명제 q

법칙 이름	추론 규칙
긍정 법칙 (modus ponens)	p $p \rightarrow q$ $\therefore q$
부정 법칙 (modus tollens)	$\neg q$ $p \rightarrow q$ $\therefore \neg p$
조건적 삼단 법칙 (hypothetical syllogism)	$p \rightarrow q$ $q \rightarrow r$ $\therefore p \rightarrow r$
선언적 삼단 법칙 (disjunctive dilemma)	$p \vee q$ $\neg p$ $\therefore q$
양도 법칙 (constructive dilemma)	$(p \rightarrow q) \wedge (r \rightarrow s)$ $p \vee r$ $\therefore (q \vee s)$
파괴적 법칙 (destructive dilemma)	$(p \rightarrow q) \wedge (r \rightarrow s)$ $\neg q \vee \neg s$ $\therefore \neg p \vee \neg r$
선접 법칙 (disjunctive addition)	p $\therefore p \vee q$
분리 법칙 (simplication)	$p \wedge q$ $\therefore p$
연접 법칙 (conjunction)	p q $\therefore p \wedge q$

제4절 불 대수

1 불 대수식

두 원소 $A = \{0, 1\}$에 대한 불 대수의 기본 연산 $'$(NOT), $+$(OR), $\cdot$ (AND)

a_1	a_2	$a_1{'}$(NOT)	$a_2{'}$(NOT)	$a_1 + a_2$(OR)	$a_1 \cdot a_2$(AND)
0	0	1	1	0	0
0	1	1	0	1	0
1	0	0	1	1	0
1	1	0	0	1	1

(1) **불 수식**: 0, 1의 값 외에도 x, y, z 등과 같은 불 변수를 이용하여 표현할 수 있음

(2) **불 수식의 동치(equivalence)**: 두 불 수식이 같은 진리표를 가질 경우, 불 함수 f_1과 f_2가 동치인 경우 $f_1 = f_2$로 표기

법칙 이름	불 대수 기본 법칙
교환 법칙 (commutative law)	$x + y = y + x$ $x \cdot y = y \cdot x$
결합 법칙 (associative law)	$x + (y + z) = (x + y) + z$ $x \cdot (y \cdot z) = (x \cdot y) \cdot z$
분배 법칙 (distributive law)	$x \cdot (y + z) = (x \cdot y) + (x \cdot z)$ $x + (y \cdot z) = (x + y) \cdot (x + z)$
드 모르간 법칙 (De Morgan's law)	$(x + y)' = x' \cdot y'$ $(x \cdot y)' = x' + y'$
항등 법칙 (identity law)	$x + 0 = x$ $x \cdot 1 = x$
멱등 법칙 (idempotent law)	$x + x = x$ $x \cdot x = x$
유계 법칙 (bound law)	$x + 1 = 1$ $x \cdot 0 = 0$
보수 법칙 (complement law)	$x + x' = 1$ $x \cdot x' = 0$
이중 보수 법칙 (involution negative law)	$(x')' = x$
흡수 법칙 (adsorption law)	$x + xy = x$ $x(x + y) = x$
0과 1의 법칙 (0 and 1 law)	$0' = 1$ $1' = 0$

2 불 대수식의 표현

(1) **불 함수(boolean function)** : 불 변수들에 대한 함수
   ① n개의 불 변수 $x_1, x_2, \cdots, x_n$에 대한 불 함수는 $f(x_1, x_2, \cdots, x_n)$으로 표기
   ② 불 변수에 대한 최소항 중에서 1의 값을 가지는 최소항들의 합을 식으로 표현하는 함수
   예) $x + yz$는 $f(x,y,z) = x + yz$

(2) **최소항(minterm)** : n개의 불 변수로 만들어지는 진리표에서 변수의 각 항
   ① n개의 변수가 있는 경우 : 2^n개의 최소항, n개의 불 변수들의 곱으로 나타냄
   ② 변수를 x라고 할 때 그 값이 1이면 x, 0이면 x' 또는 $\overline{x}$로 표시

(3) **곱의 합(sum of products)** : 불 함수를 최소항들의 합으로 표현하는 것, 논리합 표준형(disjunctive normal form, DNF)

(4) **최대항(maxterm)** : 불 변수들의 합으로 만든 항
   ① n개의 변수가 있는 경우 : 2^n개의 최대항, n개의 불 변수들의 합으로 표현
   ② 변수를 x라고 할 때 그 값이 0이면 x, 1이면 x' 또는 $\overline{x}$로 표시

(5) **합의 곱(product of sums)** : 불 함수를 최대항들의 곱으로 표현하는 것

3 불 대수 간소화

- 불 대수의 변수들 : 논리회로를 구성하는 게이트의 입력
- 불 대수 하나의 항 : 하나의 게이트로 표현
- 불 대수의 간소화 : 불 대수 기본 법칙 또는 카르노맵 이용

(1) 불 대수 기본 법칙 이용
   예) $f(x,y,z) = x'yz + xyz' + x'y'z + x'y'z + xyz$
   ① 분배 법칙 : $x'yz + xyz' + x'y'z + x'y'z + xyz = x'z(y+y') + xy(z'+z) + x'y'z$
   ② 보수 법칙 : $x'z(y+y') + xy(z'+z) + x'y'z = x'z(1) + xy(1) + x'y'z$
   ③ 분배 법칙 : $x'z(1) + xy(1) + x'y'z = x'z(1+y') + xy(1)$
   ④ 유계 법칙 : $x'z(1+y') + xy(1) = x'z(1) + xy(1)$
   ⑤ 항등 법칙 : $x'z(1) + xy(1) = x'z + xy$
   ∴ $f(x,y,z) = x'z + xy$로 간소화

(2) 카르노맵

- 카르노맵(Karnaugh map) : 불 변수들에 대한 최소항들을 도표로 그려서 인접한 항들을 서로 묶은 후에 최소화하는 방법
- 셀은 중복해서 묶을 수 있으며 최대한 많이 묶을수록 훨씬 간단한 불 수식을 구할 수 있음

① 2변수 카르노맵
  ㉠ 두 변수를 x, y라 할 때 필요한 사각형의 셀의 수 : $2^2 = 4$개
  ㉡ 두 변수들이 가질 수 있는 모든 경우인 $x'y'$, $x'y$, xy', xy에 대한 값을 표기
  ㉢ $x = 0, y = 1$: 불 수식은 $x'y$, 해당 셀의 값은 1

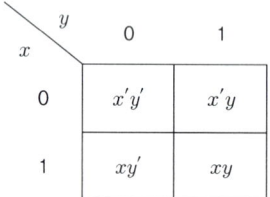

② 3변수 카르노맵
  ㉠ 3개의 변수 x, y, z의 경우 : $2^3 = 8$개의 사각형 필요
  ㉡ 세 변수들이 가질 수 있는 모든 경우인 $x'y'z'$, $x'y'z$, $x'yz'$, $\cdots$, xyz에 대한 값을 표기

x \ yz	00	01	11	10
0	$x'y'z'$	$x'y'z$	$x'yz$	$x'yz'$
1	$xy'z'$	$xy'z$	xyz	xyz'

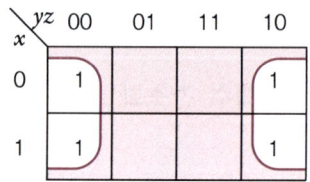

  ㉢ 세 변수들에 대한 카르노맵을 그릴 때 주의할 점 : yz의 값에 대하여 '01' 다음이 '11'

③ 4변수 카르노맵
  ㉠ 4개의 변수 w, x, y, z의 경우 : $2^4 = 16$개의 사각형 필요
  ㉡ 네 변수들이 가질 수 있는 모든 경우인 $w'x'y'z'$, $w'x'y'z$, $w'x'yz'$, $\cdots$, $wxyz$에 대한 값 표기

wx \ yz	00	01	11	10
00	$w'x'y'z'$	$w'x'y'z$	$w'x'yz$	$w'x'yz'$
01	$w'xy'z'$	$w'xy'z$	$w'xyz$	$w'xyz'$
11	$wxy'z'$	$wxy'z$	$wxyz$	$wxyz'$
10	$wx'y'z'$	$wx'y'z$	$wx'yz$	$wx'yz'$

wx \ yz	00	01	11	10
00	1	0	0	1
01	0	0	0	0
11	0	0	0	0
10	1	0	0	1

④ 카르노맵을 이용한 불 함수의 간소화
  ㉠ n차 불 함수에 대응하는 n변수 카르노맵 선택
  ㉡ 불 함수에 있는 항들 각각에 대응하는 카르노맵 셀에 1을 표시
  ㉢ 인접하는 셀의 값이 1이면 2의 승수 개만큼(2^n, $n \geq 1$) 최대한 많이 묶음
  ㉣ 묶음에 있는 공통변수들을 찾아 논리합으로 전개

제5절 불 대수와 조합회로

논리 게이트(logic gate)란 논리회로를 구성하는 기본 소자로, 이진 입력 정보를 이용해서 0 또는 1의 논리적인 값을 생성(AND, OR, NOT, NAND, NOR, XOR 게이트)

1 게이트의 종류

(1) AND 게이트

① 두 개의 입력 신호 x와 y에 대하여 xy를 출력
② **출력 결과**: 입력 신호 x와 y에 대하여 논리곱 $x \wedge y$의 연산과 동일
③ **스위치는 직렬 연결**: 두 스위치가 모두 1(ON)일 때 회로 연결

$$xy = \begin{cases} 1, & x = y = 1 \\ 0, & others \end{cases}$$

(2) OR 게이트

① 두 개의 입력 신호 x와 y에 대하여 $x+y$를 출력
② **출력 결과**: 입력 신호 x와 y에 대하여 논리합 $x+y$의 연산과 동일
③ **스위치는 병렬 연결**: 두 스위치 중 하나만 1이 되면 회로 연결

$$x+y = \begin{cases} 1, & others \\ 0, & x = y = 0 \end{cases}$$

(3) NOT 게이트

① 한 개의 입력 신호 x에 대하여 x'를 출력
② **출력 결과**: 입력 신호 x에 대하여 부정 $\neg x$의 연산과 동일
③ **입력과 출력이 서로 반대**: 인버터(inverter)

$$x' = \begin{cases} 1, & x=0 \\ 0, & x=1 \end{cases}$$
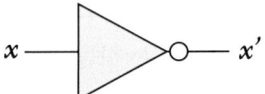

(4) NAND 게이트
① 두 개의 입력 신호 x와 y에 대하여 $\overline{xy}$를 출력
② **출력 결과**: 입력 신호 x와 y에 대하여 논리곱 $x \wedge y$의 연산 결과에 NOT 연산을 한 것과 동일

$$\overline{xy} = \begin{cases} 1, & others \\ 0, & x=y=1 \end{cases}$$

(5) NOR 게이트
① 두 개의 입력 신호 x와 y에 대하여 $\overline{x+y}$를 출력
② **출력 결과**: 입력 신호 x와 y에 대하여 논리합 $x+y$의 연산에 NOT 연산을 한 것과 동일

$$\overline{x+y} = \begin{cases} 1, & x=y=0 \\ 0, & others \end{cases}$$
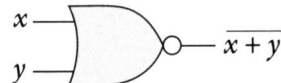

(6) XOR 게이트
① 두 개의 입력 신호 x와 y에 대하여 $x \oplus y$를 출력
② **출력 결과**: 입력 신호 x와 y에 대하여 배타적 논리합과 동일, $x'y + xy'$ 와 동치

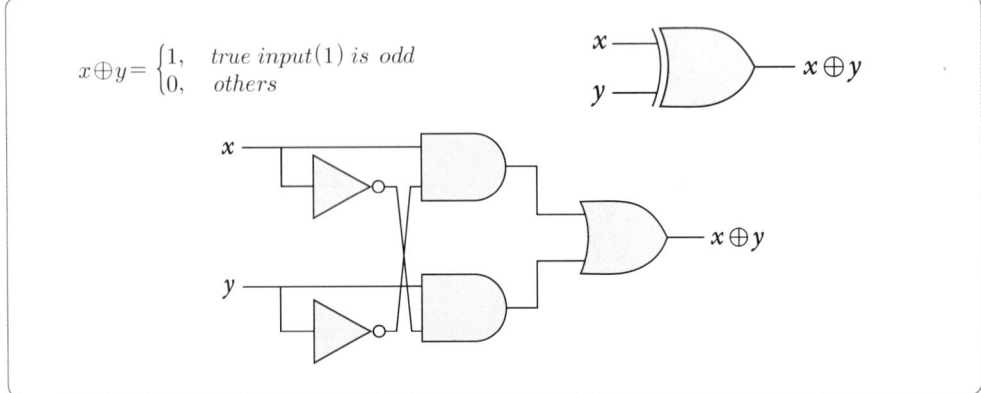

(7) NXOR(XNOR) 게이트
① XOR 게이트와 NOT 게이트를 결합한 논리소자
② 두 개의 입력을 받아 XOR 연산 후 불 보수한 결과 출력

$$x \odot y = \begin{cases} 1, & others \\ 0, & true\ input(1)\ is\ odd \end{cases}$$

(8) NAND와 NOR 게이트의 다른 표현
논리함수의 완전성(completeness)이란 불 연산자 AND, OR, NOT만으로 모든 논리함수를 나타낼 수 있음을 의미함

$(xy)' \equiv x' + y'$

$(x+y)' \equiv x'y'$

2 조합회로
조합논리회로(combinational logic circuit)란 현재 입력에 따라 출력이 결정되는 논리회로를 의미함

(1) 대표적인 조합논리회로의 종류
① **가산기(adder)** : 덧셈 연산을 수행하는 논리회로이며 디지털회로, 조합회로의 하나
② **병렬 가산기(Parallel Adder)** : 여러 자리 2진수를 더하기 위한 연산회로, n자리의 bit 덧셈을 위해서 n개의 전가산기 필요
③ **디코더(Decoder)** : 코드화된 2진 정보를 다른 코드 형식으로 변환하는 해독 회로(2진법의 수를 10진법으로 변환), n개의 입력 2^n개의 출력
④ **인코더(Encoder)** : 사람이 사용하는 문자 체계를 컴퓨터에 맞게 변환시키는 회로(10진법의 수를 2진법으로 변환), 디코더의 반대 기능, 2^n개의 입력 n개의 출력
⑤ **멀티플렉서(Multiplexer)** : 여러 곳의 입력선(2^n개)으로부터 들어오는 데이터 중 하나를 선택하여 한 곳으로 출력시키는 회로
⑥ **디멀티플렉서(Demultiplexer)** : 1개의 입력선으로 들어오는 정보를 2^n개의 출력선 중에서 하나를 선택하여 출력시키는 회로, 멀티플렉서의 반대 기능

(2) 논리회로의 설계 과정
① 주어진 문제 분석
② 입력 변수, 출력 변수 그리고 출력의 변수 명 결정
③ 진리표를 작성한 후 진리표로부터 불 함수를 구함
④ 진리표에 의해 카르노맵 또는 그 외 방법으로 간소화
⑤ 간소화된 불 함수에 의해 논리 회로를 설계

(3) 반가산기
두 개의 입력 x, y를 받아서 합(Sum)과 자리올림(Carry)을 구하는 조합회로

입력		출력	
x	y	S	C
0	0	0	0
0	1	1	0
1	0	1	0
1	1	0	1

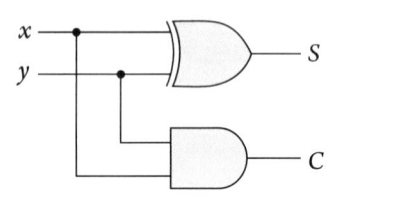

$S = x'y + xy' = x \oplus y$
$C = xy$

(4) 전가산기
반가산기를 확장하여 두 개의 입력 x, y와 밑의 자리로부터 올라오는 자리 올림수 C_i를 포함한 3개의 입력을 사용하여 합(Sum)과 자리올림(Carry)을 구하는 조합회로

입력			출력	
x	y	C_i	S	C_o
0	0	0	0	0
0	0	1	1	0
0	1	0	1	0
0	1	1	0	1
1	0	0	1	0
1	0	1	0	1
1	1	0	0	1
1	1	1	1	1

$S = x'y'C_i + x'yC_i' + xy'C_i' + xyC_i$
$\quad = x \oplus y \oplus C_i$

$C_o = x'yC_i + xy'C_i + xyC_i' + xyC_i$
$\quad = xC_i + yC_i + xy$
$\quad = (x \oplus y)C_i + xy$

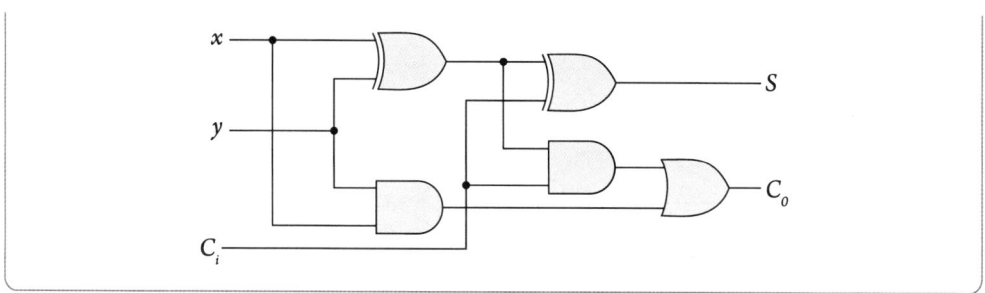

(5) 반감산기

두 개의 입력 x, y에 대하여 두 값의 차(Difference)와 피연산수가 연산수보다 작을 경우 위의 자리에서 빌려와야 하는데 이 빌려오는 수(Borrow)를 구하는 조합회로

입력		출력	
x	y	D	B
0	0	0	0
0	1	1	1
1	0	1	0
1	1	0	0

$D = x'y + xy' = x \oplus y$
$B = x'y$

(6) 전감산기

두 개의 입력 x, y와 밑의 자리에 빌려준 빌림수 B_i를 포함한 3개의 입력을 사용하여 차(Difference)와 빌려오는 수(Borrow)를 구하는 조합회로

입력			출력	
x	y	B_i	D	B_o
0	0	0	0	0
0	0	1	1	1
0	1	0	1	1
0	1	1	0	1
1	0	0	1	0
1	0	1	0	0
1	1	0	0	0
1	1	1	1	1

$D = x'y'B_i + x'yB_i' + xy'B_i' + xyB_i$
$\quad = x \oplus y \oplus B_i$

$B_o = x'y'B_i + x'yB_i' + x'yB_i + xyB_i$
$\quad = x'B_i + x'y + yB_i$
$\quad = x'y + (x'y' + xy)B_i$
$\quad = x'y + (x \oplus y)B_i$

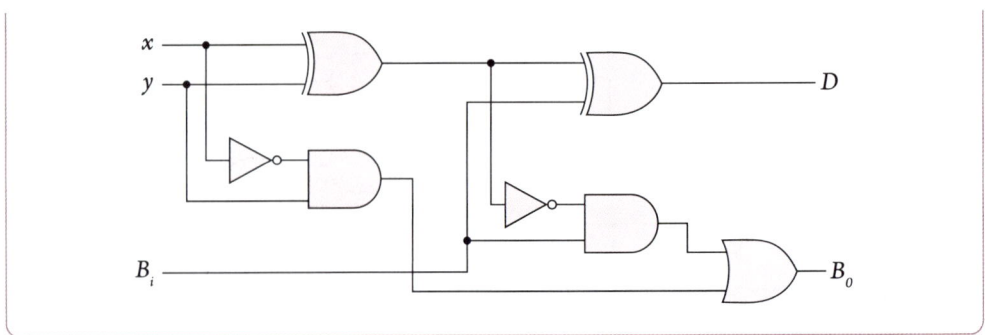

제5장 행렬

제1절 행렬의 기본 연산

행렬(matrix)은 1개 이상의 수나 식을 직사각형의 2차원 배열의 형태로 나열한 것으로, 가로줄은 행(row)이며 세로줄은 열(column)임

1 행렬의 기본 개념

(1) 행렬의 표기

① A, B, C 등의 알파벳 대문자를 사용

② m, n을 양의 정수라고 할 때 크기 (m × n)을 갖는 행렬 A

$$A = [a_{ij}] \quad or \quad [a_{ij}]_{m \times n} \quad or \quad (a_{ij})_{m \times n} \quad or \quad (A)_{ij}$$

$$= \begin{bmatrix} a_{11} & a_{12} & \cdots & a_{1n} \\ a_{21} & \ddots & \cdots & \vdots \\ \vdots & \cdots & \cdots & \vdots \\ a_{m1} & \cdots & \cdots & a_{mn} \end{bmatrix} \begin{matrix} \leftarrow \text{제1행} \\ \leftarrow \text{제2행} \\ \\ \leftarrow \text{제m행} \end{matrix}$$

↑ 제1열   ↑ 제n열

(2) 행렬의 용어

① 행렬의 크기(Magnitude) = 행렬의 차원(Dimension)
두 행렬의 크기가 같다는 것은 두 행렬이 같은 수의 행과 열을 가졌다는 것

② 행렬의 상등(equal, equivalent) : 크기도 같고, 대응하는 성분들도 같은 두 행렬

③ **행렬의 차수(order)** : 정방행렬에서 열의 수 또는 행의 수
④ **주대각선, 대각성분(main diagonal, principle diagonal, diagonal entry, trace)**
　㉠ 주대각선 : 정방행렬에서 좌측 맨 위 a_{11}부터 우측 맨 아래 a_{nn}까지 그은 사선방향 성분들
　㉡ 대각성분 : 주대각선의 원소들
⑤ **대각합(Trace)** : 정방행렬에서 주대각선 성분들의 합

$$Tr(A) = a_{11} + a_{22} + \ldots + a_{nn} = \sum_{i=1}^{n} a_{ii}$$

⑥ **행렬의 계수(Rank)** : 1차 독립인 행벡터의 최대수

2 행렬의 기본 연산

합(덧셈), 차(뺄셈), 곱(곱셈), 스칼라 곱

(1) 행렬의 합

두 행렬의 열과 행의 크기가 서로 같아야 함, 교환법칙 성립

(2) 행렬의 차

두 행렬의 크기가 같아야 함, 교환법칙이 성립하지 않음

(3) 행렬의 곱

앞에 놓인 행렬의 열과 뒤에 놓인 행렬의 행의 크기가 서로 같아야 함

$$c_{ij} = \sum_{k=1}^{n} a_{ik} b_{kj} = a_{i1} b_{1j} + a_{i2} b_{2j} + \ldots + a_{in} b_{nj}$$

*i = 1, 2, 3, …, m
*j = 1, 2, 3, …, p

(4) 스칼라 곱

$kA = [ka_{ij}]$, 행렬의 크기와 상관없이 행렬의 모든 원소에 일정한 상수를 곱하는 것

3 특수한 행렬

(1) 대각행렬(diagram matrix) : 정방행렬 n × n에서 대각선을 제외한 모든 항들이 0인 행렬
① **대각합(trace)** : 정방행렬의 주대각선 위의 모든 성분들의 합
② **항등행렬(identity matrix) 또는 단위행렬** : 대각행렬에서 대각선의 항들이 모두 1인 행렬

(2) 영행렬(zero matrix) 또는 널행렬(null matrix)

행렬의 모든 성분이 0인 행렬

(3) **전치행렬**(transposed matrix)

m × n인 행렬 $A = [a_{ij}]$에 대하여 $b_{ji} = a_{ij}$인 크기 n × m인 행렬 $B = [b_{ji}]$

$$A = \begin{vmatrix} a & b \\ c & d \end{vmatrix}, \ A^T = \begin{vmatrix} a & c \\ b & d \end{vmatrix}$$

(4) **대칭행렬**(symmetric matrix)

n × n인 정방행렬이 자신의 전치행렬과 동일한 행렬, $a_{ji} = a_{ij}$

$$A = \begin{vmatrix} a & b \\ b & d \end{vmatrix}, \ A^T = \begin{vmatrix} a & b \\ b & d \end{vmatrix}, \ A = A^T$$

(5) **교대행렬**(alternating matrix)

$A = -A^T$을 만족하는 행렬

(6) **역행렬**

$AB = BA = I$(I: 항등행렬)일 때 A는 가역행렬(nonsingular, invertible), B는 A의 역행렬(inverse matrix)

$$A^{-1} = \frac{1}{ad-bc}\begin{bmatrix} d & -b \\ -c & a \end{bmatrix}$$

(7) **삼각행렬**(triangular matrix)

① **하삼각행렬**(lower triangular matrix) : 주대각선 아래에 있는 모든 항들이 0인 삼각행렬
② **상삼각행렬**(upper triangular matrix) : 주대각선 위에 있는 항들이 모두 0인 삼각행렬
③ **순삼각행렬**(strict triangular) : 삼각행렬의 대각항이 모두 0인 행렬

제2절 행렬식의 개념

1 행렬의 기본 행 연산

① 행렬 A의 두 행(열)을 교환 : $R_i \leftrightarrow R_j$
② 행렬 A의 한 행(열)에 0이 아닌 스칼라를 곱함 : $\alpha R_i \rightarrow R_i$
③ 행렬 A의 한 행(열)에 스칼라 배를 해서 다른 행(열)에 더함 : $\alpha R_i + R_j \rightarrow R_j$

2 행 사다리꼴과 기약 행 사다리꼴

(1) **행 사다리꼴**(REF, row echelon form)

① 0으로만 이루어진 행들이 있으면 행렬의 아래쪽에 위치
② 모두가 0은 아닌 행은 가장 왼쪽에 가장 처음 나타나는 0이 아닌 수가 피벗
③ 모두가 0은 아닌 연이은 두 행에 대하여 아래쪽 행의 피벗은 위쪽 행의 피벗보다 오른쪽에 위치

(2) 기약 행 사다리꼴(RREF, reduced row echelon form)

행 사다리꼴 연산에 다음을 추가. '한 행의 피벗을 포함하는 열(column)은 피벗 이외의 행들이 모두 0'

(3) 행 사다리꼴과 기약 행 사다리꼴 만들기
① **가우스 소거법(Gause elimination)** : 전향단계까지의 연산 과정을 실행하여 행 사다리꼴을 구하는 소거법
② **가우스-조르단 소거법(Gause-Jordan elimination)** : 후향단계까지 실행하는 소거법
③ **행렬의 계수(rank)** : 행렬을 행 사다리꼴로 만들었을 때 행 전체가 0이 아닌 행의 개수

3 행렬식(Determinant)

정방행렬에 하나의 스칼라 값을 대응시키는 함수, $|A|$, $\det(A)$

- 1×1 행렬 $A = [a_{11}]$ 의 행렬식
$$\det(A) = |a_{11}| = a_{11}$$

- 2×2 행렬 $A = \begin{bmatrix} a_{11} & a_{12} \\ a_{21} & a_{22} \end{bmatrix}$ 의 행렬식
$$\det(A) = \begin{vmatrix} a_{11} & a_{12} \\ a_{21} & a_{22} \end{vmatrix} = a_{11}a_{22} - a_{12}a_{21}$$

(1) 사루스의 공식(Sarrus's Formula)으로 행렬식 구하기

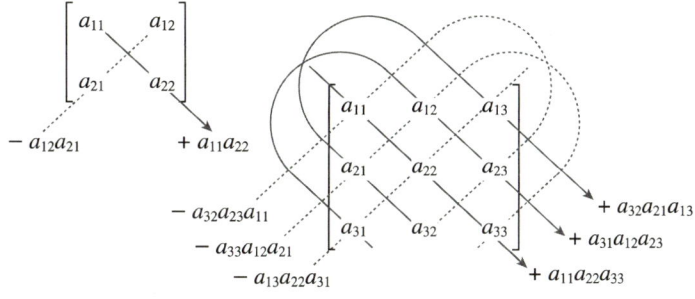

(2) 특이행렬(singular matrix)

행렬식의 값이 0인 행렬

(3) 정칙행렬(non-singular matrix)

행렬식의 값이 0이 아닌 행렬

제3절 행렬식의 성질

1 행렬식의 일반적인 성질

① 임의의 두 행(또는 열)이 같은 경우 행렬식의 값은 0
② 임의의 두 행(열)을 서로 바꾸면 행렬식의 값은 같고 부호만 반대
③ 대각행렬의 경우 대각선의 값을 곱하여 행렬식을 구할 수 있음

2 여인수를 이용한 행렬식

(1) 소행렬(Minor Matrix)

M_{ij}, n차 정방행렬에서 i번째 행과 j번째 열을 제거해서 얻은 $(n-1) \times (n-1)$ 행렬

(2) 여인수(Cofactor)

n차 정방행렬 $A = [a_{ij}]$에서 원소인 항 a_{ij}에 관련된 계수, A_{ij}

(3) $A_{ij} = (-1)^{i+j} \det(M_{ij})$

① 정방행렬 A에서 i행을 선택한 경우에 행렬식을 구하는 식
$$\det(A) = a_{i1}A_{i1} + a_{i2}A_{i2} + a_{i3}A_{i3} + \cdots + a_{in}A_{in}$$

② 정방행렬 A에서 j열을 선택한 경우에 행렬식을 구하는 식
$$\det(A) = a_{1j}A_{1j} + a_{2j}A_{2j} + a_{3j}A_{3j} + \cdots + a_{nj}A_{nj}$$

3 기본 행 연산을 이용한 행렬식의 특성

① 행렬에서 하나의 행 또는 열에 스칼라 값 k를 곱하면 원래 행렬식에 k를 곱한 것과 동일
② 행렬의 두 개의 행 또는 열을 교환한 행렬의 행렬식은 원래 행렬식에서 부호만 변경
③ 행렬에서 하나의 행 또는 열에 k를 곱한 것을 다른 행이나 열에 더하여 만든 행렬식은 원래의 행렬식과 동일

4 행렬식과 역행렬

(1) 행렬식과 역행렬

① **가역행렬**: $\det(A) \neq 0$인 행렬이며 역행렬이 존재하는 행렬
② **특이행렬**: $\det(A) = 0$인 행렬이며 역행렬이 존재하지 않는 행렬

$$A^{-1} = \frac{1}{\det(A)} [A_{ij}]^T (\text{단}, \det(A) \neq 0)$$

③ **수반행렬(Adjoint Matrix)**: $[A_{ij}]^T$은 여인수행렬 $[A_{ij}]$에 대한 전치행렬

(2) 기본 행 연산을 이용한 역행렬

① **첨가행렬**(augmented matrix) : 어떤 행렬에 대하여 행렬의 오른쪽에 항들을 추가하여 만든 행렬

$$A = \begin{bmatrix} a_{11} & a_{12} & a_{13} \\ a_{21} & a_{22} & a_{23} \\ a_{31} & a_{32} & a_{33} \end{bmatrix}$$

→ 첨가행렬 : $\begin{bmatrix} a_{11} & a_{12} & a_{13} & | & b_{11} & b_{12} & b_{13} \\ a_{21} & a_{22} & a_{23} & | & b_{21} & b_{22} & b_{23} \\ a_{31} & a_{32} & a_{33} & | & b_{31} & b_{32} & b_{33} \end{bmatrix}$

② **가우스-조르단의 역행렬을 구하는 알고리즘**
   ㉠ 역행렬을 구하고자 하는 행렬 A에 항등행렬 I를 추가하여 첨가행렬 [A|I] 만들기
   ㉡ 행렬 A의 부분이 항등행렬 I가 될 때까지 행 연산하기
   ㉢ 행렬 A가 가역적 행렬인지 확인하기
      ⓐ A가 항등행렬로 바뀔 수 있으면 원래 항등행렬 I가 있던 위치에 있는 행렬이 A의 역행렬 A^{-1}
      ⓑ A의 행 연산을 하는 과정에서 한 행이 모두 0이 되는 경우는 A가 비가역적, 비가역적인 경우에 역행렬이 없으므로 연산을 중단

제4절 행렬과 행렬식의 응용

1 행렬과 행렬식의 응용분야

물리학의 전기 회로 이론, 고전역학, 광학, 전자기학, 양자역학, 양자 전기역학 등과 같은 분야에서 응용되며, 컴퓨터 그래픽스에서 3차원 이미지를 2차원 평면에 투영하거나 사실적인 움직임을 그려내기 위해 사용

2 행렬을 이용한 그래프의 표현

그래프의 인접 행렬로 표현할 수 있음

3 연립방정식의 해 구하기

① 가우스 소거법 이용하기
② 역행렬 이용하기
③ 크래머 공식 이용하기

제6장 자동장치와 언어와 문법

오토마타 이론에서 가장 중요한 3가지 개념 : 언어(language), 문법(grammar), 오토마타(automata, 자동장치)

제1절 순차회로와 유한상태 기계

1 순차회로

순차논리회로(sequential logic circuit) : 입력 값과 시스템의 상태에 따라서 출력이 달라지는 회로

(1) 순차논리회로 분류
  ① 내부 기억소자 형태
    ㉠ 래치(latch) : 클럭 입력을 갖지 않는 2진 기억소자(쌍안정회로), $S-R$ 래치, D 래치
    ㉡ 플립플롭(flip-flop) : 클럭 입력을 갖는 2진 기억소자(쌍안정회로)로 클럭 입력이 있는 동기식 순서논리회로 소자, $S-R$ 플립플롭, $J-K$ 플립플롭(가장 많이 사용됨), T 플립플롭, D 플립플롭
  ② 타이밍
    ㉠ 비동기 순차회로 : 단지 입력이 변하는 순서에 따라서만 동작, 래치
    ㉡ 동기 순차회로 : 클럭을 통해서만 동작, 플립플롭
  ③ 저장 방식
    ㉠ 정적 저장소자 : 영구 저장
    ㉡ 동적 저장소자 : 일시 저장
  ④ 무어 기계 및 밀리 기계
    ㉠ 무어 기계(Moore Machine) : 출력이 현재 상태에 의해서만 결정
    ㉡ 밀리 기계(Mealy Machine) : 출력이 현재 상태와 입력 모두에 의해서 결정
  ⑤ 순차회로의 주요 응용 : 레지스터, 카운터

2 유한상태 기계

① 유한상태 기계(finite-state machine, FSM) : 컴퓨터 프로그램과 전자 논리 회로를 설계하는 데에 쓰이는 수학적 모델, 유한 오토마톤(finite automaton, FA / 복수형 : 유한 오토마타 finite automata)
② 현재 상태(Current State) : 임의의 주어진 시간의 상태
③ 전이(Transition) : 어떠한 사건(Event)에 의해 한 상태에서 다른 상태로 변화하는 것
④ 오토마타(Automata) 구성 : 입력 장치, 출력 장치, 저장 장치, 제어 장치
⑤ 인식기(accepter) : 인식(accept)하거나 거부(reject)하는 역할만 수행하는 오토마타
⑥ 변환기(transducer) : 출력이 있는 유한 오토마타

📁 유한상태 기계

$M = (Q, I, O, \delta, f, q_0)$

- Q : 상태들의 유한 집합(finite set of states)
- I : 유한 개의 입력 기호의 집합
- O : 유한 개의 출력 기호의 집합
- δ : $Q \times I \rightarrow Q$인 전이 함수(transition function)
- f : $Q \times I \rightarrow O$인 출력 함수(output function)
- q_0 : $q_0 \in Q$인 시작 상태(start state)

📁 상태도

정점들의 상태를 나타내는 방향 그래프(directed graph)

제2절 결정적 유한상태 자동장치

📁 결정적 유한상태 자동장치(Deterministic Finite state Automata, DFA)

$M = (Q, \Sigma, \delta, q_0, F)$

- Q : 내부 상태들의 유한 집합(finite set of internal states)
- Σ : 입력 문자, 입력 알파벳(input alphabet)이라고 불리는 유한 개의 기호 집합
- δ : $Q \times \Sigma \rightarrow Q$인 전체 함수(total function), 전이 함수(transition function)라고 함
- q_0 : $q_0 \in Q$인 시작 상태(start state), 유한상태 자동장치가 입력 값을 처리하기 전의 상태
- F : $F \subseteq Q$인 최종 상태의 집합(set of final states), 유한상태 자동장치가 모든 입력값을 처리했을 때의 상태가 받아들여질 경우 이 상대의 집합을 의미

(1) **결정적 유한상태 자동장치의 동작**

① 초기 상태인 q_0에 있는 것으로 가정하고 유한 제어에 의해 입력 장치는 입력 문자열(string)의 가장 왼쪽에 있는 기호(symbol)를 가리킴
② 오토마타의 작동에 따라 입력 장치에서 한 기호(symbol)씩 오른쪽으로 이동하면서 상태 변경
③ 문자열(string)을 모두 읽고 난 후 DFA가 최종 상태에 있으면 그 문자열이 '인식(acception)' 그렇지 않으면 '기각(rejection)'
④ 입력은 왼쪽에서 오른쪽으로의 방향으로만 이동이 가능하며 각 단계에서 하나씩의 기호(symbol)만을 읽을 수 있음. 전이가 $\delta(q_0, x) = q_1$이고 DFA가 상태 q_0에 있으며 현재 입력 기호가 x인 경우 이 DFA는 상태 q_1으로 전이

(2) **전이 그래프(transition grap)** : $M = (Q, \Sigma, \delta, q_0, F)$에 대한 전이 그래프 G_M은 $|Q|$개의 정점을 가지면, 각 정점에는 서로 다른 라벨(label) $q_1 \in Q$이 주어짐

전이 규칙 $\delta(q_i, x) = q_j$에 대해, 전이 그래프에 라벨 x를 갖는 간선 (q_i, q_j) 존재

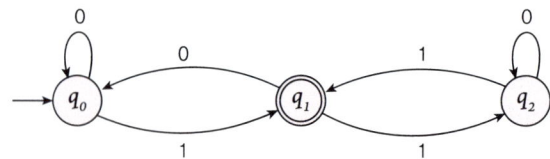

(3) 확장 전이 함수(extended transition function)
$\delta: Q \times \Sigma^* \to Q$, 함수 δ에서 두 번째 함수는 단일 기호가 아닌 문자열이며 함수 값은 오토마타가 주어진 문자열을 모두 읽은 후에야 정해지는 상태

(4) DFA의 상태 수 최소화
① **초기의 동치관계**: 종결상태와 미종결상태로 구분
② 같은 입력에 대해서 서로 다른 동치로 가는 지시선이 존재하면, 다시 분할하여 새로운 동치류를 구성
③ 새로운 M' 형성

제3절 언어와 문법

1 언어

- 형식 언어(formal language): 알파벳으로 만든 유한길이의 단어들(finite-length words, 즉 character strings)의 집합
- 접합(concatenation): 문자열 u의 오른쪽에 문자열 v를 이어서 만든 문자열 uv
- 역 문자열(inverse string): 문자열 내의 기호들을 역순으로 배열한 문자열, 문자열 w의 역 문자열은 w^R
- 문자열 w의 길이(length): 해당 문자열의 기호들의 개수, $|w|$
- 빈 문자열(empty string): 문자열이지만 문자를 가지지 않은 문자열, λ로 표기함
- 부문자열(substring): 임의의 문자열 w 내에 존재하는 연속적인 문자들의 문자열

  예 문자열 $w = flower$일 때, 접두사, 진접두사, 접미사, 진접미사의 집합

  - 접두사: $\{\lambda, f, fl, flo, flow, flowe, flower\}$
  - 진접두사: $\{f, fl, flo, flow, flowe, flower\}$
  - 접미사: $\{flower, flowe, flow, flo, fl, f, \lambda\}$
  - 진접미사: $\{flower, flowe, flow, flo, fl, f\}$

- w^n: 문자열 w를 n번 반복하여 얻어지는 문자열, $w^0 = \lambda$
- Σ^*: 임의의 알파벳 Σ에 대해 Σ에 속한 기호들을 0개 이상 접합하여 얻어지는 모든 문자열들의 집합
- Σ^+: Σ^*에서 λ을 제외한 집합, $\Sigma^* = \Sigma^+ + \lambda$

(1) 언어에서의 연산

① 언어는 단어들로 이루어진 집합으로 집합의 일반적인 연산 가능

합집합(union), 교집합(intersection), 차집합(difference)

② 여집합(complement)

언어 L의 여집합은 $\overline{L}$로 나타내는데 L의 Σ^*에 대한 여집합: $\overline{L} = \Sigma^* - L$

③ 접합(concatenation)

두 개의 언어 L_1과 L_2의 연결은 L_1의 어떤 원소와 L_2의 어떤 원소를 차례로 연결하였을 때 표현되는 모든 스트링들의 집합(순서에 유의)

$L_1 L_2 = \{ab : a \in L_1, b \in L_2\}$

$L_2 L_1 = \{ba : b \in L_2, a \in L_1\}$

④ 언어 L이 n번 반복될 때는 L^n으로 표현

㉠ 특히 모든 언어 L에 대해 $L^0 = \{\lambda\}$

㉡ $L^1 = L, L^2 = LL, L^n = L^{n-1}L$

㉢ $L = \{a^n b^n : n \geq 0\}$일 때 $L^2 = \{a^n b^n a^m b^m : n \geq 0, m \geq 0\}$

⑤ 스타-폐포(star-closure) 또는 클린-폐포(kleene closure)

$L^* = L^0 \cup L^1 \cup L^2 \cdots$로 정의

⑥ 양성-폐포(positive closure)

㉠ L^*에서 L^0를 제외한 것

㉡ $L^+ = L^1 \cup L^2 \cdots$

(2) 정규 언어

정규 언어(regular language) : 유한상태 기계에 의해 인식되는 언어

예 L을 인식하는 유한 오토마타(DFA 또는 NFA)를 찾으면 정규 언어

$L = \{awa : w \in \{a, b\}^*\}$은 정규언어 : 다음과 같이 DFA 존재

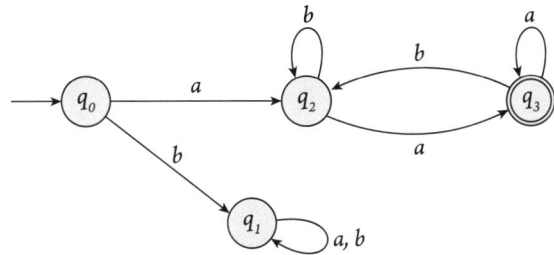

(3) 정규 표현

정규 표현(regular express) : 정규 언어를 표현하는 방법, 알파벳 기호들(symbol)의 문자열과 괄호, 연산자 $+$, $\cdot$, $*$ 사용

📁 Σ를 주어진 알파벳이라 할 때 정규 표현
① $\varnothing, \lambda$와 $a \in \Sigma$는 모두 정규 표현: 기본 정규 표현(primitive regular expression)
② α_1과 α_2가 정규 표현이면 $\alpha_1 + \alpha_2$, $\alpha_1 \cdot \alpha_2$, α_1^*, (α_1)은 모두 정규 표현
③ 특정 문자열이 정규 표현이 되기 위해서는 기본 정규 표현에서 시작하여 ②의 규칙을 유한 번 반복하여 해당 문자열이 유도될 수 있어야 함

📁 정규 표현 g에 의해 묘사되는 언어 $L(g)$
① $\varnothing$은 공집합을 나타내는 정규 표현
② λ는 $\{\lambda\}$를 나타내는 정규 표현
③ 모든 $a \in \Sigma$에 대해 a는 $\{a\}$를 나타내는 정규 표현
④ r_1과 r_2가 정규 표현일 경우, 다음의 연산 성립
- $L(r_1 + r_2) = L(r_1) \cup L(r_2)$
- $L(r_1 \cdot r_2) = L(r_1)L(r_2)$
- $L((r_1)) = L(r_1)$
- $L((r_1^*)) = (L(r_1))^*$

📁 정규 표현의 대수적 성질
① $a + b = b + a$, $\quad (a+b) + c = a + (b+c)$
② $(ab)c = a(bc)$, $\quad a(b+c) = ab + ac$
③ $(b+c)a = ba + ca$, $\quad a + a = a$
④ $a + \varnothing = a, a\varnothing = \varnothing = \varnothing a$
⑤ $\lambda a = a = a\lambda$, $\quad a^* = \lambda + aa^*$
⑥ $a^* = (\lambda + a)^*$, $\quad (a^*)^* = a^*$
⑦ $(a+b)^* = (a^*b^*)^*$

2 문법(grammar)

(1) 컴퓨터에 사용되는 문법 표현

① 배커스-나우어 표기법
문맥 무관 문법을 나타내기 위해 만들어진 표기법
⟨기호⟩::=⟨표현식⟩
예 16진수의 BNF 표기법 $\langle digit \rangle ::= 0|1|2|3|4|5|6|7|8|9$
$\langle letter \rangle ::= A|B|C|D|E|F$
$\langle number \rangle ::= \langle digit \rangle | \langle letter \rangle$
$\langle integer \rangle ::= \langle number \rangle | \langle number \rangle \langle integer \rangle$

② 문맥 자유 문법
   $V \to w$: V(비단말 기호), w(비단말과 단말 기호들로 구성된 문자열)

(2) 형식 문법
   ① 형식 문법 G는 네 개의 원소쌍을 가지며 다음과 같이 정의됨
   $G = (N, T, P, S)$
   ㉠ N : 변수(variable)라 불리는 객체들의 유한 집합, 비단말 기호(nonterminal symbol), 통상 알파벳 대문자 사용($N \neq \varnothing$)
   ㉡ T : 단말 기호(terminal symbol)이라 불리는 객체들의 유한 집합, 통상 알파벳 소문자 사용 ($T \neq \varnothing$)
   ㉢ P : 생성규칙(production)들의 유한 집합
   ㉣ S : N에 속하는 특별한 기호이며 시작 변수(start variable)이라 불림
   여기서 N과 T는 서로 소(disjoint)
   ② 생성규칙 : $x \to y$: $x \in (N \cup T)^+$, $y \in (N \cup T)^*$
   ③ 문법 $G = (N, T, P, S)$에 의해 생성되는 언어 : $L(G)$
   예 $L(G) = \{w \in T^*, S \Rightarrow^* w\}$
   ④ 유도(derivation) : $w \in L(G)$일 때 $S \Rightarrow w_1 \Rightarrow w_2 \Rightarrow \cdots \Rightarrow w_n \Rightarrow w$와 같은 순서열
   두 문법의 동치(equivalence) : 두 개의 문법 G_1과 G_2가 동일한 언어 L
   예 G_1과 G_2는 동일한 언어 $L = \{a^n b^{n+1} : n \geq 0\}$을 생성
   ㉠ G_1 : $S \to aSbb | b | \lambda$
   ㉡ G_2 : $S \to aAbb | b | \lambda$, $A \to aAbb | \lambda$

(3) 정규 문법
   정규 문법(regular grammar) : 정규 언어를 기술하는 형식 문법, $\langle N, T, P, S \rangle$
   ① **우선형 문법(right-linear grammar)** : 비단말(nonterminal)이 단말(terminal) 뒤에 나타남
   ㉠ $A \to a$
   ㉡ $A \to aB$
   ㉢ $A \to \lambda$
   ② **좌선형 문법(left-linear grammar)** : 비단말(nonterminal)이 단말(terminal) 앞에 나타남
   ㉠ $A \to a$
   ㉡ $A \to Ba$
   ㉢ $A \to \lambda$
   ③ 정규 문법의 모든 생성규칙은 다음 2가지 중 하나로 표현
   ㉠ $A \to aB$, 여기서 $a \in T$이고, $A, B \in N$이다.
   ㉡ $A \to Ba$, 여기서 $a \in T$이고, $A, B \in N$이다.
   ④ 정규 문법 G가 생성하는 정규 언어 L을 나타내는 정규 표현을 구하는 과정
   ㉠ 정규 문법으로부터 일련의 정규 표현식을 구성 : $X \to \alpha | \beta | \gamma$일 때, $X = \alpha + \beta + \gamma$

ⓒ 구성된 정규 표현식 중에 $X = \alpha X + \beta$ 형태의 식 : $X = \alpha^* \beta$
  (α, β가 정규 표현이고, $\lambda \not\in L$이면, $X = \alpha X + \beta$의 유일한 해는 $X = \alpha^* \beta$)
ⓓ 앞의 과정을 수행한 후 시작 기호에 대한 정규 표현식이 있는 곳으로 식을 대입해가며 정규 표현의 특성을 이용하여 $X = \alpha X + \beta$ 형태로 정리한 후 $X = \alpha^* \beta$를 적용
ⓔ 시작 심벌에 대한 정규 표현식을 $X = \alpha X + \beta$ 형태로 고친 후 식을 $X = \alpha^* \beta$로 풀면 $\alpha^* \beta$가 정의된 정규 문법으로부터 생성될 수 있는 정규 언어 $L = (\alpha^* \beta)$가 됨

(4) 촘스키 포함 관계(Chomsky Hierarchy)

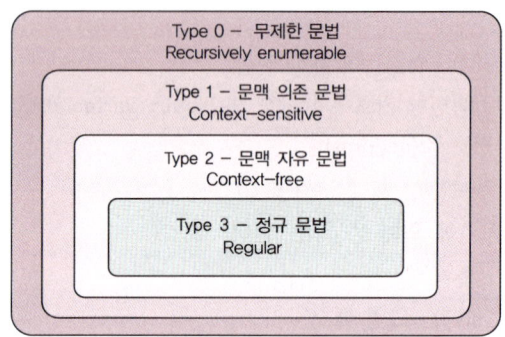

유형	제0유형	제1유형	제2유형	제3유형
문법	무제한 문법	문맥 의존 문법	문맥 자유 문법	정규 문법
언어	귀납적 가산 언어	문맥 의존 언어	문맥 자유 언어	정규 언어
오토마타	튜링기계	선형제한 오토마타	푸시다운 오토마타	유한 오토마타
생성규칙	제약 없음	$\alpha A \beta \rightarrow \alpha \gamma \beta$	$A \rightarrow \alpha$	$A \rightarrow aB$ $A \rightarrow a$
언어의 예	—	$a^n b^n c^n$	$a^n b^n$	a^n

① **단순 매칭 언어(simple matching language)** : CFL
  $L_m = \{a^n b^n | n \geq 0\}$
② **중복 매칭 언어(double matching language)** : CSL
  $L_{dm} = \{a^n b^n c^n | n \geq 0\}$
③ **좌우 대칭 언어(mirror image language)** : CFL
  $L_{mi} = \{ww^R | w \in V_T^*\}$
④ **회문 언어(palindrome language)** : CFL
  $L_r = \{w | w = w^R\}$
⑤ **괄호 언어(parenthesis language)** : CFL
  $L_p = \{w | w$는 balanced parenthesis$\}$

제4절 비결정적 유한상태 자동장치

(1) 상태의 입력에 대하여 전이되는 다음 상태가 한 개가 아닌 여러 개이거나 없을 수도 있음

(2) 비결정적 유한 오토마타(Non deterministic Finite Automata, NFA), 비결정성(nondeterminism) : 오토마타의 이동(전이)에 있어 선택을 할 수 있음을 의미

① $M = (Q, \Sigma, \delta, q_0, F)$
  ㉠ Q : 공집합이 아닌 상태들의 유한 집합(finite set of states)
  ㉡ Σ : 입력 문자, 입력 알파벳(input alphabet)이라고 불리는 유한 개의 기호의 집합
  ㉢ $\delta : Q \times (\Sigma \cup \{\lambda\}) \to 2^Q$ 인 상태 전이 함수
  ㉣ q_0 : $q_0 \in Q$인 시작 상태(start state)
  ㉤ F : $F \subseteq Q$인 최종 상태의 집합(set of final states)

② **문자열 w의 보행(walk)의 길이의 최댓값** : $\Lambda + (1+\Lambda) \times |w|$
  ㉠ Λ : 그래프 내의 λ-간선의 수
  ㉡ $|w|$: 문자열 w의 길이

③ $L(M) = \{w \in \Sigma^* : \delta^*(q_0, w) \cap F \neq \varnothing\}$

$\delta^*(q_0, w) \cap F \neq \varnothing$ 의 의미 : 전이 그래프의 초기 정점에서 종료 정점까지 라벨이 w인 보행이 존재하는 모든 문자열 w들로 구성

④ 언어 L이 비결정적 유한상태 자동장치 $M_N = (Q_N, \Sigma, \delta_N, q_0, F_N)$에 의해 인식되는 언어일 때 $L = L(M_D)$를 만족하는 결정적 유한상태 자동장치 $M_D = (Q_D, \Sigma, \delta_D, \{q_0\}, F_D)$가 항상 존재

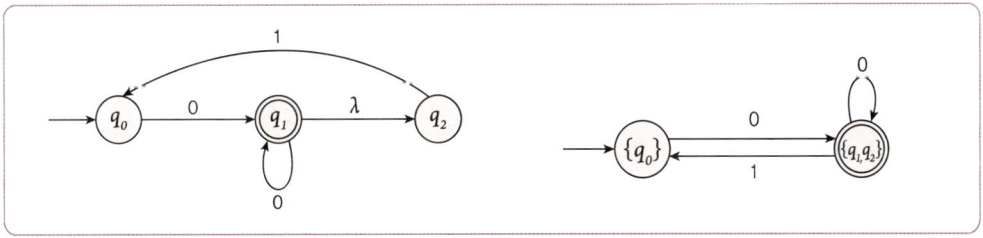

제5절 언어와 자동장치

- 정규언어(regular language) : 언어 L을 수용하는 유한상태 자동장치 존재
- 언어 L이 정규언어가 되려면 L의 문자열을 인식(accept)하는 결정적 유한상태 자동장치(Deterministic Finite Automata)가 있어야 함

1 튜링기계

양방향으로 무한한 확장이 가능한 테이프(tape)를 임시기억장치로 하는 오토마타(자동장치)

(1) 전형적인 튜링기계의 특징

① 촘스키가 분류한 문법 Type 0부터 Type 3까지의 모든 언어 인식
② 양방향 이동이 가능한 입력 머리(input head)를 가진 테이프(기억장치) 사용
③ 결정적(deterministic)이므로 한 가지 전이만 가능
④ 입력은 테이프에 들어 있고 종료 후 테이프의 내용을 출력으로 간주함

> 📁 **기본적인 튜링기계** $M = (Q, \Sigma, \Gamma, \delta, q_0, B, F)$
> - Q : 상태(state)의 집합
> - Σ : 입력기호 집합, $\Sigma \subseteq (\Gamma - B)$
> - Γ : 테이프기호 집합
> - δ : $Q \times \Gamma \to Q \times \Gamma \times \{L, R\}$ 전이 함수, L은 왼쪽 이동을 R은 오른쪽 이동을 의미
> - q_0 : 초기 상태, $q_0 \in Q$
> - B : 공백 기호(blank symbol), $B \in \Gamma$
> - F : 최종 상태 집합, $F \subseteq Q$

(2) 튜링기계의 구성요소들의 역할과 동작

① **테이프** : 서로 연속한 단위 구간들로 나뉘며 구간은 알파벳을 가지고, 특정 알파벳은 비어 있음을 나타냄. 왼쪽이나 오른쪽으로 임의적으로 확장될 수 있으며, 한 번도 쓰이지 않은 구간은 비어 있다는 기호로 표시
② **머리** : 테이프를 왼쪽이나 오른쪽으로 한 칸(오직 한 칸만) 이동시키는 역할
③ **상태 기록기** : 튜링기계의 유한히 많은 상태 중 하나를 기록
④ **유한한 표(또는 행동표)** : 특정한 상태(q_i)에 있는 기계가 어떠한 기호(a_j)를 읽을 때 해야 할 행동을 지시

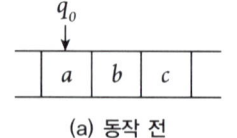
(a) 동작 전

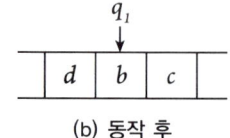
(b) 동작 후

⑤ **형상(configuration)** : 순간 묘사(Instantaneous Description : ID)
⑥ move(⊢) : 한 형상에서 다른 형상으로의 이동
⑦ move(⊢*) : 임의의 회수 이동들을 나타냄

국가평생교육진흥원 평가영역 완벽 반영!

최적의 도서, 최고의 강의로
학위취득을 위한 가장 빠른 길을 안내합니다.

독학사 시리즈 누적판매 36만 부!
(2010~2024년까지 본사 독학사 시리즈 전체 판매량 기준)

학위취득을 위한 최적의 수험서
시대에듀 독학학위연구소에서 철저히 분석하여 교재에 담았습니다.

검증된 강의력!
과목별 최고 교수진의 합격 전략 강의

학사학위를 취득하기로 결정하셨다면
지금 바로 시대에듀 독학사와 함께하세요!

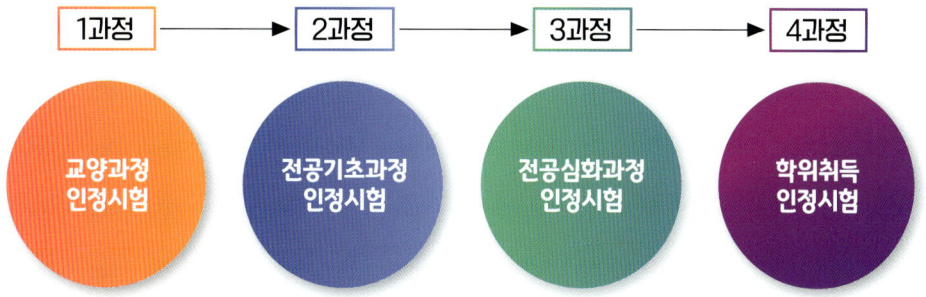

www.sdedu.co.kr

독학사 2단계

컴퓨터공학과

이산수학 핵심요약집

한번에

Pass!

독학사 시리즈
17년 연속
베스트셀러
1위

<YES24> '08년 4월(1·3주차), 5월(5주차), 7월(3주차), 9월(3주차), 10월(3~4주차) | '09년 2월(4주차), 3월(1~2주차) | '10년 2월(4주차) | '12년 12월(1주차) | '13년 5월 | '14년 5월 | '15년 4~5월, 11~12월 | '16년 1~2월 | '17년 1~2월, 4~5월 | '18년 1~2월, 4~5월, 11~12월 | '19년 1~5월, 11~12월 | '20년 1~2월, 4~5월, 11~12월 | '21년 1월 | '22년 1월, 10월 | '23년 9~12월 | '24년 1~2월, 9~12월

<알라딘> '08년 11월(4주차) | '09년 3월(3주차) | '10년 10월(5주차) | '11년 9월(2주차), 12월 | '12년 3월(3주차), 4월(2주차) | '13년 2~3월, 12월 | '14년 1월 | '16년 1~2월, 4월, 11~12월 | '17년 1~2월, 4월 | '18년 1~2월 | '19년 1~5월, 9~12월 | '20년 1~5월, 9~12월 | '21년 1월 | '22년 9월 | '23년 2월, 9~12월 | '24년 1~2월, 8~12월

(※ 공개 데이터 기준, 일부 생략)

1과정 교양과정 | 심리학과 | 경영학과 | **컴퓨터공학과** | 국어국문학과 | 영어영문학과 | 간호학과 | 4과정 교양공통

독학사 컴퓨터공학과 2~4과정 교재 시리즈

독학학위제 공식 평가영역을 100% 반영한 이론과 문제로 구성된 완벽한 최신 기본서 라인업!

START

2과정

▶ 전공 기본서 [6종]
- 논리회로
- C프로그래밍
- 자료구조
- 컴퓨터구조
- 운영체제
- 이산수학

▶ 6과목 벼락치기
논리회로 + C프로그래밍 + 자료구조 + 컴퓨터구조 + 운영체제 + 이산수학

3과정

▶ 전공 기본서 [6종]
- 인공지능
- 컴퓨터네트워크
- 임베디드시스템
- 소프트웨어공학
- 프로그래밍언어론
- 정보보호

4과정

▶ 전공 기본서 [4종]
- 알고리즘
- 통합컴퓨터시스템
- 통합프로그래밍
- 데이터베이스

GOAL!

※ 표지 이미지 및 구성은 변경될 수 있습니다.

➕ 독학사 전문컨설턴트가 개인별 맞춤형 학습플랜을 제공해 드립니다.

시대에듀 홈페이지 www.sdedu.co.kr   상담문의 **1600-3600**   평일 9-18시 / 토요일 · 공휴일 휴무

시대에듀 동영상 강의 | www.sdedu.co.kr